供应链环境下库存路径研究
——模型与应用

李 健 王 伟 胡 皓 著

科 学 出 版 社
北 京

内 容 简 介

本书主要研究供应商-制造商-零售商下的三级供应链库存路径问题。本书分为六章，第 1 章是为本书余下部分作准备的，为后面章节提供需要的背景资料。第 2 章到第 4 章分别研究了以供应商、制造商、零售商为核心的三级供应链库存路径问题。通过周期数、车辆数、市场需求、市场模式及库存策略等五个维度对库存路径问题进行模型构建及算法研究。第 5 章主要从供应链的角度出发对危险化学品库存路径问题进行深入研究，除了考虑降本增效等目标，还将降低供应链的系统风险作为重要的优化目标纳入其中。第 6 章总结本书的整体研究思路与成果，对今后的研究方向进行阐述。本书的指导思想是突出库存路径问题的实用性，兼顾问题的系统性。本书选入并且自编了大量的数值例子，对许多重要概念进行了阐明。

本书可供理工类院校经济管理学院的研究生以及物流相关的业界管理人士阅读参考。

图书在版编目（CIP）数据

供应链环境下库存路径研究：模型与应用 / 李健等著. —北京：科学出版社，2020.9

ISBN 978-7-03-059892-9

Ⅰ. ①供…　Ⅱ. ①李…　Ⅲ. ①供应链-库存-仓库管理　Ⅳ. ①F253

中国版本图书馆 CIP 数据核字（2020）第 179404 号

责任编辑：陈会迎 / 责任校对：贾娜娜
责任印制：张　伟 / 封面设计：无极书装

科学出版社 出版
北京东黄城根北街 16 号
邮政编码：100717
http://www.sciencep.com

北京虎彩文化传播有限公司 印刷

科学出版社发行　各地新华书店经销

*

2020 年 9 月第　一　版　开本：720 × 1000　B5
2020 年 9 月第一次印刷　印张：25
字数：500 000

定价：198.00 元

（如有印装质量问题，我社负责调换）

前　　言

随着全球经济一体化的快速发展，企业之间的分工协作日益增强，任何一个产品的最终形成都依赖于庞大的供应链网络。供应链管理是为适应这一环境而出现的一种新的管理理念和管理模式。供应链管理打破了企业间的隔墙，形成了以核心企业为中心的企业群的风险共担、利益共享、信息透明的联盟式运营模式。库存成本和运输成本是企业乃至整个社会供应链成本的两个主要组成部分，降低库存成本和运输成本已成为处于供应链中的企业获取竞争优势的重要源泉之一。

无论库存控制研究，还是运输优化研究，都是运筹学研究的经典问题之一。1958 年，Magee 提出供应商管理库存（vendor managed inventory，VMI）的概念，VMI 在实际企业中发挥的作用日益显著。而库存路径问题（inventory routing problem，IRP）便是源于 VMI 这一模式发展而来的。20 世纪 80 年代初期，国内外学者陆续开始对库存路径问题进行深入的研究。但是过去通常将库存和运输作为单独的问题来加以研究，将库存与运输作为物流系统乃至供应链系统的集成研究却不多。库存路径问题是一类复杂的物流问题，主要研究库存分配和运输路径规划之间的相互协调。通过优化供应方（需求方）需要补充的货物数量、车辆的载货量和路径规划等，实现整个系统收益最大或成本最小的目的。

伴随着物流行业的飞速发展，对于库存路径问题的研究不仅在理论深度和广度方面有大量的专著和文章，在社会各领域的应用中也取得了重大的成就。以往的大部分研究都是以两级物流系统为研究背景的。近年来，企业的实践提出了典型三级供应链的库存调度问题。从三级供应链整体来看，任何相邻企业需求的确定都是供需双方协调的结果，库存管理不再是各自为政的独立运作过程，而是供需连接的纽带和协调中心。本书从供应链的角度出发，针对供应商-制造商-零售商下的三级集成化与非集成化供应链库存路径问题进行了一系列相关研究。

本书的研究与撰写得到了国家自然科学基金项目（71571010）、北京市长城学者培养计划项目（CIT&TCD20180305）的资助。感谢北京工业大学经济与管理学院、歌尔股份有限公司、石家庄铁道大学经济管理学院在本书写作过程中给予的支持。特别感谢北京工业大学刘超教授、禹海波教授、张文教授、唐中君教授，北京化工大学杨丰梅教授、余乐安教授、李想教授、吴军教授、袁文燕副教授，中国科学院大学经济与管理学院汪寿阳教授、田歆副教授，北京交通大学华国伟教授、黄安强副教授，在本书撰写过程中提出了许多宝贵的意见。同时还要感谢科学出版社经管分社马跃社长，他促成了本书的出版。借本书出版之际，对他们的帮助表示衷心的感谢。

需要指出的是，本书三位作者贡献一致，均为共同第一作者。希望本书的出版能为当今那些受制于物流和供应链运营能力的企业在库存路径优化问题方面提供有益的借鉴和参考，推动供应链管理理论的发展。

因作者水平有限，本书难免存有诸多不足之处，敬请广大读者批评指正！

李　健　王　伟　胡　皓

2020 年 3 月 20 日

目　　录

第 1 章　库存路径问题

1.1　研究背景及意义

在市场竞争日益激烈、用户需求的不确定性和个性化增加、高新技术迅猛发展、产品生命周期缩短和产品结构越来越复杂的今天，以顾客为中心的企业该如何应对这一新的环境？可以说，供应链管理是为适应这一环境而出现的一种新的管理理念和管理模式。供应链管理逐渐打破企业间的隔墙，形成了以核心企业为中心的企业群的风险共担、利益共享、信息透明的联盟式运营模式。其理念强调企业应将有限的资源用于发展自身的核心竞争力，通过最终客户需求的拉动，使得整个供应链上的信息流、物流与资金流得以有效运作，从而发挥整条供应链的最大效用，以提高企业的综合竞争力。

传统的将企业看成独立个体的观点已经过时，企业只有与其他企业建立一种战略伙伴关系，实现优势互补，才能获得更大的竞争优势和生存空间。如惠普、IBM（International Business Machines Corporation，国际商业机器公司）、戴尔、沃尔玛等都在供应链管理实践中取得了巨大的收益。因此，企业之间由单纯产品质量、性能方面的竞争转向企业所在的供应链之间的竞争，并在 21 世纪成为企业参与全球竞争的有效途径。

而供应链管理为企业带来效益的源泉是降低成本。其中，库存成本和运输成本是企业供应链成本的两个主要组成部分，因此降低库存成本和运输成本已成为处于供应链中的企业获取竞争优势的重要源泉之一。已有研究通常将如何降低企业库存成本和运输成本作为两个独立的问题，而将两者作为物流系统乃至供应链系统的集成研究却不多。

Magee 于 1958 年提出了 VMI 的概念，VMI 在实际企业中发挥的作用日益显著。库存路径问题便是源于 VMI 这一模式发展而来的。库存路径问题最初研究的实际背景是石油企业对其下属加油站或者石油储备站进行石油运输时，由石油企业从总体上决策其库存水平和运输路径，以使得其物流运营总费用最低。基于这一背景，库存路径问题是研究在综合考虑库存和运输成本的前提下，如何有效且经济地对物流活动进行计划、组织与决策，在有限（或无限）周期内，将一种（或多种）货物从一个（或多个）供应点及时准确地配送给一个（或多个）需求点，或其相反过程的一类问题。

以往的大部分研究都是以两级物流系统为研究背景的。近年来，企业的实践提出了典型三级供应链的库存路径问题。例如，英国瑞能集团要从四川瑞能硅材料有限公司向生产多晶硅、太阳能电池等产品的浙江昱辉阳光能源有限公司供应原材料；同时，浙江昱辉阳光能源有限公司又将生产的单晶硅片、多晶硅片、电池片等运送到下游的无锡佳诚太阳能科技有限公司进行销售等。如何利用有限的资源，协调这个三级光伏供应链中的库存和运输，实现长期内的最小化库存成本和运输成本是英国瑞能集团所面临的重要问题之一。

在此背景下，联合库存管理（jointly managed inventory，JMI）模式产生了。这是一种在 VMI 的基础上发展起来的上游企业和下游企业权利责任平衡与风险共担的库存管理模式。该模式强调三级供应链中各个企业同时参与，共同制订库存计划，使供应链过程中的每个企业都从相互之间的协调性考虑，供应链各个企业之间的库存对需求的预期保持一致，从而消除了需求变异放大现象。

从三级供应链整体来看，任何相邻企业需求的确定都是供需双方协调的结果，库存管理不再是各自为政的独立运作过程，而是供需连接的纽带和协调中心。JMI 减少了库存点和仓储费用，从而降低了三级供应链的库存费用，同时可以在运输路线优化的前提下降低运输费用。这是因为在传统的库存管理模式下，供应链上各企业都设立自己的库存，随着核心企业的分厂数目的增加，库存物资的运输路线将呈几何级数增加，而且重复交错，这显然会使物资的运输距离和在途车辆数目增加，因此运输成本也会大大增加。三级供应链中 VMI 与 JMI 模式的关系如图 1-1 所示。

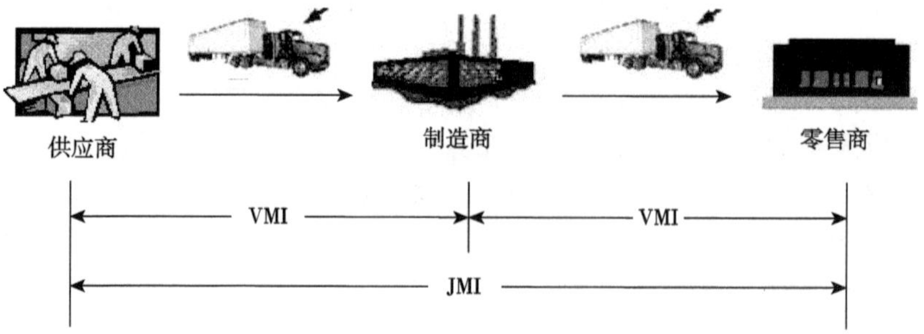

图 1-1 供应链库存策略图

三级供应链的库存路径是一个尚未被深入研究的新问题，它的建模和运算都比两级物流系统的库存路径问题复杂。Chan 和 Simchi-Levi（1998）首次研究了直配式运输模式下的确定需求三级单-多-多（One-Many-Many）供应链库存路径问题，仓库作为联系上下游的中转点，在其中扮演着十分重要的角色，本书为此对最小化长期运作成本的集成库存路径问题模型进行了构建和计算分析。朱晨波等（2007）提出了直配式运输模式下的无限阶段情形三级 One-Many-Many 随机需求库存路径问题，并运用马尔可夫决策规划把该问题分解成若干个具有马氏性的子问题，以此降低了运算难度，从而得到该问题的近似最优解。Sindhuchao 等（2005）研究了确定需求情形下的三级多-单-多（Many-One-Many）供应链多商品流库存路径问题，通过将运输配送成本嵌入库存固定成本中，构建了一集合分割问题，其最终目标是最小化库存成本。而为了解决这一问题，该研究首先采用列生成法确定总成本下限，然后通过分支定价算法找到最优的商品指派方案，最后通过贪婪结构启发式算法和大规模邻域搜索算法找到这一问题的近似最优解。Zhao 等（2008）考虑到上游供应商到中转仓库的运输成本，将两级物流系统延伸到三级单-单-多（One-One-Many）供应链库存路径问题，并通过固定分区与二次幂（fixed partition and power-of-two，FP-POT）策略较好地解决了这一问题。Vidyarthi 等（2007）研究了直配式运输下的不考虑缺货成本的正态分布需求情形三级多-多-多（Many-Many-Many）多商品流库存路径问题，通过分段线性化和拉格朗日松弛方法解决了这一非线性混合整数规划问题。Shen 和 Honda（2009）在现有三级 One-Many-Many 库存路径问题的研究基础上考虑了第三方车辆和库存横向转运的情形，即研究了由单一工厂、多个分销中心和多个零售商构成的带时间窗的供应链转运库存路径问题，设计了基于最优的启发式算法，并得出横向转运在供应链运作中起着一定作用的结论。Li 等（2011a，2011b）在 Zhao 等（2008）研究的基础上，考虑了零售商可以从供应商处直接补货的情形，并提出了一基于固定分割策略的分解算法。

供应链库存路径问题在很大程度上可以提高供应链的服务水平，降低供应链总成本，构建现实条件下的供应链库存路径问题优化与协调模型、高质量的启发式算法将是研究该问题的主要发展方向。因此对供应链库存路径问题的研究不但具有前瞻性的理论意义，而且具有深刻的现实意义。

1.2　定义及相关概念

库存路径问题自 1973 年由美国学者 Schwarz 提出以来，已有众多学者对其进行了探讨。由于该问题具有多学科交叉的背景，所以不同学者对库存路径问题的定义侧重点各不相同。Viswanathan 和 Mathur（1997）将库存路径问题称为库存与车辆路径集成问题（integrated inventory and vehicle routing problem，IIVRP）。而 Baita 等（1998）则将其定义为动态路径与库存问题（dynamic routing and inventory problem，DRIP）。此外，我国学者袁庆达（2001）以及赵秋红等（2006）更多地将库存路径问题看作库存—运输联合优化（inventory transportation integrated optimization，ITIO）问题进行研究。然而，无论是上述哪种定义，库存路径问题的完整定义应具有以下基本特征：是一类复杂的物流问题，主要研究库存分配和运输路径规划之间的协调问题；通过优化供应方（需求方）需要补充的货物数量和补货时间、车辆的载货量和路径规划，实现整个系统收益最大或成本最小的目的；问题的实质是对物流系统中最为重要的两个物流功能库存与运输进行集成优化；问题涉及的约束条件主要分为库存能力约束、运输能力约束、运输路线约束、运输时间约束等。

库存路径问题涉及层级的多少，对分析库存成本、配送运输成本影响很大。问题涉及的层级越多，情况越复杂，但优化的空间可能更大。其中，对于两级供应链库存路径问题的研究较多，问题中涉及的供应链结构主要包括单-单（One-One）、单-多（One-Many）、多-单（Many-One）、多-多（Many-Many）四种结构形式。近年来，对于三级以上供应链库存路径问题的研究逐渐成为重点。

需求的数量特征对库存策略、配送策略都有着决定性的影响，对它的描述通常可以分为确定需求和随机需求。确定需求的库存路径问题要比随机需求的库存路径问题简单得多。通常，把客户的确定需求设定为相互独立的固定需求率，而不同的客户需求率是不相同的，但设定后计划期内不再改变。由于库存路径问题求解的复杂性，一些侧重求解算法的研究，通常设定需求是确定的。随机需求库存路径问题则更加符合实际，需求的随机性往往用概率密度函数来描述。

库存路径问题的能力限制主要涉及三个：供应能力，库存能力，运输能力。供应方（工厂或中心）能力有限时，需求可能只有部分满足，这时候需要把有限货物配送给最需要的客户。库存能力限制发生在中心或零售商当地。零售商库存能力主要会对配送的频率、配送批量产生影响。例如，当零售商库存能力有限时，配送间隔周期就不能太长，即配送的频率不能太低，因此配送次数会增加，进而增加配送成本。此外，零售商当地的作业能力等条件，可能对配送频率的上限提出要求。运输能力相关的主要是车辆总数量和单辆车的装载能力。总数量主要会影响配送频次，装载能力则限制每次服务不能行程很长或者装载量很大。复杂情况还可能考虑车辆的最大行程限制。

库存路径问题的计划期指的是研究库存路径问题时考虑的时间长度。计划期可分为多个阶段（日、周、月等）来描述，并且在实际操作中，在这些时段上进行决策。根据研究计划的长度，库存路径问题大致可以分为三个层次：战略、战术和操作。战略型库存路径问题主要解决的问题是：从长远来看，配送中心的设置应该有多少个、多大规模的供应能力、需要投入多大运力车辆数，使得系统的长期运行成本较低。战术型库存路径问题则是以中长期（有限周期）为目标的。一般来说，物流系统的计划执行可以在一段时间内调整（包括几个周期，如日、周、月）。操作型库存路径问题注重解决单次的库存、运输作业问题，一般只解决单次的库存分配和配送路径，相对较为简单。

1.3　库存路径问题研究综述

库存控制和运输路线安排都是运筹学研究的经典问题，关于它们的文献数以千计，但将两个优化问题集成到一个物流系统乃至供应链中进行研究，则是近年来一个较新的重要研究方向。Federgruen 和 Zipkin（1984）是较早对此问题进行研究的学者，他们研究了一种资源的 One-Many 物流配送网络的库存与运输整合优化问题。库存路径问题所追求的目标是在综合平衡运输费用和库存费用的前提下，优化物流系统，确定系统范围的运输方案和库存策略，总结国内外的研究成果，其模型可分为以下四种。

1.3.1　One-One 模型

Daganzo 和 Newell（1985）对 One-One 模型进行了首次研究，分析了产品需求可预测情况下的库存路径问题。Miller（1987）为解决这一问题，提出了 0-1 规划模型以制定库存路径计划。Daganzo（1988）假定需求信息已知，生产与车辆运输量不受限制，通过模型分析得出货物转运不可行的结论。Anily 和 Federgruen（1990a）分析了确定需求和车辆数不受限制条件下的库存路径问题，并采用了固定分割策略将其解决。Gallego 和 Simchi-Levi（1990）利用与 Anily 和 Federgruen 相类似的方法对直接配送策略的长期有效性进行了一系列评价。Daganzo 和 Newell（1993）分析了 One-One 模型下运作成本与其他物流成本的关系。Ernst 和 Pyke（1993）分析了随机需求情况下的 One-One 物流系统，为解决这一最优送货问题设计了启发式算法。Speranza 和 Ukovich（1994a，1994b）分别分析了四种不同的情况——单一频率、多重频率、固定频率和固定时间下的 One-One 库存路径问题，通过混合整数规划的求解得出了一些实用的相关结论。

1.3.2　Many-One 模型

Daganzo（1985）研究了如何有效地从多供应商手中将产品运送至单一目的

地的库存路径问题，提出了一种划分供应商类群的准则。刘立辉和钱燕云（2005）采用双层规划法为现代物流中常见的Many-One配送网络建立了具有随机需求的、多产品的库存与运输整合优化数学模型，并用改进启发式算法详细分析了这一模型的解法。沈飞等（2009）借用模拟退火算法的理论和方法，分析与建立Many-One库存路径模型，利用启发式算法制定求解流程，并对关键环节进行了详细的阐述，为证明算法的正确性与先进性，结合算例对所提出的模型与算法进行了分析，验证了提出的模型与算法的可行性及在所求解问题的规模上的先进性。Sindhuchao 等（2005）讨论了由多个供应商和单一分销中心组成的物流系统，采用分支定界法找到了最优指派解，最小化了多商品流下的长期平均库存与运输成本。

1.3.3　One-Many 模型

Federgruen 和 Zipkin（1984）假设客户需求是随机的，建立了一个非线性混合整数规划模型并采用广义斑德（Bender）分解算法最后求解。Burns 等（1985）分别构建了直接配送与转运策略下的 One-Many 库存路径模型。Daganzo 和 Newell（1986）研究了如何有效地将顾客群划分为可行的子区域这一库存路径关键问题。Dror 和 Levy（1986）首先设计了每周的初始调度方案，然后通过不断调整网络中的弧和节点达到降低调度周期内成本的目的。Federgruen 等（1986）考虑了易腐产品的 One-Many 库存路径模型，在将产品归为两类的前提下，采用 Federgruen 和 Zipkin（1984）的方法解决了这一问题。Dror 和 Ball（1987）构建了一个基于顾客最优补货天数和成本变化的短期计划阶段模型，然后采用整数规划对每日的配送车辆数进行了求解。Chien 等（1989）设计了 One-Many 库存路径整数规划模型的拉格朗日对偶下降算法。Anily 和 Federgruen（1990b，1991，1993）基于确定需求和车辆数不受限制的假设，分析了 One-Many 库存路径问题的固定分割策略，发现长期最小平均成本的上下界超出了所有的固定分割策略成本，由此提出一种修正的环形区域分割启发式策略。Trudeau 和 Dror（1992）分析了随机需求环境下的 One-Many 物流系统。Campbell（1993）在 Daganzo（1988）研究的基础上，分析了决定转运与否的 One-Many 库存路径问题条件：车辆的类型数与载容量。Anily（1994）基于之前的研究，进一步探讨了 One-Many 物流系统库存路径问题，首先按照距离与零售商持有成本的比率将零售商划分为不同的集合，然后针对每一集合按照地理位置划分为相近的子集合。Chandra 和 Fisher（1994）通过比较车辆调度/库存的独立优化与车辆调度/库存的集成优化，得出车辆调度/库存的集成优化在很大程度上会降低总物流成本。Bramel 和 Simchi-Levi（1995）同样研究了确定需求和车辆数不受限制条件下的库存路径问题，提出了一种建立在约束集中器选址问题（capacitated concentrator location problem，CCLP）下的启发式策略分割法。Bertazzi 等（1996）研究了多品种下的 One-Many 库存路径，针对所寻求的配送频率规划模型提出了一个启发式算法。Dror 和 Trudeau（1996）分别研究了客户需求是确定的和随机的两种情况，侧重资金现值对整个系统的影响，在将多周期问题转化为单周期问题后，着重介绍最大化作业效率（单位时间配送的平均单位货物量最多）和最小化一个周期中平均缺货次数。Federgruen 和 Tzur（1996）讨论了一般动态规划库存路径问题的循环补货策略。Viswanathan 和 Mathur（1997）在 Bertazzi 等（1996）研究的基础上对多品种 One-Many 系统进行了更深入的探讨。袁庆达（2001）介绍了多路径的公路配送物流系统，从决策的三个层次构造了描述此类问题特征的数学模型和启发式算法，对随机需求情况下的库存与运输联合优化问题进行了探讨。叶志坚等（2003）针对客户需求小批量、多批次配送的特点，建立了 VMI 模式下的供应商库存补充和配送整合策略优化模型，以求得库存与运输整合策略中的最高库存量和配送周期。

Berman 和 Larson（2001）考虑的是由一个中心仓库和系列随机需求的客户群组成的物流系统，目标为最小化这一库存路径过程中的早到成本、迟到成本、短缺成本和非空返成本之和。Jung 和 Mathur（2007）考虑了由一个仓库和多个需求确定的客户组成的配送系统，提出了一个启发式算法，首先将客户分类并排序，再对各个聚类的路径分配库存，最后通过数值算例表明可以多节约 35%的费用。Day 等（2007）研究了一个实施 VMI 的二氧化碳配送系统，供应商从一个配送中心为 107 个城市的 900 多个用户配送二氧化碳，设计了一个三步启发式算法，首先将必须配送的客户形成骨干路径，之后向各个骨干路径中加入剩余的需求不紧急的客户，最后平衡每天的运量，使用该算法可以有效地减少总运输时间，相应地降低运输费用，同时又可以保持较高的客户满意度，保证客户不缺货。娄山佐和吴耀华（2007）基于一个组合经常性库存费用、安全库存费用和随机路径费用模型，首先设计了一种基于蒙特卡洛抽样求解路径期望费用的方法，然后应用遗传算法设计了协调参数，最后针对子系统随机需求车辆路径问题，为提高交叉熵法的性能，根据分位值改变大小，设计了自适应调整方法。孙斌锋等（2007）在分析现有问题求解方法的基础上，针对多周期随机需求库存路径问题提出了基于遗传算法的求解思路，利用二进制编码处理零售商的库存策略，从而有效地求解了多周期 One-Many 库存路径问题。Archetti 等（2007）探讨了 VMI 下的库存路径问题，为解决这一整合优化问题，首先构建了一混合整数规划模型，然后通过分支定界法对其进行了求解，最后又将此结果与松弛问题下的最优解进行了比较。Jung 和 Mathur（2007）研究了由一个中心仓库和系列确定需求的零售商所组成的物流系统，通过有效的启发式算法找到了这一库存路径问题的最优补货数量、补货周期和运输路线。

孙茂等（2008）研究了传统零售商管理库存模式下，基于确定需求的两级配送系统下的库存路径问题：首先采用传统 Clarke-Wright（C-W）节约算法，讨论了供应商和零售商独立决策时的订货与配送策略，然后基于时间距离的思想，在滚动周期策略的框架下，设计了两级系统的联合配送策略，最后用具体算例比较了独立决策和联合决策下的系统年度费用，验证了联合配送策略的有效性，并给出了相应的日常运营补货时间和车辆路径。Savelsbergh 和 Song（2008）探讨了现实中的库存路径问题，即总体上需要设计一条调度路线以满足多时间间隔、多分布区域内的顾客多样化需求，提出了一种可解决中小规模问题的整数规划启发式贪婪算法，最后通过实例对此算法的有效性进行了验证。Bertazzi（2008）考虑了无限期限下的库存路径问题，分别探究了单一频率、双重频率、最佳频率与最优直接配送等策略下的决策，陆续得到了一系列实用的结论。

Raa 和 Aghezzaf（2009）在顾客需求确定的条件下，针对库存容量、运输时间、固定补货间隔等限制条件提出了一种整合配送车辆数、运输路径和库存控制的长期周期策略模型，然后设计了一启发式算法对模型进行了求解和分析。Bard 和 Nananukul（2009）在不允许缺货的条件下探讨了制造供应链下的库存路径问题，设计了一个两步启发式算法，首先确定每日的运输数量，然后用车辆路径问题（vehicle routing problem，VRP）方法解决路线调度，在此过程中通过线性规划解决其中的运输时间问题，最后通过数值实例进行算法有效性和可行性的分析。Hvattum 等（2009）研究了无限时域下的随机需求分配式物流系统库存路径问题，通过生成树启发式算法对所构建的马氏决策过程模型进行了分析求解。Huang 和 Lin（2010）基于需求不确定的多商品流物流系统，提出了一修正的效率高的蚁群启发式算法。

1.3.4 Many-Many 模型

Blumenfeld 等（1985）第一次对 Many-Many 物流系统模型进行了探讨，分别分析了直接配送和转运条件下的库存、运输及工厂建设成本整合问题。Blumenfeld 等（1987）对通用汽车公司的物流成本进行了研究，通过模型决策，解决了由 20 000 个供应商和 160 家制造装配厂组成的供应系统实例，使其潜在物流成本降低了 26%。Daganzo（1987）研究了 Many-Many 配送网络中的散货转运中心的作用，然后构建并求解了货物不经过散货转运中心下的最佳配货频率和运送站点问题。Benjamin（1989）构建了一个整合库存、运输及生产准备费用的类似经济订货批量（economic order quantity，EOQ）公式的 Many-Many 库存路径模型，并用启发式算法对模型进行了求解与分析。Klincewicz（1990）在假定成本函数为分段线性凹函数的情况下，提出了一基于 Many-Many 供应链网络流和启发式算法的成本最小化模型。Chen 等（1994）基于原材料采购策略提出了整数非线性规划模型，并根据这一模型对相关算法进行了设计和有效性验证。Popken（1994）研究了多商品 Many-Many 库存路径问题，较好地降低了供应链总成本。Blanchini 等（1996a）研究了周期性需求条件下的单商品 Many-Many 分销网络系统，根据模型首先对每一期今后的库存水平进行决策，然后根据库存水平制定可行的分销策略。Blanchini 等（1996b）在上述基础上进一步假定各零售点的需求上界已知，分别对有限阶段和无限阶段的情况进行了分析。Blanchini 等（1997）紧接着对 Many-Many 库存路径问题进行了进一步研究，对分别关于库存能力和运输能力的两个凸规划进行了分析，并在此过程中对运输能力设计了启发式算法，较好地解决了这一问题。Gronhaug 等（2010）考虑了由多个液化工厂和多个气化工厂组成的液化天然气库存路径问题，针对这一类不同于一般货物的物流系统，采用了分支定价算法加以解决。

1.4　库存路径问题的求解算法

库存路径问题所构建的模型大都是 NP（non-deterministic polynomial，非确定多项式）难问题。当问题的计算规模较小时，可以使用精确的算法，主要包括分支定界法、动态规划法、决策树法等。分支定界法是由 Laporte 等（1987）提出的，主要利用车辆路径问题与其松弛形式之间的关系来解决该问题。分支定界法可用于解决具有确定需求的库存路径问题。动态规划法针对的是固定车辆数的车辆路径问题，通过递归方法求解。通常是引入可行性规则或松弛过程减少状态的数量，来减小问题的计算规模。动态规划法要求转换函数易于求解，映射的范围小，这样可求得很好的下界。决策树法则需要知道所需车辆数的下界，其模型是用边的角度建立的，出发点用一条边表示，其他点用两条边表示。通过拉格朗日松弛法，将其中一个约束条件消去，并进一步将原来的最小化问题转化为三个易于求解的子最小化问题，然后进行求解。

当问题的计算规模较大时，求解库存路径问题的方法往往是利用计算机技术开发的启发式算法，如遗传算法、禁忌搜索（tabu search，TS）算法、模拟退火算法和蚁群算法。这些方法已经在许多组合优化问题（包括车辆路径问题）中得到了很好的应用。

遗传算法最早是由 Holland（1975）提出的，是一类模拟自然选择和生物进化过程的随机化搜索方法。遗传算法的特点是从串集开始进行随机搜索，覆盖面比较大；可以对搜索区域中多个染色体加以比较，有利于使结果达到全局最优；容易实现并行计算。基于以上特点，遗传算法已广泛应用于如人工智能、神经网络、机器学习、模糊推理、信号处理、智慧交通等领域。在危险化学品物流问题中，遗传算法也有着广泛的应用（Ardjmand et al.，2016，2015；Ma et al.，2012）。遗传算法的基本步骤如下。

步骤 1：用随机的方式生成固定数值的染色体初始种群。

步骤 2：计算种群的适应度值。

步骤 3：通过选择、交叉、变异三个基本操作对染色体种群进行更新。

步骤 4：对步骤 2 和步骤 3 进行重复执行，直到最大迭代次数。

步骤 5：返回染色体，即为问题的解。

禁忌搜索算法的思想最早由 Glover（1986）提出，主要是通过引入一个灵活的存储结构和相应的禁忌准则来避免迂回搜索，并通过特赦准则来赦免一些被禁忌的优良状态，进而保证多样化的有效探索以最终实现全局优化。算法的基本思想是：给定一个当前解（初始解）和邻域结构（变换方法），然后在当前解的邻域中确定若干候选解；若最佳候选解对应的目标值优于当前最优解状态，则忽视其禁忌特性，用其替代当前解状态，并将相应的对象加入禁忌表，同时修改禁忌表中各对象的任期（禁忌步长）；若不存在上述候选解，则选择在候选解中非禁忌的最佳状态为新的当前解，而无视它与当前解的优劣，同时将相应的对象加入禁忌表，并修改禁忌表中各对象的任期；如此重复上述迭代搜索过程，直至满足停止准则。由于禁忌算法具有灵活的记忆功能和特赦准则，并且在搜索过程中可以接受劣解，所以具有较强的“爬山”能力，搜索时能够跳出局部最优解，转向解空间的其他区域，从而增强获得更好的全局最优解的概率，所以禁忌算法是一种局部搜索能力很强的全局迭代寻优算法。

模拟退火算法最早是由 Metropolis 等（1953）提出的，并广泛应用于各种复杂优化问题中。模拟退火算法是由表示结构、邻近生成、适应值评估和调整的参数构成的。模拟退火算法基本步骤如下。

步骤 1：设定足够大的初始温度，生成初始解，确定每种温度状态下的迭代次数。

步骤 2：对于当前温度，重复步骤 3～步骤 5。

步骤 3：根据当前解生成新解。

步骤 4：通过概率函数判断，选择新解。

步骤 5：满足最终条件，输出当前解作为最优解，否则，返回步骤 2。

蚁群算法最早是由 Dorigo 等（1996）提出的，并广泛应用于各种复杂优化问题中，如校车路径问题、旅行商问题和车辆路径问题。蚁群算法步骤如下。

步骤 1：设定参数。

步骤 2：把蚂蚁放到不同的开始点，计算出每个蚂蚁下一个行走点，直到访问完所有点。

步骤 3：计算每个蚂蚁的目标值，记录当前最优解并且更新信息素浓度。

步骤 4：如果未满足行走次数，则更新蚂蚁路径返回步骤 2，否则，输出最优解。

1.5　本书结构框架

本书的结构框架如图 1-2 所示，各章安排及主要研究内容如下。

第 1 章介绍库存路径问题。首先介绍供应链库存路径问题的研究背景和研究意义，对国内外针对库存路径问题的文献进行综述，然后对求解库存路径问题常用的启发式算法进行介绍。

第 2 章介绍以供应商为核心的供应链库存路径问题（supplier-core inventory routing problem，SIRP）。针对 SIRP，本章根据供应链中的存储成本、缺货成本、车辆调度成本、运输成本、空驶成本、装卸货成本及一系列相关约束，从周期数、车辆数、市场需求、市场模式、库存策略等五个维度对 One-Many-Many 供应链进行库存调度模型构建及算法实例研究。

第 3 章介绍以制造商为核心的供应链库存路径问题（manufacturer-core inventory routing problem，MIRP）。基于第 2 章的研究，对于 MIRP，本章从周期数、车辆数、市场需求、市场模式、库存策略等五个维度对 Many-One-Many 供应链进行库存调度模型的构建及算法实例研究。

第 4 章介绍以零售商为核心的供应链库存路径问题（retailer-core inventory routing problem，RIRP）。基于第 2 章、第 3 章的研究，对于 RIRP，本章从周期数、车辆数、市场需求、市场模式、库存策略等五个维度对 Many-Many-One 供应链进行库存调度模型的构建。

第 5 章以危险化学品为研究对象，研究危险化学品在多维度下的库存路径问题，为危险化学品企业针对不同场景下的危险化学品物流管理提供重要的参考。

第 6 章为总结与展望，总结本书的整体研究思路与成果，对今后的研究方向进行阐述。

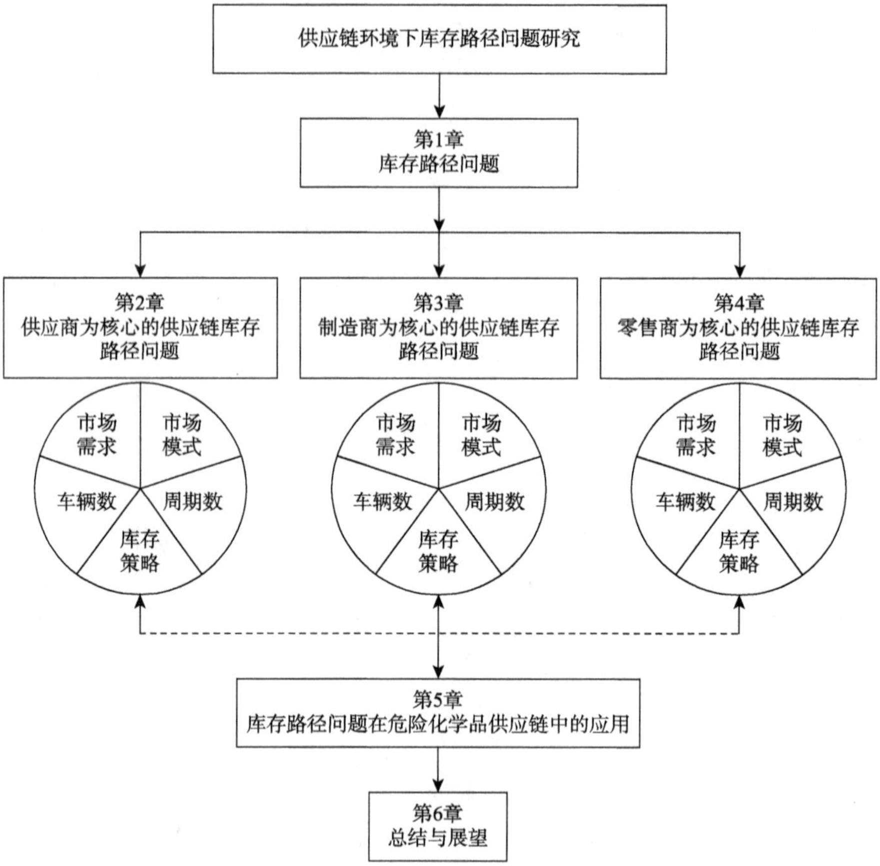
供应链环境下库存路径问题研究
第1章
库存路径问题
第2章
供应商为核心的供应链库存路径问题
第3章
制造商为核心的供应链库存路径问题
第4章
零售商为核心的供应链库存路径问题
市场需求
市场模式
车辆数
周期数
库存策略
第5章
库存路径问题在危险化学品供应链中的应用
第6章
总结与展望

图 1-2　本书结构框架

第 2 章　供应商为核心的供应链库存路径问题

本章着眼于供应商为核心的供应链库存路径问题，即 One-Many-Many 情形，分别针对周期数、车辆数、市场需求、市场模式、库存策略等维度情形对 SIRP 进行了全面的研究。

核心企业是指在供应链管理中占主导地位，参与或退出都会使供应链产生明显改变，在其中既能为消费客户提供最大化的服务，又能帮助供应链上其他企业参与到新市场中的企业。

本章研究内容基于以下假设。

（1）此类库存路径问题针对单一商品下的供应链。

（2）各个零售商的商品需求是相互独立的。

（3）不考虑车辆运输、装卸货等相关的时间。

（4）车辆在将商品配送给制造商（或零售商）后返回供应商（或制造商）处等。

2.1　单周期、单车辆、供应商管理库存策略下的库存路径问题

单周期、单车辆、VMI 策略下 SIRP 示意图如图 2-1 所示。

2.1.1　基于市场细分、确定需求的情形

1. 模型

针对这一情形，主问题模型如下：

$$\text{Min}\quad Z_1=\sum_{j\in M}h_j^{SM}I_j^{SM}+\sum_{j\in M}p_j^{SM}l_j^{SM}+c_0^{SM}+\sum_{i\in S\cup M}\sum_{\substack{j\in S\cup M\\ j\neq i}}\overline{c}_{ij}^{SM}x_{ij}^{SM}G_{ij}^{S}q_j^{SM}+\sum_{j\in M}c_{jj}^{SM}q_j^{SM}$$

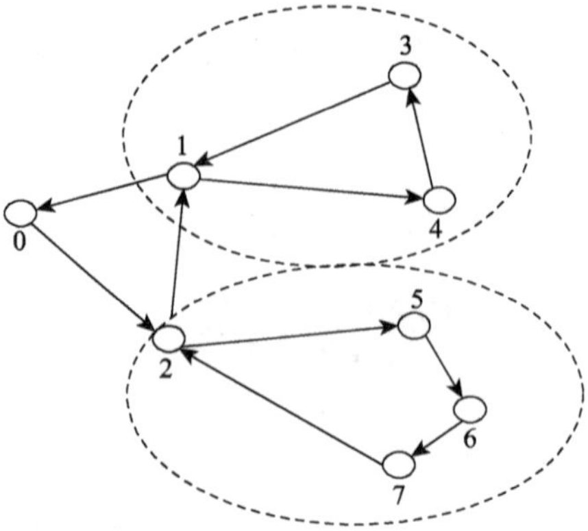

图 2-1　单周期、单车辆、VMI 策略下 SIRP 示意图

图中的节点 0 代表供应商，节点 1 和节点 2 代表制造商，节点 3～节点 7 代表零售商；箭头代表单一车辆行驶路径；虚线圈代表 VMI 策略模式，下同

S.t.
$$\sum_{j\in M} x_{0j}^{SM} = 1 \tag{2-1}$$

$$\sum_{j\in M} x_{j0}^{SM} = 1 \tag{2-2}$$

$$\sum_{\substack{i\in S\cup M\\ i\neq h}} x_{ih}^{SM} - \sum_{\substack{j\in S\cup M\\ j\neq h}} x_{hj}^{SM} = 0 \tag{2-3}$$

$$\sum_{\substack{i\in S\cup M\\ i\neq j}} x_{ij}^{SM} = 1,\quad j\in M \tag{2-4}$$

$$\sum_{i\in S\cup M}\sum_{\substack{j\in S\cup M\\ j\neq i}} x_{ij}^{SM} \leqslant m+1 \tag{2-5}$$

$$\sum_{j\in M} q_j^{SM} \leqslant Y^{SM},\quad j\in M \tag{2-6}$$

$$q_j^{SM} \leqslant U_j^{SM},\quad j\in M \tag{2-7}$$

$$q_j^{SM} - \sum_{i\in S\cup M} Y^{SM} x_{ij}^{SM} \leqslant 0,\quad j\in M \tag{2-8}$$

$$I_j^{SM} = \left(q_j^{SM} - d_j^{SM}\right)^+,\quad l_j^{SM} = \left(d_j^{SM} - q_j^{SM}\right)^+,\quad j\in M \tag{2-9}$$

$$l_j^{SM} \leqslant L^{SM},\quad j\in M \tag{2-10}$$

$$d_j^{SM} = \sum_{k\in M_j(\cdot)} d_k^{SR},\quad j\in M \tag{2-11}$$

$$q_0^{SM} = q_j^{SR} = K,\quad j\in M \tag{2-12}$$

$$x_{ij}^{SM} \in (0,\ 1) \tag{2-13}$$

$$q_j^{SM} \in Z^+,\quad j\in M \tag{2-14}$$

其中，约束（2-1）表示单一车辆离开供应商处向制造商送货；约束（2-2）表示单一车辆从制造商处送完货返回供应商处；约束（2-3）表示任意到达制造商处的车辆在送完货后离开该制造商；约束（2-4）表示供应链中的供应商和制造商节点当且仅当被访问一次；约束（2-5）表示消除子车辆路线的生成；约束（2-6）表示供应商向制造商的送货量不超过车辆容量；约束（2-7）表示制造商处的送货量不能超过其库存水平容量；约束（2-8）表示车辆只有经过制造商节点时才送货，保证了运输的可能性；约束（2-9）表示制造商处的缺货数量和残余库存量表达式；约束（2-10）表示制造商处的缺货数量不能超过其最大缺货数量；约束（2-11）表示制造商的需求量等于其相对应的下游零售商的需求量之和；约束（2-12）表示车辆空驶当量表达式；约束（2-13）表示车辆调度路径为 0-1 整数变量；约束（2-14）表示供应商向下游制造商的送货量为整数。

而对应的子问题：对 $\forall j \in M$，则

$$\text{Min}\quad Z_{1j} = \sum_{k\in M_j(\cdot)} h_k^{SR} I_k^{SR} + \sum_{k\in M_j(\cdot)} p_k^{SR} l_k^{SR} + c_j^{SR} + \sum_{i\in\{j\}\cup M_j(\cdot)} \sum_{\substack{k\in\{j\}\cup M_j(\cdot)\\ k\neq i}} \overline{c}_{ik}^{SR} x_{ik}^{SR} G_{ik}^{S} q_k^{SR} + \sum_{k\in M_j(\cdot)} c_{kk}^{SR} q_k^{SR}$$

$$\text{S.t.}\quad \sum_{k\in M_j(\cdot)} x_{jk}^{SR} = 1,\quad j\in M \tag{2-15}$$

$$\sum_{k\in M_j(\cdot)} x_{kj}^{SR} = 1,\quad j\in M \tag{2-16}$$

$$\sum_{\substack{j\in M\cup R\\ j\neq h}} x_{jh}^{SR} - \sum_{\substack{k\in M\cup R\\ k\neq h}} x_{hk}^{SR} = 0 \tag{2-17}$$

$$\sum_{\substack{k\in\{j\}\cup M_j(\cdot)\\ i\neq k,\, i\in M_j(\cdot)}} x_{ik}^{SR} = 1,\quad j\in M \tag{2-18}$$

$$\sum_{\substack{k\in M_j(\cdot)\\ k\neq j}} \sum_{i\in\{j\}\cup M_j(\cdot)} x_{ik}^{SR} \leqslant \left|M_j(\cdot)\right| - 1,\quad j\in M \tag{2-19}$$

$$\sum_{k\in M_j(\cdot)} q_k^{SR} \leqslant Y^{SR},\quad j\in M \tag{2-20}$$

$$q_k^{SR} \leqslant U_k^{SR},\quad k\in R \tag{2-21}$$

$$q_k^{SR} - \sum_{j\in M\cup R} Y^{SR} x_{jk}^{SR} \leqslant 0,\quad k\in R \tag{2-22}$$

$$I_k^{SR} = \left(q_k^{SR} - d_k^{SR}\right)^+,\quad l_k^{SR} = \left(d_k^{SR} - q_k^{SR}\right)^+,\quad k\in R \tag{2-23}$$

$$l_k^{SR} \leqslant L^{SR},\quad k\in R \tag{2-24}$$

$$q_0^{SM} = q_j^{SR} = K,\quad j\in M \tag{2-25}$$

$$x_{jk}^{SR} \in (0,\ 1) \tag{2-26}$$

$$q_k^{SR} \in \mathrm{Z}^+,\quad k \in R \tag{2-27}$$

其中，约束（2-15）表示单一车辆离开制造商处向其下游零售商送货；约束（2-16）表示单一车辆从零售商处送完货返回其上游制造商处；约束（2-17）表示任意到达零售商处的车辆在送完货后离开该零售商；约束（2-18）表示供应链中的制造商和其下游零售商节点当且仅当被访问一次；约束（2-19）表示消除子车辆路线的生成；约束（2-20）表示制造商向其下游零售商的送货量不超过车辆容量；约束（2-21）表示零售商处的送货量不能超过其库存水平容量；约束（2-22）表示车辆只有经过零售商节点时才送货，保证了运输的可能性；约束（2-23）表示零售商处的缺货数量和残余库存量表达式；约束（2-24）表示零售商处的缺货数量不能超过其最大缺货数量；约束（2-25）表示车辆空驶当量表达式；约束（2-26）表示车辆调度路径为 0-1 整数变量；约束（2-27）表示制造商向其下游零售商的送货量为整数。

在此设 C_{ij}^{SM} 为从节点 i 到节点 j 的单位产品单位距离运输成本，c_{ij}^{SM} 为从节点 i 到节点 j 的单位产品单位距离运输成本费率，ψ_j^{SM} 的逆函数为 $\psi^{-1}(\cdot)$，则

$$\begin{aligned}\overline{c}_{ij}^{SM} q_j^{SM} &= C_{ij}^{SM} \sum_{j}^{\psi^{-1}\left(N^{SM}-1\right)} q_j^{SM} = \left(N^{SM} - \psi_j^{SM}\right) c_{ij}^{SM} \sum_{j}^{\psi^{-1}\left(N^{SM}-1\right)} q_j^{SM} \\ &= \left(N^{SM} - \psi_j^{SM}\right) \frac{q_j^{SM}}{\sum_{j}^{\psi^{-1}\left(N^{SM}-1\right)} q_j^{SM}} c^{SM} \cdot \sum_{j}^{\psi^{-1}\left(N^{SM}-1\right)} q_j^{SM} \\ &= \left(N^{SM} - \psi_j^{SM}\right) c^{SM} q_j^{SM}\end{aligned}$$

将模型中 $\overline{c}_{ij}^{SM}$ 与 $\overline{c}_{jk}^{SR}$ 分别替换为 $\overline{c}_{ij}^{SM} = \left(N^{SM} - \psi_j^{SM}\right) c^{SM}$，$\overline{c}_{jk}^{SR} = \left(N_j^{SR} - \psi_{jk}^{SR}\right) c^{SR}$，则原约束条件中需加入以下约束：

$$\psi_j^{SM} \geqslant \psi_l^{SM} + x_{lj}^{SM} - \left(N^{SM} - 2\right)\left(1 - x_{lj}^{SM}\right) + \left(N^{SM} - 3\right) x_{jl}^{SM},\quad j \in M \text{且} j \neq l \tag{2-1'}$$

$$\psi_j^{SM} \leqslant N^{SM} - 1 - \left(N^{SM} - 2\right) x_{1j}^{SM},\quad j \in M \tag{2-2'}$$

$$\psi_j^{SM} \geqslant 1 + \left(N^{SM} - 2\right) x_{j1}^{SM},\quad j \in M \tag{2-3'}$$

$$\psi_1^{SM} \leqslant N^{SM} \tag{2-4'}$$

$$\psi_{jk}^{SR} \geqslant \psi_{jl}^{SR} + x_{lk}^{SR} - \left(N_j^{SR} - 2\right)\left(1 - x_{lk}^{SR}\right) + \left(N_j^{SR} - 3\right) x_{kl}^{SR},\quad k \in M_j(\cdot),\quad j \in M \text{且} k \neq l \tag{2-5'}$$

$$\psi_{jk}^{SR} \leqslant N_j^{SR} - 1 - \left(N_j^{SR} - 2\right) x_{jk}^{SR},\quad k \in M_j(\cdot),\quad j \in M \tag{2-6'}$$

$$\psi_{jk}^{SR} \geqslant 1 + \left(N_j^{SR} - 2\right) x_{kj}^{SR},\quad k \in M_j(\cdot),\quad j \in M \tag{2-7'}$$

$$\psi_{jj}^{SR} \leqslant N_j^{SR}, \quad j \in M \tag{2-8'}$$

对模型中 I_j^{SM}、l_j^{SM}、I_k^{SR} 与 l_k^{SR} 进行线性化处理，引入(0,1)变量 y_{mj}^{SM}、y_{mk}^{SR} 和正整数变量 z_{mj}^{SM}、z_{mk}^{SR}、$z_{m+1,j}^{SM}$、$z_{m+1,k}^{SR}$，且 $m \in n$，于是

$$I_j^{SM} = z_{3j}^{SM}\left(U_j^{SM} - d_j^{SM}\right), \quad l_j^{SM} = z_{1j}^{SM} d_j^{SM}$$

$$I_k^{SR} = z_{3k}^{SR}\left(U_k^{SR} - d_k^{SR}\right), \quad l_k^{SR} = z_{1k}^{SR} d_k^{SR}$$

$$z_{1j}^{SM} \leqslant y_{1j}^{SM}, \quad z_{2j}^{SM} \leqslant y_{1j}^{SM} + y_{2j}^{SM}, \quad z_{3j}^{SM} \leqslant y_{2j}^{SM}, \quad j \in M \tag{2-9'}$$

$$y_{1j}^{SM} + y_{2j}^{SM} = 1, \quad z_{1j}^{SM} + z_{2j}^{SM} + z_{3j}^{SM} = 1, \quad j \in M \tag{2-10'}$$

$$y_{1j}^{SM}, y_{2j}^{SM} \in (0,\ 1), \quad z_{1j}^{SM}, z_{2j}^{SM}, z_{3j}^{SM} \geqslant 0, \quad j \in M \tag{2-11'}$$

$$z_{1k}^{SR} \leqslant y_{1k}^{SR}, \quad z_{2k}^{SR} \leqslant y_{1k}^{SR} + y_{2k}^{SR}, \quad z_{3k}^{SR} \leqslant y_{2k}^{SR}, \quad k \in R \tag{2-12'}$$

$$y_{1k}^{SR} + y_{2k}^{SR} = 1, \quad z_{1k}^{SR} + z_{2k}^{SR} + z_{3k}^{SR} = 1, \quad k \in R \tag{2-13'}$$

$$y_{1k}^{SR}, y_{2k}^{SR} \in (0,\ 1), \quad z_{1k}^{SR}, z_{2k}^{SR}, z_{3k}^{SR} \geqslant 0, \quad k \in R \tag{2-14'}$$

则原目标函数相应地变形为 VMI 策略主问题：

$$\begin{aligned}\text{Min} \quad Z_{1'} = & \sum_{j \in M} h_j^{SM} z_{3j}^{SM}\left(U_j^{SM} - d_j^{SM}\right) + \sum_{j \in M} p_j^{SM} z_{1j}^{SM} d_j^{SM} + c_0^{SM} \\ & + \sum_{i \in S \cup M} \sum_{\substack{j \in M \\ j \neq i}} \left(N^{SM} - \psi_j^{SM}\right) c^{SM} x_{ij}^{SM} G_{ij}^S q_j^{SM} + \sum_{j \in M} c_{jj}^{SM} q_j^{SM} + K \sum_{j \in M} c^{SM} x_{j0}^{SM} G_{j0}^S\end{aligned}$$

而 VMI 策略子问题是对 $\forall j \in M$，有

$$\begin{aligned}\text{Min} \quad Z_{1j'} = & \sum_{k \in M_j(\cdot)} h_k^{SR} z_{3k}^{SR}\left(U_k^{SR} - d_k^{SR}\right) + \sum_{k \in M_j(\cdot)} p_k^{SR} z_{1k}^{SR} d_k^{SR} \\ & + \sum_{i \in \{j\} \cup M_j(\cdot)} \sum_{\substack{k \in M_j(\cdot) \\ k \neq i}} \left(N_j^{SR} - \psi_{jk}^{SR}\right) c^{SR} x_{ik}^{SR} G_{ik}^S q_k^{SR} \\ & + c_j^{SR} + \sum_{k \in M_j(\cdot)} c_{kk}^{SR} q_k^{SR} + K \sum_{k \in M_j(\cdot)} c^{SR} x_{kj}^{SR} G_{kj}^S\end{aligned}$$

2. 算法及数例分析

蚁群算法是受自然界中真实蚁群行为的启发而提出的一种模拟进化算法，该算法由意大利学者 Dofigo 等首先提出。2000 年，Dofigo 等在国际顶级学术期刊 *Nature* 上发表了蚁群算法研究综述，将这一研究推向了国际学术界前沿。蚁群寻优过程示意图如图 2-2 所示。

蚁群算法模仿蚂蚁觅食时的行为，按照启发式思想，通过信息传媒即信息素的诱导作用，逐步收敛到问题的全局最优解。若一批蚂蚁出发去寻找食物，当某些路径上走过的蚂蚁较少时，其信息素数量也就相应较少，且随着时间而逐渐挥

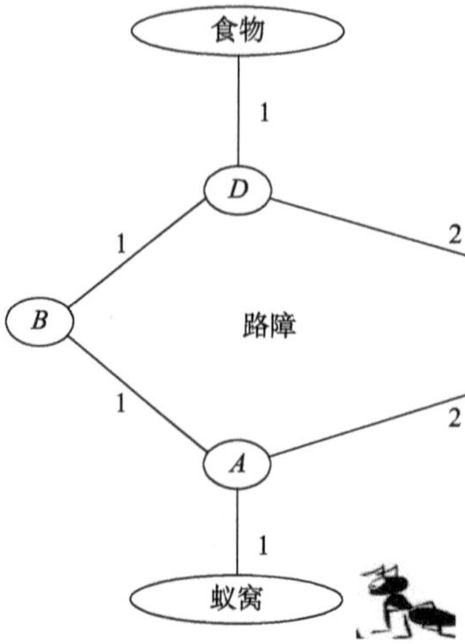

图 2-2 蚁群寻优过程示意图

发，信息素强度会越来越弱，后来蚂蚁选择这些路径的可能性就会越来越小。相对来说，当某条路径上走过的蚂蚁较多时，信息素数量就较多，以致强度增大，因此吸引了更多的蚂蚁选择该路径。通过这种内在的搜索机制，便逐渐形成了一条最佳路线。

蚁群算法步骤如下。

步骤 1：初始化。迭代次数 $\mathrm{nc}=0$，L_0 为最近邻域等启发式算法产生的路线长度，将 m 只蚂蚁随机置于供应商处，且 $\tau_0 = nL_0^{-1}$。

步骤 2：构造解。蚂蚁的任务是在状态变化约束条件下，访问完制造商后回到供应商处生成一条回路。设蚂蚁 k $(k=1,2,\cdots,m)$ 当前所在的制造商为 i，蚂蚁由制造商 i 向制造商 j 移动遵循

$$j=\begin{cases}\arg\max\limits_{j\in \mathrm{tab}\, u_k}\left\{[\tau_{ij}(t)]^{\alpha}\left(\eta_{ij}\right)^{\beta}\right\}, & q\leqslant q_0\\ J, & q>q_0\end{cases}$$

的变化规则。其中 $q>q_0$ 代表 Exploration，即全局搜索能力；$q\leqslant q_0$ 代表 Exploitation，即局部精确搜索能力；tab u_k 记录蚂蚁 k 当前所未执行完的任务，即记忆表；$0\leqslant q_0\leqslant 1$ 决定 Exploration 和 Exploitation 的相对重要性；q 表示[0, 1]上生成的随机数，当 $q\leqslant q_0$ 时，按 $\arg\max\limits_{j\in \mathrm{tab}\, u_k}\left\{\tau_{ij}^{\alpha}\eta_{ij}^{\beta}\right\}$ 选择制造商 j，否则按 t 时刻蚂蚁由制造商 i 到制造商 j 的转移概率 $P_{ij}^{k}(t)$ 进行选择

$$P_{ij}^{k}(t)=\begin{cases}[\tau_{ij}(t)]^{\alpha}(\eta_{ij})^{\beta}\Big/\sum\limits_{k\neq \text{tab}\,u_k}[\tau_{ij}(t)]^{\alpha}(\eta_{ij})^{\beta}, & j\in \text{tab}\,u_k\\ 0, & j\notin \text{tab}\,u_k\end{cases}$$

而$\tau_{ij}(t)$表示t时刻在i,j线路上残留的信息素；η_{ij}表示从制造商i到制造商j的启发式期望信息，称为先验知识，一般取$\eta_{ij}=\dfrac{1}{d_{ij}}$，$d_{ij}(i,j=1,2,\cdots,n)$表示制造商$i$和制造商$j$之间的密切关系；$\alpha$为信息启发式因子，表示在$i,j$线路上残留的信息的相对重要程度；$\beta$为期望启发式因子，表示在$i,j$线路上期望值的相对重要程度。

步骤 3：局部信息素更新。$\tau_{ij}(t+1)=(1-l)\tau_{ij}(t)+l\tau_0$，其中，$l\in(0,1)$为局部信息素挥发因子。若所有的$m$只蚂蚁都构造完路线，则转步骤 4，否则转步骤 2。

步骤 4：全局信息素更新。为了避免残留信息素过多而淹没启发期望信息，经过所有m只蚂蚁完成一次遍历后，便产生了一条最短路径。将这条路径上所有弧相关联的信息素进行更新：$\tau_{ij}(t+1)=(1-g)\tau_{ij}(t)+gL_t^{-1}$，其中$L_t$是目前得到的全局最优解路线长度；$g$为信息素挥发因子。

步骤 5：终止。若终止条件满足则结束，否则$\text{nc}=\text{nc}+1$，转步骤 2 进行下一次迭代。

现有供应链中分别处于供应商、制造商和零售商位置的 8 家企业，其相关数据如表 2-1 和表 2-2 所示。

表 2-1　2.1.1 节供应链企业的距离矩阵　（单位：米）

		S	M		R				
		0	1	2	3	4	5	6	7
S	0	0							
M	1	14 800	0						
	2	17 900	28 800	0					
R	3	14 800	9 800	11 800	0				
	4	12 500	6 500	8 600	7 800	0			
	5	12 900	10 600	22 500	10 800	10 900	0		
	6	13 500	10 500	6 300	11 800	9 000	19 500	0	
	7	13 300	9 900	8 000	12 400	8 800	29 500	7 800	0

表 2-2　2.1.1 节供应链企业相应的参数

		h_j^{SM}（h_k^{SR}）/（元/件）	p_j^{SM}（p_k^{SR}）/（元/件）	c_0^{SM}（c_j^{SR}）/（元/件）	c_{jj}^{SM}（c_{kk}^{SR}）/（元/件）	U_j^{SM}（U_k^{SR}）/件	d_j^{SM}（d_k^{SR}）/件
S	0	—	—	2500	—	—	1820
M	1	125	400	3500	2	1250	850
	2	150	350	2800	2	1500	970
R	3	150	650	—	1	700	550
	4	200	550	—	2	450	300
	5	175	480	—	2	550	420
	6	225	550	—	1	500	350
	7	200	650	—	1	350	200

而 $Y^{SM}=3000$ 件，$Y^{SR}=1000$ 件，$L^{SM}=50$ 件，$L^{SR}=20$ 件，$c^{SM}=0.002$ 元/（件·米），$c^{SR}=0.0025$ 元/（件·米），$K=200$ 件。

初始化设定参数 $\alpha=1$，$\beta=5$，$m=4$，$\mathrm{nc}=100$，$l=0.1$，$g=0.1$，$q_0=0.9$，并引入 ε_j，$\gamma=2$，令

$$j=\begin{cases}\arg\max\limits_{j\in \mathrm{tab}\, u_k}\left\{[\tau_{ij}(t)]^{\alpha}\left(\eta_{ij}\right)^{\beta}\left(\varepsilon_j\right)^{\gamma}\right\}, & q\leqslant q_0\\ J, & q>q_0\end{cases}$$

$$P_{ij}^k(t)=\begin{cases}[\tau_{ij}(t)]^{\alpha}\left(\eta_{ij}\right)^{\beta}\left(\varepsilon_j\right)^{\gamma}\Big/\sum\limits_{k\neq \mathrm{tab}\, u_k}[\tau_{ij}(t)]^{\alpha}\left(\eta_{ij}\right)^{\beta}\left(\varepsilon_j\right)^{\gamma}, & j\in \mathrm{tab}\, u_k\\ 0, & j\notin \mathrm{tab}\, u_k\end{cases}$$

且主问题中 $\eta_{ij}=\left(G_{ij}^S\right)^{-1}$，$\varepsilon_j=[h_j^{SM}z_{3j}^{SM}\left(U_j^{SM}-d_j^{SM}\right)+p_j^{SM}z_{1j}^{SM}d_j^{SM}+c_{jj}^{SM}q_j^{SM}]^{-1}$，$\tau_{ij}(t)=[\left(N^{SM}-\psi_j^{SM}\right)c^{SM}G_{ij}^S q_j^{SM}]^{-1}$，$L_t=Z_{1'}$。于是通过修正后的蚁群算法求解，得到最优调度路线，然后在此路线基础上优化库存水平，得到表 2-3 所示的结果（其中小括号中的数字为库存水平）。

表 2-3　2.1.1 节实例优化结果

主问题	子问题
$S_0\to M_1\to M_2\to S_0$ （850）（970） $Z_1=115\,852$	$M_1\to R_4\to R_3\to M_1$，$Z_{1,1}=30\,025$ （300）（550） $M_2\to R_7\to R_6\to R_5\to M_2$，$Z_{1,2}=61\,565$ （200）（350）（420）

引理 2-1　当不允许缺货且需求确定时，库存路径问题制造商（或零售商）库存水平最优解为其相对应的需求量；而当允许缺货、需求确定且制造商单位缺货成本满足 $p_j^{SM} \geqslant c_{jj}^{SM} + \max\left\{\overline{c}_{ij}^{SM} G_{ij}^S\right\}$ 时，其最优解仍为相对应的需求量。

证明：当不允许缺货时，即运输量需满足 $q_j^{SM} \geqslant d_j^{SM}$，则

$$Z_1 = \sum_{j\in M} h_j^{SM} I_j^{SM} + \sum_{j\in M} p_j^{SM} l_j^{SM} + c_0^{SM} + \sum_{i\in S\cup M} \sum_{\substack{j\in S\cup M\\ j\neq i}} \overline{c}_{ij}^{SM} x_{ij}^{SM} G_{ij}^S q_j^{SM} + \sum_{j\in M} c_{jj}^{SM} q_j^{SM}$$

$$\geqslant c_0^{SM} + \sum_{i\in S\cup M} \sum_{\substack{j\in S\cup M\\ j\neq i}} \overline{c}_{ij}^{SM} x_{ij}^{SM} G_{ij}^S d_j^{SM} + \sum_{j\in M} c_{jj}^{SM} d_j^{SM}$$

当且仅当 $q_j^{SM} = d_j^{SM}$ 时等号成立，即目标函数总成本最小时，满足 $q_j^{SM} = d_j^{SM}$；当允许缺货时，假定制造商 j 缺货量为 Δq_j^{SM}，则

$$\begin{aligned}
Z_1 &= \sum_{j\in M} p_j^{SM} \Delta q_j^{SM} + c_0^{SM} + \sum_{i\in S\cup M} \sum_{\substack{j\in S\cup M\\ j\neq i}} \overline{c}_{ij}^{SM} x_{ij}^{SM} G_{ij}^S \left(d_j^{SM} - \Delta q_j^{SM}\right) + \sum_{j\in M} c_{jj}^{SM}\left(d_j^{SM} - \Delta q_j^{SM}\right) \\
&\geqslant \sum_{j\in M}\left(c_{jj}^{SM} + \max\left\{\overline{c}_{ij}^{SM} G_{ij}^S\right\}\right)\Delta q_j^{SM} + c_0^{SM} + \sum_{i\in S\cup M} \sum_{\substack{j\in S\cup M\\ j\neq i}} \overline{c}_{ij}^{SM} x_{ij}^{SM} G_{ij}^S \left(d_j^{SM} - \Delta q_j^{SM}\right) \\
&\quad + \sum_{j\in M} c_{jj}^{SM}\left(d_j^{SM} - \Delta q_j^{SM}\right) \\
&\geqslant \sum_{j\in M}\left(c_{jj}^{SM} + \sum_{\substack{i\in S\cup M\\ j\neq i}} \overline{c}_{ij}^{SM} x_{ij}^{SM} G_{ij}^S\right)\Delta q_j^{SM} + c_0^{SM} + \sum_{i\in S\cup M} \sum_{\substack{j\in S\cup M\\ j\neq i}} \overline{c}_{ij}^{SM} x_{ij}^{SM} G_{ij}^S \left(d_j^{SM} - \Delta q_j^{SM}\right) \\
&\quad + \sum_{j\in M} c_{jj}^{SM}\left(d_j^{SM} - \Delta q_j^{SM}\right) \\
&= c_0^{SM} + \sum_{i\in S\cup M} \sum_{\substack{j\in S\cup M\\ j\neq i}} \overline{c}_{ij}^{SM} x_{ij}^{SM} G_{ij}^S d_j^{SM} + \sum_{j\in M} c_{jj}^{SM} d_j^{SM}
\end{aligned},$$

即当 $q_j^{SM} = d_j^{SM}$ 时，目标函数总成本最小。同理亦可得到子问题相关的结论。

引理 2-2　供应商向制造商 j 的运输量 $q_j^{SM} = \left(1 - z_{1j}^{SM}\right)d_j^{SM} + z_{3j}^{SM}\left(U_j^{SM} - d_j^{SM}\right)$，则制造商 j 向零售商 k 的运输量 $q_k^{SR} = \left(1 - z_{1k}^{SR}\right)d_k^{SR} + z_{3k}^{SR}\left(U_k^{SR} - d_k^{SR}\right)$。

2.1.2　基于市场细分、不确定需求的情形

该情形下主问题为

$$\begin{aligned}\text{Min}\quad Z_2 &= \sum_{j\in M} h_j^{SM} E[\tilde{I}_j^{SM}] + \sum_{j\in M} p_j^{SM} E[\tilde{l}_j^{SM}] + c_0^{SM} + \sum_{i\in S\cup M}\sum_{\substack{j\in S\cup M\\ j\neq i}} \overline{c}_{ij}^{SM} x_{ij}^{SM} G_{ij}^S q_j^{SM} + \sum_{j\in M} c_{jj}^{SM} q_j^{SM}\\
&= \sum_{j\in M} h_j^{SM} \int_0^{q_j^{SM}} \left(q_j^{SM} - \tilde{d}_j^{SM}\right) f_d\left(\tilde{d}_j^{SM}\right) \mathrm{d}\left(\tilde{d}_j^{SM}\right)\\
&\quad + \sum_{j\in M} p_j^{SM} \int_{q_j^{SM}}^{U_j^{SM}} \left(\tilde{d}_j^{SM} - q_j^{SM}\right) f_d\left(\tilde{d}_j^{SM}\right) \mathrm{d}\left(\tilde{d}_j^{SM}\right) + c_0^{SM}\\
&\quad + \sum_{i\in S\cup M}\sum_{\substack{j\in S\cup M\\ j\neq i}} \overline{c}_{ij}^{SM} x_{ij}^{SM} G_{ij}^S q_j^{SM} + \sum_{j\in M} c_{jj}^{SM} q_j^{SM}\end{aligned}$$

S.t.

$$E[\tilde{I}_j^{SM}] = E[\left(q_j^{SM} - \tilde{d}_j^{SM}\right)^+],\quad E[\tilde{l}_j^{SM}] = E[\left(\tilde{d}_j^{SM} - q_j^{SM}\right)^+],\quad j\in M \tag{2-28}$$

$$E[\tilde{l}_j^{SM}] \leqslant L^{SM},\quad j\in M \tag{2-29}$$

$$E[\tilde{d}_j^{SM}] = \int_{\tilde{d}_j^{SM}\in R^+} \tilde{d}_j^{SM} f_d\left(\tilde{d}_j^{SM}\right) \mathrm{d}\left(\tilde{d}_j^{SM}\right),\quad j\in M \tag{2-30}$$

$$E[\tilde{d}_j^{SM}] = \sum_{k\in M_j(\cdot)} E[\tilde{d}_k^{SR}],\quad j\in M \tag{2-31}$$

式（2-1）～式（2-8），式（2-12）～式（2-14），式（2-1'）～式（2-4'），式（2-9'）～式（2-11'）

其中，约束（2-28）表示需求不确定时的制造商缺货数量和残余库存量的表达式；约束（2-29）表示制造商的期望缺货量不能超过最大缺货水平；约束（2-30）表示制造商处的不确定需求表达式；约束（2-31）表示制造商的需求量等于其相对应的下游零售商的需求量之和。

子问题为对 $\forall j\in M$ ，有

$$\begin{aligned}\text{Min}\quad Z_{2j} &= \sum_{k\in M_j(\cdot)} h_k^{SR} E[\tilde{I}_k^{SR}] + \sum_{k\in M_j(\cdot)} p_k^{SR} E[\tilde{l}_k^{SR}] + c_j^{SR} + \sum_{i\in\{j\}\cup M_j(\cdot)}\ \sum_{\substack{k\in\{j\}\cup M_j(\cdot)\\ k\neq i}} \overline{c}_{ik}^{SR} x_{ik}^{SR} G_{ik}^S q_k^{SR}\\
&\quad + \sum_{\substack{k\in\{j\}\cup M_j(\cdot)\\ k\neq i}} c_{kk}^{SR} q_k^{SR}\end{aligned}$$

S.t.

$$E[\tilde{I}_k^{SR}] = E[\left(q_k^{SR} - \tilde{d}_k^{SR}\right)^+],\quad E[\tilde{l}_k^{SR}] = E[\left(\tilde{d}_k^{SR} - q_k^{SR}\right)^+],\quad k\in R \tag{2-32}$$

$$E[\tilde{l}_k^{SR}] \leqslant L^{SR},\quad k\in R \tag{2-33}$$

$$E[\tilde{d}_k^{SR}] = \int_{\tilde{d}_k^{SR}\in R^+} \tilde{d}_k^{SR} f_d\left(\tilde{d}_k^{SR}\right) \mathrm{d}\left(\tilde{d}_k^{SR}\right),\quad k\in R \tag{2-34}$$

式（2-15）～式（2-22），式（2-25）～式（2-27），式（2-5'）～式（2-8'），式（2-12'）～式（2-14'）

其中，约束（2-32）表示需求不确定时零售商缺货数量和残余库存量的表达式；约束（2-33）表示零售商期望缺货量不能超过最大缺货水平；约束（2-34）表示零售商处的需求表达式。

引理 2-3　当零售商需求服从$\left(a_k^{SR},\ b_k^{SR}\right)$上的均匀分布时，目标函数中不确定项表达式

$$\sum_{k\in M_j(\cdot)} h_k^{SR} E[\tilde{I}_k^{SR}] + \sum_{k\in M_j(\cdot)} p_k^{SR} E[\tilde{l}_k^{SR}]$$
$$= \sum_{k\in M_j(\cdot)} \frac{1}{2\left(b_k^{SR}-a_k^{SR}\right)}\left(h_k^{SR}\left(q_k^{SR}-a_k^{SR}\right)^2 + p_k^{SR}\left(b_k^{SR}-q_k^{SR}\right)^2\right)$$

证明：

$$\sum_{k\in M_j(\cdot)} h_k^{SR} E[\tilde{I}_k^{SR}] + \sum_{k\in M_j(\cdot)} p_k^{SR} E[\tilde{l}_k^{SR}]$$
$$= \sum_{k\in M_j(\cdot)} h_k^{SR} \int_{a_k^{SR}}^{q_k^{SR}} \left(q_k^{SR}-\tilde{d}_k^{SR}\right) f_d\left(\tilde{d}_k^{SR}\right) \mathrm{d}\left(\tilde{d}_k^{SR}\right) + \sum_{k\in M_j(\cdot)} p_k^{SR} \int_{q_k^{SR}}^{b_k^{SR}} \left(\tilde{d}_k^{SR}-q_k^{SR}\right) f_d\left(\tilde{d}_k^{SR}\right) \mathrm{d}\left(\tilde{d}_k^{SR}\right)$$
$$= \sum_{k\in M_j(\cdot)} h_k^{SR} \int_{a_k^{SR}}^{b_k^{SR}} \left(q_k^{SR}-\tilde{d}_k^{SR}\right) f_d\left(\tilde{d}_k^{SR}\right) \mathrm{d}\left(\tilde{d}_k^{SR}\right)$$
$$+ \sum_{k\in M_j(\cdot)} \left(p_k^{SR}+h_k^{SR}\right) \int_{q_k^{SR}}^{b_k^{SR}} \left(\tilde{d}_k^{SR}-q_k^{SR}\right) f_d\left(\tilde{d}_k^{SR}\right) \mathrm{d}\left(\tilde{d}_k^{SR}\right)$$
$$= \sum_{k\in M_j(\cdot)} h_k^{SR}\left(q_k^{SR} - E[\tilde{d}_k^{SR}]\right) + \sum_{k\in M_j(\cdot)} \left(p_k^{SR}+h_k^{SR}\right) \int_{q_k^{SR}}^{b_k^{SR}} \left(\tilde{d}_k^{SR}-q_k^{SR}\right) f_d\left(\tilde{d}_k^{SR}\right) \mathrm{d}\left(\tilde{d}_k^{SR}\right)$$
$$= \sum_{k\in M_j(\cdot)} h_k^{SR}\left(q_k^{SR} - \frac{a_k^{SR}+b_k^{SR}}{2}\right) + \sum_{k\in M_j(\cdot)} \frac{p_k^{SR}+h_k^{SR}}{b_k^{SR}-a_k^{SR}} \frac{\left(b_k^{SR}-q_k^{SR}\right)^2}{2}$$
$$= \sum_{k\in M_j(\cdot)} \frac{1}{2\left(b_k^{SR}-a_k^{SR}\right)}\left(h_k^{SR}\left(q_k^{SR}-a_k^{SR}\right)^2 + p_k^{SR}\left(b_k^{SR}-q_k^{SR}\right)^2\right)$$

由概率知识可知，当两个零售商需求分别服从$\left(\mu_1^{SR},\ \left(\sigma_1^{SR}\right)^2\right)$和$\left(\mu_2^{SR},\ \left(\sigma_2^{SR}\right)^2\right)$上的正态分布时，与之对应的制造商需求服从$\left(\mu_1^{SR}+\mu_2^{SR},\ \left(\sigma_1^{SR}\right)^2+\left(\sigma_2^{SR}\right)^2\right)$上的正态分布。

引理 2-4　当制造商需求服从$\left(\mu_j^{SM},\ \left(\sigma_j^{SM}\right)^2\right)$上的正态分布时，目标函数中不确定项表达式

$$\sum_{j\in M} h_j^{SM} E[\tilde{I}_j^{SM}] + \sum_{j\in M} p_j^{SM} E[\tilde{l}_j^{SM}]$$
$$= \sum_{j\in M} h_j^{SM}\left(q_j^{SM} - \mu_j^{SM}\right) + \sum_{j\in M}\left(p_j^{SM} + h_j^{SM}\right)\left(\sigma_j^{SM}\right)^2\left(f_d\left(q_j^{SM}\right) - f_d\left(U_j^{SM}\right)\right)$$
$$-\sum_{j\in M}\left(p_j^{SM} + h_j^{SM}\right)\left(q_j^{SM} - \mu_j^{SM}\right)\left(F\left(U_j^{SM}\right) - F\left(q_j^{SM}\right)\right)$$

零售商满足这一需求时，亦可得相类似的结论，其中

$$f_d\left(\tilde{d}_j^{SM}\right) = \frac{1}{\sqrt{2\pi}\sigma_j^{SM}} \mathrm{e}^{-\frac{\left(\tilde{d}_j^{SM} - \mu_j^{SM}\right)^2}{2\left(\sigma_j^{SM}\right)^2}}$$

$$F\left(\tilde{d}_j^{SM}\right) = \int_0^{\tilde{d}_j^{SM}} \frac{1}{\sqrt{2\pi}\sigma_j^{SM}} \mathrm{e}^{-\frac{\left(\tilde{d}_j^{SM} - \mu_j^{SM}\right)^2}{2\left(\sigma_j^{SM}\right)^2}} \mathrm{d}\left(\tilde{d}_j^{SM}\right)$$

证明：

$$\sum_{j\in M} h_j^{SM} E[\tilde{I}_j^{SM}] + \sum_{j\in M} p_j^{SM} E[\tilde{l}_j^{SM}]$$
$$= \sum_{j\in M} h_j^{SM} \int_0^{q_j^{SM}} \left(q_j^{SM} - \tilde{d}_j^{SM}\right) f_d\left(\tilde{d}_j^{SM}\right) \mathrm{d}\left(\tilde{d}_j^{SM}\right)$$
$$+ \sum_{j\in M}\left(p_j^{SM} + h_j^{SM}\right) \int_{q_j^{SM}}^{U_j^{SM}} \left(\tilde{d}_j^{SM} - q_j^{SM}\right) f_d\left(\tilde{d}_j^{SM}\right) \mathrm{d}\left(\tilde{d}_j^{SM}\right)$$

$$= \sum_{j\in M} h_j^{SM}\left(q_j^{SM} - \mu_j^{SM}\right) + \sum_{j\in M}\left(p_j^{SM} + h_j^{SM}\right) \int_{q_j^{SM}}^{U_j^{SM}} \left(\tilde{d}_j^{SM} - q_j^{SM}\right) \frac{1}{\sqrt{2\pi}\sigma_j^{SM}} \mathrm{e}^{-\frac{\left(\tilde{d}_j^{SM} - \mu_j^{SM}\right)^2}{2\left(\sigma_j^{SM}\right)^2}} \mathrm{d}\left(\tilde{d}_j^{SM}\right)$$

$$= \sum_{j\in M} h_j^{SM}\left(q_j^{SM} - \mu_j^{SM}\right) + \sum_{j\in M}\left(p_j^{SM} + h_j^{SM}\right) \int_{q_j^{SM}}^{U_j^{SM}} \left(\tilde{d}_j^{SM} - \mu_j^{SM}\right) \frac{1}{\sqrt{2\pi}\sigma_j^{SM}} \mathrm{e}^{-\frac{\left(\tilde{d}_j^{SM} - \mu_j^{SM}\right)^2}{2\left(\sigma_j^{SM}\right)^2}} \mathrm{d}\left(\tilde{d}_j^{SM}\right)$$

$$+ \sum_{j\in M}\left(p_j^{SM} + h_j^{SM}\right) \int_{q_j^{SM}}^{U_j^{SM}} \left(\mu_j^{SM} - q_j^{SM}\right) \frac{1}{\sqrt{2\pi}\sigma_j^{SM}} \mathrm{e}^{-\frac{\left(\tilde{d}_j^{SM} - \mu_j^{SM}\right)^2}{2\left(\sigma_j^{SM}\right)^2}} \mathrm{d}\left(\tilde{d}_j^{SM}\right)$$
$$= \sum_{j\in M} h_j^{SM}\left(q_j^{SM} - \mu_j^{SM}\right) + \sum_{j\in M}\left(p_j^{SM} + h_j^{SM}\right)\left(\sigma_j^{SM}\right)^2\left(f_d\left(q_j^{SM}\right) - f_d\left(U_j^{SM}\right)\right)$$
$$-\sum_{j\in M}\left(p_j^{SM} + h_j^{SM}\right)\left(q_j^{SM} - \mu_j^{SM}\right)\left(F\left(U_j^{SM}\right) - F\left(q_j^{SM}\right)\right)$$

引理 2-5 当两个零售商需求分别服从$\left(a_1^{SR},\ b_1^{SR}\right)$和$\left(a_2^{SR},\ b_2^{SR}\right)$上的均匀分布时，与之对应的制造商概率密度函数表达式在$b_2^{SR} \leqslant b_1^{SR}$时，有

$$f_d\left(\tilde{d}_j^{SM}\right)=\begin{cases}\dfrac{\tilde{d}_j^{SM}-a_1^{SR}-a_2^{SR}}{\left(b_2^{SR}-a_2^{SR}\right)\left(b_1^{SR}-a_1^{SR}\right)}, & a_1^{SR}+a_2^{SR}\leqslant\tilde{d}_j^{SM}<a_1^{SR}+b_2^{SR}\\ \dfrac{1}{b_1^{SR}-a_1^{SR}}, & a_1^{SR}+b_2^{SR}\leqslant\tilde{d}_j^{SM}<b_1^{SR}+a_2^{SR}\\ \dfrac{b_1^{SR}+b_2^{SR}-\tilde{d}_j^{SM}}{\left(b_2^{SR}-a_2^{SR}\right)\left(b_1^{SR}-a_1^{SR}\right)}, & b_1^{SR}+a_2^{SR}\leqslant\tilde{d}_j^{SM}<b_1^{SR}+b_2^{SR}\\ 0, & 其他\end{cases}$$

反之亦然。

证明：由均匀分布概率密度函数和卷积公式，容易得到制造商需求的分布函数

$$F\left(\tilde{d}_j^{SM}\right)=\begin{cases}0, & \tilde{d}_j^{SM}<a_1^{SR}+a_2^{SR}\\ \dfrac{\left(\tilde{d}_j^{SM}-a_1^{SR}-a_2^{SR}\right)^2}{2\left(b_2^{SR}-a_2^{SR}\right)\left(b_1^{SR}-a_1^{SR}\right)}, & a_1^{SR}+a_2^{SR}\leqslant\tilde{d}_j^{SM}<a_1^{SR}+b_2^{SR}\\ \dfrac{2\left(\tilde{d}_j^{SM}-b_2^{SR}-a_1^{SR}\right)+b_2^{SR}-a_2^{SR}}{2\left(b_1^{SR}-a_1^{SR}\right)}, & a_1^{SR}+b_2^{SR}\leqslant\tilde{d}_j^{SM}<b_1^{SR}+a_2^{SR}\\ 1-\dfrac{\left(b_1^{SR}+b_2^{SR}-\tilde{d}_j^{SM}\right)^2}{2\left(b_2^{SR}-a_2^{SR}\right)\left(b_1^{SR}-a_1^{SR}\right)}, & b_1^{SR}+a_2^{SR}\leqslant\tilde{d}_j^{SM}<b_1^{SR}+b_2^{SR}\\ 1, & \tilde{d}_j^{SM}\geqslant b_1^{SR}+b_2^{SR}\end{cases}$$

经求导数之后便得到制造商的概率密度函数，反之当 $b_2^{SR}\geqslant b_1^{SR}$ 时亦可证明。

引理 2-6　当两个零售商需求分别服从 $\left(a_1^{SR},\ b_1^{SR}\right)$ 和 $\left(a_2^{SR},\ b_2^{SR}\right)$ 上的均匀分布时，表达式

$$\int_{\tilde{d}_j^{SM}}\left(\tilde{d}_j^{SM}-q_j^{SM}\right)f_d\left(\tilde{d}_j^{SM}\right)\mathrm{d}\left(\tilde{d}_j^{SM}\right)$$

$$=\begin{cases}E[\tilde{d}_j^{SM}]-q_j^{SM}, & q_j^{SM}\leqslant a_1^{SR}+a_2^{SR}\\ E[\tilde{d}_j^{SM}]-q_j^{SM}+\dfrac{\left(q_j^{SM}-a_1^{SR}-a_2^{SR}\right)^3}{6\left(b_2^{SR}-a_2^{SR}\right)\left(b_1^{SR}-a_1^{SR}\right)}, & a_1^{SR}+a_2^{SR}<q_j^{SM}\leqslant a_1^{SR}+b_2^{SR}\\ E[\tilde{d}_j^{SM}]-q_j^{SM}+g\left(q_j^{SM}\right), & a_1^{SR}+b_2^{SR}<q_j^{SM}\leqslant b_1^{SR}+a_2^{SR}\\ \dfrac{\left(b_1^{SR}+b_2^{SR}-q_j^{SM}\right)^3}{6\left(b_2^{SR}-a_2^{SR}\right)\left(b_1^{SR}-a_1^{SR}\right)}, & b_1^{SR}+a_2^{SR}<q_j^{SM}\leqslant b_1^{SR}+b_2^{SR}\\ 0, & 其他\end{cases}$$

其中

$$g\left(q_j^{SM}\right)=\frac{3\left(q_j^{SM}-a_1^{SR}-b_2^{SR}\right)\left(q_j^{SM}-a_1^{SR}-a_2^{SR}\right)+\left(b_2^{SR}-a_2^{SR}\right)^2}{6\left(b_1^{SR}-a_1^{SR}\right)},\quad b_2^{SR}\leqslant b_1^{SR}$$

证明：

当 $q_j^{SM}\leqslant a_1^{SR}+a_2^{SR}$ 时，由制造商需求的期望可知，上式很显然成立。

当 $a_1^{SR}+a_2^{SR}<q_j^{SM}\leqslant a_1^{SR}+b_2^{SR}$ 时，

$$\int_{\tilde{d}_j^{SM}}\left(\tilde{d}_j^{SM}-q_j^{SM}\right)f_d\left(\tilde{d}_j^{SM}\right)\mathrm{d}\left(\tilde{d}_j^{SM}\right)$$

$$=E[\tilde{d}_j^{SM}]-q_j^{SM}-\int_{a_1^{SR}+a_2^{SR}}^{q_j^{SM}}\left(\tilde{d}_j^{SM}-q_j^{SM}\right)f_d\left(\tilde{d}_j^{SM}\right)\mathrm{d}\left(\tilde{d}_j^{SM}\right)$$

$$=-\frac{1}{\left(b_2^{SR}-a_2^{SR}\right)\left(b_1^{SR}-a_1^{SR}\right)}$$

$$\times\left(\frac{\left(\tilde{d}_j^{SM}\right)^3}{3}-\frac{\left(q_j^{SM}+a_1^{SR}+a_2^{SR}\right)\left(\tilde{d}_j^{SM}\right)^2}{2}+q_j^{SM}\left(a_1^{SR}+a_2^{SR}\right)\tilde{d}_j^{SM}\right)\Bigg|_{a_1^{SR}+a_2^{SR}}^{q_j^{SM}}+E[\tilde{d}_j^{SM}]-q_j^{SM}$$

$$=E[\tilde{d}_j^{SM}]-q_j^{SM}+\frac{\left(q_j^{SM}-a_1^{SR}-a_2^{SR}\right)^3}{6\left(b_2^{SR}-a_2^{SR}\right)\left(b_1^{SR}-a_1^{SR}\right)}$$

同理可得到其他情形时的结论。

基于引理 2-1 中的实例和引理 2-3～引理 2-6 中的结论，现在已知供应链中零售商的需求情况如表 2-4 所示。

表 2-4　2.1.2 节零售商的需求分布

	R				
	3	4	5	6	7
$\tilde{d}_k^{SR}$	$U(320, 650)$	$U(280, 350)$	$N(350, 20^2)$	$N(300, 25^2)$	$N(250, 25^2)$

初始化参数并令主问题中 $\eta_{ij}=\left(G_{ij}^S\right)^{-1}$，$\tau_{ij}(t)=[\left(N^{SM}-\psi_j^{SM}\right)c^{SM}G_{ij}^S q_j^{SM}]^{-1}$，$L_t=Z_2$，$\varepsilon_j=\left(h_j^{SM}E[\tilde{I}_j^{SM}]+p_j^{SM}E[\tilde{l}_j^{SM}]+c_{jj}^{SM}q_j^{SM}\right)^{-1}$。于是通过修正后的蚁群算法的求解，得到最优调度路线，然后在此路线基础上优化库存水平，得到表 2-5 所示的结果（其中小括号中的数字为库存水平）。

表 2-5　2.1.2 节实例优化结果

主问题	子问题
$S_0 \to M_1 \to M_2 \to S_0$ （849）（908） $Z_2 = 136\,833$	$M_1 \to R_4 \to R_3 \to M_1$，$Z_{2,1} = 53\,488$ （328）（580） $M_2 \to R_7 \to R_6 \to R_5 \to M_2$，$Z_{2,2} = 78\,466$ （263）（310）（358）

通过结果发现，在一些情况下，VMI 模式下制造商的最优库存水平低于其市场集合下的零售商最优库存水平总和，这样在一定程度上会造成缺货。

2.1.3　基于随机市场、确定需求的情形

在市场未细分的情况下，制造商所服务的零售商区域是不确定的，基于多制造商、多零售商组成的物流系统，采用固定分区原则，即先划分市场，后调度库存。

为解决这一问题，引入地理信息系统（geography information system，GIS）空间分析中的 Voronoi 图。Voronoi 图最早是由俄国数学家 Voronoi 于 1908 年提出的，后来荷兰气象学家 Thiessen 于 1911 年将其用于气象观测站的降雨观察，改进了降雨预测精确度。后人为了纪念这两位科学家，将其称为 Voronoi 图或 Thiessen 多边形。

设离散点集 $P = \{P_1, P_2, \cdots, P_n\}$ 为二维欧氏平面上的点，其中任意两点不共线，任意 4 点不共圆，将由 $T_i = \{x : d(x, P_i) \leqslant d(x, P_j) | P_i, P_j \in P, i \neq j\}$ 构成的凸多边形集合定义为 Voronoi 图，如图 2-3 所示。

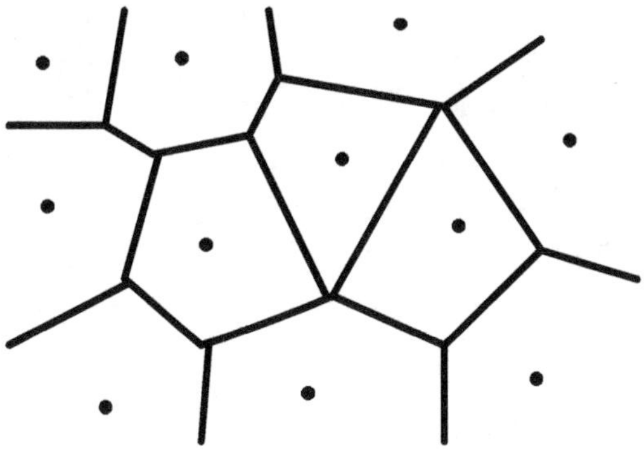

图 2-3　Voronoi 图

而 Voronoi 图的构建方法有许多种，本书采用 Voronoi 图的对偶 Delaunay 三角剖分算法。

Delaunay 三角剖分算法中的三角形首先满足 Delaunay 边，即经过三角边的两端点，存在一个圆内不含点集 $P=\{P_1,P_2,\cdots,P_n\}$ 任意其他点的圆。其具体步骤如下。

步骤 1：取点集中的最短线段，记为 P_1P_2。

步骤 2：寻找点集中与 P_1、P_2 距离之和最小的 P_3，构成 Delaunay 三角形。

步骤 3：在生成第一个 Delaunay 三角形之后，按照三条边的顺时针方向，分别寻找每条边左侧的最近点，如果有，则生成新的 Delaunay 三角形；如果没有，则为边界边。

步骤 4：继续步骤 3，直到找不到新的 Delaunay 三角形，此时便得到 Delaunay 三角剖分网。

在得到 Delaunay 三角剖分网后，计算各个 Delaunay 三角形的垂心，连接相邻三角形的垂心，便可以得到如图 2-3 所示的 Voronoi 图。

基于此，主问题模型为

$$\text{Min}\quad Z_3=\sum_{j\in M}h_j^{SM}I_j^{SM}+\sum_{j\in M}p_j^{SM}l_j^{SM}+c_0^{SM}+\sum_{i\in S\cup M}\sum_{\substack{j\in S\cup M\\ j\neq i}}\overline{c}_{ij}^{SM}x_{ij}^{SM}G_{ij}^{S}q_j^{SM}+\sum_{j\in M}c_{jj}^{SM}q_j^{SM}$$

$$\text{S.t.}\quad d_j^{SM}=\sum_{k\in\tilde{M}_j(\cdot)}d_k^{SR},\quad j\in M \tag{2-35}$$

式（2-1）～式（2-10），式（2-12）～式（2-14），式（2-1'）～式（2-4'），式（2-9'）～式（2-11'）

其中，约束（2-35）表示制造商的需求量等于其分区后的下游零售商需求量之和。

子问题为对 $\forall j\in M$，有

$$\text{Min}\quad Z_{3j}=\sum_{k\in\tilde{M}_j(\cdot)}h_k^{SR}I_k^{SR}+\sum_{k\in\tilde{M}_j(\cdot)}p_k^{SR}l_k^{SR}+c_j^{SR}+\sum_{i\in\{j\}\cup\tilde{M}_j(\cdot)}\sum_{\substack{k\in\{j\}\cup\tilde{M}_j(\cdot)\\ k\neq i}}\overline{c}_{ik}^{SR}x_{ik}^{SR}G_{ik}^{S}q_k^{SR}$$
$$+\sum_{k\in\tilde{M}_j(\cdot)}c_{kk}^{SR}q_k^{SR}$$

$$\text{S.t.}\quad \sum_{k\in R}x_{jk}^{SR}=1,\quad j\in M \tag{2-36}$$

$$\sum_{k\in R}x_{kj}^{SR}=1,\quad j\in M \tag{2-37}$$

$$\sum_{\substack{k\in M\cup R\\ i\neq k}}x_{ik}^{SR}=1,\quad j\in M \tag{2-38}$$

$$\sum_{\substack{k\in\tilde{M}_j(\cdot)\\ k\neq j}}\sum_{i\in\{j\}\cup\tilde{M}_j(\cdot)}x_{ik}^{SR}\leqslant\left|M_j(\cdot)\right|-1,\quad j\in M \tag{2-39}$$

$$\sum_{k\in\tilde{M}_j(\cdot)}q_k^{SR}\leqslant Y^{SR},\quad j\in M \tag{2-40}$$

式（2-17），式（2-21）～式（2-27），式（2-5’）～式（2-8’），式（2-12’）～式（2-14’）

其中，约束（2-36）表示单一车辆从制造商处离开向分区后的下游零售商送货；约束（2-37）表示单一车辆从零售商处送完货返回其对应的上游制造商处；约束（2-38）表示任意到达零售商处的车辆在送完货后离开该零售商；约束（2-39）表示消除子车辆路线的生成；约束（2-40）表示制造商向分区后的下游零售商的送货量不能超过车辆容量。

现有情形下，供应链中分别处于供应商、制造商和零售商位置的 10 家企业，其相关数据如表 2-6 和表 2-7 所示。

表 2-6　2.1.3 节供应链企业的距离矩阵　（单位：米）

		S	*M*			*R*					
		0	1	2	3	4	5	6	7	8	9
S	0	0									
M	1	14 800	0								
	2	17 900	28 800	0							
	3	15 500	19 800	22 500	0						
R	4	15 800	9 800	10 800	7 000	0					
	5	10 500	6 500	10 600	10 500	7 800	0				
	6	12 900	8 600	9 500	9 500	13 800	9 900	0			
	7	16 500	10 500	6 300	5 800	16 800	9 000	19 500	0		
	8	14 300	9 700	8 000	10 200	16 000	10 800	17 500	7 800	0	
	9	13 800	8 500	11 500	10 700	11 300	7 500	16 600	10 800	9 500	0

表 2-7　2.1.3 节供应链企业相应的参数

		h_j^{SM}（h_k^{SR}）/（元/件）	p_j^{SM}（p_k^{SR}）/（元/件）	c_0^{SM}（c_j^{SR}）/（元/件）	c_{jj}^{SM}（c_{kk}^{SR}）/（元/件）	U_j^{SM}（U_k^{SR}）/件	d_j^{SM}（d_k^{SR}）/件
S	0	—	—	2500	—	—	—
M	1	125	400	3500	2	1250	—
	2	150	350	2800	2	1500	—
	3	145	380	3200	1	1400	—
R	4	150	650	—	2	600	550
	5	200	550	—	2	450	300
	6	175	480	—	2	500	420

续表

		h_j^{SM}（h_k^{SR}）/（元/件）	p_j^{SM}（p_k^{SR}）/（元/件）	c_0^{SM}（c_j^{SR}）/（元/件）	c_{jj}^{SM}（c_{kk}^{SR}）/（元/件）	U_j^{SM}（U_k^{SR}）/件	d_j^{SM}（d_k^{SR}）/件
R	7	225	550	—	1	450	350
	8	200	650	—	1	350	200
	9	180	520	—	2	420	280

而 $Y^{SM}=3000$ 件，$Y^{SR}=1500$ 件，$L^{SM}=50$ 件，$L^{SR}=20$ 件，$c^{SM}=0.002$ 元/（件·米），$c^{SR}=0.0025$ 元/（件·米），$K=200$ 件。

Voronoi 图实例优化结果如图 2-4 所示。

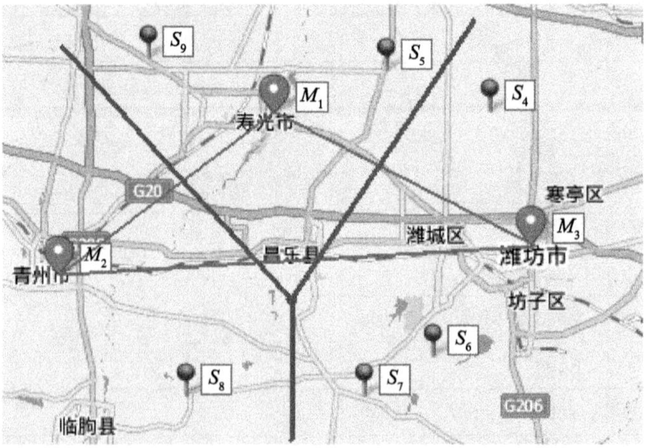

图 2-4　2.1.3 节 Voronoi 图实例优化结果

初始化参数并令主问题中 $\eta_{ij}=\left(G_{ij}^S\right)^{-1}$，$\tau_{ij}(t)=[\left(N^{SM}-\psi_j^{SM}\right)c^{SM}G_{ij}^S q_j^{SM}]^{-1}$，$L_t=Z_3$，$\varepsilon_j=[h_j^{SM}z_{3j}^{SM}\left(U_j^{SM}-d_j^{SM}\right)+p_j^{SM}z_{1j}^{SM}d_j^{SM}+c_{jj}^{SM}q_j^{SM}]^{-1}$。于是通过修正后的蚁群算法的求解，得到最优调度路线，然后在此路线基础上优化库存水平，得到表 2-8 所示的结果（其中小括号中的数字为库存水平）。

表 2-8　2.1.3 节实例优化结果

主问题	子问题
$S_0\to M_1\to M_2\to M_3\to S_0$ （580）（200）（1 320） $Z_3=145\,524$	$M_1\to R_5\to R_9\to M_1$，$Z_{3,1}=23\,910$ （300）（280） $M_2\to R_8\to M_2$，$Z_{3,2}=11\,000$ （200） $M_3\to R_4\to R_6\to R_7\to M_3$，$Z_{3,3}=83\,308$ （550）（420）（350）

2.1.4　基于随机市场、不确定需求的情形

根据 2.1.3 节的研究，此种情形下的主问题为

$$\begin{aligned}\text{Min}\quad Z_4 =& \sum_{j\in M} h_j^{SM} \int_0^{q_j^{SM}} \left(q_j^{SM} - \tilde{d}_j^{SM}\right) f_d\left(\tilde{d}_j^{SM}\right) \mathrm{d}\left(\tilde{d}_j^{SM}\right) \\ &+ \sum_{j\in M} p_j^{SM} \int_{q_j^{SM}}^{U_j^{SM}} \left(\tilde{d}_j^{SM} - q_j^{SM}\right) f_d\left(\tilde{d}_j^{SM}\right) \mathrm{d}\left(\tilde{d}_j^{SM}\right) \\ &+ c_0^{SM} + \sum_{i\in S\cup M} \sum_{\substack{j\in S\cup M \\ j\neq i}} \overline{c}_{ij}^{SM} x_{ij}^{SM} G_{ij}^S q_j^{SM} + \sum_{j\in M} c_{jj}^{SM} q_j^{SM}\end{aligned}$$

$$\text{S.t.}\quad E[\tilde{d}_j^{SM}] = \sum_{k\in\tilde{M}_j(\cdot)} E[\tilde{d}_k^{SR}],\quad j\in M \tag{2-41}$$

式（2-1）～式（2-8），式（2-12）～式（2-14），式（2-28）～式（2-30），式（2-1'）～式（2-4'），式（2-9'）～式（2-11'）

其中，约束（2-41）表示制造商的需求量等于其分区后的下游零售商的需求量之和。

子问题为对 $\forall j\in M$，有

$$\begin{aligned}\text{Min}\quad Z_{4j} =& \sum_{k\in\tilde{M}_j(\cdot)} h_k^{SR} E[\tilde{I}_k^{SR}] + \sum_{k\in\tilde{M}_j(\cdot)} p_k^{SR} E[\tilde{l}_k^{SR}] + c_j^{SR} + \sum_{\substack{k\in\{j\}\cup\tilde{M}_j(\cdot) \\ k\neq i}} c_{kk}^{SR} q_k^{SR} \\ &+ \sum_{i\in\{j\}\cup\tilde{M}_j(\cdot)} \sum_{\substack{k\in\{j\}\cup\tilde{M}_j(\cdot) \\ k\neq i}} \overline{c}_{ik}^{SR} x_{ik}^{SR} G_{ik}^S q_k^{SR}\end{aligned}$$

S.t.　式（2-17），式（2-21），式（2-22），式（2-25）～式（2-27），式（2-32）～式（2-34），式（2-36）～式（2-40），式（2-5'）～式（2-8'），式（2-12'）～式（2-14'）

现在已知供应链中零售商的需求情况如表 2-9 所示。

表 2-9　2.1.4 节零售商的需求分布

	R					
	4	5	6	7	8	9
$\tilde{d}_k^{SR}$	$N(350,\ 20^2)$	$U(320,\ 650)$	$N(300,\ 25^2)$	$N(250,\ 25^2)$	$N(340,\ 28^2)$	$U(280,\ 350)$

初始化参数并令主问题中 $\eta_{ij} = \left(G_{ij}^S\right)^{-1}$，$\tau_{ij}(t) = [\left(N^{SM} - \psi_j^{SM}\right) c^{SM} G_{ij}^S q_j^{SM}]^{-1}$，$L_t = Z_4$，$\varepsilon_j = \left(h_j^{SM} E[\tilde{I}_j^{SM}] + p_j^{SM} E[\tilde{l}_j^{SM}] + c_{jj}^{SM} q_j^{SM}\right)^{-1}$。于是通过修正后的蚁群算法的求解，得到最优调度路线，然后在此路线基础上优化库存水平，得到表 2-10 所示

的结果（其中小括号中的数字为库存水平）。

表 2-10　2.1.4 节实例优化结果

主问题	子问题
$S_0 \to M_2 \to M_3 \to M_1 \to S_0$ （339）（926）（930） $Z_4 = 195\,373$	$M_1 \to R_9 \to R_5 \to M_1$，$Z_{4,1} = 53\,488$ （328）（580） $M_2 \to R_8 \to M_2$，$Z_{4,2} = 16\,702$ （330） $M_3 \to R_7 \to R_6 \to R_4 \to M_3$，$Z_{4,3} = 78\,466$ （263）（310）（358）

2.2　单周期、单车辆、联合库存管理策略下的库存路径问题

单周期、单车辆、JMI 策略下 SIRP 示意图如图 2-5 所示。

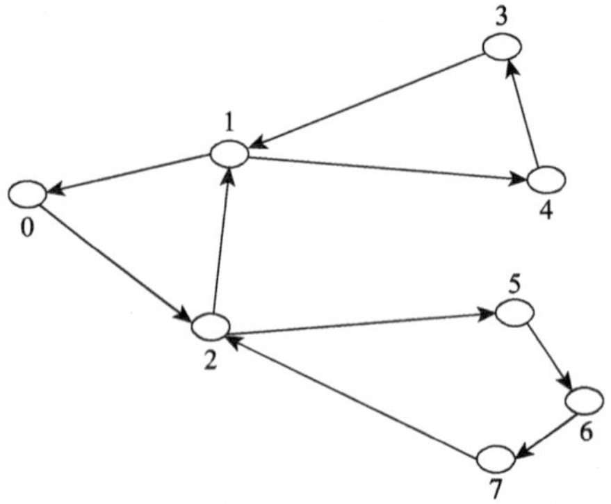

图 2-5　单周期、单车辆、JMI 策略下 SIRP 示意图

图中无虚线圈代表 JMI 策略模式，其他同上

2.2.1　基于市场细分、确定需求的情形

$$
\begin{aligned}
\text{Min}\quad Z_5 = & \sum_{j\in M} h_j^{SM} I_j^{SM} + \sum_{k\in R} h_k^{SR} I_k^{SR} + \sum_{j\in M} p_j^{SM} l_j^{SM} + \sum_{k\in R} p_k^{SR} l_k^{SR} + c_0^{SM} \\
& + \sum_{i\in S\cup M} \sum_{\substack{j\in S\cup M \\ j\neq i}} \overline{c}_{ij}^{SM} x_{ij}^{SM} G_{ij}^{S} q_j^{SM} + \sum_{j\in M} c_{jj}^{SM} q_j^{SM} + \sum_{j\in M} c_j^{SR} \\
& + \sum_{j\in M\cup R} \sum_{\substack{k\in M\cup R \\ k\neq j}} \overline{c}_{jk}^{SR} x_{jk}^{SR} G_{jk}^{S} q_k^{SR} + \sum_{k\in M\cup R} c_{kk}^{SR} q_k^{SR}
\end{aligned}
$$

S.t.　式（2-1）～式（2-27），式（2-1'）～式（2-14'）

初始化设定参数并分别令 $\eta_{ij}=\left(G_{ij}^{S}\right)^{-1}$，$\tau_{ij}(t)=[\left(N^{SM}-\psi_{j}^{SM}\right)c^{SM}G_{ij}^{S}q_{j}^{SM}]^{-1}$，$L_t=Z_5$，$\varepsilon_j=\left(h_j^{SM}E[\tilde{I}_j^{SM}]+p_j^{SM}E[\tilde{l}_j^{SM}]+c_{jj}^{SM}q_j^{SM}\right)^{-1}$；$\tau_{ij}(t)=[\left(N^{SR}-\psi_{k}^{SR}\right)c^{SR}G_{jk}^{S}q_{k}^{SR}]^{-1}$，$\eta_{ij}=\left(G_{jk}^{S}\right)^{-1}$，$\varepsilon_j=\left(h_k^{SR}E[\tilde{I}_k^{SR}]+p_k^{SR}E[\tilde{l}_k^{SR}]+c_{kk}^{SR}q_k^{SR}\right)^{-1}$。于是通过修正后的蚁群算法的求解，得到最优调度路线，然后在此路线基础上优化库存水平，得到表 2-11 所示的结果（其中小括号中的数字为库存水平）。

表 2-11　2.2.1 节实例优化结果（JMI 策略）

主问题	子问题
$S_0\to M_1\to M_2\to S_0$ （850）（970） $Z_5=207\ 442$	$M_1\to R_4\to R_3\to M_1$ （300）（550） $M_2\to R_7\to R_6\to R_5\to M_2$ （200）（350）（420）

库存路径问题总成本为 207 442 元，与 VMI 策略时供应链总成本一致。

引理 2-7　当不允许缺货且市场需求确定时，JMI 与 VMI 策略对供应链而言是等价的，即供应链采取直拨的库存方式；而允许缺货、需求确定且制造商单位缺货成本满足 $p_j^{SM}\geqslant c_{jj}^{SM}+\max\left\{\overline{c}_{ij}^{SM}G_{ij}^{S}\right\}$ 时，JMI 与 VMI 策略对供应链而言同样是等价的。

2.2.2　基于市场细分、不确定需求的情形

$$\begin{aligned}\text{Min}\quad Z_6=&\sum_{j\in M}h_j^{SM}E[\tilde{I}_j^{SM}]+\sum_{k\in R}h_k^{SR}E[\tilde{I}_k^{SR}]+\sum_{j\in M}p_j^{SM}E[\tilde{l}_j^{SM}]+\sum_{k\in R}p_k^{SR}E[\tilde{l}_k^{SR}]\\&+\sum_{i\in S\cup M}\sum_{\substack{j\in S\cup M\\ j\neq i}}\overline{c}_{ij}^{SM}x_{ij}^{SM}G_{ij}^{S}q_j^{SM}+c_0^{SM}+\sum_{j\in M}c_{jj}^{SM}q_j^{SM}+\sum_{j\in M}c_j^{SR}\\&+\sum_{j\in M\cup R}\sum_{\substack{k\in M\cup R\\ k\neq j}}\overline{c}_{jk}^{SR}x_{jk}^{SR}G_{jk}^{S}q_k^{SR}+\sum_{k\in M\cup R}c_{kk}^{SR}q_k^{SR}\end{aligned}$$

S.t.　式（2-1）～式（2-8），式（2-12）～式（2-14），式（2-15）～式（2-22），式（2-25）～式（2-34），式（2-1'）～式（2-14'）

初始化设定参数后，通过修正后的蚁群算法的求解，得到最优调度路线，然后在此路线基础上优化库存水平，得到表 2-12 所示的结果（其中小括号中的数字为库存水平）。

表 2-12　2.2.2 节实例优化结果（JMI 策略）

主问题	子问题
$S_0 \to M_1 \to M_2 \to S_0$ （881）（919） $Z_6 = 270\ 827$	$M_1 \to R_4 \to R_3 \to M_1$ （323）（558） $M_2 \to R_7 \to R_6 \to R_5 \to M_2$ （259）（306）（354）

库存路径问题总成本为 270 827 元，小于 VMI 策略下的 272 657 元。

引理 2-8　在市场需求不确定的情形下，供应链中的 JMI 策略要优于 VMI 策略方式，即 JMI 策略消除了部分牛鞭效应，在一定程度上降低了供应链总的库存与运输成本。

2.2.3　基于随机市场、确定需求的情形

$$
\begin{aligned}
\text{Min}\quad Z_7 = & \sum_{j\in M} h_j^{SM} I_j^{SM} + \sum_{k\in R} h_k^{SR} I_k^{SR} + \sum_{j\in M} p_j^{SM} l_j^{SM} + \sum_{k\in R} p_k^{SR} l_k^{SR} + c_0^{SM} \\
& + \sum_{i\in S\cup M} \sum_{\substack{j\in S\cup M \\ j\neq i}} \overline{c}_{ij}^{SM} x_{ij}^{SM} G_{ij}^{S} q_j^{SM} + \sum_{j\in M} c_{jj}^{SM} q_j^{SM} + \sum_{j\in M} c_j^{SR} \\
& + \sum_{j\in M\cup R} \sum_{\substack{k\in M\cup R \\ k\neq j}} \overline{c}_{jk}^{SR} x_{jk}^{SR} G_{jk}^{S} q_k^{SR} + \sum_{k\in M\cup R} c_{kk}^{SR} q_k^{SR}
\end{aligned}
$$

S.t.　式（2-1）～式（2-10），式（2-12）～式（2-14），式（2-17），式（2-21）～式（2-27），式（2-35）～式（2-40），式（2-1'）～式（2-14'）

初始化设定参数后，通过修正后的蚁群算法的求解，得到最优调度路线，然后在此路线基础上优化库存水平，得到表 2-13 所示的结果（其中小括号中的数字为库存水平）。

表 2-13　2.2.3 节实例优化结果（JMI 策略）

主问题	子问题
$S_0 \to M_1 \to M_2 \to M_3 \to S_0$ （580）（200）（1 320） $Z_7 = 260\ 862$	$M_1 \to R_5 \to R_9 \to M_1$ （300）（280） $M_2 \to R_8 \to M_2$ （200） $M_3 \to R_4 \to R_6 \to R_7 \to M_3$ （550）（420）（350）

库存路径问题总成本为 260 862 元，与 VMI 策略时供应链总成本一致。

2.2.4　基于随机市场、不确定需求的情形

$$
\begin{aligned}
\text{Min}\quad Z_8 = &\sum_{j\in M} h_j^{SM} E[\tilde{I}_j^{SM}] + \sum_{k\in R} h_k^{SR} E[\tilde{I}_k^{SR}] + \sum_{j\in M} p_j^{SM} E[\tilde{l}_j^{SM}] + \sum_{k\in R} p_k^{SR} E[\tilde{l}_k^{SR}] \\
&+ \sum_{i\in S\cup M} \sum_{\substack{j\in S\cup M \\ j\neq i}} \overline{c}_{ij}^{SM} x_{ij}^{SM} G_{ij}^{S} q_j^{SM} + c_0^{SM} + \sum_{j\in M} c_{jj}^{SM} q_j^{SM} + \sum_{j\in M} c_j^{SR} \\
&+ \sum_{j\in M\cup R} \sum_{\substack{k\in M\cup R \\ k\neq j}} \overline{c}_{jk}^{SR} x_{jk}^{SR} G_{jk}^{S} q_k^{SR} + \sum_{k\in M\cup R} c_{kk}^{SR} q_k^{SR}
\end{aligned}
$$

S.t.　式（2-1）～式（2-8），式（2-12）～式（2-14），式（2-17），式（2-21）～式（2-22），式（2-25）～式（2-30），式（2-32）～式（2-34），式（2-36）～式（2-41），式（2-1'）～式（2-14'）

初始化设定参数后，通过修正后的蚁群算法求解，得到最优调度路线，然后在此路线基础上优化库存水平，得到表 2-14 所示的结果（其中小括号中的数字为库存水平）。

表 2-14　2.2.4 节实例优化结果（JMI 策略）

主问题	子问题
$S_0 \to M_2 \to M_3 \to M_1 \to S_0$ （334）（917）（887） $Z_8 = 338\,439$	$M_1 \to R_9 \to R_5 \to M_1$ （324）（563） $M_2 \to R_8 \to M_2$ （334） $M_3 \to R_7 \to R_6 \to R_4 \to M_3$ （258）（305）（354）

库存路径问题总成本为 338 439 元，小于 VMI 策略下的 340 241 元。

2.3　单周期、多车辆、供应商管理库存策略下的库存路径问题

单周期、多车辆、VMI 策略下 SIRP 示意图（串行式运输、自有车辆情形）如图 2-6 所示。单周期、多车辆、VMI 策略下 SIRP 示意图（串行式运输、租用车辆情形）如图 2-7 所示。单周期、多车辆、VMI 策略下 SIRP 示意图（并行式运输情形）如图 2-8 所示。

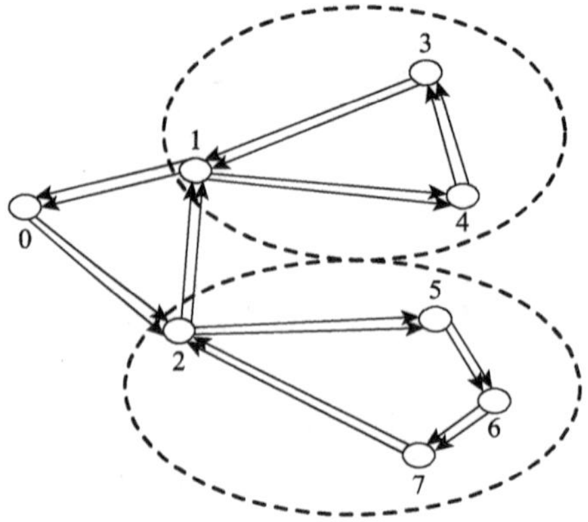

图 2-6 单周期、多车辆、VMI 策略下 SIRP 示意图（串行式运输、自有车辆情形）

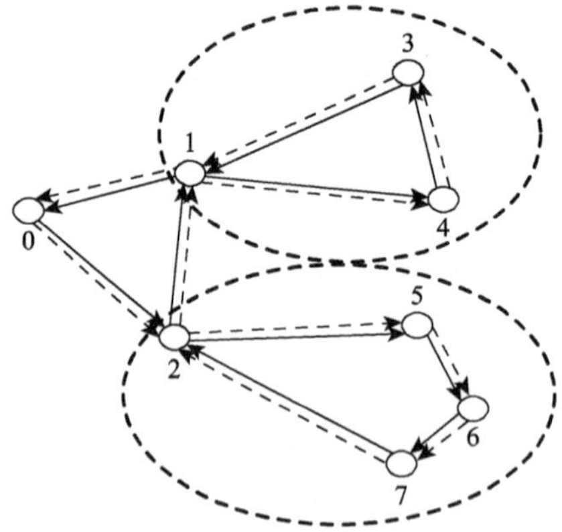

图 2-7 单周期、多车辆、VMI 策略下 SIRP 示意图（串行式运输、租用车辆情形）

双箭头（含虚箭头）代表多车辆（包括租用）行驶路径，其他同上

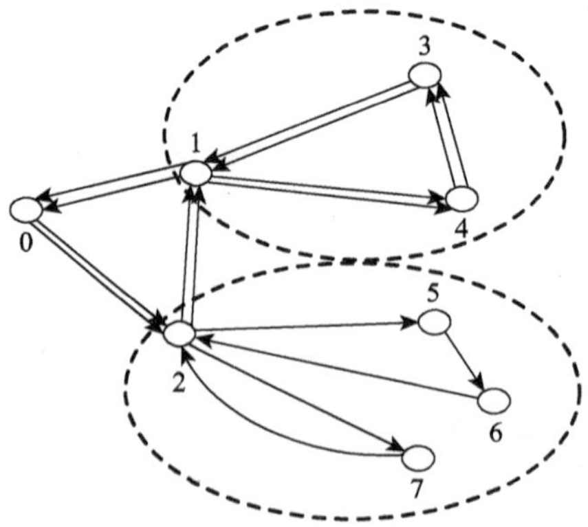

图 2-8 单周期、多车辆、VMI 策略下 SIRP 示意图（并行式运输情形）

双箭头代表多自有车辆行驶路径；箭头代表并行式运输，其他同上

2.3.1　基于市场细分、确定需求、自有车辆配送的情形

这一部分所考虑的是多车辆情形，在此定义三种多车辆运输模式：直配式运输、串行式运输和并行式运输。直配式运输是指上游制造商（或上游供应商）分别向零售商（或制造商）各主体调度车辆，即单一车辆服务单一主体的一种运输模式；串行式运输是指上游制造商（或上游供应商）分别向零售商（或制造商）主体共同调度车辆，即多车辆服务单一主体的一种运输模式，如图 2-6 和图 2-7 所示；并行式运输指上游制造商（或上游供应商）分别向零售商（或制造商）主体混合调度车辆，即单一车辆服务多主体的一种运输模式，如图 2-8 所示。

假定供应商车辆容量不小于任一制造商的需求，制造商车辆容量不小于其所服务的任一零售商的需求，于是主问题为

$$\text{Min}\quad Z_9=\text{Min}\{Z_{10},Z_{11},Z_{12}\}$$

直配式运输：

$$\text{Min}\quad Z_{10}=\sum_{j\in M}h_j^{SM}I_j^{SM}+\sum_{j\in M}p_j^{SM}l_j^{SM}+mc_0^{SM}+\sum_{j\in M}c_{0j}^{SM}G_{0j}^{S}q_j^{SM}+\sum_{j\in M}c_{jj}^{SM}q_j^{SM}+K\sum_{j\in M}c_{j0}^{SM}G_{j0}^{S}$$

$$\text{S.t.}\quad q_j^{SM}\leqslant Y^{SM},\quad j\in M \tag{2-42}$$

式（2-7）～式（2-12），式（2-14）

其中，约束（2-42）表示供应商向每一制造商的送货量不超过车辆容量。

串行式运输：

$$\text{Min}\quad Z_{11}=\sum_{j\in M}h_j^{SM}I_j^{SM}+\sum_{j\in M}p_j^{SM}l_j^{SM}+\left\lceil \sum_{j\in M}q_j^{SM}\Big/Y^{SM}\right\rceil c_0^{SM}+\sum_{i\in S\cup M}\sum_{\substack{j\in S\cup M\\ j\neq i}}\overline{c}_{ij}^{SM}x_{ij}^{SM}G_{ij}^{S}q_j^{SM}+\sum_{j\in M}c_{jj}^{SM}q_j^{SM}$$

S.t.　式（2-1）～式（2-5），式（2-7）～式（2-14），式（2-1'）～式（2-4'），式（2-9'）～式（2-11'）

并行式运输：

$$\text{Min}\quad Z_{12}=\sum_{j\in M}h_j^{SM}I_j^{SM}+\sum_{j\in M}p_j^{SM}l_j^{SM}+\left|f_s^{-1}\right|c_0^{SM}+\sum_{c\in f_0^{-1}}\sum_{i\in S\cup\overline{S}_c(\cdot)}\sum_{\substack{j\in S\cup\overline{S}_c(\cdot)\\ j\neq i}}\overline{c}_{ij}^{SM}x_{ij}^{SM}G_{ij}^{S}q_j^{SM}+\sum_{j\in M}c_{jj}^{SM}q_j^{SM}$$

$$\text{S.t.}\quad \sum_{j\in\overline{S}_c(\cdot)}x_{0j}^{SM}=1,\quad c\in f_0^{-1} \tag{2-43}$$

$$\sum_{j\in\overline{S}_c(\cdot)} x_{j0}^{SM} = 1,\quad c\in f_0^{-1} \tag{2-44}$$

$$\sum_{j\in\overline{S}_c(\cdot)} q_j^{SM} \leqslant Y^{SM},\quad c\in f_0^{-1} \tag{2-45}$$

$$q_j^{SM} - \sum_{i\in S\cup\overline{S}_c(\cdot)} Y^{SM} x_{ij}^{SM} \leqslant 0,\quad j\in M,\quad c\in f_0^{-1} \tag{2-46}$$

$$d_j^{SM} = \sum_{k\in\overline{M}_{jd}(\cdot)} d_k^{SR},\quad j\in M,\quad d\in f_j^{-1} \tag{2-47}$$

式（2-3），式（2-4），式（2-7），式（2-9），式（2-10），式（2-12）～式（2-14），式（2-1'）～式（2-4'），式（2-9'）～式（2-11'）

其中，约束（2-43）表示单一车辆从供应商处离开向制造商送货；约束（2-44）表示单一车辆从制造商处送完货返回供应商处；约束（2-45）表示单一车辆向制造商的送货量不能超过车辆容量；约束（2-46）表示单一车辆只有经过制造商节点时才送货，保证了运输的可能性；约束（2-47）表示制造商的需求量等于其单一车辆所对应的下游零售商的需求量之和。

而子问题为对 $\forall j\in M$，有

直配式运输：

$$\text{Min}\quad Z_{10j} = \sum_{k\in R} h_k^{SR} I_k^{SR} + \sum_{k\in R} p_k^{SR} l_k^{SR} + \left|M_j(\cdot)\right| c_j^{SR} + \sum_{k\in R} c_{jk}^{SR} G_{jk}^{S} q_k^{SR} + \sum_{k\in R} c_{kk}^{SR} q_k^{SR} + K\sum_{k\in R} c_{kj}^{SR} G_{kj}^{S}$$

$$\text{S.t.}\quad q_k^{SR} \leqslant Y^{SR},\quad k\in R \tag{2-48}$$

式（2-21）～式（2-25），式（2-27）

其中，约束（2-48）表示制造商向每一零售商的送货量不超过车辆容量。

串行式运输：

$$\text{Min}\quad Z_{11j} = \sum_{k\in R} h_k^{SR} I_k^{SR} + \sum_{k\in R} p_k^{SR} l_k^{SR} + \sum_{i\in\{j\}\cup M_j(\cdot)} \sum_{\substack{k\in\{j\}\cup M_j(\cdot)\\ k\neq i}} \overline{c}_{ik}^{SR} x_{ik}^{SR} G_{ik}^{S} q_k^{SR} + \sum_{k\in R} c_{kk}^{SR} q_k^{SR} + \left\lceil \sum_{k\in M_j(\cdot)} q_k^{SR} \Big/ Y^{SR} \right\rceil c_j^{SR}$$

S.t.　式（2-15）～式（2-19），式（2-21）～式（2-27），式（2-5'）～式（2-8'），式（2-12'）～式（2-14'）

并行式运输：

$$\text{Min}\quad Z_{12j} = \sum_{k\in R} h_k^{SR} I_k^{SR} + \sum_{d\in f_j^{-1}} \sum_{i\in\{j\}\cup\overline{M}_{jd}(\cdot)} \sum_{\substack{k\in\{j\}\cup\overline{M}_{jd}(\cdot)\\ k\neq i}} \overline{c}_{ik}^{SR} x_{ik}^{SR} G_{ik}^{S} q_k^{SR} + \sum_{k\in R} c_{kk}^{SR} q_k^{SR} + \sum_{k\in R} p_k^{SR} l_k^{SR} + \left|f_{Mj}^{-1}\right| c_j^{SR}$$

S.t. $$\sum_{k\in \bar{M}_{jd}(\cdot)} x_{jk}^{SR}=1,\quad j\in M,\quad d\in f_j^{-1} \tag{2-49}$$

$$\sum_{k\in \bar{M}_{jd}(\cdot)} x_{kj}^{SR}=1,\quad j\in M,\quad d\in f_j^{-1} \tag{2-50}$$

$$\sum_{\substack{k\in \{j\}\cup \bar{M}_{jd}(\cdot)\\ i\neq k}} x_{ik}^{SR}=1,\quad j\in M,\quad d\in f_j^{-1} \tag{2-51}$$

$$\sum_{k\in \bar{M}_{jd}(\cdot)} q_k^{SR}\leqslant Y^{SR},\quad j\in M,\quad d\in f_j^{-1} \tag{2-52}$$

$$q_k^{SR}-\sum_{k\in \{j\}\cup \bar{M}_{jd}(\cdot)} Y^{SR}x_{jk}^{SR}\leqslant 0,\quad k\in R,\quad j\in M,\quad d\in f_j^{-1} \tag{2-53}$$

式（2-17），式（2-21），式（2-23）～式（2-27），式（2-5’）～式（2-8’），式（2-12’）～式（2-14’）

其中，约束（2-49）表示单一车辆从制造商处离开向零售商送货；约束（2-50）表示单一车辆从零售商处送完货返回制造商处；约束（2-51）表示供应链中的制造商和其下游零售商节点当且仅当被访问一次；约束（2-52）表示单一车辆向零售商的送货量不能超过车辆容量；约束（2-53）表示单一车辆只有经过零售商节点时才送货，保证了运输的可能性。

针对并行运输模式，本节采取费用差最小插入法分区算法，其主问题基本步骤如下。

步骤 1：根据车辆容量 Y^{SM} 和制造商总需求 $\sum_{j\in M} d_j^{SM}$ ，确定供应商所需调度车辆数 $\left|f_s^{-1}\right|$。

步骤 2：随机选取 $\left|f_s^{-1}\right|$ 个制造商分别加入 $\left|f_s^{-1}\right|$ 条运输线路中。

步骤 3：逐一将剩余制造商插入现有线路中，计算制造商 m 加入后的库存路径问题费用增加值 $\Delta Z_{\left|f_s^{-1}\right|}=\left(Z^{m+}-Z^{m-}\right)_{\left|f_s^{-1}\right|}$ ，如果加入制造商 m 后的需求超过车辆容量，则令库存路径问题费用无穷大。

步骤 4：针对制造商 m ，计算制造商库存路径问题费用增加最小值 $\min\left\{\Delta Z_{\left|f_s^{-1}\right|}=\left(Z^{m+}-Z^{m-}\right)_{\left|f_s^{-1}\right|}\right\}$ 与次最小值的差值，依次选取并计算剩余制造商 m' 。接下来选取差值最小的制造商加入其库存路径问题费用增加最小值运输线路中，转步骤 3。

步骤 5：循环这一过程，直到所有制造商都加入运输线路中，终止。

初始化设定参数 $\alpha=1$ ，$\beta=5$ ，$m=4$ ，$\mathrm{nc}=100$ ，$l=0.1$ ，$g=0.1$ ，$q_0=0.9$ ，$\gamma=2$ ，并令主问题中 $\eta_{ij}=\left(G_{ij}^S\right)^{-1}$ ，$\tau_{ij}(t)=[\left(N^{SM}-\psi_j^{SM}\right)c^{SM}G_{ij}^S q_j^{SM}]^{-1}$ ，$L_t=Z_{11}$ ，

$\varepsilon_j=[h_j^{SM}z_{3j}^{SM}\left(U_j^{SM}-d_j^{SM}\right)+p_j^{SM}z_{1j}^{SM}d_j^{SM}+c_{jj}^{SM}q_j^{SM}]^{-1}$，通过修正后的蚁群算法的求解，得到最优调度路线，然后在此路线基础上优化库存水平。

本节实例情形如表 2-6 和表 2-7 所示，而 $Y^{SM}=1500$ 件，$Y^{SR}=800$ 件，$L^{SM}=50$ 件，$L^{SR}=20$ 件，$c^{SM}=0.002$ 元/（件·米），$c^{SR}=0.0025$ 元/（件·米），$K=200$ 件。于是通过启发式算法的求解，得到表 2-15 所示的结果（其中小括号中的数字为库存水平）。

表 2-15　2.3.1 节实例优化结果

运输模式	主问题	子问题
直配式运输	$S_0\to M_1\to S_0$ （580） $S_0\to M_2\to S_0$ （200） $S_0\to M_3\to S_0$ （1 320） $Z_{10}^{*}=94\,908$	$M_1\to R_5\to M_1$ （300） $M_1\to R_9\to M_1$，$Z_{10,1}=26\,485$ （280） $M_2\to R_8\to M_2$，$Z_{10,2}=11\,000$ （200） $M_3\to R_4\to M_3$ （550） $M_3\to R_6\to M_3$ （420） $M_3\to R_7\to M_3$，$Z_{10,3}=47\,715$ （350）
串行式运输	$S_0\to M_1\to M_2\to M_3\to S_0$ （500）（280）（1 320） $Z_{11}=147\,636$	$M_1\to R_5\to R_8\to M_1$，$Z_{11,1}=43\,800$ （300）（200） $M_2\to R_9\to M_2$，$Z_{11,2}=19\,560$ （280） $M_3\to R_4\to R_6\to R_7\to M_3$ （550）（420）（350），$Z_{11,3}=86\,508$
并行式运输	$S_0\to M_1\to M_2\to S_0$ （580）（200） $S_0\to M_3\to S_0$ （1 320） $Z_{12}=108\,016$	$M_1\to R_5\to R_9\to M_1$，$Z_{12,1}=23\,910$ （300）（280） $M_2\to R_8\to M_2$，$Z_{12,2}=11\,000$ （200） $M_3\to R_4\to M_3$ （550） $M_3\to R_7\to R_6\to M_3$，$Z_{12,3}=57\,190$ （420）（350）

2.3.2　基于市场细分、不确定需求、自有车辆配送的情形

主问题：

$$\text{Min}\quad Z_{13}=\text{Min}\left\{Z_{14},Z_{15},Z_{16}\right\}$$

直配式运输：

$$\text{Min}\quad Z_{14}=\sum_{j\in M}h_j^{SM}E[\tilde{I}_j^{SM}]+\sum_{j\in M}p_j^{SM}E[\tilde{l}_j^{SM}]+\sum_{j\in M}c_{0j}^{SM}G_{0j}^{S}q_j^{SM}+\sum_{j\in M}c_{jj}^{SM}q_j^{SM}+K\sum_{j\in M}c_{j0}^{SM}G_{j0}^{S}+mc_0^{SM}$$

S.t.　式（2-7），式（2-8），式（2-12），式（2-14），式（2-28）～式（2-31），式（2-42）

串行式运输：

$$\text{Min}\quad Z_{15}=\sum_{j\in M}h_j^{SM}E[\tilde{I}_j^{SM}]+\sum_{j\in M}p_j^{SM}E[\tilde{l}_j^{SM}]+\sum_{i\in S\cup M}\sum_{\substack{j\in S\cup M\\ j\neq i}}\overline{c}_{ij}^{SM}x_{ij}^{SM}G_{ij}^{S}q_j^{SM}+\left\lceil \sum_{j\in M}q_j^{SM}\Big/Y^{SM}\right\rceil c_0^{SM}+\sum_{j\in M}c_{jj}^{SM}q_j^{SM}$$

S.t.　式（2-1）～式（2-5），式（2-7），式（2-8），式（2-12）～式（2-14），式（2-28）～式（2-31），式（2-1'）～式（2-4'），式（2-9'）～式（2-11'）

并行式运输：

$$\text{Min}\quad Z_{16}=\sum_{j\in M}h_j^{SM}E[\tilde{I}_j^{SM}]+\sum_{j\in M}p_j^{SM}E[\tilde{l}_j^{SM}]+\sum_{c\in f_0^{-1}}\sum_{i\in S\cup\overline{S}_c(\cdot)}\sum_{\substack{j\in S\cup\overline{S}_c(\cdot)\\ j\neq i}}\overline{c}_{ij}^{SM}x_{ij}^{SM}G_{ij}^{S}q_j^{SM}+\sum_{j\in M}c_{jj}^{SM}q_j^{SM}+\left|f_s^{-1}\right|c_0^{SM}$$

$$\text{S.t.}\quad E[\tilde{d}_j^{SM}]=\sum_{k\in\overline{M}_{jd}(\cdot)}E[\tilde{d}_k^{SR}],\quad j\in M,\quad d\in f_j^{-1}\qquad（2\text{-}54）$$

式（2-3），式（2-4），式（2-7），式（2-12）～式（2-14），式（2-28）～式（2-30），式（2-43）～式（2-46），式（2-1'）～式（2-4'），式（2-9'）～式（2-11'）

其中，约束（2-54）表示制造商的需求量等于其分区后的下游零售商的需求量之和。

子问题为对 $\forall j\in M$，则有

直配式运输：

$$\text{Min}\quad Z_{14j}=\sum_{k\in R}h_k^{SR}E[\tilde{I}_k^{SR}]+\sum_{k\in R}p_k^{SR}E[\tilde{l}_k^{SR}]+\left|M_j(\cdot)\right|c_j^{SR}+\sum_{k\in R}c_{jk}^{SR}G_{jk}^{S}q_k^{SR}+\sum_{k\in R}c_{kk}^{SR}q_k^{SR}+K\sum_{k\in R}c_{kj}^{SR}G_{kj}^{S}$$

S.t.　式（2-21），式（2-22），式（2-25），式（2-27）～式（2-30），式（2-32）～式（2-34），式（2-48），式（2-54）

串行式运输：

$$\text{Min}\quad Z_{15j}=\sum_{k\in R}h_k^{SR}E[\tilde{I}_k^{SR}]+\sum_{i\in\{j\}\cup M_j(\cdot)}\sum_{\substack{k\in\{j\}\cup M_j(\cdot)\\k\neq i}}\overline{c}_{ik}^{SR}x_{ik}^{SR}G_{ik}^{S}q_k^{SR}+\sum_{k\in R}c_{kk}^{SR}q_k^{SR}$$
$$+\left\lceil \sum_{k\in M_j(\cdot)}q_k^{SR}\Big/Y^{SR}\right\rceil c_j^{SR}+\sum_{k\in R}p_k^{SR}E[\tilde{l}_k^{SR}]$$

S.t.　式（2-15）~式（2-19），式（2-21），式（2-22），式（2-25）~式（2-30），式（2-32）~式（2-34），式（2-54），式（2-5'）~式（2-8'），式（2-12'）~式（2-14'）

并行式运输：

$$\text{Min}\quad Z_{16j}=\sum_{k\in R}h_k^{SR}E[\tilde{I}_k^{SR}]+\sum_{d\in f_j^{-1}}\sum_{i\in\{j\}\cup\bar{M}_{jd}(\cdot)}\sum_{\substack{k\in\{j\}\cup\bar{M}_{jd}(\cdot)\\k\neq i}}\overline{c}_{ik}^{SR}x_{ik}^{SR}G_{ik}^{S}q_k^{SR}+\sum_{k\in R}p_k^{SR}E[\tilde{l}_k^{SR}]$$
$$+\left|f_{Mj}^{-1}\right|c_j^{SR}+\sum_{k\in R}c_{kk}^{SR}q_k^{SR}$$

S.t.　式（2-17），式（2-21），式（2-25）~式（2-30），式（2-32）~式（2-34），式（2-49）~式（2-54），式（2-5'）~式（2-8'），式（2-12'）~式（2-14'）

本节实例情形如表 2-6、表 2-7 和表 2-9 所示，而 $Y^{SM}=1500$ 件，$Y^{SR}=800$ 件，$L^{SM}=50$ 件，$L^{SR}=20$ 件，$c^{SM}=0.002$ 元/（件·米），$c^{SR}=0.0025$ 元/（件·米），$K=200$ 件。初始化设定参数后，通过修正后的蚁群算法的求解，得到最优调度路线，然后在此路线基础上优化库存水平，得到表 2-16 所示的结果（其中小括号中的数字为库存水平）。

表 2-16　2.3.2 节实例优化结果

运输模式	主问题	子问题
直配式运输	$S_0\to M_1\to S_0$（930） $S_0\to M_2\to S_0$（339） $S_0\to M_3\to S_0$（926） $Z_{14}^{*}=125\,527$	$M_1\to R_5\to M_1$（577） $M_1\to R_9\to M_1$，$Z_{14,1}=61\,288$（330） $M_2\to R_8\to M_2$，$Z_{14,2}=16\,702$（330） $M_3\to R_4\to M_3$（357） $M_3\to R_6\to M_3$（312） $M_3\to R_7\to M_3$，$Z_{14,3}=76\,090$（266）

续表

运输模式	主问题	子问题
串行式运输	$S_0 \to M_2 \to M_3 \to M_1 \to S_0$ (339)(926)(930) $Z_{15}=197\,873$	$M_1 \to R_9 \to R_5 \to M_1$，$Z_{15,1}=53\,488$ (328)(580) $M_2 \to R_8 \to M_2$，$Z_{15,2}=16\,702$ (330) $M_3 \to R_7 \to R_6 \to R_4 \to M_3$，$Z_{15,3}=81\,666$ (263)(310)(358)
并行式运输	$S_0 \to M_1 \to M_2 \to S_0$ (848)(346) $S_0 \to M_3 \to S_0$ (917) $Z_{16}=149\,794$	$M_1 \to R_9 \to R_5 \to M_1$，$Z_{16,1}=53\,488$ (328)(580) $M_2 \to R_8 \to M_2$，$Z_{16,2}=16\,702$ (330) $M_3 \to R_6 \to M_3$ (310) $M_3 \to R_7 \to R_4 \to M_3$，$Z_{16,3}=87\,074$ (264)(356)

2.3.3　基于随机市场、确定需求、自有车辆配送的情形

主问题：

$$\text{Min}\quad Z_{17}=\text{Min}\{Z_{18},Z_{19}\}$$

串行式运输：

$$\text{Min}\quad Z_{18}=\sum_{j\in M}h_j^{SM}I_j^{SM}+\sum_{j\in M}p_j^{SM}l_j^{SM}+\left\lceil \sum_{j\in M}q_j^{SM}\Big/ Y^{SM}\right\rceil c_0^{SM}+\sum_{i\in S\cup M}\sum_{\substack{j\in S\cup M\\ j\neq i}}\overline{c}_{ij}^{SM}x_{ij}^{SM}G_{ij}^{S}q_j^{SM}+\sum_{j\in M}c_{jj}^{SM}q_j^{SM}$$

S.t.　式（2-1）～式（2-5），式（2-7）～式（2-10），式（2-12）～式（2-14），式（2-35），式（2-1'）～式（2-4'），式（2-9'）～式（2-11'）

并行式运输：

$$\text{Min}\quad Z_{19}=\sum_{j\in M}h_j^{SM}I_j^{SM}+\sum_{j\in M}p_j^{SM}l_j^{SM}+\left|f_s^{-1}\right|c_0^{SM}+\sum_{c\in f_0^{-1}}\sum_{i\in S\cup\tilde{S}_c(\cdot)}\sum_{\substack{j\in S\cup\tilde{S}_c(\cdot)\\ j\neq i}}\overline{c}_{ij}^{SM}x_{ij}^{SM}G_{ij}^{S}q_j^{SM}+\sum_{j\in M}c_{jj}^{SM}q_j^{SM}$$

S.t.
$$\sum_{j\in\tilde{S}_c(\cdot)}x_{0j}^{SM}=1,\quad c\in f_0^{-1}\qquad(2\text{-}55)$$

$$\sum_{j\in\tilde{S}_c(\cdot)}x_{j0}^{SM}=1,\quad c\in f_0^{-1}\qquad(2\text{-}56)$$

$$\sum_{j\in\tilde{S}_c(\cdot)} q_j^{SM} \leqslant Y^{SM},\quad c\in f_0^{-1} \tag{2-57}$$

$$q_j^{SM} - \sum_{i\in S\cup\tilde{S}_c(\cdot)} Y^{SM} x_{ij}^{SM} \leqslant 0,\quad j\in M,\quad c\in f_0^{-1} \tag{2-58}$$

$$d_j^{SM} = \sum_{k\in\tilde{M}_{jd}(\cdot)} d_k^{SR},\quad j\in M,\quad d\in f_j^{-1} \tag{2-59}$$

式（2-3），式（2-4），式（2-7），式（2-9），式（2-10），式（2-12）～式（2-14），式（2-1'）～式（2-4'），式（2-9'）～式（2-11'）

其中，约束（2-55）表示单一车辆从供应商处离开向制造商送货；约束（2-56）表示单一车辆从制造商处送完货返回供应商处；约束（2-57）表示单一车辆向制造商的送货量不能超过车辆容量；约束（2-58）表示单一车辆只有经过制造商节点时才送货，保证了运输的可能性；约束（2-59）表示制造商的需求量等于其分区后的下游零售商的需求量之和。

而子问题为对 $\forall j\in M$，则有

串行式运输：

$$\text{Min}\quad Z_{18j} = \sum_{k\in R} h_k^{SR} I_k^{SR} + \sum_{k\in R} p_k^{SR} l_k^{SR} + \sum_{i\in\{j\}\cup M_j(\cdot)} \sum_{\substack{k\in\{j\}\cup M_j(\cdot)\\ k\neq i}} \overline{c}_{ik}^{SR} x_{ik}^{SR} G_{ik}^{S} q_k^{SR} + \sum_{k\in R} c_{kk}^{SR} q_k^{SR} + \left\lceil \sum_{k\in M_j(\cdot)} q_k^{SR} \Big/ Y^{SR} \right\rceil c_j^{SR}$$

S.t.　式（2-17），式（2-21）～式（2-27），式（2-36）～式（2-40），式（2-5'）～式（2-8'），式（2-12'）～式（2-14'）

并行式运输：

$$\text{Min}\quad Z_{19j} = \sum_{k\in R} h_k^{SR} I_k^{SR} + \sum_{d\in f_j^{-1}} \sum_{i\in\{j\}\cup\tilde{M}_{jd}(\cdot)} \sum_{\substack{k\in\{j\}\cup\tilde{M}_{jd}(\cdot)\\ k\neq i}} \overline{c}_{ik}^{SR} x_{ik}^{SR} G_{ik}^{S} q_k^{SR} + \sum_{k\in R} c_{kk}^{SR} q_k^{SR} + \sum_{k\in R} p_k^{SR} l_k^{SR} + \left| f_{Mj}^{-1} \right| c_j^{SR}$$

S.t.

$$\sum_{k\in\tilde{M}_{jd}(\cdot)} x_{jk}^{SR} = 1,\quad j\in M,\quad d\in f_j^{-1} \tag{2-60}$$

$$\sum_{k\in\tilde{M}_{jd}(\cdot)} x_{kj}^{SR} = 1,\quad j\in M,\quad d\in f_j^{-1} \tag{2-61}$$

$$\sum_{\substack{k\in\{j\}\cup\tilde{M}_{jd}(\cdot)\\ i\neq k}} x_{ik}^{SR} = 1,\quad j\in M,\quad d\in f_j^{-1} \tag{2-62}$$

$$\sum_{k\in\tilde{M}_{jd}(\cdot)} q_k^{SR} \leqslant Y^{SR},\quad j\in M,\quad d\in f_j^{-1} \tag{2-63}$$

$$q_k^{SR} - \sum_{k \in \{j\} \cup \bar{M}_{jd}(\cdot)} Y^{SR} x_{jk}^{SR} \leqslant 0, \quad k \in R, \quad j \in M, \quad d \in f_j^{-1} \qquad (2\text{-}64)$$

式（2-17），式（2-21），式（2-23）～式（2-27），式（2-5'）～式（2-8'），式（2-12'）～式（2-14'）

其中，约束（2-60）表示单一车辆从制造商处离开向零售商送货；约束（2-61）表示单一车辆从零售商处送完货返回制造商处；约束（2-62）表示供应链中的制造商和其下游零售商节点当且仅当被访问一次；约束（2-63）表示单一车辆向零售商的送货量不能超过车辆容量；约束（2-64）表示单一车辆只有经过零售商节点时才送货，保证了运输的可能性。

本节实例情形如表 2-6 和表 2-7 所示，而 $Y^{SM}=1500$ 件，$Y^{SR}=800$ 件，$L^{SM}=50$ 件，$L^{SR}=20$ 件，$c^{SM}=0.002$ 元/（件·米），$c^{SR}=0.0025$ 元/（件·米），$K=200$ 件。初始化设定参数后，通过修正后的蚁群算法的求解，得到最优调度路线，然后在此路线基础上优化库存水平，得到表 2-17 所示的结果（其中小括号中的数字为库存水平）。

表 2-17　2.3.3 节实例优化结果

运输模式	主问题	子问题
串行式运输	$S_0 \to M_1 \to M_2 \to M_3 \to S_0$ （580）（200）（1 320） $Z_{18}=148\,024$	$M_1 \to R_5 \to R_9 \to M_1$，$Z_{18,1}=23\,910$ （300）（280） $M_2 \to R_8 \to M_2$，$Z_{18,2}=11\,000$ （200） $M_3 \to R_4 \to R_6 \to R_7 \to M_3$，$Z_{18,3}=86\,508$ （550）（420）（350）
并行式运输	$S_0 \to M_1 \to M_2 \to S_0$ （580）（200） $S_0 \to M_3 \to S_0$ （1 320） $Z_{19}^*=108\,016$	$M_1 \to R_5 \to R_9 \to M_1$，$Z_{19,1}=23\,910$ （300）（280） $M_2 \to R_8 \to M_2$，$Z_{19,2}=11\,000$ （200） $M_3 \to R_4 \to M_3$ （550） $M_3 \to R_7 \to R_6 \to M_3$，$Z_{19,3}=57\,190$ （420）（350）

2.3.4　基于随机市场、不确定需求、自有车辆配送的情形

主问题：

$$\text{Min} \quad Z_{20} = \text{Min}\{Z_{21}, Z_{22}\}$$

串行式运输：

$$\text{Min}\quad Z_{21}=\sum_{j\in M}h_j^{SM}E[\tilde{I}_j^{SM}]+\sum_{j\in M}p_j^{SM}E[\tilde{l}_j^{SM}]+\sum_{i\in S\cup M}\sum_{\substack{j\in S\cup M\\ j\neq i}}\overline{c}_{ij}^{SM}x_{ij}^{SM}G_{ij}^{S}q_j^{SM}$$

$$+\left\lceil \sum_{j\in M}q_j^{SM}\Big/ Y^{SM}\right\rceil c_0^{SM}+\sum_{j\in M}c_{jj}^{SM}q_j^{SM}$$

$$\text{S.t.}\quad E[\tilde{d}_j^{SM}]=\sum_{k\in\bar{M}_{jd}(\cdot)}E[\tilde{d}_k^{SR}],\quad j\in M,\quad d\in f_j^{-1} \tag{2-65}$$

式（2-1）～式（2-5），式（2-7），式（2-8），式（2-12）～式（2-14），式（2-28）～式（2-30），式（2-1'）～式（2-4'），式（2-9'）～式（2-11'）

其中，约束（2-65）表示制造商的不确定需求量等于其对应的下游零售商的需求量之和。

并行式运输：

$$\text{Min}\quad Z_{22}=\sum_{j\in M}h_j^{SM}E[\tilde{I}_j^{SM}]+\sum_{j\in M}p_j^{SM}E[\tilde{l}_j^{SM}]+\sum_{c\in f_0^{-1}}\sum_{i\in S\cup\bar{S}_c(\cdot)}\sum_{\substack{j\in S\cup\bar{S}_c(\cdot)\\ j\neq i}}\overline{c}_{ij}^{SM}x_{ij}^{SM}G_{ij}^{S}q_j^{SM}$$

$$+\sum_{j\in M}c_{jj}^{SM}q_j^{SM}+\left|f_s^{-1}\right|c_0^{SM}$$

S.t.　式（2-3），式（2-4），式（2-7），式（2-12）～式（2-14），式（2-28）～式（2-30），式（2-55）～式（2-58），式（2-65），式（2-1'）～式（2-4'），式（2-9'）～式（2-11'）

而子问题为对 $\forall j\in M$，则有

串行式运输：

$$\text{Min}\quad Z_{21j}=\sum_{k\in R}h_k^{SR}E[\tilde{I}_k^{SR}]+\sum_{i\in\{j\}\cup M_j(\cdot)}\sum_{\substack{k\in\{j\}\cup M_j(\cdot)\\ k\neq i}}\overline{c}_{ik}^{SR}x_{ik}^{SR}G_{ik}^{S}q_k^{SR}+\sum_{k\in R}c_{kk}^{SR}q_k^{SR}$$

$$+\left\lceil \sum_{k\in M_j(\cdot)}q_k^{SR}\Big/ Y^{SR}\right\rceil c_j^{SR}+\sum_{k\in R}p_k^{SR}E[\tilde{l}_k^{SR}]$$

S.t.　式（2-17），式（2-21）～式（2-27），式（2-36）～式（2-40），式（2-5'）～式（2-8'），式（2-12'）～式（2-14'）

并行式运输：

$$\text{Min}\quad Z_{22j}=\sum_{k\in R}h_k^{SR}E[\tilde{I}_k^{SR}]+\sum_{d\in f_j^{-1}}\sum_{i\in\{j\}\cup\bar{M}_{jd}(\cdot)}\sum_{\substack{k\in\{j\}\cup\bar{M}_{jd}(\cdot)\\ k\neq i}}\overline{c}_{ik}^{SR}x_{ik}^{SR}G_{ik}^{S}q_k^{SR}+\sum_{k\in R}p_k^{SR}E[\tilde{l}_k^{SR}]$$

$$+\left|f_{Mj}^{-1}\right|c_j^{SR}+\sum_{k\in R}c_{kk}^{SR}q_k^{SR}$$

S.t.　式（2-17），式（2-21），式（2-25）～式（2-30），式（2-32）～式（2-34），式（2-60）～式（2-65），式（2-5'）～式（2-8'），式（2-12'）～式（2-14'）

本节实例情形如表 2-6、表 2-7 和表 2-9 所示，而 $Y^{SM}=1500$ 件，$Y^{SR}=800$ 件，$L^{SM}=50$ 件，$L^{SR}=20$ 件，$c^{SM}=0.002$ 元/（件·米），$c^{SR}=0.0025$ 元/（件·米），$K=200$ 件。初始化参数设定后，通过修正后的蚁群算法的求解，得到最优调度路线，然后在此路线基础上优化库存水平，得到表 2-18 所示的结果（其中小括号中的数字为库存水平）。

表 2-18　2.3.4 节实例优化结果

运输模式	主问题	子问题
串行式运输	$S_0\to M_2\to M_3\to M_1\to S_0$ （343）（916）（930） $Z_{21}=185\,874$	$M_1\to R_9\to R_5\to M_1$，$Z_{21,1}=53\,488$ （328）（580） $M_2\to R_4\to M_2$，$Z_{21,2}=15\,680$ （340） $M_3\to R_7\to R_6\to R_8\to M_3$，$Z_{21,3}=80\,656$ （263）（310）（345）
并行式运输	$S_0\to M_1\to M_2\to S_0$ （848）（346） $S_0\to M_3\to S_0$ （917） $Z_{22}^{*}=149\,794$	$M_1\to R_9\to R_5\to M_1$，$Z_{22,1}=53\,488$ （328）（580） $M_2\to R_8\to M_2$，$Z_{22,2}=16\,702$ （330） $M_3\to R_6\to M_3$ （310） $M_3\to R_7\to R_4\to M_3$，$Z_{22,3}=87\,074$ （264）（356）

2.3.5　基于市场细分、确定需求、第三方车辆配送的情形

主问题：

$$\text{Min}\quad Z_{23}=\text{Min}\left\{Z_{24},Z_{25},Z_{26}\right\}$$

直配式运输：

$$\text{Min}\quad Z_{24}=\sum_{j\in M}h_j^{SM}I_j^{SM}+\sum_{j\in M}p_j^{SM}l_j^{SM}+n_0^{SM}c_0^{SM}+\left(m-n_0^{SM}\right)v_0^{SM}+\sum_{j\in M}c_{0j}^{SM}G_{0j}^{S}q_j^{SM}$$
$$+\sum_{j\in M}c_{jj}^{SM}q_j^{SM}+K\sum_{j\in M}c_{j0}^{SM}G_{j0}^{S}+\sum_{j\in M}c_{jj}^{SM}q_j^{SM}$$

S.t.　式（2-7）～式（2-12），式（2-14），式（2-42）

串行式运输：

$$\text{Min}\quad Z_{25}=\sum_{j\in M}h_j^{SM}I_j^{SM}+\sum_{j\in M}p_j^{SM}l_j^{SM}+n_0^{SM}c_0^{SM}+\sum_{i\in S\cup M}\sum_{\substack{j\in S\cup M\\ j\neq i}}\overline{c}_{ij}^{SM}x_{ij}^{SM}G_{ij}^{S}q_j^{SM}+\sum_{j\in M}c_{jj}^{SM}q_j^{SM}+\left\lceil\left(\sum_{j\in M}q_j^{SM}-n_0^{SM}Y^{SM}\right)\Big/Y_v^{SM}\right\rceil v_0^{SM}$$

$$\text{S.t.}\quad n_0^{SM}Y^{SM}\leqslant\sum_{j\in M}q_j^{SM}\tag{2-66}$$

式（2-1）～式（2-5），式（2-7）～式（2-14），式（2-1'）～式（2-4'），式（2-9'）～式（2-11'）

其中，约束（2-66）表示当供应商租用第三方车辆时，需要满足送货量超过自有车辆总容量这一条件。

并行式运输：

$$\text{Min}\quad Z_{26}=\sum_{j\in M}h_j^{SM}I_j^{SM}+\sum_{j\in M}p_j^{SM}l_j^{SM}+n_0^{SM}c_0^{SM}+\sum_{c\in f_0^{-1}}\sum_{i\in S\cup\overline{S}_c(\cdot)}\sum_{\substack{j\in S\cup\overline{S}_c(\cdot)\\ j\neq i}}\overline{c}_{ij}^{SM}x_{ij}^{SM}G_{ij}^{S}q_j^{SM}+\sum_{j\in M}c_{jj}^{SM}q_j^{SM}+\left(\left|f_s^{-1}\right|-n_0^{SM}\right)v_0^{SM}$$

$$\text{S.t.}\quad n_0^{SM}\leqslant\left|f_s^{-1}\right|\tag{2-67}$$

式（2-3），式（2-4），式（2-7），式（2-9），式（2-10），式（2-12）～式（2-14），式（2-43）～式（2-47），式（2-1'）～式（2-4'），式（2-9'）～式（2-11'）

其中，约束（2-67）表示当供应商租用第三方车辆时，需要满足所需车辆总数超过自有车辆数这一条件。

而子问题为对 $\forall j\in M$，则有

直配式运输：

$$\text{Min}\quad Z_{24j}=\sum_{k\in R}h_k^{SR}I_k^{SR}+\sum_{k\in R}p_k^{SR}l_k^{SR}+n_j^{SR}c_j^{SR}+\left(\left|M_j(\cdot)\right|-n_j^{SR}\right)v_j^{SR}+\sum_{k\in R}c_{jk}^{SR}G_{jk}^{S}q_k^{SR}+\sum_{k\in R}c_{kk}^{SR}q_k^{SR}+K\sum_{k\in R}c_{kj}^{SR}G_{kj}^{S}$$

S.t.　式（2-21）～式（2-25），式（2-27），式（2-48）

串行式运输：

$$\text{Min}\quad Z_{25j}=\sum_{k\in R}h_k^{SR}I_k^{SR}+\sum_{k\in R}p_k^{SR}l_k^{SR}+\sum_{k\in R}c_{kk}^{SR}q_k^{SR}+\sum_{i\in\{j\}\cup M_j(\cdot)}\ \sum_{\substack{k\in\{j\}\cup M_j(\cdot)\\ k\neq i}}\overline{c}_{ik}^{SR}x_{ik}^{SR}G_{ik}^{S}q_k^{SR}$$
$$+n_j^{SR}c_j^{SR}+\left\lfloor\left(\sum_{k\in M_j(\cdot)}q_k^{SR}-n_j^{SR}Y^{SR}\right)\Big/ Y_v^{SR}\right\rfloor v_j^{SR}$$

$$\text{S.t.}\quad n_j^{SR}Y^{SR}\leqslant\sum_{k\in M_j(\cdot)}q_k^{SR},\quad j\in M \tag{2-68}$$

式（2-15）～式（2-19），式（2-21）～式（2-27），式（2-5'）～式（2-8'），式（2-12'）～式（2-14'）

其中，约束（2-68）表示当制造商租用第三方车辆时，需要满足制造商向零售商的送货量超过自有车辆总容量这一条件。

并行式运输：

$$\text{Min}\quad Z_{26j}=\sum_{k\in R}h_k^{SR}I_k^{SR}+\sum_{k\in R}p_k^{SR}l_k^{SR}+\sum_{d\in f_j^{-1}}\ \sum_{i\in\{j\}\cup\bar{M}_{jd}(\cdot)}\ \sum_{\substack{k\in\{j\}\cup\bar{M}_{jd}(\cdot)\\ k\neq i}}\overline{c}_{ik}^{SR}x_{ik}^{SR}G_{ik}^{S}q_k^{SR}+n_j^{SR}c_j^{SR}$$
$$+\sum_{k\in R}c_{kk}^{SR}q_k^{SR}+\left(\left|f_{Mj}^{-1}\right|-n_j^{SR}\right)v_j^{SR}$$

$$\text{S.t.}\quad n_j^{SR}\leqslant\left|f_{Mj}^{-1}\right|,\quad j\in M \tag{2-69}$$

式（2-17），式（2-21），式（2-23）～式（2-27），式（2-49）～式（2-53），式（2-5'）～式（2-8'），式（2-12'）～式（2-14'）

其中，约束（2-69）表示当制造商租用第三方车辆时，需要满足其所需车辆总数超过自有车辆数这一条件。

本节实例情形如表 2-6 和表 2-7 所示，而自有车辆和租用车辆相关数据如表 2-19 所示。初始化参数设定后，通过修正后的蚁群算法的求解，得到最优调度路线，然后在此路线基础上优化库存水平，得到表 2-20 所示的结果（其中小括号中的数字为库存水平）。

表 2-19　2.3.5 节车辆相关数据

		c_0^{SM}（c_j^{SR}）/（元/次）	n_0^{SM}（n_j^{SR}）/辆	v_0^{SM}（v_j^{SR}）/（元/次）	Y^{SM}（Y_j^{SR}）/件	Y_v^{SM}（Y_v^{SR}）/件
S	0	2500	2	4500	1500	1700
M	1	3500	2	5400	800	950
	2	2800	1	4800	800	950
	3	3200	1	5300	800	950

表 2-20　2.3.5 节实例优化结果

运输模式	主问题	子问题
直配式运输	$S_0 \to M_1 \to S_0$ （580） $S_0 \to M_2 \to S_0$ （200） $S_0 \to M_3 \to S_0$ （1 320）（租用） $Z_{24}^{*}=96\,908$	$M_1 \to R_5 \to M_1$ （300） $M_1 \to R_9 \to M_1$，$Z_{24,1}=26\,485$ （280） $M_2 \to R_8 \to M_2$，$Z_{24,2}=11\,000$ （200） $M_3 \to R_4 \to M_3$ （550） $M_3 \to R_6 \to M_3$ （420）（租用） $M_3 \to R_7 \to M_3$，$Z_{24,3}=51\,915$ （350）（租用）
串行式运输	$S_0 \to M_1 \to M_2 \to M_3 \to S_0$ （500）（280）（1 320） $Z_{25}=147\,636$	$M_1 \to R_5 \to R_8 \to M_1$，$Z_{25,1}=43\,800$ （300）（200） $M_2 \to R_9 \to M_2$，$Z_{25,2}=19\,560$ （280） $M_3 \to R_4 \to R_6 \to R_7 \to M_3$，$Z_{25,3}=88\,608$ （550）（420）（350）（租用）
并行式运输	$S_0 \to M_1 \to M_2 \to S_0$ （580）（200） $S_0 \to M_3 \to S_0$ （1 320） $Z_{26}=108\,016$	$M_1 \to R_5 \to R_9 \to M_1$，$Z_{26,1}=23\,910$ （300）（280） $M_2 \to R_8 \to M_2$，$Z_{26,2}=11\,000$ （200） $M_3 \to R_4 \to M_3$ （550）（租用） $M_3 \to R_7 \to R_6 \to M_3$，$Z_{26,3}=59\,290$ （420）（350）

注：租用是指制造商需要租用第三方车辆。

2.3.6　基于市场细分、不确定需求、第三方车辆配送的情形

主问题：

$$\text{Min}\quad Z_{27}=\text{Min}\left\{Z_{28},Z_{29},Z_{30}\right\}$$

直配式运输：

$$\text{Min}\quad Z_{28}=\sum_{j\in M}h_j^{SM}E[\tilde{I}_j^{SM}]+\sum_{j\in M}p_j^{SM}E[\tilde{l}_j^{SM}]+\left(m-n_0^{SM}\right)v_0^{SM}+\sum_{j\in M}c_{0j}^{SM}G_{0j}^{S}q_j^{SM}$$
$$+\sum_{j\in M}c_{jj}^{SM}q_j^{SM}+K\sum_{j\in M}c_{j0}^{SM}G_{j0}^{S}+n_0^{SM}c_0^{SM}$$

S.t.　式（2-7），式（2-8），式（2-12），式（2-14），式（2-28）～式（2-31），式（2-42）

串行式运输：

$$\text{Min}\quad Z_{29}=\sum_{j\in M}h_j^{SM}E[\tilde{I}_j^{SM}]+\sum_{j\in M}p_j^{SM}E[\tilde{l}_j^{SM}]+n_0^{SM}c_0^{SM}+\left\lceil\left(\sum_{j\in M}q_j^{SM}-n_0^{SM}Y^{SM}\right)\Big/Y_v^{SM}\right\rceil v_0^{SM}$$
$$+\sum_{i\in S\cup M}\sum_{\substack{j\in S\cup M\\ j\neq i}}\overline{c}_{ij}^{SM}x_{ij}^{SM}G_{ij}^{S}q_j^{SM}+\sum_{j\in M}c_{jj}^{SM}q_j^{SM}$$

S.t. 式（2-1）～式（2-5），式（2-7），式（2-8），式（2-12）～式（2-14），式（2-28）～式（2-31），式（2-66），式（2-1'）～式（2-4'），式（2-9'）～式（2-11'）

并行式运输：

$$\text{Min}\quad Z_{30}=\sum_{j\in M}h_j^{SM}E[\tilde{I}_j^{SM}]+\sum_{j\in M}p_j^{SM}E[\tilde{l}_j^{SM}]+\sum_{c\in f_0^{-1}}\sum_{i\in S\cup\overline{S}_c(\cdot)}\sum_{\substack{j\in S\cup\overline{S}_c(\cdot)\\ j\neq i}}\overline{c}_{ij}^{SM}x_{ij}^{SM}G_{ij}^{S}q_j^{SM}$$
$$+n_0^{SM}c_0^{SM}+\left(\left|f_s^{-1}\right|-n_0^{SM}\right)v_0^{SM}+\sum_{j\in M}c_{jj}^{SM}q_j^{SM}$$

S.t. 式（2-3），式（2-4），式（2-7），式（2-12）～式（2-14），式（2-28）～式（2-30），式（2-43）～式（2-46），式（2-54），式（2-67），式（2-1'）～式（2-4'），式（2-9'）～式（2-11'）

而子问题为对 $\forall j\in M$，则有

直配式运输：

$$\text{Min}\quad Z_{28j}=\sum_{k\in R}h_k^{SR}E[\tilde{I}_k^{SR}]+\sum_{k\in R}p_k^{SR}E[\tilde{l}_k^{SR}]+\left(\left|M_j(\cdot)\right|-n_j^{SR}\right)v_j^{SR}+\sum_{k\in R}c_{jk}^{SR}G_{jk}^{S}q_k^{SR}$$
$$+K\sum_{k\in R}c_{kj}^{SR}G_{kj}^{S}+n_j^{SR}c_j^{SR}+\sum_{k\in R}c_{kk}^{SR}q_k^{SR}$$

S.t. 式（2-21），式（2-22），式（2-25），式（2-27）～式（2-30），式（2-32）～式（2-34），式（2-48），式（2-54）

串行式运输：

$$\text{Min}\quad Z_{29j}=\sum_{k\in R}h_k^{SR}E[\tilde{I}_k^{SR}]+\sum_{k\in R}p_k^{SR}E[\tilde{l}_k^{SR}]+n_j^{SR}c_j^{SR}+\sum_{k\in R}c_{kk}^{SR}q_k^{SR}$$
$$+\sum_{i\in\{j\}\cup M_j(\cdot)}\sum_{\substack{k\in\{j\}\cup M_j(\cdot)\\ k\neq i}}\overline{c}_{ik}^{SR}x_{ik}^{SR}G_{ik}^{S}q_k^{SR}+\left\lceil\left(\sum_{k\in M_j(\cdot)}q_k^{SR}-n_j^{SR}Y^{SR}\right)\Big/Y_v^{SR}\right\rceil v_j^{SR}$$

S.t. 式（2-15）～式（2-19），式（2-21），式（2-22），式（2-25）～式（2-30），式（2-32）～式（2-34），式（2-54），式（2-68），式（2-5'）～式（2-8'），

式（2-12'）～式（2-14'）

并行式运输：

$$\text{Min}\quad Z_{30j}=\sum_{k\in R}h_k^{SR}E[\tilde{I}_k^{SR}]+\sum_{k\in R}p_k^{SR}E[\tilde{l}_k^{SR}]+\sum_{d\in f_j^{-1}}\sum_{i\in\{j\}\cup\bar{M}_{jd}(\cdot)}\sum_{\substack{k\in\{j\}\cup\bar{M}_{jd}(\cdot)\\ k\neq i}}\overline{c}_{ik}^{SR}x_{ik}^{SR}G_{ik}^{S}q_k^{SR}$$

$$+\sum_{k\in R}c_{kk}^{SR}q_k^{SR}+n_j^{SR}c_j^{SR}+\left(\left|f_{Mj}^{-1}\right|-n_j^{SR}\right)v_j^{SR}$$

S.t.　式（2-17），式（2-21），式（2-25）～式（2-30），式（2-32）～式（2-34），式（2-49）～式（2-54），式（2-69），式（2-5'）～式（2-8'），式（2-12'）～式（2-14'）

本节实例情形如表 2-6、表 2-7、表 2-9 和表 2-19 所示，初始化参数设定后，通过修正后的蚁群算法的求解，得到最优调度路线，然后在此路线基础上优化库存水平，得到表 2-21 所示的结果（其中小括号中的数字为库存水平）。

表 2-21　2.3.6 节实例优化结果

运输模式	主问题	子问题
直配式运输	$S_0\to M_1\to S_0$ （930） $S_0\to M_2\to S_0$ （339） $S_0\to M_3\to S_0$ （926）（租用） $Z_{28}^*=127\,527$	$M_1\to R_5\to M_1$ （577） $M_1\to R_9\to M_1$， $Z_{28,1}=61\,288$ （330） $M_2\to R_8\to M_2$， $Z_{28,2}=16\,702$ （330） $M_3\to R_4\to M_3$ （357） $M_3\to R_6\to M_3$ （312）（租用） $M_3\to R_7\to M_3$， $Z_{28,3}=80\,290$ （266）（租用）
串行式运输	$S_0\to M_2\to M_3\to M_1\to S_0$ （339）（926）（930） $Z_{29}=197\,873$	$M_1\to R_9\to R_5\to M_1$， $Z_{29,1}=53\,488$ （328）（580） $M_2\to R_8\to M_2$， $Z_{29,2}=16\,702$ （330） $M_3\to R_7\to R_6\to R_4\to M_3$， $Z_{29,3}=80\,566$ （263）（310）（358）（完全租用）
并行式运输	$S_0\to M_1\to M_2\to S_0$ （848）（346） $S_0\to M_3\to S_0$ （917） $Z_{30}=149\,794$	$M_1\to R_9\to R_5\to M_1$， $Z_{30,1}=51\,888$ （328）（580）（完全租用） $M_2\to R_8\to M_2$， $Z_{30,2}=16\,702$ （330） $M_3\to R_6\to M_3$ （310）（租用） $M_3\to R_7\to R_4\to M_3$， $Z_{30,3}=89\,174$ （264）（356）

注：完全租用是指制造商不采用自有车辆，而用租用的第三方车辆进行运输。

2.3.7　基于随机市场、确定需求、第三方车辆配送的情形

主问题：

$$\text{Min}\quad Z_{31}=\text{Min}\{Z_{32},Z_{33}\}$$

串行式运输：

$$\text{Min}\quad Z_{32}=\sum_{j\in M}h_j^{SM}I_j^{SM}+\sum_{j\in M}p_j^{SM}l_j^{SM}+n_0^{SM}c_0^{SM}+\sum_{i\in S\cup M}\sum_{\substack{j\in S\cup M\\ j\neq i}}\overline{c}_{ij}^{SM}x_{ij}^{SM}G_{ij}^{S}q_j^{SM}$$
$$+\sum_{j\in M}c_{jj}^{SM}q_j^{SM}+\left\lceil\left(\sum_{j\in M}q_j^{SM}-n_0^{SM}Y^{SM}\right)\Big/Y_v^{SM}\right\rceil v_0^{SM}$$

S.t.　式（2-1）～式（2-5），式（2-7）～式（2-10），式（2-12）～式（2-14），式（2-35），式（2-66），式（2-1'）～式（2-4'），式（2-9'）～式（2-11'）

并行式运输：

$$\text{Min}\quad Z_{33}=\sum_{j\in M}h_j^{SM}I_j^{SM}+\sum_{j\in M}p_j^{SM}l_j^{SM}+n_0^{SM}c_0^{SM}+\sum_{c\in f_0^{-1}}\sum_{i\in S\cup\overline{S}_c(\cdot)}\sum_{\substack{j\in S\cup\overline{S}_c(\cdot)\\ j\neq i}}\overline{c}_{ij}^{SM}x_{ij}^{SM}G_{ij}^{S}q_j^{SM}$$
$$+\sum_{j\in M}c_{jj}^{SM}q_j^{SM}+\left(\left|f_s^{-1}\right|-n_0^{SM}\right)v_0^{SM}$$

S.t.　式（2-3），式（2-4），式（2-7），式（2-9），式（2-10），式（2-12）～式（2-14），式（2-55）～式（2-59），式（2-67），式（2-1'）～式（2-4'），式（2-9'）～式（2-11'）

而子问题为对 $\forall j\in M$，则有

串行式运输：

$$\text{Min}\quad Z_{32j}=\sum_{k\in R}h_k^{SR}I_k^{SR}+\sum_{k\in R}p_k^{SR}l_k^{SR}+\sum_{k\in R}c_{kk}^{SR}q_k^{SR}+\sum_{i\in\{j\}\cup M_j(\cdot)}\sum_{\substack{k\in\{j\}\cup M_j(\cdot)\\ k\neq i}}\overline{c}_{ik}^{SR}x_{ik}^{SR}G_{ik}^{S}q_k^{SR}$$
$$+n_j^{SR}c_j^{SR}+\left\lceil\left(\sum_{k\in M_j(\cdot)}q_k^{SR}-n_j^{SR}Y^{SR}\right)\Big/Y_v^{SR}\right\rceil v_j^{SR}$$

S.t.　式（2-17），式（2-21）～式（2-27），式（2-36）～式（2-40），式（2-68），式（2-5'）～式（2-8'），式（2-12'）～式（2-14'）

并行式运输：

$$\text{Min}\quad Z_{33j}=\sum_{k\in R}h_k^{SR}I_k^{SR}+\sum_{k\in R}p_k^{SR}l_k^{SR}+\sum_{d\in f_j^{-1}}\ \sum_{i\in\{j\}\cup\overline{M}_{jd}(\cdot)}\ \sum_{\substack{k\in\{j\}\cup\overline{M}_{jd}(\cdot)\\k\neq i}}\overline{c}_{ik}^{SR}x_{ik}^{SR}G_{ik}^{S}q_k^{SR}+n_j^{SR}c_j^{SR}$$

$$+\sum_{k\in R}c_{kk}^{SR}q_k^{SR}+\left(\left|f_{Mj}^{-1}\right|-n_j^{SR}\right)v_j^{SR}$$

S.t.　式（2-17），式（2-21），式（2-23）～式（2-27），式（2-60）～式（2-64），式（2-69），式（2-5'）～式（2-8'），式（2-12'）～式（2-14'）

本节实例情形如表 2-6、表 2-7 和表 2-19 所示，初始化参数设定后，通过修正后的蚁群算法的求解，得到最优调度路线，然后在此路线基础上优化库存水平，得到表 2-22 所示的结果（其中小括号中的数字为库存水平）。

表 2-22　2.3.7 节实例优化结果

运输模式	主问题	子问题
串行式运输	$S_0\to M_1\to M_2\to M_3\to S_0$ （580）（200）（1 320） $Z_{32}=148\,024$	$M_1\to R_5\to R_9\to M_1$，$Z_{32,1}=23\,910$ （300）（280） $M_2\to R_8\to M_2$，$Z_{32,2}=11\,000$ （200） $M_3\to R_4\to R_6\to R_7\to M_3$，$Z_{32,3}=88\,608$ （550）（420）（350）（租用）
并行式运输	$S_0\to M_1\to M_2\to S_0$ （580）（200） $S_0\to M_3\to S_0$ （1 320） $Z_{33}^{*}=108\,016$	$M_1\to R_5\to R_9\to M_1$，$Z_{33,1}=23\,910$ （300）（280） $M_2\to R_8\to M_2$，$Z_{33,2}=11\,000$ （200） $M_3\to R_4\to M_3$ （550）（租用） $M_3\to R_7\to R_6\to M_3$，$Z_{33,3}=59\,290$ （420）（350）

2.3.8　基于随机市场、不确定需求、第三方车辆配送的情形

主问题：

$$\text{Min}\quad Z_{34}=\text{Min}\left\{Z_{35},Z_{36}\right\}$$

串行式运输：

$$\text{Min}\quad Z_{35}=\sum_{j\in M}h_j^{SM}E[\tilde{I}_j^{SM}]+\sum_{j\in M}p_j^{SM}E[\tilde{l}_j^{SM}]+n_0^{SM}c_0^{SM}+\left\lceil\left(\sum_{j\in M}q_j^{SM}-n_0^{SM}Y^{SM}\right)\Big/Y_v^{SM}\right\rceil v_0^{SM}$$

$$+\sum_{i\in S\cup M}\ \sum_{\substack{j\in S\cup M\\j\neq i}}\overline{c}_{ij}^{SM}x_{ij}^{SM}G_{ij}^{S}q_j^{SM}+\sum_{j\in M}c_{jj}^{SM}q_j^{SM}$$

S.t.　式（2-1）～式（2-5），式（2-7），式（2-8），式（2-12）～式（2-14），式（2-28）～式（2-30），式（2-65），式（2-66），式（2-1'）～式（2-4'），式（2-9'）～式（2-11'）

并行式运输：

$$\text{Min}\quad Z_{36}=\sum_{j\in M}h_j^{SM}E[\tilde{I}_j^{SM}]+\sum_{j\in M}p_j^{SM}E[\tilde{l}_j^{SM}]+\sum_{c\in f_0^{-1}}\sum_{i\in S\cup\bar{S}_c(\cdot)}\sum_{\substack{j\in S\cup\bar{S}_c(\cdot)\\ j\neq i}}\overline{c}_{ij}^{SM}x_{ij}^{SM}G_{ij}^{S}q_j^{SM}+n_0^{SM}c_0^{SM}+\left(\left|f_s^{-1}\right|-n_0^{SM}\right)v_0^{SM}+\sum_{j\in M}c_{jj}^{SM}q_j^{SM}$$

S.t.　式（2-3），式（2-4），式（2-7），式（2-12）～式（2-14），式（2-28）～式（2-30），式（2-55）～式（2-58），式（2-65），式（2-67），式（2-1'）～式（2-4'），式（2-9'）～式（2-11'）

而子问题为对 $\forall j\in M$，则有

串行式运输：

$$\text{Min}\quad Z_{35j}=\sum_{k\in R}h_k^{SR}E[\tilde{I}_k^{SR}]+\sum_{k\in R}p_k^{SR}E[\tilde{l}_k^{SR}]+n_j^{SR}c_j^{SR}+\sum_{k\in R}c_{kk}^{SR}q_k^{SR}+\sum_{i\in\{j\}\cup M_j(\cdot)}\sum_{\substack{k\in\{j\}\cup M_j(\cdot)\\ k\neq i}}\overline{c}_{ik}^{SR}x_{ik}^{SR}G_{ik}^{S}q_k^{SR}+\left\lceil\left(\sum_{k\in M_j(\cdot)}q_k^{SR}-n_j^{SR}Y^{SR}\right)\Big/Y_v^{SR}\right\rceil v_j^{SR}$$

S.t.　式（2-17），式（2-21）～式（2-27），式（2-36）～式（2-40），式（2-68），式（2-5'）～式（2-8'），式（2-12'）～式（2-14'）

并行式运输：

$$\text{Min}\quad Z_{36j}=\sum_{k\in R}h_k^{SR}E[\tilde{I}_k^{SR}]+\sum_{k\in R}p_k^{SR}E[\tilde{l}_k^{SR}]+\sum_{d\in f_j^{-1}}\sum_{i\in\{j\}\cup\bar{M}_{jd}(\cdot)}\sum_{\substack{k\in\{j\}\cup\bar{M}_{jd}(\cdot)\\ k\neq i}}\overline{c}_{ik}^{SR}x_{ik}^{SR}G_{ik}^{S}q_k^{SR}+\sum_{k\in R}c_{kk}^{SR}q_k^{SR}+n_j^{SR}c_j^{SR}+\left(\left|f_{Mj}^{-1}\right|-n_j^{SR}\right)v_j^{SR}$$

S.t.　式（2-17），式（2-21），式（2-25）～式（2-30），式（2-32）～式（2-34），式（2-60）～式（2-65），式（2-69），式（2-5'）～式（2-8'），式（2-12'）～式（2-14'）

本节实例情形如表 2-6、表 2-7、表 2-9 和表 2-19 所示，初始化参数设定后，通过修正后的蚁群算法的求解，得到最优调度路线，然后在此路线基础上优化库存水平，得到表 2-23 所示的结果（其中小括号中的数字为库存水平）。

表 2-23 2.3.8 节实例优化结果

运输模式	主问题	子问题
串行式运输	$S_0 \to M_2 \to M_3 \to M_1 \to S_0$ （343）（916）（930） $Z_{35} = 185\,874$	$M_1 \to R_9 \to R_5 \to M_1$， $Z_{35,1} = 51\,888$ （328）（580）（完全租用） $M_2 \to R_4 \to M_2$， $Z_{35,2} = 15\,680$ （340） $M_3 \to R_7 \to R_6 \to R_8 \to M_3$， $Z_{35,3} = 79\,556$ （263）（310）（345）（完全租用）
并行式运输	$S_0 \to M_1 \to M_2 \to S_0$ （848）（346） $S_0 \to M_3 \to S_0$ （917） $Z_{36}^{*} = 149\,794$	$M_1 \to R_9 \to R_5 \to M_1$， $Z_{36,1} = 51\,888$ （328）（580）（完全租用） $M_2 \to R_8 \to M_2$， $Z_{36,2} = 16\,702$ （330） $M_3 \to R_6 \to M_3$ （310）（租用） $M_3 \to R_7 \to R_4 \to M_3$， $Z_{36,3} = 89\,174$ （264）（356）

2.4 单周期、多车辆、联合库存管理策略下的库存路径问题

单周期、多车辆、JMI 策略下 SIRP 示意图（串行式运输、自有车辆情形）如图 2-9 所示。单周期、多车辆、JMI 策略下 SIRP 示意图（串行式运输、租用车辆情形）如图 2-10 所示。单周期、多车辆、JMI 策略下 SIRP 示意图（并行式运输情形）如图 2-11 所示。

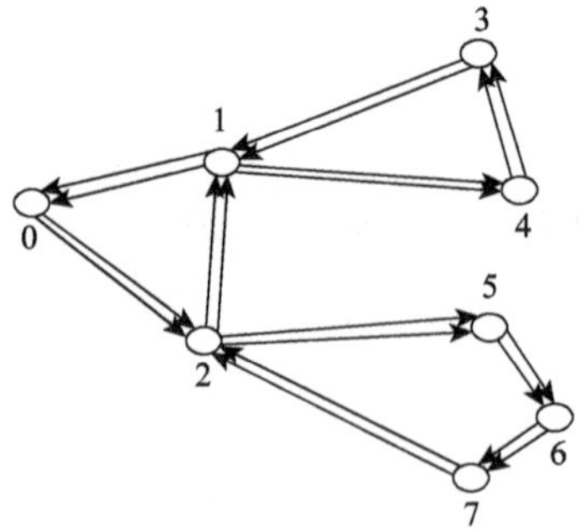

图 2-9 单周期、多车辆、JMI 策略下 SIRP 示意图（串行式运输、自有车辆情形）

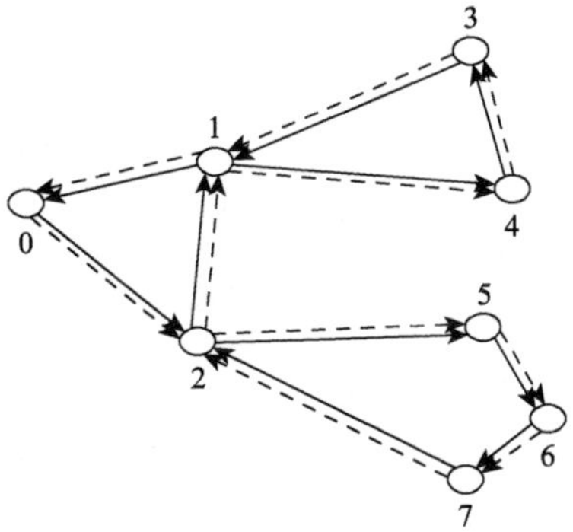

图 2-10　单周期、多车辆、JMI 策略下 SIRP 示意图（串行式运输、租用车辆情形）

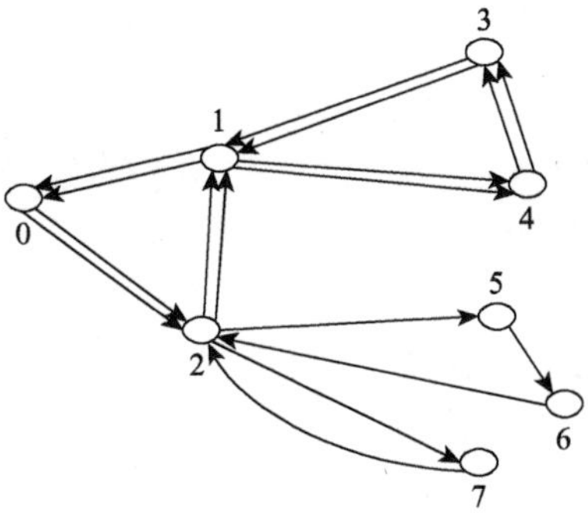

图 2-11　单周期、多车辆、JMI 策略下 SIRP 示意图（并行式运输情形）

2.4.1　基于市场细分、确定需求、自有车辆配送的情形

Min　$Z_{37}=\text{Min}\{Z_{38},Z_{39},Z_{40}\}$

直配式运输：

$$\begin{aligned}\text{Min}\quad Z_{38}=&\sum_{j\in M}h_j^{SM}I_j^{SM}+\sum_{j\in M}p_j^{SM}l_j^{SM}+\sum_{k\in R}h_k^{SR}I_k^{SR}+\sum_{k\in R}p_k^{SR}l_k^{SR}+\sum_{j\in M}c_{0j}^{SM}G_{0j}^{S}q_j^{SM}\\&+\sum_{j\in M}c_{jj}^{SM}q_j^{SM}+mc_0^{SM}+K\sum_{j\in M}c_{j0}^{SM}G_{j0}^{S}+\sum_{j\in M}c_j^{SR}+\sum_{k\in R}c_{jk}^{SR}G_{jk}^{S}q_k^{SR}\\&+\sum_{k\in R}c_{kk}^{SR}q_k^{SR}+K\sum_{j\in M}\sum_{k\in R}c_{kj}^{SR}G_{kj}^{S}\end{aligned}$$

S.t.　式（2-7）～式（2-12），式（2-14），式（2-21）～式（2-25），式（2-27），式（2-42），式（2-48）

串行式运输：

$$\text{Min} \quad Z_{39} = \sum_{j \in M} h_j^{SM} I_j^{SM} + \sum_{j \in M} p_j^{SM} l_j^{SM} + \sum_{k \in R} h_k^{SR} I_k^{SR} + \sum_{i \in S \cup M} \sum_{\substack{j \in S \cup M \\ j \neq i}} \overline{c}_{ij}^{SM} x_{ij}^{SM} G_{ij}^{S} q_j^{SM}$$

$$+ \sum_{j \in M} c_{jj}^{SM} q_j^{SM} + \sum_{k \in R} p_k^{SR} l_k^{SR} + \sum_{k \in R} c_{kk}^{SR} q_k^{SR} + \left\lceil \sum_{j \in M} q_j^{SM} \Big/ Y^{SM} \right\rceil c_0^{SM}$$

$$+ \sum_{j \in M} \left\lceil \sum_{k \in M_j(\cdot)} q_k^{SR} \Big/ Y^{SR} \right\rceil c_j^{SR} + \sum_{j \in M \cup R} \sum_{\substack{k \in M \cup R \\ k \neq j}} \overline{c}_{jk}^{SR} x_{jk}^{SR} G_{jk}^{S} q_k^{SR}$$

S.t. 式（2-1）～式（2-5），式（2-7）～式（2-19），式（2-21）～式（2-27），式（2-1'）～式（2-14'）

并行式运输：

$$\text{Min} \quad Z_{40} = \sum_{j \in M} h_j^{SM} I_j^{SM} + \sum_{j \in M} p_j^{SM} l_j^{SM} + \sum_{k \in R} h_k^{SR} I_k^{SR} + \sum_{c \in f_0^{-1}} \sum_{i \in S \cup \overline{S}_c(\cdot)} \sum_{\substack{j \in S \cup \overline{S}_c(\cdot) \\ j \neq i}} \overline{c}_{ij}^{SM} x_{ij}^{SM} G_{ij}^{S} q_j^{SM}$$

$$+ \left| f_s^{-1} \right| c_0^{SM} + \sum_{j \in M} c_{jj}^{SM} q_j^{SM} + \sum_{k \in R} p_k^{SR} l_k^{SR}$$

$$+ \sum_{n \in M} \sum_{d \in f_n^{-1}} \sum_{i \in \{n\} \cup \overline{M}_{nd}(\cdot)} \sum_{\substack{k \in \{n\} \cup \overline{M}_{nd}(\cdot) \\ k \neq i}} \overline{c}_{ik}^{SR} x_{ik}^{SR} G_{ik}^{S} q_k^{SR} + \sum_{k \in R} c_{kk}^{SR} q_k^{SR} + \sum_{j \in M} \left| f_{Mj}^{-1} \right| c_j^{SR}$$

S.t. 式（2-3），式（2-4），式（2-7），式（2-9），式（2-10），式（2-12）～式（2-14），式（2-17），式（2-21），式（2-23）～式（2-27），式（2-43）～式（2-47），式（2-49）～式（2-53），式（2-1'）～式（2-14'）

本节实例情形如表 2-6、表 2-7 和表 2-19 所示，初始化参数设定后，通过修正后的蚁群算法的求解，得到最优调度路线，然后在此路线基础上优化库存水平，得到表 2-24 所示的结果（其中小括号中的数字为库存水平）。

表 2-24　2.4.1 节实例优化结果

运输模式	JMI 策略	
直配式运输	$S_0 \to M_1 \to S_0$ （580） $S_0 \to M_2 \to S_0$ （200） $S_0 \to M_3 \to S_0$ （1 320） $Z_{38}^* = 180108$	$M_1 \to R_5 \to M_1$ （300） $M_1 \to R_9 \to M_1$ （280） $M_2 \to R_8 \to M_2$ （200） $M_3 \to R_4 \to M_3$ （550） $M_3 \to R_6 \to M_3$ （420） $M_3 \to R_7 \to M_3$ （350）

续表

运输模式	JMI 策略	
串行式运输	$S_0 \to M_1 \to M_2 \to M_3 \to S_0$ (500)(280)(1 320) $Z_{39} = 297\,504$	$M_1 \to R_5 \to R_8 \to M_1$ (300)(200) $M_2 \to R_9 \to M_2$ (280) $M_3 \to R_4 \to R_6 \to R_7 \to M_3$ (550)(420)(350)
并行式运输	$S_0 \to M_1 \to M_2 \to S_0$ (580)(200) $S_0 \to M_3 \to S_0$ (1 320) $Z_{40} = 300\,116$	$M_1 \to R_5 \to R_9 \to M_1$ (300)(280) $M_2 \to R_8 \to M_2$ (200) $M_3 \to R_4 \to M_3$ (550) $M_3 \to R_7 \to R_6 \to M_3$ (420)(350)

2.4.2 基于市场细分、不确定需求、自有车辆配送的情形

$$\text{Min}\quad Z_{41} = \text{Min}\{Z_{42}, Z_{43}, Z_{44}\}$$

直配式运输：

$$\begin{aligned}\text{Min}\quad Z_{42} = & \sum_{j\in M} h_j^{SM} E[\tilde{I}_j^{SM}] + \sum_{j\in M} p_j^{SM} E[\tilde{l}_j^{SM}] + \sum_{k\in R} h_k^{SR} E[\tilde{I}_k^{SR}] + \sum_{k\in R} p_k^{SR} E[\tilde{l}_k^{SR}] \\ & + K\sum_{j\in M} c_{j0}^{SM} G_{j0}^{S} + \sum_{j\in M} c_{0j}^{SM} G_{0j}^{S} q_j^{SM} + \sum_{j\in M} c_{jj}^{SM} q_j^{SM} + \sum_{k\in R} c_{jk}^{SR} G_{jk}^{S} q_k^{SR} \\ & + \sum_{k\in R} c_{kk}^{SR} q_k^{SR} + K\sum_{j\in M}\sum_{k\in R} c_{kj}^{SR} G_{kj}^{S} + \sum_{j\in M} c_j^{SR} + mc_0^{SM}\end{aligned}$$

S.t.　式（2-7），式（2-8），式（2-12），式（2-14），式（2-21），式（2-22），式（2-25），式（2-28）～式（2-34），式（2-42），式（2-48），式（2-54）

串行式运输：

$$\begin{aligned}\text{Min}\quad Z_{43} = & \sum_{j\in M} h_j^{SM} E[\tilde{I}_j^{SM}] + \sum_{j\in M} p_j^{SM} E[\tilde{l}_j^{SM}] + \sum_{k\in R} h_k^{SR} E[\tilde{I}_k^{SR}] + \sum_{i\in S\cup M}\sum_{\substack{j\in S\cup M\\ j\neq i}} \overline{c}_{ij}^{SM} x_{ij}^{SM} G_{ij}^{S} q_j^{SM} \\ & + \left\lceil \sum_{j\in M} q_j^{SM} \Big/ Y^{SM} \right\rceil c_0^{SM} + \sum_{j\in M}\left\lceil \sum_{k\in M_j(\cdot)} q_k^{SR} \Big/ Y^{SR} \right\rceil c_j^{SR} + \sum_{j\in M\cup R}\sum_{\substack{k\in M\cup R\\ k\neq j}} \overline{c}_{jk}^{SR} x_{jk}^{SR} G_{jk}^{S} q_k^{SR} \\ & + \sum_{j\in M} c_{jj}^{SM} q_j^{SM} + \sum_{k\in R} p_k^{SR} E[\tilde{l}_k^{SR}] + \sum_{k\in R} c_{kk}^{SR} q_k^{SR}\end{aligned}$$

S.t.　式（2-1）～式（2-5），式（2-7），式（2-8），式（2-12）～式（2-14），式（2-28）～式（2-31），式（2-1'）～式（2-14'）

并行式运输：

$$
\begin{aligned}
\text{Min}\quad Z_{44}=&\sum_{j\in M}h_j^{SM}E[\tilde{I}_j^{SM}]+\sum_{j\in M}p_j^{SM}E[\tilde{l}_j^{SM}]+\sum_{k\in R}h_k^{SR}E[\tilde{I}_k^{SR}]+\sum_{k\in R}p_k^{SR}E[\tilde{l}_k^{SR}]+\left|f_s^{-1}\right|c_0^{SM}\\
&+\sum_{j\in M}\left|f_{Mj}^{-1}\right|c_j^{SR}+\sum_{c\in f_0^{-1}}\sum_{i\in S\cup\bar{S}_c(\cdot)}\sum_{\substack{j\in S\cup\bar{S}_c(\cdot)\\ j\neq i}}\bar{c}_{ij}^{SM}x_{ij}^{SM}G_{ij}^{S}q_j^{SM}+\sum_{j\in M}c_{jj}^{SM}q_j^{SM}\\
&+\sum_{n\in M}\sum_{d\in f_n^{-1}}\sum_{i\in\{n\}\cup\bar{M}_{nd}(\cdot)}\sum_{\substack{k\in\{n\}\cup\bar{M}_{nd}(\cdot)\\ k\neq i}}\bar{c}_{ik}^{SR}x_{ik}^{SR}G_{ik}^{S}q_k^{SR}+\sum_{k\in R}c_{kk}^{SR}q_k^{SR}
\end{aligned}
$$

S.t.　式（2-3），式（2-4），式（2-7），式（2-9），式（2-10），式（2-12）～式（2-19），式（2-21）～式（2-30），式（2-32）～式（2-34），式（2-43）～式（2-47），式（2-49）～式（2-54），式（2-1'）～式（2-14'）

本节实例情形如表 2-6、表 2-7、表 2-9 和表 2-19 所示，初始化参数设定后，通过修正后的蚁群算法的求解，得到最优调度路线，然后在此路线基础上优化库存水平，得到表 2-25 所示的结果（其中小括号中的数字为库存水平）。

表 2-25　2.4.2 节实例优化结果

运输模式	JMI 策略	
直配式运输	$S_0\to M_1\to S_0$ （913） $S_0\to M_2\to S_0$ （336） $S_0\to M_3\to S_0$ （941） $Z_{42}^{*}=281\,206$	$M_1\to R_5\to M_1$ （568） $M_1\to R_9\to M_1$ （345） $M_2\to R_8\to M_2$ （336） $M_3\to R_4\to M_3$ （355） $M_3\to R_6\to M_3$ （318） $M_3\to R_7\to M_3$ （268）
串行式运输	$S_0\to M_2\to M_3\to M_1\to S_0$ （336）（937）（916） $Z_{43}=352\,634$	$M_1\to R_9\to R_5\to M_1$ （347）（569） $M_2\to R_8\to M_2$ （336） $M_3\to R_7\to R_6\to R_4\to M_3$ （268）（315）（354）
并行式运输	$S_0\to M_1\to M_2\to S_0$ （916）（336） $S_0\to M_3\to S_0$ （937） $Z_{44}=318\,245$	$M_1\to R_9\to R_5\to M_1$ （347）（569） $M_2\to R_8\to M_2$ （336） $M_3\to R_6\to M_3$ （315） $M_3\to R_7\to R_4\to M_3$ （268）（354）

2.4.3　基于随机市场、确定需求、自有车辆配送的情形

Min　$Z_{45}=\mathrm{Min}\{Z_{46},Z_{47}\}$

串行式运输：

$$
\begin{aligned}
\text{Min}\quad Z_{46}=&\sum_{j\in M}h_j^{SM}I_j^{SM}+\sum_{j\in M}p_j^{SM}l_j^{SM}+\sum_{k\in R}h_k^{SR}I_k^{SR}+\sum_{i\in S\cup M}\sum_{\substack{j\in S\cup M\\ j\neq i}}\overline{c}_{ij}^{SM}x_{ij}^{SM}G_{ij}^{S}q_j^{SM}\\
&+\sum_{j\in M}c_{jj}^{SM}q_j^{SM}+\sum_{k\in R}p_k^{SR}l_k^{SR}+\sum_{k\in R}c_{kk}^{SR}q_k^{SR}+\left\lceil\sum_{j\in M}q_j^{SM}\Big/Y^{SM}\right\rceil c_0^{SM}\\
&+\sum_{j\in M}\left\lceil\sum_{k\in M_j(\cdot)}q_k^{SR}\Big/Y^{SR}\right\rceil c_j^{SR}+\sum_{j\in M\cup R}\sum_{\substack{k\in M\cup R\\ k\neq j}}\overline{c}_{jk}^{SR}x_{jk}^{SR}G_{jk}^{S}q_k^{SR}
\end{aligned}
$$

S.t.　式（2-1）～式（2-5），式（2-7）～式（2-10），式（2-12）～式（2-14），式（2-17），式（2-21）～式（2-27），式（2-35）～式（2-40），式（2-1'）～式（2-14'）

并行式运输：

$$
\begin{aligned}
\text{Min}\quad Z_{47}=&\sum_{j\in M}h_j^{SM}I_j^{SM}+\sum_{j\in M}p_j^{SM}l_j^{SM}+\sum_{k\in R}h_k^{SR}I_k^{SR}+\sum_{c\in f_0^{-1}}\sum_{i\in S\cup\overline{S}_c(\cdot)}\sum_{\substack{j\in S\cup\overline{S}_c(\cdot)\\ j\neq i}}\overline{c}_{ij}^{SM}x_{ij}^{SM}G_{ij}^{S}q_j^{SM}\\
&+\left|f_s^{-1}\right|c_0^{SM}+\sum_{j\in M}c_{jj}^{SM}q_j^{SM}+\sum_{k\in R}p_k^{SR}l_k^{SR}\\
&+\sum_{n\in M}\sum_{d\in f_n^{-1}}\sum_{i\in\{n\}\cup\overline{M}_{nd}(\cdot)}\sum_{\substack{k\in\{n\}\cup\overline{M}_{nd}(\cdot)\\ k\neq i}}\overline{c}_{ik}^{SR}x_{ik}^{SR}G_{ik}^{S}q_k^{SR}\\
&+\sum_{k\in R}c_{kk}^{SR}q_k^{SR}+\sum_{j\in M}\left|f_{Mj}^{-1}\right|c_j^{SR}
\end{aligned}
$$

S.t.　式（2-3），式（2-4），式（2-7），式（2-9），式（2-10），式（2-12）～式（2-14），式（2-17），式（2-21），式（2-23）～式（2-27），式（2-55）～式（2-64），式（2-1'）～式（2-14'）

本节实例情形如表 2-6、表 2-7 和表 2-19 所示，初始化参数设定后，通过修正后的蚁群算法的求解，得到最优调度路线，然后在此路线基础上优化库存水平，得到表 2-26 所示的结果（其中小括号中的数字为库存水平）。

表 2-26　2.4.3 节实例优化结果

运输模式	JMI 策略	
串行式运输	$S_0 \to M_1 \to M_2 \to M_3 \to S_0$ （580）（200）（1 320） $Z_{46} = 269\,442$	$M_1 \to R_5 \to R_9 \to M_1$ （300）（280） $M_2 \to R_8 \to M_2$ （200） $M_3 \to R_4 \to R_6 \to R_7 \to M_3$ （550）（420）（350）
并行式运输	$S_0 \to M_1 \to M_2 \to S_0$ （580）（200） $S_0 \to M_3 \to S_0$ （1 320） $Z_{47}^* = 200\,116$	$M_1 \to R_5 \to R_9 \to M_1$ （300）（280） $M_2 \to R_8 \to M_2$ （200） $M_3 \to R_4 \to M_3$ （550） $M_3 \to R_7 \to R_6 \to M_3$ （420）（350）

2.4.4　基于随机市场、不确定需求、自有车辆配送的情形

$$\text{Min}\quad Z_{48} = \text{Min}\{Z_{49}, Z_{50}\}$$

串行式运输：

$$\begin{aligned}\text{Min}\quad Z_{49} = &\sum_{j\in M} h_j^{SM} E[\tilde{I}_j^{SM}] + \sum_{j\in M} p_j^{SM} E[\tilde{l}_j^{SM}] + \sum_{k\in R} h_k^{SR} E[\tilde{I}_k^{SR}] \\ &+ \sum_{i\in S\cup M}\sum_{\substack{j\in S\cup M\\ j\neq i}} \overline{c}_{ij}^{SM} x_{ij}^{SM} G_{ij}^{S} q_j^{SM} + \left\lceil \sum_{j\in M} q_j^{SM} \Big/ Y^{SM} \right\rceil c_0^{SM} \\ &+ \sum_{j\in M}\left\lceil \sum_{k\in M_j(\cdot)} q_k^{SR} \Big/ Y^{SR} \right\rceil c_j^{SR} + \sum_{j\in M\cup R}\sum_{\substack{k\in M\cup R\\ k\neq j}} \overline{c}_{jk}^{SR} x_{jk}^{SR} G_{jk}^{S} q_k^{SR} \\ &+ \sum_{j\in M} c_{jj}^{SM} q_j^{SM} + \sum_{k\in R} p_k^{SR} E[\tilde{l}_k^{SR}] + \sum_{k\in R} c_{kk}^{SR} q_k^{SR}\end{aligned}$$

S.t.　式（2-1）～式（2-5），式（2-7），式（2-8），式（2-12）～式（2-14），式（2-17），式（2-21）～式（2-30），式（2-36）～式（2-40），式（2-65），式（2-1'）～式（2-14'）

并行式运输：

$$\text{Min}\quad Z_{50}=\sum_{j\in M}h_j^{SM}E[\tilde{I}_j^{SM}]+\sum_{j\in M}p_j^{SM}E[\tilde{l}_j^{SM}]+\sum_{k\in R}h_k^{SR}E[\tilde{I}_k^{SR}]+\sum_{k\in R}p_k^{SR}E[\tilde{l}_k^{SR}]$$
$$+\left|f_s^{-1}\right|c_0^{SM}+\sum_{j\in M}\left|f_{Mj}^{-1}\right|c_j^{SR}+\sum_{c\in f_0^{-1}}\sum_{i\in S\cup\bar{S}_c(\cdot)}\sum_{\substack{j\in S\cup\bar{S}_c(\cdot)\\ j\neq i}}\overline{c}_{ij}^{SM}x_{ij}^{SM}G_{ij}^{S}q_j^{SM}$$
$$+\sum_{j\in M}c_{jj}^{SM}q_j^{SM}+\sum_{n\in M}\sum_{d\in f_n^{-1}}\sum_{i\in\{n\}\cup\bar{M}_{nd}(\cdot)}\sum_{\substack{k\in\{n\}\cup\bar{M}_{nd}(\cdot)\\ k\neq i}}\overline{c}_{ik}^{SR}x_{ik}^{SR}G_{ik}^{S}q_k^{SR}$$
$$+\sum_{k\in R}c_{kk}^{SR}q_k^{SR}$$

S.t.　式（2-3），式（2-4），式（2-7），式（2-12）～式（2-14），式（2-17），式（2-21），式（2-25）～式（2-30），式（2-32）～式（2-34），式（2-55）～式（2-58），式（2-60）～式（2-65），式（2-1'）～式（2-14'）

本节实例情形如表 2-6、表 2-7、表 2-9 和表 2-19 所示，初始化参数设定后，通过修正后的蚁群算法的求解，得到最优调度路线，然后在此路线基础上优化库存水平，得到表 2-27 所示的结果（其中小括号中的数字为库存水平）。

表 2-27　2.4.4 节实例优化结果

运输模式	JMI 策略	
串行式运输	$S_0\to M_2\to M_3\to M_1\to S_0$ （350）（911）（916） $Z_{49}=340\,804$	$M_1\to R_9\to R_5\to M_1$ （347）（569） $M_2\to R_4\to M_2$ （350） $M_3\to R_7\to R_6\to R_8\to M_3$ （263）（310）（338）
并行式运输	$S_0\to M_1\to M_2\to S_0$ （916）（336） $S_0\to M_3\to S_0$ （937） $Z_{50}=318\,245$	$M_1\to R_9\to R_5\to M_1$ （347）（569） $M_2\to R_8\to M_2$ （336） $M_3\to R_6\to M_3$ （315） $M_3\to R_7\to R_4\to M_3$ （268）（354）

2.4.5　基于市场细分、确定需求、第三方车辆配送的情形

$$\text{Min}\quad Z_{51}=\text{Min}\{Z_{52},Z_{53},Z_{54}\}$$

直配式运输：

$$\text{Min}\quad Z_{52}=\sum_{j\in M}h_j^{SM}I_j^{SM}+\sum_{j\in M}p_j^{SM}l_j^{SM}+\sum_{k\in R}h_k^{SR}I_k^{SR}+\sum_{k\in R}p_k^{SR}l_k^{SR}+n_0^{SM}c_0^{SM}+\left(m-n_0^{SM}\right)v_0^{SM}$$
$$+\sum_{j\in M}c_{0j}^{SM}G_{0j}^{S}q_j^{SM}+\sum_{j\in M}c_{jj}^{SM}q_j^{SM}+\left(\left|M_j(\cdot)\right|-n_j^{SR}\right)v_j^{SR}+\sum_{k\in R}c_{jk}^{SR}G_{jk}^{S}q_k^{SR}$$
$$+\sum_{k\in R}c_{kk}^{SR}q_k^{SR}+n_j^{SR}c_j^{SR}+K\sum_{j\in M}c_{j0}^{SM}G_{j0}^{S}+K\sum_{j\in M}\sum_{k\in R}c_{kj}^{SR}G_{kj}^{S}$$

S.t.　式（2-7）～式（2-12），式（2-14），式（2-21）～式（2-25），式（2-27），式（2-42），式（2-48）

串行式运输：

$$\text{Min}\quad Z_{53}=\sum_{j\in M}h_j^{SM}I_j^{SM}+\sum_{j\in M}p_j^{SM}l_j^{SM}+\sum_{k\in R}h_k^{SR}I_k^{SR}+\sum_{k\in R}p_k^{SR}l_k^{SR}+\sum_{i\in S\cup M}\sum_{\substack{j\in S\cup M\\ j\neq i}}\overline{c}_{ij}^{SM}x_{ij}^{SM}G_{ij}^{S}q_j^{SM}$$
$$+\left\lceil\left(\sum_{j\in M}q_j^{SM}-n_0^{SM}Y^{SM}\right)\Big/Y_v^{SM}\right\rceil v_0^{SM}+\sum_{j\in M}\left\lceil\left(\sum_{k\in M_j(\cdot)}q_k^{SR}-n_j^{SR}Y^{SR}\right)\Big/Y_v^{SR}\right\rceil v_j^{SR}$$
$$+\sum_{j\in M}n_j^{SR}c_j^{SR}+n_0^{SM}c_0^{SM}+\sum_{j\in M\cup R}\sum_{\substack{k\in M\cup R\\ k\neq j}}\overline{c}_{jk}^{SR}x_{jk}^{SR}G_{jk}^{S}q_k^{SR}+\sum_{k\in R}c_{kk}^{SR}q_k^{SR}$$

S.t.　式（2-1）～式（2-5），式（2-7）～式（2-19），式（2-21）～式（2-27），式（2-66），式（2-68），式（2-1'）～式（2-14'）

并行式运输：

$$\text{Min}\quad Z_{54}=\sum_{j\in M}h_j^{SM}I_j^{SM}+\sum_{j\in M}p_j^{SM}l_j^{SM}+\sum_{k\in R}h_k^{SR}I_k^{SR}+\sum_{k\in R}p_k^{SR}l_k^{SR}+n_0^{SM}c_0^{SM}$$
$$+\left(\left|f_s^{-1}\right|-n_0^{SM}\right)v_0^{SM}+\sum_{j\in M}n_j^{SR}c_j^{SR}+\sum_{j\in M}\left(\left|f_{Mj}^{-1}\right|-n_j^{SR}\right)v_j^{SR}$$
$$+\sum_{c\in f_0^{-1}}\sum_{i\in S\cup\overline{S}_c(\cdot)}\sum_{\substack{j\in S\cup\overline{S}_c(\cdot)\\ j\neq i}}\overline{c}_{ij}^{SM}x_{ij}^{SM}G_{ij}^{S}q_j^{SM}+\sum_{j\in M}c_{jj}^{SM}q_j^{SM}$$
$$+\sum_{n\in M}\sum_{d\in f_n^{-1}}\sum_{i\in\{n\}\cup\overline{M}_{nd}(\cdot)}\sum_{\substack{k\in\{n\}\cup\overline{M}_{nd}(\cdot)\\ k\neq i}}\overline{c}_{ik}^{SR}x_{ik}^{SR}G_{ik}^{S}q_k^{SR}+\sum_{k\in R}c_{kk}^{SR}q_k^{SR}$$

S.t.　式（2-3），式（2-4），式（2-7），式（2-9），式（2-10），式（2-12）～式（2-14），式（2-17），式（2-21），式（2-23）～式（2-27），式（2-43）～式（2-47），式（2-49）～式（2-53），式（2-67），式（2-69），式（2-1'）～式（2-14'）

本节实例情形如表 2-6、表 2-7 和表 2-19 所示，初始化参数设定后，通过修正后的蚁群算法的求解，得到最优调度路线，然后在此路线基础上优化库存水平，得到表 2-28 所示的结果（其中小括号中的数字为库存水平）。

表 2-28　2.4.5 节实例优化结果

运输模式	JMI 策略	
直配式运输	$S_0 \to M_1 \to S_0$ （580） $S_0 \to M_2 \to S_0$ （200） $S_0 \to M_3 \to S_0$ （1 320）（租用） $Z_{52}^* = 186\ 308$	$M_1 \to R_5 \to M_1$ （300） $M_1 \to R_9 \to M_1$ （280） $M_2 \to R_8 \to M_2$ （200） $M_3 \to R_4 \to M_3$ （550） $M_3 \to R_6 \to M_3$ （420）（租用） $M_3 \to R_7 \to M_3$ （350）（租用）
串行式运输	$S_0 \to M_1 \to M_2 \to M_3 \to S_0$ （500）（280）（1 320） $Z_{53} = 299\ 604$	$M_1 \to R_5 \to R_8 \to M_1$ （300）（200） $M_2 \to R_9 \to M_2$ （280） $M_3 \to R_4 \to R_6 \to R_7 \to M_3$ （550）（420）（350）（租用）
并行式运输	$S_0 \to M_1 \to M_2 \to S_0$ （580）（200） $S_0 \to M_3 \to S_0$ （1 320） $Z_{54} = 302\ 216$	$M_1 \to R_5 \to R_9 \to M_1$ （300）（280） $M_2 \to R_8 \to M_2$ （200） $M_3 \to R_4 \to M_3$ （550）（租用） $M_3 \to R_7 \to R_6 \to M_3$ （420）（350）

2.4.6　基于市场细分、不确定需求、第三方车辆配送的情形

$$\text{Min}\quad Z_{55} = \text{Min}\{Z_{56}, Z_{57}, Z_{58}\}$$

直配式运输：

$$\begin{aligned}\text{Min}\quad Z_{56} = & \sum_{j\in M} h_j^{SM} E[\tilde{I}_j^{SM}] + \sum_{j\in M} p_j^{SM} E[\tilde{l}_j^{SM}] + \sum_{k\in R} h_k^{SR} E[\tilde{I}_k^{SR}] + \sum_{k\in R} p_k^{SR} E[\tilde{l}_k^{SR}] \\ & + \left(m - n_0^{SM}\right) v_0^{SM} + n_0^{SM} c_0^{SM} + K \sum_{j\in M} c_{j0}^{SM} G_{j0}^S + \sum_{j\in M} c_{0j}^{SM} G_{0j}^S q_j^{SM} \\ & + \sum_{j\in M} c_{jj}^{SM} q_j^{SM} + \left(\left|M_j(\cdot)\right| - n_j^{SR}\right) v_j^{SR} + n_j^{SR} c_j^{SR} + \sum_{k\in R} c_{jk}^{SR} G_{jk}^S q_k^{SR} \\ & + K \sum_{j\in M} \sum_{k\in R} c_{kj}^{SR} G_{kj}^S + \sum_{k\in R} c_{kk}^{SR} q_k^{SR}\end{aligned}$$

S.t.　式（2-7），式（2-8），式（2-12），式（2-14），式（2-21），式（2-22），式（2-25），式（2-27）～式（2-34），式（2-42），式（2-48），式（2-54）

串行式运输：

$$
\begin{aligned}
\text{Min}\quad Z_{57} = & \sum_{j\in M} h_j^{SM} E[\tilde{I}_j^{SM}] + \sum_{j\in M} p_j^{SM} E[\tilde{l}_j^{SM}] + \sum_{k\in R} h_k^{SR} E[\tilde{I}_k^{SR}] + \sum_{k\in R} p_k^{SR} E[\tilde{l}_k^{SR}] + \sum_{j\in M} n_j^{SR} c_j^{SR} \\
& + \left\lfloor \left(\sum_{j\in M} q_j^{SM} - n_0^{SM} Y^{SM} \right) \Big/ Y_v^{SM} \right\rfloor v_0^{SM} + \sum_{j\in M} \left\lfloor \left(\sum_{k\in M_j(\cdot)} q_k^{SR} - n_j^{SR} Y^{SR} \right) \Big/ Y_v^{SR} \right\rfloor v_j^{SR} \\
& + n_0^{SM} c_0^{SM} + \sum_{i\in S\cup M} \sum_{\substack{j\in S\cup M \\ j\neq i}} \overline{c}_{ij}^{SM} x_{ij}^{SM} G_{ij}^{S} q_j^{SM} + \sum_{j\in M} c_{jj}^{SM} q_j^{SM} \\
& + \sum_{j\in M\cup R} \sum_{\substack{k\in M\cup R \\ k\neq j}} \overline{c}_{jk}^{SR} x_{jk}^{SR} G_{jk}^{S} q_k^{SR} + \sum_{k\in R} c_{kk}^{SR} q_k^{SR}
\end{aligned}
$$

S.t.　式（2-1）～式（2-5），式（2-7），式（2-8），式（2-12）～式（2-14），式（2-15）～式（2-19），式（2-21），式（2-22），式（2-25）～式（2-34），式（2-54），式（2-66），式（2-68），式（2-1'）～式（2-14'）

并行式运输：

$$
\begin{aligned}
\text{Min}\quad Z_{58} = & \sum_{j\in M} h_j^{SM} E[\tilde{I}_j^{SM}] + \sum_{j\in M} p_j^{SM} E[\tilde{l}_j^{SM}] + \sum_{k\in R} h_k^{SR} E[\tilde{I}_k^{SR}] + \sum_{k\in R} p_k^{SR} E[\tilde{l}_k^{SR}] \\
& + \left(\left| f_s^{-1} \right| - n_0^{SM} \right) v_0^{SM} + \sum_{j\in M} n_j^{SR} c_j^{SR} + \sum_{j\in M} \left(\left| f_{Mj}^{-1} \right| - n_j^{SR} \right) v_j^{SR} \\
& + \sum_{c\in f_0^{-1}} \sum_{i\in S\cup \overline{S}_c(\cdot)} \sum_{\substack{j\in S\cup \overline{S}_c(\cdot) \\ j\neq i}} \overline{c}_{ij}^{SM} x_{ij}^{SM} G_{ij}^{S} q_j^{SM} + \sum_{j\in M} c_{jj}^{SM} q_j^{SM} + n_0^{SM} c_0^{SM} \\
& + \sum_{n\in M} \sum_{d\in f_n^{-1}} \sum_{i\in\{n\}\cup \overline{M}_{nd}(\cdot)} \sum_{\substack{k\in\{n\}\cup \overline{M}_{nd}(\cdot) \\ k\neq i}} \overline{c}_{ik}^{SR} x_{ik}^{SR} G_{ik}^{S} q_k^{SR} + \sum_{k\in R} c_{kk}^{SR} q_k^{SR}
\end{aligned}
$$

S.t.　式（2-3），式（2-4），式（2-7），式（2-12）～式（2-14），式（2-17），式（2-21），式（2-25）～式（2-30），式（2-32）～式（2-34），式（2-43）～式（2-46），式（2-49）～式（2-54），式（2-67），式（2-69），式（2-1'）～式（2-14'）

本节实例情形如表 2-6、表 2-7、表 2-9 和表 2-19 所示，初始化参数设定后，通过修正后的蚁群算法的求解，得到最优调度路线，然后在此路线基础上优化库存水平，得到表 2-29 所示的结果（其中小括号中的数字为库存水平）。

表 2-29　2.4.6 节实例优化结果

运输模式	JMI 策略	
直配式运输	$S_0 \to M_1 \to S_0$ （913） $S_0 \to M_2 \to S_0$ （336） $S_0 \to M_3 \to S_0$ （941）（租用） $Z_{56}^* = 287\,400$	$M_1 \to R_5 \to M_1$ （568） $M_1 \to R_9 \to M_1$ （345） $M_2 \to R_8 \to M_2$ （336） $M_3 \to R_4 \to M_3$ （355） $M_3 \to R_6 \to M_3$ （318）（租用） $M_3 \to R_7 \to M_3$ （268）（租用）
串行式运输	$S_0 \to M_2 \to M_3 \to M_1 \to S_0$ （336）（937）（916） $Z_{57} = 341\,634$	$M_1 \to R_9 \to R_5 \to M_1$ （347）（569） $M_2 \to R_8 \to M_2$ （336） $M_3 \to R_7 \to R_6 \to R_4 \to M_3$ （268）（315）（354）（完全租用）
并行式运输	$S_0 \to M_1 \to M_2 \to S_0$ （916）（336） $S_0 \to M_3 \to S_0$ （937） $Z_{58} = 318\,745$	$M_1 \to R_9 \to R_5 \to M_1$ （347）（569）（完全租用） $M_2 \to R_8 \to M_2$ （336） $M_3 \to R_6 \to M_3$ （315）（租用） $M_3 \to R_7 \to R_4 \to M_3$ （268）（354）

2.4.7　基于随机市场、确定需求、第三方车辆配送的情形

$$\text{Min}\quad Z_{59} = \text{Min}\{Z_{60}, Z_{61}\}$$

串行式运输：

$$\begin{aligned}\text{Min}\quad Z_{60} = {} & \sum_{j\in M} h_j^{SM} I_j^{SM} + \sum_{j\in M} p_j^{SM} l_j^{SM} + \sum_{k\in R} h_k^{SR} I_k^{SR} + \sum_{k\in R} p_k^{SR} l_k^{SR} + \sum_{i\in S\cup M} \sum_{\substack{j\in S\cup M \\ j\neq i}} \overline{c}_{ij}^{SM} x_{ij}^{SM} G_{ij}^{S} q_j^{SM} \\ & + \left\lfloor \left(\sum_{j\in M} q_j^{SM} - n_0^{SM} Y^{SM} \right) \Big/ Y_v^{SM} \right\rfloor v_0^{SM} + \sum_{j\in M} \left\lfloor \left(\sum_{k\in M_j(\cdot)} q_k^{SR} - n_j^{SR} Y^{SR} \right) \Big/ Y_v^{SR} \right\rfloor v_j^{SR} \\ & + \sum_{j\in M} n_j^{SR} c_j^{SR} + n_0^{SM} c_0^{SM} + \sum_{j\in M\cup R} \sum_{\substack{k\in M\cup R \\ k\neq j}} \overline{c}_{jk}^{SR} x_{jk}^{SR} G_{jk}^{S} q_k^{SR} + \sum_{k\in R} c_{kk}^{SR} q_k^{SR}\end{aligned}$$

S.t. 式（2-3），式（2-4），式（2-7），式（2-9），式（2-10），式（2-12）～式（2-14），式（2-17），式（2-21）～式（2-27），式（2-36）～式（2-40），式（2-55）～式（2-59），式（2-67），式（2-68），式（2-1'）～式（2-14'）

并行式运输：

$$\begin{aligned}\text{Min}\quad Z_{61}=&\sum_{j\in M}h_j^{SM}I_j^{SM}+\sum_{j\in M}p_j^{SM}l_j^{SM}+\sum_{k\in R}h_k^{SR}I_k^{SR}+\sum_{k\in R}p_k^{SR}l_k^{SR}+n_0^{SM}c_0^{SM}\\&+\left(\left|f_s^{-1}\right|-n_0^{SM}\right)v_0^{SM}+\sum_{j\in M}n_j^{SR}c_j^{SR}+\sum_{j\in M}\left(\left|f_{Mj}^{-1}\right|-n_j^{SR}\right)v_j^{SR}\\&+\sum_{c\in f_0^{-1}}\sum_{i\in S\cup\bar{S}_c(\cdot)}\sum_{\substack{j\in S\cup\bar{S}_c(\cdot)\\j\neq i}}\bar{c}_{ij}^{SM}x_{ij}^{SM}G_{ij}^{S}q_j^{SM}+\sum_{j\in M}c_{jj}^{SM}q_j^{SM}\\&+\sum_{n\in M}\sum_{d\in f_n^{-1}}\sum_{i\in\{n\}\cup\bar{M}_{nd}(\cdot)}\sum_{\substack{k\in\{n\}\cup\bar{M}_{nd}(\cdot)\\k\neq i}}\bar{c}_{ik}^{SR}x_{ik}^{SR}G_{ik}^{S}q_k^{SR}+\sum_{k\in R}c_{kk}^{SR}q_k^{SR}\end{aligned}$$

S.t. 式（2-3），式（2-4），式（2-7），式（2-9），式（2-10），式（2-12）～式（2-14），式（2-17），式（2-21），式（2-23）～式（2-27），式（2-55）～式（2-64），式（2-67），式（2-69），式（2-1'）～式（2-14'）

本节实例情形如表 2-6、表 2-7 和表 2-19 所示，初始化参数设定后，通过修正后的蚁群算法的求解，得到最优调度路线，然后在此路线基础上优化库存水平，得到表 2-30 所示的结果（其中小括号中的数字为库存水平）。

表 2-30　2.4.7 节实例优化结果

运输模式	JMI 策略	
串行式运输	$S_0\to M_1\to M_2\to M_3\to S_0$ （580）（200）（1 320） $Z_{60}=271\,542$	$M_1\to R_5\to R_9\to M_1$ （300）（280） $M_2\to R_8\to M_2$ （200） $M_3\to R_4\to R_6\to R_7\to M_3$ （550）（420）（350）（租用）
并行式运输	$S_0\to M_1\to M_2\to S_0$ （580）（200） $S_0\to M_3\to S_0$ （1 320） $Z_{61}^{*}=202\,216$	$M_1\to R_5\to R_9\to M_1$ （300）（280） $M_2\to R_8\to M_2$ （200） $M_3\to R_4\to M_3$ （550）（租用） $M_3\to R_7\to R_6\to M_3$ （420）（350）

2.4.8　基于随机市场、不确定需求、第三方车辆配送的情形

$$\text{Min}\quad Z_{62}=\text{Min}\left\{Z_{63},Z_{64}\right\}$$

串行式运输：

$$\text{Min}\quad Z_{63}=\sum_{j\in M}h_j^{SM}E[\tilde{I}_j^{SM}]+\sum_{j\in M}p_j^{SM}E[\tilde{l}_j^{SM}]+\sum_{k\in R}h_k^{SR}E[\tilde{I}_k^{SR}]+\sum_{k\in R}p_k^{SR}E[\tilde{l}_k^{SR}]$$

$$+\sum_{j\in M}n_j^{SR}c_j^{SR}+\left\lceil\left(\sum_{j\in M}q_j^{SM}-n_0^{SM}Y^{SM}\right)\Big/Y_v^{SM}\right\rceil v_0^{SM}$$

$$+\sum_{j\in M}\left\lceil\left(\sum_{k\in M_j(\cdot)}q_k^{SR}-n_j^{SR}Y^{SR}\right)\Big/Y_v^{SR}\right\rceil v_j^{SR}+n_0^{SM}c_0^{SM}$$

$$+\sum_{i\in S\cup M}\sum_{\substack{j\in S\cup M\\ j\neq i}}\overline{c}_{ij}^{SM}x_{ij}^{SM}G_{ij}^{S}q_j^{SM}+\sum_{j\in M}c_{jj}^{SM}q_j^{SM}$$

$$+\sum_{j\in M\cup R}\sum_{\substack{k\in M\cup R\\ k\neq j}}\overline{c}_{jk}^{SR}x_{jk}^{SR}G_{jk}^{S}q_k^{SR}+\sum_{k\in R}c_{kk}^{SR}q_k^{SR}$$

S.t.　式（2-1）～式（2-5），式（2-7），式（2-8），式（2-12）～式（2-14），式（2-17），式（2-21）～式（2-30），式（2-36）～式（2-40），式（2-65），式（2-66），式（2-68），式（2-1'）～式（2-14'）

并行式运输：

$$\text{Min}\quad Z_{64}=\sum_{j\in M}h_j^{SM}E[\tilde{I}_j^{SM}]+\sum_{j\in M}p_j^{SM}E[\tilde{l}_j^{SM}]+\sum_{k\in R}h_k^{SR}E[\tilde{I}_k^{SR}]+\sum_{k\in R}p_k^{SR}E[\tilde{l}_k^{SR}]$$

$$+\left(\left|f_s^{-1}\right|-n_0^{SM}\right)v_0^{SM}+\sum_{j\in M}n_j^{SR}c_j^{SR}+\sum_{j\in M}\left(\left|f_{Mj}^{-1}\right|-n_j^{SR}\right)v_j^{SR}$$

$$+\sum_{c\in f_0^{-1}}\sum_{i\in S\cup\overline{S}_c(\cdot)}\sum_{\substack{j\in S\cup\overline{S}_c(\cdot)\\ j\neq i}}\overline{c}_{ij}^{SM}x_{ij}^{SM}G_{ij}^{S}q_j^{SM}+\sum_{j\in M}c_{jj}^{SM}q_j^{SM}+n_0^{SM}c_0^{SM}$$

$$+\sum_{n\in M}\sum_{d\in f_n^{-1}}\sum_{i\in\{n\}\cup\overline{M}_{nd}(\cdot)}\sum_{\substack{k\in\{n\}\cup\overline{M}_{nd}(\cdot)\\ k\neq i}}\overline{c}_{ik}^{SR}x_{ik}^{SR}G_{ik}^{S}q_k^{SR}+\sum_{k\in R}c_{kk}^{SR}q_k^{SR}$$

S.t.　式（2-3），式（2-4），式（2-7），式（2-12）～式（2-14），式（2-17），式（2-21），式（2-25）～式（2-30），式（2-32）～式（2-34），式（2-55）～式（2-58），式（2-60）～式（2-65），式（2-67），式（2-69），式（2-1'）～式（2-14'）

本节实例情形如表 2-6、表 2-7、表 2-9 和表 2-19 所示，初始化参数设定后，运用修正后的蚁群算法求解，得到最优调度路线，然后在此路线基础上优化库存水平，得到表 2-31 所示的结果（其中小括号中的数字为库存水平）。

表 2-31　2.4.8 节实例优化结果

运输模式	JMI 策略	
串行式运输	$S_0 \to M_2 \to M_3 \to M_1 \to S_0$ （350）（911）（916） $Z_{63} = 338\,104$	$M_1 \to R_9 \to R_5 \to M_1$ （347）（569）（完全租用） $M_2 \to R_4 \to M_2$ （350） $M_3 \to R_7 \to R_6 \to R_8 \to M_3$ （263）（310）（338）（完全租用）
并行式运输	$S_0 \to M_1 \to M_2 \to S_0$ （848）（336） $S_0 \to M_3 \to S_0$ （937） $Z_{64}^{*} = 318\,745$	$M_1 \to R_9 \to R_5 \to M_1$ （347）（569）（完全租用） $M_2 \to R_8 \to M_2$ （336） $M_3 \to R_6 \to M_3$ （315）（租用） $M_3 \to R_7 \to R_4 \to M_3$ （268）（354）

2.5　多周期、单车辆、供应商管理库存策略下的库存路径问题

多周期的库存路径问题，一般是比较复杂的，通过前面几节的分析发现，在需求确定的情形下，库存水平一般为其需求量，这时不会产生存储成本与缺货损失成本，即需求量至少为此库存路径问题的满意解。

为了简化研究，本节采取“确定需求优化路线，随机需求优化库存”的原则，即在需求确定的情形下，库存水平为其对应的需求量，在此基础上优化各个周期的调度路线；在需求不确定的情形下，根据周期内的期望需求优化整体调度路线，在此调度路线基础上优化各个周期的库存水平。多周期、单车辆、VMI 策略下 SIRP 示意图如图 2-12 所示。

2.5.1　基于市场细分、确定需求、单阶段配送的情形

1. 模型

主问题：

$$\text{Min}\quad Z_{65} = \sum_{j\in M}\sum_{t\in T} h_j^{SM} I_{jt}^{SM} + \sum_{j\in M}\sum_{t\in T} p_j^{SM} l_{jt}^{SM} + Tc_0^{SM} + \sum_{i\in S\cup M}\sum_{\substack{j\in S\cup M\\ j\neq i}}\sum_{t\in T} \overline{c}_{ij}^{SM} x_{ijt}^{SM} G_{ij}^{S} q_{jt}^{SM} + \sum_{j\in M}\sum_{t\in T} c_{jj}^{SM} q_{jt}^{SM}$$

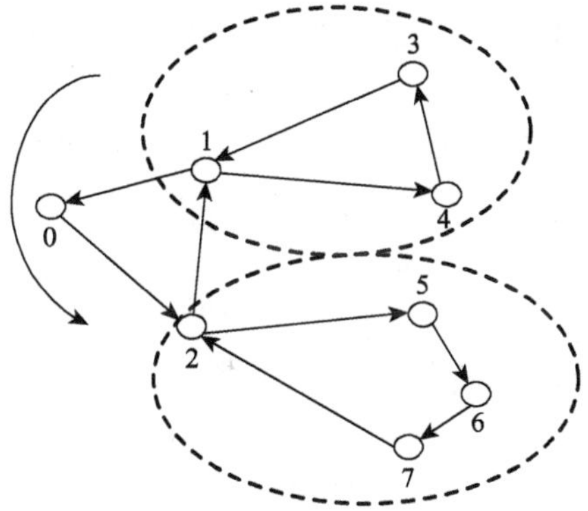

图 2-12　多周期、单车辆、VMI 策略下 SIRP 示意图

弧箭头代表多周期情形，其他同上

S.t.
$$\sum_{j\in M} x_{0jt}^{SM} = 1, \quad t\in T \tag{2-70}$$

$$\sum_{j\in M} x_{j0t}^{SM} = 1, \quad t\in T \tag{2-71}$$

$$\sum_{\substack{i\in S\cup M\\ i\neq h}} x_{iht}^{SM} - \sum_{\substack{j\in S\cup M\\ j\neq h}} x_{hjt}^{SM} = 0, \quad t\in T \tag{2-72}$$

$$\sum_{\substack{i\in S\cup M\\ i\neq j}} x_{ijt}^{SM} = 1, \quad t\in T \tag{2-73}$$

$$\sum_{i\in S\cup M} \sum_{\substack{j\in S\cup M\\ j\neq i}} x_{ijt}^{SM} \leqslant m+1, \quad t\in T \tag{2-74}$$

$$\sum_{j\in M} q_{jt}^{SM} \leqslant Y^{SM}, \quad t\in T \tag{2-75}$$

$$I_{j,t-1}^{SM} + q_{jt}^{SM} \leqslant U_j^{SM}, \quad j\in M, \quad t\in T \tag{2-76}$$

$$q_{jt}^{SM} - \sum_{i\in S\cup M} Y^{SM} x_{ijt}^{SM} \leqslant 0, \quad j\in M, \quad t\in T \tag{2-77}$$

$$l_{jt}^{SM} = \left(d_{jt}^{SM} - I_{j,t-1}^{SM} - q_{jt}^{SM}\right)^{+}, \quad j\in M, \quad t\in T \tag{2-78}$$

$$l_{jt}^{SM} \leqslant L^{SM}, \quad j\in M, \quad t\in T \tag{2-79}$$

$$d_{jt}^{SM} = \sum_{k\in M_j(\cdot)} d_{kt}^{SR}, \quad j\in M, \quad t\in T \tag{2-80}$$

$$q_{0t}^{SM} = q_{jt}^{SR} = K, \quad j\in M, \quad t\in T \tag{2-81}$$

$$I_{j0}^{SM} = I_j^{SM}, \quad j\in M \tag{2-82}$$

$$x_{ijt}^{SM} \in (0,\ 1), \quad t\in T \tag{2-83}$$

$$q_{jt}^{SM} \in Z^{+}, \quad j\in M, \quad t\in T \tag{2-84}$$

其中，约束（2-70）表示t时刻单一车辆从供应商处离开向制造商送货；约束（2-71）表示t时刻单一车辆从制造商处送完货返回供应商处；约束（2-72）表示t时刻任意到达制造商处的车辆在送完货后离开该制造商；约束（2-73）表示t时刻供应链中的供应商和制造商节点当且仅当被访问一次；约束（2-74）表示t时刻消除子车辆路线的生成；约束（2-75）表示t时刻供应商向制造商的送货量不超过车辆容量；约束（2-76）表示t时刻制造商处的送货量不能超过其库存水平容量；约束（2-77）表示t时刻车辆只有经过制造商节点时才送货，保证了运输的可能性；约束（2-78）表示t时刻制造商处的缺货数量和残余库存量表达式；约束（2-79）表示t时刻制造商处的缺货数量不能超过其最大缺货数量；约束（2-80）表示t时刻制造商的需求量等于其相对应的下游零售商的需求量之和；约束（2-81）表示t时刻车辆空驶当量表达式；约束（2-82）表示 0 时刻制造商残余库存量表达式；约束（2-83）表示t时刻车辆调度路径为 0-1 整数变量；约束（2-84）表示t时刻供应商向下游制造商的送货量为整数。

子问题为对$\forall j \in M$，则有

$$\text{Min}\quad Z_{65j} = \sum_{k\in M_j(\cdot)}\sum_{t\in T} h_k^{SR} I_{kt}^{SR} + \sum_{i\in\{j\}\cup M_j(\cdot)}\ \sum_{\substack{k\in\{j\}\cup M_j(\cdot)\\ k\neq i}}\ \sum_{t\in T}\overline{c}_{ik}^{SR} x_{ikt}^{SR} G_{ik}^{S} q_{kt}^{SR} + \sum_{k\in M_j(\cdot)}\sum_{t\in T} c_{kk}^{SR} q_{kt}^{SR} + Tc_j^{SR} + \sum_{k\in M_j(\cdot)}\sum_{t\in T} p_k^{SR} l_{k,t}^{SR}$$

$$\text{S.t.}\quad \sum_{k\in M_j(\cdot)} x_{jkt}^{SR} = 1,\quad j\in M,\quad t\in T \tag{2-85}$$

$$\sum_{k\in M_j(\cdot)} x_{kjt}^{SR} = 1,\quad j\in M,\quad t\in T \tag{2-86}$$

$$\sum_{\substack{j\in M\cup R\\ j\neq h}} x_{jht}^{SR} - \sum_{\substack{k\in M\cup R\\ k\neq h}} x_{hkt}^{SR} = 0,\quad t\in T \tag{2-87}$$

$$\sum_{\substack{k\in\{j\}\cup M_j(\cdot)\\ i\neq k}} x_{ikt}^{SR} = 1,\quad j\in M,\quad t\in T \tag{2-88}$$

$$\sum_{\substack{k\in M_j(\cdot)\\ k\neq j}}\ \sum_{i\in\{j\}\cup M_j(\cdot)} x_{ikt}^{SR} \leqslant \left|M_j(\cdot)\right| - 1,\quad j\in M,\quad t\in T \tag{2-89}$$

$$\sum_{k\in M_j(\cdot)} q_{kt}^{SR} \leqslant Y^{SR},\quad j\in M,\quad t\in T \tag{2-90}$$

$$I_{k,t-1}^{SR} + q_{kt}^{SR} \leqslant U_k^{SR},\quad k\in R,\quad t\in T \tag{2-91}$$

$$q_{kt}^{SR} - \sum_{j\in M\cup R} Y^{SR} x_{jkt}^{SR} \leqslant 0,\quad k\in R,\quad t\in T \tag{2-92}$$

$$l_{kt}^{SR} = \left(d_{kt}^{SR} - I_{k,t-1}^{SR} - q_{kt}^{SR}\right)^{+},\quad k\in R,\quad t\in T \tag{2-93}$$

$$l_{kt}^{SR} \leqslant L^{SR},\quad k\in R,\quad t\in T \tag{2-94}$$

$$q_{0t}^{SM}=q_{jt}^{SR}=K,\quad j\in M,\quad t\in T \tag{2-95}$$

$$I_{k0}^{SR}=I_{k}^{SR},\quad k\in R \tag{2-96}$$

$$x_{jkt}^{SR}\in(0,\ 1),\quad t\in T \tag{2-97}$$

$$q_{kt}^{SR}\in Z^{+},\quad k\in R,\quad t\in T \tag{2-98}$$

其中，约束（2-85）表示 t 时刻单一车辆离开制造商处向其下游零售商送货；约束（2-86）表示 t 时刻单一车辆从零售商处送完货返回其上游制造商处；约束（2-87）表示 t 时刻任意到达零售商处的车辆在送完货后离开该零售商；约束（2-88）表示 t 时刻供应链中的制造商和其下游零售商节点当且仅当被访问一次；约束（2-89）表示 t 时刻消除子车辆路线的生成；约束（2-90）表示 t 时刻制造商向其下游零售商的送货量不超过车辆容量；约束（2-91）表示 t 时刻零售商处的送货量不能超过其库存水平容量；约束（2-92）表示 t 时刻车辆只有经过零售商节点时才送货，保证了运输的可能性；约束（2-93）表示 t 时刻零售商处的缺货数量和残余库存量表达式；约束（2-94）表示 t 时刻零售商处的缺货数量不能超过其最大缺货数量；约束（2-95）表示 t 时刻车辆空驶当量表达式；约束（2-96）表示 0 时刻零售商残余库存量表达式；约束（2-97）表示 t 时刻车辆调度路径为 0-1 整数变量；约束（2-98）表示 t 时刻制造商向其下游零售商的送货量为整数。

2. 算法及数例分析

自 1975 年美国密歇根大学的 Holland 教授出版 *Adaptation in Natural and Artificial System* 一书以来，对于遗传算法（genetic algorithm）的研究日益丰富。而遗传算法是受达尔文进化论的启发，借鉴生物的遗传进化过程而提出的一种启发式算法。

遗传算法基本步骤如下。

步骤 1：构造染色体（chromosome）。初始化染色体交叉参数 P_c 和变异参数 P_m，随机产生 m 个制造商的染色体，然后再将 $m+1$ 个供应商随机插入染色体中，这一过程保证有两个供应商被安排到染色体的两端，并且染色体中不能存在连续的两个供应商。如 $m_1,m_2,\cdots,m_m$，若 $\sum_{j}^{k-1}d_{m_j}\leqslant Y^{SM}$ 且 $\sum_{j}^{k}d_{m_j}\geqslant Y^{SM}$，将 k 至 m 的基因逐一后移一位，将供应商插入 k 位，重复这一操作。

步骤 2：计算适应函数（fitness function）。将目标函数值的倒数作为适应函数。

步骤 3：染色体交叉与变异（crossover/mutation）。在新种群中为快速获得最优解，需要进行染色体的复制，染色体的复制采用旋轮法（roulette wheel），每次按以下方式选择染色体。

（1）计算染色体适应函数 Z_j^{-1} 和选择概率 $P_j = Z_j^{-1} \Big/ \sum_{j=1}^{m} Z_j^{-1}$ 与累计选择概率 $\mathrm{CP}_j = \sum_{j=1}^{m} P_j$ 。

（2）在 $(0,\ 1)$ 上产生均匀分布的伪随机数 q ，如果 $q \leqslant \mathrm{CP}_1$ ，则选择染色体 1，否则选择第 k 个染色体，使得 $\mathrm{CP}_{k-1} \leqslant q \leqslant \mathrm{CP}_k$ 。由于染色体复制后，当前种群中最佳染色体可能丧失复制能力，于是采用直接复制的方法。

（3）在染色体选择出来之后就要进行交叉与变异，其中染色体交叉采取顺序交叉法（order crossover，OC），具体过程如下：

A　1 2 | 3 4 5 6 | 7 8 9　A'　7 6 5 4 | 1 2 3 4 5 6 7 8 9　A''　7 6 5 4 1 2 3 8 9

B　9 8 | 7 6 5 4 | 3 2 1　B'　3 4 5 6 | 9 8 7 6 5 4 3 2 1　B''　3 4 5 6 9 8 7 2 1

（4）将匹配区域分别加到交叉染色体的前面，然后在自匹配区域后依次删除与匹配区域相同的基因，即得到子代染色体，一般取 P_c 为 0.9 左右。

其中染色体变异采用两点基因值变换的变异策略，一般取 P_m 为 0.05 以下比较好。

步骤 4：终止条件。通过设置种群代数等进行算法的迭代终止。

例如，优化 $T=3$ 时的运输路线，可构造染色体为 0 2 1 3 0 1 3 2 0 1 2 3 0，其含义是指：$T=1$，$S_0 \to M_2 \to M_1 \to M_3 \to S_0$；$T=2$，$S_0 \to M_1 \to M_3 \to M_2 \to S_0$；$T=3$，$S_0 \to M_1 \to M_2 \to M_3 \to S_0$。设置种群代数为 50 次，且假定供应链中共 10 家企业，其相关数据如表 2-7、表 2-32 和表 2-33 所示。

表 2-32　2.5.1 节供应链企业的距离矩阵　　（单位：米）

		S	M			R					
		0	1	2	3	4	5	6	7	8	9
S	0	0									
M	1	13 800	0								
	2	12 900	12 500	0							
	3	14 500	10 800	11 800	0						
R	4	15 800	9 800	7 800	7 000	0					
	5	12 500	6 500	8 600	10 500	7 800	0				
	6	12 900	7 600	9 500	9 500	8 800	7 900	0			
	7	14 500	8 500	7 300	5 800	10 200	7 000	8 500	0		
	8	15 300	9 700	8 000	10 500	9 600	7 800	9 500	7 800	0	
	9	12 800	8 500	6 500	9 700	10 300	6 500	7 600	8 800	10 500	0

表 2-33　2.5.1 节零售商的需求量（$T=3$）

		$T=1$	$T=2$	$T=3$
R	4	550	630	520
	5	340	380	425
	6	455	480	420
	7	325	350	385
	8	440	450	410
	9	280	320	290

而 $Y^{SM}=3000$ 件，$Y^{SR}=1500$ 件，$L^{SM}=50$ 件，$L^{SR}=20$ 件，$c^{SM}=0.002$ 元/（件·米），$c^{SR}=0.0025$ 元/（件·米），$K=100$ 件。通过遗传算法的求解，得到如表 2-34 所示的调度路线。

表 2-34　2.5.1 节实例优化结果

周期	主问题	子问题
$T=1$	$S_0 \to M_3 \to M_1 \to M_2 \to S_0$	$M_1 \to R_5 \to R_6 \to M_1$ $M_2 \to R_9 \to R_7 \to R_8 \to M_2$ $M_3 \to R_4 \to M_3$
$T=2$	$S_0 \to M_3 \to M_1 \to M_2 \to S_0$	$M_1 \to R_5 \to R_6 \to M_1$ $M_2 \to R_9 \to R_7 \to R_8 \to M_2$ $M_3 \to R_4 \to M_3$
$T=3$	$S_0 \to M_3 \to M_1 \to M_2 \to S_0$	$M_1 \to R_5 \to R_6 \to M_1$ $M_2 \to R_9 \to R_7 \to R_8 \to M_2$ $M_3 \to R_4 \to M_3$

2.5.2　基于市场细分、不确定需求、单阶段配送的情形

主问题：

$$\text{Min}\quad Z_{66}=\sum_{j\in M}\sum_{t\in T}h_j^{SM}E[\tilde{I}_{jt}^{SM}]+\sum_{j\in M}\sum_{t\in T}p_j^{SM}E[\tilde{l}_{jt}^{SM}]+\sum_{i\in S\cup M}\sum_{\substack{j\in S\cup M\\ j\neq i}}\sum_{t\in T}\overline{c}_{ij}^{SM}x_{ijt}^{SM}G_{ij}^{S}q_{jt}^{SM}$$

$$+\sum_{j\in M}\sum_{t\in T}c_{jj}^{SM}q_{jt}^{SM}+Tc_0^{SM}$$

$$\text{S.t.}\quad E[\tilde{l}_{jt}^{SM}]=E\left(\tilde{d}_{jt}^{SM}-I_{j,t-1}^{SM}-q_{jt}^{SM}\right)^{+},\quad j\in M,\quad t\in T \tag{2-99}$$

$$E[\tilde{l}_{jt}^{SM}]\leqslant L^{SM},\quad j\in M,\quad t\in T \tag{2-100}$$

$$E[\tilde{d}_{jt}^{SM}]=\int\limits_{\tilde{d}_{jt}^{SM}\in\mathrm{R}^+}\tilde{d}_{jt}^{SM}f_d\left(\tilde{d}_{jt}^{SM}\right)\mathrm{d}\left(\tilde{d}_{jt}^{SM}\right),\quad j\in M,\quad t\in T \tag{2-101}$$

$$E[\tilde{d}_{jt}^{SM}]=\sum_{k\in M_j(\cdot)}E[\tilde{d}_{kt}^{SR}],\quad j\in M,\quad t\in T \tag{2-102}$$

式（2-70）～式（2-77），式（2-80）～式（2-84）

其中，约束（2-99）表示t时刻需求不确定时的制造商缺货数量表达式；约束（2-100）表示t时刻制造商的期望缺货量不能超过最大缺货水平；约束（2-101）表示t时刻制造商处的不确定需求表达式；约束（2-102）表示t时刻制造商的需求量等于其相对应的下游零售商的需求量之和。

子问题为对$\forall j\in M$，则有

$$\text{Min}\quad Z_{66j}=\sum_{k\in M_j(\cdot)}\sum_{t\in T}h_k^{SR}E[\tilde{I}_{kt}^{SR}]+\sum_{k\in M_j(\cdot)}\sum_{t\in T}p_k^{SR}E[\tilde{l}_{kt}^{SR}]+\sum_{i\in\{j\}\cup M_j(\cdot)}\sum_{\substack{k\in\{j\}\cup M_j(\cdot)\\ k\neq i}}\overline{c}_{ik}^{SR}x_{ikt}^{SR}G_{ik}^{S}q_{kt}^{SR}$$
$$+\sum_{k\in M_j(\cdot)}\sum_{t\in T}c_{kk}^{SR}q_{kt}^{SR}+Tc_j^{SR}$$

$$\text{S.t.}\quad E[\tilde{l}_{kt}^{SR}]=E\left(\tilde{d}_{kt}^{SR}-I_{k,t-1}^{SR}-q_{kt}^{SR}\right)^+,\quad k\in R,\quad t\in T \tag{2-103}$$

$$E[\tilde{l}_{kt}^{SR}]\leqslant L^{SR},\quad k\in R,\quad t\in T \tag{2-104}$$

$$E[\tilde{l}_{kt}^{SR}]=\int\limits_{\tilde{d}_{kt}^{SR}\in\mathrm{R}^+}\tilde{d}_{kt}^{SR}f_d\left(\tilde{d}_{kt}^{SR}\right)\mathrm{d}\left(\tilde{d}_{kt}^{SR}\right),\quad k\in R,\quad t\in T \tag{2-105}$$

式（2-85）～式（2-92），式（2-95）～式（2-98）

其中，约束（2-103）表示t时刻需求不确定时的零售商缺货数量表达式；约束（2-104）表示t时刻零售商的期望缺货量不能超过最大缺货水平；约束（2-105）表示t时刻零售商处的不确定需求表达式。

由于模型中存在I_{jt}^{SM}、l_{jt}^{SM}、I_{kt}^{SR}与l_{kt}^{SR}，因此引入$(0,1)$变量y_{mjt}^{SM}、y_{mkt}^{SR}和正整数变量z_{mjt}^{SM}、z_{mkt}^{SR}、$z_{m+1,jt}^{SM}$、$z_{m+1,kt}^{SR}$，且$m\in n$，于是

$$I_{jt}^{SM}=z_{3jt}^{SM}\left(U_j^{SM}-d_{jt}^{SM}\right),\quad l_{jt}^{SM}=z_{1jt}^{SM}\left(d_{jt}^{SM}-I_{j,t-1}^{SM}\right),$$

$$I_{kt}^{SR}=z_{3kt}^{SR}\left(U_k^{SR}-d_{kt}^{SR}\right),\quad l_{kt}^{SR}=z_{1kt}^{SR}\left(d_{kt}^{SR}-I_{k,t-1}^{SR}\right),$$

$$z_{1jt}^{SM}\leqslant y_{1jt}^{SM},\quad z_{2jt}^{SM}\leqslant y_{1jt}^{SM}+y_{2jt}^{SM},\quad z_{3jt}^{SM}\leqslant y_{2jt}^{SM},\quad j\in M,\quad t\in T \tag{2-15'}$$

$$y_{1jt}^{SM}+y_{2jt}^{SM}=1,\quad z_{1jt}^{SM}+z_{2jt}^{SM}+z_{3jt}^{SM}=1,\quad j\in M,\quad t\in T \tag{2-16'}$$

$$y_{1jt}^{SM},y_{2jt}^{SM}\in(0,\ 1),\quad z_{1jt}^{SM},z_{2jt}^{SM},z_{3jt}^{SM}\geqslant 0,\quad j\in M,\quad t\in T \tag{2-17'}$$

$$z_{1kt}^{SR}\leqslant y_{1kt}^{SR},\quad z_{2kt}^{SR}\leqslant y_{1kt}^{SR}+y_{2kt}^{SR},\quad z_{3kt}^{SR}\leqslant y_{2kt}^{SR},\quad k\in R,\quad t\in T \tag{2-18'}$$

$$y_{1kt}^{SR}+y_{2kt}^{SR}=1,\quad z_{1kt}^{SR}+z_{2kt}^{SR}+z_{3kt}^{SR}=1,\quad k\in R,\quad t\in T \tag{2-19'}$$

$$y_{1kt}^{SR},y_{2kt}^{SR}\in(0,\ 1),\quad z_{1kt}^{SR},z_{2kt}^{SR},z_{3kt}^{SR}\geqslant 0,\quad k\in R,\quad t\in T \tag{2-20'}$$

引理 2-9　供应商向制造商 j 的运输量 $q_{jt}^{SM}=\left(1-z_{1jt}^{SM}\right)\left(d_{jt}^{SM}-I_{j,t-1}^{SM}\right)+I_{jt}^{SM}$，制造商 j 向零售商 k 的运输量 $q_{kt}^{SR}=\left(1-z_{1kt}^{SR}\right)\left(d_{kt}^{SR}-I_{k,t-1}^{SR}\right)+I_{kt}^{SR}$。

引理 2-10　当零售商需求服从 $\left(a_k^{SR},\ b_k^{SR}\right)$ 上的均匀分布时，目标函数中不确定项表达式

$$\sum_{k\in M_j(\cdot)}\sum_{t\in T}h_k^{SR}E[\tilde{I}_{kt}^{SR}]+\sum_{k\in M_j(\cdot)}\sum_{t\in T}p_k^{SR}E[\tilde{l}_{kt}^{SR}]$$

$$=\sum_{k\in M_j(\cdot)}\sum_{t\in T}\frac{z_{1kt}^{SR}+z_{1kt}^{SR}z_{3k,t-1}^{SR}+z_{3kt}^{SR}}{2\left(b_k^{SR}-a_k^{SR}\right)}[h_k^{SR}\left(m_0-a_k^{SR}\right)^2+p_k^{SR}\left(b_k^{SR}-m_0\right)^2]$$

证明： 由于 $\tilde{I}_{k,t-1}^{SR}=z_{3k,t-1}^{SR}\left(U_k^{SR}-d_{k,t-1}^{SR}\right)$，令 $m_0=\dfrac{\left(z_{1kt}^{SR}z_{3k,t-1}^{SR}+z_{3kt}^{SR}\right)U_k^{SR}}{z_{1kt}^{SR}+z_{1kt}^{SR}z_{3k,t-1}^{SR}+z_{3kt}^{SR}}$，由引理 2-9 知，

$$\begin{aligned}
&q_{kt}^{SR}+z_{3k,t-1}^{SR}U_k^{SR}-\left(1+z_{3k,t-1}^{SR}\right)\tilde{d}_k^{SR}\\
&=\left(1-z_{1kt}^{SR}\right)\left(\tilde{d}_k^{SR}-I_{k,t-1}^{SR}\right)+I_{kt}^{SR}+z_{3k,t-1}^{SR}U_k^{SR}-\left(1+z_{3k,t-1}^{SR}\right)\tilde{d}_k^{SR}\\
&=\left(1-z_{1kt}^{SR}\right)\left(\tilde{d}_k^{SR}-z_{3k,t-1}^{SR}\left(U_k^{SR}-\tilde{d}_k^{SR}\right)\right)+z_{3kt}^{SR}\left(U_k^{SR}-\tilde{d}_k^{SR}\right)+z_{3k,t-1}^{SR}U_k^{SR}-\left(1+z_{3k,t-1}^{SR}\right)\tilde{d}_k^{SR}\\
&=\left(z_{1kt}^{SR}z_{3k,t-1}^{SR}+z_{3kt}^{SR}\right)U_k^{SR}-\left(z_{1kt}^{SR}+z_{1kt}^{SR}z_{3k,t-1}^{SR}+z_{3kt}^{SR}\right)\tilde{d}_k^{SR}\\
&=\left(z_{1kt}^{SR}+z_{1kt}^{SR}z_{3k,t-1}^{SR}+z_{3kt}^{SR}\right)\left(m_0-\tilde{d}_k^{SR}\right)
\end{aligned}$$

则

$$\begin{aligned}
&h_k^{SR}E[\tilde{I}_{kt}^{SR}]+p_k^{SR}E[\tilde{l}_{kt}^{SR}]\\
&=h_k^{SR}\int_{a_k^{SR}}^{m_0}[q_{kt}^{SR}+z_{3k,t-1}^{SR}U_k^{SR}-\left(1+z_{3k,t-1}^{SR}\right)\tilde{d}_k^{SR}]f_d(\cdot)\mathrm{d}(\cdot)\\
&\quad+p_k^{SR}\int_{m_0}^{b_k^{SR}}[\left(1+z_{3k,t-1}^{SR}\right)\tilde{d}_k^{SR}-q_{kt}^{SR}-z_{3k,t-1}^{SR}U_k^{SR}]\cdot f_d(\cdot)\mathrm{d}(\cdot)\\
&=h_k^{SR}\int_{a_k^{SR}}^{b_k^{SR}}\left(m_0-\tilde{d}_k^{SR}\right)\left(z_{1kt}^{SR}+z_{1kt}^{SR}z_{3k,t-1}^{SR}+z_{3kt}^{SR}\right)f_d(\cdot)\mathrm{d}\left(\tilde{d}_k^{SR}\right)\\
&\quad+\left(p_k^{SR}+h_k^{SR}\right)\int_{m_0}^{b_k^{SR}}\left(z_{1kt}^{SR}+z_{1kt}^{SR}z_{3k,t-1}^{SR}+z_{3kt}^{SR}\right)\cdot\left(\tilde{d}_k^{SR}-m_0\right)f_d(\cdot)\mathrm{d}\left(\tilde{d}_k^{SR}\right)\\
&=h_k^{SR}\left(m_0-E[\tilde{d}_k^{SR}]\right)\left(z_{1kt}^{SR}+z_{1kt}^{SR}z_{3k,t-1}^{SR}+z_{3kt}^{SR}\right)+\left(p_k^{SR}+h_k^{SR}\right)\\
&\quad\int_{m_0}^{b_k^{SR}}\left(z_{1kt}^{SR}+z_{1kt}^{SR}z_{3k,t-1}^{SR}+z_{3kt}^{SR}\right)\left(\tilde{d}_k^{SR}-m_0\right)\cdot f_d(\cdot)\mathrm{d}\left(\tilde{d}_k^{SR}\right)
\end{aligned}$$

$$=h_k^{SR}\left(m_0-\frac{a_k^{SR}+b_k^{SR}}{2}\right)\left(z_{1kt}^{SR}+z_{1kt}^{SR}z_{3k,t-1}^{SR}+z_{3kt}^{SR}\right)$$

$$+\frac{p_k^{SR}+h_k^{SR}}{b_k^{SR}-a_k^{SR}}\frac{\left(z_{1kt}^{SR}+z_{1kt}^{SR}z_{3k,t-1}^{SR}+z_{3kt}^{SR}\right)^2\left(b_k^{SR}-m_0\right)^2}{2\left(z_{1kt}^{SR}+z_{1kt}^{SR}z_{3k,t-1}^{SR}+z_{3kt}^{SR}\right)}$$

$$=\frac{h_k^{SR}\left(z_{1kt}^{SR}+z_{1kt}^{SR}z_{3k,t-1}^{SR}+z_{3kt}^{SR}\right)^2\left(m_0-a_k^{SR}\right)^2+p_k^{SR}\left(z_{1kt}^{SR}+z_{1kt}^{SR}z_{3k,t-1}^{SR}+z_{3kt}^{SR}\right)^2\left(b_k^{SR}-m_0\right)^2}{2\left(b_k^{SR}-a_k^{SR}\right)\left(z_{1kt}^{SR}+z_{1kt}^{SR}z_{3k,t-1}^{SR}+z_{3kt}^{SR}\right)}$$

$$=\frac{\left(z_{1kt}^{SR}+z_{1kt}^{SR}z_{3k,t-1}^{SR}+z_{3kt}^{SR}\right)}{2\left(b_k^{SR}-a_k^{SR}\right)}[h_k^{SR}\left(m_0-a_k^{SR}\right)^2+p_k^{SR}\left(b_k^{SR}-m_0\right)^2]$$

证毕。

引理 2-11 当制造商需求服从$\left(\mu_j^{SM},\ \left(\sigma_j^{SM}\right)^2\right)$上的正态分布时，目标函数中随机项表达式

$$\sum_{j\in M}\sum_{t\in T}h_j^{SM}E[\tilde{I}_{jt}^{SM}]+\sum_{j\in M}\sum_{t\in T}p_j^{SM}E[\tilde{l}_{jt}^{SM}]$$

$$=\sum_{j\in M}\sum_{t\in T}h_j^{SM}\left(n_0-\mu_j^{SM}\right)\left(z_{1jt}^{SM}+z_{1jt}^{SM}z_{3j,t-1}^{SM}+z_{3jt}^{SM}\right)+\left(p_j^{SM}+h_j^{SM}\right)\left(z_{1jt}^{SM}+z_{1jt}^{SM}z_{3j,t-1}^{SM}+z_{3jt}^{SM}\right)$$

$$\cdot[\left(\sigma_j^{SM}\right)^2\left(f_d\left(n_0\right)-f_d\left(U_j^{SM}\right)\right)-\left(n_0-\mu_j^{SM}\right)\left(F\left(U_j^{SM}\right)-F\left(n_0\right)\right)]$$

零售商满足这一需求时，亦可得相类似的结论，其中

$$f_d\left(\tilde{d}_j^{SM}\right)=\frac{1}{\sqrt{2\pi}\sigma_j^{SM}}\mathrm{e}^{-\frac{\left(\tilde{d}_j^{SM}-\mu_j^{SM}\right)^2}{2\left(\sigma_j^{SM}\right)^2}}$$

$$F\left(\tilde{d}_j^{SM}\right)=\int_0^{\tilde{d}_j^{SM}}\frac{1}{\sqrt{2\pi}\sigma_j^{SM}}\mathrm{e}^{-\frac{\left(\tilde{d}_j^{SM}-\mu_j^{SM}\right)^2}{2\left(\sigma_j^{SM}\right)^2}}\mathrm{d}\left(\tilde{d}_j^{SM}\right)$$

$$n_0=\frac{\left(z_{1jt}^{SM}z_{3j,t-1}^{SM}+z_{3jt}^{SM}\right)U_j^{SM}}{z_{1jt}^{SM}+z_{1jt}^{SM}z_{3j,t-1}^{SM}+z_{3jt}^{SM}}$$

证明：

$$h_j^{SM}E[\tilde{I}_{jt}^{SM}]+p_j^{SM}E[\tilde{l}_{jt}^{SM}]$$

$$=h_j^{SM}\int_0^{n_0}\left(n_0-\tilde{d}_j^{SM}\right)\left(z_{1jt}^{SM}+z_{1jt}^{SM}z_{3j,t-1}^{SM}+z_{3jt}^{SM}\right)f_d\left(\cdot\right)\mathrm{d}\left(\tilde{d}_j^{SM}\right)$$

$$+p_j^{SM}\int_{n_0}^{U_j^{SM}}\left(z_{1jt}^{SM}+z_{1jt}^{SM}z_{3j,t-1}^{SM}+z_{3jt}^{SM}\right)\cdot\left(\tilde{d}_j^{SM}-n_0\right)f_d\left(\cdot\right)\mathrm{d}\left(\tilde{d}_j^{SM}\right)$$

$$
\begin{aligned}
&= h_j^{SM}\int_0^{U_j^{SM}}\left(n_0-\tilde{d}_j^{SM}\right)\left(z_{1jt}^{SM}+z_{1jt}^{SM}z_{3j,t-1}^{SM}+z_{3jt}^{SM}\right)f_d(\cdot)\mathrm{d}\left(\tilde{d}_j^{SM}\right)\\
&\quad+\left(p_j^{SM}+h_j^{SM}\right)\int_{n_0}^{U_j^{SM}}\left(\tilde{d}_j^{SM}-n_0\right)\cdot\left(z_{1jt}^{SM}+z_{1jt}^{SM}z_{3j,t-1}^{SM}+z_{3jt}^{SM}\right)f_d(\cdot)\mathrm{d}\left(\tilde{d}_j^{SM}\right)\\
&= h_j^{SM}\left(n_0-E[\tilde{d}_j^{SM}]\right)\left(z_{1jt}^{SM}+z_{1jt}^{SM}z_{3j,t-1}^{SM}+z_{3jt}^{SM}\right)+\left(p_j^{SM}+h_j^{SM}\right)\int_{n_0}^{U_j^{SM}}\left(z_{1jt}^{SM}+z_{1jt}^{SM}z_{3j,t-1}^{SM}+z_{3jt}^{SM}\right)\\
&\quad\cdot\left(\tilde{d}_j^{SM}-n_0\right)f_d(\cdot)\mathrm{d}\left(\tilde{d}_j^{SM}\right)\\
&= h_j^{SM}\left(n_0-\mu_j^{SM}\right)\left(z_{1jt}^{SM}+z_{1jt}^{SM}z_{3j,t-1}^{SM}+z_{3jt}^{SM}\right)+\left(p_j^{SM}+h_j^{SM}\right)\left(z_{1jt}^{SM}+z_{1jt}^{SM}z_{3j,t-1}^{SM}+z_{3jt}^{SM}\right)\\
&\quad\int_{n_0}^{U_j^{SM}}f_d(\cdot)\left(\tilde{d}_j^{SM}-\mu_j^{SM}\right)\mathrm{d}\left(\tilde{d}_j^{SM}\right)+\left(p_j^{SM}+h_j^{SM}\right)\left(z_{1jt}^{SM}+z_{1jt}^{SM}z_{3j,t-1}^{SM}+z_{3jt}^{SM}\right)\\
&\quad\int_{n_0}^{U_j^{SM}}\left(\mu_j^{SM}-n_0\right)f_d(\cdot)\mathrm{d}\left(\tilde{d}_j^{SM}\right)\\
&= h_j^{SM}\left(n_0-\mu_j^{SM}\right)\left(z_{1jt}^{SM}+z_{1jt}^{SM}z_{3j,t-1}^{SM}+z_{3jt}^{SM}\right)+\left(p_j^{SM}+h_j^{SM}\right)\left(z_{1jt}^{SM}+z_{1jt}^{SM}z_{3j,t-1}^{SM}+z_{3jt}^{SM}\right)\left(\sigma_j^{SM}\right)^2\\
&\quad\cdot\left(f_d(n_0)-f_d\left(U_j^{SM}\right)\right)-\left(p_j^{SM}+h_j^{SM}\right)\left(z_{1jt}^{SM}+z_{1jt}^{SM}z_{3j,t-1}^{SM}+z_{3jt}^{SM}\right)\left(n_0-\mu_j^{SM}\right)\\
&\quad\left(F\left(U_j^{SM}\right)-F(n_0)\right)\\
&= h_j^{SM}\left(n_0-\mu_j^{SM}\right)\left(z_{1jt}^{SM}+z_{1jt}^{SM}z_{3j,t-1}^{SM}+z_{3jt}^{SM}\right)+\left(p_j^{SM}+h_j^{SM}\right)\left(z_{1jt}^{SM}+z_{1jt}^{SM}z_{3j,t-1}^{SM}+z_{3jt}^{SM}\right)\\
&\quad[\left(\sigma_j^{SM}\right)^2\cdot\left(f_d(n_0)-f_d\left(U_j^{SM}\right)\right)-\left(n_0-\mu_j^{SM}\right)\left(F\left(U_j^{SM}\right)-F(n_0)\right)]
\end{aligned}
$$

证毕。

在构造完运输路线之后，紧接着优化库存水平，如可以构造主问题染色体为 220 360 285 230 350 290 225 355 280，含义为 $T=1$ 时，制造商 1 的运输量为 220，制造商 2 的运输量为 360，制造商 3 的运输量为 285；$T=2$ 时，制造商 1 的运输量为 230，制造商 2 的运输量为 350，制造商 3 的运输量为 290；$T=3$ 时，制造商 1 的运输量为 225，制造商 2 的运输量为 355，制造商 3 的运输量为 280。设置种群代数为 100，已知供应链中零售商的需求情况如表 2-35 所示，求解得到表 2-36 和表 2-37 所示的结果。

表 2-35　2.5.2 节零售商的需求分布

	R					
	4	5	6	7	8	9
$\tilde{d}_{kt}^{SR}$	$N(320, 14^2)$	$N(350, 21^2)$	$N(270, 19^2)$	$N(260, 24^2)$	$N(340, 28^2)$	$N(300, 25^2)$

表 2-36　2.5.2 节实例优化结果 1

	主问题	子问题
路线	$S_0 \to M_3 \to M_1 \to M_2 \to S_0$	$M_1 \to R_5 \to R_6 \to M_1$ $M_2 \to R_9 \to R_7 \to R_8 \to M_2$ $M_3 \to R_4 \to M_3$

表 2-37　2.5.2 节实例优化结果 2（$T=3$）

周期	M			R					
	1	2	3	4	5	6	7	8	9
$T=1$	640	924	320	320	364	280	268	355	315
$T=2$	600	876	323	320	338	265	259	345	290
$T=3$	620	900	318	320	350	268	262	340	300

2.5.3　基于随机市场、确定需求、单阶段配送的情形

主问题：

$$\text{Min}\quad Z_{67}=\sum_{j\in M}\sum_{t\in T}h_j^{SM}I_{j,t}^{SM}+\sum_{j\in M}\sum_{t\in T}p_j^{SM}l_{j,t}^{SM}+Tc_0^{SM}+\sum_{i\in S\cup M}\sum_{\substack{j\in S\cup M\\ j\neq i}}\sum_{t\in T}\overline{c}_{ij}^{SM}x_{ijt}^{SM}G_{ij}^{S}q_{jt}^{SM}$$

$$+\sum_{j\in M}\sum_{t\in T}c_{jj}^{SM}q_{jt}^{SM}$$

$$\text{S.t.}\quad d_{jt}^{SM}=\sum_{k\in\tilde{M}_j(\cdot)}d_{kt}^{SR},\quad j\in M,\quad t\in T \tag{2-106}$$

式（2-70）～式（2-79），式（2-81）～式（2-84）

其中，约束（2-106）表示t时刻制造商的需求量等于其分区后的下游零售商需求量之和。

子问题为对$\forall j\in M$，则有

$$\text{Min}\quad Z_{67j}=\sum_{k\in M_j(\cdot)}\sum_{t\in T}h_k^{SR}I_{k,t}^{SR}+\sum_{i\in\{j\}\cup M_j(\cdot)}\sum_{\substack{k\in\{j\}\cup M_j(\cdot)\\ k\neq i}}\sum_{t\in T}\overline{c}_{ik}^{SR}x_{ikt}^{SR}G_{ik}^{S}q_{kt}^{SR}+\sum_{k\in M_j(\cdot)}\sum_{t\in T}c_{kk}^{SR}q_{kt}^{SR}$$

$$+\sum_{k\in M_j(\cdot)}\sum_{t\in T}p_k^{SR}l_{k,t}^{SR}+Tc_j^{SR}$$

$$\text{S.t.}\quad \sum_{k\in R}x_{jkt}^{SR}=1,\quad j\in M,\quad t\in T \tag{2-107}$$

$$\sum_{k\in R}x_{kjt}^{SR}=1,\quad j\in M,\quad t\in T \tag{2-108}$$

$$\sum_{\substack{j\in M\cup R\\ j\neq k}}x_{jkt}^{SR}=1,\quad k\in R,\quad t\in T \tag{2-109}$$

$$\sum_{\substack{k\in\tilde{M}_j(\cdot)\\k\neq j}}\ \sum_{i\in\{j\}\cup\tilde{M}_j(\cdot)} x_{ikt}^{SR}\leqslant\left|M_j(\cdot)\right|-1,\quad j\in M,\quad t\in T \tag{2-110}$$

$$\sum_{k\in\tilde{M}_j(\cdot)} q_{kt}^{SR}\leqslant Y^{SR},\quad j\in M,\quad t\in T \tag{2-111}$$

式（2-87），式（2-91）～式（2-98）

其中，约束（2-107）表示 t 时刻单一车辆从制造商处离开向分区后的下游零售商送货；约束（2-108）表示 t 时刻单一车辆从零售商处送完货返回其对应的上游制造商处；约束（2-109）表示 t 时刻任意到达零售商处的车辆在送完货后离开该零售商；约束（2-110）表示 t 时刻消除子车辆路线的生成；约束（2-111）表示 t 时刻制造商向分区后的下游零售商的送货量不能超过车辆容量。

实例参见 2.5.1 节，对于随机市场的情形，采用 2.3.1 节介绍的费用差最小插入法分区算法，然后运用遗传算法求解，得到如表 2-38 所示的调度路线。

表 2-38　2.5.3 节实例优化结果

周期	主问题	子问题
$T=1$	$S_0\to M_3\to M_1\to M_2\to S_0$	$M_1\to R_5\to R_6\to R_8\to M_1$ $M_2\to R_9\to R_7\to M_2$ $M_3\to R_4\to M_3$
$T=2$	$S_0\to M_3\to M_1\to M_2\to S_0$	$M_1\to R_5\to R_6\to R_8\to M_1$ $M_2\to R_9\to R_7\to M_2$ $M_3\to R_4\to M_3$
$T=3$	$S_0\to M_3\to M_1\to M_2\to S_0$	$M_1\to R_5\to R_6\to R_8\to M_1$ $M_2\to R_9\to R_7\to M_2$ $M_3\to R_4\to M_3$

2.5.4　基于随机市场、不确定需求、单阶段配送的情形

主问题：

$$\text{Min}\quad Z_{68}=\sum_{j\in M}\sum_{t\in T}h_j^{SM}E[\tilde{I}_{jt}^{SM}]+\sum_{j\in M}\sum_{t\in T}p_j^{SM}E[\tilde{l}_{jt}^{SM}]+\sum_{i\in S\cup M}\ \sum_{\substack{j\in S\cup M\\j\neq i}}\ \sum_{t\in T}\overline{c}_{ij}^{SM}x_{ijt}^{SM}G_{ij}^{S}q_{jt}^{SM}$$

$$+\sum_{j\in M}\sum_{t\in T}c_{jj}^{SM}q_{jt}^{SM}+Tc_0^{SM}$$

$$\text{S.t.}\quad E[\tilde{d}_{jt}^{SM}]=\sum_{k\in\tilde{M}_j(\cdot)}E[\tilde{d}_{kt}^{SR}],\quad j\in M,\quad t\in T \tag{2-112}$$

式（2-70）～式（2-77），式（2-80）～式（2-84），式（2-99）～式（2-102）

其中，约束（2-112）表示 t 时刻制造商的需求量等于其分区后的下游零售商的需求量之和。

子问题为对 $\forall j \in M$ ，则有

$$\text{Min}\quad Z_{68j}=\sum_{k\in M_j(\cdot)}\sum_{t\in T}h_k^{SR}E[\tilde{I}_{kt}^{SR}]+\sum_{k\in M_j(\cdot)}\sum_{t\in T}p_k^{SR}E[\tilde{l}_{kt}^{SR}]+\sum_{i\in\{j\}\cup M_j(\cdot)}\sum_{\substack{k\in\{j\}\cup M_j(\cdot)\\ k\neq i}}\overline{c}_{ik}^{SR}x_{ikt}^{SR}G_{ik}^{S}q_{kt}^{SR}$$

$$+\sum_{k\in M_j(\cdot)}\sum_{t\in T}c_{kk}^{SR}q_{kt}^{SR}+Tc_j^{SR}$$

S.t.　式（2-85）～式（2-92），式（2-95）～式（2-98），式（2-103）～式（2-105）

供应链中零售商的需求分布如表 2-35 所示，运用遗传算法求解，得到表 2-39 和表 2-40 所示的结果。

表 2-39　2.5.4 节实例优化结果 1

	主问题	子问题
路线	$S_0\to M_3\to M_1\to M_2\to S_0$	$M_1\to R_5\to R_6\to R_8\to M_1$ $M_2\to R_9\to R_7\to M_2$ $M_3\to R_4\to M_3$

表 2-40　2.5.4 节实例优化结果 2（ $T=3$ ）

周期	M			R					
	1	2	3	4	5	6	7	8	9
$T=1$	975	574	320	320	360	270	275	350	318
$T=2$	950	550	323	320	340	260	255	335	295
$T=3$	960	565	318	320	350	265	265	340	300

2.5.5　基于市场细分、确定需求、多阶段配送的情形

本节探讨多阶段时的情形，即整数倍周期，如制造商每隔两周给其下游零售商送一次货，而供应商可能每四周给其下游制造商送一次货。

主问题：

$$\text{Min}\quad Z_{69}=\sum_{j\in M}\sum_{t\in\left\lfloor T/T_0^{SM}\right\rfloor}h_j^{SM}I_{jt}^{SM}+\sum_{j\in M}\sum_{t\in\left\lfloor T/T_0^{SM}\right\rfloor}p_j^{SM}l_{j,t}^{SM}+\sum_{j\in M}\sum_{t\in\left\lfloor T/T_0^{SM}\right\rfloor}c_{jj}^{SM}q_{jt}^{SM}$$

$$+\sum_{i\in S\cup M}\sum_{\substack{j\in S\cup M\\ j\neq i}}\sum_{t\in\left\lfloor T/T_0^{SM}\right\rfloor}\overline{c}_{ij}^{SM}x_{ijt}^{SM}G_{ij}^{S}q_{jt}^{SM}+\left\lfloor T/T_0^{SM}\right\rfloor c_0^{SM}$$

S.t.　$$\sum_{j\in M}x_{0jt}^{SM}=1,\quad t\in\left\lfloor T/T_0^{SM}\right\rfloor \tag{2-113}$$

$$\sum_{j\in M}x_{j0t}^{SM}=1,\quad t\in\left\lfloor T/T_0^{SM}\right\rfloor \tag{2-114}$$

$$\sum_{\substack{i\in S\cup M\\ i\neq h}} x_{iht}^{SM} - \sum_{\substack{j\in S\cup M\\ j\neq h}} x_{hjt}^{SM} = 0, \quad t\in\left\lfloor T\big/T_0^{SM}\right\rfloor \tag{2-115}$$

$$\sum_{\substack{i\in S\cup M\\ i\neq j}} x_{ijt}^{SM} = 1, \quad j\in M, \quad t\in\left\lfloor T\big/T_0^{SM}\right\rfloor \tag{2-116}$$

$$\sum_{i\in S\cup M}\sum_{\substack{j\in S\cup M\\ j\neq i}} x_{ijt}^{SM} \leqslant m+1, \quad t\in\left\lfloor T\big/T_0^{SM}\right\rfloor \tag{2-117}$$

$$\sum_{j\in M} q_{jt}^{SM} \leqslant Y^{SM}, \quad t\in\left\lfloor T\big/T_0^{SM}\right\rfloor \tag{2-118}$$

$$I_{j,t-1}^{SM} + q_{jt}^{SM} \leqslant U_j^{SM}, \quad j\in M, t\in\left\lfloor T\big/T_0^{SM}\right\rfloor \tag{2-119}$$

$$q_{jt}^{SM} - \sum_{i\in S\cup M} Y^{SM} x_{ijt}^{SM} \leqslant 0, \quad j\in M, \quad t\in\left\lfloor T\big/T_0^{SM}\right\rfloor \tag{2-120}$$

$$l_{jt}^{SM} = \left(d_{jt}^{SM} - I_{j,t-1}^{SM} - q_{jt}^{SM}\right)^{+}, \quad j\in M, \quad t\in\left\lfloor T\big/T_0^{SM}\right\rfloor \tag{2-121}$$

$$l_{jt}^{SM} \leqslant L^{SM}, \quad j\in M, \quad t\in\left\lfloor T\big/T_0^{SM}\right\rfloor \tag{2-122}$$

$$d_{jt}^{SM} = \sum_{k\in M_j(\cdot)} \sum_{t'=\left\lfloor T_0^{SM}\big/T_j^{SR}\right\rfloor t - \left\lfloor T_0^{SM}\big/T_j^{SR}\right\rfloor + 1}^{\left\lfloor T_0^{SM}\big/T_j^{SR}\right\rfloor t} d_{kt'}^{SR}, \quad j\in M, \quad t\in\left\lfloor T\big/T_0^{SM}\right\rfloor, \quad t'\leqslant\left\lfloor T\big/T_j^{SR}\right\rfloor \tag{2-123}$$

$$q_{0t}^{SM} = q_{jt}^{SR} = K, \quad j\in M, \quad t\in\left\lfloor T\big/T_j^{SR}\right\rfloor \tag{2-124}$$

$$I_{j0}^{SM} = I_j^{SM}, \quad j\in M \tag{2-125}$$

$$x_{ijt}^{SM} \in (0,\ 1), \quad t\in\left\lfloor T\big/T_0^{SM}\right\rfloor \tag{2-126}$$

$$q_{jt}^{SM} \in Z^{+}, \quad j\in M, \quad t\in\left\lfloor T\big/T_0^{SM}\right\rfloor \tag{2-127}$$

其中，约束（2-113）表示多阶段周期 t 单一车辆离开供应商处向制造商送货；约束（2-114）表示多阶段周期 t 单一车辆从制造商处送完货返回供应商处；约束（2-115）表示多阶段周期 t 任意到达制造商处的车辆在送完货后离开该制造商；约束（2-116）表示多阶段周期 t 供应链中的供应商和制造商节点当且仅当被访问一次；约束（2-117）表示多阶段周期 t 消除子车辆路线的生成；约束（2-118）表示多阶段周期 t 供应商向制造商的送货量不超过车辆容量；约束（2-119）表

示多阶段周期 t 制造商的送货量不能超过其库存水平容量；约束（2-120）表示多阶段周期 t 车辆只有经过制造商节点时才送货，保证了运输的可能性；约束（2-121）表示多阶段周期 t 制造商的缺货数量和残余库存量表达式；约束（2-122）表示多阶段周期 t 制造商的缺货数量不能超过其最大缺货数量；约束（2-123）表示多阶段周期 t 制造商的需求量等于其相对应的下游零售商的需求量之和；约束（2-124）表示多阶段周期 t 车辆空驶当量表达式；约束（2-125）表示 0 时刻制造商残余库存量表达式；约束（2-126）表示多阶段周期 t 车辆调度路径为 0-1 整数变量；约束（2-127）表示多阶段周期 t 供应商向下游制造商的送货量为整数。

子问题为对 $\forall j \in M$ ，则有

$$\text{Min}\quad Z_{69j} = \sum_{k\in M_j(\cdot)} \sum_{t\in\left\lfloor T/T_j^{SR}\right\rfloor} h_k^{SR} I_{kt}^{SR} + \sum_{k\in M_j(\cdot)} \sum_{t\in\left\lfloor T/T_j^{SR}\right\rfloor} p_k^{SR} l_{k,t}^{SR} + \sum_{i\in M\cup R} \sum_{\substack{k\in M\cup R\\ k\neq i}} \sum_{t\in\left\lfloor T/T_j^{SR}\right\rfloor} \overline{c}_{ik}^{SR} x_{ikt}^{SR} G_{ik}^{S} q_{kt}^{SR}$$

$$+ \sum_{k\in M_j(\cdot)} \sum_{t\in\left\lfloor T/T_j^{SR}\right\rfloor} c_{kk}^{SR} q_{kt}^{SR} + \left\lfloor T/T_j^{SR}\right\rfloor c_j^{SR}$$

$$\text{S.t.}\quad \sum_{k\in M_j(\cdot)} x_{jkt}^{SR} = 1,\quad j\in M,\quad t\in\left\lfloor T/T_j^{SR}\right\rfloor \tag{2-128}$$

$$\sum_{k\in M_j(\cdot)} x_{kjt}^{SR} = 1,\quad j\in M,\quad t\in\left\lfloor T/T_j^{SR}\right\rfloor \tag{2-129}$$

$$\sum_{\substack{j\in M\cup R\\ j\neq h}} x_{jht}^{SR} - \sum_{\substack{k\in M\cup R\\ k\neq h}} x_{hkt}^{SR} = 0,\quad t\in\left\lfloor T/T_j^{SR}\right\rfloor,\quad j\in M \tag{2-130}$$

$$\sum_{\substack{k\in\{j\}\cup M_j(\cdot)\\ i\neq k}} x_{ikt}^{SR} = 1,\quad j\in M, t\in\left\lfloor T/T_j^{SR}\right\rfloor \tag{2-131}$$

$$\sum_{\substack{k\in M_j(\cdot)\\ k\neq j}} \sum_{i\in\{j\}\cup M_j(\cdot)} x_{ikt}^{SR} \leqslant \left|M_j(\cdot)\right| - 1,\quad j\in M,\quad t\in\left\lfloor T/T_j^{SR}\right\rfloor \tag{2-132}$$

$$\sum_{k\in M_j(\cdot)} q_{kt}^{SR} \leqslant Y^{SR},\quad j\in M, t\in\left\lfloor T/T_j^{SR}\right\rfloor \tag{2-133}$$

$$I_{k,t-1}^{SR} + q_{kt}^{SR} \leqslant U_k^{SR},\quad k\in R,\quad t\in\left\lfloor T/T_j^{SR}\right\rfloor,\quad j\in M \tag{2-134}$$

$$q_{kt}^{SR} - \sum_{j\in M\cup R} Y^{SR} x_{jkt}^{SR} \leqslant 0,\quad k\in R,\quad t\in\left\lfloor T/T_j^{SR}\right\rfloor,\quad j\in M \tag{2-135}$$

$$l_{kt}^{SR} = \left(d_{kt}^{SR} - I_{k,t-1}^{SR} - q_{kt}^{SR}\right)^{+},\quad k\in R,\quad t\in\left\lfloor T/T_j^{SR}\right\rfloor,\quad j\in M \tag{2-136}$$

$$l_{kt}^{SR} \leqslant L^{SR},\quad k \in R,\quad t \in \left\lfloor T \big/ T_j^{SR} \right\rfloor,\quad j \in M \tag{2-137}$$

$$q_{0t}^{SM} = q_{jt}^{SR} = K,\quad t \in \left\lfloor T \big/ T_j^{SR} \right\rfloor,\quad j \in M \tag{2-138}$$

$$I_{k0}^{SR} = I_k^{SR},\quad k \in R \tag{2-139}$$

$$x_{ikt}^{SR} \in (0,\ 1),\quad t \in \left\lfloor T \big/ T_j^{SR} \right\rfloor,\quad i,k \in \{j\} \cup M_j(\cdot),\quad j \in M \tag{2-140}$$

$$q_{kt}^{SR} \in Z^{+},\quad k \in R,\quad t \in \left\lfloor T \big/ T_j^{SR} \right\rfloor,\quad j \in M \tag{2-141}$$

其中，约束（2-128）表示多阶段时刻单一车辆离开制造商处向其下游零售商送货；约束（2-129）表示多阶段时刻单一车辆从零售商处送完货返回其上游制造商处；约束（2-130）表示多阶段时刻任意到达零售商处的车辆在送完货后离开该零售商；约束（2-131）表示多阶段时刻供应链中的制造商和其下游零售商节点当且仅当被访问一次；约束（2-132）表示多阶段时刻消除子车辆路线的生成；约束（2-133）表示多阶段时刻制造商向其下游零售商的送货量不超过车辆容量；约束（2-134）表示多阶段时刻零售商处的送货量不能超过其库存水平容量；约束（2-135）表示多阶段时刻车辆只有经过零售商节点时才送货，保证了运输的可能性；约束（2-136）表示多阶段时刻零售商的缺货数量和残余库存量表达式；约束（2-137）表示多阶段时刻零售商的缺货数量不能超过其最大缺货数量；约束（2-138）表示多阶段时刻车辆空驶当量表达式；约束（2-139）表示 0 时刻零售商残余库存量表达式；约束（2-140）表示多阶段时刻车辆调度路径为 0-1 整数变量；约束（2-141）表示多阶段时刻制造商向其下游零售商的送货量为整数。

本节假定 $T_0^{SM}=3$，$T_1^{SR}=2$，$T_2^{SR}=3$，$T_3^{SR}=1$，零售商的需求情况如表 2-41 所示，通过启发式算法的求解，得到如表 2-42 所示的调度路线。

表 2-41　2.5.5 节零售商的需求量（$T=6$）

R	$T=1$	$T=2$	$T=3$	$T=4$	$T=5$	$T=6$
4	450	630	520	420	390	510
5	340	380	425	480	460	395
6	455	480	420	510	505	470
7	325	350	385	315	350	320
8	440	450	410	520	490	415
9	280	320	290	345	290	270

表 2-42　2.5.5 节实例优化结果

周期	主问题	子问题
$T=1$	$S_0 \to M_3 \to M_1 \to M_2 \to S_0$	$M_1 \to R_5 \to R_6 \to M_1$ $M_2 \to R_9 \to R_7 \to R_8 \to M_2$ $M_3 \to R_4 \to M_3$
$T=2$		$M_3 \to R_4 \to M_3$
$T=3$		$M_1 \to R_5 \to R_6 \to M_1$ $M_3 \to R_4 \to M_3$
$T=4$	$S_0 \to M_3 \to M_1 \to M_2 \to S_0$	$M_2 \to R_9 \to R_7 \to R_8 \to M_2$ $M_3 \to R_4 \to M_3$
$T=5$		$M_1 \to R_5 \to R_6 \to M_1$ $M_3 \to R_4 \to M_3$
$T=6$		$M_3 \to R_4 \to M_3$

2.5.6　基于市场细分、不确定需求、多阶段配送的情形

主问题：

$$\text{Min}\quad Z_{70}=\sum_{j\in M}\sum_{t\in\left\lfloor T/T_0^{SM}\right\rfloor} h_j^{SM}E[\tilde{I}_{jt}^{SM}]+\sum_{j\in M}\sum_{t\in\left\lfloor T/T_0^{SM}\right\rfloor} p_j^{SM}E[\tilde{l}_{jt}^{SM}]$$

$$+\sum_{i\in S\cup M}\sum_{\substack{j\in S\cup M\\ j\neq i}}\sum_{t\in\left\lfloor T/T_0^{SM}\right\rfloor}\bar{c}_{ij}^{SM}x_{ijt}^{SM}G_{ij}^{S}q_{jt}^{SM}+\left\lfloor T/T_0^{SM}\right\rfloor c_0^{SM}+\sum_{j\in M}\sum_{t\in\left\lfloor T/T_0^{SM}\right\rfloor}c_{jj}^{SM}q_{jt}^{SM}$$

$$\text{S.t.}\quad E[\tilde{l}_{jt}^{SM}]=E\left(\tilde{d}_{jt}^{SM}-I_{j,t-1}^{SM}-q_{jt}^{SM}\right)^{+},\quad j\in M,\quad t\in\left\lfloor T/T_0^{SM}\right\rfloor \tag{2-142}$$

$$E[\tilde{l}_{jt}^{SM}]\leqslant L^{SM},\quad j\in M,\quad t\in\left\lfloor T/T_0^{SM}\right\rfloor \tag{2-143}$$

$$E[\tilde{d}_{jt}^{SM}]=\int_{\tilde{d}_{jt}^{SM}\in R^{+}}\tilde{d}_{jt}^{SM}f_d\left(\tilde{d}_{jt}^{SM}\right)\mathrm{d}\left(\tilde{d}_{jt}^{SM}\right),\quad j\in M,\quad t\in\left\lfloor T/T_0^{SM}\right\rfloor \tag{2-144}$$

$$E[\tilde{d}_{jt}^{SM}]=\sum_{k\in M_j(\cdot)}\sum_{t'=\left\lfloor T_0^{SM}/T_j^{SR}\right\rfloor t-\left\lfloor T_0^{SM}/T_j^{SR}\right\rfloor+1}^{\left\lfloor T_0^{SM}/T_j^{SR}\right\rfloor t}E[\tilde{d}_{kt'}^{SR}],\quad j\in M,\quad t\in\left\lfloor T/T_0^{SM}\right\rfloor,\quad t'\leqslant\left\lfloor T/T_j^{SR}\right\rfloor \tag{2-145}$$

式（2-113）～式（2-120），式（2-123）～式（2-127）

其中，约束（2-142）表示多阶段时刻需求不确定时的制造商缺货数量表达式；约

束（2-143）表示多阶段时刻制造商的期望缺货量不能超过最大缺货水平；约束（2-144）表示多阶段时刻制造商的不确定需求表达式；约束（2-145）表示多阶段时刻制造商的需求量等于其相对应的下游零售商的多阶段需求量之和。

子问题为对 $\forall j \in M$ ，则有

$$\text{Min}\quad Z_{70j} = \sum_{k\in M_j(\cdot)} \sum_{t\in\left\lfloor T/T_j^{SR}\right\rfloor} h_k^{SR} E[\tilde{I}_{kt}^{SR}] + \sum_{k\in M_j(\cdot)} \sum_{t\in\left\lfloor T/T_j^{SR}\right\rfloor} p_k^{SR} E[\tilde{l}_{kt}^{SR}]$$

$$+ \sum_{i\in M\cup R} \sum_{\substack{k\in M\cup R\\ k\neq i}} \sum_{t\in\left\lfloor T/T_j^{SR}\right\rfloor} \overline{c}_{ik}^{SR} x_{ikt}^{SR} G_{ik}^{S} q_{kt}^{SR} + \left\lfloor T/T_j^{SR} \right\rfloor c_j^{SR} + \sum_{k\in M_j(\cdot)} \sum_{t\in\left\lfloor T/T_j^{SR}\right\rfloor} c_{kk}^{SR} q_{kt}^{SR}$$

$$\text{S.t.}\quad E[\tilde{l}_{kt}^{SR}] = E\left(\tilde{d}_{kt}^{SR} - I_{k,t-1}^{SR} - q_{kt}^{SR}\right)^{+},\quad k\in R,\quad t\in\left\lfloor T/T_j^{SR}\right\rfloor \tag{2-146}$$

$$E[\tilde{l}_{kt}^{SR}] \leqslant L^{SR},\quad k\in R,\quad t\in\left\lfloor T/T_j^{SR}\right\rfloor \tag{2-147}$$

$$E[\tilde{d}_{kt}^{SR}] = \int_{\tilde{d}_{kt}^{SR}\in R^{+}} \tilde{d}_{kt}^{SR} f_d\left(\tilde{d}_{kt}^{SR}\right)\mathrm{d}\left(\tilde{d}_{kt}^{SR}\right),\quad k\in R,\quad t\in\left\lfloor T/T_j^{SR}\right\rfloor \tag{2-148}$$

式（2-128）～式（2-135），式（2-138）～式（2-141）

其中，约束（2-146）表示多阶段时刻需求不确定时的零售商缺货数量表达式；约束（2-147）表示多阶段时刻零售商的期望缺货量不能超过最大缺货水平；约束（2-148）表示多阶段时刻零售商的不确定需求表达式。

现在已知供应链中零售商的需求情况如表 2-43 所示，且 $T_0^{SM}=3$ ， $T_1^{SR}=2$ ， $T_2^{SR}=3$ ， $T_3^{SR}=1$ ，通过求解得到表 2-44 和表 2-45 所示的结果。

表 2-43　2.5.6 节零售商的需求分布

	R					
	4	5	6	7	8	9
$\tilde{d}_{kt}^{SR}$	$N(220, 14^2)$	$N(190, 21^2)$	$N(270, 19^2)$	$N(150, 24^2)$	$N(120, 28^2)$	$N(240, 25^2)$

表 2-44　2.5.6 节实例优化结果 1

	主问题	子问题
路线	$S_0 \to M_3 \to M_1 \to M_2 \to S_0$	$M_1 \to R_5 \to R_6 \to M_1$ $M_2 \to R_8 \to R_7 \to R_9 \to M_2$ $M_3 \to R_4 \to M_3$

表 2-45　2.5.6 节实例优化结果 2（$T=6$）

周期	M			R					
	1	2	3	4	5	6	7	8	9
$T=1$	1880	1580	680	225	390	560	500	340	750
$T=2$				215					
$T=3$				220	370	530			
$T=4$	940	1510	660	220			350	380	710
$T=5$				220	380	550			
$T=6$				220					

2.5.7　基于随机市场、确定需求、多阶段配送的情形

主问题：

$$\text{Min}\quad Z_{71}=\sum_{j\in M}\sum_{t\in\left\lfloor T/T_0^{SM}\right\rfloor}h_j^{SM}I_{jt}^{SM}+\sum_{j\in M}\sum_{t\in\left\lfloor T/T_0^{SM}\right\rfloor}p_j^{SM}l_{j,t}^{SM}+\sum_{j\in M}\sum_{t\in\left\lfloor T/T_0^{SM}\right\rfloor}c_{jj}^{SM}q_{jt}^{SM}$$

$$+\sum_{i\in S\cup M}\sum_{\substack{j\in S\cup M\\ j\neq i}}\sum_{t\in\left\lfloor T/T_0^{SM}\right\rfloor}\overline{c}_{ij}^{SM}x_{ijt}^{SM}G_{ij}^{S}q_{jt}^{SM}+\left\lfloor T/T_0^{SM}\right\rfloor c_0^{SM}$$

$$\text{S.t.}\quad d_{jt}^{SM}=\sum_{k\in\tilde{M}_j(\cdot)}\sum_{t'=\left\lfloor T_0^{SM}/T_j^{SR}\right\rfloor t-\left\lfloor T_0^{SM}/T_j^{SR}\right\rfloor+1}^{\left\lfloor T_0^{SM}/T_j^{SR}\right\rfloor t}d_{kt'}^{SR},\quad j\in M,\quad t\in\left\lfloor T/T_0^{SM}\right\rfloor,\quad t'\leqslant\left\lfloor T/T_j^{SR}\right\rfloor$$

（2-149）

式（2-113）～式（2-122），式（2-124）～式（2-127）

其中，约束（2-149）表示多阶段时刻制造商的需求量等于其分区后的下游零售商多阶段需求量之和。

子问题为对 $\forall j\in M$，则有

$$\text{Min}\quad Z_{71j}=\sum_{k\in M_j(\cdot)}\sum_{t\in\left\lfloor T/T_j^{SR}\right\rfloor}h_k^{SR}I_{kt}^{SR}+\sum_{k\in M_j(\cdot)}\sum_{t\in\left\lfloor T/T_j^{SR}\right\rfloor}p_k^{SR}l_{k,t}^{SR}+\sum_{i\in M\cup R}\sum_{\substack{k\in M\cup R\\ k\neq i}}\sum_{t\in\left\lfloor T/T_j^{SR}\right\rfloor}\overline{c}_{ik}^{SR}x_{ikt}^{SR}G_{ik}^{S}q_{kt}^{SR}$$

$$+\sum_{k\in M_j(\cdot)}\sum_{t\in\left\lfloor T/T_j^{SR}\right\rfloor}c_{kk}^{SR}q_{kt}^{SR}+\left\lfloor T/T_j^{SR}\right\rfloor c_j^{SR}$$

$$\text{S.t.}\quad \sum_{k\in R}x_{jkt}^{SR}=1,\quad j\in M,\quad t\in\left\lfloor T/T_j^{SR}\right\rfloor \tag{2-150}$$

$$\sum_{k\in R} x_{kjt}^{SR} = 1, \quad j\in M, \quad t\in\left\lfloor T/T_j^{SR}\right\rfloor \tag{2-151}$$

$$\sum_{\substack{k\in M\cup R\\ i\neq k}} x_{ikt}^{SR} = 1, \quad j\in M, \quad t\in\left\lfloor T/T_j^{SR}\right\rfloor \tag{2-152}$$

$$\sum_{\substack{k\in\tilde{M}_j(\cdot)\\ k\neq j}} \sum_{i\in\{j\}\cup\tilde{M}_j(\cdot)} x_{ikt}^{SR} \leqslant \left|M_j(\cdot)\right| - 1, \quad j\in M, \quad t\in\left\lfloor T/T_j^{SR}\right\rfloor \tag{2-153}$$

$$\sum_{k\in\tilde{M}_j(\cdot)} q_{kt}^{SR} \leqslant Y^{SR}, \quad j\in M, \quad t\in\left\lfloor T/T_j^{SR}\right\rfloor \tag{2-154}$$

式（2-130），式（2-134）～式（2-141）

其中，约束（2-150）表示多阶段时刻单一车辆从制造商处离开向分区后的下游零售商送货；约束（2-151）表示多阶段时刻单一车辆从零售商处送完货返回其对应的上游制造商处；约束（2-152）表示多阶段时刻任意到达零售商处的车辆在送完货后离开该零售商；约束（2-153）为多阶段时刻消除子车辆路线的生成；约束（2-154）表示多阶段时刻制造商向分区后的下游零售商的送货量不能超过车辆容量。

本节中 $T_0^{SM}=3$，$T_1^{SR}=2$，$T_2^{SR}=3$，$T_3^{SR}=1$，零售商的需求情况由表 2-41 可知，采用 2.3.1 节介绍的费用差最小插入法分区算法，通过启发式算法求解，得到如表 2-46 所示的调度路线。

表 2-46　2.5.7 节实例优化结果

周期	主问题	子问题
$T=1$	$S_0\to M_3\to M_1\to M_2\to S_0$	$M_1\to R_5\to R_8\to R_6\to M_1$ $M_2\to R_7\to R_9\to M_2$ $M_3\to R_4\to M_3$
$T=2$		$M_3\to R_4\to M_3$
$T=3$		$M_1\to R_5\to R_8\to R_6\to M_1$ $M_3\to R_4\to M_3$
$T=4$	$S_0\to M_3\to M_1\to M_2\to S_0$	$M_2\to R_7\to R_9\to M_2$ $M_3\to R_4\to M_3$
$T=5$		$M_1\to R_5\to R_8\to R_6\to M_1$ $M_3\to R_4\to M_3$
$T=6$		$M_3\to R_4\to M_3$

2.5.8 基于随机市场、不确定需求、多阶段配送的情形

主问题：

$$\text{Min}\quad Z_{72}=\sum_{j\in M}\sum_{t\in\left\lfloor T/T_0^{SM}\right\rfloor}h_j^{SM}E[\tilde{I}_{jt}^{SM}]+\sum_{j\in M}\sum_{t\in\left\lfloor T/T_0^{SM}\right\rfloor}p_j^{SM}E[\tilde{l}_{jt}^{SM}]$$

$$+\sum_{i\in S\cup M}\sum_{\substack{j\in S\cup M\\ j\neq i}}\sum_{t\in\left\lfloor T/T_0^{SM}\right\rfloor}\overline{c}_{ij}^{SM}x_{ijt}^{SM}G_{ij}^{S}q_{jt}^{SM}+\left\lfloor T/T_0^{SM}\right\rfloor c_0^{SM}+\sum_{j\in M}\sum_{t\in\left\lfloor T/T_0^{SM}\right\rfloor}c_{jj}^{SM}q_{jt}^{SM}$$

$$\text{S.t.}\quad E[\tilde{d}_{jt}^{SM}]=\sum_{k\in\tilde{M}_j(\cdot)}\sum_{t'=\left\lfloor T_0^{SM}/T_j^{SR}\right\rfloor t-\left\lfloor T_0^{SM}/T_j^{SR}\right\rfloor+1}^{\left\lfloor T_0^{SM}/T_j^{SR}\right\rfloor t}E[\tilde{d}_{kt'}^{SR}],\quad j\in M,\quad t\in\left\lfloor T/T_0^{SM}\right\rfloor,\quad t'\leqslant\left\lfloor T/T_j^{SR}\right\rfloor \tag{2-155}$$

式(2-113)～式(2-120)，式(2-123)～式(2-127)，式(2-142)～式(2-145)

其中，约束（2-155）表示多阶段时刻制造商的需求量等于其分区后的下游零售商的多阶段需求量之和。

子问题为对 $\forall j\in M$，则有

$$\text{Min}\quad Z_{72j}=\sum_{k\in M_j(\cdot)}\sum_{t\in\left\lfloor T/T_j^{SR}\right\rfloor}h_k^{SR}E[\tilde{I}_{kt}^{SR}]+\sum_{k\in M_j(\cdot)}\sum_{t\in\left\lfloor T/T_j^{SR}\right\rfloor}p_k^{SR}E[\tilde{l}_{kt}^{SR}]$$

$$+\sum_{i\in M\cup R}\sum_{\substack{k\in M\cup R\\ k\neq i}}\sum_{t\in\left\lfloor T/T_j^{SR}\right\rfloor}\overline{c}_{ik}^{SR}x_{ikt}^{SR}G_{ik}^{S}q_{kt}^{SR}+\left\lfloor T/T_j^{SR}\right\rfloor c_j^{SR}+\sum_{k\in M_j(\cdot)}\sum_{t\in\left\lfloor T/T_j^{SR}\right\rfloor}c_{kk}^{SR}q_{kt}^{SR}$$

S.t. 式(2-128)～式(2-135)，式(2-138)～式(2-141)，式(2-146)～式(2-148)

现在已知供应链中零售商的需求分布如表 2-43 所示，且 $T_0^{SM}=3$，$T_1^{SR}=2$，$T_2^{SR}=3$，$T_3^{SR}=1$，采用 2.3.1 节介绍的费用差最小插入法分区算法，通过求解得到表 2-47 和表 2-48 所示的结果。

表 2-47 2.5.8 节实例优化结果 1

	主问题	子问题
路线	$S_0\to M_3\to M_1\to M_2\to S_0$	$M_1\to R_5\to R_8\to R_6\to M_1$ $M_2\to R_7\to R_9\to M_2$ $M_3\to R_4\to M_3$

表 2-48　2.5.8 节实例优化结果 2（ $T=6$ ）

周期	M			R					
	1	2	3	4	5	6	7	8	9
$T=1$	2350	1180	680	225	390	560	500	230	750
$T=2$				215					
$T=3$				220	370	530		260	
$T=4$	1180	1160	660	220			390		710
$T=5$				220	380	550		230	
$T=6$				220					

2.6　多周期、单车辆、联合库存管理策略下的库存路径问题

多周期、单车辆、JMI 策略下 SIRP 示意图如图 2-13 所示。

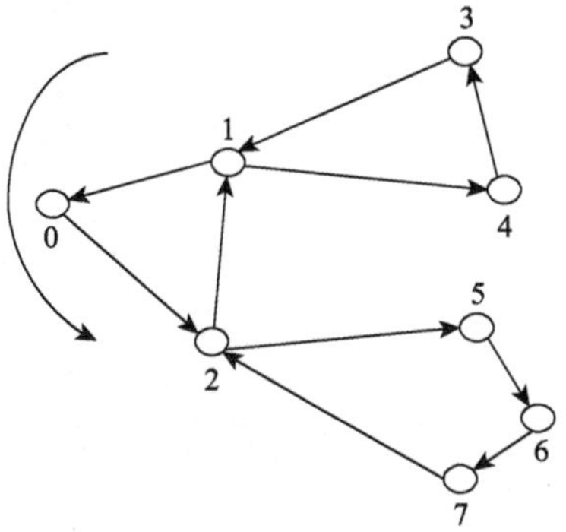

图 2-13　多周期、单车辆、JMI 策略下 SIRP 示意图

2.6.1　基于市场细分、确定需求、单阶段配送的情形

$$
\begin{aligned}
\text{Min}\quad Z_{73} = & \sum_{j\in M}\sum_{t\in T} h_j^{SM} I_{jt}^{SM} + \sum_{k\in R}\sum_{t\in T} h_k^{SR} I_{kt}^{SR} + \sum_{j\in M}\sum_{t\in T} p_j^{SM} l_{j,t}^{SM} + T\sum_{j\in M} c_j^{SR} \\
& + \sum_{i\in S\cup M}\sum_{\substack{j\in S\cup M\\ j\neq i}}\sum_{t\in T} \overline{c}_{ij}^{SM} x_{ijt}^{SM} G_{ij}^{S} q_{jt}^{SM} + T c_0^{SM} + \sum_{j\in M}\sum_{t\in T} c_{jj}^{SM} q_{jt}^{SM} + \sum_{k\in R}\sum_{t\in T} p_k^{SR} l_{k,t}^{SR} \\
& + \sum_{j\in M\cup R}\sum_{\substack{k\in M\cup R\\ k\neq j}}\sum_{t\in T} \overline{c}_{jk}^{SR} x_{jkt}^{SR} G_{jk}^{S} q_{kt}^{SR} + \sum_{k\in R}\sum_{t\in T} c_{kk}^{SR} q_{kt}^{SR}
\end{aligned}
$$

S.t.　式（2-70）～式（2-98）

本节实例参见 2.5.1 节，相关数据见表 2-7、表 2-32 和表 2-33，通过求解得到如表 2-49 所示的调度路线。

表 2-49　2.6.1 节实例优化结果

周期	JMI 策略	
$T=1$	$S_0 \to M_3 \to M_1 \to M_2 \to S_0$	$M_1 \to R_5 \to R_6 \to M_1$ $M_2 \to R_9 \to R_7 \to R_8 \to M_2$ $M_3 \to R_4 \to M_3$
$T=2$	$S_0 \to M_3 \to M_1 \to M_2 \to S_0$	$M_1 \to R_5 \to R_6 \to M_1$ $M_2 \to R_9 \to R_7 \to R_8 \to M_2$ $M_3 \to R_4 \to M_3$
$T=3$	$S_0 \to M_3 \to M_1 \to M_2 \to S_0$	$M_1 \to R_5 \to R_6 \to M_1$ $M_2 \to R_9 \to R_7 \to R_8 \to M_2$ $M_3 \to R_4 \to M_3$

2.6.2　基于市场细分、不确定需求、单阶段配送的情形

$$\begin{aligned}\text{Min}\quad Z_{74} = & \sum_{j\in M}\sum_{t\in T} h_j^{SM} E[\tilde{I}_{jt}^{SM}] + \sum_{k\in R}\sum_{t\in T} h_k^{SR} E[\tilde{I}_{kt}^{SR}] + \sum_{j\in M}\sum_{t\in T} p_j^{SM} E[\tilde{l}_{jt}^{SM}] + \sum_{k\in R}\sum_{t\in T} p_k^{SR} E[\tilde{l}_{kt}^{SR}] \\ & + T\sum_{j\in M} c_j^{SR} + \sum_{i\in S\cup M}\sum_{\substack{j\in S\cup M\\ j\neq i}}\sum_{t\in T} \overline{c}_{ij}^{SM} x_{ijt}^{SM} G_{ij}^{S} q_{jt}^{SM} + \sum_{j\in M}\sum_{t\in T} c_{jj}^{SM} q_{jt}^{SM} \\ & + \sum_{j\in M\cup R}\sum_{\substack{k\in M\cup R\\ k\neq j}}\sum_{t\in T} \overline{c}_{jk}^{SR} x_{jkt}^{SR} G_{jk}^{S} q_{kt}^{SR} + T c_0^{SM} + \sum_{k\in R}\sum_{t\in T} c_{kk}^{SR} q_{kt}^{SR}\end{aligned}$$

S.t.　式（2-70）～式（2-77），式（2-80）～式（2-92），式（2-95）～式（2-105）

本节实例参见 2.5.2 节，相关数据如表 2-35 所示，通过求解得到表 2-50 和表 2-51 所示的结果。

表 2-50　2.6.2 节实例优化结果 1

	JMI 策略	
路线	$S_0 \to M_3 \to M_1 \to M_2 \to S_0$	$M_1 \to R_5 \to R_6 \to M_1$ $M_2 \to R_9 \to R_7 \to R_8 \to M_2$ $M_3 \to R_4 \to M_3$

表 2-51　2.6.1 节实例优化结果 2（$T=3$）

周期	M			R					
	1	2	3	4	5	6	7	8	9
$T=1$	630	910	320	320	345	285	250	355	305
$T=2$	610	880	320	320	345	265	245	345	290
$T=3$	620	900	320	320	355	265	258	340	302

2.6.3　基于随机市场、确定需求、单阶段配送的情形

$$
\begin{aligned}
\text{Min}\quad Z_{75} = & \sum_{j\in M}\sum_{t\in T} h_j^{SM} I_{jt}^{SM} + \sum_{k\in R}\sum_{t\in T} h_k^{SR} I_{kt}^{SR} + \sum_{j\in M}\sum_{t\in T} p_j^{SM} l_{jt}^{SM} + T\sum_{j\in M} c_j^{SR} \\
& + \sum_{i\in S\cup M}\sum_{\substack{j\in S\cup M\\ j\neq i}}\sum_{t\in T} \overline{c}_{ij}^{SM} x_{ijt}^{SM} G_{ij}^{S} q_{jt}^{SM} + T c_0^{SM} + \sum_{j\in M}\sum_{t\in T} c_{jj}^{SM} q_{jt}^{SM} + \sum_{k\in R}\sum_{t\in T} p_k^{SR} l_{kt}^{SR} \\
& + \sum_{j\in M\cup R}\sum_{\substack{k\in M\cup R\\ k\neq j}}\sum_{t\in T} \overline{c}_{jk}^{SR} x_{jkt}^{SR} G_{jk}^{S} q_{kt}^{SR} + \sum_{k\in R}\sum_{t\in T} c_{kk}^{SR} q_{kt}^{SR}
\end{aligned}
$$

S.t.　式（2-70）～式（2-79），式（2-81）～式（2-84），式（2-87），式（2-91）～式（2-98），式（2-106）～式（2-111）

本节实例参见 2.5.3 节，并采用 2.3.1 节介绍的费用差最小插入法分区算法，然后通过遗传算法的求解，得到如表 2-52 所示的调度路线。

表 2-52　2.6.3 节实例优化结果

周期	JMI 策略	
$T=1$	$S_0 \to M_3 \to M_1 \to M_2 \to S_0$	$M_1 \to R_5 \to R_6 \to R_8 \to M_1$ $M_2 \to R_9 \to R_7 \to M_2$ $M_3 \to R_4 \to M_3$
$T=2$	$S_0 \to M_3 \to M_1 \to M_2 \to S_0$	$M_1 \to R_5 \to R_6 \to R_8 \to M_1$ $M_2 \to R_9 \to R_7 \to M_2$ $M_3 \to R_4 \to M_3$
$T=3$	$S_0 \to M_3 \to M_1 \to M_2 \to S_0$	$M_1 \to R_5 \to R_6 \to R_8 \to M_1$ $M_2 \to R_9 \to R_7 \to M_2$ $M_3 \to R_4 \to M_3$

2.6.4　基于随机市场、不确定需求、单阶段配送的情形

$$
\begin{aligned}
\text{Min}\quad Z_{76} = & \sum_{j\in M}\sum_{t\in T} h_j^{SM} E[\tilde{I}_{jt}^{SM}] + \sum_{k\in R}\sum_{t\in T} h_k^{SR} E[\tilde{I}_{kt}^{SR}] + \sum_{j\in M}\sum_{t\in T} p_j^{SM} E[\tilde{l}_{jt}^{SM}] + \sum_{k\in R}\sum_{t\in T} p_k^{SR} E[\tilde{l}_{kt}^{SR}] \\
& + T\sum_{j\in M} c_j^{SR} + \sum_{i\in S\cup M}\sum_{\substack{j\in S\cup M\\ j\neq i}}\sum_{t\in T} \overline{c}_{ij}^{SM} x_{ijt}^{SM} G_{ij}^{S} q_{jt}^{SM} + \sum_{j\in M}\sum_{t\in T} c_{jj}^{SM} q_{jt}^{SM} \\
& + \sum_{j\in M\cup R}\sum_{\substack{k\in M\cup R\\ k\neq j}}\sum_{t\in T} \overline{c}_{jk}^{SR} x_{jkt}^{SR} G_{jk}^{S} q_{kt}^{SR} + T c_0^{SM} + \sum_{k\in R}\sum_{t\in T} c_{kk}^{SR} q_{kt}^{SR}
\end{aligned}
$$

S.t.　式（2-70）～式（2-77），式（2-80）～式（2-92），式（2-95）～式（2-105），式（2-112）

本节实例参见 2.5.4 节，且供应链中零售商的需求分布如表 2-35 所示，通过

遗传算法的求解，得到表 2-53 和表 2-54 所示的结果。

表 2-53　2.6.4 节实例优化结果 1

	JMI 策略	
路线	$S_0 \to M_3 \to M_1 \to M_2 \to S_0$	$M_1 \to R_5 \to R_6 \to R_8 \to M_1$ $M_2 \to R_9 \to R_7 \to M_2$ $M_3 \to R_4 \to M_3$

表 2-54　2.6.4 节实例优化结果 2（$T=3$）

周期	M			R					
	1	2	3	4	5	6	7	8	9
$T=1$	980	580	320	320	365	280	270	335	310
$T=2$	945	540	325	325	335	260	250	350	290
$T=3$	960	560	315	315	350	270	260	340	300

2.6.5　基于市场细分、确定需求、多阶段配送的情形

$$
\begin{aligned}
\text{Min}\quad Z_{77}=&\sum_{j\in M}\sum_{t\in\left\lfloor T/T_0^{SM}\right\rfloor}h_j^{SM}I_{jt}^{SM}+\sum_{j\in M}\sum_{k\in M_j(\cdot)}\sum_{t\in\left\lfloor T/T_j^{SR}\right\rfloor}h_k^{SR}I_{kt}^{SR}+\sum_{j\in M}\sum_{t\in\left\lfloor T/T_0^{SM}\right\rfloor}p_j^{SM}l_{jt}^{SM}\\
&+\sum_{j\in M}\sum_{k\in M_j(\cdot)}\sum_{t\in\left\lfloor T/T_j^{SR}\right\rfloor}p_k^{SR}l_{kt}^{SR}+\left\lfloor T/T_0^{SM}\right\rfloor c_0^{SM}+\sum_{i\in S\cup M}\sum_{\substack{j\in S\cup M\\ j\neq i}}\sum_{t\in\left\lfloor T/T_0^{SM}\right\rfloor}\overline{c}_{ij}^{SM}x_{ijt}^{SM}G_{ij}^{S}q_{jt}^{SM}\\
&+\sum_{j\in M}\left\lfloor T/T_j^{SR}\right\rfloor c_j^{SR}+\sum_{j\in M}\sum_{t\in\left\lfloor T/T_0^{SM}\right\rfloor}c_{jj}^{SM}q_{jt}^{SM}+\sum_{j\in M}\sum_{i\in M\cup R}\sum_{\substack{k\in M\cup R\\ k\neq i}}\sum_{t\in\left\lfloor T/T_j^{SR}\right\rfloor}\overline{c}_{ik}^{SR}x_{ikt}^{SR}G_{ik}^{S}q_{kt}^{SR}\\
&+\sum_{j\in M}\sum_{k\in M_j(\cdot)}\sum_{t\in\left\lfloor T/T_j^{SR}\right\rfloor}c_{kk}^{SR}q_{kt}^{SR}
\end{aligned}
$$

S.t.　式（2-113）～式（2-141）

本节实例参见 2.5.5 节，且零售商的需求量如表 2-41 所示，通过启发式算法的求解，得到如表 2-55 所示的调度路线。

表 2-55　2.6.5 节实例优化结果

周期	JMI 策略	
$T=1$	$S_0 \to M_3 \to M_1 \to M_2 \to S_0$	$M_1 \to R_5 \to R_6 \to M_1$ $M_2 \to R_9 \to R_7 \to R_8 \to M_2$ $M_3 \to R_4 \to M_3$

续表

周期	JMI 策略	
$T=2$		$M_3 \to R_4 \to M_3$
$T=3$		$M_1 \to R_5 \to R_6 \to M_1$ $M_3 \to R_4 \to M_3$
$T=4$	$S_0 \to M_3 \to M_1 \to M_2 \to S_0$	$M_2 \to R_9 \to R_7 \to R_8 \to M_2$ $M_3 \to R_4 \to M_3$
$T=5$		$M_1 \to R_5 \to R_6 \to M_1$ $M_3 \to R_4 \to M_3$
$T=6$		$M_3 \to R_4 \to M_3$

2.6.6　基于市场细分、不确定需求、多阶段配送的情形

$$
\begin{aligned}
\text{Min}\quad Z_{78} = & \sum_{j\in M}\sum_{t\in\left\lfloor T/T_0^{SM}\right\rfloor} h_j^{SM} E\left[\tilde{I}_{jt}^{SM}\right] + \sum_{j\in M}\sum_{k\in M_j(\cdot)}\sum_{t\in\left\lfloor T/T_j^{SR}\right\rfloor} h_k^{SR} E\left[\tilde{I}_{kt}^{SR}\right] \\
& + \sum_{j\in M}\sum_{t\in\left\lfloor T/T_0^{SM}\right\rfloor} p_j^{SM} E\left[\tilde{l}_{jt}^{SM}\right] + \sum_{j\in M}\sum_{t\in\left\lfloor T/T_0^{SM}\right\rfloor} c_{jj}^{SM} q_{jt}^{SM} \\
& + \sum_{i\in S\cup M}\sum_{\substack{j\in S\cup M \\ j\neq i}}\sum_{t\in\left\lfloor T/T_0^{SM}\right\rfloor} \overline{c}_{ij}^{SM} x_{ijt}^{SM} G_{ij}^{S} q_{jt}^{SM} + \sum_{j\in M}\left\lfloor T/T_j^{SR}\right\rfloor c_j^{SR} \\
& + \sum_{j\in M}\sum_{k\in M_j(\cdot)}\sum_{t\in\left\lfloor T/T_j^{SR}\right\rfloor} p_k^{SR} E\left[\tilde{l}_{kt}^{SR}\right] + \left\lfloor T/T_0^{SM}\right\rfloor c_0^{SM} \\
& + \sum_{j\in M}\sum_{i\in M\cup R}\sum_{\substack{k\in M\cup R \\ k\neq i}}\sum_{t\in\left\lfloor T/T_j^{SR}\right\rfloor} \overline{c}_{ik}^{SR} x_{ikt}^{SR} G_{ik}^{S} q_{kt}^{SR} + \sum_{j\in M}\sum_{k\in M_j(\cdot)}\sum_{t\in\left\lfloor T/T_j^{SR}\right\rfloor} c_{kk}^{SR} q_{kt}^{SR}
\end{aligned}
$$

S.t.　式(2-113)～式(2-120)，式(2-123)～式(2-135)，式(2-138)～式(2-148)

本节实例参见 2.5.6 节，且零售商的需求分布如表 2-43 所示，然后通过遗传算法的求解，得到如表 2-56 和表 2-57 所示的结果。

表 2-56　2.6.6 节实例优化结果 1

	JMI 策略	
路线	$S_0 \to M_3 \to M_1 \to M_2 \to S_0$	$M_1 \to R_5 \to R_6 \to M_1$ $M_2 \to R_8 \to R_7 \to R_9 \to M_2$ $M_3 \to R_4 \to M_3$

表 2-57　2.6.6 节实例优化结果 2（ $T=6$ ）

周期	M			R					
	1	2	3	4	5	6	7	8	9
$T=1$	1920	1580	660	225	390	560	500	340	740
$T=2$				215					
$T=3$				220	370	600			
$T=4$	900	1510	660	220			420	380	710
$T=5$				220	350	550			
$T=6$				220					

2.6.7　基于随机市场、确定需求、多阶段配送的情形

$$
\begin{aligned}
\text{Min}\quad Z_{79}=&\sum_{j\in M}\sum_{t\in\left\lfloor T/T_0^{SM}\right\rfloor}h_j^{SM}I_{jt}^{SM}+\sum_{j\in M}\sum_{k\in M_j(\cdot)}\sum_{t\in\left\lfloor T/T_j^{SR}\right\rfloor}h_k^{SR}I_{kt}^{SR}+\sum_{j\in M}\sum_{t\in\left\lfloor T/T_0^{SM}\right\rfloor}p_j^{SM}l_{j,t}^{SM}\\
&+\sum_{j\in M}\sum_{k\in M_j(\cdot)}\sum_{t\in\left\lfloor T/T_j^{SR}\right\rfloor}p_k^{SR}l_{k,t}^{SR}+\left\lfloor T/T_0^{SM}\right\rfloor c_0^{SM}+\sum_{i\in S\cup M}\sum_{\substack{j\in S\cup M\\ j\neq i}}\sum_{t\in\left\lfloor T/T_0^{SM}\right\rfloor}\overline{c}_{ij}^{SM}x_{ijt}^{SM}G_{ij}^{S}q_{jt}^{SM}\\
&+\sum_{j\in M}\left\lfloor T/T_j^{SR}\right\rfloor c_j^{SR}+\sum_{j\in M}\sum_{t\in\left\lfloor T/T_0^{SM}\right\rfloor}c_{jj}^{SM}q_{jt}^{SM}+\sum_{j\in M}\sum_{i\in M\cup R}\sum_{\substack{k\in M\cup R\\ k\neq i}}\sum_{t\in\left\lfloor T/T_j^{SR}\right\rfloor}\overline{c}_{ik}^{SR}x_{ikt}^{SR}G_{ik}^{S}q_{kt}^{SR}\\
&+\sum_{j\in M}\sum_{k\in M_j(\cdot)}\sum_{t\in\left\lfloor T/T_j^{SR}\right\rfloor}c_{kk}^{SR}q_{kt}^{SR}
\end{aligned}
$$

S.t.　式（2-113）～式（2-122），式（2-124）～式（2-127），式（2-130），式（2-134）～式（2-141），式（2-149）～式（2-154）

本节实例参见 2.5.7 节，且零售商的需求量如表 2-41 所示，采用 2.3.1 节介绍的费用差最小插入法分区算法，通过启发式算法的求解，得到如表 2-58 所示的调度路线。

表 2-58　2.6.7 节实例优化结果

周期	JMI 策略	
$T=1$	$S_0\to M_3\to M_1\to M_2\to S_0$	$M_1\to R_5\to R_8\to R_6\to M_1$ $M_2\to R_7\to R_9\to M_2$ $M_3\to R_4\to M_3$
$T=2$		$M_3\to R_4\to M_3$

续表

周期	JMI 策略	
$T=3$		$M_1 \to R_5 \to R_8 \to R_6 \to M_1$ $M_3 \to R_4 \to M_3$
$T=4$	$S_0 \to M_3 \to M_1 \to M_2 \to S_0$	$M_2 \to R_7 \to R_9 \to M_2$ $M_3 \to R_4 \to M_3$
$T=5$		$M_1 \to R_5 \to R_8 \to R_6 \to M_1$ $M_3 \to R_4 \to M_3$
$T=6$		$M_3 \to R_4 \to M_3$

2.6.8 基于随机市场、不确定需求、多阶段配送的情形

$$
\begin{aligned}
\text{Min}\quad Z_{80} = & \sum_{j\in M}\sum_{t\in\left\lfloor T/T_0^{SM}\right\rfloor} h_j^{SM} E\left[\tilde{I}_{jt}^{SM}\right] + \sum_{j\in M}\sum_{k\in M_j(\cdot)}\sum_{t\in\left\lfloor T/T_j^{SR}\right\rfloor} h_k^{SR} E\left[\tilde{I}_{kt}^{SR}\right] \\
& + \sum_{j\in M}\sum_{t\in\left\lfloor T/T_0^{SM}\right\rfloor} p_j^{SM} E\left[\tilde{l}_{jt}^{SM}\right] + \sum_{j\in M}\sum_{t\in\left\lfloor T/T_0^{SM}\right\rfloor} c_{jj}^{SM} q_{jt}^{SM} \\
& + \sum_{i\in S\cup M}\sum_{\substack{j\in S\cup M\\ j\neq i}}\sum_{t\in\left\lfloor T/T_0^{SM}\right\rfloor} \bar{c}_{ij}^{SM} x_{ijt}^{SM} G_{ij}^{S} q_{jt}^{SM} + \sum_{j\in M}\left\lfloor T/T_j^{SR}\right\rfloor c_j^{SR} \\
& + \sum_{j\in M}\sum_{k\in M_j(\cdot)}\sum_{t\in\left\lfloor T/T_j^{SR}\right\rfloor} p_k^{SR} E\left[\tilde{l}_{kt}^{SR}\right] + \left\lfloor T/T_0^{SM}\right\rfloor c_0^{SM} \\
& + \sum_{j\in M}\sum_{i\in M\cup R}\sum_{\substack{k\in M\cup R\\ k\neq i}}\sum_{t\in\left\lfloor T/T_j^{SR}\right\rfloor} \bar{c}_{ik}^{SR} x_{ikt}^{SR} G_{ik}^{S} q_{kt}^{SR} + \sum_{j\in M}\sum_{k\in M_j(\cdot)}\sum_{t\in\left\lfloor T/T_j^{SR}\right\rfloor} c_{kk}^{SR} q_{kt}^{SR}
\end{aligned}
$$

S.t.　式(2-113)～式(2-120),式(2-123)～式(2-135),式(2-138)～式(2-148),式(2-155)

本节实例参见 2.5.8 节，采用 2.3.1 节介绍的费用差最小插入法分区算法，通过求解得到表 2-59 和表 2-60 所示的结果。

表 2-59　2.6.8 节实例优化结果 1

	JMI 策略	
路线	$S_0 \to M_3 \to M_1 \to M_2 \to S_0$	$M_1 \to R_5 \to R_8 \to R_6 \to M_1$ $M_2 \to R_7 \to R_9 \to M_2$ $M_3 \to R_4 \to M_3$

表 2-60 2.6.8 节实例优化结果 2（$T = 6$）

周期	M			R					
	1	2	3	4	5	6	7	8	9
$T = 1$	2340	1180	660	225	390	560	500	260	680
$T = 2$				215					
$T = 3$				220	370	530		230	
$T = 4$	1170	1170	660	220			460		710
$T = 5$				220	380	550		240	
$T = 6$				220					

2.7 多周期、多车辆、供应商管理库存策略下的库存路径问题

多周期、多车辆、VMI 策略下 SIRP 示意图（串行式运输、自有车辆情形）如图 2-14 所示。多周期、多车辆、VMI 策略下 SIRP 示意图（串行式运输、租用车辆情形）如图 2-15 所示。单周期、多车辆、VMI 策略下 SIRP 示意图（并行式运输情形）如图 2-16 所示。

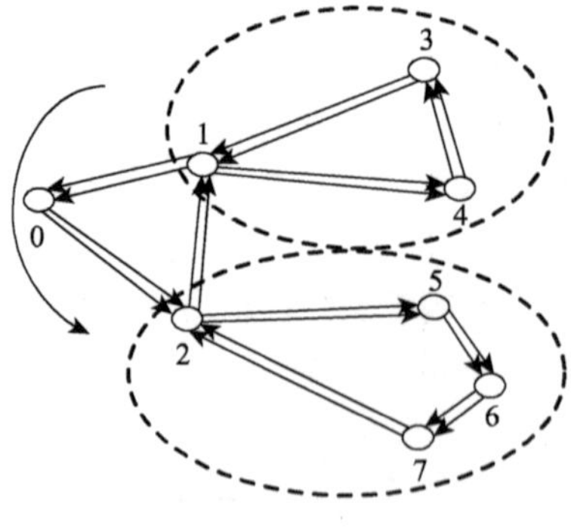

图 2-14 多周期、多车辆、VMI 策略下 SIRP 示意图（串行式运输、自有车辆情形）

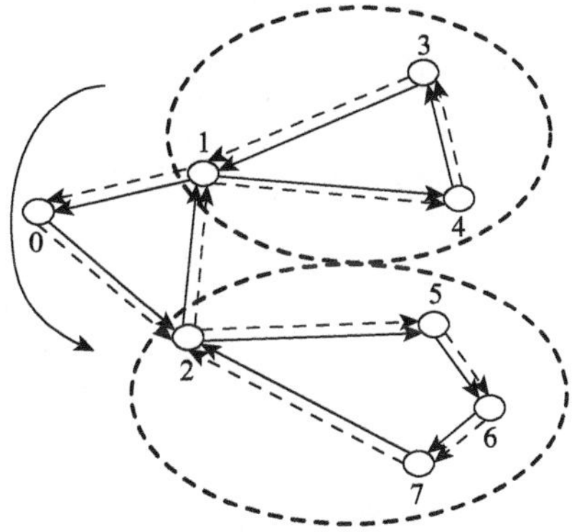

图 2-15　多周期、多车辆、VMI 策略下 SIRP 示意图（串行式运输、租用车辆情形）

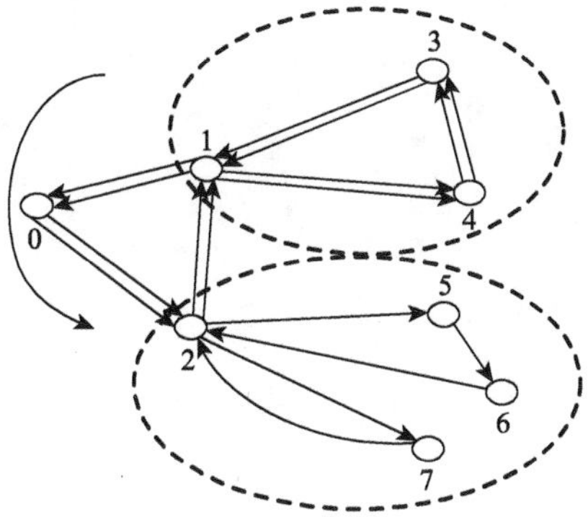

图 2-16　单周期、多车辆、VMI 策略下 SIRP 示意图（并行式运输情形）

2.7.1　基于市场细分、确定需求的情形

1. 自有车辆、单阶段配送

主问题：

$$\text{Min}\quad Z_{81}=\text{Min}\{Z_{82},Z_{83},Z_{84}\}$$

直配式运输：

$$\text{Min}\quad Z_{82}=\sum_{j\in M}\sum_{t\in T}h_j^{SM}I_{jt}^{SM}+\sum_{j\in M}\sum_{t\in T}p_j^{SM}l_{j,t}^{SM}+\sum_{j\in M}\sum_{t\in T}c_{0j}^{SM}G_{0j}^{S}q_{jt}^{SM}+\sum_{j\in M}\sum_{t\in T}c_{jj}^{SM}q_{jt}^{SM}+KT\sum_{j\in M}c_{j0}^{SM}+Tmc_0^{SM}$$

$$\text{S.t.}\quad q_{jt}^{SM}\leqslant Y^{SM},\quad j\in M,\quad t\in T \tag{2-156}$$

式（2-70）～式（2-74），式（2-76）～式（2-84）

其中，约束（2-156）表示 t 时刻供应商向每一制造商的送货量不超过车辆容量。

串行式运输：

$$\text{Min}\quad Z_{83}=\sum_{j\in M}\sum_{t\in T}h_j^{SM}I_{jt}^{SM}+\sum_{j\in M}\sum_{t\in T}p_j^{SM}l_{jt}^{SM}+T\left\lceil \sum_{j\in M}q_{jt}^{SM}\Big/Y^{SM}\right\rceil c_0^{SM}$$
$$+\sum_{i\in S\cup M}\sum_{\substack{j\in S\cup M\\ j\neq i}}\sum_{t\in T}\overline{c}_{ij}^{SM}x_{ijt}^{SM}G_{ij}^{S}q_{jt}^{SM}+\sum_{j\in M}\sum_{t\in T}c_{jj}^{SM}q_{jt}^{SM}$$

S.t.　式（2-70）～式（2-74），式（2-76）～式（2-84）

并行式运输：

$$\text{Min}\quad Z_{84}=\sum_{j\in M}\sum_{t\in T}h_j^{SM}I_{jt}^{SM}+\sum_{j\in M}\sum_{t\in T}p_j^{SM}l_{jt}^{SM}+\sum_{j\in M}\sum_{t\in T}c_{jj}^{SM}q_{jt}^{SM}$$
$$+\sum_{c\in f_0^{-1}}\sum_{i\in S\cup\overline{S}_c(\cdot)}\sum_{\substack{j\in S\cup\overline{S}_c(\cdot)\\ j\neq i}}\sum_{t\in T}\overline{c}_{ij}^{SM}x_{ijt}^{SM}q_{jt}^{SM}+T\left|f_s^{-1}\right|c_0^{SM}$$

S.t.
$$\sum_{j\in\overline{S}_c(\cdot)}x_{0jt}^{SM}=1,\quad c\in f_0^{-1},\quad t\in T \tag{2-157}$$
$$\sum_{j\in\overline{S}_c(\cdot)}x_{j0t}^{SM}=1,\quad c\in f_0^{-1},\quad t\in T \tag{2-158}$$
$$\sum_{j\in\overline{S}_c(\cdot)}q_{jt}^{SM}\leqslant Y^{SM},\quad c\in f_0^{-1},\quad t\in T \tag{2-159}$$
$$q_{jt}^{SM}-\sum_{i\in S\cup\overline{S}_c(\cdot)}Y^{SM}x_{ijt}^{SM}\leqslant 0,\quad j\in M,\quad c\in f_0^{-1},\quad t\in T \tag{2-160}$$
$$d_{jt}^{SM}=\sum_{k\in\overline{M}_{jd}(\cdot)}d_{kt}^{SR},\quad j\in M,\quad d\in f_j^{-1},\quad t\in T \tag{2-161}$$

式（2-72）～式（2-74），式（2-76），式（2-78），式（2-79），式（2-81）～式（2-84）

其中，约束（2-157）表示 t 时刻单一车辆离开供应商处向制造商送货；约束（2-158）表示 t 时刻单一车辆从制造商处送完货返回供应商处；约束（2-159）表示 t 时刻单一车辆向制造商的送货量不能超过车辆容量；约束（2-160）表示 t 时刻单一车辆只有经过制造商节点时才送货，保证了运输的可能性；约束（2-161）表示 t 时刻制造商的需求量等于其单一车辆所对应的下游零售商的需求量之和。

而子问题为对 $\forall j\in M$，则有

直配式运输：

$$\text{Min}\quad Z_{82j}=\sum_{k\in R}\sum_{t\in T}h_k^{SR}I_{kt}^{SR}+\sum_{k\in R}\sum_{t\in T}p_k^{SR}l_{kt}^{SR}+T\left|M_j(\cdot)\right|c_j^{SR}+\sum_{k\in R}\sum_{t\in T}c_{kk}^{SR}q_{kt}^{SR}$$
$$+\sum_{k\in R}\sum_{t\in T}c_{jk}^{SR}G_{jk}^{S}q_{kt}^{SR}+KT\sum_{k\in R}c_{kj}^{SR}$$

S.t.　$q_{kt}^{SR} \leqslant Y^{SR}, \quad k \in R, \quad t \in T$　（2-162）

　　式（2-85）～式（2-89），式（2-91）～式（2-98）

其中，约束（2-162）表示 t 时刻制造商向每一零售商的送货量不超过车辆容量。

串行式运输：

$$\text{Min}\quad Z_{83j} = \sum_{k\in R}\sum_{t\in T} h_k^{SR} I_{kt}^{SR} + \sum_{k\in R}\sum_{t\in T} p_k^{SR} l_{kt}^{SR} + \sum_{k\in R}\sum_{t\in T} c_{kk}^{SR} q_{kt}^{SR}$$

$$+ \sum_{i\in\{j\}\cup M_j(\cdot)} \sum_{\substack{k\in\{j\}\cup M_j(\cdot)\\ k\neq i}} \sum_{t\in T} \overline{c}_{ik}^{SR} G_{ik}^{S} x_{ikt}^{SR} q_{kt}^{SR} + T\left\lceil \sum_{k\in M_j(\cdot)} q_k^{SR} \Big/ Y^{SR} \right\rceil c_j^{SR}$$

S.t.　式（2-85）～式（2-89），式（2-91）～式（2-98）

并行式运输：

$$\text{Min}\quad Z_{84j} = \sum_{k\in R}\sum_{t\in T} h_k^{SR} I_{kt}^{SR} + \sum_{k\in R}\sum_{t\in T} p_k^{SR} l_{kt}^{SR} + T\left|f_{Mj}^{-1}\right| c_j^{SR}$$

$$+ \sum_{d\in f_j^{-1}} \sum_{i\in\{j\}\cup \overline{M}_{jd}(\cdot)} \sum_{\substack{k\in\{j\}\cup \overline{M}_{jd}(\cdot)\\ k\neq i}} \sum_{t\in T} \overline{c}_{ik}^{SR} G_{ik}^{S} x_{ikt}^{SR} q_{kt}^{SR} + \sum_{k\in R}\sum_{t\in T} c_{kk}^{SR} q_{kt}^{SR}$$

S.t.　$\sum_{k\in \overline{M}_{jd}(\cdot)} x_{jkt}^{SR} = 1, \quad j\in M, \quad d\in f_j^{-1}, \quad t\in T$　（2-163）

$\sum_{k\in \overline{M}_{jd}(\cdot)} x_{kjt}^{SR} = 1, \quad j\in M, \quad d\in f_j^{-1}, \quad t\in T$　（2-164）

$\sum_{\substack{k\in\{j\}\cup \overline{M}_{jd}(\cdot)\\ i\neq k}} x_{ikt}^{SR} = 1, \quad j\in M, \quad d\in f_j^{-1}, \quad t\in T$　（2-165）

$\sum_{k\in \overline{M}_{jd}(\cdot)} q_{kt}^{SR} \leqslant Y^{SR}, \quad j\in M, \quad d\in f_j^{-1}, \quad t\in T$　（2-166）

$q_{kt}^{SR} - \sum_{k\in\{j\}\cup \overline{M}_{jd}(\cdot)} Y^{SR} x_{jkt}^{SR} \leqslant 0, \quad k\in R, \quad j\in M, \quad d\in f_j^{-1}, \quad t\in T$　（2-167）

　　式（2-87），式（2-89），式（2-91），式（2-93）～式（2-98）

其中，约束（2-163）表示 t 时刻单一车辆离开制造商处向零售商送货；约束（2-164）表示 t 时刻单一车辆从零售商处送完货返回制造商处；约束（2-165）表示 t 时刻供应链中的制造商和其下游零售商节点当且仅当被访问一次；约束（2-166）表示 t 时刻单一车辆向零售商的送货量不能超过车辆容量；约束（2-167）表示 t 时刻单一车辆只有经过零售商节点时才送货，保证了运输的可能性。

本节实例情形如表 2-32 和表 2-33 所示，而 $Y^{SM}=1500$ 件，$Y^{SR}=800$ 件。于是通过启发式算法的求解，得到表 2-61 所示的结果。

表 2-61　2.7.1 节实例优化结果 1

周期	串行式运输	并行式运输
$T=1$	$S_0 \to M_3 \to M_1 \to M_2 \to S_0$ $M_1 \to R_5 \to R_6 \to M_1$ $M_2 \to R_9 \to R_7 \to R_8 \to M_2$ $M_3 \to R_4 \to M_3$	$S_0 \to M_1 \to M_3 \to S_0$ $S_0 \to M_2 \to S_0$ $M_1 \to R_5 \to R_6 \to M_1$ $M_2 \to R_8 \to M_2$ $M_2 \to R_7 \to R_9 \to M_2$ $M_3 \to R_4 \to M_3$
$T=2$	$S_0 \to M_3 \to M_1 \to M_2 \to S_0$ $M_1 \to R_5 \to R_6 \to M_1$ $M_2 \to R_9 \to R_7 \to R_8 \to M_2$ $M_3 \to R_4 \to M_3$	$S_0 \to M_1 \to M_3 \to S_0$ $S_0 \to M_2 \to S_0$ $M_1 \to R_5 \to M_1$ $M_1 \to R_6 \to M_1$ $M_2 \to R_8 \to M_2$ $M_2 \to R_7 \to R_9 \to M_2$ $M_3 \to R_4 \to M_3$
$T=3$	$S_0 \to M_3 \to M_1 \to M_2 \to S_0$ $M_1 \to R_5 \to R_6 \to M_1$ $M_2 \to R_9 \to R_7 \to R_8 \to M_2$ $M_3 \to R_4 \to M_3$	$S_0 \to M_1 \to M_3 \to S_0$ $S_0 \to M_2 \to S_0$ $M_1 \to R_5 \to M_1$ $M_1 \to R_6 \to M_1$ $M_2 \to R_8 \to M_2$ $M_2 \to R_7 \to R_9 \to M_2$ $M_3 \to R_4 \to M_3$

2. 自有车辆、多阶段配送

主问题：

$$\text{Min}\quad Z_{85}=\text{Min}\left\{Z_{86},Z_{87},Z_{88}\right\}$$

直配式运输：

$$\text{Min}\quad Z_{86}=\sum_{j\in M}\sum_{t\in\left\lfloor T/T_0^{SM}\right\rfloor} h_j^{SM} I_{jt}^{SM}+\sum_{j\in M}\sum_{t\in\left\lfloor T/T_0^{SM}\right\rfloor} p_j^{SM} l_{jt}^{SM}+\left\lfloor T/T_0^{SM}\right\rfloor mc_0^{SM}+K\sum_{j\in M}\sum_{t\in\left\lfloor T/T_0^{SM}\right\rfloor} c_{j0}^{SM}$$
$$+\sum_{j\in M}\sum_{t\in\left\lfloor T/T_0^{SM}\right\rfloor} c_{jj}^{SM} q_{jt}^{SM}+\sum_{j\in M}\sum_{t\in\left\lfloor T/T_0^{SM}\right\rfloor} c_{0j}^{SM} G_{0j}^{S} q_{jt}^{SM}$$

$$\text{S.t.}\quad q_{jt}^{SM}\leqslant Y^{SM},\quad j\in M,\quad t\in\left\lfloor T/T_0^{SM}\right\rfloor \tag{2-168}$$

式（2-113）～式（2-117），式（2-119）～式（2-127）

其中，约束（2-168）表示多阶段时刻供应商向每一制造商的送货量不超过车辆容量。

串行式运输：

$$\text{Min}\quad Z_{87}=\sum_{j\in M}\sum_{t\in\left[T/T_0^{SM}\right]}h_j^{SM}I_{jt}^{SM}+\sum_{j\in M}\sum_{t\in\left[T/T_0^{SM}\right]}p_j^{SM}l_{jt}^{SM}+\sum_{i\in S\cup M}\sum_{\substack{j\in S\cup M\\ j\neq i}}\sum_{t\in\left[T/T_0^{SM}\right]}\overline{c}_{ij}^{SM}G_{ij}^{S}x_{ijt}^{SM}q_{jt}^{SM}$$

$$+\sum_{j\in M}\sum_{t\in\left[T/T_0^{SM}\right]}c_{jj}^{SM}q_{jt}^{SM}+\left[T/T_0^{SM}\right]\left[\sum_{j\in M}q_{jt}^{SM}\Big/Y^{SM}\right]c_0^{SM}$$

S.t.　式（2-113）～式（2-117），式（2-119）～式（2-127）

并行式运输：

$$\text{Min}\quad Z_{88}=\sum_{j\in M}\sum_{t\in\left[T/T_0^{SM}\right]}h_j^{SM}I_{jt}^{SM}+\sum_{j\in M}\sum_{t\in\left[T/T_0^{SM}\right]}p_j^{SM}l_{jt}^{SM}$$

$$+\sum_{c\in f_0^{-1}}\sum_{i\in S\cup\overline{S}_c(\cdot)}\sum_{\substack{j\in S\cup\overline{S}_c(\cdot)\\ j\neq i}}\sum_{t\in\left[T/T_0^{SM}\right]}\overline{c}_{ij}^{SM}G_{ij}^{S}x_{ijt}^{SM}q_{jt}^{SM}+\left[T/T_0^{SM}\right]\left[f_s^{-1}\right]c_0^{SM}$$

$$+\sum_{j\in M}\sum_{t\in\left[T/T_0^{SM}\right]}c_{jj}^{SM}q_{jt}^{SM}$$

S.t.

$$\sum_{j\in\overline{S}_c(\cdot)}x_{0jt}^{SM}=1,\quad c\in f_0^{-1},\quad t\in\left[T/T_0^{SM}\right]\tag{2-169}$$

$$\sum_{j\in\overline{S}_c(\cdot)}x_{j0t}^{SM}=1,\quad c\in f_0^{-1},\quad t\in\left[T/T_0^{SM}\right]\tag{2-170}$$

$$\sum_{j\in\overline{S}_c(\cdot)}q_{jt}^{SM}\leqslant Y^{SM},\quad c\in f_0^{-1},\quad t\in\left[T/T_0^{SM}\right]\tag{2-171}$$

$$q_{jt}^{SM}-\sum_{i\in S\cup\overline{S}_c(\cdot)}Y^{SM}x_{ijt}^{SM}\leqslant 0,\quad j\in M,\quad c\in f_0^{-1},\quad t\in\left[T/T_0^{SM}\right]\tag{2-172}$$

$$d_{jt}^{SM}=\sum_{k\in\overline{M}_{jd}(\cdot)}\sum_{t'=\left[T_0^{SM}/T_j^{SR}\right]t-\left[T_0^{SM}/T_j^{SR}\right]+1}^{\left[T_0^{SM}/T_j^{SR}\right]t}d_{kt'}^{SR},\quad j\in M,\quad d\in f_J^{-1},\quad t\in\left[T/T_0^{SM}\right],$$

$$t'\leqslant\left[T/T_j^{SR}\right]\tag{2-173}$$

式（2-115）～式（2-117），式（2-119），式（2-121），式（2-122），式（2-124）～式（2-127）

其中，约束（2-169）表示多阶段时刻单一车辆离开供应商处向制造商送货；约束（2-170）表示多阶段时刻单一车辆从制造商处送完货返回供应商处；约束（2-171）表示多阶段时刻单一车辆向制造商的送货量不能超过车辆容量；约束（2-172）表示多阶段时刻单一车辆只有经过制造商节点时才送货，保证了运输的可能性；约束（2-173）表示多阶段时刻制造商的需求量等于其单一车辆所对应的下游零售商多阶段需求量之和。

而子问题为对 $\forall j \in M$，则有

直配式运输：

$$\text{Min} \quad Z_{86j} = \sum_{k\in R}\sum_{t\in\left[T/T_j^{SR}\right]} h_k^{SR} I_{kt}^{SR} + \sum_{k\in R}\sum_{t\in\left[T/T_j^{SR}\right]} p_k^{SR} l_{kt}^{SR} + \sum_{k\in R}\sum_{t\in\left[T/T_j^{SR}\right]} c_{jk}^{SR} G_{jk}^{S} q_{kt}^{SR}$$
$$+\left[T/T_j^{SR}\right]\left|M_j(\cdot)\right| c_j^{SR} + K\left[T/T_j^{SR}\right]\sum_{k\in R} c_{kj}^{SR} + \sum_{k\in R}\sum_{t\in\left[T/T_j^{SR}\right]} c_{kk}^{SR} q_{kt}^{SR}$$

$$\text{S.t.} \quad q_{kt}^{SR} \leqslant Y^{SR}, \quad k\in R, \quad t\in\left[T/T_j^{SR}\right] \tag{2-174}$$

式（2-128）～式（2-132），式（2-134）～式（2-141）

其中，约束（2-174）表示多阶段时刻制造商向每一零售商的送货量不超过车辆容量。

串行式运输：

$$\text{Min} \quad Z_{87j} = \sum_{k\in R}\sum_{t\in\left[T/T_j^{SR}\right]} h_k^{SR} I_{kt}^{SR} + \sum_{k\in R}\sum_{t\in\left[T/T_j^{SR}\right]} p_k^{SR} l_{kt}^{SR} + \sum_{k\in R}\sum_{t\in\left[T/T_j^{SR}\right]} c_{kk}^{SR} q_{kt}^{SR}$$
$$+\left[T/T_j^{SR}\right]\left[\sum_{k\in M_j(\cdot)} q_k^{SR} \Big/ Y^{SR}\right] c_j^{SR} + \sum_{i\in\{j\}\cup M_j(\cdot)}\ \sum_{\substack{k\in\{j\}\cup M_j(\cdot)\\ k\neq i}}\ \sum_{t\in\left[T/T_j^{SR}\right]} \overline{c}_{ik}^{SR} G_{ik}^{S} x_{ikt}^{SR} q_{kt}^{SR}$$

S.t. 式（2-128）～式（2-132），式（2-134）～式（2-141）

并行式运输：

$$\text{Min} \quad Z_{88j} = \sum_{k\in R}\sum_{t\in\left[T/T_j^{SR}\right]} h_k^{SR} I_{k,t-1}^{SR} + \sum_{k\in R}\sum_{t\in\left[T/T_j^{SR}\right]} p_k^{SR} l_{kt}^{SR}$$
$$+\sum_{d\in f_j^{-1}}\ \sum_{i\in\{j\}\cup \overline{M}_{jd}(\cdot)}\ \sum_{\substack{k\in\{j\}\cup \overline{M}_{jd}(\cdot)\\ k\neq i}}\ \sum_{t\in\left[T/T_j^{SR}\right]} \overline{c}_{ik}^{SR} G_{ik}^{S} x_{ikt}^{SR} q_{kt}^{SR} + \left[T/T_j^{SR}\right]\left[f_{Mj}^{-1}\right] c_j^{SR}$$
$$+\sum_{k\in R}\sum_{t\in\left[T/T_j^{SR}\right]} c_{kk}^{SR} q_{kt}^{SR}$$

$$\text{S.t.} \quad \sum_{k\in \overline{M}_{jd}(\cdot)} x_{jkt}^{SR} = 1, \quad j\in M, \quad d\in f_j^{-1}, \quad t\in\left[T/T_j^{SR}\right] \tag{2-175}$$

$$\sum_{k\in\bar{M}_{jd}(\cdot)} x_{kjt}^{SR}=1,\quad j\in M,\quad d\in f_j^{-1},\quad t\in\left\lfloor T\big/T_j^{SR}\right\rfloor \tag{2-176}$$

$$\sum_{\substack{k\in\{j\}\cup\bar{M}_{jd}(\cdot)\\ i\neq k}} x_{ikt}^{SR}=1,\quad j\in M,\quad d\in f_j^{-1},\quad t\in\left\lfloor T\big/T_j^{SR}\right\rfloor \tag{2-177}$$

$$\sum_{k\in\bar{M}_{jd}(\cdot)} q_{kt}^{SR}\leqslant Y^{SR},\quad j\in M,\quad d\in f_j^{-1},\quad t\in\left\lfloor T\big/T_j^{SR}\right\rfloor \tag{2-178}$$

$$q_{kt}^{SR}-\sum_{k\in\{j\}\cup\bar{M}_{jd}(\cdot)} Y^{SR}x_{jkt}^{SR}\leqslant 0,\quad k\in R,\quad j\in M,\quad d\in f_j^{-1},\quad t\in\left\lfloor T\big/T_j^{SR}\right\rfloor \tag{2-179}$$

式（2-130），式（2-132），式（2-134），式（2-136）～式（2-141）

其中，约束（2-175）表示多阶段时刻单一车辆离开制造商处向零售商送货；约束（2-176）表示多阶段时刻单一车辆从零售商处送完货返回制造商处；约束（2-177）表示多阶段时刻供应链中的制造商和其下游零售商节点当且仅当被访问一次；约束（2-178）表示多阶段时刻单一车辆向零售商的送货量不能超过车辆容量；约束（2-179）表示多阶段时刻单一车辆只有经过零售商节点时才送货，保证了运输的可能性。

本节实例情形如表 2-41 所示，而 $Y^{SM}=4000$ 件，$Y^{SR}=2500$ 件。于是通过启发式算法的求解，得到表 2-62 所示的并行式运输模式结果。

表 2-62　2.7.1 节实例优化结果 2

周期	主问题	子问题
$T=1$	$S_0\to M_3\to M_1\to S_0$ $S_0\to M_2\to S_0$	$M_1\to R_5\to R_6\to M_1$ $M_2\to R_8\to M_2$ $M_2\to R_7\to R_9\to M_2$ $M_3\to R_4\to M_3$
$T=2$		$M_3\to R_4\to M_3$
$T=3$		$M_1\to R_5\to R_6\to M_1$ $M_3\to R_4\to M_3$
$T=4$	$S_0\to M_3\to M_1\to S_0$ $S_0\to M_2\to S_0$	$M_2\to R_8\to M_2$ $M_2\to R_7\to R_9\to M_2$ $M_3\to R_4\to M_3$
$T=5$		$M_1\to R_5\to R_6\to M_1$ $M_3\to R_4\to M_3$
$T=6$		$M_3\to R_4\to M_3$

3. 第三方车辆、单阶段配送

主问题：

$$\text{Min}\quad Z_{89}=\text{Min}\left\{Z_{90},Z_{91},Z_{92}\right\}$$

直配式运输：

$$\text{Min}\quad Z_{90}=\sum_{j\in M}\sum_{t\in T}h_j^{SM}I_{jt}^{SM}+\sum_{j\in M}\sum_{t\in T}p_j^{SM}l_{j,t}^{SM}+T\left(m-n_0^{SM}\right)v_0^{SM}+\sum_{j\in M}\sum_{t\in T}c_{jj}^{SM}q_{jt}^{SM}$$
$$+\sum_{j\in M}\sum_{t\in T}c_{0j}^{SM}G_{0j}^{S}q_{jt}^{SM}+Tn_0^{SM}c_0^{SM}+KT\sum_{j\in M}c_{j0}^{SM}$$

S.t.　式（2-70）～式（2-74），式（2-76）～式（2-84），式（2-156）

串行式运输：

$$\text{Min}\quad Z_{91}=\sum_{j\in M}\sum_{t\in T}h_j^{SM}I_{jt}^{SM}+\sum_{j\in M}\sum_{t\in T}p_j^{SM}l_{jt}^{SM}+Tn_0^{SM}c_0^{SM}+\sum_{i\in S\cup M}\sum_{\substack{j\in S\cup M\\ j\neq i}}\sum_{t\in T}\overline{c}_{ij}^{SM}G_{ij}^{S}x_{ijt}^{SM}q_{jt}^{SM}$$
$$+\sum_{j\in M}\sum_{t\in T}c_{jj}^{SM}q_{jt}^{SM}+T\left\lceil\left(\sum_{j\in M}q_{jt}^{SM}-n_0^{SM}Y^{SM}\right)\Big/Y_v^{SM}\right\rceil v_0^{SM}$$

$$\text{S.t.}\quad n_0^{SM}Y^{SM}\leqslant\sum_{j\in M}q_{jt}^{SM},\quad t\in T \tag{2-180}$$

式（2-70）～式（2-74），式（2-76）～式（2-84）

其中，约束（2-180）表示当供应商租用第三方车辆时，需要满足 t 时刻送货量超过自有车辆总容量这一条件。

并行式运输：

$$\text{Min}\quad Z_{92}=\sum_{j\in M}\sum_{t\in T}h_j^{SM}I_{jt}^{SM}+\sum_{j\in M}\sum_{t\in T}p_j^{SM}l_{jt}^{SM}+\sum_{j\in M}\sum_{t\in T}c_{jj}^{SM}q_{jt}^{SM}$$
$$+\sum_{c\in f_0^{-1}}\sum_{i\in S\cup\overline{S}_c(\cdot)}\sum_{\substack{j\in S\cup\overline{S}_c(\cdot)\\ j\neq i}}\sum_{t\in T}\overline{c}_{ij}^{SM}G_{ij}^{S}x_{ijt}^{SM}q_{jt}^{SM}+Tn_0^{SM}c_0^{SM}+T\left(\left|f_s^{-1}\right|-n_0^{SM}\right)v_0^{SM}$$

S.t.　式（2-67），式（2-72）～式（2-74），式（2-76），式（2-78），式（2-79），式（2-81）～式（2-84），式（2-157）～式（2-161）

而子问题为对 $\forall j\in M$，则有

直配式运输：

$$\text{Min}\quad Z_{90j}=\sum_{k\in R}\sum_{t\in T}h_k^{SR}I_{kt}^{SR}+\sum_{k\in R}\sum_{t\in T}p_k^{SR}l_{kt}^{SR}+Tn_j^{SR}c_j^{SR}+\sum_{k\in R}\sum_{t\in T}c_{kk}^{SR}q_{kt}^{SR}+\sum_{k\in R}\sum_{t\in T}c_{jk}^{SR}G_{jk}^{S}q_{kt}^{SR}$$
$$+T\left(\left|M_j(\cdot)\right|-n_j^{SR}\right)v_j^{SR}+KT\sum_{k\in R}c_{kj}^{SR}$$

S.t.　式（2-85）～式（2-89），式（2-91）～式（2-98），式（2-162）

串行式运输：

$$\text{Min}\quad Z_{91j}=\sum_{k\in R}\sum_{t\in T}h_k^{SR}I_{kt}^{SR}+\sum_{k\in R}\sum_{t\in T}p_k^{SR}l_{kt}^{SR}+Tn_j^{SR}c_j^{SR}+\sum_{i\in\{j\}\cup M_j(\cdot)}\sum_{\substack{k\in\{j\}\cup M_j(\cdot)\\ k\neq i}}\sum_{t\in T}\overline{c}_{ik}^{SR}G_{ik}^{S}x_{ikt}^{SR}q_{kt}^{SR}$$

$$+\sum_{k\in R}\sum_{t\in T}c_{kk}^{SR}q_{kt}^{SR}+T\left\lceil\left(\sum_{k\in M_j(\cdot)}q_{kt}^{SR}-n_j^{SR}Y^{SR}\right)\Big/Y_v^{SR}\right\rceil v_j^{SR}$$

$$\text{S.t.}\quad n_j^{SR}Y^{SR}\leqslant\sum_{k\in M_j(\cdot)}q_{kt}^{SR},\quad j\in M,\quad t\in T \tag{2-181}$$

式（2-85）～式（2-89），式（2-91）～式（2-98）

其中，约束（2-181）表示当制造商租用第三方车辆时，需要满足 t 时刻送货量超过自有车辆总容量这一条件。

并行式运输：

$$\text{Min}\quad Z_{92j}=\sum_{k\in R}\sum_{t\in T}h_k^{SR}I_{kt}^{SR}+\sum_{k\in R}\sum_{t\in T}p_k^{SR}l_{kt}^{SR}+Tn_j^{SR}c_j^{SR}$$

$$+\sum_{d\in f_j^{-1}}\sum_{i\in\{j\}\cup\overline{M}_{jd}(\cdot)}\sum_{\substack{k\in\{j\}\cup\overline{M}_{jd}(\cdot)\\ k\neq i}}\sum_{t\in T}\overline{c}_{ik}^{SR}G_{ik}^{S}x_{ikt}^{SR}q_{kt}^{SR}+T\left(\left|f_{Mj}^{-1}\right|-n_j^{SR}\right)v_j^{SR}$$

$$+\sum_{k\in R}\sum_{t\in T}c_{kk}^{SR}q_{kt}^{SR}$$

S.t. 式（2-69），式（2-87），式（2-89），式（2-91），式（2-93）～式（2-98），式（2-163）～式（2-167）

实例情形参考本节“自有车辆、单阶段配送”的相关内容，而自有车辆和租用车辆相关数据如表 2-63 所示。于是通过启发式算法的求解，得到表 2-64 所示的结果。

表 2-63 2.7.1 节车辆相关数据 1

		$c_0^{SM}\left(c_j^{SR}\right)$ /（元/次）	$n_0^{SM}\left(n_j^{SR}\right)$ /辆	$v_0^{SM}\left(v_j^{SR}\right)$ /（元/次）	$Y^{SM}\left(Y_j^{SR}\right)$ /件	$Y_v^{SM}\left(Y_v^{SR}\right)$ /件
S	0	2500	2	4500	1500	2000
M	1	3500	1	5400	800	1000
	2	2800	1	4800	800	1000
	3	3200	1	5300	800	1000

表 2-64　2.7.1 节实例优化结果 3

周期	串行式运输	并行式运输
$T=1$	$S_0 \to M_3 \to M_1 \to M_2 \to S_0$ $M_1 \to R_5 \to R_6 \to M_1$ $M_2 \to R_9 \to R_7 \to R_8 \to M_2$（租用） $M_3 \to R_4 \to M_3$	$S_0 \to M_1 \to M_3 \to S_0$ $S_0 \to M_2 \to S_0$ $M_1 \to R_5 \to R_6 \to M_1$ $M_2 \to R_8 \to M_2$（租用） $M_2 \to R_7 \to R_9 \to M_2$ $M_3 \to R_4 \to M_3$
$T=2$	$S_0 \to M_3 \to M_1 \to M_2 \to S_0$ $M_1 \to R_5 \to R_6 \to M_1$ $M_2 \to R_9 \to R_7 \to R_8 \to M_2$（租用） $M_3 \to R_4 \to M_3$	$S_0 \to M_1 \to M_3 \to S_0$ $S_0 \to M_2 \to S_0$ $M_1 \to R_5 \to M_1$ $M_1 \to R_6 \to M_1$（租用） $M_2 \to R_8 \to M_2$（租用） $M_2 \to R_7 \to R_9 \to M_2$ $M_3 \to R_4 \to M_3$
$T=3$	$S_0 \to M_3 \to M_1 \to M_2 \to S_0$ $M_1 \to R_5 \to R_6 \to M_1$ $M_2 \to R_9 \to R_7 \to R_8 \to M_2$（租用） $M_3 \to R_4 \to M_3$	$S_0 \to M_1 \to M_3 \to S_0$ $S_0 \to M_2 \to S_0$ $M_1 \to R_5 \to M_1$ $M_1 \to R_6 \to M_1$（租用） $M_2 \to R_8 \to M_2$（租用） $M_2 \to R_7 \to R_9 \to M_2$ $M_3 \to R_4 \to M_3$

通过优化结果发现，即使制造商 1 的需求超过其车容量，但在串行式运输模式下，较优策略为不租用第三方车辆。

4. 第三方车辆、多阶段配送

主问题：

$$\text{Min}\quad Z_{93}=\text{Min}\left\{Z_{94},Z_{95},Z_{96}\right\}$$

直配式运输：

$$\begin{aligned}\text{Min}\quad Z_{94}=&\sum_{j\in M}\sum_{t\in\left\lfloor T/T_0^{SM}\right\rfloor}h_j^{SM}I_{jt}^{SM}+\sum_{j\in M}\sum_{t\in\left\lfloor T/T_0^{SM}\right\rfloor}p_j^{SM}l_{j,t}^{SM}+\sum_{i\in S\cup M}\sum_{\substack{j\in S\cup M\\ j\neq i}}\sum_{t\in\left\lfloor T/T_0^{SM}\right\rfloor}c_{0j}^{SM}G_{0j}^{S}q_{jt}^{SM}\\&+K\sum_{j\in M}\sum_{t\in\left\lfloor T/T_0^{SM}\right\rfloor}c_{j0}^{SM}+\left\lfloor T/T_0^{SM}\right\rfloor n_0^{SM}c_0^{SM}+\left\lfloor T/T_0^{SM}\right\rfloor\left(m-n_0^{SM}\right)v_0^{SM}\\&+\sum_{j\in M}\sum_{t\in\left\lfloor T/T_0^{SM}\right\rfloor}c_{jj}^{SM}q_{jt}^{SM}\end{aligned}$$

S.t.　式（2-113）～式（2-117），式（2-119）～式（2-127），式（2-168）

串行式运输：

$$\text{Min}\quad Z_{95}=\sum_{j\in M}\sum_{t\in\left\lfloor T/T_0^{SM}\right\rfloor}h_j^{SM}I_{jt}^{SM}+\sum_{j\in M}\sum_{t\in\left\lfloor T/T_0^{SM}\right\rfloor}p_j^{SM}l_{jt}^{SM}+\sum_{i\in S\cup M}\sum_{\substack{j\in S\cup M\\ j\neq i}}\sum_{t\in\left\lfloor T/T_0^{SM}\right\rfloor}\overline{c}_{ij}^{SM}G_{ij}^{S}x_{ijt}^{SM}q_{jt}^{SM}$$
$$+\sum_{j\in M}\sum_{t\in\left\lfloor T/T_0^{SM}\right\rfloor}c_{jj}^{SM}q_{jt}^{SM}+\left\lfloor T/T_0^{SM}\right\rfloor n_0^{SM}c_0^{SM}$$
$$+\left\lfloor T/T_0^{SM}\right\rfloor\left\lfloor\left(\sum_{j\in M}q_{jt}^{SM}-n_0^{SM}Y^{SM}\right)\Big/Y_v^{SM}\right\rfloor v_0^{SM}$$

S.t.　式（2-113）～式（2-117），式（2-119）～式（2-127），式（2-180）

并行式运输：

$$\text{Min}\quad Z_{96}=\sum_{j\in M}\sum_{t\in\left\lfloor T/T_0^{SM}\right\rfloor}h_j^{SM}I_{jt}^{SM}+\left\lfloor T/T_0^{SM}\right\rfloor\left(\left|f_s^{-1}\right|-n_0^{SM}\right)v_0^{SM}$$
$$+\sum_{c\in f_0^{-1}}\sum_{i\in S\cup\overline{S}_c(\cdot)}\sum_{\substack{j\in S\cup\overline{S}_c(\cdot)\\ j\neq i}}\sum_{t\in\left\lfloor T/T_0^{SM}\right\rfloor}\overline{c}_{ij}^{SM}G_{ij}^{S}x_{ijt}^{SM}q_{jt}^{SM}+\left\lfloor T/T_0^{SM}\right\rfloor n_0^{SM}c_0^{SM}$$
$$+\sum_{j\in M}\sum_{t\in\left\lfloor T/T_0^{SM}\right\rfloor}p_j^{SM}l_{jt}^{SM}+\sum_{j\in M}\sum_{t\in\left\lfloor T/T_0^{SM}\right\rfloor}c_{jj}^{SM}q_{jt}^{SM}$$

S.t.　式(2-115)～式(2-117),式(2-119),式(2-121),式(2-122),式(2-124)～式（2-127），式（2-169）～式（2-173），式（2-181）

而子问题为对 $\forall j\in M$ ，则有

直配式运输：

$$\text{Min}\quad Z_{94j}=\sum_{k\in R}\sum_{t\in\left\lfloor T/T_j^{SR}\right\rfloor}h_k^{SR}I_{kt}^{SR}+\sum_{k\in R}\sum_{t\in\left\lfloor T/T_j^{SR}\right\rfloor}p_k^{SR}l_{kt}^{SR}+\left\lfloor T/T_j^{SR}\right\rfloor\left(\left|M_j(\cdot)\right|-n_j^{SR}\right)c_j^{SR}$$
$$+\sum_{k\in R}\sum_{t\in\left\lfloor T/T_j^{SR}\right\rfloor}c_{jk}^{SR}G_{jk}^{S}q_{kt}^{SR}+\sum_{k\in R}\sum_{t\in\left\lfloor T/T_j^{SR}\right\rfloor}c_{kk}^{SR}q_{kt}^{SR}+\left\lfloor T/T_j^{SR}\right\rfloor n_j^{SR}c_j^{SR}$$
$$+K\left\lfloor T/T_j^{SR}\right\rfloor\sum_{k\in R}c_{kj}^{SR}$$

S.t.　式（2-128）～式（2-132），式（2-134）～式（2-141），式（2-174）

串行式运输：

$$\text{Min}\quad Z_{95j}=\sum_{k\in R}\sum_{t\in\left\lfloor T/T_j^{SR}\right\rfloor}h_k^{SR}I_{kt}^{SR}+\sum_{k\in R}\sum_{t\in\left\lfloor T/T_j^{SR}\right\rfloor}p_k^{SR}l_{kt}^{SR}$$

$$+\sum_{i\in\{j\}\cup M_j(\cdot)}\sum_{\substack{k\in\{j\}\cup M_j(\cdot)\\k\neq i}}\sum_{t\in\left\lfloor T/T_j^{SR}\right\rfloor}\overline{c}_{ik}^{SR}G_{ik}^{S}x_{ikt}^{SR}q_{kt}^{SR}+\left\lfloor T/T_j^{SR}\right\rfloor n_j^{SR}c_j^{SR}$$

$$+\sum_{k\in R}\sum_{t\in\left\lfloor T/T_j^{SR}\right\rfloor}c_{kk}^{SR}q_{kt}^{SR}+\left\lfloor T/T_j^{SR}\right\rfloor\left\lfloor\left(\sum_{k\in M_j(\cdot)}q_k^{SR}-n_j^{SR}Y^{SR}\right)\Big/Y_v^{SR}\right\rfloor v_j^{SR}$$

S.t. 式（2-128）～式（2-132），式（2-134）～式（2-141），式（2-181）

并行式运输：

$$\text{Min}\quad Z_{96j}=\sum_{k\in R}\sum_{t\in\left\lfloor T/T_j^{SR}\right\rfloor}h_k^{SR}I_{kt}^{SR}+\sum_{d\in f_j^{-1}}\sum_{i\in\{j\}\cup\bar{M}_{jd}(\cdot)}\sum_{\substack{k\in\{j\}\cup\bar{M}_{jd}(\cdot)\\k\neq i}}\sum_{t\in\left\lfloor T/T_j^{SR}\right\rfloor}\overline{c}_{ik}^{SR}G_{ik}^{S}x_{ikt}^{SR}q_{kt}^{SR}$$

$$+\left\lfloor T/T_j^{SR}\right\rfloor\left(\left|f_{Mj}^{-1}\right|-n_j^{SR}\right)v_j^{SR}+\sum_{k\in R}\sum_{t\in\left\lfloor T/T_j^{SR}\right\rfloor}p_k^{SR}l_{kt}^{SR}+\sum_{k\in R}\sum_{t\in\left\lfloor T/T_j^{SR}\right\rfloor}c_{kk}^{SR}q_{kt}^{SR}$$

$$+\left\lfloor T/T_j^{SR}\right\rfloor n_j^{SR}c_j^{SR}$$

S.t. 式（2-130），式（2-132），式（2-134），式（2-136）～式（2-141），式（2-169），式（2-175）～式（2-179）

实例情形参考本节“自有车辆、多阶段配送”的相关内容，车辆数据参见表 2-65，于是通过启发式算法的求解，得到表 2-66 所示的串行式运输和表 2-67 所示的并行式运输模式结果。

表 2-65　2.7.1 节车辆相关数据 2

		$c_0^{SM}\left(c_j^{SR}\right)$ /（元/次）	$n_0^{SM}\left(n_j^{SR}\right)$ /辆	$v_0^{SM}\left(v_j^{SR}\right)$ /（元/次）	$Y^{SM}\left(Y_j^{SR}\right)$ /件	$Y_v^{SM}\left(Y_v^{SR}\right)$ /件
S	0	2500	2	4500	3000	4000
M	1	3500	1	5400	1500	1800
	2	2800	1	4800	1500	1800
	3	3200	1	5300	1500	1800

表 2-66　2.7.1 节实例优化结果 4

周期	主问题	子问题
$T=1$	$S_0 \to M_3 \to M_1 \to M_2 \to S_0$	$M_1 \to R_5 \to R_6 \to M_1$（完全租用） $M_2 \to R_9 \to R_7 \to R_8 \to M_2$（租用） $M_3 \to R_4 \to M_3$
$T=2$		$M_3 \to R_4 \to M_3$
$T=3$		$M_1 \to R_5 \to R_6 \to M_1$ $M_3 \to R_4 \to M_3$
$T=4$	$S_0 \to M_3 \to M_1 \to M_2 \to S_0$（租用）	$M_2 \to R_9 \to R_7 \to R_8 \to M_2$（租用） $M_3 \to R_4 \to M_3$
$T=5$		$M_1 \to R_5 \to R_6 \to M_1$ $M_3 \to R_4 \to M_3$
$T=6$		$M_3 \to R_4 \to M_3$

表 2-67　2.7.1 节实例优化结果 5

周期	主问题	子问题
$T=1$	$S_0 \to M_3 \to M_1 \to S_0$ $S_0 \to M_2 \to S_0$	$M_1 \to R_5 \to R_6 \to M_1$（完全租用） $M_2 \to R_8 \to M_2$ $M_2 \to R_7 \to R_9 \to M_2$（租用） $M_3 \to R_4 \to M_3$
$T=2$		$M_3 \to R_4 \to M_3$
$T=3$		$M_1 \to R_5 \to R_6 \to M_1$ $M_3 \to R_4 \to M_3$
$T=4$	$S_0 \to M_3 \to M_1 \to S_0$（租用） $S_0 \to M_2 \to S_0$	$M_2 \to R_8 \to M_2$ $M_2 \to R_7 \to R_9 \to M_2$（租用） $M_3 \to R_4 \to M_3$
$T=5$		$M_1 \to R_5 \to R_6 \to M_1$ $M_3 \to R_4 \to M_3$
$T=6$		$M_3 \to R_4 \to M_3$

2.7.2　基于市场细分、不确定需求的情形

1. 自有车辆、单阶段配送

主问题：

$$\text{Min} \quad Z_{97} = \text{Min}\{Z_{98}, Z_{99}, Z_{100}\}$$

直配式运输：

$$\text{Min}\quad Z_{98}=\sum_{j\in M}\sum_{t\in T}h_j^{SM}E\left[\tilde{I}_{jt}^{SM}\right]+\sum_{j\in M}\sum_{t\in T}p_j^{SM}E\left[\tilde{l}_{jt}^{SM}\right]+\sum_{j\in M}\sum_{t\in T}c_{0j}^{SM}G_{0j}^{S}q_{jt}^{SM}+\sum_{j\in M}\sum_{t\in T}c_{jj}^{SM}q_{jt}^{SM}+KT\sum_{t\in T}c_{j0}^{SM}+Tmc_0^{SM}$$

S.t.　式（2-70）～式（2-74），式（2-76），式（2-77），式（2-81）～式（2-84），式（2-99）～式（2-102），式（2-156）

串行式运输：

$$\text{Min}\quad Z_{99}=\sum_{j\in M}\sum_{t\in T}h_j^{SM}E\left[\tilde{I}_{jt}^{SM}\right]+\sum_{j\in M}\sum_{t\in T}p_j^{SM}E\left[\tilde{l}_{jt}^{SM}\right]+\sum_{j\in M}\sum_{t\in T}c_{jj}^{SM}q_{jt}^{SM}+\sum_{i\in S\cup M}\sum_{\substack{j\in S\cup M\\ j\neq i}}\sum_{t\in T}\overline{c}_{ij}^{SM}G_{ij}^{S}x_{ijt}^{SM}q_{jt}^{SM}+T\left\lceil \sum_{j\in M}q_{jt}^{SM}\Big/ Y^{SM}\right\rceil c_0^{SM}$$

S.t.　式（2-70）～式（2-74），式（2-76），式（2-77），式（2-81）～式（2-84），式（2-99）～式（2-102）

并行式运输：

$$\text{Min}\quad Z_{100}=\sum_{j\in M}\sum_{t\in T}h_j^{SM}E\left[\tilde{I}_{jt}^{SM}\right]+\sum_{j\in M}\sum_{t\in T}p_j^{SM}E\left[\tilde{l}_{jt}^{SM}\right]+T\left|f_s^{-1}\right|c_0^{SM}+\sum_{c\in f_0^{-1}}\sum_{i\in S\cup\overline{S}_c(\cdot)}\sum_{\substack{j\in S\cup\overline{S}_c(\cdot)\\ j\neq i}}\sum_{t\in T}\overline{c}_{ij}^{SM}G_{ij}^{S}x_{ijt}^{SM}q_{jt}^{SM}+\sum_{j\in M}\sum_{t\in T}c_{jj}^{SM}q_{jt}^{SM}$$

S.t.　式（2-72）～式（2-74），式（2-76），式（2-81）～式（2-84），式（2-99）～式（2-102），式（2-157）～式（2-161）

而子问题为对 $\forall j\in M$，则有

直配式运输：

$$\text{Min}\quad Z_{98j}=\sum_{k\in R}\sum_{t\in T}h_k^{SR}E\left[\tilde{I}_{kt}^{SR}\right]+\sum_{k\in R}\sum_{t\in T}p_k^{SR}E\left[\tilde{l}_{kt}^{SR}\right]+T\left|M_j(\cdot)\right|c_j^{SR}+\sum_{k\in R}\sum_{t\in T}c_{jk}^{SR}G_{jk}^{S}q_{kt}^{SR}+KT\sum_{k\in R}c_{kj}^{SR}+\sum_{k\in R}\sum_{t\in T}c_{kk}^{SR}q_{kt}^{SR}$$

S.t.　式（2-85）～式（2-89），式（2-91），式（2-92），式（2-95）～式（2-98），式（2-103）～式（2-105），式（2-162）

串行式运输：

$$\text{Min}\quad Z_{99j}=\sum_{k\in R}\sum_{t\in T}h_k^{SR}E\left[\tilde{I}_{kt}^{SR}\right]+\sum_{i\in\{j\}\cup M_j(\cdot)}\sum_{\substack{k\in\{j\}\cup M_j(\cdot)\\ k\neq i}}\sum_{t\in T}\overline{c}_{ik}^{SR}G_{ik}^{S}x_{ikt}^{SR}q_{kt}^{SR}+T\left\lceil \sum_{k\in M_j(\cdot)}q_k^{SR}\Big/ Y^{SR}\right\rceil c_j^{SR}+\sum_{k\in R}\sum_{t\in T}p_k^{SR}E\left[\tilde{l}_{kt}^{SR}\right]+\sum_{k\in R}\sum_{t\in T}c_{kk}^{SR}q_{kt}^{SR}$$

S.t.　式（2-85）～式（2-89），式（2-91），式（2-92），式（2-95）～式（2-98），

式（2-103）～式（2-105）

并行式运输：

$$\text{Min}\quad Z_{100j}=\sum_{k\in R}\sum_{t\in T}h_k^{SR}E\left[\tilde{I}_{kt}^{SR}\right]+\sum_{k\in R}\sum_{t\in T}p_k^{SR}E\left[\tilde{l}_{kt}^{SR}\right]$$

$$+\sum_{d\in f_j^{-1}}\sum_{i\in\{j\}\cup\bar{M}_{jd}(\cdot)}\sum_{\substack{k\in\{j\}\cup\bar{M}_{jd}(\cdot)\\k\neq i}}\sum_{t\in T}\overline{c}_{ik}^{SR}G_{ik}^{S}x_{ikt}^{SR}q_{kt}^{SR}+T\left|f_{Mj}^{-1}\right|c_j^{SR}+\sum_{k\in R}\sum_{t\in T}c_{kk}^{SR}q_{kt}^{SR}$$

S.t.　式（2-87），式（2-89），式（2-91），式（2-95）～式（2-98），式（2-103）～式（2-105），式（2-163）～式（2-167）

本节供应链中零售商的需求分布如表 2-35 所示，通过求解得到表 2-68、表 2-69 和表 2-70 所示的结果。

表 2-68　2.7.2 节实例优化结果 1

运输模式	主问题	子问题
串行式运输	$S_0\to M_3\to M_1\to M_2\to S_0$	$M_1\to R_5\to R_6\to M_1$ $M_2\to R_9\to R_7\to R_8\to M_2$ $M_3\to R_4\to M_3$
并行式运输	$S_0\to M_1\to M_3\to S_0$ $S_0\to M_2\to S_0$	$M_1\to R_5\to R_6\to M_1$ $M_2\to R_8\to M_2$ $M_2\to R_7\to R_9\to M_2$ $M_3\to R_4\to M_3$

表 2-69　2.7.2 节串行式运输实例优化结果 1（$T=3$）

周期	M			R					
	1	2	3	4	5	6	7	8	9
$T=1$	640	924	320	320	364	280	268	355	315
$T=2$	600	876	323	320	338	265	259	345	290
$T=3$	620	900	318	320	350	268	262	340	300

表 2-70　2.7.2 节并行式运输实例优化结果 1（$T=3$）

周期	M			R					
	1	2	3	4	5	6	7	8	9
$T=1$	635	920	315	320	360	280	268	350	315
$T=2$	600	890	320	310	330	265	259	345	295
$T=3$	625	905	325	325	350	268	262	330	305

2. 自有车辆、多阶段配送

主问题：

$$\text{Min}\quad Z_{101}=\text{Min}\left\{Z_{102},Z_{103},Z_{104}\right\}$$

直配式运输：

$$\text{Min}\quad Z_{102}=\sum_{j\in M}\sum_{t\in\left\lfloor T/T_0^{SM}\right\rfloor}h_j^{SM}E\left[\tilde{I}_{jt}^{SM}\right]+\sum_{j\in M}\sum_{t\in\left\lfloor T/T_0^{SM}\right\rfloor}p_j^{SM}E\left[\tilde{l}_{jt}^{SM}\right]+\sum_{j\in M}\sum_{t\in\left\lfloor T/T_0^{SM}\right\rfloor}c_{0j}^{SM}G_{0j}^{S}q_{jt}^{SM}$$
$$+\sum_{j\in M}\sum_{t\in\left\lfloor T/T_0^{SM}\right\rfloor}c_{jj}^{SM}q_{jt}^{SM}+K\sum_{j\in M}\sum_{t\in\left\lfloor T/T_0^{SM}\right\rfloor}c_{j0}^{SM}+\left\lfloor T/T_0^{SM}\right\rfloor mc_0^{SM}$$

S.t.　式（2-99）～式（2-102），式（2-113）～式（2-117），式（2-119），式（2-120），式（2-123）～式（2-127），式（2-168）

串行式运输：

$$\text{Min}\quad Z_{103}=\sum_{j\in M}\sum_{t\in\left\lfloor T/T_0^{SM}\right\rfloor}h_j^{SM}E\left[\tilde{I}_{jt}^{SM}\right]+\sum_{j\in M}\sum_{t\in\left\lfloor T/T_0^{SM}\right\rfloor}p_j^{SM}E\left[\tilde{l}_{jt}^{SM}\right]+\sum_{j\in M}\sum_{t\in\left\lfloor T/T_0^{SM}\right\rfloor}c_{jj}^{SM}q_{jt}^{SM}$$
$$+\left\lfloor T/T_0^{SM}\right\rfloor\left\lceil \sum_{j\in M}q_{jt}^{SM}\Big/Y^{SM}\right\rceil c_0^{SM}+\sum_{i\in S\cup M}\sum_{\substack{j\in S\cup M\\ j\neq i}}\sum_{t\in\left\lfloor T/T_0^{SM}\right\rfloor}\overline{c}_{ij}^{SM}G_{ij}^{S}x_{ijt}^{SM}q_{jt}^{SM}$$

S.t.　式（2-99）～式（2-102），式（2-113）～式（2-117），式（2-119），式（2-120），式（2-123）～式（2-127）

并行式运输：

$$\text{Min}\quad Z_{104}=\sum_{j\in M}\sum_{t\in\left\lfloor T/T_0^{SM}\right\rfloor}h_j^{SM}E\left[\tilde{I}_{jt}^{SM}\right]+\sum_{j\in M}\sum_{t\in\left\lfloor T/T_0^{SM}\right\rfloor}p_j^{SM}E\left[\tilde{l}_{jt}^{SM}\right]$$
$$+\sum_{c\in f_0^{-1}}\sum_{i\in S\cup\bar{S}_c(\cdot)}\sum_{\substack{j\in S\cup\bar{S}_c(\cdot)\\ j\neq i}}\sum_{t\in\left\lfloor T/T_0^{SM}\right\rfloor}\overline{c}_{ij}^{SM}G_{ij}^{S}x_{ijt}^{SM}q_{jt}^{SM}+\sum_{j\in M}\sum_{t\in\left\lfloor T/T_0^{SM}\right\rfloor}c_{jj}^{SM}q_{jt}^{SM}$$
$$+\left\lfloor T/T_0^{SM}\right\rfloor\left|f_s^{-1}\right|c_0^{SM}$$

S.t.　式（2-99）～式（2-102），式（2-115）～式（2-117），式（2-119），式（2-124）～式（2-127），式（2-169）～式（2-173）

而子问题为对 $\forall j\in M$，则有

直配式运输：

$$\text{Min}\quad Z_{102j}=\sum_{k\in R}\sum_{t\in\left\lfloor T/T_j^{SR}\right\rfloor}h_k^{SR}\left[\tilde{I}_{kt}^{SR}\right]+\sum_{k\in R}\sum_{t\in\left\lfloor T/T_j^{SR}\right\rfloor}p_k^{SR}E\left[\tilde{l}_{kt}^{SR}\right]$$
$$+\sum_{k\in R}\sum_{t\in\left\lfloor T/T_j^{SR}\right\rfloor}c_{jk}^{SR}G_{jk}^{S}q_{kt}^{SR}+\sum_{k\in R}\sum_{t\in\left\lfloor T/T_j^{SR}\right\rfloor}c_{kk}^{SR}q_{kt}^{SR}$$
$$+\left\lfloor T/T_j^{SR}\right\rfloor\left|M_j(\cdot)\right|c_j^{SR}+K\left\lfloor T/T_j^{SR}\right\rfloor\sum_{k\in R}c_{kj}^{SR}$$

S.t.　式(2-103)～式(2-105),式(2-128)～式(2-132),式(2-134),式(2-135),式(2-138)～式(2-141),式(2-174)

串行式运输:

$$\text{Min}\quad Z_{103j}=\sum_{k\in R}\sum_{t\in\left\lfloor T/T_j^{SR}\right\rfloor}h_k^{SR}E\left[\tilde{I}_{kt}^{SR}\right]+\sum_{k\in R}\sum_{t\in\left\lfloor T/T_j^{SR}\right\rfloor}p_k^{SR}E\left[\tilde{l}_{kt}^{SR}\right]$$
$$+\sum_{i\in\{j\}\cup M_j(\cdot)}\sum_{\substack{k\in\{j\}\cup M_j(\cdot)\\k\neq i}}\sum_{t\in\left\lfloor T/T_j^{SR}\right\rfloor}\overline{c}_{ik}^{SR}G_{ik}^{S}x_{ikt}^{SR}q_{kt}^{SR}+\sum_{k\in R}\sum_{t\in\left\lfloor T/T_j^{SR}\right\rfloor}c_{kk}^{SR}q_{kt}^{SR}$$
$$+\left\lfloor T/T_j^{SR}\right\rfloor\left\lfloor\sum_{k\in M_j(\cdot)}q_k^{SR}\Big/Y^{SR}\right\rfloor c_j^{SR}$$

S.t.　式(2-103)～式(2-105),式(2-128)～式(2-132),式(2-134),式(2-135),式(2-138)～式(2-141)

并行式运输:

$$\text{Min}\quad Z_{104j}=\sum_{k\in R}\sum_{t\in\left\lfloor T/T_j^{SR}\right\rfloor}h_k^{SR}E\left[\tilde{I}_{kt}^{SR}\right]+\sum_{k\in R}\sum_{t\in\left\lfloor T/T_j^{SR}\right\rfloor}p_k^{SR}E\left[\tilde{l}_{kt}^{SR}\right]$$
$$+\sum_{d\in f_j^{-1}}\sum_{i\in\{j\}\cup\bar{M}_{jd}(\cdot)}\sum_{\substack{k\in\{j\}\cup\bar{M}_{jd}(\cdot)\\k\neq i}}\sum_{t\in\left\lfloor T/T_j^{SR}\right\rfloor}\overline{c}_{ik}^{SR}G_{ik}^{S}x_{ikt}^{SR}q_{kt}^{SR}$$
$$+\sum_{k\in R}\sum_{t\in\left\lfloor T/T_j^{SR}\right\rfloor}c_{kk}^{SR}q_{kt}^{SR}+\left\lfloor T/T_j^{SR}\right\rfloor\left|f_{Mj}^{-1}\right|c_j^{SR}$$

S.t.　式(2-103)～式(2-105),式(2-130),式(2-132),式(2-134),式(2-138)～式(2-141),式(2-175)～式(2-179)

本节供应链中零售商的需求分布如表 2-43 所示,通过求解得到表 2-71、表 2-72 和表 2-73 所示的结果。

表 2-71　2.7.2 节实例优化结果 2

运输模式	主问题	子问题
串行式运输	$S_0 \to M_3 \to M_1 \to M_2 \to S_0$	$M_1 \to R_5 \to R_6 \to M_1$ $M_2 \to R_8 \to R_7 \to R_9 \to M_2$ $M_3 \to R_4 \to M_3$
并行式运输	$S_0 \to M_3 \to M_1 \to S_0$ $S_0 \to M_2 \to S_0$	$M_1 \to R_5 \to R_6 \to M_1$ $M_2 \to R_8 \to M_2$ $M_2 \to R_7 \to R_9 \to M_2$ $M_3 \to R_4 \to M_3$

表 2-72　2.7.2 节串行式运输实例优化结果 2（$T=6$）

周期	*M*			*R*					
	1	2	3	4	5	6	7	8	9
$T=1$	1850	1580	680	225	390	560	500	340	750
$T=2$				215					
$T=3$				220	370	530			
$T=4$	940	1510	660	220			350	380	710
$T=5$				220	380	550			
$T=6$				220					

表 2-73　2.7.2 节并行式运输实例优化结果 2（$T=6$）

周期	*M*			*R*					
	1	2	3	4	5	6	7	8	9
$T=1$	1840	1550	680	225	390	560	480	330	740
$T=2$				215					
$T=3$				220	370	530			
$T=4$	930	1500	660	220			430	380	700
$T=5$				220	380	550			
$T=6$				220					

3. 第三方车辆、单阶段配送

主问题：

$$\text{Min} \quad Z_{105} = \text{Min}\left\{Z_{106}, Z_{107}, Z_{108}\right\}$$

直配式运输：

$$\text{Min} \quad Z_{106} = \sum_{j\in M}\sum_{t\in T} h_j^{SM} E\left[\tilde{I}_{jt}^{SM}\right] + \sum_{j\in M}\sum_{t\in T} p_j^{SM} E\left[\tilde{l}_{jt}^{SM}\right] + Tn_0^{SM} c_0^{SM} + \sum_{j\in M}\sum_{t\in T} c_{0j}^{SM} G_{0j}^{S} q_{jt}^{SM}$$
$$+ \sum_{j\in M}\sum_{t\in T} c_{jj}^{SM} q_{jt}^{SM} + KT\sum_{j\in M} c_{j0}^{SM} + T\left(m - n_0^{SM}\right) v_0^{SM}$$

S.t.　式（2-70）～式（2-74），式（2-76），式（2-77），式（2-80）～式（2-84），式（2-99）～式（2-102），式（2-156）

串行式运输：

$$\text{Min} \quad Z_{107} = \sum_{j\in M}\sum_{t\in T} h_j^{SM} E\left[\tilde{I}_{jt}^{SM}\right] + \sum_{j\in M}\sum_{t\in T} p_j^{SM} E\left[\tilde{l}_{jt}^{SM}\right] + \sum_{i\in S\cup M}\sum_{\substack{j\in S\cup M\\ j\neq i}}\sum_{t\in T} \overline{c}_{ij}^{SM} G_{ij}^{S} x_{ijt}^{SM} q_{jt}^{SM}$$
$$+ \sum_{j\in M}\sum_{t\in T} c_{jj}^{SM} q_{jt}^{SM} + Tn_0^{SM} c_0^{SM} + T\left\lceil \left(\sum_{j\in M} q_{jt}^{SM} - n_0^{SM} Y^{SM}\right) \Big/ Y_v^{SM} \right\rceil v_0^{SM}$$

S.t.　式（2-70）～式（2-74），式（2-76），式（2-77），式（2-80）～式（2-84），式（2-99）～式（2-102），式（2-180）

并行式运输：

$$\text{Min} \quad Z_{108} = \sum_{j\in M}\sum_{t\in T} h_j^{SM} E\left[\tilde{I}_{jt}^{SM}\right] + \sum_{j\in M}\sum_{t\in T} p_j^{SM} E\left[\tilde{l}_{jt}^{SM}\right] + Tn_0^{SM} c_0^{SM}$$
$$+ \sum_{c\in f_0^{-1}}\sum_{i\in S\cup \overline{S}_c(\cdot)}\sum_{\substack{j\in S\cup \overline{S}_c(\cdot)\\ j\neq i}}\sum_{t\in T} \overline{c}_{ij}^{SM} G_{ij}^{S} x_{ijt}^{SM} q_{jt}^{SM} + \sum_{j\in M}\sum_{t\in T} c_{jj}^{SM} q_{jt}^{SM}$$
$$+ T\left(\left|f_s^{-1}\right| - n_0^{SM}\right) v_0^{SM}$$

S.t.　式（2-67），式（2-72）～式（2-74），式（2-76），式（2-81）～式（2-84），式（2-99）～式（2-102），式（2-157）～式（2-161）

而子问题为对 $\forall j \in M$ ，则有

直配式运输：

$$\text{Min} \quad Z_{106j} = \sum_{k\in R}\sum_{t\in T} h_k^{SR} E\left[\tilde{I}_{kt}^{SR}\right] + \sum_{k\in R}\sum_{t\in T} p_k^{SR} E\left[\tilde{l}_{kt}^{SR}\right] + Tn_j^{SR} c_j^{SR} + \sum_{k\in R}\sum_{t\in T} c_{jk}^{SR} G_{jk}^{S} q_{kt}^{SR}$$
$$+ \sum_{k\in R}\sum_{t\in T} c_{kk}^{SR} q_{kt}^{SR} + T\left(\left|M_j(\cdot)\right| - n_j^{SR}\right) v_j^{SR} + KT\sum_{k\in R} c_{kj}^{SR}$$

S.t.　式（2-85）～式（2-89），式（2-91），式（2-92），式（2-95）～式（2-98），式（2-103）～式（2-105），式（2-162）

串行式运输：

$$\text{Min} \quad Z_{107j}=\sum_{k\in R}\sum_{t\in T}h_k^{SR}E\left[\tilde{I}_{kt}^{SR}\right]+\sum_{k\in R}\sum_{t\in T}p_k^{SR}E\left[\tilde{l}_{kt}^{SR}\right]+Tn_j^{SR}c_j^{SR}$$
$$+\sum_{i\in\{j\}\cup M_j(\cdot)}\sum_{\substack{k\in\{j\}\cup M_j(\cdot)\\k\neq i}}\sum_{t\in T}\overline{c}_{ik}^{SR}G_{ik}^{S}x_{ikt}^{SR}q_{kt}^{SR}+\sum_{k\in R}\sum_{t\in T}c_{kk}^{SR}q_{kt}^{SR}$$
$$+T\left\lceil\left(\sum_{k\in M_j(\cdot)}q_{kt}^{SR}-n_j^{SR}Y^{SR}\right)\Big/Y_v^{SR}\right\rceil v_j^{SR}$$

S.t. 式（2-85）～式（2-89），式（2-91），式（2-92），式（2-95）～式（2-98），式（2-103）～式（2-105），式（2-181）

并行式运输：

$$\text{Min} \quad Z_{108j}=\sum_{k\in R}\sum_{t\in T}h_k^{SR}E\left[\tilde{I}_{kt}^{SR}\right]+\sum_{k\in R}\sum_{t\in T}p_k^{SR}E\left[\tilde{l}_{kt}^{SR}\right]$$
$$+\sum_{d\in f_j^{-1}}\sum_{i\in\{j\}\cup \bar{M}_{jd}(\cdot)}\sum_{\substack{k\in\{j\}\cup \bar{M}_{jd}(\cdot)\\k\neq i}}\sum_{t\in T}\overline{c}_{ik}^{SR}G_{ik}^{S}x_{ikt}^{SR}q_{kt}^{SR}$$
$$+\sum_{k\in R}\sum_{t\in T}c_{kk}^{SR}q_{kt}^{SR}+Tn_j^{SR}c_j^{SR}+T\left(\left|f_{Mj}^{-1}\right|-n_j^{SR}\right)v_j^{SR}$$

S.t. 式（2-69），式（2-87），式（2-89），式（2-91），式（2-95）～式（2-98），式（2-103）～式（2-105），式（2-163）～式（2-167）

实例情形参考本节"自有车辆、单阶段配送"的相关内容和车辆数据表 2-63，于是得到表 2-74 所示的运输路线结果。

表 2-74　2.7.2 节实例优化结果 3

运输模式	主问题	子问题
串行式运输	$S_0\rightarrow M_3\rightarrow M_1\rightarrow M_2\rightarrow S_0$	$M_1\rightarrow R_5\rightarrow R_6\rightarrow M_1$ $M_2\rightarrow R_9\rightarrow R_7\rightarrow R_8\rightarrow M_2$（租用） $M_3\rightarrow R_4\rightarrow M_3$
并行式运输	$S_0\rightarrow M_1\rightarrow M_3\rightarrow S_0$ $S_0\rightarrow M_2\rightarrow S_0$	$M_1\rightarrow R_5\rightarrow R_6\rightarrow M_1$ $M_2\rightarrow R_8\rightarrow M_2$（租用） $M_2\rightarrow R_7\rightarrow R_9\rightarrow M_2$ $M_3\rightarrow R_4\rightarrow M_3$

4. 第三方车辆、多阶段配送

主问题：

$$\text{Min} \quad Z_{109}=\text{Min}\left\{Z_{110},Z_{111},Z_{112}\right\}$$

直配式运输：

$$
\begin{aligned}
\text{Min}\quad Z_{110}=&\sum_{j\in M}\sum_{t\in\left\lfloor T/T_0^{SM}\right\rfloor}h_j^{SM}E\left[\tilde{I}_{jt}^{SM}\right]+\sum_{j\in M}\sum_{t\in\left\lfloor T/T_0^{SM}\right\rfloor}p_j^{SM}E\left[\tilde{l}_{jt}^{SM}\right]+\left\lfloor T/T_0^{SM}\right\rfloor n_0^{SM}c_0^{SM}\\
&+\left\lfloor T/T_0^{SM}\right\rfloor\left(m-n_0^{SM}\right)v_0^{SM}+\sum_{i\in S\cup M}\sum_{\substack{j\in S\cup M\\ j\neq i}}\sum_{t\in\left\lfloor T/T_0^{SM}\right\rfloor}c_{0j}^{SM}G_{0j}^{S}q_{jt}^{SM}\\
&+K\sum_{j\in M}\sum_{t\in\left\lfloor T/T_0^{SM}\right\rfloor}c_{j0}^{SM}+\sum_{j\in M}\sum_{t\in\left\lfloor T/T_0^{SM}\right\rfloor}c_{jj}^{SM}q_{jt}^{SM}
\end{aligned}
$$

S.t.　式(2-99)～式(2-102)，式(2-113)～式(2-117)，式(2-119)，式(2-120)，式（2-123）～式（2-127），式（2-168）

串行式运输：

$$
\begin{aligned}
\text{Min}\quad Z_{111}=&\sum_{j\in M}\sum_{t\in\left\lfloor T/T_0^{SM}\right\rfloor}h_j^{SM}E\left[\tilde{I}_{jt}^{SM}\right]+\sum_{j\in M}\sum_{t\in\left\lfloor T/T_0^{SM}\right\rfloor}p_j^{SM}E\left[\tilde{l}_{jt}^{SM}\right]\\
&+\left\lfloor T/T_0^{SM}\right\rfloor\left\lfloor\left(\sum_{j\in M}q_{jt}^{SM}-n_0^{SM}Y^{SM}\right)\Big/Y_v^{SM}\right\rfloor v_0^{SM}+\left\lfloor T/T_0^{SM}\right\rfloor n_0^{SM}c_0^{SM}\\
&+\sum_{i\in S\cup M}\sum_{\substack{j\in S\cup M\\ j\neq i}}\sum_{t\in\left\lfloor T/T_0^{SM}\right\rfloor}\overline{c}_{ij}^{SM}G_{ij}^{S}x_{ijt}^{SM}q_{jt}^{SM}+\sum_{j\in M}\sum_{t\in\left\lfloor T/T_0^{SM}\right\rfloor}c_{jj}^{SM}q_{jt}^{SM}
\end{aligned}
$$

S.t.　式(2-99)～式(2-102)，式(2-113)～式(2-117)，式(2-119)，式(2-120)，式（2-123）～式（2-127），式（2-180）

并行式运输：

$$
\begin{aligned}
\text{Min}\quad Z_{112}=&\sum_{j\in M}\sum_{t\in\left\lfloor T/T_0^{SM}\right\rfloor}h_j^{SM}E\left[\tilde{I}_{jt}^{SM}\right]+\sum_{j\in M}\sum_{t\in\left\lfloor T/T_0^{SM}\right\rfloor}p_j^{SM}E\left[\tilde{l}_{jt}^{SM}\right]+\left\lfloor T/T_0^{SM}\right\rfloor n_0^{SM}c_0^{SM}\\
&+\left\lfloor T/T_0^{SM}\right\rfloor\left(\left|f_s^{-1}\right|-n_0^{SM}\right)v_0^{SM}+\sum_{c\in f_0^{-1}}\sum_{i\in S\cup\overline{S}_c(\cdot)}\sum_{\substack{j\in S\cup\overline{S}_c(\cdot)\\ j\neq i}}\sum_{t\in\left\lfloor T/T_0^{SM}\right\rfloor}\overline{c}_{ij}^{SM}G_{ij}^{S}x_{ijt}^{SM}q_{jt}^{SM}\\
&+\sum_{j\in M}\sum_{t\in\left\lfloor T/T_0^{SM}\right\rfloor}c_{jj}^{SM}q_{jt}^{SM}
\end{aligned}
$$

S.t.　式(2-99)～式(2-102)，式(2-115)～式(2-117)，式(2-119)，式(2-124)～式（2-127），式（2-169）～式（2-173），式（2-181）

而子问题为对 $\forall j\in M$ ，则有

直配式运输：

$$\text{Min}\quad Z_{110j}=\sum_{k\in R}\sum_{t\in\left\lfloor T/T_j^{SR}\right\rfloor}h_k^{SR}E\left[\tilde{I}_{kt}^{SR}\right]+\sum_{k\in R}\sum_{t\in\left\lfloor T/T_j^{SR}\right\rfloor}p_k^{SR}E\left[\tilde{l}_{kt}^{SR}\right]+\sum_{k\in R}\sum_{t\in\left\lfloor T/T_j^{SR}\right\rfloor}c_{jk}^{SR}G_{jk}^{S}q_{kt}^{SR}$$

$$+\sum_{k\in R}\sum_{t\in\left\lfloor T/T_j^{SR}\right\rfloor}c_{kk}^{SR}q_{kt}^{SR}+\left\lfloor T/T_j^{SR}\right\rfloor n_j^{SR}c_j^{SR}+\left\lfloor T/T_j^{SR}\right\rfloor\left(\left|M_j(\cdot)\right|-n_j^{SR}\right)v_j^{SR}$$

$$+K\left\lfloor T/T_j^{SR}\right\rfloor\sum_{k\in R}c_{kj}^{SR}$$

S.t.　式(2-103)～式(2-105), 式(2-128)～式(2-132), 式(2-134), 式(2-135), 式（2-138）～式（2-141）, 式（2-174）

串行式运输：

$$\text{Min}\quad Z_{111j}=\sum_{k\in R}\sum_{t\in\left\lfloor T/T_j^{SR}\right\rfloor}h_k^{SR}E\left[\tilde{l}_{k,t}^{SR}\right]+\sum_{k\in R}\sum_{t\in\left\lfloor T/T_j^{SR}\right\rfloor}p_k^{SR}E\left[\tilde{l}_{kt}^{SR}\right]$$

$$+\sum_{i\in\{j\}\cup M_j(\cdot)}\sum_{\substack{k\in\{j\}\cup M_j(\cdot)\\k\neq i}}\sum_{t\in\left\lfloor T/T_j^{SR}\right\rfloor}\overline{c}_{ik}^{SR}G_{ik}^{S}x_{ikt}^{SR}q_{kt}^{SR}+\sum_{k\in R}\sum_{t\in\left\lfloor T/T_j^{SR}\right\rfloor}c_{kk}^{SR}q_{kt}^{SR}$$

$$+\left\lfloor T/T_j^{SR}\right\rfloor n_j^{SR}c_j^{SR}+\left\lfloor T/T_j^{SR}\right\rfloor\left\lceil\left(\sum_{k\in M_j(\cdot)}q_k^{SR}-n_j^{SR}Y^{SR}\right)\Big/Y_v^{SR}\right\rceil v_j^{SR}$$

S.t.　式(2-103)～式(2-105), 式(2-128)～式(2-132), 式(2-134), 式(2-135), 式（2-138）～式（2-141）, 式（2-181）

并行式运输：

$$\text{Min}\quad Z_{112j}=\sum_{k\in R}\sum_{t\in\left\lfloor T/T_j^{SR}\right\rfloor}h_k^{SR}E\left[\tilde{l}_{kt}^{SR}\right]+\sum_{k\in R}\sum_{t\in\left\lfloor T/T_j^{SR}\right\rfloor}p_k^{SR}E\left[\tilde{l}_{kt}^{SR}\right]$$

$$+\sum_{d\in f_j^{-1}}\sum_{i\in\{j\}\cup\overline{M}_{jd}(\cdot)}\sum_{\substack{k\in\{j\}\cup\overline{M}_{jd}(\cdot)\\k\neq i}}\sum_{t\in\left\lfloor T/T_j^{SR}\right\rfloor}\overline{c}_{ik}^{SR}G_{ik}^{S}x_{ikt}^{SR}q_{kt}^{SR}+\sum_{k\in R}\sum_{t\in\left\lfloor T/T_j^{SR}\right\rfloor}c_{kk}^{SR}q_{kt}^{SR}$$

$$+\left\lfloor T/T_j^{SR}\right\rfloor n_j^{SR}c_j^{SR}+\left\lfloor T/T_j^{SR}\right\rfloor\left(\left|f_{Mj}^{-1}\right|-n_j^{SR}\right)v_j^{SR}$$

S.t.　式(2-103)～式(2-105), 式(2-130), 式(2-132), 式(2-134), 式(2-138)～式（2-141）, 式（2-169）, 式（2-175）～式（2-179）

实例情形参考本节“自有车辆、多阶段配送”的相关内容和车辆数据表 2-65，于是得到表 2-75 所示的运输路线结果。

表 2-75　2.7.2 节实例优化结果 4

运输模式	主问题	子问题
串行式运输	$S_0 \to M_3 \to M_1 \to M_2 \to S_0$（完全租用）	$M_1 \to R_5 \to R_6 \to M_1$ $M_2 \to R_8 \to R_7 \to R_9 \to M_2$（完全租用） $M_3 \to R_4 \to M_3$
并行式运输	$S_0 \to M_3 \to M_1 \to S_0$ $S_0 \to M_2 \to S_0$	$M_1 \to R_5 \to R_6 \to M_1$ $M_2 \to R_8 \to M_2$（租用） $M_2 \to R_7 \to R_9 \to M_2$ $M_3 \to R_4 \to M_3$

2.7.3　基于随机市场、确定需求的情形

1. 自有车辆、单阶段配送

主问题：

$$\text{Min}\quad Z_{113} = \text{Min}\{Z_{114}, Z_{115}\}$$

串行式运输：

$$\text{Min}\quad Z_{114} = \sum_{j\in M}\sum_{t\in T} h_j^{SM} I_{jt}^{SM} + \sum_{j\in M}\sum_{t\in T} p_j^{SM} l_{jt}^{SM} + T\left\lceil \sum_{j\in M} q_{jt}^{SM} \Big/ Y^{SM} \right\rceil c_0^{SM}$$

$$+ \sum_{i\in S\cup M}\sum_{\substack{j\in S\cup M\\ j\neq i}}\sum_{t\in T} \bar{c}_{ij}^{SM} x_{ijt}^{SM} G_{ij}^{S} q_{jt}^{SM} + \sum_{j\in M}\sum_{t\in T} c_{jj}^{SM} q_{jt}^{SM}$$

S.t.　式（2-70）～式（2-74），式（2-76）～式（2-79），式（2-81）～式（2-84），式（2-106）

并行式运输：

$$\text{Min}\quad Z_{115} = \sum_{j\in M}\sum_{t\in T} h_j^{SM} I_{jt}^{SM} + \sum_{j\in M}\sum_{t\in T} p_j^{SM} l_{jt}^{SM} + \sum_{j\in M}\sum_{t\in T} c_{jj}^{SM} q_{jt}^{SM}$$

$$+ \sum_{c\in f_0^{-1}}\sum_{i\in S\cup \bar{S}_c(\cdot)}\sum_{\substack{j\in S\cup \bar{S}_c(\cdot)\\ j\neq i}}\sum_{t\in T} \bar{c}_{ij}^{SM} x_{ijt}^{SM} q_{jt}^{SM} + T\left|f_s^{-1}\right| c_0^{SM}$$

S.t.　$$d_{jt}^{SM} = \sum_{k\in \bar{M}_{jd}(\cdot)} d_{kt}^{SR},\quad j\in M,\quad d\in f_j^{-1},\quad t\in T \tag{2-182}$$

式（2-72）～式（2-74），式（2-76），式（2-78），式（2-79），式（2-81）～式（2-84），式（2-157）～式（2-160）

其中，约束（2-182）表示 t 时刻制造商的需求量等于其单一车辆所对应的分区后下游零售商的需求量之和。

子问题为对 $\forall j \in M$，则有

串行式运输：

$$\text{Min} \quad Z_{114j} = \sum_{k\in R}\sum_{t\in T} h_k^{SR} I_{kt}^{SR} + \sum_{k\in R}\sum_{t\in T} p_k^{SR} l_{kt}^{SR} + \sum_{k\in R}\sum_{t\in T} c_{kk}^{SR} q_{kt}^{SR}$$

$$+ \sum_{i\in\{j\}\cup M_j(\cdot)} \sum_{\substack{k\in\{j\}\cup M_j(\cdot)\\ k\neq i}} \sum_{t\in T} \overline{c}_{ik}^{SR} G_{ik}^{S} x_{ikt}^{SR} q_{kt}^{SR} + T\left\lceil \sum_{k\in M_j(\cdot)} q_k^{SR} \Big/ Y^{SR} \right\rceil c_j^{SR}$$

S.t.　式（2-87），式（2-91）～式（2-98），式（2-107）～式（2-111）

并行式运输：

$$\text{Min} \quad Z_{115j} = \sum_{k\in R}\sum_{t\in T} h_k^{SR} I_{kt}^{SR} + \sum_{k\in R}\sum_{t\in T} p_k^{SR} l_{kt}^{SR} + T\left|f_{Mj}^{-1}\right| c_j^{SR}$$

$$+ \sum_{d\in f_j^{-1}} \sum_{i\in\{j\}\cup\widetilde{M}_{jd}(\cdot)} \sum_{\substack{k\in\{j\}\cup\widetilde{M}_{jd}(\cdot)\\ k\neq i}} \sum_{t\in T} \overline{c}_{ik}^{SR} G_{ik}^{S} x_{ikt}^{SR} q_{kt}^{SR} + \sum_{k\in R}\sum_{t\in T} c_{kk}^{SR} q_{kt}^{SR}$$

S.t.

$$\sum_{k\in\widetilde{M}_{jd}(\cdot)} x_{jkt}^{SR} = 1, \quad j\in M, \quad d\in f_j^{-1}, \quad t\in T \tag{2-183}$$

$$\sum_{k\in\widetilde{M}_{jd}(\cdot)} x_{kjt}^{SR} = 1, \quad j\in M, \quad d\in f_j^{-1}, \quad t\in T \tag{2-184}$$

$$\sum_{\substack{k\in\{j\}\cup\widetilde{M}_{jd}(\cdot)\\ i\neq k}} x_{ikt}^{SR} = 1, \quad j\in M, \quad d\in f_j^{-1}, \quad t\in T \tag{2-185}$$

$$\sum_{k\in\widetilde{M}_{jd}(\cdot)} q_{kt}^{SR} \leqslant Y^{SR}, \quad j\in M, \quad d\in f_j^{-1}, \quad t\in T \tag{2-186}$$

$$q_{kt}^{SR} - \sum_{k\in\{j\}\cup\widetilde{M}_{jd}(\cdot)} Y^{SR} x_{jkt}^{SR} \leqslant 0, \quad k\in R, \quad j\in M, \quad d\in f_j^{-1}, \quad t\in T \tag{2-187}$$

式（2-87），式（2-91），式（2-93）～式（2-98）

其中，约束（2-183）表示 t 时刻单一车辆离开制造商处向分区后的零售商送货；约束（2-184）表示 t 时刻单一车辆从零售商处送完货返回制造商处；约束（2-185）表示 t 时刻供应链中的制造商和其下游零售商节点当且仅当被访问一次；约束（2-186）表示 t 时刻单一车辆向分区后零售商的送货量不能超过车辆容量；约束（2-187）表示 t 时刻单一车辆只有经过零售商节点时才送货，保证了运输的可能性。

本节实例情形参考 2.7.1 节的对应内容，于是通过启发式算法的求解，得到表 2-76 所示的结果。

表 2-76　2.7.3 节实例优化结果 1

周期	串行式运输	并行式运输
$T=1$	$S_0\to M_3\to M_1\to M_2\to S_0$ $M_1\to R_5\to R_6\to M_1$ $M_2\to R_9\to R_8\to R_4\to M_2$ $M_3\to R_7\to M_3$	$S_0\to M_1\to M_3\to S_0$ $S_0\to M_2\to S_0$ $M_1\to R_5\to R_6\to M_1$ $M_2\to R_4\to M_2$ $M_2\to R_8\to R_9\to M_2$ $M_3\to R_7\to M_3$

续表

周期	串行式运输	并行式运输
$T=2$	$S_0 \to M_3 \to M_1 \to M_2 \to S_0$ $M_1 \to R_5 \to R_6 \to M_1$ $M_2 \to R_9 \to R_8 \to R_4 \to M_2$ $M_3 \to R_7 \to M_3$	$S_0 \to M_1 \to M_3 \to S_0$ $S_0 \to M_2 \to S_0$ $M_1 \to R_5 \to M_1$ $M_1 \to R_6 \to M_1$ $M_2 \to R_4 \to M_2$ $M_2 \to R_8 \to R_9 \to M_2$ $M_3 \to R_7 \to M_3$
$T=3$	$S_0 \to M_3 \to M_1 \to M_2 \to S_0$ $M_1 \to R_5 \to R_6 \to M_1$ $M_2 \to R_9 \to R_8 \to R_4 \to M_2$ $M_3 \to R_7 \to M_3$	$S_0 \to M_1 \to M_3 \to S_0$ $S_0 \to M_2 \to S_0$ $M_1 \to R_5 \to M_1$ $M_1 \to R_6 \to M_1$ $M_2 \to R_4 \to M_2$ $M_2 \to R_8 \to R_9 \to M_2$ $M_3 \to R_7 \to M_3$

2. 自有车辆、多阶段配送

主问题：

$$\text{Min}\quad Z_{116} = \text{Min}\{Z_{117}, Z_{118}\}$$

串行式运输：

$$\text{Min}\quad Z_{117} = \sum_{j\in M}\sum_{t\in\left\lfloor T/T_0^{SM}\right\rfloor} h_j^{SM} I_{jt}^{SM} + \sum_{j\in M}\sum_{t\in\left\lfloor T/T_0^{SM}\right\rfloor} p_j^{SM} l_{jt}^{SM} + \sum_{i\in S\cup M}\sum_{\substack{j\in S\cup M\\ j\neq i}}\sum_{t\in\left\lfloor T/T_0^{SM}\right\rfloor} \overline{c}_{ij}^{SM} G_{ij}^{S} x_{ijt}^{SM} q_{jt}^{SM}$$

$$+\sum_{j\in M}\sum_{t\in\left\lfloor T/T_0^{SM}\right\rfloor} c_{jj}^{SM} q_{jt}^{SM} + \left\lfloor T/T_0^{SM}\right\rfloor \left\lceil \sum_{j\in M} q_{jt}^{SM} \Big/ Y^{SM} \right\rceil c_0^{SM}$$

S.t.　式（2-113）～式（2-117），式（2-119）～式（2-122），式（2-124）～式（2-127），式（2-149）

并行式运输：

$$\text{Min}\quad Z_{118} = \sum_{j\in M}\sum_{t\in\left\lfloor T/T_0^{SM}\right\rfloor} h_j^{SM} I_{jt}^{SM} + \sum_{j\in M}\sum_{t\in\left\lfloor T/T_0^{SM}\right\rfloor} p_j^{SM} l_{jt}^{SM}$$

$$+\sum_{c\in f_0^{-1}}\sum_{i\in S\cup \overline{S}_c(\cdot)}\sum_{\substack{j\in S\cup \overline{S}_c(\cdot)\\ j\neq i}}\sum_{t\in\left\lfloor T/T_0^{SM}\right\rfloor} \overline{c}_{ij}^{SM} G_{ij}^{S} x_{ijt}^{SM} q_{jt}^{SM} + \left\lfloor T/T_0^{SM}\right\rfloor \left|f_s^{-1}\right| c_0^{SM}$$

$$+\sum_{j\in M}\sum_{t\in\left\lfloor T/T_0^{SM}\right\rfloor} c_{jj}^{SM} q_{jt}^{SM}$$

S.t.　式（2-115）～式（2-117），式（2-119），式（2-121），式（2-122），式（2-124）～

式（2-127），式（2-169）～式（2-173）

子问题为对 $\forall j \in M$，则有

串行式运输：

$$\text{Min}\quad Z_{117j} = \sum_{k\in R}\sum_{t\in\left\lfloor T/T_j^{SR}\right\rfloor} h_k^{SR} I_{kt}^{SR} + \sum_{k\in R}\sum_{t\in\left\lfloor T/T_j^{SR}\right\rfloor} p_k^{SR} l_{kt}^{SR} + \sum_{k\in R}\sum_{t\in\left\lfloor T/T_j^{SR}\right\rfloor} c_{kk}^{SR} q_{kt}^{SR}$$

$$+\left\lfloor T/T_j^{SR}\right\rfloor\left\lceil \sum_{k\in M_j(\cdot)} q_k^{SR} \Big/ Y^{SR}\right\rceil c_j^{SR} + \sum_{i\in\{j\}\cup M_j(\cdot)}\ \sum_{\substack{k\in\{j\}\cup M_j(\cdot)\\ k\neq i}}\ \sum_{t\in\left\lfloor T/T_j^{SR}\right\rfloor} \overline{c}_{ik}^{SR} G_{ik}^{S} x_{ikt}^{SR} q_{kt}^{SR}$$

S.t.　式（2-130），式（2-134）～式（2-141），式（2-150）～式（2-154）

并行式运输：

$$\text{Min}\quad Z_{118j} = \sum_{k\in R}\sum_{t\in\left\lfloor T/T_j^{SR}\right\rfloor} h_k^{SR} I_{k,t-1}^{SR} + \sum_{k\in R}\sum_{t\in\left\lfloor T/T_j^{SR}\right\rfloor} p_k^{SR} l_{kt}^{SR}$$

$$+\sum_{d\in f_j^{-1}}\ \sum_{i\in\{j\}\cup\widetilde{M}_{jd}(\cdot)}\ \sum_{\substack{k\in\{j\}\cup\widetilde{M}_{jd}(\cdot)\\ k\neq i}}\ \sum_{t\in\left\lfloor T/T_j^{SR}\right\rfloor} \overline{c}_{ik}^{SR} G_{ik}^{S} x_{ikt}^{SR} q_{kt}^{SR} + \left\lfloor T/T_j^{SR}\right\rfloor \left|f_{Mj}^{-1}\right| c_j^{SR}$$

$$+\sum_{k\in R}\sum_{t\in\left\lfloor T/T_j^{SR}\right\rfloor} c_{kk}^{SR} q_{kt}^{SR}$$

$$\text{S.t.}\quad \sum_{k\in\widetilde{M}_{jd}(\cdot)} x_{jkt}^{SR} = 1,\quad j\in M,\quad d\in f_j^{-1},\quad t\in\left\lfloor T/T_j^{SR}\right\rfloor \tag{2-188}$$

$$\sum_{k\in\widetilde{M}_{jd}(\cdot)} x_{kjt}^{SR} = 1,\quad j\in M,\quad d\in f_j^{-1},\quad t\in\left\lfloor T/T_j^{SR}\right\rfloor \tag{2-189}$$

$$\sum_{\substack{k\in\{j\}\cup\widetilde{M}_{jd}(\cdot)\\ i\neq k}} x_{ikt}^{SR} = 1,\quad j\in M,\quad d\in f_j^{-1},\quad t\in\left\lfloor T/T_j^{SR}\right\rfloor \tag{2-190}$$

$$\sum_{k\in\widetilde{M}_{jd}(\cdot)} q_{kt}^{SR} \leqslant Y^{SR},\quad j\in M,\quad d\in f_j^{-1},\quad t\in\left\lfloor T/T_j^{SR}\right\rfloor \tag{2-191}$$

$$q_{kt}^{SR} - \sum_{k\in\{j\}\cup\widetilde{M}_{jd}(\cdot)} Y^{SR} x_{jkt}^{SR} \leqslant 0,\quad k\in R,\quad j\in M,\quad d\in f_j^{-1},\quad t\in\left\lfloor T/T_j^{SR}\right\rfloor \tag{2-192}$$

式（2-130），式（2-132），式（2-134），式（2-136）～式（2-141）

其中，约束（2-188）表示多阶段时刻单一车辆离开制造商处向分区后的零售商送货；约束（2-189）表示多阶段时刻单一车辆从零售商处送完货返回制造商处；约束（2-190）表示多阶段时刻供应链中的制造商和其下游零售商节点当且仅当被访问一次；约束（2-191）表示多阶段时刻单一车辆向分区后零售商的送货量不能超

过车辆容量；约束（2-192）表示多阶段时刻单一车辆只有经过零售商节点时才送货，保证了运输的可能性。

本节实例情形参考 2.7.1 节的对应内容，于是通过启发式算法的求解，得到表 2-77 所示的并行式运输模式结果。

表 2-77　2.7.3 节实例优化结果 2

周期	主问题	子问题
$T=1$	$S_0 \to M_3 \to M_1 \to S_0$ $S_0 \to M_2 \to S_0$	$M_1 \to R_5 \to R_6 \to M_1$ $M_2 \to R_4 \to M_2$ $M_2 \to R_8 \to R_9 \to M_2$ $M_3 \to R_7 \to M_3$
$T=2$		$M_3 \to R_7 \to M_3$
$T=3$		$M_1 \to R_5 \to R_6 \to M_1$ $M_3 \to R_7 \to M_3$
$T=4$	$S_0 \to M_3 \to M_1 \to S_0$ $S_0 \to M_2 \to S_0$	$M_2 \to R_4 \to M_2$ $M_2 \to R_8 \to R_9 \to M_2$ $M_3 \to R_7 \to M_3$
$T=5$		$M_1 \to R_5 \to R_6 \to M_1$ $M_3 \to R_7 \to M_3$
$T=6$		$M_3 \to R_7 \to M_3$

3. 第三方车辆、单阶段配送

主问题：

$$\text{Min}\quad Z_{119} = \text{Min}\left\{Z_{120}, Z_{121}\right\}$$

串行式运输：

$$\text{Min}\quad Z_{120} = \sum_{j\in M}\sum_{t\in T} h_j^{SM} I_{jt}^{SM} + \sum_{j\in M}\sum_{t\in T} p_j^{SM} l_{jt}^{SM} + Tn_0^{SM} c_0^{SM} + \sum_{i\in S\cup M}\sum_{\substack{j\in S\cup M\\ j\neq i}}\sum_{t\in T} \overline{c}_{ij}^{SM} G_{ij}^{S} x_{ijt}^{SM} q_{jt}^{SM}$$

$$+ \sum_{j\in M}\sum_{t\in T} c_{jj}^{SM} q_{jt}^{SM} + T\left\lceil \left(\sum_{j\in M} q_{jt}^{SM} - n_0^{SM} Y^{SM}\right) \Big/ Y_v^{SM} \right\rceil v_0^{SM}$$

S.t.　式（2-70）～式（2-74），式（2-76）～式（2-79），式（2-81）～式（2-84），式（2-106），式（2-180）

并行式运输：

$$\text{Min}\quad Z_{121} = \sum_{j\in M}\sum_{t\in T} h_j^{SM} I_{jt}^{SM} + \sum_{j\in M}\sum_{t\in T} p_j^{SM} l_{jt}^{SM} + \sum_{j\in M}\sum_{t\in T} c_{jj}^{SM} q_{jt}^{SM}$$

$$+ \sum_{c\in f_0^{-1}}\sum_{i\in S\cup S_c(\cdot)}\sum_{\substack{j\in S\cup S_c(\cdot)\\ j\neq i}}\sum_{t\in T} \overline{c}_{ij}^{SM} G_{ij}^{S} x_{ijt}^{SM} q_{jt}^{SM} + Tn_0^{SM} c_0^{SM} + T\left(\left|f_s^{-1}\right| - n_0^{SM}\right) v_0^{SM}$$

S.t.　式（2-67），式（2-72）～式（2-74），式（2-76），式（2-78），式（2-79），式（2-81）～式（2-84），式（2-157）～式（2-161）

子问题为对 $\forall j \in M$，则有

串行式运输：

$$\text{Min}\quad Z_{120j}=\sum_{k\in R}\sum_{t\in T}h_k^{SR}I_{kt}^{SR}+\sum_{k\in R}\sum_{t\in T}p_k^{SR}l_{kt}^{SR}+Tn_j^{SR}c_j^{SR}+\sum_{i\in\{j\}\cup M_j(\cdot)}\sum_{\substack{k\in\{j\}\cup M_j(\cdot)\\ k\neq i}}\sum_{t\in T}\overline{c}_{ik}^{SR}G_{ik}^{S}x_{ikt}^{SR}q_{kt}^{SR}$$
$$+\sum_{k\in R}\sum_{t\in T}c_{kk}^{SR}q_{kt}^{SR}+T\left\lceil\left(\sum_{k\in M_j(\cdot)}q_{kt}^{SR}-n_j^{SR}Y^{SR}\right)\Big/Y_v^{SR}\right\rceil v_j^{SR}$$

S.t.　式（2-87），式（2-91）～式（2-98），式（2-107）～式（2-111），式（2-181）

并行式运输：

$$\text{Min}\quad Z_{121j}=\sum_{k\in R}\sum_{t\in T}h_k^{SR}I_{kt}^{SR}+\sum_{k\in R}\sum_{t\in T}p_k^{SR}l_{kt}^{SR}+Tn_j^{SR}c_j^{SR}$$
$$+\sum_{d\in f_j^{-1}}\sum_{i\in\{j\}\cup M_{jd}(\cdot)}\sum_{\substack{k\in\{j\}\cup M_{jd}(\cdot)\\ k\neq i}}\sum_{t\in T}\overline{c}_{ik}^{SR}G_{ik}^{S}x_{ikt}^{SR}q_{kt}^{SR}+T\left(\left|f_{Mj}^{-1}\right|-n_j^{SR}\right)v_j^{SR}$$
$$+\sum_{k\in R}\sum_{t\in T}c_{kk}^{SR}q_{kt}^{SR}$$

S.t.　式（2-69），式（2-87），式（2-89），式（2-91），式（2-93）～式（2-98），式（2-183）～式（2-187）

本节实例情形参考 2.7.1 节的对应内容，于是通过启发式算法的求解，得到表 2-78 所示的结果。

表 2-78　2.7.3 节实例优化结果 3

周期	串行式运输	并行式运输
$T=1$	$S_0\to M_3\to M_1\to M_2\to S_0$ $M_1\to R_5\to R_6\to M_1$ $M_2\to R_9\to R_8\to R_4\to M_2$（租用） $M_3\to R_7\to M_3$	$S_0\to M_1\to M_3\to S_0$ $S_0\to M_2\to S_0$ $M_1\to R_5\to R_6\to M_1$ $M_2\to R_4\to M_2$ $M_2\to R_8\to R_9\to M_2$（租用） $M_3\to R_7\to M_3$
$T=2$	$S_0\to M_3\to M_1\to M_2\to S_0$ $M_1\to R_5\to R_6\to M_1$ $M_2\to R_9\to R_7\to R_8\to M_2$（租用） $M_3\to R_4\to M_3$	$S_0\to M_1\to M_3\to S_0$ $S_0\to M_2\to S_0$ $M_1\to R_5\to M_1$ $M_1\to R_6\to M_1$（租用） $M_2\to R_4\to M_2$ $M_2\to R_8\to R_9\to M_2$（租用） $M_3\to R_7\to M_3$

续表

周期	串行式运输	并行式运输
$T=3$	$S_0 \to M_3 \to M_1 \to M_2 \to S_0$ $M_1 \to R_5 \to R_6 \to M_1$ $M_2 \to R_9 \to R_7 \to R_8 \to M_2$（租用） $M_3 \to R_4 \to M_3$	$S_0 \to M_1 \to M_3 \to S_0$ $S_0 \to M_2 \to S_0$ $M_1 \to R_5 \to M_1$ $M_1 \to R_6 \to M_1$（租用） $M_2 \to R_4 \to M_2$ $M_2 \to R_8 \to R_9 \to M_2$（租用） $M_3 \to R_7 \to M_3$

4. 第三方车辆、多阶段配送

主问题：

$$\text{Min}\quad Z_{122} = \text{Min}\{Z_{123},\quad Z_{124}\}$$

串行式运输：

$$\begin{aligned}\text{Min}\quad Z_{123} = & \sum_{j\in M}\sum_{t\in\left\lfloor T/T_0^{SM}\right\rfloor} h_j^{SM} I_{jt}^{SM} + \sum_{j\in M}\sum_{t\in\left\lfloor T/T_0^{SM}\right\rfloor} p_j^{SM} l_{jt}^{SM} + \sum_{i\in S\cup M}\sum_{\substack{j\in S\cup M\\ j\neq i}}\sum_{t\in\left\lfloor T/T_0^{SM}\right\rfloor} \overline{c}_{ij}^{SM} G_{ij}^{S} x_{ijt}^{SM} q_{jt}^{SM} \\ & + \sum_{j\in M}\sum_{t\in\left\lfloor T/T_0^{SM}\right\rfloor} c_{jj}^{SM} q_{jt}^{SM} + \left\lfloor T/T_0^{SM}\right\rfloor n_0^{SM} c_0^{SM} \\ & + \left\lfloor T/T_0^{SM}\right\rfloor \left\lfloor \left(\sum_{j\in M} q_{jt}^{SM} - n_0^{SM} Y^{SM}\right) \Big/ Y_v^{SM} \right\rfloor v_0^{SM}\end{aligned}$$

S.t.　式（2-113）～式（2-117），式（2-119）～式（2-127），式（2-149），式（2-180）

并行式运输：

$$\begin{aligned}\text{Min}\quad Z_{124} = & \sum_{j\in M}\sum_{t\in\left\lfloor T/T_0^{SM}\right\rfloor} h_j^{SM} I_{jt}^{SM} + \left\lfloor T/T_0^{SM}\right\rfloor \left(\left|f_s^{-1}\right| - n_0^{SM}\right) v_0^{SM} \\ & + \sum_{c\in f_0^{-1}}\sum_{i\in S\cup \overline{S}_c(\cdot)}\sum_{\substack{j\in S\cup \overline{S}_c(\cdot)\\ j\neq i}}\sum_{t\in\left\lfloor T/T_0^{SM}\right\rfloor} \overline{c}_{ij}^{SM} G_{ij}^{S} x_{ijt}^{SM} q_{jt}^{SM} + \left\lfloor T/T_0^{SM}\right\rfloor n_0^{SM} c_0^{SM} \\ & + \sum_{j\in M}\sum_{t\in\left\lfloor T/T_0^{SM}\right\rfloor} p_j^{SM} l_{jt}^{SM} + \sum_{j\in M}\sum_{t\in\left\lfloor T/T_0^{SM}\right\rfloor} c_{jj}^{SM} q_{jt}^{SM}\end{aligned}$$

S.t.　式（2-115）～式（2-117），式（2-119），式（2-121），式（2-122），式（2-124）～式（2-127），式（2-169）～式（2-173），式（2-181）

而子问题为对 $\forall j \in M$，则有

串行式运输：

$$\text{Min}\quad Z_{123j}=\sum_{k\in R}\sum_{t\in\left\lfloor T/T_j^{SR}\right\rfloor}h_k^{SR}I_{kt}^{SR}+\sum_{k\in R}\sum_{t\in\left\lfloor T/T_j^{SR}\right\rfloor}p_k^{SR}l_{kt}^{SR}$$

$$+\sum_{i\in\{j\}\cup M_j(\cdot)}\sum_{\substack{k\in\{j\}\cup M_j(\cdot)\\k\neq i}}\sum_{t\in\left\lfloor T/T_j^{SR}\right\rfloor}\overline{c}_{ik}^{SR}G_{ik}^{S}x_{ikt}^{SR}q_{kt}^{SR}+\left\lfloor T/T_j^{SR}\right\rfloor n_j^{SR}c_j^{SR}$$

$$+\sum_{k\in R}\sum_{t\in\left\lfloor T/T_j^{SR}\right\rfloor}c_{kk}^{SR}q_{kt}^{SR}+\left\lfloor T/T_j^{SR}\right\rfloor\left\lfloor\left(\sum_{k\in M_j(\cdot)}q_k^{SR}-n_j^{SR}Y^{SR}\right)\Big/Y_v^{SR}\right\rfloor v_j^{SR}$$

S.t.　式（2-130），式（2-134）～式（2-141），式（2-150）～式（2-154），式（2-181）

并行式运输：

$$\text{Min}\quad Z_{124j}=\sum_{k\in R}\sum_{t\in\left\lfloor T/T_j^{SR}\right\rfloor}h_k^{SR}I_{kt}^{SR}+\sum_{d\in f_j^{-1}}\sum_{i\in\{j\}\cup\overline{M}_{jd}(\cdot)}\sum_{\substack{k\in\{j\}\cup\overline{M}_{jd}(\cdot)\\k\neq i}}\sum_{t\in\left\lfloor T/T_j^{SR}\right\rfloor}\overline{c}_{ik}^{SR}G_{ik}^{S}x_{ikt}^{SR}q_{kt}^{SR}$$

$$+\left\lfloor T/T_j^{SR}\right\rfloor\left(\left|f_{Mj}^{-1}\right|-n_j^{SR}\right)v_j^{SR}+\sum_{k\in R}\sum_{t\in\left\lfloor T/T_j^{SR}\right\rfloor}p_k^{SR}l_{kt}^{SR}+\sum_{k\in R}\sum_{t\in\left\lfloor T/T_j^{SR}\right\rfloor}c_{kk}^{SR}q_{kt}^{SR}$$

$$+\left\lfloor T/T_j^{SR}\right\rfloor n_j^{SR}c_j^{SR}$$

S.t.　式（2-130），式（2-134），式（2-136）～式（2-141），式（2-175）～式（2-179），式（2-188）～式（2-192）

本节实例情形参考 2.7.1 节的对应内容，于是通过启发式算法的求解，得到表 2-79 所示的并行式运输模式结果。

表 2-79　2.7.3 节实例优化结果 4

周期	主问题	子问题
$T=1$	$S_0\to M_3\to M_1\to S_0$ $S_0\to M_2\to S_0$	$M_1\to R_5\to R_6\to M_1$（完全租用） $M_2\to R_4\to M_2$（租用） $M_2\to R_8\to R_9\to M_2$ $M_3\to R_7\to M_3$
$T=2$		$M_3\to R_7\to M_3$
$T=3$		$M_1\to R_5\to R_6\to M_1$ $M_3\to R_7\to M_3$
$T=4$	$S_0\to M_3\to M_1\to S_0$ $S_0\to M_2\to S_0$（租用）	$M_2\to R_4\to M_2$（租用） $M_2\to R_8\to R_9\to M_2$ $M_3\to R_7\to M_3$

续表

周期	主问题	子问题
$T=5$		$M_1 \to R_5 \to R_6 \to M_1$ $M_3 \to R_7 \to M_3$
$T=6$		$M_3 \to R_7 \to M_3$

2.7.4　基于随机市场、不确定需求的情形

1. 自有车辆、单阶段配送

主问题：

$$\text{Min}\quad Z_{125} = \text{Min}\{Z_{126},\quad Z_{127}\}$$

串行式运输：

$$\text{Min}\quad Z_{126} = \sum_{j\in M}\sum_{t\in T} h_j^{SM} E\left[\tilde{I}_{jt}^{SM}\right] + \sum_{j\in M}\sum_{t\in T} p_j^{SM} E\left[\tilde{l}_{jt}^{SM}\right] + \sum_{j\in M}\sum_{t\in T} c_{jj}^{SM} q_{jt}^{SM} + \sum_{i\in S\cup M}\sum_{\substack{j\in S\cup M\\ j\neq i}}\sum_{t\in T} \bar{c}_{ij}^{SM} G_{ij}^{S} x_{ijt}^{SM} q_{jt}^{SM} + T\left\lceil \sum_{j\in M} q_{jt}^{SM} \Big/ Y^{SM} \right\rceil c_0^{SM}$$

S.t.　式（2-70）～式（2-74），式（2-76），式（2-77），式（2-81）～式（2-84），式（2-99）～式（2-101），式（2-112）

并行式运输：

$$\text{Min}\quad Z_{127} = \sum_{j\in M}\sum_{t\in T} h_j^{SM} E\left[\tilde{I}_{jt}^{SM}\right] + \sum_{j\in M}\sum_{t\in T} p_j^{SM} E\left[\tilde{l}_{jt}^{SM}\right] + T\left|f_s^{-1}\right| c_0^{SM} + \sum_{c\in f_0^{-1}}\sum_{i\in S\cup \bar{S}_c(\cdot)}\sum_{\substack{j\in S\cup \bar{S}_c(\cdot)\\ j\neq i}}\sum_{t\in T} \bar{c}_{ij}^{SM} G_{ij}^{S} x_{ijt}^{SM} q_{jt}^{SM} + \sum_{j\in M}\sum_{t\in T} c_{jj}^{SM} q_{jt}^{SM}$$

S.t.　式（2-72）～式（2-74），式（2-76），式（2-81）～式（2-84），式（2-99）～式（2-101），式（2-112），式（2-157）～式（2-161）

子问题为对 $\forall j \in M$，则有

串行式运输：

$$\text{Min}\quad Z_{126j} = \sum_{k\in R}\sum_{t\in T} h_k^{SR} E\left[\tilde{I}_{kt}^{SR}\right] + \sum_{i\in\{j\}\cup M_j(\cdot)}\sum_{\substack{k\in\{j\}\cup M_j(\cdot)\\ k\neq i}}\sum_{t\in T} \bar{c}_{ik}^{SR} G_{ik}^{S} x_{ikt}^{SR} q_{kt}^{SR} + T\left\lceil \sum_{k\in M_j(\cdot)} q_k^{SR} \Big/ Y^{SR} \right\rceil c_j^{SR} + \sum_{k\in R}\sum_{t\in T} p_k^{SR} E\left[\tilde{l}_{kt}^{SR}\right] + \sum_{k\in R}\sum_{t\in T} c_{kk}^{SR} q_{kt}^{SR}$$

S.t.　式（2-85）～式（2-89），式（2-91），式（2-92），式（2-95）～式（2-98），

式（2-103）～式（2-105）

并行式运输：

$$\text{Min}\quad Z_{127j}=\sum_{k\in R}\sum_{t\in T}h_k^{SR}E\left[\tilde{I}_{kt}^{SR}\right]+\sum_{k\in R}\sum_{t\in T}p_k^{SR}E\left[\tilde{l}_{kt}^{SR}\right]$$

$$+\sum_{d\in f_j^{-1}}\sum_{i\in\{j\}\cup\overline{M}_{jd}(\cdot)}\sum_{\substack{k\in\{j\}\cup\overline{M}_{jd}(\cdot)\\k\neq i}}\sum_{t\in T}\overline{c}_{ik}^{SR}G_{ik}^{S}x_{ikt}^{SR}q_{kt}^{SR}+T\left|f_{Mj}^{-1}\right|c_j^{SR}+\sum_{k\in R}\sum_{t\in T}c_{kk}^{SR}q_{kt}^{SR}$$

S.t. 式（2-87），式（2-89），式（2-91），式（2-95）～式（2-98），式（2-103）～式（2-105），式（2-163）～式（2-167）

本节实例参考 2.7.2 节的对应内容，通过求解得到表 2-80、表 2-81 和表 2-82 所示的结果。

表 2-80　2.7.4 节实例优化结果 1

运输模式	主问题	子问题
串行式运输	$S_0\to M_3\to M_1\to M_2\to S_0$	$M_1\to R_5\to R_6\to M_1$ $M_2\to R_9\to R_8\to R_4\to M_2$ $M_3\to R_7\to M_3$
并行式运输	$S_0\to M_1\to M_3\to S_0$ $S_0\to M_2\to S_0$	$M_1\to R_5\to R_6\to M_1$ $M_2\to R_4\to M_2$ $M_2\to R_8\to R_9\to M_2$ $M_3\to R_7\to M_3$

表 2-81　2.7.4 节串行式运输实例优化结果 1（$T=3$）

周期	M			R					
	1	2	3	4	5	6	7	8	9
$T=1$	640	980	280	330	364	280	265	350	325
$T=2$	600	940	250	310	338	265	255	340	280
$T=3$	620	965	265	315	350	268	255	345	300

表 2-82　2.7.4 节并行式运输实例优化结果 1（$T=3$）

周期	M			R					
	1	2	3	4	5	6	7	8	9
$T=1$	635	980	275	320	360	280	265	350	315
$T=2$	600	950	250	310	340	265	245	345	295
$T=3$	625	960	260	325	355	265	260	330	305

2. 自有车辆、多阶段配送

主问题：

$$\text{Min}\quad Z_{128}=\text{Min}\{Z_{129},\quad Z_{130}\}$$

串行式运输：

$$\text{Min}\quad Z_{129}=\sum_{j\in M}\sum_{t\in\left\lfloor T/T_0^{SM}\right\rfloor}h_j^{SM}E\left[\tilde{I}_{jt}^{SM}\right]+\sum_{j\in M}\sum_{t\in\left\lfloor T/T_0^{SM}\right\rfloor}p_j^{SM}E\left[\tilde{l}_{jt}^{SM}\right]+\sum_{j\in M}\sum_{t\in\left\lfloor T/T_0^{SM}\right\rfloor}c_{jj}^{SM}q_{jt}^{SM}$$
$$+\left\lfloor T/T_0^{SM}\right\rfloor\left\lceil \sum_{j\in M}q_{jt}^{SM}\Big/Y^{SM}\right\rceil c_0^{SM}+\sum_{i\in S\cup M}\sum_{\substack{j\in S\cup M\\ j\neq i}}\sum_{t\in\left\lfloor T/T_0^{SM}\right\rfloor}\overline{c}_{ij}^{SM}G_{ij}^{S}x_{ijt}^{SM}q_{jt}^{SM}$$

S.t.　式（2-113）～式（2-117），式（2-119），式（2-120），式（2-123）～式（2-127），式（2-142）～式（2-144），式（2-155）

并行式运输：

$$\text{Min}\quad Z_{130}=\sum_{j\in M}\sum_{t\in\left\lfloor T/T_0^{SM}\right\rfloor}h_j^{SM}E\left[\tilde{I}_{jt}^{SM}\right]+\sum_{j\in M}\sum_{t\in\left\lfloor T/T_0^{SM}\right\rfloor}p_j^{SM}E\left[\tilde{l}_{jt}^{SM}\right]$$
$$+\sum_{c\in f_0^{-1}}\sum_{i\in S\cup\bar{S}_c(\cdot)}\sum_{\substack{j\in S\cup\bar{S}_c(\cdot)\\ j\neq i}}\sum_{t\in\left\lfloor T/T_0^{SM}\right\rfloor}\overline{c}_{ij}^{SM}G_{ij}^{S}x_{ijt}^{SM}q_{jt}^{SM}+\sum_{j\in M}\sum_{t\in\left\lfloor T/T_0^{SM}\right\rfloor}c_{jj}^{SM}q_{jt}^{SM}$$
$$+\left\lfloor T/T_0^{SM}\right\rfloor\left|f_s^{-1}\right|c_0^{SM}$$

S.t.　式（2-115）～式（2-117），式（2-119），式（2-124）～式（2-127），式（2-142）～式（2-144），式（2-155），式（2-169）～式（2-173）

子问题为对 $\forall j\in M$，则有

串行式运输：

$$\text{Min}\quad Z_{129j}=\sum_{k\in R}\sum_{t\in\left\lfloor T/T_j^{SR}\right\rfloor}h_k^{SR}E\left[\tilde{I}_{kt}^{SR}\right]+\sum_{k\in R}\sum_{t\in\left\lfloor T/T_j^{SR}\right\rfloor}p_k^{SR}E\left[\tilde{l}_{kt}^{SR}\right]$$
$$+\sum_{i\in\{j\}\cup M_j(\cdot)}\sum_{\substack{k\in\{j\}\cup M_j(\cdot)\\ k\neq i}}\sum_{t\in\left\lfloor T/T_j^{SR}\right\rfloor}\overline{c}_{ik}^{SR}G_{ik}^{S}x_{ikt}^{SR}q_{kt}^{SR}+\sum_{k\in R}\sum_{t\in\left\lfloor T/T_j^{SR}\right\rfloor}c_{kk}^{SR}q_{kt}^{SR}$$
$$+\left\lfloor T/T_j^{SR}\right\rfloor\left\lceil \sum_{k\in M_j(\cdot)}q_k^{SR}\Big/Y^{SR}\right\rceil c_j^{SR}$$

S.t.　式（2-103）～式（2-105），式（2-128）～式（2-132），式（2-134），式（2-135），式（2-138）～式（2-141）

并行式运输：

$$
\begin{aligned}
\text{Min}\quad Z_{130j} = & \sum_{k\in R}\sum_{t\in\left\lfloor T/T_j^{SR}\right\rfloor} h_k^{SR} E\left[\tilde{I}_{kt}^{SR}\right] + \sum_{k\in R}\sum_{t\in\left\lfloor T/T_j^{SR}\right\rfloor} p_k^{SR} E\left[\tilde{l}_{kt}^{SR}\right] \\
& + \sum_{d\in f_j^{-1}}\sum_{i\in\{j\}\cup\overline{M}_{jd}(\cdot)}\sum_{\substack{k\in\{j\}\cup\overline{M}_{jd}(\cdot)\\ k\neq i}}\sum_{t\in\left\lfloor T/T_j^{SR}\right\rfloor} \overline{c}_{ik}^{SR} G_{ik}^{S} x_{ikt}^{SR} q_{kt}^{SR} + \sum_{k\in R}\sum_{t\in\left\lfloor T/T_j^{SR}\right\rfloor} c_{kk}^{SR} q_{kt}^{SR} \\
& + \left\lfloor T/T_j^{SR}\right\rfloor \left|f_{Mj}^{-1}\right| c_j^{SR}
\end{aligned}
$$

S.t.　式(2-103)～式(2-105)，式(2-130)，式(2-132)，式(2-134)，式(2-138)～式(2-141)，式(2-175)～式(2-179)

本节实例参考 2.7.2 节的对应内容，通过求解得到表 2-83、表 2-84 和表 2-85 所示的结果。

表 2-83　2.7.4 节实例优化结果 2

运输模式	主问题	子问题
串行式运输	$S_0 \to M_3 \to M_1 \to M_2 \to S_0$	$M_1 \to R_5 \to R_6 \to M_1$ $M_2 \to R_9 \to R_8 \to R_4 \to M_2$ $M_3 \to R_7 \to M_3$
并行式运输	$S_0 \to M_1 \to M_3 \to S_0$ $S_0 \to M_2 \to S_0$	$M_1 \to R_5 \to R_6 \to M_1$ $M_2 \to R_4 \to M_2$ $M_2 \to R_8 \to R_9 \to M_2$ $M_3 \to R_7 \to M_3$

表 2-84　2.7.4 节串行式运输实例优化结果 2（$T=6$）

周期	M			R					
	1	2	3	4	5	6	7	8	9
$T=1$	1860	1780	480	680	390	560	155	340	750
$T=2$							145		
$T=3$					370	530	150		
$T=4$	950	1710	420	650			155	380	710
$T=5$					380	550	140		
$T=6$							150		

表 2-85　2.7.4 节并行式运输实例优化结果 2（$T=6$）

周期	M			R					
	1	2	3	4	5	6	7	8	9
$T=1$	1850	1760	475	675	390	560	155	350	740
$T=2$							145		
$T=3$					370	530	150		
$T=4$	930	1730	430	645			150	375	715
$T=5$					380	550	150		
$T=6$							150		

3. 第三方车辆、单阶段配送

主问题：

$$\text{Min}\quad Z_{131}=\text{Min}\{Z_{132},\quad Z_{133}\}$$

串行式运输：

$$\text{Min}\quad Z_{132}=\sum_{j\in M}\sum_{t\in T}h_j^{SM}E\left[\tilde{I}_{jt}^{SM}\right]+\sum_{j\in M}\sum_{t\in T}p_j^{SM}E\left[\tilde{l}_{jt}^{SM}\right]+\sum_{i\in S\cup M}\sum_{\substack{j\in S\cup M\\ j\neq i}}\sum_{t\in T}\overline{c}_{ij}^{SM}G_{ij}^{S}x_{ijt}^{SM}q_{jt}^{SM}$$

$$+\sum_{j\in M}\sum_{t\in T}c_{jj}^{SM}q_{jt}^{SM}+Tn_0^{SM}c_0^{SM}+T\left\lceil\left(\sum_{j\in M}q_{jt}^{SM}-n_0^{SM}Y^{SM}\right)\Big/Y_v^{SM}\right\rceil v_0^{SM}$$

S.t.　式（2-70）～式（2-74），式（2-76），式（2-77），式（2-80）～式（2-84），式（2-99）～式（2-101），式（2-112），式（2-180）

并行式运输：

$$\text{Min}\quad Z_{133}=\sum_{j\in M}\sum_{t\in T}h_j^{SM}E\left[\tilde{I}_{jt}^{SM}\right]+\sum_{j\in M}\sum_{t\in T}p_j^{SM}E\left[\tilde{l}_{jt}^{SM}\right]+Tn_0^{SM}c_0^{SM}$$

$$+\sum_{c\in f_0^{-1}}\sum_{i\in S\cup\overline{S}_c(\cdot)}\sum_{\substack{j\in S\cup\overline{S}_c(\cdot)\\ j\neq i}}\sum_{t\in T}\overline{c}_{ij}^{SM}G_{ij}^{S}x_{ijt}^{SM}q_{jt}^{SM}+\sum_{j\in M}\sum_{t\in T}c_{jj}^{SM}q_{jt}^{SM}$$

$$+T\left(\left|f_s^{-1}\right|-n_0^{SM}\right)v_0^{SM}$$

S.t.　式（2-67），式（2-72）～式（2-74），式（2-76），式（2-81）～式（2-84），式（2-99）～式（2-101），式（2-112），式（2-157）～式（2-161）

子问题为对 $\forall j\in M$，则有

串行式运输：

$$\text{Min}\quad Z_{132j}=\sum_{k\in R}\sum_{t\in T}h_k^{SR}E\left[\tilde{I}_{kt}^{SR}\right]+\sum_{k\in R}\sum_{t\in T}p_k^{SR}E\left[\tilde{l}_{kt}^{SR}\right]+Tn_j^{SR}c_j^{SR}$$
$$+\sum_{i\in\{j\}\cup M_j(\cdot)}\sum_{\substack{k\in\{j\}\cup M_j(\cdot)\\k\neq i}}\sum_{t\in T}\overline{c}_{ik}^{SR}G_{ik}^{S}x_{ikt}^{SR}q_{kt}^{SR}+\sum_{k\in R}\sum_{t\in T}c_{kk}^{SR}q_{kt}^{SR}$$
$$+T\left\lceil\left(\sum_{k\in M_j(\cdot)}q_{kt}^{SR}-n_j^{SR}Y^{SR}\right)\Big/Y_v^{SR}\right\rceil v_j^{SR}$$

S.t.　式（2-85）～式（2-89），式（2-91），式（2-92），式（2-95）～式（2-98），式（2-103）～式（2-105），式（2-181）

并行式运输：

$$\text{Min}\quad Z_{133j}=\sum_{k\in R}\sum_{t\in T}h_k^{SR}E\left[\tilde{I}_{jt}^{SR}\right]+\sum_{k\in R}\sum_{t\in T}p_k^{SR}E\left[\tilde{l}_{kt}^{SR}\right]$$
$$+\sum_{d\in f_j^{-1}}\sum_{i\in\{j\}\cup\overline{M}_{jd}(\cdot)}\sum_{\substack{k\in\{j\}\cup\overline{M}_{jd}(\cdot)\\k\neq i}}\sum_{t\in T}\overline{c}_{ik}^{SR}G_{ik}^{S}x_{ikt}^{SR}q_{kt}^{SR}+\sum_{k\in R}\sum_{t\in T}c_{kk}^{SR}q_{kt}^{SR}+Tn_j^{SR}c_j^{SR}$$
$$+T\left(\left|f_{Mj}^{-1}\right|-n_j^{SR}\right)v_j^{SR}$$

S.t.　式（2-69），式（2-87），式（2-89），式（2-91），式（2-95）～式（2-98），式（2-103）～式（2-105），式（2-163）～式（2-167）

本节实例参考 2.7.2 节的对应内容，通过求解得到表 2-86 所示的结果。

表 2-86　2.7.4 节实例优化结果 3

运输模式	主问题	子问题
串行式运输	$S_0\to M_3\to M_1\to M_2\to S_0$	$M_1\to R_5\to R_6\to M_1$ $M_2\to R_9\to R_8\to R_4\to M_2$（完全租用） $M_3\to R_7\to M_3$
并行式运输	$S_0\to M_1\to M_3\to S_0$ $S_0\to M_2\to S_0$	$M_1\to R_5\to R_6\to M_1$ $M_2\to R_4\to M_2$（租用） $M_2\to R_8\to R_9\to M_2$ $M_3\to R_7\to M_3$

4. 第三方车辆、多阶段配送

主问题：

$$\text{Min}\quad Z_{134}=\text{Min}\{Z_{135},\ Z_{136}\}$$

串行式运输：

$$\text{Min}\quad Z_{135}=\sum_{j\in M}\sum_{t\in\left\lfloor T/T_0^{SM}\right\rfloor}h_j^{SM}E\left[\tilde{I}_{jt}^{SM}\right]+\sum_{j\in M}\sum_{t\in\left\lfloor T/T_0^{SM}\right\rfloor}p_j^{SM}E\left[\tilde{l}_{jt}^{SM}\right]$$
$$+\left\lfloor T/T_0^{SM}\right\rfloor\left\lceil\left(\sum_{j\in M}q_{jt}^{SM}-n_0^{SM}Y^{SM}\right)\Big/Y_v^{SM}\right\rceil v_0^{SM}+\left\lfloor T/T_0^{SM}\right\rfloor n_0^{SM}c_0^{SM}$$
$$+\sum_{i\in S\cup M}\sum_{\substack{j\in S\cup M\\ j\neq i}}\sum_{t\in\left\lfloor T/T_0^{SM}\right\rfloor}\overline{c}_{ij}^{SM}G_{ij}^{S}x_{ijt}^{SM}q_{jt}^{SM}+\sum_{j\in M}\sum_{t\in\left\lfloor T/T_0^{SM}\right\rfloor}c_{jj}^{SM}q_{jt}^{SM}$$

S.t.　式(2-113)～式(2-117), 式(2-119), 式(2-120), 式(2-123)～式(2-127), 式（2-142）～式（2-144）, 式（2-155）, 式（2-180）

并行式运输:

$$\text{Min}\quad Z_{136}=\sum_{j\in M}\sum_{t\in\left\lfloor T/T_0^{SM}\right\rfloor}h_j^{SM}E\left[\tilde{I}_{jt}^{SM}\right]+\sum_{j\in M}\sum_{t\in\left\lfloor T/T_0^{SM}\right\rfloor}p_j^{SM}E\left[\tilde{l}_{jt}^{SM}\right]+\left\lfloor T/T_0^{SM}\right\rfloor n_0^{SM}c_0^{SM}$$
$$+\left\lfloor T/T_0^{SM}\right\rfloor\left(\left|f_s^{-1}\right|-n_0^{SM}\right)v_0^{SM}+\sum_{c\in f_0^{-1}}\sum_{i\in S\cup\overline{S}_c(\cdot)}\sum_{\substack{j\in S\cup\overline{S}_c(\cdot)\\ j\neq i}}\sum_{t\in\left\lfloor T/T_0^{SM}\right\rfloor}\overline{c}_{ij}^{SM}G_{ij}^{S}x_{ijt}^{SM}q_{jt}^{SM}$$
$$+\sum_{j\in M}\sum_{t\in\left\lfloor T/T_0^{SM}\right\rfloor}c_{jj}^{SM}q_{jt}^{SM}$$

S.t.　式(2-115)～式(2-117), 式(2-119), 式(2-124)～式(2-127), 式(2-142)～式（2-144）, 式（2-155）, 式（2-169）～式（2-173）, 式（2-181）

子问题为对 $\forall j\in M$ ，则有

串行式运输:

$$\text{Min}\quad Z_{135j}=\sum_{k\in R}\sum_{t\in\left\lfloor T/T_j^{SR}\right\rfloor}h_k^{SR}E\left[\tilde{I}_{kt}^{SR}\right]+\sum_{k\in R}\sum_{t\in\left\lfloor T/T_j^{SR}\right\rfloor}p_k^{SR}E\left[\tilde{l}_{kt}^{SR}\right]$$
$$+\sum_{i\in\{j\}\cup M_j(\cdot)}\sum_{\substack{j\{j\}\cup M_j(\cdot)\\ k\neq i}}\sum_{t\in\left\lfloor T/T_j^{SR}\right\rfloor}\overline{c}_{ik}^{SR}G_{ik}^{S}x_{ikt}^{SR}q_{kt}^{SR}+\sum_{k\in R}\sum_{t\in\left\lfloor T/T_j^{SR}\right\rfloor}c_{kk}^{SR}q_{kt}^{SR}$$
$$+\left\lfloor T/T_j^{SR}\right\rfloor n_j^{SR}c_j^{SR}+\left\lfloor T/T_j^{SR}\right\rfloor\left\lceil\left(\sum_{k\in M_j(\cdot)}q_k^{SR}-n_j^{SR}Y^{SR}\right)\Big/Y_v^{SR}\right\rceil v_j^{SR}$$

S.t.　式(2-103)～式(2-105), 式(2-128)～式(2-132), 式(2-134), 式(2-135), 式（2-138）～式（2-141）, 式（2-181）

并行式运输：

$$\text{Min}\quad Z_{136j}=\sum_{k\in R}\sum_{t\in\left\lfloor T/T_j^{SR}\right\rfloor}h_k^{SR}E\left[\tilde{I}_{kt}^{SR}\right]+\sum_{k\in R}\sum_{t\in\left\lfloor T/T_j^{SR}\right\rfloor}p_k^{SR}E\left[\tilde{l}_{kt}^{SR}\right]$$

$$+\sum_{d\in f_j^{-1}}\sum_{i\in\{j\}\cup\overline{M}_{jd}(\cdot)}\sum_{\substack{k\in\{j\}\cup\overline{M}_{jd}(\cdot)\\k\neq i}}\sum_{t\in\left\lfloor T/T_j^{SR}\right\rfloor}\overline{c}_{ik}^{SR}G_{ik}^{S}x_{ikt}^{SR}q_{kt}^{SR}+\sum_{k\in R}\sum_{t\in\left\lfloor T/T_j^{SR}\right\rfloor}c_{kk}^{SR}q_{kt}^{SR}$$

$$+\left\lfloor T/T_j^{SR}\right\rfloor n_j^{SR}c_j^{SR}+\left\lfloor T/T_j^{SR}\right\rfloor\left(\left|f_{Mj}^{-1}\right|-n_j^{SR}\right)\nu_j^{SR}$$

S.t. 式（2-103）～式（2-105），式（2-119），式（2-130），式（2-132），式（2-134），式（2-138）～式（2-141），式（2-175）～式（2-179）

本节实例情形参考 2.7.2 节的对应内容和车辆数据表 2-65，于是得到表 2-87 所示的运输路线结果。

表 2-87 2.7.4 节实例优化结果 4

运输模式	主问题	子问题
串行式运输	$S_0\to M_3\to M_1\to M_2\to S_0$ （完全租用）	$M_1\to R_5\to R_6\to M_1$ $M_2\to R_9\to R_8\to R_4\to M_2$（完全租用） $M_3\to R_7\to M_3$
并行式运输	$S_0\to M_1\to M_3\to S_0$ $S_0\to M_2\to S_0$	$M_1\to R_5\to R_6\to M_1$ $M_2\to R_4\to M_2$（租用） $M_2\to R_8\to R_9\to M_2$ $M_3\to R_7\to M_3$

2.8 多周期、多车辆、联合库存管理策略下的库存路径问题

多周期、多车辆、JMI 策略下 SIRP 示意图（串行式运输、自有车辆情形）如图 2-17 所示。多周期、多车辆、JMI 策略下 SIRP 示意图（串行式运输、租用车辆情形）如图 2-18 所示。单周期、多车辆、JMI 策略下 SIRP 示意图（并行式运输情形）如图 2-19 所示。

2.8.1 基于市场细分、确定需求的情形

1. 自有车辆、单阶段配送

$$\text{Min}\quad Z_{137}=\text{Min}\left\{Z_{138},\quad Z_{139},\quad Z_{140}\right\}$$

直配式运输：

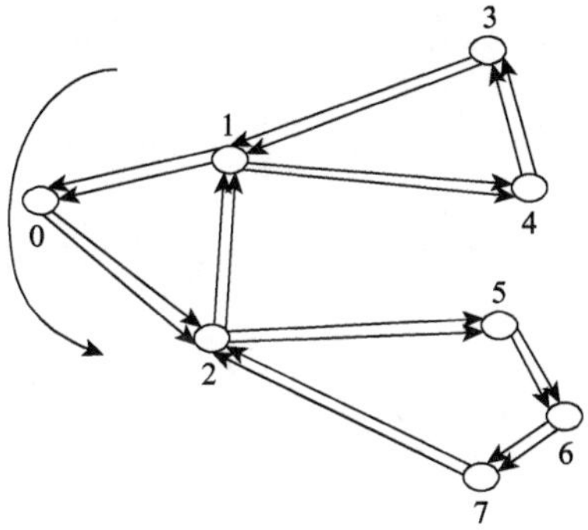

图 2-17　多周期、多车辆、JMI 策略下 SIRP 示意图（串行式运输、自有车辆情形）

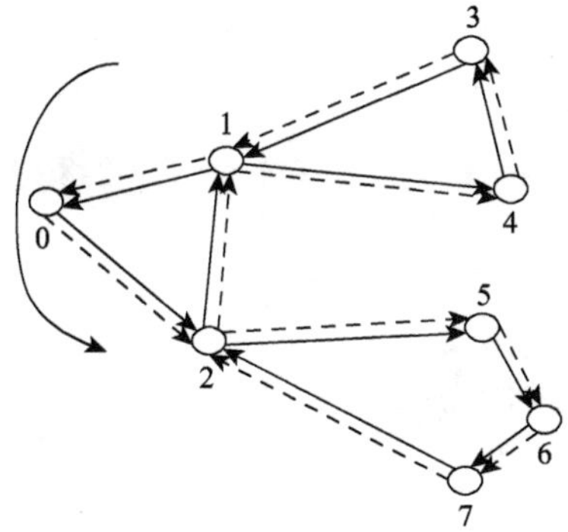

图 2-18　多周期、多车辆、JMI 策略下 SIRP 示意图（串行式运输、租用车辆情形）

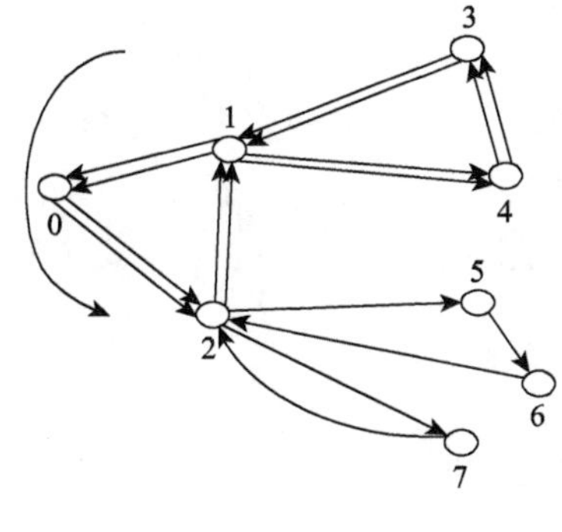

图 2-19　单周期、多车辆、JMI 策略下 SIRP 示意图（并行式运输情形）

$$
\begin{aligned}
\text{Min}\quad Z_{138} = & \sum_{j\in M}\sum_{t\in T} h_j^{SM} I_{jt}^{SM} + \sum_{j\in M}\sum_{t\in T} p_j^{SM} l_{jt}^{SM} + \sum_{k\in R}\sum_{t\in T} h_k^{SR} I_{kt}^{SR} + \sum_{k\in R}\sum_{t\in T} p_k^{SR} l_{kt}^{SR} \\
& + Tmc_0^{SM} + \sum_{j\in M}\sum_{t\in T} c_{0j}^{SM} G_{0j}^{S} q_{jt}^{SM} + K\sum_{j\in M}\sum_{t\in T} c_{j0}^{SM} + T\left|M_j(\cdot)\right| c_j^{SR} \\
& + \sum_{k\in R}\sum_{t\in T} c_{jk}^{SR} G_{jk}^{S} q_{kt}^{SR} + \sum_{k\in R}\sum_{t\in T} c_{kk}^{SR} q_{kt}^{SR} + KT\sum_{k\in R} c_{kj}^{SR} + \sum_{j\in M}\sum_{t\in T} c_{jj}^{SM} q_{jt}^{SM}
\end{aligned}
$$

S.t. 式（2-70）～式（2-74），式（2-76）～式（2-89），式（2-91）～式（2-98），式（2-156），式（2-162）

串行式运输：

$$\text{Min}\quad Z_{139}=\sum_{j\in M}\sum_{t\in T}h_j^{SM}I_{jt}^{SM}+\sum_{j\in M}\sum_{t\in T}p_j^{SM}l_{jt}^{SM}+\sum_{k\in R}\sum_{t\in T}h_k^{SR}I_{kt}^{SR}+\sum_{k\in R}\sum_{t\in T}p_k^{SR}l_{kt}^{SR}$$
$$+T\left\lceil \sum_{j\in M}q_{jt}^{SM}\Big/Y^{SM}\right\rceil c_0^{SM}+T\sum_{j\in M}\left\lceil \sum_{k\in M_j(\cdot)}q_k^{SR}\Big/Y^{SR}\right\rceil c_j^{SR}$$
$$+\sum_{i\in S\cup M}\sum_{\substack{j\in S\cup M\\ j\neq i}}\sum_{t\in T}\overline{c}_{ij}^{SM}G_{ij}^{S}x_{ijt}^{SM}q_{jt}^{SM}+\sum_{j\in M}\sum_{t\in T}c_{jj}^{SM}q_{jt}^{SM}$$
$$+\sum_{j\in M}\sum_{i\in\{j\}\cup M_j(\cdot)}\sum_{\substack{k\in\{j\}\cup M_j(\cdot)\\ k\neq i}}\sum_{t\in T}\overline{c}_{ik}^{SR}G_{ik}^{S}x_{ikt}^{SR}q_{kt}^{SR}+\sum_{k\in R}\sum_{t\in T}c_{kk}^{SR}q_{kt}^{SR}$$

S.t. 式（2-70）～式（2-74），式（2-76）～式（2-89），式（2-91）～式（2-98）

并行式运输：

$$\text{Min}\quad Z_{140}=\sum_{j\in M}\sum_{t\in T}h_j^{SM}I_{jt}^{SM}+\sum_{j\in M}\sum_{t\in T}p_j^{SM}l_{jt}^{SM}+\sum_{k\in R}\sum_{t\in T}h_k^{SR}I_{kt}^{SR}+\sum_{k\in R}\sum_{t\in T}p_k^{SR}l_{kt}^{SR}$$
$$+T\left|f_s^{-1}\right|c_0^{SM}+T\sum_{j\in M}\left|f_{Mj}^{-1}\right|c_j^{SR}+\sum_{c\in f_0^{-1}}\sum_{i\in S\cup\overline{S}_C(\cdot)}\sum_{\substack{j\in S\cup\overline{S}_C(\cdot)\\ j\neq i}}\sum_{t\in T}\overline{c}_{ij}^{SM}G_{ij}^{S}x_{ijt}^{SM}q_{jt}^{SM}$$
$$+\sum_{j\in M}\sum_{d\in f_j^{-1}}\sum_{i\in\{j\}\cup\overline{M}_{jd}(\cdot)}\sum_{\substack{k\in\{j\}\cup\overline{M}_{jd}(\cdot)\\ k\neq i}}\sum_{t\in T}\overline{c}_{ik}^{SR}G_{ik}^{S}x_{ikt}^{SR}q_{kt}^{SR}+\sum_{j\in M}\sum_{t\in T}c_{jj}^{SM}q_{jt}^{SM}$$
$$+\sum_{k\in R}\sum_{t\in T}c_{kk}^{SR}q_{kt}^{SR}$$

S.t. 式（2-72）～式（2-74），式（2-76），式（2-78），式（2-79），式（2-81）～式（2-84），式（2-87），式（2-89），式（2-91），式（2-93）～式（2-98），式（2-157）～式（2-161），式（2-163）～式（2-167）

2. 自有车辆、多阶段配送

$$\text{Min}\quad Z_{141}=\text{Min}\{Z_{142},\quad Z_{143},\quad Z_{144}\}$$

直配式运输：

$$\text{Min}\quad Z_{142}=\sum_{j\in M}\sum_{t\in\left\lfloor T/T_0^{SM}\right\rfloor}h_j^{SM}I_{jt}^{SM}+\sum_{j\in M}\sum_{t\in\left\lfloor T/T_0^{SM}\right\rfloor}p_j^{SM}l_{jt}^{SM}+\sum_{k\in R}\sum_{t\in\left\lfloor T/T_j^{SR}\right\rfloor}h_k^{SR}I_{kt}^{SR}$$
$$+\sum_{k\in R}\sum_{t\in\left\lfloor T/T_j^{SR}\right\rfloor}p_k^{SR}l_{kt}^{SR}+\sum_{j\in M}\sum_{t\in\left\lfloor T/T_0^{SM}\right\rfloor}c_{jj}^{SM}q_{jt}^{SM}+\left\lfloor T\Big/T_0^{SM}\right\rfloor mc_0^{SM}$$

$$+\sum_{j\in M}\sum_{t\in\left\lfloor T/T_0^{SM}\right\rfloor} c_{0j}^{SM} G_{0j}^{S} q_{jt}^{SM} + K\sum_{j\in M}\sum_{t\in\left\lfloor T/T_0^{SM}\right\rfloor} c_{j0}^{SM} + \sum_{j\in M}\left\lfloor T/T_j^{SR}\right\rfloor \left|M_j(\cdot)\right| c_j^{SR}$$

$$+\sum_{j\in M}\sum_{k\in R}\sum_{t\in\left\lfloor T/T_j^{SR}\right\rfloor} c_{jk}^{SR} G_{jk}^{S} q_{kt}^{SR} + \sum_{j\in M}\sum_{k\in R}\sum_{t\in\left\lfloor T/T_j^{SR}\right\rfloor} c_{kk}^{SR} q_{kt}^{SR} + K\sum_{j\in M}\left\lfloor T/T_j^{SR}\right\rfloor \sum_{k\in R} c_{kj}^{SR}$$

S.t.　式(2-113)～式(2-117), 式(2-119)～式(2-132), 式(2-134)～式(2-141), 式(2-168), 式(2-174)

串行式运输:

$$\text{Min}\quad Z_{143} = \sum_{j\in M}\sum_{t\in\left\lfloor T/T_0^{SM}\right\rfloor} h_j^{SM} I_{jt}^{SM} + \sum_{j\in M}\sum_{t\in\left\lfloor T/T_0^{SM}\right\rfloor} p_j^{SM} l_{jt}^{SM} + \sum_{k\in R}\sum_{t\in\left\lfloor T/T_j^{SR}\right\rfloor} h_k^{SR} I_{kt}^{SR}$$

$$+\sum_{k\in R}\sum_{t\in\left\lfloor T/T_j^{SR}\right\rfloor} p_k^{SR} l_{kt}^{SR} + \sum_{j\in M}\sum_{t\in\left\lfloor T/T_0^{SM}\right\rfloor} c_{jj}^{SM} q_{jt}^{SM} + \sum_{i\in S\cup M}\sum_{\substack{j\in S\cup M\\ j\neq i}}\sum_{t\in\left\lfloor T/T_0^{SM}\right\rfloor} \overline{c}_{ij}^{SM} G_{ij}^{S} x_{ijt}^{SM} q_{jt}^{SM}$$

$$+\sum_{j\in M}\sum_{i\in\{j\}\cup M_j(\cdot)}\sum_{\substack{k\in\{j\}\cup M_j(\cdot)\\ k\neq i}}\sum_{t\in\left\lfloor T/T_j^{SR}\right\rfloor} \overline{c}_{ik}^{SR} G_{ik}^{S} x_{ikt}^{SR} q_{kt}^{SR} + \sum_{k\in R}\sum_{t\in\left\lfloor T/T_j^{SR}\right\rfloor} c_{kk}^{SR} q_{kt}^{SR}$$

$$+\left\lfloor T/T_0^{SM}\right\rfloor \left\lceil \sum_{j\in M} q_{jt}^{SM} \Big/ Y^{SM} \right\rceil c_0^{SM} + \sum_{j\in M}\left\lfloor T/T_j^{SR}\right\rfloor \left\lceil \sum_{k\in M_j(\cdot)} q_k^{SR} \Big/ Y^{SR} \right\rceil c_j^{SR}$$

S.t.　式(2-113)～式(2-117), 式(2-119)～式(2-132), 式(2-134)～式(2-141)

并行式运输:

$$\text{Min}\quad Z_{144} = \sum_{j\in M}\sum_{t\in\left\lfloor T/T_0^{SM}\right\rfloor} h_j^{SM} I_{jt}^{SM} + \sum_{j\in M}\sum_{t\in\left\lfloor T/T_0^{SM}\right\rfloor} p_j^{SM} l_{jt}^{SM} + \sum_{k\in R}\sum_{t\in\left\lfloor T/T_j^{SR}\right\rfloor} h_k^{SR} I_{kt}^{SR} + \sum_{k\in R}\sum_{t\in\left\lfloor T/T_j^{SR}\right\rfloor} p_k^{SR} l_{kt}^{SR}$$

$$+\sum_{j\in M}\sum_{t\in\left\lfloor T/T_0^{SM}\right\rfloor} c_{jj}^{SM} q_{jt}^{SM} + \left\lfloor T/T_0^{SM}\right\rfloor \left|f_s^{-1}\right| c_0^{SM} + \sum_{j\in M}\left\lfloor T/T_j^{SR}\right\rfloor \left|f_{Mj}^{-1}\right| c_j^{SR}$$

$$+\sum_{c\in f_0^{-1}}\sum_{i\in S\cup \overline{S}_C(\cdot)}\sum_{\substack{j\in S\cup \overline{S}_C(\cdot)\\ j\neq i}}\sum_{t\in\left\lfloor T/T_0^{SM}\right\rfloor} \overline{c}_{ij}^{SM} G_{ij}^{S} x_{ijt}^{SM} q_{jt}^{SM}$$

$$+\sum_{j\in M}\sum_{d\in f_j^{-1}}\sum_{i\in\{j\}\cup \overline{M}_{jd}(\cdot)}\sum_{\substack{k\in\{j\}\cup \overline{M}_{jd}(\cdot)\\ k\neq i}}\sum_{t\in\left\lfloor T/T_j^{SR}\right\rfloor} \overline{c}_{ik}^{SR} G_{ik}^{S} x_{ikt}^{SR} q_{kt}^{SR} + \sum_{k\in R}\sum_{t\in\left\lfloor T/T_j^{SR}\right\rfloor} c_{kk}^{SR} q_{kt}^{SR}$$

S.t.　式(2-115)～式(2-117), 式(2-119), 式(2-121), 式(2-122), 式(2-124)～式(2-127), 式(2-130), 式(2-132), 式(2-134), 式(2-136)～式(2-141), 式(2-169)～式(2-173), 式(2-175)～式(2-179)

3. 第三方车辆、单阶段配送

$$\text{Min}\quad Z_{145}=\text{Min}\{Z_{146},\quad Z_{147},\quad Z_{148}\}$$

直配式运输：

$$\begin{aligned}\text{Min}\quad Z_{146}=&\sum_{j\in M}\sum_{t\in T}h_j^{SM}I_{jt}^{SM}+\sum_{j\in M}\sum_{t\in T}p_j^{SM}l_{jt}^{SM}+\sum_{k\in R}\sum_{t\in T}h_k^{SR}I_{kt}^{SR}+\sum_{k\in R}\sum_{t\in T}p_k^{SR}l_{kt}^{SR}+Tn_0^{SM}c_0^{SM}\\&+\sum_{j\in M}\sum_{t\in T}c_{0j}^{SM}G_{0j}^{S}q_{jt}^{SM}+T\left(m-n_0^{SM}\right)v_0^{SM}+\sum_{j\in M}\sum_{t\in T}c_{jj}^{SM}q_{jt}^{SM}+KT\sum_{j\in M}c_{j0}^{SM}\\&+Tn_j^{SR}c_j^{SR}+\sum_{j\in M}\sum_{k\in R}\sum_{t\in T}c_{jk}^{SR}G_{jk}^{S}q_{kt}^{SR}+T\left(\left|M_j(\cdot)\right|-n_j^{SR}\right)v_j^{SR}+\sum_{j\in M}\sum_{k\in R}\sum_{t\in T}c_{kk}^{SR}q_{kt}^{SR}\\&+KT\sum_{j\in M}\sum_{k\in R}c_{kj}^{SR}\end{aligned}$$

S.t.　式（2-70）～式（2-74），式（2-76）～式（2-89），式（2-91）～式（2-98），式（2-156），式（2-162）

串行式运输：

$$\begin{aligned}\text{Min}\quad Z_{147}=&\sum_{j\in M}\sum_{t\in T}h_j^{SM}I_{jt}^{SM}+\sum_{j\in M}\sum_{t\in T}p_j^{SM}l_{jt}^{SM}+\sum_{k\in R}\sum_{t\in T}h_k^{SR}I_{kt}^{SR}+\sum_{k\in R}\sum_{t\in T}p_k^{SR}l_{kt}^{SR}+Tn_0^{SM}c_0^{SM}\\&+\sum_{j\in M}\sum_{t\in T}c_{jj}^{SM}q_{jt}^{SM}+\sum_{i\in S\cup M}\sum_{\substack{j\in S\cup M\\j\neq i}}\sum_{t\in T}\overline{c}_{ij}^{SM}G_{ij}^{S}x_{ijt}^{SM}q_{jt}^{SM}+T\sum_{j\in M}n_j^{SR}c_j^{SR}\\&+\sum_{j\in M}\sum_{i\in\{j\}\cup M_j(\cdot)}\sum_{\substack{k\in\{j\}\cup M_j(\cdot)\\k\neq i}}\sum_{t\in T}\overline{c}_{ik}^{SR}G_{ik}^{S}x_{ikt}^{SR}q_{kt}^{SR}+\sum_{k\in R}\sum_{t\in T}c_{kk}^{SR}q_{kt}^{SR}\\&+T\left\lceil\left(\sum_{j\in M}q_{jt}^{SM}-n_0^{SM}Y^{SM}\right)\Big/Y_v^{SM}\right\rceil v_0^{SM}+T\sum_{j\in M}\left\lceil\left(\sum_{k\in M_j(\cdot)}q_{kt}^{SR}-n_j^{SR}Y^{SR}\right)\Big/Y_v^{SR}\right\rceil v_j^{SR}\end{aligned}$$

S.t.　式（2-70）～式（2-74），式（2-76）～式（2-89），式（2-91）～式（2-98），式（2-180）～式（2-181）

并行式运输：

$$\begin{aligned}\text{Min}\quad Z_{148}=&\sum_{j\in M}\sum_{t\in T}h_j^{SM}I_{jt}^{SM}+\sum_{j\in M}\sum_{t\in T}p_j^{SM}l_{jt}^{SM}+\sum_{k\in R}\sum_{t\in T}h_k^{SR}I_{kt}^{SR}+\sum_{k\in R}\sum_{t\in T}p_k^{SR}l_{kt}^{SR}+Tn_0^{SM}c_0^{SM}\\&+\sum_{j\in M}\sum_{t\in T}c_{jj}^{SM}q_{jt}^{SM}+T\left(\left|f_s^{-1}\right|-n_0^{SM}\right)v_0^{SM}+\sum_{c\in f_0^{-1}}\sum_{i\in S\cup\overline{S}_c(\cdot)}\sum_{\substack{j\in S\cup\overline{S}_c(\cdot)\\j\neq i}}\sum_{t\in T}\overline{c}_{ij}^{SM}G_{ij}^{S}x_{ijt}^{SM}q_{jt}^{SM}\\&+T\sum_{j\in M}n_j^{SR}c_j^{SR}+\sum_{k\in R}\sum_{t\in T}c_{kk}^{SR}q_{kt}^{SR}+T\sum_{j\in M}\left(\left|f_{Mj}^{-1}\right|-n_j^{SR}\right)v_j^{SR}\\&+\sum_{j\in M}\sum_{d\in f_j^{-1}}\sum_{i\in\{j\}\cup\overline{M}_{jd}(\cdot)}\sum_{\substack{k\in\{j\}\cup\overline{M}_{jd}(\cdot)\\k\neq i}}\sum_{t\in T}\overline{c}_{ik}^{SR}G_{ik}^{S}x_{ikt}^{SR}q_{kt}^{SR}\end{aligned}$$

S.t.　式（2-67），式（2-69），式（2-72）～式（2-74），式（2-76），式（2-78），式（2-79），式（2-81）～式（2-84），式（2-87），式（2-89），式（2-91），式（2-93）～式（2-98），式（2-157）～式（2-161），式（2-163）～式（2-167）

4. 第三方车辆、多阶段配送

$$\text{Min}\quad Z_{149}=\text{Min}\left\{Z_{150},\quad Z_{151},\quad Z_{152}\right\}$$

直配式运输：

$$\begin{aligned}\text{Min}\quad Z_{150}=&\sum_{j\in M}\sum_{t\in\left\lfloor T/T_0^{SM}\right\rfloor}h_j^{SM}I_{jt}^{SM}+\sum_{j\in M}\sum_{t\in\left\lfloor T/T_0^{SM}\right\rfloor}p_j^{SM}l_{jt}^{SM}+\sum_{k\in R}\sum_{t\in\left\lfloor T/T_j^{SR}\right\rfloor}h_k^{SR}I_{kt}^{SR}\\&+\sum_{k\in R}\sum_{t\in\left\lfloor T/T_j^{SR}\right\rfloor}p_k^{SR}l_{kt}^{SR}+\sum_{j\in M}\sum_{t\in\left\lfloor T/T_0^{SM}\right\rfloor}c_{jj}^{SM}q_{jt}^{SM}+K\sum_{j\in M}\sum_{t\in\left\lfloor T/T_0^{SM}\right\rfloor}c_{j0}^{SM}\\&+\sum_{j\in M}\sum_{t\in\left\lfloor T/T_0^{SM}\right\rfloor}c_{0j}^{SM}G_{0j}^{S}q_{jt}^{SM}+\sum_{j\in M}\sum_{k\in R}\sum_{t\in\left\lfloor T/T_j^{SR}\right\rfloor}c_{jk}^{SR}G_{jk}^{S}q_{kt}^{SR}+K\left\lfloor T/T_j^{SR}\right\rfloor\sum_{k\in R}c_{kj}^{SR}\\&+\left\lfloor T/T_0^{SM}\right\rfloor\left(m-n_0^{SM}\right)v_0^{SM}+\sum_{j\in M}\left\lfloor T/T_j^{SR}\right\rfloor n_j^{SR}c_j^{SR}\\&+\sum_{j\in M}\left\lfloor T/T_j^{SR}\right\rfloor\left(\left|M_j(\cdot)\right|-n_j^{SR}\right)v_j^{SR}+\left\lfloor T/T_0^{SM}\right\rfloor n_0^{SM}c_0^{SM}+\sum_{k\in R}\sum_{t\in\left\lfloor T/T_j^{SR}\right\rfloor}c_{kk}^{SR}q_{kt}^{SR}\end{aligned}$$

S.t.　式（2-113）～式（2-117），式（2-119）～式（2-132），式（2-134）～式（2-141），式（2-168），式（2-174）

串行式运输：

$$\begin{aligned}\text{Min}\quad Z_{151}=&\sum_{j\in M}\sum_{t\in\left\lfloor T/T_0^{SM}\right\rfloor}h_j^{SM}I_{jt}^{SM}+\sum_{j\in M}\sum_{t\in\left\lfloor T/T_0^{SM}\right\rfloor}p_j^{SM}l_{jt}^{SM}+\sum_{k\in R}\sum_{t\in\left\lfloor T/T_j^{SR}\right\rfloor}h_k^{SR}I_{kt}^{SR}\\&+\sum_{k\in R}\sum_{t\in\left\lfloor T/T_j^{SR}\right\rfloor}p_k^{SR}l_{kt}^{SR}+\sum_{j\in M}\sum_{t\in\left\lfloor T/T_0^{SM}\right\rfloor}c_{jj}^{SM}q_{jt}^{SM}\\&+\sum_{j\in M}\sum_{i\in\{j\}\cup M_j(\cdot)}\sum_{\substack{k\in\{j\}\cup M_j(\cdot)\\k\neq i}}\sum_{t\in\left\lfloor T/T_j^{SR}\right\rfloor}\overline{c}_{ik}^{SR}G_{ik}^{S}x_{ikt}^{SR}q_{kt}^{SR}\\&+\sum_{i\in S\cup M}\sum_{\substack{j\in S\cup M\\j\neq i}}\sum_{t\in\left\lfloor T/T_0^{SM}\right\rfloor}\overline{c}_{ij}^{SM}G_{ij}^{S}x_{ijt}^{SM}q_{jt}^{SM}+\left\lfloor T/T_0^{SM}\right\rfloor n_0^{SM}c_0^{SM}\end{aligned}$$

$$
+\sum_{j\in M}\left\lfloor {T}/{T_j^{SR}} \right\rfloor \left\lfloor \left(\sum_{k\in M_j(\cdot)} q_k^{SR} - n_j^{SR} Y^{SR}\right) \Big/ Y_v^{SR} \right\rfloor v_j^{SR}
$$

$$
+\left\lfloor {T}/{T_0^{SM}} \right\rfloor \left\lfloor \left(\sum_{j\in M} q_{jt}^{SM} - n_0^{SM} Y^{SM}\right) \Big/ Y_v^{SM} \right\rfloor v_0^{SM}
$$

$$
+\sum_{j\in M}\left\lfloor {T}/{T_j^{SR}} \right\rfloor n_j^{SR} c_j^{SR} + \sum_{k\in R}\sum_{t\in\left\lfloor {T}/{T_j^{SR}}\right\rfloor} c_{kk}^{SR} q_{kt}^{SR}
$$

S.t.　式(2-113)～式(2-117),式(2-119)～式(2-132),式(2-134)～式(2-141),式(2-180),式(2-181)

并行式运输:

$$
\begin{aligned}
\text{Min}\quad Z_{152} = & \sum_{j\in M}\sum_{t\in\left\lfloor {T}/{T_0^{SM}}\right\rfloor} h_j^{SM} I_{jt}^{SM} + \sum_{j\in M}\sum_{t\in\left\lfloor {T}/{T_0^{SM}}\right\rfloor} p_j^{SM} l_{jt}^{SM} + \sum_{k\in R}\sum_{t\in\left\lfloor {T}/{T_j^{SR}}\right\rfloor} h_k^{SR} I_{kt}^{SR} \\
& + \sum_{k\in R}\sum_{t\in\left\lfloor {T}/{T_j^{SR}}\right\rfloor} p_k^{SR} l_{kt}^{SR} + \sum_{j\in M}\sum_{t\in\left\lfloor {T}/{T_0^{SM}}\right\rfloor} c_{jj}^{SM} q_{jt}^{SM} \\
& + \sum_{c\in f_0^{-1}}\sum_{i\in S\cup\overline{S}_c(\cdot)}\sum_{\substack{j\in S\cup\overline{S}_c(\cdot)\\ j\neq i}}\sum_{t\in\left\lfloor {T}/{T_0^{SM}}\right\rfloor} \overline{c}_{ij}^{SM} G_{ij}^{S} x_{ijt}^{SM} q_{jt}^{SM} \\
& + \sum_{j\in M}\sum_{d\in f_j^{-1}}\sum_{i\in\{j\}\cup\overline{M}_{jd}(\cdot)}\sum_{\substack{k\in\{j\}\cup\overline{M}_{jd}(\cdot)\\ k\neq i}}\sum_{t\in\left\lfloor {T}/{T_j^{SR}}\right\rfloor} \overline{c}_{ik}^{SR} G_{ik}^{S} x_{ikt}^{SR} q_{kt}^{SR} \\
& + \left\lfloor {T}/{T_0^{SM}} \right\rfloor \left(\left|f_s^{-1}\right| - n_0^{SM}\right) v_0^{SM} + \sum_{j\in M}\left\lfloor {T}/{T_j^{SR}} \right\rfloor n_j^{SR} c_j^{SR} \\
& + \sum_{j\in M}\left\lfloor {T}/{T_j^{SR}} \right\rfloor \left(\left|f_{Mj}^{-1}\right| - n_j^{SR}\right) v_j^{SR} + \sum_{k\in R}\sum_{t\in\left\lfloor {T}/{T_j^{SR}}\right\rfloor} c_{kk}^{SR} q_{kt}^{SR} \\
& + \left\lfloor {T}/{T_0^{SM}} \right\rfloor n_0^{SM} c_0^{SM}
\end{aligned}
$$

S.t.　式(2-115)～式(2-117),式(2-119),式(2-121),式(2-122),式(2-124)～式(2-127),式(2-130),式(2-132),式(2-134),式(2-136)～式(2-141),式(2-169)～式(2-173),式(2-175)～式(2-179),式(2-181)

2.8.2　基于市场细分、不确定需求的情形

1. 自有车辆、单阶段配送

$$\text{Min}\quad Z_{153}=\text{Min}\left\{Z_{154},\quad Z_{155},\quad Z_{156}\right\}$$

直配式运输：

$$\begin{aligned}\text{Min}\quad Z_{154}=&\sum_{j\in M}\sum_{t\in T}h_j^{SM}E\left[\tilde{I}_{jt}^{SM}\right]+\sum_{j\in M}\sum_{t\in T}p_j^{SM}E\left[\tilde{l}_{jt}^{SM}\right]+\sum_{k\in R}\sum_{t\in T}h_k^{SR}E\left[\tilde{I}_{kt}^{SR}\right]\\&+\sum_{k\in R}\sum_{t\in T}p_k^{SR}E\left[\tilde{l}_{kt}^{SR}\right]+Tmc_0^{SM}+\sum_{j\in M}\sum_{t\in T}c_{0j}^{SM}G_{0j}^{S}q_{jt}^{SM}+\sum_{j\in M}\sum_{t\in T}c_{jj}^{SM}q_{jt}^{SM}\\&+KT\sum_{j\in M}c_{j0}^{SM}+T\left|M_j(\cdot)\right|c_j^{SR}+\sum_{k\in R}\sum_{t\in T}c_{jk}^{SR}G_{jk}^{S}q_{kt}^{SR}+\sum_{k\in R}\sum_{t\in T}c_{kk}^{SR}q_{kt}^{SR}\\&+KT\sum_{k\in R}c_{kj}^{SR}\end{aligned}$$

S.t.　式（2-70）～式（2-74），式（2-76），式（2-77），式（2-81）～式（2-89），式（2-91），式（2-92），式（2-95）～式（2-105），式（2-156），式（2-162）

串行式运输：

$$\begin{aligned}\text{Min}\quad Z_{155}=&\sum_{j\in M}\sum_{t\in T}h_j^{SM}E\left[\tilde{I}_{jt}^{SM}\right]+\sum_{j\in M}\sum_{t\in T}p_j^{SM}E\left[\tilde{l}_{jt}^{SM}\right]+\sum_{k\in R}\sum_{t\in T}h_k^{SR}E\left[\tilde{I}_{kt}^{SR}\right]\\&+\sum_{i\in S\cup M}\sum_{\substack{j\in S\cup M\\ j\neq i}}\sum_{t\in T}\overline{c}_{ij}^{SM}G_{ij}^{S}x_{ijt}^{SM}q_{jt}^{SM}+T\sum_{j\in M}\left\lceil\sum_{k\in M_j(\cdot)}q_k^{SR}\Big/Y^{SR}\right\rceil c_j^{SR}\\&+T\left\lceil\sum_{j\in M}q_{jt}^{SM}\Big/Y^{SM}\right\rceil c_0^{SM}+\sum_{j\in M}\sum_{t\in T}c_{jj}^{SM}q_{jt}^{SM}\\&+\sum_{k\in R}\sum_{t\in T}p_k^{SR}E\left[\tilde{l}_{kt}^{SR}\right]+\sum_{k\in R}\sum_{t\in T}c_{kk}^{SR}q_{kt}^{SR}\\&+\sum_{j\in M}\sum_{i\in\{j\}\cup M_j(\cdot)}\sum_{\substack{k\in\{j\}\cup M_j(\cdot)\\ k\neq i}}\sum_{t\in T}\overline{c}_{ik}^{SR}G_{ik}^{S}x_{ikt}^{SR}q_{kt}^{SR}\end{aligned}$$

S.t.　式（2-70）～式（2-74），式（2-76），式（2-77），式（2-81）～式（2-89），式（2-91），式（2-92），式（2-95）～式（2-105）

并行式运输：

$$\text{Min}\quad Z_{156}=\sum_{j\in M}\sum_{t\in T}h_j^{SM}E\left[\tilde{I}_{jt}^{SM}\right]+\sum_{j\in M}\sum_{t\in T}p_j^{SM}E\left[\tilde{l}_{jt}^{SM}\right]+\sum_{k\in R}\sum_{t\in T}h_k^{SR}E\left[\tilde{I}_{kt}^{SR}\right]$$
$$+\sum_{k\in R}\sum_{t\in T}p_k^{SR}E\left[\tilde{l}_{kt}^{SR}\right]+T\left|f_s^{-1}\right|c_0^{SM}+T\sum_{j\in M}\left|f_{Mj}^{-1}\right|c_j^{SR}$$
$$+\sum_{c\in f_0^{-1}}\sum_{i\in S\cup\bar{S}_c(\cdot)}\sum_{\substack{j\in S\cup\bar{S}_c(\cdot)\\ j\neq i}}\sum_{t\in T}\bar{c}_{ij}^{SM}G_{ij}^{S}x_{ijt}^{SM}q_{jt}^{SM}+\sum_{j\in M}\sum_{t\in T}c_{jj}^{SM}q_{jt}^{SM}$$
$$+\sum_{j\in M}\sum_{d\in f_j^{-1}}\sum_{i\in\{j\}\cup\bar{M}_{jd}(\cdot)}\sum_{\substack{k\in\{j\}\cup\bar{M}_{jd}(\cdot)\\ k\neq i}}\sum_{t\in T}\bar{c}_{ik}^{SR}G_{ik}^{S}x_{ikt}^{SR}q_{kt}^{SR}+\sum_{k\in R}\sum_{t\in T}c_{kk}^{SR}q_{kt}^{SR}$$

S.t. 式（2-72）～式（2-74），式（2-76），式（2-81）～式（2-84），式（2-87），式（2-89），式（2-91），式（2-95）～式（2-105），式（2-157）～式（2-161），式（2-163）～式（2-167）

本节实例参见 2.7.2 节的相关内容，通过求解得到表 2-88 和表 2-89 所示的结果。

表 2-88　2.8.2 节串行式运输实例优化结果 1（ $T=3$ ）

周期	M			R					
	1	2	3	4	5	6	7	8	9
$T=1$	635	920	325	325	360	275	250	355	315
$T=2$	605	880	320	320	345	260	250	335	295
$T=3$	620	900	315	315	350	270	260	340	300

表 2-89　2.8.2 节并行式运输实例优化结果 1（ $T=3$ ）

周期	M			R					
	1	2	3	4	5	6	7	8	9
$T=1$	635	915	320	320	355	280	260	340	315
$T=2$	600	890	315	315	335	265	250	345	295
$T=3$	625	905	325	325	350	275	260	330	315

2. 自有车辆、多阶段配送

$$\text{Min}\quad Z_{157}=\text{Min}\left\{Z_{158},Z_{159},Z_{160}\right\}$$

直配式运输：

$$\begin{aligned}
\text{Min}\quad Z_{158}=&\sum_{j\in M}\sum_{t\in\left\lfloor T/T_0^{SM}\right\rfloor}h_j^{SM}E\left[\tilde{I}_{jt}^{SM}\right]+\sum_{j\in M}\sum_{t\in\left\lfloor T/T_0^{SM}\right\rfloor}p_j^{SM}E\left[\tilde{l}_{jt}^{SM}\right]+\sum_{k\in R}\sum_{t\in\left\lfloor T/T_j^{SR}\right\rfloor}h_k^{SR}E\left[\tilde{I}_{kt}^{SR}\right]\\
&+\sum_{k\in R}\sum_{t\in\left\lfloor T/T_j^{SR}\right\rfloor}p_k^{SR}E\left[\tilde{l}_{kt}^{SR}\right]+\sum_{j\in M}\left\lfloor T/T_j^{SR}\right\rfloor\left|M_j(\cdot)\right|c_j^{SR}+\sum_{j\in M}\sum_{t\in\left\lfloor T/T_0^{SM}\right\rfloor}c_{0j}^{SM}G_{0j}^{S}q_{jt}^{SM}\\
&+\sum_{j\in M}\sum_{t\in\left\lfloor T/T_0^{SM}\right\rfloor}c_{jj}^{SM}q_{jt}^{SM}+K\sum_{j\in M}\left\lfloor T/T_j^{SR}\right\rfloor\sum_{k\in R}c_{kj}^{SR}+\left\lfloor T/T_0^{SM}\right\rfloor mc_0^{SM}\\
&+\sum_{j\in M}\sum_{k\in R}\sum_{t\in\left\lfloor T/T_j^{SR}\right\rfloor}c_{jk}^{SR}G_{jk}^{S}q_{kt}^{SR}+K\sum_{j\in M}\sum_{t\in\left\lfloor T/T_0^{SM}\right\rfloor}c_{j0}^{SM}+\sum_{j\in M}\sum_{k\in R}\sum_{t\in\left\lfloor T/T_j^{SR}\right\rfloor}c_{kk}^{SR}q_{kt}^{SR}
\end{aligned}$$

S.t.　式(2-99)～式(2-105),式(2-113)～式(2-117),式(2-119),式(2-120),式(2-123)～式(2-132),式(2-134),式(2-135),式(2-138)～式(2-141),式(2-168),式(2-174)

串行式运输:

$$\begin{aligned}
\text{Min}\quad Z_{159}=&\sum_{j\in M}\sum_{t\in\left\lfloor T/T_0^{SM}\right\rfloor}h_j^{SM}E\left[\tilde{I}_{jt}^{SM}\right]+\sum_{j\in M}\sum_{t\in\left\lfloor T/T_0^{SM}\right\rfloor}p_j^{SM}E\left[\tilde{l}_{jt}^{SM}\right]\\
&+\sum_{j\in M}\sum_{i\in\{j\}\cup M_j(\cdot)}\sum_{\substack{k\in\{j\}\cup M_j(\cdot)\\k\neq i}}\sum_{t\in\left\lfloor T/T_j^{SR}\right\rfloor}\overline{c}_{ik}^{SR}G_{ik}^{S}x_{ikt}^{SR}q_{kt}^{SR}+\sum_{k\in R}\sum_{t\in\left\lfloor T/T_j^{SR}\right\rfloor}h_k^{SR}E\left[\tilde{I}_{kt}^{SR}\right]\\
&+\sum_{k\in R}\sum_{t\in\left\lfloor T/T_j^{SR}\right\rfloor}c_{kk}^{SR}q_{kt}^{SR}+\sum_{j\in M}\sum_{t\in\left\lfloor T/T_0^{SM}\right\rfloor}c_{jj}^{SM}q_{jt}^{SM}+\sum_{i\in S\cup M}\sum_{\substack{j\in S\cup M\\j\neq i}}\sum_{t\in\left\lfloor T/T_0^{SM}\right\rfloor}\overline{c}_{ij}^{SM}G_{ij}^{S}x_{ijt}^{SM}q_{jt}^{SM}\\
&+\sum_{k\in R}\sum_{t\in\left\lfloor T/T_j^{SR}\right\rfloor}p_k^{SR}E\left[\tilde{l}_{kt}^{SR}\right]+\left\lfloor T/T_0^{SM}\right\rfloor\left\lceil\sum_{j\in M}q_{jt}^{SM}\Big/Y^{SM}\right\rceil c_0^{SM}\\
&+\sum_{j\in M}\left\lfloor T/T_j^{SR}\right\rfloor\left\lceil\sum_{k\in M_j(\cdot)}q_k^{SR}\Big/Y^{SR}\right\rceil c_j^{SR}
\end{aligned}$$

S.t.　式(2-99)～式(2-105),式(2-113)～式(2-117),式(2-119),式(2-120),式(2-123)～式(2-132),式(2-134),式(2-135),式(2-138)～式(2-141)

并行式运输:

$$
\begin{aligned}
\text{Min}\quad Z_{160} = & \sum_{j\in M}\sum_{t\in\left\lfloor T/T_0^{SM}\right\rfloor} h_j^{SM} E\left[\tilde{I}_{jt}^{SM}\right] + \sum_{j\in M}\sum_{t\in\left\lfloor T/T_0^{SM}\right\rfloor} p_j^{SM} E\left[\tilde{l}_{jt}^{SM}\right] + \sum_{k\in R}\sum_{t\in\left\lfloor T/T_j^{SR}\right\rfloor} h_k^{SR} E\left[\tilde{I}_{kt}^{SR}\right] \\
& + \sum_{k\in R}\sum_{t\in\left\lfloor T/T_j^{SR}\right\rfloor} p_k^{SR} E\left[\tilde{l}_{kt}^{SR}\right] + \left\lfloor T/T_0^{SM} \right\rfloor \left|f_s^{-1}\right| c_0^{SM} \\
& + \sum_{c\in f_0^{-1}}\sum_{i\in S\cup \bar{S}_c(\cdot)}\sum_{\substack{j\in S\cup \bar{S}_c(\cdot)\\ j\neq i}}\sum_{t\in\left\lfloor T/T_0^{SM}\right\rfloor} \bar{c}_{ij}^{SM} G_{ij}^{S} x_{ijt}^{SM} q_{jt}^{SM} + \sum_{j\in M}\sum_{t\in\left\lfloor T/T_0^{SM}\right\rfloor} c_{jj}^{SM} q_{jt}^{SM} \\
& + \sum_{j\in M}\left\lfloor T/T_j^{SR} \right\rfloor \left|f_{Mj}^{-1}\right| c_j^{SR} + \sum_{j\in M}\sum_{d\in f_j^{-1}}\sum_{i\in\{j\}\cup \bar{M}_{jd}(\cdot)}\sum_{\substack{k\in\{j\}\cup \bar{M}_{jd}(\cdot)\\ k\neq i}}\sum_{t\in\left\lfloor T/T_j^{SR}\right\rfloor} \bar{c}_{ik}^{SR} G_{ik}^{S} x_{ikt}^{SR} q_{kt}^{SR} \\
& + \sum_{k\in R}\sum_{t\in\left\lfloor T/T_j^{SR}\right\rfloor} c_{kk}^{SR} q_{kt}^{SR}
\end{aligned}
$$

S.t.　式（2-99）～式（2-105），式（2-115）～式（2-117），式（2-119），式（2-124）～式（2-127），式（2-130），式（2-132），式（2-134），式（2-138）～式（2-141），式（2-169）～式（2-173），式（2-175）～式（2-179）

本节实例参见 2.7.2 节的对应内容，通过求解得到表 2-90 和表 2-91 所示的结果。

表 2-90　2.8.2 节串行式运输实例优化结果 2（ $T=6$ ）

周期	M			R					
	1	2	3	4	5	6	7	8	9
$T=1$	1850	1570	660	225	380	570	510	330	730
$T=2$				215					
$T=3$				220	370	530			
$T=4$	940	1500	660	220			405	385	710
$T=5$				220	375	565			
$T=6$				220					

表 2-91　2.8.2 节并行式运输实例优化结果 2（ $T=6$ ）

周期	M			R					
	1	2	3	4	5	6	7	8	9
$T=1$	1845	1560	660	225	385	565	490	345	725
$T=2$				215					

续表

周期	M			R					
	1	2	3	4	5	6	7	8	9
$T=3$				220	370	525			
$T=4$	930	1520	660	220			430	360	730
$T=5$				220	375	555			
$T=6$				220					

3. 第三方车辆、单阶段配送

$$\text{Min}\quad Z_{161}=\text{Min}\left\{Z_{162},\ Z_{163},\ Z_{164}\right\}$$

直配式运输：

$$\begin{aligned}\text{Min}\quad Z_{162}=&\sum_{j\in M}\sum_{t\in T}h_j^{SM}E\left[\tilde{I}_{jt}^{SM}\right]+\sum_{j\in M}\sum_{t\in T}p_j^{SM}E\left[\tilde{l}_{jt}^{SM}\right]+\sum_{k\in R}\sum_{t\in T}h_k^{SR}E\left[\tilde{I}_{kt}^{SR}\right]\\&+\sum_{k\in R}\sum_{t\in T}p_k^{SR}E\left[\tilde{l}_{kt}^{SR}\right]+Tn_0^{SM}c_0^{SM}+T\left(m-n_0^{SM}\right)v_0^{SM}+\sum_{j\in M}\sum_{t\in T}c_{0j}^{SM}G_{0j}^{S}q_{jt}^{SM}\\&+KT\sum_{j\in M}c_{j0}^{SM}+Tn_j^{SR}c_j^{SR}+\sum_{j\in M}\sum_{t\in T}c_{jj}^{SM}q_{jt}^{SM}+T\left(\left|M_j(\cdot)\right|-n_j^{SR}\right)v_j^{SR}\\&+\sum_{j\in M}\sum_{k\in R}\sum_{t\in T}c_{jk}^{SR}G_{jk}^{S}q_{kt}^{SR}+KT\sum_{j\in M}\sum_{k\in R}c_{kj}^{SR}+\sum_{j\in M}\sum_{k\in R}\sum_{t\in T}c_{kk}^{SR}q_{kt}^{SR}\end{aligned}$$

S.t.　式（2-70）～式（2-74），式（2-76），式（2-77），式（2-80）～式（2-89），式（2-91），式（2-92），式（2-95）～式（2-105），式（2-156），式（2-162）

串行式运输：

$$\begin{aligned}\text{Min}\quad Z_{163}=&\sum_{j\in M}\sum_{t\in T}h_j^{SM}E\left[\tilde{I}_{jt}^{SM}\right]+\sum_{j\in M}\sum_{t\in T}p_j^{SM}E\left[\tilde{l}_{jt}^{SM}\right]+\sum_{k\in R}\sum_{t\in T}h_k^{SR}E\left[\tilde{I}_{kt}^{SR}\right]\\&+\sum_{k\in R}\sum_{t\in T}p_k^{SR}E\left[\tilde{l}_{kt}^{SR}\right]+Tn_0^{SM}c_0^{SM}+\sum_{i\in S\cup M}\sum_{\substack{j\in S\cup M\\ j\neq i}}\sum_{t\in T}\overline{c}_{ij}^{SM}G_{ij}^{S}x_{ijt}^{SM}q_{jt}^{SM}\\&+\sum_{j\in M}\sum_{t\in T}c_{jj}^{SM}q_{jt}^{SM}+\sum_{j\in M}\sum_{i\in\{j\}\cup M_j(\cdot)}\sum_{\substack{k\in\{j\}\cup M_j(\cdot)\\ k\neq i}}\sum_{t\in T}\overline{c}_{ik}^{SR}G_{ik}^{S}x_{ikt}^{SR}q_{kt}^{SR}+\sum_{k\in R}\sum_{t\in T}c_{kk}^{SR}q_{kt}^{SR}\\&+T\left\lceil\left(\sum_{j\in M}q_{jt}^{SM}-n_0^{SM}Y^{SM}\right)\Big/Y_v^{SM}\right\rceil v_0^{SM}+T\sum_{j\in M}\left\lceil\left(\sum_{k\in M_j(\cdot)}q_{kt}^{SR}-n_j^{SR}Y^{SR}\right)\Big/Y_v^{SR}\right\rceil v_j^{SR}\\&+T\sum_{j\in M}n_j^{SR}c_j^{SR}\end{aligned}$$

S.t.　式（2-70）～式（2-74），式（2-76），式（2-77），式（2-80）～式（2-89），式（2-91），式（2-92），式（2-95）～式（2-105），式（2-180）～式（2-181）

并行式运输：

$$\text{Min}\quad Z_{164}=\sum_{j\in M}\sum_{t\in T}h_j^{SM}E\left[\tilde{I}_{jt}^{SM}\right]+\sum_{j\in M}\sum_{t\in T}p_j^{SM}E\left[\tilde{l}_{jt}^{SM}\right]+\sum_{k\in R}\sum_{t\in T}h_k^{SR}E\left[\tilde{I}_{kt}^{SR}\right]$$

$$+\sum_{k\in R}\sum_{t\in T}p_k^{SR}E\left[\tilde{l}_{kt}^{SR}\right]+Tn_0^{SM}c_0^{SM}+T\left(\left|f_s^{-1}\right|-n_0^{SM}\right)\nu_0^{SM}$$

$$+\sum_{c\in f_0^{-1}}\sum_{i\in S\cup\bar{S}_c(\cdot)}\sum_{\substack{j\in S\cup\bar{S}_c(\cdot)\\ j\neq i}}\sum_{t\in T}\bar{c}_{ij}^{SM}G_{ij}^{S}x_{ijt}^{SM}q_{jt}^{SM}+T\sum_{j\in M}n_j^{SR}c_j^{SR}+\sum_{j\in M}\sum_{t\in T}c_{jj}^{SM}q_{jt}^{SM}$$

$$+T\sum_{j\in M}\left(\left|f_{Mj}^{-1}\right|-n_j^{SR}\right)\nu_j^{SR}+\sum_{j\in M}\sum_{d\in f_j^{-1}}\sum_{i\in\{j\}\cup\bar{M}_{jd}(\cdot)}\sum_{\substack{k\in\{j\}\cup\bar{M}_{jd}(\cdot)\\ k\neq i}}\sum_{t\in T}\bar{c}_{ik}^{SR}G_{ik}^{S}x_{ikt}^{SR}q_{kt}^{SR}$$

$$+\sum_{k\in R}\sum_{t\in T}c_{kk}^{SR}q_{kt}^{SR}$$

S.t.　式（2-67），式（2-69），式（2-72）～式（2-74），式（2-76），式（2-81）～式（2-84），式（2-87），式（2-89），式（2-91），式（2-95）～式（2-105），式（2-157）～式（2-161），式（2-163）～式（2-167）

4. 第三方车辆、多阶段配送

$$\text{Min}\quad Z_{165}=\text{Min}\left\{Z_{166},\quad Z_{167},\quad Z_{168}\right\}$$

直配式运输：

$$\text{Min}\quad Z_{166}=\sum_{j\in M}\sum_{t\in\left\lfloor T/T_0^{SM}\right\rfloor}h_j^{SM}E\left[\tilde{I}_{jt}^{SM}\right]+\sum_{j\in M}\sum_{t\in\left\lfloor T/T_0^{SM}\right\rfloor}p_j^{SM}E\left[\tilde{l}_{jt}^{SM}\right]+\sum_{k\in R}\sum_{t\in\left\lfloor T/T_j^{SR}\right\rfloor}h_k^{SR}E\left[\tilde{I}_{kt}^{SR}\right]$$

$$+\sum_{k\in R}\sum_{t\in\left\lfloor T/T_j^{SR}\right\rfloor}p_k^{SR}E\left[\tilde{l}_{kt}^{SR}\right]+\left\lfloor T/T_0^{SM}\right\rfloor n_0^{SM}c_0^{SM}+\sum_{j\in M}\left\lfloor T/T_j^{SR}\right\rfloor n_j^{SR}c_j^{SR}$$

$$+\sum_{i\in S\cup M}\sum_{\substack{j\in S\cup M\\ j\neq i}}\sum_{t\in\left\lfloor T/T_0^{SM}\right\rfloor}c_{0j}^{SM}G_{0j}^{S}q_{jt}^{SM}+\sum_{j\in M}\sum_{t\in\left\lfloor T/T_0^{SM}\right\rfloor}c_{jj}^{SM}q_{jt}^{SM}+K\sum_{j\in M}\sum_{t\in\left\lfloor T/T_0^{SM}\right\rfloor}c_{j0}^{SM}$$

$$+\left\lfloor T/T_0^{SM}\right\rfloor\left(m-n_0^{SM}\right)\nu_0^{SM}+\sum_{j\in M}\left\lfloor T/T_j^{SR}\right\rfloor\left(\left|M_j(\cdot)\right|-n_j^{SR}\right)\nu_j^{SR}$$

$$+\sum_{j\in M}\sum_{k\in R}\sum_{t\in\left\lfloor T/T_j^{SR}\right\rfloor}c_{jk}^{SR}G_{jk}^{S}q_{kt}^{SR}+K\left\lfloor T/T_j^{SR}\right\rfloor\sum_{k\in R}c_{kj}^{SR}$$

$$+\sum_{k\in R}\sum_{t\in\left\lfloor T/T_j^{SR}\right\rfloor}c_{kk}^{SR}q_{kt}^{SR}$$

S.t.　式(2-99)～式(2-105)，式(2-113)～式(2-117)，式(2-119)，式(2-120)，式(2-123)～式(2-132)，式(2-134)，式(2-135)，式(2-138)～式(2-141)，式（2-168），式（2-174）

串行式运输：

$$
\begin{aligned}
\text{Min}\quad Z_{167} = & \sum_{j\in M}\sum_{t\in\left\lfloor T/T_0^{SM}\right\rfloor} h_j^{SM} E\left[\tilde{I}_{jt}^{SM}\right] + \sum_{j\in M}\sum_{t\in\left\lfloor T/T_0^{SM}\right\rfloor} p_j^{SM} E\left[\tilde{l}_{jt}^{SM}\right] \\
& + \sum_{k\in R}\sum_{t\in\left\lfloor T/T_j^{SR}\right\rfloor} h_k^{SR} E\left[\tilde{I}_{kt}^{SR}\right] + \sum_{k\in R}\sum_{t\in\left\lfloor T/T_j^{SR}\right\rfloor} p_k^{SR} E\left[\tilde{l}_{kt}^{SR}\right] \\
& + \sum_{i\in S\cup M}\sum_{\substack{j\in S\cup M\\ j\neq i}}\sum_{t\in\left\lfloor T/T_0^{SM}\right\rfloor} \bar{c}_{ij}^{SM} G_{ij}^{S} x_{ijt}^{SM} q_{jt}^{SM} \\
& + \sum_{j\in M}\left\lfloor T/T_j^{SR}\right\rfloor n_j^{SR} c_j^{SR} + \sum_{j\in M}\sum_{t\in\left\lfloor T/T_0^{SM}\right\rfloor} c_{jj}^{SM} q_{jt}^{SM} \\
& + \left\lfloor T/T_0^{SM}\right\rfloor \left\lfloor \left(\sum_{j\in M} q_{jt}^{SM} - n_0^{SM} Y^{SM}\right) \Big/ Y_v^{SM} \right\rfloor v_0^{SM} \\
& + \sum_{j\in M}\left\lfloor T/T_j^{SR}\right\rfloor \left\lfloor \left(\sum_{k\in M_j(\cdot)} q_k^{SR} - n_j^{SR} Y^{SR}\right) \Big/ Y_v^{SR} \right\rfloor v_j^{SR} \\
& + \sum_{j\in M}\sum_{i\in\{j\}\cup M_j(\cdot)}\sum_{\substack{k\in\{j\}\cup M_j(\cdot)\\ k\neq i}}\sum_{t\in\left\lfloor T/T_j^{SR}\right\rfloor} \bar{c}_{ik}^{SR} G_{ik}^{S} x_{ikt}^{SR} q_{kt}^{SR} \\
& + \left\lfloor T/T_0^{SM}\right\rfloor n_0^{SM} c_0^{SM} + \sum_{k\in R}\sum_{t\in\left\lfloor T/T_j^{SR}\right\rfloor} c_{kk}^{SR} q_{kt}^{SR}
\end{aligned}
$$

S.t.　式(2-99)～式(2-105)，式(2-113)～式(2-117)，式(2-119)，式(2-120)，式(2-123)～式(2-132)，式(2-134)，式(2-135)，式(2-138)～式(2-141)，式（2-180），式（2-181）

并行式运输：

$$\begin{aligned}\text{Min}\quad Z_{168}=&\sum_{j\in M}\sum_{t\in\left\lfloor T/T_0^{SM}\right\rfloor}h_j^{SM}E\left[\tilde{I}_{jt}^{SM}\right]+\sum_{j\in M}\sum_{t\in\left\lfloor T/T_0^{SM}\right\rfloor}p_j^{SM}E\left[\tilde{l}_{jt}^{SM}\right]+\sum_{k\in R}\sum_{t\in\left\lfloor T/T_j^{SR}\right\rfloor}h_k^{SR}E\left[\tilde{I}_{kt}^{SR}\right]\\&+\sum_{k\in R}\sum_{t\in\left\lfloor T/T_j^{SR}\right\rfloor}p_k^{SR}E\left[\tilde{l}_{kt}^{SR}\right]+\left\lfloor T/T_0^{SM}\right\rfloor n_0^{SM}c_0^{SM}\\&+\sum_{c\in f_0^{-1}}\sum_{i\in S\cup\overline{S}_c(\cdot)}\sum_{\substack{j\in S\cup\overline{S}_c(\cdot)\\ j\neq i}}\sum_{t\in\left\lfloor T/T_0^{SM}\right\rfloor}\overline{c}_{ij}^{SM}G_{ij}^{S}x_{ijt}^{SM}q_{jt}^{SM}+\sum_{j\in M}\sum_{t\in\left\lfloor T/T_0^{SM}\right\rfloor}c_{jj}^{SM}q_{jt}^{SM}\\&+\left\lfloor T/T_0^{SM}\right\rfloor\left(\left|f_s^{-1}\right|-n_0^{SM}\right)v_0^{SM}+\sum_{j\in M}\left\lfloor T/T_j^{SR}\right\rfloor n_j^{SR}c_j^{SR}\\&+\sum_{j\in M}\left\lfloor T/T_j^{SR}\right\rfloor\left(\left|f_{Mj}^{-1}\right|-n_j^{SR}\right)v_j^{SR}\\&+\sum_{j\in M}\sum_{d\in f_j^{-1}}\sum_{i\in\{j\}\cup\overline{M}_{jd}(\cdot)}\sum_{\substack{k\in\{j\}\cup\overline{M}_{jd}(\cdot)\\ k\neq i}}\sum_{t\in\left\lfloor T/T_j^{SR}\right\rfloor}\overline{c}_{ik}^{SR}G_{ik}^{S}x_{ikt}^{SR}q_{kt}^{SR}+\sum_{k\in R}\sum_{t\in\left\lfloor T/T_j^{SR}\right\rfloor}c_{kk}^{SR}q_{kt}^{SR}\end{aligned}$$

S.t. 式(2-99)～式(2-105)，式(2-115)～式(2-117)，式(2-119)，式(2-124)～式(2-127)，式(2-130)，式(2-132)，式(2-134)，式(2-138)～式(2-141)，式（2-169）～式（2-173），式（2-175）～式（2-179），式（2-181）

2.8.3 基于随机市场、确定需求的情形

1. 自有车辆、单阶段配送

$$\text{Min}\quad Z_{169}=\text{Min}\left\{Z_{170},Z_{171}\right\}$$

串行式运输：

$$\begin{aligned}\text{Min}\quad Z_{170}=&\sum_{j\in M}\sum_{t\in T}h_j^{SM}I_{jt}^{SM}+\sum_{j\in M}\sum_{t\in T}p_j^{SM}l_{jt}^{SM}+\sum_{k\in R}\sum_{t\in T}h_k^{SR}I_{kt}^{SR}+\sum_{k\in R}\sum_{t\in T}p_k^{SR}l_{kt}^{SR}\\&+T\left\lceil\sum_{j\in M}q_{jt}^{SM}\Big/Y^{SM}\right\rceil c_0^{SM}+T\sum_{j\in M}\left\lceil\sum_{k\in M_j(\cdot)}q_k^{SR}\Big/Y^{SR}\right\rceil c_j^{SR}\\&+\sum_{i\in S\cup M}\sum_{\substack{j\in S\cup M\\ j\neq i}}\sum_{t\in T}\overline{c}_{ij}^{SM}G_{ij}^{S}x_{ijt}^{SM}q_{jt}^{SM}+\sum_{j\in M}\sum_{t\in T}c_{jj}^{SM}q_{jt}^{SM}\\&+\sum_{j\in M}\sum_{i\in\{j\}\cup M_j(\cdot)}\sum_{\substack{k\in\{j\}\cup M_j(\cdot)\\ k\neq i}}\sum_{t\in T}\overline{c}_{ik}^{SR}G_{ik}^{S}x_{ikt}^{SR}q_{kt}^{SR}+\sum_{k\in R}\sum_{t\in T}c_{kk}^{SR}q_{kt}^{SR}\end{aligned}$$

S.t.　式（2-70）～式（2-74），式（2-76）～式（2-79），式（2-81）～式（2-84），式（2-87），式（2-91）～式（2-98），式（2-106）～式（2-111）

并行式运输：

$$
\begin{aligned}
\text{Min}\quad Z_{171} =& \sum_{j\in M}\sum_{t\in T} h_j^{SM} I_{jt}^{SM} + \sum_{j\in M}\sum_{t\in T} p_j^{SM} l_{jt}^{SM} + \sum_{k\in R}\sum_{t\in T} h_k^{SR} I_{kt}^{SR} \\
&+ \sum_{k\in R}\sum_{t\in T} p_k^{SR} l_{kt}^{SR} + T\left|f_s^{-1}\right| c_0^{SM} + T\sum_{j\in M}\left|f_{Mj}^{-1}\right| c_j^{SR} \\
&+ \sum_{c\in f_0^{-1}} \sum_{i\in S\cup \overline{S}_c(\cdot)} \sum_{\substack{j\in S\cup \overline{S}_c(\cdot)\\ j\neq i}} \sum_{t\in T} \overline{c}_{ij}^{SM} G_{ij}^S x_{ijt}^{SM} q_{jt}^{SM} \\
&+ \sum_{j\in M} \sum_{d\in f_j^{-1}} \sum_{i\in\{j\}\cup \overline{M}_{jd}(\cdot)} \sum_{\substack{k\in\{j\}\cup \overline{M}_{jd}(\cdot)\\ k\neq i}} \sum_{t\in T} \overline{c}_{ik}^{SR} G_{ik}^S x_{ikt}^{SR} q_{kt}^{SR} \\
&+ \sum_{j\in M}\sum_{t\in T} c_{jj}^{SM} q_{jt}^{SM} + \sum_{k\in R}\sum_{t\in T} c_{kk}^{SR} q_{kt}^{SR}
\end{aligned}
$$

S.t.　式（2-72）～式（2-74），式（2-76），式（2-78），式（2-79），式（2-81）～式（2-84），式（2-87），式（2-91），式（2-93）～式（2-98），式（2-157）～式（2-160），式（2-182）～式（2-187）

2. 自有车辆、多阶段配送

$$
\text{Min}\quad Z_{172} = \text{Min}\{Z_{173}, Z_{174}\}
$$

串行式运输：

$$
\begin{aligned}
\text{Min}\quad Z_{173} =& \sum_{j\in M} \sum_{t\in \left\lfloor T/T_0^{SM} \right\rfloor} h_j^{SM} I_{jt}^{SM} + \sum_{j\in M} \sum_{t\in \left\lfloor T/T_0^{SM} \right\rfloor} p_j^{SM} l_{jt}^{SM} + \sum_{k\in R} \sum_{t\in \left\lfloor T/T_j^{SR} \right\rfloor} h_k^{SR} I_{kt}^{SR} \\
&+ \sum_{k\in R} \sum_{t\in \left\lfloor T/T_j^{SR} \right\rfloor} p_k^{SR} l_{kt}^{SR} + \sum_{j\in M} \sum_{t\in \left\lfloor T/T_0^{SM} \right\rfloor} c_{jj}^{SM} q_{jt}^{SM} + \sum_{i\in S\cup M} \sum_{\substack{j\in S\cup M\\ j\neq i}} \sum_{t\in \left\lfloor T/T_0^{SM} \right\rfloor} \overline{c}_{ij}^{SM} G_{ij}^S x_{ijt}^{SM} q_{jt}^{SM} \\
&+ \sum_{j\in M} \sum_{i\in\{j\}\cup M_j(\cdot)} \sum_{\substack{k\in\{j\}\cup M_j(\cdot)\\ k\neq i}} \sum_{t\in \left\lfloor T/T_j^{SR} \right\rfloor} \overline{c}_{ik}^{SR} G_{ik}^S x_{ikt}^{SR} q_{kt}^{SR} + \sum_{k\in R} \sum_{t\in \left\lfloor T/T_j^{SR} \right\rfloor} c_{kk}^{SR} q_{kt}^{SR} \\
&+ \left\lfloor T/T_0^{SM} \right\rfloor \left\lfloor \sum_{j\in M} q_{jt}^{SM} \Big/ Y^{SM} \right\rfloor c_0^{SM} + \sum_{j\in M} \left\lfloor T/T_j^{SR} \right\rfloor \left\lfloor \sum_{k\in M_j(\cdot)} q_k^{SR} \Big/ Y^{SR} \right\rfloor c_j^{SR}
\end{aligned}
$$

S.t.　式（2-113）～式（2-117），式（2-119）～式（2-122），式（2-124）～式（2-127），式（2-130），式（2-134）～式（2-141），式（2-149）～式（2-154）

并行式运输：

$$\begin{aligned}\text{Min}\quad Z_{174}=&\sum_{j\in M}\sum_{t\in\left\lfloor T/T_0^{SM}\right\rfloor}h_j^{SM}I_{jt}^{SM}+\sum_{j\in M}\sum_{t\in\left\lfloor T/T_0^{SM}\right\rfloor}p_j^{SM}l_{jt}^{SM}+\sum_{k\in R}\sum_{t\in\left\lfloor T/T_j^{SR}\right\rfloor}h_k^{SR}I_{kt}^{SR}\\&+\sum_{k\in R}\sum_{t\in\left\lfloor T/T_j^{SR}\right\rfloor}p_k^{SR}l_{kt}^{SR}+\sum_{j\in M}\sum_{t\in\left\lfloor T/T_0^{SM}\right\rfloor}c_{jj}^{SM}q_{jt}^{SM}+\left\lfloor T/T_0^{SM}\right\rfloor\left|f_s^{-1}\right|c_0^{SM}\\&+\sum_{j\in M}\left\lfloor T/T_j^{SR}\right\rfloor\left|f_{Mj}^{-1}\right|c_j^{SR}+\sum_{c\in f_0^{-1}}\sum_{i\in S\cup S_c(\cdot)}\sum_{\substack{j\in S\cup S_c(\cdot)\\j\neq i}}\sum_{t\in\left\lfloor T/T_0^{SM}\right\rfloor}\overline{c}_{ij}^{SM}G_{ij}^{S}x_{ijt}^{SM}q_{jt}^{SM}\\&+\sum_{j\in M}\sum_{d\in f_j^{-1}}\sum_{i\in\{j\}\cup M_{jd}(\cdot)}\sum_{\substack{k\in\{j\}\cup M_{jd}(\cdot)\\k\neq i}}\sum_{t\in\left\lfloor T/T_j^{SR}\right\rfloor}\overline{c}_{ik}^{SR}G_{ik}^{S}x_{ikt}^{SR}q_{kt}^{SR}+\sum_{k\in R}\sum_{t\in\left\lfloor T/T_j^{SR}\right\rfloor}c_{kk}^{SR}q_{kt}^{SR}\end{aligned}$$

S.t.　式（2-115）～式（2-117），式（2-119），式（2-121），式（2-122），式（2-124）～式（2-127），式（2-130），式（2-132），式（2-134），式（2-136）～式（2-141），式（2-169）～式（2-173），式（2-188）～式（2-192）

3. 第三方车辆、单阶段配送

$$\text{Min}\quad Z_{175}=\text{Min}\{Z_{176},Z_{177}\}$$

串行式运输：

$$\begin{aligned}\text{Min}\quad Z_{176}=&\sum_{j\in M}\sum_{t\in T}h_j^{SM}I_{jt}^{SM}+\sum_{j\in M}\sum_{t\in T}p_j^{SM}l_{jt}^{SM}+\sum_{k\in R}\sum_{t\in T}h_k^{SR}I_{kt}^{SR}+\sum_{k\in R}\sum_{t\in T}p_k^{SR}l_{kt}^{SR}+Tn_0^{SM}c_0^{SM}\\&+\sum_{j\in M}\sum_{t\in T}c_{jj}^{SM}q_{jt}^{SM}+\sum_{i\in S\cup M}\sum_{\substack{j\in S\cup M\\j\neq i}}\sum_{t\in T}\overline{c}_{ij}^{SM}G_{ij}^{S}x_{ijt}^{SM}q_{jt}^{SM}+T\sum_{j\in M}n_j^{SR}c_j^{SR}\\&+\sum_{j\in M}\sum_{i\in\{j\}\cup M_j(\cdot)}\sum_{\substack{k\in\{j\}\cup M_j(\cdot)\\k\neq i}}\sum_{t\in T}\overline{c}_{ik}^{SR}G_{ik}^{S}x_{ikt}^{SR}q_{kt}^{SR}+\sum_{k\in R}\sum_{t\in T}c_{kk}^{SR}q_{kt}^{SR}\\&+T\left\lceil\left(\sum_{j\in M}q_{jt}^{SM}-n_0^{SM}Y^{SM}\right)\Big/Y_v^{SM}\right\rceil v_0^{SM}\\&+T\sum_{j\in M}\left\lceil\left(\sum_{k\in M_j(\cdot)}q_{kt}^{SR}-n_j^{SR}Y^{SR}\right)\Big/Y_v^{SR}\right\rceil v_j^{SR}\end{aligned}$$

S.t.　式（2-70）～式（2-74），式（2-76）～式（2-79），式（2-81）～式（2-84），式（2-87），式（2-91）～式（2-98），式（2-106）～式（2-111），式（2-180），式（2-181）

并行式运输：

$$
\begin{aligned}
\text{Min}\quad Z_{177} = & \sum_{j\in M}\sum_{t\in T} h_j^{SM} I_{jt}^{SM} + \sum_{j\in M}\sum_{t\in T} p_j^{SM} l_{jt}^{SM} + \sum_{k\in R}\sum_{t\in T} h_k^{SR} I_{kt}^{SR} + \sum_{k\in R}\sum_{t\in T} p_k^{SR} l_{kt}^{SR} + T n_0^{SM} c_0^{SM} \\
& + \sum_{j\in M}\sum_{t\in T} c_{jj}^{SM} q_{jt}^{SM} + T\left(\left|f_s^{-1}\right| - n_0^{SM}\right) v_0^{SM} + \sum_{c\in f_0^{-1}} \sum_{i\in S\cup \bar{S}_c(\cdot)} \sum_{\substack{j\in S\cup \bar{S}_c(\cdot) \\ j\neq i}} \sum_{t\in T} \bar{c}_{ij}^{SM} G_{ij}^{S} x_{ijt}^{SM} q_{jt}^{SM} \\
& + T\sum_{j\in M} n_j^{SR} c_j^{SR} + \sum_{k\in R}\sum_{t\in T} c_{kk}^{SR} q_{kt}^{SR} + T\sum_{j\in M}\left(\left|f_{Mj}^{-1}\right| - n_j^{SR}\right) v_j^{SR} \\
& + \sum_{j\in M} \sum_{d\in f_j^{-1}} \sum_{i\in \{j\}\cup \bar{M}_{jd}(\cdot)} \sum_{\substack{k\in \{j\}\cup \bar{M}_{jd}(\cdot) \\ k\neq i}} \sum_{t\in T} \bar{c}_{ik}^{SR} G_{ik}^{S} x_{ikt}^{SR} q_{kt}^{SR}
\end{aligned}
$$

S.t.　式（2-67），式（2-69），式（2-72）～式（2-74），式（2-76），式（2-78），式（2-79），式（2-81）～式（2-84），式（2-87），式（2-89），式（2-91），式（2-93）～式（2-98），式（2-157）～式（2-161），式（2-183）～式（2-187）

4. 第三方车辆、多阶段配送

$$
\text{Min}\quad Z_{178} = \text{Min}\left\{Z_{179}, Z_{180}\right\}
$$

串行式运输：

$$
\begin{aligned}
\text{Min}\quad Z_{179} = & \sum_{j\in M} \sum_{t\in \left\lfloor T/T_0^{SM} \right\rfloor} h_j^{SM} I_{jt}^{SM} + \sum_{j\in M} \sum_{t\in \left\lfloor T/T_0^{SM} \right\rfloor} p_j^{SM} l_{jt}^{SM} + \sum_{k\in R} \sum_{t\in \left\lfloor T/T_j^{SR} \right\rfloor} h_k^{SR} I_{kt}^{SR} \\
& + \sum_{k\in R} \sum_{t\in \left\lfloor T/T_j^{SR} \right\rfloor} p_k^{SR} l_{kt}^{SR} + \sum_{j\in M} \sum_{t\in \left\lfloor T/T_0^{SM} \right\rfloor} c_{jj}^{SM} q_{jt}^{SM} \\
& + \sum_{j\in M} \sum_{i\in \{j\}\cup M_j(\cdot)} \sum_{\substack{k\in \{j\}\cup M_j(\cdot) \\ k\neq i}} \sum_{t\in \left\lfloor T/T_j^{SR} \right\rfloor} \bar{c}_{ik}^{SR} G_{ik}^{S} x_{ikt}^{SR} q_{kt}^{SR} \\
& + \sum_{i\in S\cup M} \sum_{\substack{j\in S\cup M \\ j\neq i}} \sum_{t\in \left\lfloor T/T_0^{SM} \right\rfloor} \bar{c}_{ij}^{SM} G_{ij}^{S} x_{ijt}^{SM} q_{jt}^{SM} + \left\lfloor T/T_0^{SM} \right\rfloor n_0^{SM} c_0^{SM} \\
& + \sum_{j\in M} \left\lfloor T/T_j^{SR} \right\rfloor \left\lfloor \left(\sum_{k\in M_j(\cdot)} q_k^{SR} - n_j^{SR} Y^{SR}\right) \Big/ Y_v^{SR} \right\rfloor v_j^{SR} + \left\lfloor T/T_0^{SM} \right\rfloor \\
& \left\lfloor \left(\sum_{j\in M} q_{jt}^{SM} - n_0^{SM} Y^{SM}\right) \Big/ Y_v^{SM} \right\rfloor v_0^{SM} + \sum_{j\in M} \left\lfloor T/T_j^{SR} \right\rfloor n_j^{SR} c_j^{SR} + \sum_{k\in R} \sum_{t\in \left\lfloor T/T_j^{SR} \right\rfloor} c_{kk}^{SR} q_{kt}^{SR}
\end{aligned}
$$

S.t.　式(2-113)～式(2-117),式(2-119)～式(2-127),式(2-130),式(2-134)～式(2-141),式(2-149)～式(2-154),式(2-180),式(2-181)

并行式运输:

$$
\begin{aligned}
\text{Min}\quad Z_{180}=&\sum_{j\in M}\sum_{t\in\left\lfloor T/T_0^{SM}\right\rfloor}h_j^{SM}I_{jt}^{SM}+\sum_{j\in M}\sum_{t\in\left\lfloor T/T_0^{SM}\right\rfloor}p_j^{SM}l_{jt}^{SM}+\sum_{k\in R}\sum_{t\in\left\lfloor T/T_j^{SR}\right\rfloor}h_k^{SR}I_{kt}^{SR}\\
&+\sum_{k\in R}\sum_{t\in\left\lfloor T/T_j^{SR}\right\rfloor}p_k^{SR}l_{kt}^{SR}+\sum_{j\in M}\sum_{t\in\left\lfloor T/T_0^{SM}\right\rfloor}c_{jj}^{SM}q_{jt}^{SM}\\
&+\sum_{c\in f_0^{-1}}\sum_{i\in S\cup\bar{S}_c(\cdot)}\sum_{\substack{j\in S\cup\bar{S}_c(\cdot)\\ j\neq i}}\sum_{t\in\left\lfloor T/T_0^{SM}\right\rfloor}\bar{c}_{ij}^{SM}G_{ij}^{S}x_{ijt}^{SM}q_{jt}^{SM}\\
&+\sum_{j\in M}\sum_{d\in f_j^{-1}}\sum_{i\in\{j\}\cup\bar{M}_{jd}(\cdot)}\sum_{\substack{k\in\{j\}\cup\bar{M}_{jd}(\cdot)\\ k\neq i}}\sum_{t\in\left\lfloor T/T_j^{SR}\right\rfloor}\bar{c}_{ik}^{SR}G_{ik}^{S}x_{ikt}^{SR}q_{kt}^{SR}\\
&+\left\lfloor T/T_0^{SM}\right\rfloor\left(\left|f_s^{-1}\right|-n_0^{SM}\right)v_0^{SM}+\sum_{j\in M}\left\lfloor T/T_j^{SR}\right\rfloor n_j^{SR}c_j^{SR}\\
&+\sum_{j\in M}\left\lfloor T/T_j^{SR}\right\rfloor\left(\left|f_{Mj}^{-1}\right|-n_j^{SR}\right)v_j^{SR}+\sum_{k\in R}\sum_{t\in\left\lfloor T/T_j^{SR}\right\rfloor}c_{kk}^{SR}q_{kt}^{SR}\\
&+\left\lfloor T/T_0^{SM}\right\rfloor n_0^{SM}c_0^{SM}
\end{aligned}
$$

S.t.　式(2-115)～式(2-117),式(2-119),式(2-121),式(2-122),式(2-124)～式(2-127),式(2-130),式(2-134),式(2-136)～式(2-141),式(2-169)～式(2-173),式(2-175)～式(2-179),式(2-181),式(2-188)～式(2-192)

2.8.4　基于随机市场、不确定需求的情形

1. 自有车辆、单阶段配送

$$\text{Min}\quad Z_{181}=\text{Min}\left\{Z_{182},Z_{183}\right\}$$

串行式运输:

$$
\begin{aligned}
\text{Min}\quad Z_{182}=&\sum_{j\in M}\sum_{t\in T}h_j^{SM}E\left[\tilde{I}_{jt}^{SM}\right]+\sum_{j\in M}\sum_{t\in T}p_j^{SM}E\left[\tilde{l}_{jt}^{SM}\right]+\sum_{k\in R}\sum_{t\in T}h_k^{SR}E\left[\tilde{I}_{kt}^{SR}\right]\\
&+\sum_{i\in S\cup M}\sum_{\substack{j\in S\cup M\\ j\neq i}}\sum_{t\in T}\bar{c}_{ij}^{SM}G_{ij}^{S}x_{ijt}^{SM}q_{jt}^{SM}+T\sum_{j\in M}\left\lceil \sum_{k\in M_j(\cdot)}q_k^{SR}\Big/Y^{SR}\right\rceil c_j^{SR}
\end{aligned}
$$

$$+T\left[\sum_{j\in M} q_{jt}^{SM} \Big/ Y^{SM}\right] c_0^{SM} + \sum_{j\in M}\sum_{t\in T} c_{jj}^{SM} q_{jt}^{SM} + \sum_{k\in R}\sum_{t\in T} p_k^{SR} E\left[\tilde{l}_{kt}^{SR}\right] + \sum_{k\in R}\sum_{t\in T} c_{kk}^{SR} q_{kt}^{SR}$$

$$+\sum_{j\in M}\sum_{i\in\{j\}\cup M_j(\cdot)}\sum_{\substack{k\in\{j\}\cup M_j(\cdot)\\ k\neq i}}\sum_{t\in T}\overline{c}_{ik}^{SR} G_{ik}^{S} x_{ikt}^{SR} q_{kt}^{SR}$$

S.t.　式（2-70）～式（2-74），式（2-76），式（2-77），式（2-81）～式（2-89），式（2-91），式（2-92），式（2-95）～式（2-101），式（2-103）～式（2-105），式（2-112）

并行式运输：

$$\text{Min}\quad Z_{183} = \sum_{j\in M}\sum_{t\in T} h_j^{SM} E\left[\tilde{I}_{jt}^{SM}\right] + \sum_{j\in M}\sum_{t\in T} p_j^{SM} E\left[\tilde{l}_{jt}^{SM}\right] + \sum_{k\in R}\sum_{t\in T} h_k^{SR} E\left[\tilde{I}_{kt}^{SR}\right]$$

$$+\sum_{k\in R}\sum_{t\in T} p_k^{SR} E\left[\tilde{l}_{kt}^{SR}\right] + T\left|f_s^{-1}\right| c_0^{SM} + T\sum_{j\in M}\left|f_{Mj}^{-1}\right| c_j^{SR}$$

$$+\sum_{c\in f_0^{-1}}\sum_{i\in S\cup\overline{S}_c(\cdot)}\sum_{\substack{j\in S\cup\overline{S}_c(\cdot)\\ j\neq i}}\sum_{t\in T}\overline{c}_{ij}^{SM} G_{ij}^{S} x_{ijt}^{SM} q_{jt}^{SM} + \sum_{j\in M}\sum_{t\in T} c_{jj}^{SM} q_{jt}^{SM}$$

$$+\sum_{j\in M}\sum_{d\in f_j^{-1}}\sum_{i\in\{j\}\cup\overline{M}_{jd}(\cdot)}\sum_{\substack{k\in\{j\}\cup\overline{M}_{jd}(\cdot)\\ k\neq i}}\sum_{t\in T}\overline{c}_{ik}^{SR} G_{ik}^{S} x_{ikt}^{SR} q_{kt}^{SR} + \sum_{k\in R}\sum_{t\in T} c_{kk}^{SR} q_{kt}^{SR}$$

S.t.　式（2-72）～式（2-74），式（2-76），式（2-81）～式（2-84），式（2-87），式（2-89），式（2-91），式（2-95）～式（2-101），式（2-103）～式（2-105），式（2-112），式（2-157）～式（2-161），式（2-163）～式（2-167）

本节实例情形参见 2.7.4 节的对应内容，可以得到表 2-92 和表 2-93 所示的结果。

表 2-92　2.8.4 节串行式运输实例优化结果 1（ $T=3$ ）

周期	M			R					
	1	2	3	4	5	6	7	8	9
$T=1$	635	975	260	330	370	265	260	350	295
$T=2$	610	935	245	310	330	280	245	345	280
$T=3$	620	970	250	320	350	270	250	350	300

表 2-93　2.8.4 节并行式运输实例优化结果 1（ $T=3$ ）

周期	M			R					
	1	2	3	4	5	6	7	8	9
$T=1$	640	960	270	325	360	280	270	340	295
$T=2$	615	975	245	310	340	275	245	360	305
$T=3$	630	965	265	320	365	265	265	340	305

2. 自有车辆、多阶段配送

$$\text{Min}\quad Z_{184}=\text{Min}\{Z_{185},Z_{186}\}$$

串行式运输：

$$\begin{aligned}\text{Min}\quad Z_{185}=&\sum_{j\in M}\sum_{t\in\left\lfloor T/T_0^{SM}\right\rfloor}h_j^{SM}E\left[\tilde{I}_{jt}^{SM}\right]+\sum_{j\in M}\sum_{t\in\left\lfloor T/T_0^{SM}\right\rfloor}p_j^{SM}E\left[\tilde{l}_{jt}^{SM}\right]\\&+\sum_{j\in M}\sum_{i\in\{j\}\cup M_j(\cdot)}\sum_{\substack{k\in\{j\}\cup M_j(\cdot)\\k\neq i}}\sum_{t\in\left\lfloor T/T_j^{SR}\right\rfloor}\overline{c}_{ik}^{SR}G_{ik}^{S}x_{ikt}^{SR}q_{kt}^{SR}+\sum_{k\in R}\sum_{t\in\left\lfloor T/T_j^{SR}\right\rfloor}h_k^{SR}E\left[\tilde{I}_{kt}^{SR}\right]\\&+\sum_{k\in R}\sum_{t\in\left\lfloor T/T_j^{SR}\right\rfloor}c_{kk}^{SR}q_{kt}^{SR}+\sum_{j\in M}\sum_{t\in\left\lfloor T/T_0^{SM}\right\rfloor}c_{jj}^{SM}q_{jt}^{SM}+\sum_{i\in S\cup M}\sum_{\substack{j\in S\cup M\\j\neq i}}\sum_{t\in\left\lfloor T/T_0^{SM}\right\rfloor}\overline{c}_{ij}^{SM}G_{ij}^{S}x_{ijt}^{SM}q_{jt}^{SM}\\&+\sum_{k\in R}\sum_{t\in\left\lfloor T/T_j^{SR}\right\rfloor}p_k^{SR}E\left[\tilde{l}_{kt}^{SR}\right]+\left\lfloor T/T_0^{SM}\right\rfloor\left\lfloor\sum_{j\in M}q_{jt}^{SM}\Big/Y^{SM}\right\rfloor c_0^{SM}\\&+\sum_{j\in M}\left\lfloor T/T_j^{SR}\right\rfloor\left\lfloor\sum_{k\in M_j(\cdot)}q_k^{SR}\Big/Y^{SR}\right\rfloor c_j^{SR}\end{aligned}$$

S.t.　式（2-103）～式（2-105），式（2-113）～式（2-117），式（2-119），式（2-120），式（2-123）～式（2-132），式（2-134），式（2-135），式（2-138）～式（2-144），式（2-155）

并行式运输：

$$\begin{aligned}\text{Min}\quad Z_{186}=&\sum_{j\in M}\sum_{t\in\left\lfloor T/T_0^{SM}\right\rfloor}h_j^{SM}E\left[\tilde{I}_{jt}^{SM}\right]+\sum_{j\in M}\sum_{t\in\left\lfloor T/T_0^{SM}\right\rfloor}p_j^{SM}E\left[\tilde{l}_{jt}^{SM}\right]+\sum_{k\in R}\sum_{t\in\left\lfloor T/T_j^{SR}\right\rfloor}h_k^{SR}E\left[\tilde{I}_{kt}^{SR}\right]\\&+\sum_{k\in R}\sum_{t\in\left\lfloor T/T_j^{SR}\right\rfloor}p_k^{SR}E\left[\tilde{l}_{kt}^{SR}\right]+\left\lfloor T/T_0^{SM}\right\rfloor\left|f_s^{-1}\right|c_0^{SM}\\&+\sum_{c\in f_0^{-1}}\sum_{i\in S\cup\overline{S}_c(\cdot)}\sum_{\substack{j\in S\cup\overline{S}_c(\cdot)\\j\neq i}}\sum_{t\in\left\lfloor T/T_0^{SM}\right\rfloor}\overline{c}_{ij}^{SM}G_{ij}^{S}x_{ijt}^{SM}q_{jt}^{SM}+\sum_{j\in M}\sum_{t\in\left\lfloor T/T_0^{SM}\right\rfloor}c_{jj}^{SM}q_{jt}^{SM}\\&+\sum_{j\in M}\left\lfloor T/T_j^{SR}\right\rfloor\left|f_{Mj}^{-1}\right|c_j^{SR}+\sum_{j\in M}\sum_{d\in f_j^{-1}}\sum_{i\in\{j\}\cup\overline{M}_{jd}(\cdot)}\sum_{\substack{k\in\{j\}\cup\overline{M}_{jd}(\cdot)\\k\neq i}}\sum_{t\in\left\lfloor T/T_j^{SR}\right\rfloor}\overline{c}_{ik}^{SR}G_{ik}^{S}x_{ikt}^{SR}q_{kt}^{SR}\\&+\sum_{k\in R}\sum_{t\in\left\lfloor T/T_j^{SR}\right\rfloor}c_{kk}^{SR}q_{kt}^{SR}\end{aligned}$$

S.t.　式(2-103)～式(2-105),式(2-115)～式(2-117),式(2-119),式(2-124)～式(2-127),式(2-130),式(2-132),式(2-134),式(2-138)～式(2-144),式(2-155),式(2-169)～式(2-173),式(2-175)～式(2-179)

本节实例情形参见 2.7.4 节的对应内容，可以得到表 2-94 和表 2-95 所示的结果。

表 2-94　2.8.4 节串行式运输实例优化结果 2（$T=6$）

周期	M			R					
	1	2	3	4	5	6	7	8	9
$T=1$	1850	1770	450	670	390	580	155	340	760
$T=2$							145		
$T=3$					360	520	150		
$T=4$	920	1720	450	655			150	370	695
$T=5$					370	550	140		
$T=6$							160		

表 2-95　2.8.4 节并行式运输实例优化结果 2（$T=6$）

周期	M			R					
	1	2	3	4	5	6	7	8	9
$T=1$	1840	1760	450	660	380	550	155	360	740
$T=2$							145		
$T=3$					390	530	150		
$T=4$	940	1740	450	650			150	380	710
$T=5$					370	570	150		
$T=6$							150		

3. 第三方车辆、单阶段配送

$$\text{Min}\quad Z_{187}=\text{Min}\{Z_{188},Z_{189}\}$$

串行式运输：

$$\begin{aligned}\text{Min}\quad Z_{188}=&\sum_{j\in M}\sum_{t\in T}h_j^{SM}E\left[\tilde{I}_{jt}^{SM}\right]+\sum_{j\in M}\sum_{t\in T}p_j^{SM}E\left[\tilde{l}_{jt}^{SM}\right]+\sum_{k\in R}\sum_{t\in T}h_k^{SR}E\left[\tilde{I}_{kt}^{SR}\right]\\&+\sum_{k\in R}\sum_{t\in T}p_k^{SR}E\left[\tilde{l}_{kt}^{SR}\right]+Tn_0^{SM}c_0^{SM}+\sum_{i\in S\cup M}\sum_{\substack{j\in S\cup M\\ j\neq i}}\sum_{t\in T}\overline{c}_{ij}^{SM}G_{ij}^{S}x_{ijt}^{SM}q_{jt}^{SM}\\&+\sum_{j\in M}\sum_{t\in T}c_{jj}^{SM}q_{jt}^{SM}+\sum_{j\in M}\sum_{i\in\{j\}\cup M_j(\cdot)}\sum_{\substack{k\in\{j\}\cup M_j(\cdot)\\ k\neq i}}\sum_{t\in T}\overline{c}_{ik}^{SR}G_{ik}^{S}x_{ikt}^{SR}q_{kt}^{SR}\\&+\sum_{k\in R}\sum_{t\in T}c_{kk}^{SR}q_{kt}^{SR}+T\left\lceil\left(\sum_{j\in M}q_{jt}^{SM}-n_0^{SM}Y^{SM}\right)\Big/Y_v^{SM}\right\rceil v_0^{SM}\\&+T\sum_{j\in M}\left\lceil\left(\sum_{k\in M_j(\cdot)}q_k^{SR}-n_j^{SR}Y^{SR}\right)\Big/Y_v^{SR}\right\rceil v_j^{SR}\\&+T\sum_{j\in M}n_j^{SR}c_j^{SR}\end{aligned}$$

S.t.　式（2-70）～式（2-74），式（2-76），式（2-77），式（2-80）～式（2-89），式（2-91），式（2-92），式（2-95）～式（2-101），式（2-103）～式（2-105），式（2-112），式（2-180），式（2-181）

并行式运输：

$$\begin{aligned}\text{Min}\quad Z_{189}=&\sum_{j\in M}\sum_{t\in T}h_j^{SM}E\left[\tilde{I}_{jt}^{SM}\right]+\sum_{j\in M}\sum_{t\in T}p_j^{SM}E\left[\tilde{l}_{jt}^{SM}\right]+\sum_{k\in R}\sum_{t\in T}h_k^{SR}E\left[\tilde{I}_{kt}^{SR}\right]\\&+\sum_{k\in R}\sum_{t\in T}p_k^{SR}E\left[\tilde{l}_{kt}^{SR}\right]+Tn_0^{SM}c_0^{SM}+T\left(\left|f_s^{-1}\right|-n_0^{SM}\right)v_0^{SM}\\&+\sum_{c\in f_0^{-1}}\sum_{i\in S\cup\overline{S}_c(\cdot)}\sum_{\substack{j\in S\cup\overline{S}_c(\cdot)\\ j\neq i}}\sum_{t\in T}\overline{c}_{ij}^{SM}G_{ij}^{S}x_{ijt}^{SM}q_{jt}^{SM}+T\sum_{j\in M}n_j^{SR}c_j^{SR}+\sum_{j\in M}\sum_{t\in T}c_{jj}^{SM}q_{jt}^{SM}\\&+T\sum_{j\in M}\left(\left|f_{Mj}^{-1}\right|-n_j^{SR}\right)v_j^{SR}+\sum_{j\in M}\sum_{d\in f_j^{-1}}\sum_{i\in\{j\}\cup\overline{M}_{jd}(\cdot)}\sum_{\substack{k\in\{j\}\cup\overline{M}_{jd}(\cdot)\\ k\neq i}}\sum_{t\in T}\overline{c}_{ik}^{SR}G_{ik}^{S}x_{ikt}^{SR}q_{kt}^{SR}\\&+\sum_{k\in R}\sum_{t\in T}c_{kk}^{SR}q_{kt}^{SR}\end{aligned}$$

S.t.　式（2-67），式（2-69），式（2-72）～式（2-74），式（2-76），式（2-81）～式（2-84），式（2-87），式（2-89），式（2-91），式（2-95）～式（2-101），式（2-103）～式（2-105），式（2-112），式（2-157）～式（2-161），式（2-163）～式（2-167）

4. 第三方车辆、多阶段配送

$$\text{Min}\quad Z_{190}=\text{Min}\left\{Z_{191},\quad Z_{192}\right\}$$

串行式运输：

$$
\begin{aligned}
\text{Min}\quad Z_{191}= & \sum_{j\in M}\sum_{t\in\left\lfloor T/T_0^{SM}\right\rfloor} h_j^{SM}E\left[\tilde{I}_{jt}^{SM}\right]+\sum_{j\in M}\sum_{t\in\left\lfloor T/T_0^{SM}\right\rfloor} p_j^{SM}E\left[\tilde{l}_{jt}^{SM}\right] \\
& +\sum_{k\in R}\sum_{t\in\left\lfloor T/T_j^{SR}\right\rfloor} h_k^{SR}E\left[\tilde{I}_{kt}^{SR}\right]+\sum_{k\in R}\sum_{t\in\left\lfloor T/T_j^{SR}\right\rfloor} p_k^{SR}E\left[\tilde{l}_{kt}^{SR}\right] \\
& +\sum_{i\in S\cup M}\sum_{\substack{j\in S\cup M\\ j\neq i}}\sum_{t\in\left\lfloor T/T_0^{SM}\right\rfloor}\bar{c}_{ij}^{SM}G_{ij}^{S}x_{ijt}^{SM}q_{jt}^{SM} \\
& +\sum_{j\in M}\left\lfloor T/T_j^{SR}\right\rfloor n_j^{SR}c_j^{SR}+\sum_{j\in M}\sum_{t\in\left\lfloor T/T_0^{SM}\right\rfloor} c_{jj}^{SM}q_{jt}^{SM} \\
& +\left\lfloor T/T_0^{SM}\right\rfloor\left\lfloor\left(\sum_{j\in M}q_{jt}^{SM}-n_0^{SM}Y^{SM}\right)\Big/Y_v^{SM}\right\rfloor v_0^{SM} \\
& +\sum_{j\in M}\left\lfloor T/T_j^{SR}\right\rfloor\left\lfloor\left(\sum_{k\in M_j(\cdot)}q_k^{SR}-n_j^{SR}Y^{SR}\right)\Big/Y_v^{SR}\right\rfloor v_j^{SR} \\
& +\sum_{j\in M}\sum_{i\in\{j\}\cup M_j(\cdot)}\sum_{\substack{k\in\{j\}\cup M_j(\cdot)\\ k\neq i}}\sum_{t\in\left\lfloor T/T_j^{SR}\right\rfloor}\bar{c}_{ik}^{SR}G_{ik}^{S}x_{ikt}^{SR}q_{kt}^{SR} \\
& +\left\lfloor T/T_0^{SM}\right\rfloor n_0^{SM}c_0^{SM}+\sum_{k\in R}\sum_{t\in\left\lfloor T/T_j^{SR}\right\rfloor} c_{kk}^{SR}q_{kt}^{SR}
\end{aligned}
$$

S.t.　式（2-103）～式（2-105），式（2-113）～式（2-117），式（2-119），式（2-120），式（2-123）～式（2-132），式（2-134），式（2-135），式（2-138）～式（2-144），式（2-155），式（2-180），式（2-181）

并行式运输：

$$
\begin{aligned}
\text{Min}\quad Z_{192} = & \sum_{j\in M}\sum_{t\in\left\lfloor T/T_0^{SM}\right\rfloor} h_j^{SM} E\left[\tilde{I}_{jt}^{SM}\right] + \sum_{j\in M}\sum_{t\in\left\lfloor T/T_0^{SM}\right\rfloor} p_j^{SM} E\left[\tilde{l}_{jt}^{SM}\right] + \sum_{k\in R}\sum_{t\in\left\lfloor T/T_j^{SR}\right\rfloor} h_k^{SR} E\left[\tilde{I}_{kt}^{SR}\right] \\
& + \sum_{k\in R}\sum_{t\in\left\lfloor T/T_j^{SR}\right\rfloor} p_k^{SR} E\left[\tilde{l}_{kt}^{SR}\right] + \left\lfloor T/T_0^{SM}\right\rfloor n_0^{SM} c_0^{SM} \\
& + \sum_{c\in f_0^{-1}}\sum_{i\in S\cup\overline{S}_c(\cdot)}\sum_{\substack{j\in S\cup\overline{S}_c(\cdot)\\ j\neq i}}\sum_{t\in\left\lfloor T/T_0^{SM}\right\rfloor} \overline{c}_{ij}^{SM} G_{ij}^{S} x_{ijt}^{SM} q_{jt}^{SM} + \sum_{j\in M}\sum_{t\in\left\lfloor T/T_0^{SM}\right\rfloor} c_{jj}^{SM} q_{jt}^{SM} \\
& + \left\lfloor T/T_0^{SM}\right\rfloor \left(\left|f_s^{-1}\right| - n_0^{SM}\right) v_0^{SM} + \sum_{j\in M}\left\lfloor T/T_j^{SR}\right\rfloor n_j^{SR} c_j^{SR} \\
& + \sum_{j\in M}\left\lfloor T/T_j^{SR}\right\rfloor \left(\left|f_{Mj}^{-1}\right| - n_j^{SR}\right) v_j^{SR} \\
& + \sum_{j\in M}\sum_{d\in f_j^{-1}}\sum_{i\in\{j\}\cup\overline{M}_{jd}(\cdot)}\sum_{\substack{k\in\{j\}\cup\overline{M}_{jd}(\cdot)\\ k\neq i}}\sum_{t\in\left\lfloor T/T_j^{SR}\right\rfloor} \overline{c}_{ik}^{SR} G_{ik}^{S} x_{ikt}^{SR} q_{kt}^{SR} + \sum_{k\in R}\sum_{t\in\left\lfloor T/T_j^{SR}\right\rfloor} c_{kk}^{SR} q_{kt}^{SR}
\end{aligned}
$$

S.t.　式（2-103）～式（2-105），式（2-115）～式（2-117），式（2-119），式（2-124）～式（2-127），式（2-130），式（2-132），式（2-134），式（2-138）～式（2-144），式（2-155），式（2-169）～式（2-173），式（2-175）～式（2-179），式（2-181）

2.9 本章小结

针对以供应商为核心的供应链 SIRP，本章从周期数、车辆数、市场需求、市场模式及库存策略等五个维度对 One-Many-Many 供应链进行了模型构建及算法研究。

基于供应链中的存储成本、缺货成本、车辆调度成本、运输成本、空驶成本、装卸货成本及一系列相关约束，本章构建了各个维度情形下的库存调度模型；针对各个维度下的库存调度模型，本章通过引入 0-1 整数变量和车辆调度次序变量，巧妙地将模型中的存储成本、缺货成本与前向单位商品单位距离运输成本进行了变换，极大地提高了模型求解的可行性；针对周期数维度情形，本章通过修正的蚁群算法对单周期供应链库存路径问题进行了求解与实例分析，而对于多周期下的单阶段与多阶段模型，则通过遗传算法对这一系列 SIRP 进行了求解与实例分析；针对车辆数维度情形，本章在三种运输方式（直配式运输、串行式运输和并行式运输）定义的基础上，分别对其进行了建模与实例分析；针对市场需求维度情形，本章通过均匀分布和正态分布等连续型随机需求进行了模型分析与实例优化，另外，为了方便处理多周期问题，提出了“确定需求优化路线，随机需求优化库存”的原则；针对市场模式维度情形，本章通过地理信息系统中的 Voronoi 图和费用差最小插入法分区算法等对市场进行区域划分，以此转化为市场细分情形；针对库存策略维度情形，本章对供应链 VMI 主子问题与 JMI 问题进行了建模与实例结论分析。

第 3 章　制造商为核心的供应链库存路径问题

本章着眼于制造商为核心的供应链库存路径问题，即 Many-One-Many 情形，分别针对周期数、车辆数、市场需求、市场模式及库存策略等维度情形对 MIRP 进行全面研究。

本章研究内容基于以下假设。

（1）此类库存路径问题针对单一商品下的供应链。

（2）各个零售商的商品需求是相互独立的。

（3）不考虑车辆运输、装卸货等相关的时间。

（4）车辆从供应商处取完货、向零售商送完货后均返回制造商处等。

3.1　单周期、单车辆、供应商管理库存策略下的库存路径问题

单周期、单车辆、VMI 策略下 MIRP 示意图如图 3-1 所示。

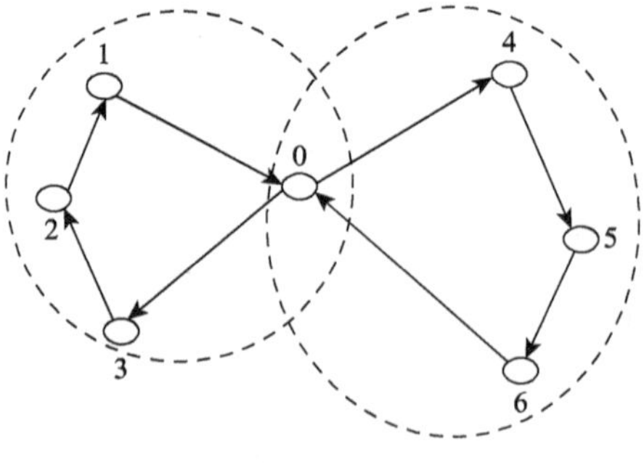

图 3-1　单周期、单车辆、VMI 策略下 MIRP 示意图

图中的节点 0 代表制造商，节点 1、节点 2 和节点 3 代表供应商，节点 4、节点 5 和节点 6 代表零售商；箭头代表单一车辆行驶路径；虚线圈代表 VMI 策略模式，下同

3.1.1 基于确定需求的情形

主问题：

$$\text{Min}\quad Z_1 = h_0^{MM} I_0^{MM} + p_0^{MM} l_0^{MM} + c_0^{MM} + \sum_{j\in S\cup M}\sum_{\substack{i\in S\cup M\\ i\neq j}} \underline{c}_{ji}^{MM} G_{ji}^{MM} x_{ji}^{MM} q_i^{MM} + \sum_{i\in S} c_{ii}^{MM} q_i^{MM}$$

$$\text{S.t.}\quad \sum_{i\in S} x_{i0}^{MM} = 1 \tag{3-1}$$

$$\sum_{i\in S} x_{0i}^{MM} = 1 \tag{3-2}$$

$$\sum_{\substack{j\in S\cup M\\ j\neq h}} x_{jh}^{MM} - \sum_{\substack{i\in S\cup M\\ i\neq h}} x_{hi}^{MM} = 0 \tag{3-3}$$

$$\sum_{\substack{j\in S\cup M\\ i\neq j}} x_{ji}^{MM} = 1,\quad i\in S \tag{3-4}$$

$$\sum_{j\in S\cup M}\sum_{\substack{i\in S\cup M\\ i\neq j}} x_{ji}^{MM} \leqslant m+1 \tag{3-5}$$

$$\sum_{i\in S} q_i^{MM} \leqslant Y^{MM} \tag{3-6}$$

$$I_0^{MM} + \sum_{i\in S} q_i^{MM} \leqslant U^{MM} \tag{3-7}$$

$$q_i^{MM} - \sum_{i\in S\cup M} Y^{MM} x_{ji}^{MM} \leqslant 0,\quad i\in S \tag{3-8}$$

$$l_0^{MM} = \left(d_0^{MM} - \sum_{i\in S} q_i^{MM}\right)^+ \tag{3-9}$$

$$l_0^{MM} \leqslant L^{MM} \tag{3-10}$$

$$d_0^{MM} = \sum_{k\in R} d_k^{MR} \tag{3-11}$$

$$q_0^{MM} = q_i^{MR} = K,\quad i\in S \tag{3-12}$$

$$x_{ji}^{MM} \in (0,\ 1) \tag{3-13}$$

$$q_0^{MM} \in \mathrm{Z}^+ \tag{3-14}$$

其中，约束（3-1）表示单一车辆离开制造商处向供应商处取货；约束（3-2）表示单一车辆从供应商处取完货返回制造商处；约束（3-3）表示任意到达供应商处的车辆在取完货后离开该供应商；约束（3-4）表示供应链中的制造商和供应商节点当且仅当被访问一次；约束（3-5）表示消除子车辆路线的生成；约束（3-6）表示制造商向供应商的取货量不超过车辆容量；约束（3-7）表示供应商处的取货量不能超过制造商库存水平容量；约束（3-8）表示车辆只有经过供应商节点时才取货，保证了运输的可能性；约束（3-9）表示制造商处的缺货数量表达式；约束（3-10）表示制造商处的缺货数量不能超过其最大缺货数量；约束（3-11）表示制造商的需求量等于其相对应的下游零售商的需求量之和；约束（3-12）表示车辆空驶当量表达式；约束（3-13）表示车辆调度路径为 0-1 整数变量；约束（3-14）表示制造商向上游供应商的取货量为整数。

子问题：

$$\text{Min}\quad Z_2=\sum_{k\in R}h_k^{MR}I_k^{MR}+\sum_{k\in R}p_k^{MR}l_k^{MR}+c_0^{MR}+\sum_{j\in M\cup R}\sum_{\substack{k\in M\cup R\\k\neq j}}\overline{c}_{jk}^{MR}G_{jk}^{M}x_{jk}^{MR}q_k^{MR}+\sum_{k\in R}c_{kk}^{MR}q_k^{MR}$$

$$\text{S.t.}\quad \sum_{k\in R}x_{0k}^{MR}=1 \tag{3-15}$$

$$\sum_{k\in R}x_{k0}^{MR}=1 \tag{3-16}$$

$$\sum_{\substack{j\in M\cup R\\j\neq h}}x_{jh}^{MR}-\sum_{\substack{k\in M\cup R\\k\neq h}}x_{hk}^{MR}=0 \tag{3-17}$$

$$\sum_{\substack{j\in M\cup R\\j\neq k}}x_{jk}^{MR}=1,\quad k\in R \tag{3-18}$$

$$\sum_{j\in M\cup R}\sum_{\substack{k\in M\cup R\\k\neq j}}x_{jk}^{MR}\leqslant n+1 \tag{3-19}$$

$$\sum_{k\in R}q_k^{MR}\leqslant Y^{MR} \tag{3-20}$$

$$q_k^{MR}\leqslant U_k^{MR},\quad k\in R \tag{3-21}$$

$$q_k^{MR}-\sum_{j\in M\cup R}Y^{MR}x_{jk}^{MR}\leqslant 0,\quad k\in R \tag{3-22}$$

$$l_k^{MR}=\left(d_k^{MR}-q_k^{MR}\right)^{+},\quad k\in R \tag{3-23}$$

$$l_k^{MR}\leqslant L^{MR},\quad k\in R \tag{3-24}$$

$$q_0^{MM}=q_i^{MR}=K,\quad i\in S \tag{3-25}$$

$$x_{jk}^{MR}\in(0,\ 1) \tag{3-26}$$

$$q_k^{MR}\in Z^{+},\quad k\in R \tag{3-27}$$

其中，约束（3-15）表示单一车辆离开制造商处向零售商送货；约束（3-16）表示单一车辆从零售商处送完货返回制造商处；约束（3-17）表示任意到达零售商处的车辆在送完货后离开该零售商；约束（3-18）表示供应链中的制造商和零售商节点当且仅当被访问一次；约束（3-19）表示消除子车辆路线的生成；约束（3-20）表示制造商向零售商的送货量不超过车辆容量；约束（3-21）表示零售商处的送货量不能超过其库存水平容量；约束（3-22）表示车辆只有经过零售商节点时才送货，保证了运输的可能性；约束（3-23）表示零售商处的缺货数量表达式；约束（3-24）表示零售商处的缺货数量不能超过其最大缺货数量；约束（3-25）表示车辆空驶当量表达式；约束（3-26）表示车辆调度路径为 0-1 整数变量；约束（3-27）表示制造商向下游零售商的送货量为整数。

将模型中 $\underline{c}_{ji}^{MM}$ 与 $\overline{c}_{jk}^{MR}$ 分别替换为 $\underline{c}_{ji}^{MM}=\psi_i^{MM}c^{MM}$，$\overline{c}_{jk}^{MR}=\left(N^{MR}-\psi_k^{MR}\right)c^{MR}$，则原约束条件中需加入以下约束：

$$\psi_i^{MM}\geqslant\psi_j^{MM}+x_{ji}^{MM}-\left(N^{MM}-2\right)\left(1-x_{ji}^{MM}\right)+\left(N^{MM}-3\right)x_{ij}^{MM},\quad i\in S\text{且}j\neq i \tag{3-1'}$$

$$\psi_i^{MM}\leqslant N^{MM}-1-\left(N^{MM}-2\right)x_{0i}^{MM},\quad i\in S \tag{3-2'}$$

$$\psi_i^{MM}\geqslant 1+\left(N^{MM}-2\right)x_{i0}^{MM},\quad i\in S \tag{3-3'}$$

$$\psi_0^{MM}\leqslant N^{MM} \tag{3-4'}$$

$$\psi_k^{MR}\geqslant\psi_l^{MR}+x_{lk}^{MR}-\left(N^{MR}-2\right)\left(1-x_{lk}^{MR}\right)+\left(N^{MR}-3\right)x_{kl}^{MR},\quad k\in S_i(\cdot),\quad i\in S\text{且}k\neq l \tag{3-5'}$$

$$\psi_k^{MR}\leqslant N^{MR}-1-\left(N^{MR}-2\right)x_{ik}^{MR},\quad k\in S_i(\cdot),\quad i\in S \tag{3-6'}$$

$$\psi_k^{MR}\geqslant 1+\left(N^{MR}-2\right)x_{ki}^{MR},\quad k\in S_i(\cdot),\quad i\in S \tag{3-7'}$$

$$\psi_k^{MR}\leqslant N^{MR},\quad i\in S \tag{3-8'}$$

对模型中 I_0^{MM}、l_0^{MM}、I_k^{MR} 与 l_k^{MR} 进行线性化处理，引入 $(0,\ 1)$ 变量 y_m^{MM}、y_{mk}^{MR} 和正整变量 z_m^{MM}、z_{mk}^{MR}、z_{m+1}^{MM}、$z_{m+1,k}^{MR}$，且 $m\in n$，于是

$$I_0^{MM}=z_3^{MM}\left(U_0^{MM}-d_0^{MM}\right),\quad l_0^{MM}=z_1^{MM}d_0^{MM}$$

$$I_k^{MR}=z_{3k}^{MR}\left(U_k^{MR}-d_k^{MR}\right),\quad l_k^{MR}=z_{1k}^{MR}d_k^{MR}$$

$$z_1^{MM}\leqslant y_1^{MM},\quad z_2^{MM}\leqslant y_1^{MM}+y_2^{MM},\quad z_3^{MM}\leqslant y_2^{MM} \tag{3-9'}$$

$$y_1^{MM}+y_2^{MM}=1,\quad z_1^{MM}+z_2^{MM}+z_3^{MM}=1 \tag{3-10'}$$

$$y_1^{MM},y_2^{MM}\in(0,\ 1),\quad z_1^{MM},z_2^{MM},z_3^{MM}\geqslant 0 \tag{3-11'}$$

$$z_{1k}^{MR}\leqslant y_{1k}^{MR},\quad z_{2k}^{MR}\leqslant y_{1k}^{MR}+y_{2k}^{MR},\quad z_{3k}^{MR}\leqslant y_{2k}^{MR},\quad k\in R \tag{3-12'}$$

$$y_{1k}^{MR}+y_{2k}^{MR}=1,\quad z_{1k}^{MR}+z_{2k}^{MR}+z_{3k}^{MR}=1,\quad k\in R \tag{3-13'}$$

$$y_{1k}^{MR},y_{2k}^{MR}\in(0,\ 1),\quad z_{1k}^{MR},z_{2k}^{MR},z_{3k}^{MR}\geqslant 0,\quad k\in R \tag{3-14'}$$

现有供应链中分别处于供应商、制造商和零售商位置的八家企业，其相关数据如表 3-1 和表 3-2 所示。

表 3-1　3.1.1 节供应链企业的距离矩阵　　（单位：米）

		S		M	R				
		1	2	0	3	4	5	6	7
S	1	0							
	2	12 500	0						
M	0	11 800	13 200	0					
R	3	10 800	9 800	6 800	0				
	4	9 500	9 600	8 500	7 800	0			
	5	10 600	12 500	7 900	9 800	9 500	0		
	6	10 500	11 300	8 800	10 100	9 000	8 500	0	
	7	10 900	9 000	7 300	8 400	8 800	7 500	7 800	0

表 3-2　3.1.1 节供应链企业相应的参数

		h_0^{MM}（h_k^{MR}）/（元/件）	p_0^{MM}（p_k^{MR}）/（元/件）	c_{ii}^{MM}（c_{kk}^{MR}）/（元/件）	U_0^{MM}（U_k^{MR}）/件	d_i^{MM}（d_k^{MR}）/件
S	1			2	1000	850
	2			1	1050	970
M	0	120	540		2200	1820
R	3	150	650	1	700	550
	4	200	550	2	450	300
	5	175	480	2	550	420
	6	225	550	1	500	350
	7	200	650	1	350	200

而 $Y^{MM}=3000$ 件，$Y^{MR}=2500$ 件，$L^{MM}=50$ 件，$L^{MR}=20$ 件，$c_0^{MM}=3500$ 元/次，$c_0^{MR}=2800$ 元/次，$c^{MM}=0.002$ 元/（件·米），$c^{MR}=0.0025$ 元/（件·米），$K=150$ 件。

初始化设定参数 $\alpha=1$，$\beta=5$，$m=4$，$\mathrm{nc}=100$，$l=0.1$，$g=0.1$，$q_0=0.9$ 并引入 ε_j，$\gamma=2$，令主问题中 $\eta_{ij}=\left(G_{ji}^{M}\right)^{-1}$，$\tau_{ij}(t)=\left(\psi_i^{MM}c^{MM}G_{ji}^{M}q_i^{MM}\right)^{-1}$，$L_t=Z_1$，$\varepsilon_j=\left[h_0^{MM}z_{30}^{MM}\left(U_0^{MM}-d_0^{MM}\right)+p_0^{MM}z_{10}^{MM}d_0^{MM}+c_{ii}^{MM}q_0^{MM}\right]^{-1}$。于是通过修正后的蚁群算法的求解，得到最优调度路线，然后在此路线基础上优化库存水平，得到表 3-3 所示的结果（其中小括号中的数字为库存水平）。

表 3-3　3.1.1 节实例优化结果

主问题	子问题
$M_0\to S_2\to S_1\to M_0$ （970）（850）	$M_0\to R_3\to R_7\to R_6\to R_4\to R_5\to M_0$ （550）（200）（350）（300）（420）
$Z_1=77\,818$	$Z_2=98\,583$

3.1.2　基于不确定需求的情形

$$\text{Min}\quad Z_3 = h_0^{MM} E\left[\tilde{I}_0^{MM}\right] + p_0^{MM} E\left[\tilde{l}_0^{MM}\right] + c_0^{MM} + \sum_{j\in S\cup M}\sum_{\substack{i\in S\cup M\\ i\neq j}} \underline{c}_{ji}^{MM} G_{ji}^{M} x_{ji}^{MM} q_i^{MM} + \sum_{i\in S} c_{ii}^{MM} q_i^{MM}$$

$$\text{S.t.}\quad E\left[\tilde{l}_0^{MM}\right] = E\left(\tilde{d}_0^{MM} - \sum_{i\in S} q_i^{MM}\right)^{+} \tag{3-28}$$

$$E\left[\tilde{l}_0^{MM}\right] \leqslant L^{MM} \tag{3-29}$$

$$E\left[\tilde{d}_0^{MM}\right] = \int_{\tilde{d}_0^{MM}\in R^{+}} \tilde{d}_0^{MM} f_d\left(\tilde{d}_0^{MM}\right) \mathrm{d}\left(\tilde{d}_0^{MM}\right) \tag{3-30}$$

$$E\left[\tilde{d}_0^{MM}\right] = \sum_{k\in R} E\left[\tilde{d}_k^{MR}\right] \quad k\in R \tag{3-31}$$

式（3-1）～式（3-8），式（3-12）～式（3-14）

其中，约束（3-28）表示需求不确定时的制造商缺货数量表达式；约束（3-29）表示制造商的期望缺货量不能超过最大缺货水平；约束（3-30）表示制造商处的不确定需求表达式；约束（3-31）表示制造商的需求量等于其相对应的下游零售商的需求量之和。

子问题：

$$\text{Min}\quad Z_4 = \sum_{k\in R} h_k^{MR} E\left[\tilde{I}_k^{MR}\right] + \sum_{k\in R} p_k^{MR} E\left[\tilde{l}_k^{MR}\right] + c_0^{MR} + \sum_{j\in M\cup R}\sum_{\substack{k\in M\cup R\\ k\neq j}} \overline{c}_{jk}^{MR} G_{jk}^{M} x_{jk}^{MR} q_k^{MR} + \sum_{k\in R} c_{kk}^{MR} q_k^{MR}$$

$$\text{S.t.}\quad E\left[\tilde{l}_k^{MR}\right] = E\left(\tilde{d}_k^{MR} - q_k^{MR}\right)^{+},\quad k\in R \tag{3-32}$$

$$E\left[\tilde{l}_k^{MR}\right] \leqslant L^{MR},\quad k\in R \tag{3-33}$$

$$E\left[\tilde{d}_k^{MR}\right] = \int_{\tilde{d}_k^{MR}\in R^{+}} \tilde{d}_k^{MR} f_d\left(\tilde{d}_k^{MR}\right) \mathrm{d}\left(\tilde{d}_k^{MR}\right),\quad k\in R \tag{3-34}$$

式（3-15）～式（3-22），式（3-25）～式（3-27）

其中，约束（3-32）表示需求不确定时的零售商缺货数量表达式；约束（3-33）表示零售商的期望缺货量不能超过最大缺货水平；约束（3-34）表示零售商处的不确定需求表达式。

实例参见 3.1.1 节，现在已知供应链中零售商的需求分布如表 3-4 所示。

表 3-4　3.1.2 节零售商的需求分布

	R				
	3	4	5	6	7
$\tilde{d}_k^{SR}$	$N\left(420,\ 15^2\right)$	$N\left(180,\ 21^2\right)$	$N\left(350,\ 20^2\right)$	$N\left(300,\ 25^2\right)$	$N\left(250,\ 13^2\right)$

假定供应商 1 和供应商 2 的需求分别为 $N\left(640,\ 30^2\right)$ 和 $N\left(860,\ 31^2\right)$，初始化参数并令主问题中 $\eta_{ij}=\left(G_{ji}^{M}\right)^{-1}$，$\tau_{ij}(t)=\left(\psi_i^{MM}c^{MM}G_{ji}^{M}q_i^{MM}\right)^{-1}$，$L_t=Z_2$，$\varepsilon_j=\left(c_i^{MM}q_i^{MM}\right)^{-1}$。于是通过修正后的蚁群算法的求解，得到最优调度路线，然后在此路线基础上优化库存水平，得到表 3-5 所示的结果（其中小括号中的数字为库存水平）。

表 3-5　3.1.2 节实例优化结果

主问题	子问题
$M_0 \to S_2 \to S_1 \to M_0$ （926）（590）	$M_0 \to R_3 \to R_7 \to R_4 \to R_6 \to R_5 \to M_0$ （428）（259）（188）（310）（360）
$Z_3 = 61\,260$	$Z_4 = 101125$

3.2　单周期、单车辆、联合库存管理策略下的库存路径问题

单周期、单车辆、JMI 策略下 MIRP 示意图如图 3-2 所示。

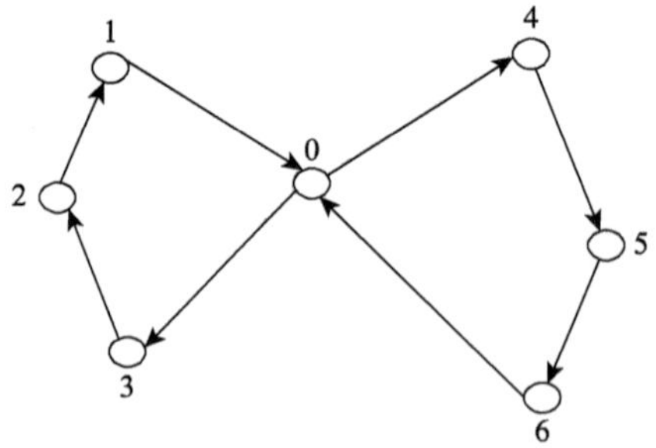

图 3-2　单周期、单车辆、JMI 策略下 MIRP 示意图

图中无虚线圈代表 JMI 策略模式，其他同上

3.2.1　基于确定需求的情形

$$
\begin{aligned}
\text{Min}\quad Z_5 = {} & h_0^{MM} I_0^{MM} + p_0^{MM} l_0^{MM} + c_0^{MM} + \sum_{k\in R} h_k^{MR} I_k^{MR} + \sum_{k\in R} p_k^{MR} l_k^{MR} + c_0^{MR} \\
& + \sum_{j\in M\cup R} \sum_{\substack{k\in M\cup R \\ k\neq j}} \overline{c}_{jk}^{MR} G_{jk}^{M} x_{jk}^{MR} q_k^{MR} + \sum_{j\in S\cup M} \sum_{\substack{i\in S\cup M \\ i\neq j}} \underline{c}_{ji}^{MM} G_{ji}^{M} x_{ji}^{MM} q_i^{MM} + \sum_{k\in R} c_{kk}^{MR} q_k^{MR} \\
& + \sum_{i\in S} c_{ii}^{MM} q_i^{MM}
\end{aligned}
$$

S.t.　式（3-1）～式（3-27）

初始化设定参数后通过修正后的蚁群算法的求解，得到最优调度路线，然后在此路线基础上优化库存水平，得到表 3-6 所示的结果（其中小括号中的数字为库存水平）。

表 3-6　3.2.1 节实例优化结果

JMI 策略	
$M_0 \to S_2 \to S_1 \to M_0$ （970）（850） $Z_5 = 176\,401$	$M_0 \to R_3 \to R_7 \to R_6 \to R_4 \to R_5 \to M_0$ （550）（200）（350）（300）（420）

库存路径问题总成本为 176 401 元，与 VMI 策略时供应链总成本一致。

3.2.2　基于不确定需求的情形

$$
\begin{aligned}
\text{Min}\quad Z_6 = {} & h_0^{MM} E\left[\tilde{I}_0^{MM}\right] + p_0^{MM} E\left[\tilde{l}_0^{MM}\right] + \sum_{k\in R} h_k^{MR} E\left[\tilde{I}_k^{MR}\right] + \sum_{k\in R} p_k^{MR} E\left[\tilde{l}_k^{MR}\right] \\
& + \sum_{j\in M\cup R} \sum_{\substack{k\in M\cup R \\ k\neq j}} \overline{c}_{jk}^{MR} G_{jk}^{M} x_{jk}^{MR} q_k^{MR} + c_0^{MM} + c_0^{MR} + \sum_{j\in S\cup M} \sum_{\substack{i\in S\cup M \\ i\neq j}} \underline{c}_{ji}^{MM} G_{ji}^{M} x_{ji}^{MM} q_i^{MM} \\
& + \sum_{k\in R} c_{kk}^{MR} q_k^{MR} + \sum_{i\in S} c_{ii}^{MM} q_i^{MM}
\end{aligned}
$$

S.t.　式（3-1）～式（3-8），式（3-12）～式（3-14），式（3-15）～式（3-22），式（3-25）～式（3-34）

初始化设定参数后通过修正后的蚁群算法的求解，得到最优调度路线，然后在此路线基础上优化库存水平，得到表 3-7 所示的结果（其中小括号中的数字为库存水平）。

表 3-7　3.2.2 节实例优化结果

JMI 策略	
$M_0 \to S_2 \to S_1 \to M_0$ （926）（590） $Z_6 = 173\ 825$	$M_0 \to R_3 \to R_7 \to R_4 \to R_6 \to R_5 \to M_0$ （424）（252）（180）（305）（355）

库存路径问题总成本为 173 825 元，小于 VMI 策略时供应链总成本。

3.3　单周期、多车辆、供应商管理库存策略下的库存路径问题

单周期、多车辆、VMI 策略下 MIRP 示意图（串行式运输、自有车辆情形）如图 3-3 所示。单周期、多车辆、VMI 策略下 MIRP 示意图（串行式运输、租用车辆情形）如图 3-4 所示。单周期、多车辆、VMI 策略下 MIRP 示意图（并行式运输情形）如图 3-5 所示。

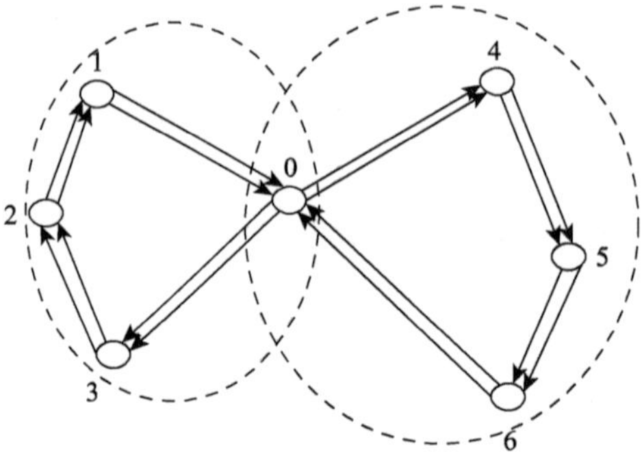

图 3-3　单周期、多车辆、VMI 策略下 MIRP 示意图（串行式运输、自有车辆情形）

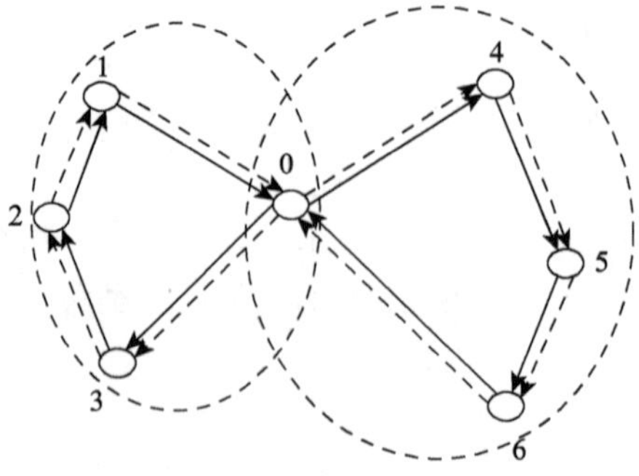

图 3-4　单周期、多车辆、VMI 策略下 MIRP 示意图（串行式运输、租用车辆情形）

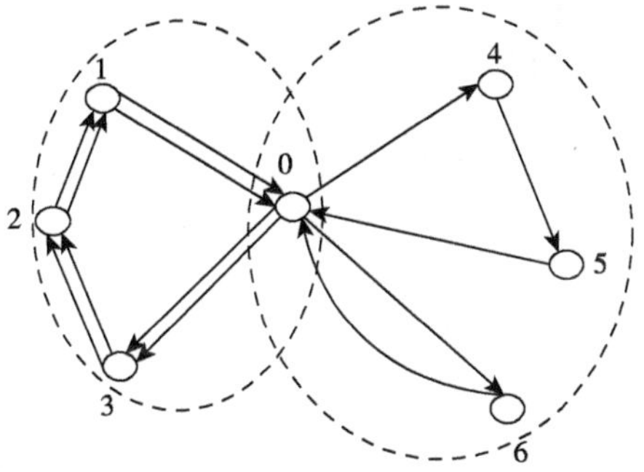

图 3-5　单周期、多车辆、VMI 策略下 MIRP 示意图（并行式运输情形）
双箭头代表多自有车辆行驶路径；箭头代表并行运输方式，其他同上

3.3.1　基于确定需求、自有车辆配送的情形

主问题：

$$\text{Min}\quad Z_7 = \text{Min}\{Z_8,\ \ Z_9,\ \ Z_{10}\}$$

直配式运输：

$$\text{Min}\quad Z_8 = h_0^{MM} I_0^{MM} + p_0^{MM} l_0^{MM} + mc_0^{MM} + \sum_{i\in S} c_{i0}^{MM} G_{i0}^{M} q_i^{MM} + K\sum_{i\in S} c_{0i}^{MM} + \sum_{i\in S} c_{ii}^{MM} q_i^{MM}$$

$$\text{S.t.}\quad q_i^{MM} \leqslant Y^{MM},\quad i\in S \tag{3-35}$$

式（3-7）～式（3-12），式（3-14）

其中，约束（3-35）表示制造商向每一供应商的取货量不超过车辆容量。

串行式运输：

$$\text{Min}\quad Z_9 = h_0^{MM} I_0^{MM} + p_0^{MM} l_0^{MM} + \left\lceil \sum_{i\in S} q_i^{MM} \Big/ Y^{MM} \right\rceil c_0^{MM} + \sum_{j\in S\cup M}\ \sum_{\substack{i\in S\cup M\\ i\neq j}} \underline{c}_{ji}^{MM} G_{ji}^{M} x_{ji}^{MM} q_i^{MM} + \sum_{i\in S} c_{ii}^{MM} q_i^{MM}$$

S.t.　式（3-1）～式（3-5），式（3-7）～式（3-14）

并行式运输：

$$\text{Min}\quad Z_{10} = h_0^{MM} I_0^{MM} + p_0^{MM} l_0^{MM} + \left|\overline{f}_s^{-1}\right| c_0^{MM} + \sum_{c\in\overline{f}_0^{-1}}\ \sum_{j\in\underline{S}_c(\cdot)\cup M}\ \sum_{\substack{i\in\underline{S}_c(\cdot)\cup M\\ i\neq j}} \underline{c}_{ji}^{MM} G_{ji}^{M} x_{ji}^{MM} q_i^{MM} + \sum_{i\in S} c_{ii}^{MM} q_i^{MM}$$

$$\text{S.t.}\quad \sum_{i\in\underline{S}_c(\cdot)} x_{0i}^{MM} = 1,\quad c\in\overline{f}_0^{-1} \tag{3-36}$$

$$\sum_{j\in\underline{S}_c(\cdot)} x_{i0}^{MM}=1,\quad c\in\overline{f}_0^{-1} \tag{3-37}$$

$$\sum_{i\in\underline{S}_c(\cdot)} q_i^{MM}\leqslant Y^{MM},\quad c\in\overline{f}_0^{-1} \tag{3-38}$$

$$q_i^{MM}-\sum_{j\in S\cup\underline{S}_c(\cdot)} Y^{MM}x_{ji}^{MM}\leqslant 0,\quad i\in S,\quad c\in\overline{f}_0^{-1} \tag{3-39}$$

$$d_0^{MM}=\sum_{k\in\underline{M}_{jd}(\cdot)} d_k^{MR},\quad j\in M,\quad d\in\overline{f}_j^{-1} \tag{3-40}$$

式（3-3），式（3-4），式（3-7），式（3-9），式（3-10），式（3-12）～式（3-14）

其中，约束（3-36）表示单一车辆离开制造商处向供应商处取货；约束（3-37）表示单一车辆从供应商处取完货返回制造商处；约束（3-38）表示单一车辆向供应商的取货量不能超过制造商的车辆容量；约束（3-39）表示单一车辆只有经过供应商节点时才取货，保证了运输的可能性；约束（3-40）表示制造商的需求量等于其单一车辆所对应的下游零售商的需求量之和。

子问题为对 $\forall j\in M$ ，则有

直配式运输：

$$\text{Min}\quad Z_8=\sum_{k\in R}h_k^{MR}I_k^{MR}+\sum_{k\in R}p_k^{MR}l_k^{MR}+nc_0^{MR}+\sum_{k\in R}c_{0k}^{MR}G_{0k}^{M}q_k^{MR}+K\sum_{k\in R}c_{k0}^{MR}+\sum_{k\in R}c_{kk}^{MR}q_k^{MR}$$

$$\text{S.t.}\quad q_k^{MR}\leqslant Y^{MR},\quad k\in R \tag{3-41}$$

式（3-21）～式（3-25），式（3-27）

其中，约束（3-41）表示制造商向每一零售商的送货量不超过车辆容量。

串行式运输：

$$\text{Min}\quad Z_9=\sum_{k\in R}h_k^{MR}I_k^{MR}+\sum_{k\in R}p_k^{MR}l_k^{MR}+\sum_{j\in M\cup R}\sum_{\substack{k\in M\cup R\\ k\neq j}}\overline{c}_{jk}^{MR}G_{jk}^{M}x_{jk}^{MR}q_k^{MR}+\sum_{k\in R}c_{kk}^{MR}q_k^{MR}+\left\lceil \sum_{k\in R}q_k^{MR}\Big/ Y^{MR}\right\rceil c_0^{MR}$$

S.t.　式（3-15）～式（3-19），式（3-21）～式（3-27）

并行式运输：

$$\text{Min}\quad Z_{10}=\sum_{k\in R}h_k^{MR}I_k^{MR}+\sum_{k\in R}p_k^{MR}l_k^{MR}+\sum_{d\in\overline{f}_k^{-1}}\sum_{j\in M\cup\underline{M}_d(\cdot)}\sum_{\substack{k\in M\cup\underline{M}_d(\cdot)\\ k\neq j}}\overline{c}_{jk}^{MR}G_{jk}^{M}x_{jk}^{MR}q_k^{MR}+\sum_{k\in R}c_{kk}^{MR}q_k^{MR}+\left|\overline{f}_{Mj}^{-1}\right|c_0^{MR}$$

$$\text{S.t.}\quad \sum_{k\in\underline{M}_d(\cdot)} x_{0k}^{MR}=1,\quad d\in\overline{f}_j^{-1} \tag{3-42}$$

$$\sum_{k\in \underline{M}_d(\cdot)} x_{k0}^{MR}=1,\quad d\in \overline{f}_j^{-1} \tag{3-43}$$

$$\sum_{\substack{j\in M\cup \underline{M}_d(\cdot)\\ j\neq k}} x_{jk}^{MR}=1,\quad k\in R,\quad d\in \overline{f}_j^{-1} \tag{3-44}$$

$$\sum_{k\in \underline{M}_d(\cdot)} q_k^{MR}\leqslant Y^{MR},\quad d\in \overline{f}_j^{-1} \tag{3-45}$$

$$q_k^{MR}-\sum_{k\in M\cup \underline{M}_d(\cdot)} Y^{MR}x_{jk}^{MR}\leqslant 0,\quad k\in R,\quad d\in \overline{f}_j^{-1} \tag{3-46}$$

式（3-17），式（3-21），式（3-23）～式（3-27）

其中，约束（3-42）表示单一车辆从制造商处离开向零售商送货；约束（3-43）表示单一车辆从零售商处送完货返回制造商处；约束（3-44）表示供应链中的制造商和其下游零售商节点当且仅当被访问一次；约束（3-45）表示单一车辆向零售商的送货量不能超过车辆容量；约束（3-46）表示单一车辆只有经过零售商节点时才送货，保证了运输的可能性。

而$Y^{MM}=2000$件，$Y^{MR}=1000$件，通过费用差最小插入法分区算法和修正后的蚁群算法的求解，得到最优调度路线，然后在此路线基础上优化库存水平，得到表 3-8 所示的结果（其中小括号中的数字为库存水平）。

表 3-8　3.3.1 节实例优化结果

运输模式	主问题	子问题
串行式运输	$M_0\to S_2\to S_1\to M_0$ （970）（850） $Z_9=77\,818$	$M_0\to R_3\to R_7\to R_6\to R_4\to R_5\to M_0$ （550）（200）（350）（300）（420） $Z_9=101\,383$
并行式运输	$M_0\to S_2\to S_1\to M_0$ （970）（850） $Z_{10}=77\,818$	$M_0\to R_3\to R_5\to M_0$ （550）（420） $M_0\to R_6\to R_4\to R_7\to M_0$ （350）（300）（200） $Z_{10}=99\,820$

3.3.2　基于不确定需求、自有车辆配送的情形

主问题：

$$\text{Min}\quad Z_{11}=\text{Min}\{Z_{12},\quad Z_{13},\quad Z_{14}\}$$

直配式运输：

$$\text{Min}\quad Z_{12}=h_0^{MM}E\left[\tilde{I}_0^{MM}\right]+p_0^{MM}E\left[\tilde{l}_0^{MM}\right]+mc_0^{MM}+\sum_{i\in S}c_{i0}^{MM}G_{i0}^{M}q_i^{MM}+K\sum_{i\in S}c_{0i}^{MM}+\sum_{i\in S}c_{ii}^{MM}q_i^{MM}$$

S.t. 式（3-7），式（3-8），式（3-12），式（3-14），式（3-28）～式（3-31），式（3-35）

串行式运输：

$$\text{Min}\quad Z_{13}=h_0^{MM}E\left[\tilde{I}_0^{MM}\right]+p_0^{MM}E\left[\tilde{l}_0^{MM}\right]+\sum_{j\in S\cup M}\sum_{\substack{i\in S\cup M\\ i\neq j}}\underline{c}_{ji}^{MM}G_{ji}^{M}x_{ji}^{MM}q_i^{MM}+\sum_{i\in S}c_{ii}^{MM}q_i^{MM}+\left\lceil \sum_{i\in S}q_i^{MM}\Big/Y^{MM}\right\rceil c_0^{MM}$$

S.t. 式（3-1）～式（3-5），式（3-7），式（3-8），式（3-12）～式（3-14），式（3-28）～式（3-31）

并行式运输：

$$\text{Min}\quad Z_{14}=h_0^{MM}E\left[\tilde{I}_0^{MM}\right]+p_0^{MM}E\left[\tilde{l}_0^{MM}\right]+\left|\overline{f}_s^{-1}\right|c_0^{MM}+\sum_{c\in\overline{f}_0^{-1}}\sum_{j\in\underline{S}_c(\cdot)\cup M}\sum_{\substack{i\in\underline{S}_c(\cdot)\cup M\\ i\neq j}}\underline{c}_{ji}^{MM}G_{ji}^{M}x_{ji}^{MM}q_i^{MM}+\sum_{i\in S}c_{ii}^{MM}q_i^{MM}$$

$$\text{S.t.}\quad E\left[\tilde{d}_0^{MM}\right]=\sum_{k\in\underline{M}_d(\cdot)}E\left[\tilde{d}_k^{MR}\right],\quad d\in\overline{f}_j^{-1} \tag{3-47}$$

式（3-3），式（3-4），式（3-7），式（3-12）～式（3-14），式（3-28）～式（3-30），式（3-36）～式（3-39）

其中，约束（3-47）表示制造商的需求量等于其下游零售商的需求量之和。

子问题为对 $\forall j\in M$，则有

直配式运输：

$$\text{Min}\quad Z_{12}=\sum_{k\in R}h_k^{MR}E\left[\tilde{I}_k^{MR}\right]+\sum_{k\in R}p_k^{MR}E\left[\tilde{l}_k^{MR}\right]+nc_0^{MR}+\sum_{k\in R}c_{0k}^{MR}G_{0k}^{M}q_k^{MR}+K\sum_{k\in R}c_{k0}^{MR}+\sum_{k\in R}c_{kk}^{MR}q_k^{MR}$$

S.t. 式（3-21）～式（3-25），式（3-27），式（3-32）～式（3-34）

串行式运输：

$$\text{Min}\quad Z_{13}=\sum_{k\in R}h_k^{MR}E\left[\tilde{I}_k^{MR}\right]+\sum_{k\in R}p_k^{MR}E\left[\tilde{l}_k^{MR}\right]+\sum_{j\in M\cup R}\sum_{\substack{k\in M\cup R\\ k\neq j}}\overline{c}_{jk}^{MR}G_{jk}^{M}x_{jk}^{MR}q_k^{MR}+\sum_{k\in R}c_{kk}^{MR}q_k^{MR}+\left\lceil \sum_{k\in R}q_k^{MR}\Big/Y^{MR}\right\rceil c_0^{MR}$$

S.t. 式（3-15）～式（3-19），式（3-21）～式（3-27），式（3-32）～式（3-34）

并行式运输：

$$\text{Min}\quad Z_{14}=\sum_{k\in R}h_k^{MR}E\left[\tilde{I}_k^{MR}\right]+\sum_{k\in R}p_k^{MR}E\left[\tilde{l}_k^{MR}\right]+\sum_{d\in\overline{f}_k^{-1}}\sum_{j\in M\cup\underline{M}_d(\cdot)}\sum_{\substack{k\in M\cup\underline{M}_d(\cdot)\\k\neq j}}\overline{c}_{jk}^{MR}G_{jk}^{M}x_{jk}^{MR}q_k^{MR}$$

$$+\sum_{k\in R}c_{kk}^{MR}q_k^{MR}+\left|\overline{f}_{Mj}^{-1}\right|c_0^{MR}$$

S.t.　式（3-17），式（3-21），式（3-23）～式（3-27），式（3-32）～式（3-34），式（3-42）～式（3-46）

而 $Y^{MM}=2000$ 件，$Y^{MR}=1000$ 件，通过修正后的蚁群算法的求解，得到最优调度路线，然后在此路线基础上优化库存水平，得到表 3-9 所示的结果（其中小括号中的数字为库存水平）。

表 3-9　3.3.2 节实例优化结果

运输模式	主问题	子问题
串行式运输	$M_0\to S_2\to S_1\to M_0$ （926）（590） $Z_{13}=61\,260$	$M_0\to R_3\to R_7\to R_4\to R_6\to R_5\to M_0$ （428）（259）（188）（310）（360） $Z_{13}=103\,925$
并行式运输	$M_0\to S_2\to S_1\to M_0$ （926）（590） $Z_{14}=61\,260$	$M_0\to R_3\to R_5\to M_0$ （425）（358） $M_0\to R_6\to R_4\to R_7\to M_0$ （310）（185）（255） $Z_{14}=102\,364$

3.3.3　基于确定需求、第三方车辆配送的情形

主问题：

$$\text{Min}\quad Z_{15}=\text{Min}\{Z_{16},\ \ Z_{17},\ \ Z_{18}\}$$

直配式运输：

$$\text{Min}\quad Z_{16}=h_0^{MM}I_0^{MM}+p_0^{MM}l_0^{MM}+n_0^{MM}c_0^{MM}+\left(m-n_0^{MM}\right)v_0^{MM}+\sum_{i\in S}c_{i0}^{MM}G_{i0}^{M}q_i^{MM}$$

$$+K\sum_{i\in S}c_{0i}^{MM}+\sum_{i\in S}c_{ii}^{MM}q_i^{MM}$$

S.t.　式（3-7）～式（3-12），式（3-14），式（3-35）

串行式运输：

$$\text{Min}\quad Z_{17}=h_0^{MM}I_0^{MM}+p_0^{MM}l_0^{MM}+n_0^{MM}c_0^{MM}+\sum_{i\in S}c_{ii}^{MM}q_i^{MM}$$

$$+\left\lfloor\left(\sum_{i\in S}q_i^{MM}-n_0^{MM}Y^{MM}\right)\Big/Y_v^{MM}\right\rfloor v_0^{MM}+\sum_{j\in S\cup M}\sum_{\substack{i\in S\cup M\\i\neq j}}\underline{c}_{ji}^{MM}G_{ji}^{M}x_{ji}^{MM}q_i^{MM}$$

$$\text{S.t.}\quad n_0^{MM}Y^{MM} \leqslant \sum_{i\in S} q_i^{MM} \tag{3-48}$$

式（3-1）～式（3-5），式（3-7）～式（3-14）

其中，约束（3-48）表示当制造商租用第三方车辆时，需要满足取货量超过自有车辆总容量这一条件。

并行式运输：

$$\text{Min}\quad Z_{18} = h_0^{MM}I_0^{MM} + p_0^{MM}l_0^{MM} + n_0^{MM}c_0^{MM} + \left(\left|\overline{f}_s^{-1}\right| - n_0^{MM}\right)v_0^{MM} + \sum_{c\in\overline{f}_0^{-1}}\sum_{j\in\underline{S}_c(\cdot)\cup M}\sum_{\substack{i\in\underline{S}_c(\cdot)\cup M\\ i\neq j}} \underline{c}_{ji}^{MM}G_{ji}^{M}x_{ji}^{MM}q_i^{MM} + \sum_{i\in S}c_{ii}^{MM}q_i^{MM}$$

$$\text{S.t.}\quad n_0^{MM} \leqslant \left|\overline{f}_s^{-1}\right| \tag{3-49}$$

式（3-3），式（3-4），式（3-7），式（3-9），式（3-10），式（3-12）～式（3-14），式（3-36）～式（3-40）

其中，约束（3-49）表示当制造商租用第三方车辆时，需要满足所需车辆总数超过自有车辆数这一条件。

子问题为对 $\forall j\in M$ ，则有

直配式运输：

$$\text{Min}\quad Z_{16} = \sum_{k\in R}h_k^{MR}I_k^{MR} + \sum_{k\in R}p_k^{MR}l_k^{MR} + n_0^{MR}c_0^{MR} + \left(n - n_0^{MR}\right)v_0^{MR} + K\sum_{k\in R}c_{k0}^{MR} + \sum_{k\in R}c_{0k}^{MR}G_{0k}^{M}q_k^{MR} + \sum_{k\in R}c_{kk}^{MR}q_k^{MR}$$

S.t.　式（3-21）～式（3-25），式（3-27），式（3-41）

串行式运输：

$$\text{Min}\quad Z_{17} = \sum_{k\in R}h_k^{MR}I_k^{MR} + \sum_{k\in R}p_k^{MR}l_k^{MR} + \sum_{j\in M\cup R}\sum_{\substack{k\in M\cup R\\ k\neq j}}\overline{c}_{jk}^{MR}G_{jk}^{M}x_{jk}^{MR}q_k^{MR} + \left\lceil \left(\sum_{k\in R}q_k^{MR} - n_0^{MR}Y^{MR}\right)\Big/ Y_v^{MR} \right\rceil v_0^{MR} + n_0^{MR}c_0^{MR} + \sum_{k\in R}c_{kk}^{MR}q_k^{MR}$$

$$\text{S.t.}\quad n_0^{MR}Y^{MR} \leqslant \sum_{k\in R}q_k^{MR} \tag{3-50}$$

式（3-15）～式（3-19），式（3-21）～式（3-27）

其中，约束（3-50）表示当制造商租用第三方车辆时，需要满足制造商向零售商的送货量超过自有车辆总容量这一条件。

并行式运输：

$$\text{Min}\quad Z_{18}=\sum_{k\in R}h_k^{MR}I_k^{MR}+\sum_{k\in R}p_k^{MR}l_k^{MR}+\sum_{d\in\overline{f}_k^{-1}}\sum_{j\in M\cup\underline{M}_d(\cdot)}\sum_{\substack{k\in M\cup\underline{M}_d(\cdot)\\k\neq j}}\overline{c}_{jk}^{MR}G_{jk}^{M}x_{jk}^{MR}q_k^{MR}+\sum_{k\in R}c_{kk}^{MR}q_k^{MR}$$

$$+n_0^{MR}c_0^{MR}+\left(\left|\overline{f}_{Mj}^{-1}\right|-n_0^{MR}\right)v_0^{MR}$$

$$\text{S.t.}\quad n_0^{MR}\leqslant\left|\overline{f}_{Mj}^{-1}\right| \tag{3-51}$$

式（3-17），式（3-21），式（3-23）～式（3-27），式（3-42）～式（3-46）

其中，约束（3-51）表示当制造商租用第三方车辆时，需要满足其所需车辆总数超过自有车辆数这一条件。

此种情形下，设 $n_0^{MM}=n_0^{MR}=1$，$Y_v^{MM}=2500$ 件，$Y_v^{MR}=1600$ 件，$v_0^{MM}=5500$ 元/次，$v_0^{MR}=5000$ 元/次，通过费用差最小插入法分区算法和修正后的蚁群算法的求解，得到最优调度路线，然后在此路线基础上优化库存水平，得到表 3-10 所示的结果（其中小括号中的数字为库存水平）。

表 3-10　3.3.3 节实例优化结果

运输模式	主问题	子问题
串行式运输	$M_0\to S_2\to S_1\to M_0$ （970）（850） $Z_{17}=77\,818$	$M_0\to R_3\to R_7\to R_6\to R_4\to R_5\to M_0$ （550）（200）（350）（300）（420）（租用） $Z_{17}=103\,383$
并行式运输	$M_0\to S_2\to S_1\to M_0$ （970）（850） $Z_{18}=77\,818$	$M_0\to R_3\to R_5\to M_0$ （550）（420）（租用） $M_0\to R_6\to R_4\to R_7\to M_0$ （350）（300）（200） $Z_{18}=102\,020$

3.3.4　基于不确定需求、第三方车辆配送的情形

主问题：

$$\text{Min}\quad Z_{19}=\text{Min}\{Z_{20},\ Z_{21},\ Z_{22}\}$$

直配式运输：

$$\text{Min}\quad Z_{20}=h_0^{MM}E\left[\tilde{I}_0^{MM}\right]+p_0^{MM}E\left[\tilde{l}_0^{MM}\right]+n_0^{MM}c_0^{MM}+\left(m-n_0^{MM}\right)v_0^{MM}+\sum_{i\in S}c_{i0}^{MM}G_{i0}^{M}q_i^{MM}$$

$$+K\sum_{i\in S}c_{0i}^{MM}+\sum_{i\in S}c_{ii}^{MM}q_i^{MM}$$

S.t.　式（3-7），式（3-8），式（3-12），式（3-14），式（3-28）～式（3-31），式（3-35）

串行式运输：

$$\text{Min}\quad Z_{21}=h_0^{MM}E\left[\tilde{I}_0^{MM}\right]+p_0^{MM}E\left[\tilde{l}_0^{MM}\right]+\sum_{j\in S\cup M}\sum_{\substack{i\in S\cup M\\ i\neq j}}\underline{c}_{ji}^{MM}G_{ji}^{M}x_{ji}^{MM}q_i^{MM}$$
$$+\left\lceil\left(\sum_{i\in S}q_i^{MM}-n_0^{MM}Y^{MM}\right)\Big/Y_{\upsilon}^{MM}\right\rceil\upsilon_0^{MM}+n_0^{MM}c_0^{MM}+\sum_{i\in S}c_{ii}^{MM}q_i^{MM}$$

S.t.　式（3-1）～式（3-5），式（3-7），式（3-8），式（3-12）～式（3-14），式（3-28）～式（3-31）

并行式运输：

$$\text{Min}\quad Z_{22}=h_0^{MM}E\left[\tilde{I}_0^{MM}\right]+p_0^{MM}E\left[\tilde{l}_0^{MM}\right]+n_0^{MM}c_0^{MM}+\left(\left|\overline{f}_s^{-1}\right|-n_0^{MM}\right)\upsilon_0^{MM}$$
$$+\sum_{c\in\overline{f}_0^{-1}}\sum_{j\in\underline{S}_c(\cdot)\cup M}\sum_{\substack{i\in\underline{S}_c(\cdot)\cup M\\ i\neq j}}\underline{c}_{ji}^{MM}G_{ji}^{M}x_{ji}^{MM}q_i^{MM}+\sum_{i\in S}c_{ii}^{MM}q_i^{MM}$$

S.t.　式（3-3），式（3-4），式（3-7），式（3-12）～式（3-14），式（3-28）～式（3-30），式（3-36）～式（3-39），式（3-47）

子问题为对 $\forall j\in M$，则有

直配式运输：

$$\text{Min}\quad Z_{20}=\sum_{k\in R}h_k^{MR}E\left[\tilde{I}_k^{MR}\right]+\sum_{k\in R}p_k^{MR}E\left[\tilde{l}_k^{MR}\right]+n_0^{MR}c_0^{MR}+\left(n-n_0^{MR}\right)v_0^{MR}+K\sum_{k\in R}c_{k0}^{MR}$$
$$+\sum_{k\in R}c_{0k}^{MR}G_{0k}^{M}q_k^{MR}+\sum_{k\in R}c_{kk}^{MR}q_k^{MR}$$

S.t.　式（3-21）～式（3-25），式（3-27），式（3-32）～式（3-34），式（3-41）

串行式运输：

$$\text{Min}\quad Z_{21}=\sum_{k\in R}h_k^{MR}E\left[\tilde{I}_k^{MR}\right]+\sum_{k\in R}p_k^{MR}E\left[\tilde{l}_k^{MR}\right]+\sum_{j\in M\cup R}\sum_{\substack{k\in M\cup R\\ k\neq j}}\overline{c}_{jk}^{MR}G_{jk}^{M}x_{jk}^{MR}q_k^{MR}+\sum_{k\in R}c_{kk}^{MR}q_k^{MR}$$
$$+n_0^{MR}c_0^{MR}+\left\lceil\left(\sum_{k\in R}q_k^{MR}-n_0^{MR}Y^{MR}\right)\Big/Y_v^{MR}\right\rceil v_0^{MR}$$

S.t.　式（3-15）～式（3-19），式（3-21）～式（3-27），式（3-32）～式（3-34），式（3-50）

并行式运输：

$$\text{Min}\quad Z_{22}=\sum_{k\in R}h_k^{MR}E\left[\tilde{I}_k^{MR}\right]+\sum_{k\in R}p_k^{MR}E\left[\tilde{l}_k^{MR}\right]+\sum_{d\in\overline{f}_k^{-1}}\sum_{j\in M\cup\underline{M}_d(\cdot)}\sum_{\substack{k\in M\cup\underline{M}_d(\cdot)\\ k\neq j}}\overline{c}_{jk}^{MR}G_{jk}^{M}x_{jk}^{MR}q_k^{MR}$$
$$+\sum_{k\in R}c_{kk}^{MR}q_k^{MR}+n_0^{MR}c_0^{MR}+\left(\left|\overline{f}_{Mj}^{-1}\right|-n_0^{MR}\right)v_0^{MR}$$

S.t.　式（3-17），式（3-21），式（3-23）～式（3-27），式（3-32）～式（3-34），式（3-42）～式（3-46），式（3-51）

实例参见 3.1.2 节，且 $n_0^{MM} = n_0^{MR} = 1$，$Y_v^{MM} = 2500$ 件，$Y_v^{MR} = 1600$ 件，$v_0^{MM} = 5500$ 元/次，$v_0^{MR} = 5000$ 元/次，于是通过费用差最小插入法分区算法和修正后的蚁群算法的求解，得到最优调度路线，然后在此路线基础上优化库存水平，得到表 3-11 所示的结果（其中小括号中的数字为库存水平）。

表 3-11　3.3.4 节实例优化结果

运输模式	主问题	子问题
串行式运输	$M_0 \to S_2 \to S_1 \to M_0$ （926）（590） $Z_{21} = 61\,260$	$M_0 \to R_3 \to R_7 \to R_4 \to R_6 \to R_5 \to M_0$ （428）（259）（188）（310）（360） $Z_{21} = 103\,325$（完全租用）
并行式运输	$M_0 \to S_2 \to S_1 \to M_0$ （926）（590） $Z_{22} = 61\,260$	$M_0 \to R_3 \to R_5 \to M_0$ （425）（358） $M_0 \to R_6 \to R_4 \to R_7 \to M_0$ （310）（185）（255）（租用） $Z_{22} = 104\,564$

3.4　单周期、多车辆、联合库存管理策略下的库存路径问题

单周期、多车辆、JMI 策略下 MIRP 示意图（串行式运输、自有车辆情形）如图 3-6 所示。单周期、多车辆、JMI 策略下 MIRP 示意图（串行式运输、租用车辆情形）如图 3-7 所示。单周期、多车辆、JMI 策略下 MIRP 示意图（并行式运输情形）如图 3-8 所示。

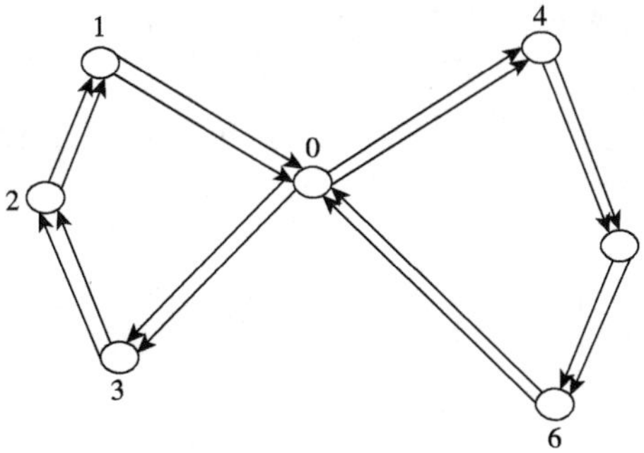

图 3-6　单周期、多车辆、JMI 策略下 MIRP 示意图（串行式运输、自有车辆情形）

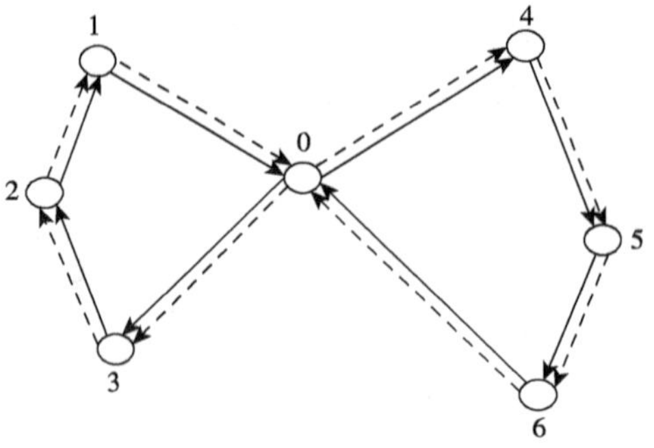

图 3-7　单周期、多车辆、JMI 策略下 MIRP 示意图（串行式运输、租用车辆情形）

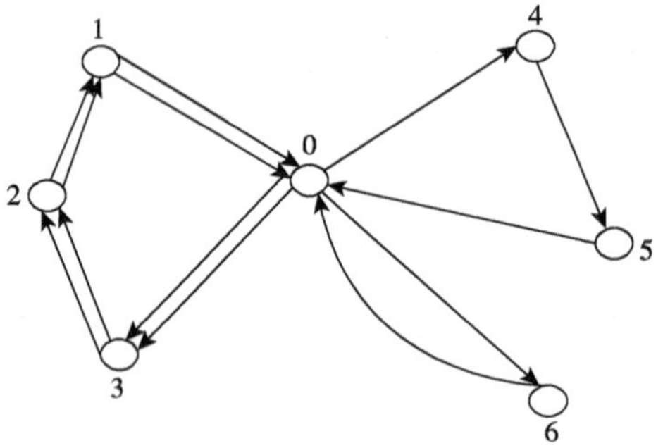

图 3-8　单周期、多车辆、JMI 策略下 MIRP 示意图（并行式运输情形）

3.4.1　基于确定需求、自有车辆配送的情形

Min　$Z_{23} = \text{Min}\{Z_{24}, Z_{25}, Z_{26}\}$

直配式运输：

$$\text{Min}\quad Z_{24} = h_0^{MM} I_0^{MM} + p_0^{MM} l_0^{MM} + \sum_{k\in R} h_k^{MR} I_k^{MR} + \sum_{k\in R} p_k^{MR} l_k^{MR} + \sum_{i\in S} c_{i0}^{MM} G_{i0}^{M} q_i^{MM} + \sum_{i\in S} c_{ii}^{MM} q_i^{MM} + mc_0^{MM} + K\sum_{i\in S} c_{0i}^{MM} + nc_0^{MR} + \sum_{k\in R} c_{0k}^{MR} G_{0k}^{M} q_k^{MR} + K\sum_{k\in R} c_{k0}^{MR} + \sum_{k=R} c_{kk}^{MR} q_k^{MR}$$

S.t.　式（3-7）～式（3-12），式（3-14），式（3-21）～式（3-25），式（3-27），式（3-35），式（3-41）

串行式运输：

$$\text{Min}\quad Z_{25}=h_0^{MM}I_0^{MM}+p_0^{MM}l_0^{MM}+\sum_{k\in R}h_k^{MR}I_k^{MR}+\sum_{k\in R}p_k^{MR}l_k^{MR}+\sum_{j\in S\cup M}\sum_{\substack{i\in S\cup M\\ i\neq j}}\underline{c}_{ji}^{MM}G_{ji}^{M}x_{ji}^{MM}q_i^{MM}$$
$$+\sum_{i\in S}c_{ii}^{MM}q_i^{M}+\sum_{j\in M\cup R}\sum_{\substack{k\in M\cup R\\ k\neq j}}^{D}\overline{c}_{jk}^{MR}G_{jk}^{M}x_{jk}^{MR}q_k^{MR}+\sum_{k\in R}c_{kk}^{MR}q_k^{MR}$$
$$+\left\lceil \sum_{i\in S}q_i^{MM}\Big/Y^{MM}\right\rceil c_0^{MM}+\left\lceil \sum_{k\in R}q_k^{MR}\Big/Y^{MR}\right\rceil c_0^{MR}$$

S.t.　式（3-1）～式（3-5），式（3-7）～式（3-19），式（3-21）～式（3-27）

并行式运输：

$$\text{Min}\quad Z_{26}=h_0^{MM}I_0^{MM}+p_0^{MM}l_0^{MM}+\sum_{k\in R}h_k^{MR}I_k^{MR}+\sum_{k\in R}p_k^{MR}l_k^{MR}$$
$$+\sum_{d\in\overline{f}_k^{-1}}\sum_{j\in M\cup\underline{M}_d(\cdot)}\sum_{\substack{k\in M\cup\underline{M}_d(\cdot)\\ k\neq j}}\overline{c}_{jk}^{MR}G_{jk}^{M}x_{jk}^{MR}q_k^{MR}+\left|\overline{f}_{Mj}^{-1}\right|c_0^{MR}+\left|\overline{f}_s^{-1}\right|c_0^{MM}$$
$$+\sum_{c\in\overline{f}_0^{-1}}\sum_{j\in\underline{S}_c(\cdot)\cup M}\sum_{\substack{i\in\underline{S}_c(\cdot)\cup M\\ i\neq j}}\underline{c}_{ji}^{MM}G_{ji}^{M}x_{ji}^{MM}q_i^{MM}+\sum_{k\in R}c_{kk}^{MR}q_k^{MR}+\sum_{i\in S}c_{ii}^{MM}q_i^{MM}$$

S.t.　式（3-3），式（3-4），式（3-7），式（3-9），式（3-10），式（3-12）～式（3-14），式（3-17），式（3-21），式（3-23）～式（3-27），式（3-36）～式（3-40），式（3-42）～式（3-46）

实例情形参见 3.3.1 节，初始化设定参数后通过修正后的蚁群算法的求解，得到最优调度路线，然后在此路线基础上优化库存水平，得到表 3-12 所示的结果（其中小括号中的数字为库存水平）。

表 3-12　3.4.1 节实例优化结果

运输模式	JMI 策略	
串行式运输	$M_0\to S_2\to S_1\to M_0$ （970）（850） $Z_{25}=179\ 201$	$M_0\to R_3\to R_7\to R_6\to R_4\to R_5\to M_0$ （550）（200）（350）（300）（420）
并行式运输	$M_0\to S_2\to S_1\to M_0$ （970）（850） $Z_{26}=177\ 638$	$M_0\to R_3\to R_5\to M_0$ （550）（420） $M_0\to R_6\to R_4\to R_7\to M_0$ （350）（300）（200）

3.4.2　基于不确定需求、自有车辆配送的情形

$$\text{Min}\quad Z_{27}=\text{Min}\{Z_{28},Z_{29},Z_{30}\}$$

直配式运输：

$$\begin{aligned}\text{Min}\quad Z_{28}=&h_0^{MM}E\left[\tilde{I}_0^{MM}\right]+p_0^{MM}E\left[\tilde{l}_0^{MM}\right]+\sum_{k\in R}h_k^{MR}E\left[\tilde{I}_k^{MR}\right]+\sum_{k\in R}p_k^{MR}E\left[\tilde{l}_k^{MR}\right]+mc_0^{MM}\\&+K\sum_{i\in S}c_{0i}^{MM}+\sum_{i\in S}c_{i0}^{MM}G_{i0}^{M}q_i^{MM}+nc_0^{MR}+\sum_{k\in R}c_{0k}^{MR}G_{0k}^{M}q_k^{MR}+K\sum_{k\in R}c_{k0}^{MR}\\&+\sum_{i\in S}c_{ii}^{MM}q_i^{MM}+\sum_{k\in R}c_{kk}^{MR}q_k^{MR}\end{aligned}$$

S.t.　式（3-7），式（3-8），式（3-12），式（3-14），式（3-21）～式（3-25），式（3-27）～式（3-35），式（3-41）

串行式运输：

$$\begin{aligned}\text{Min}\quad Z_{29}=&h_0^{MM}E\left[\tilde{I}_0^{MM}\right]+p_0^{MM}E\left[\tilde{l}_0^{MM}\right]+\sum_{k\in R}h_k^{MR}E\left[\tilde{I}_k^{MR}\right]+\sum_{k\in R}p_k^{MR}E\left[\tilde{l}_k^{MR}\right]\\&+\sum_{j\in S\cup M}\sum_{\substack{i\in S\cup M\\ i\neq j}}\underline{c}_{ji}^{MM}G_{ji}^{M}x_{ji}^{MM}q_i^{MM}+\sum_{i\in S}c_{ii}^{MM}q_i^{MM}\\&+\sum_{j\in M\cup R}\sum_{\substack{k\in M\cup R\\ k\neq j}}\overline{c}_{jk}^{MR}G_{jk}^{M}x_{jk}^{MR}q_k^{MR}+\left\lceil\sum_{i\in S}q_i^{MM}\Big/Y^{MM}\right\rceil c_0^{MM}\\&+\left\lceil\sum_{k\in R}q_k^{MR}\Big/Y^{MR}\right\rceil c_0^{MR}+\sum_{k\in R}c_{kk}^{MR}q_k^{MR}\end{aligned}$$

S.t.　式（3-1）～式（3-5），式（3-7），式（3-8），式（3-12）～式（3-19），式（3-21）～式（3-34）

并行式运输：

$$\begin{aligned}\text{Min}\quad Z_{30}=&h_0^{MM}E\left[\tilde{I}_0^{MM}\right]+p_0^{MM}E\left[\tilde{l}_0^{MM}\right]+\sum_{k\in R}h_k^{MR}E\left[\tilde{I}_k^{MR}\right]+\left|\overline{f}_{Mj}^{-1}\right|c_0^{MR}\\&+\sum_{d\in\overline{f}_k^{-1}}\sum_{j\in M\cup\underline{M}_d(\cdot)}\sum_{\substack{k\in M\cup\underline{M}_d(\cdot)\\ k\neq j}}\overline{c}_{jk}^{MR}G_{jk}^{M}x_{jk}^{MR}q_k^{MR}+\sum_{k\in R}p_k^{MR}E\left[\tilde{l}_k^{MR}\right]+\left|\overline{f}_s^{-1}\right|c_0^{MM}\\&+\sum_{c\in\overline{f}_0^{-1}}\sum_{j\in\underline{S}_c(\cdot)\cup M}\sum_{\substack{i\in\underline{S}_c(\cdot)\cup M\\ i\neq j}}\underline{c}_{ji}^{MM}G_{ji}^{M}x_{ji}^{MM}q_i^{MM}+\sum_{k\in R}c_{kk}^{MR}q_k^{MR}+\sum_{i\in S}c_{ii}^{MM}q_i^{M}\end{aligned}$$

S.t.　式（3-3），式（3-4），式（3-7），式（3-12）～式（3-14），式（3-17），式（3-21），式（3-23）～式（3-30），式（3-32）～式（3-34），式（3-36）～式（3-39），式（3-41）～式（3-47）

实例情形参见 3.3.2 节，初始化设定参数后通过修正后的蚁群算法的求解，得到最优调度路线，然后在此路线基础上优化库存水平，得到表 3-13 所示的结果（其中小括号中的数字为库存水平）。

表 3-13　3.4.2 节实例优化结果

运输模式	JMI 策略	
串行式运输	$M_0 \to S_2 \to S_1 \to M_0$ （927）（592） $Z_{29}=167\ 254$	$M_0 \to R_3 \to R_7 \to R_4 \to R_6 \to R_5 \to M_0$ （425）（259）（185）（320）（350）
并行式运输	$M_0 \to S_2 \to S_1 \to M_0$ （935）（590） $Z_{30}=165\ 425$	$M_0 \to R_3 \to R_5 \to M_0$ （425）（354） $M_0 \to R_6 \to R_4 \to R_7 \to M_0$ （310）（184）（252）

3.4.3　基于确定需求、第三方车辆配送的情形

$$\text{Min}\quad Z_{31}=\text{Min}\{Z_{32},Z_{33},Z_{34}\}$$

直配式运输：

$$\begin{aligned}\text{Min}\quad Z_{32}=&h_0^{MM}I_0^{MM}+p_0^{MM}l_0^{MM}+\sum_{k\in R}h_k^{MR}I_k^{MR}+\sum_{k\in R}p_k^{MR}l_k^{MR}+\left(m-n_0^{MM}\right)v_0^{MM}\\&+\sum_{i\in S}c_{i0}^{MM}G_{i0}^{M}q_i^{MM}+n_0^{MM}c_0^{MM}+K\sum_{i\in S}c_{0i}^{MM}+n_0^{MR}c_0^{MR}+\left(n-n_0^{MR}\right)v_0^{MR}\\&+\sum_{k\in R}c_{0k}^{MR}G_{0k}^{M}q_k^{MR}+K\sum_{k\in R}c_{k0}^{MR}+\sum_{i\in S}c_{ii}^{MM}q_i^{MM}+\sum_{k\in R}c_{kk}^{MR}q_k^{MR}\end{aligned}$$

S.t.　式（3-7）～式（3-12），式（3-14），式（3-21）～式（3-25），式（3-27），式（3-35），式（3-41）

串行式运输：

$$\begin{aligned}\text{Min}\quad Z_{33}=&h_0^{MM}I_0^{MM}+p_0^{MM}l_0^{MM}+\sum_{k\in R}h_k^{MR}I_k^{MR}+\sum_{k\in R}p_k^{MR}l_k^{MR}+\sum_{j\in S\cup M}\sum_{\substack{i\in S\cup M\\ i\neq j}}\underline{c}_{ji}^{MM}G_{ji}^{M}x_{ji}^{MM}q_i^{MM}\\&+n_0^{MM}c_0^{MM}+\left\lceil\left(\sum_{k\in R}q_k^{MR}-n_0^{MR}Y^{MR}\right)\Big/Y_v^{MR}\right\rceil v_0^{MR}c_0^{MR}\\&+\left\lceil\left(\sum_{i\in S}q_i^{MM}-n_0^{MM}Y^{MM}\right)\Big/Y_v^{MM}\right\rceil v_0^{MM}+\sum_{k\in R}c_{kk}^{MR}q_k^{MR}\\&+\sum_{j\in M\cup R}\sum_{\substack{k\in M\cup R\\ k\neq j}}\overline{c}_{jk}^{MR}G_{jk}^{M}x_{jk}^{MR}q_k^{MR}+n_0^{MR}c_0^{MR}+\sum_{i\in S}c_{ii}^{MM}q_i^{MM}\end{aligned}$$

S.t.　式（3-1）～式（3-5），式（3-7）～式（3-19），式（3-21）～式（3-27），式（3-47），式（3-50）

并行式运输：

$$\text{Min}\quad Z_{34}=h_0^{MM}I_0^{MM}+p_0^{MM}l_0^{MM}+\sum_{k\in R}h_k^{MR}I_k^{MR}+\sum_{k\in R}p_k^{MR}l_k^{MR}$$
$$+\sum_{d\in\overline{f}_k^{-1}}\sum_{j\in M\cup\underline{M}_d(\cdot)}\sum_{\substack{k\in M\cup M_d(\cdot)\\ k\neq j}}\overline{c}_{jk}^{MR}G_{jk}^{M}x_{jk}^{MR}q_k^{MR}+n_0^{MM}c_0^{MM}$$
$$+\left(\left|\overline{f}_s^{-1}\right|-n_0^{MM}\right)^{MM}v_0^{MM}+n_0^{MR}c_0^{MR}$$
$$+\sum_{c\in\overline{f}_0^{-1}}\sum_{j\in\underline{S}_c(\cdot)\cup M}\sum_{\substack{i\in\underline{S}_c(\cdot)\cup M\\ i\neq j}}\overline{c}_{ji}^{MM}G_{ji}^{M}x_{ji}^{MM}q_i^{MM}$$
$$+\left(\left|\overline{f}_{Mj}^{-1}\right|-n_0^{MR}\right)v_0^{MR}+\sum_{k\in R}c_{kk}^{MR}q_k^{MR}+\sum_{i\in S}c_{ii}^{MM}q_i^{MM}$$

S.t. 式（3-3），式（3-4），式（3-7），式（3-9），式（3-10），式（3-12）～式（3-14），式（3-17），式（3-21），式（3-23）～式（3-27），式（3-36）～式（3-40），式（3-42）～式（3-46），式（3-48），式（3-51）

实例情形参见 3.3.3 节，初始化设定参数后通过修正后的蚁群算法的求解，得到最优调度路线，然后在此路线基础上优化库存水平，得到表 3-14 所示的结果(其中小括号中的数字为库存水平)。

表 3-14　3.4.3 节实例优化结果

运输模式	JMI 策略	
串行式运输	$M_0\to S_2\to S_1\to M_0$ （970）（850） $Z_{33}=181\,201$	$M_0\to R_3\to R_7\to R_6\to R_4\to R_5\to M_0$ （550）（200）（350）（300）（420）（租用）
并行式运输	$M_0\to S_2\to S_1\to M_0$ （970）（850） $Z_{34}=179\,838$	$M_0\to R_3\to R_5\to M_0$ （550）（420）（租用） $M_0\to R_6\to R_4\to R_7\to M_0$ （350）（300）（200）

3.4.4　基于不确定需求、第三方车辆配送的情形

$$\text{Min}\quad Z_{35}=\text{Min}\left\{Z_{36},Z_{37},Z_{38}\right\}$$

直配式运输：

$$\text{Min}\quad Z_{36}=h_0^{MM}E\left[\tilde{I}_0^{MM}\right]+p_0^{MM}E\left[\tilde{l}_0^{MM}\right]+\sum_{k\in R}h_k^{MR}E\left[\tilde{I}_k^{MR}\right]+\sum_{k\in R}p_k^{MR}E\left[\tilde{l}_k^{MR}\right]$$
$$+\sum_{i\in S}c_{i0}^{MM}G_{i0}^{M}q_i^{MM}+\left(m-n_0^{MM}\right)v_0^{MM}+K\sum_{i\in S}c_{0i}^{MM}+n_0^{MR}c_0^{MR}+n_0^{MM}c_0^{MM}$$
$$+\sum_{i\in S}c_{0k}^{MR}G_{0k}^{M}q_k^{MR}+K\sum_{k\in R}c_{k0}^{MR}+\left(n-n_0^{MR}\right)v_0^{MR}+\sum_{i\in S}c_{ii}^{MM}q_i^{MM}+\sum_{k\in R}c_{kk}^{MR}q_k^{MR}$$

S.t. 式（3-7），式（3-8），式（3-12），式（3-14），式（3-21）～式（3-25），

式（3-27）～式（3-35），式（3-41）

串行式运输：

$$\text{Min}\quad Z_{37}=h_0^{MM}E\left[\tilde{I}_0^{MM}\right]+p_0^{MM}E\left[\tilde{l}_0^{MM}\right]+\sum_{k\in R}h_k^{MR}E\left[\tilde{I}_k^{MR}\right]+\sum_{k\in R}p_k^{MR}E\left[\tilde{l}_k^{MR}\right]$$
$$+\sum_{j\in S\cup M}\sum_{\substack{i\in S\cup M\\ i\neq j}}\underline{c}_{ji}^{MM}G_{ji}^{M}x_{ji}^{MM}q_i^{MM}+n_0^{MM}c_0^{MM}+\sum_{i\in S}c_{ii}^{MM}q_i^{MM}+\sum_{k\in R}c_{kk}^{MR}q_k^{MR}$$
$$+\sum_{j\in M\cup R}\sum_{\substack{k\in M\cup R\\ k\neq j}}\overline{c}_{jk}^{MR}G_{jk}^{M}x_{jk}^{MR}q_k^{MR}+n_0^{MR}c_0^{MR}$$
$$+\left\lceil\left(\sum_{k\in R}q_k^{MR}-n_0^{MR}Y^{MR}\right)\Big/Y_v^{MR}\right\rceil v_0^{MR}c_0^{MR}$$
$$+\left\lceil\left(\sum_{i\in S}q_i^{MM}-n_0^{MM}Y^{MM}\right)\Big/Y_v^{MM}\right\rceil v_0^{MM}$$

S.t.　式（3-1）～式（3-5），式（3-7），式（3-8），式（3-12）～式（3-19），式（3-21）～式（3-34），式（3-50）

并行式运输：

$$\text{Min}\quad Z_{38}=h_0^{MM}E\left[\tilde{I}_0^{MM}\right]+p_0^{MM}E\left[\tilde{l}_0^{MM}\right]+\sum_{k\in R}h_k^{MR}E\left[\tilde{I}_k^{MR}\right]+n_0^{MM}c_0^{MM}$$
$$+\sum_{d\in\overline{f}_k^{-1}}\sum_{j\in M\cup\underline{M}_d(\cdot)}\sum_{\substack{k\in M\cup\underline{M}_d(\cdot)\\ k\neq j}}\overline{c}_{jk}^{MR}G_{jk}^{M}x_{jk}^{MR}q_k^{MR}+\sum_{k\in R}p_k^{MR}E\left[\tilde{l}_k^{MR}\right]+n_0^{MR}c_0^{MR}$$
$$+\left(\left|\overline{f}_{Mj}^{-1}\right|-n_0^{MR}\right)v_0^{MR}+\sum_{c\in\overline{f}_0^{-1}}\sum_{j\in\underline{S}_c(\cdot)\cup M}\sum_{\substack{i\in\underline{S}_c(\cdot)\cup M\\ i\neq j}}\underline{c}_{ji}^{MM}G_{ji}^{M}x_{ji}^{MM}q_i^{MM}$$
$$+\left(\left|\overline{f}_s^{-1}\right|-n_0^{MM}\right)v_0^{MM}+\sum_{k\in R}c_{kk}^{MR}q_k^{MR}+\sum_{i\in S}c_{ii}^{MM}q_i^{MM}$$

S.t.　式（3-3），式（3-4），式（3-7），式（3-12）～式（3-14），式（3-17），式（3-21），式（3-23）～式（3-30），式（3-32）～式（3-34），式（3-36）～式（3-39），式（3-42）～式（3-47），式（3-51）

实例情形参见 3.3.4 节，初始化设定参数后通过修正后的蚁群算法的求解，得到最优调度路线，然后在此路线基础上优化库存水平，得到表 3-15 所示的结果（其中小括号中的数字为库存水平）。

表 3-15 3.4.4 节实例优化结果

运输模式	JMI 策略	
串行式运输	$M_0 \to S_2 \to S_1 \to M_0$ (927)(592) $Z_{37}=166\,654$	$M_0 \to R_3 \to R_7 \to R_4 \to R_6 \to R_5 \to M_0$ (425)(259)(185)(320)(350) (完全租用)
并行式运输	$M_0 \to S_2 \to S_1 \to M_0$ (935)(590) $Z_{38}=166\,625$	$M_0 \to R_3 \to R_5 \to M_0$ (425)(354) $M_0 \to R_6 \to R_4 \to R_7 \to M_0$ (310)(184)(252)(租用)

3.5 多周期、单车辆、供应商管理库存策略下的库存路径问题

多周期、单车辆、VMI 策略下 MIRP 示意图如图 3-9 所示。

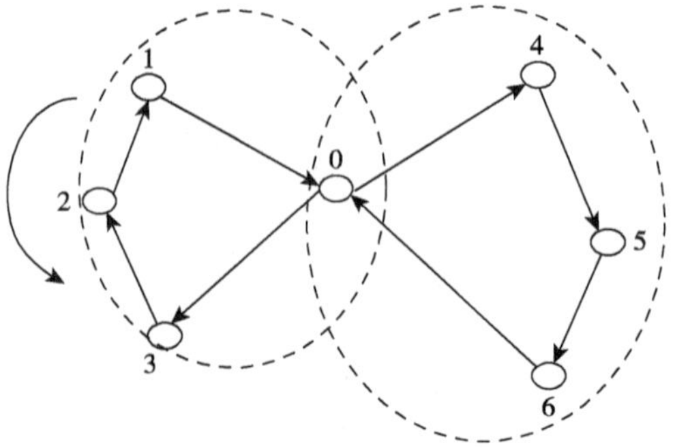

图 3-9 多周期、单车辆、VMI 策略下 MIRP 示意图

弧箭头代表多周期情形，其他同上

3.5.1 基于确定需求、单阶段配送的情形

主问题：

$$\text{Min}\quad Z_{39}=\sum_{t\in T}h_0^{MM}I_{0t}^{MM}+\sum_{t\in T}p_0^{MM}l_{0t}^{MM}+Tc_0^{MM}+\sum_{j\in S\cup M}\sum_{\substack{i\in S\cup M\\ i\neq j}}\sum_{t\in T}\underline{c}_{ji}^{MM}G_{ji}^{M}x_{jit}^{MM}q_{it}^{MM}$$

$$+\sum_{i\in S}\sum_{t\in T}c_{ii}^{MM}q_{it}^{MM}$$

$$\text{S.t.}\quad \sum_{i\in S}x_{i0t}^{MM}=1,\quad t\in T \tag{3-52}$$

$$\sum_{i\in S} x_{0it}^{MM} = 1, \quad t\in T \tag{3-53}$$

$$\sum_{\substack{j\in S\cup M\\ j\neq h}} x_{jht}^{MM} - \sum_{\substack{i\in S\cup M\\ i\neq h}} x_{hit}^{MM} = 0, \quad t\in T \tag{3-54}$$

$$\sum_{\substack{j\in S\cup M\\ i\neq j}} x_{jit}^{MM} = 1, \quad i\in S, \quad t\in T \tag{3-55}$$

$$\sum_{j\in S\cup M} \sum_{\substack{i\in S\cup M\\ i\neq j}} x_{jit}^{MM} \leqslant m+1, \quad t\in T \tag{3-56}$$

$$\sum_{i\in S} q_{it}^{MM} \leqslant Y^{MM}, \quad t\in T \tag{3-57}$$

$$I_{0,t-1}^{MM} + \sum_{i\in S} q_{it}^{MM} \leqslant U^{MM}, \quad t\in T \tag{3-58}$$

$$q_{it}^{MM} - \sum_{i\in S\cup M} Y^{MM} x_{jit}^{MM} \leqslant 0, \quad t\in T \tag{3-59}$$

$$l_{0t}^{MM} = \left(d_{0t}^{MM} - I_{0,t-1}^{MM} - \sum_{i\in S} q_{it}^{MM} \right)^{+}, \quad t\in T \tag{3-60}$$

$$l_{0t}^{MM} \leqslant L^{MM}, \quad t\in T \tag{3-61}$$

$$d_{0t}^{MM} = \sum_{k\in R} d_{kt}^{MR}, \quad t\in T \tag{3-62}$$

$$q_{0t}^{MM} = q_{it}^{MR} = K, \quad i\in S, \quad t\in T \tag{3-63}$$

$$x_{jit}^{MM} \in (0,1), \quad t\in T \tag{3-64}$$

$$q_{0t}^{MM} \in Z^{+}, \quad t\in T \tag{3-65}$$

其中，约束（3-52）表示 t 时刻单一车辆离开制造商处向供应商处取货；约束（3-53）表示 t 时刻单一车辆从供应商处取完货返回制造商处；约束（3-54）表示 t 时刻任意到达供应商处的车辆在取完货后离开该供应商；约束（3-55）表示 t 时刻供应链中的制造商和供应商节点当且仅当被访问一次；约束（3-56）表示 t 时刻消除子车辆路线的生成；约束（3-57）表示 t 时刻制造商向供应商的取货量不超过车辆容量；约束（3-58）表示 t 时刻供应商处的取货量不能超过制造商库存水平容量；约束（3-59）表示 t 时刻车辆只有经过供应商节点时才取货，保证了运输的可能性；约束（3-60）表示 t 时刻制造商处的缺货数量表达式；约束（3-61）表示 t 时刻制造商处的缺货数量不能超过其最大缺货数量；约束（3-62）表示 t 时刻制造商的需求量等于其相对应的下游零售商的需求量之和；约束（3-63）表示 t 时刻车辆空驶当量表达式；约束（3-64）表示 t 时刻车辆调度路径为 0-1 整数变量；约束（3-65）表示 t 时刻制造商向上游供应商的取货量为整数。

子问题：

$$\text{Min} \quad Z_{40} = \sum_{k\in R}\sum_{t\in T} h_k^{MR} I_{kt}^{MR} + \sum_{j\in M\cup R}\sum_{\substack{k\in M\cup R \\ k\neq j}}\sum_{t\in T} \overline{c}_{jk}^{MR} G_{jk}^{M} x_{jkt}^{MR} q_{kt}^{MR} + Tc_0^{MR} + \sum_{k\in R}\sum_{t\in T} c_{kk}^{MR} q_{kt}^{MR} + \sum_{k\in R}\sum_{t\in T} p_k^{MR} l_{kt}^{MR}$$

$$\text{S.t.} \quad \sum_{k\in R} x_{0kt}^{MR} = 1, \quad t\in T \tag{3-66}$$

$$\sum_{k\in R} x_{k0t}^{MR} = 1, \quad t\in T \tag{3-67}$$

$$\sum_{\substack{j\in M\cup R \\ j\neq h}} x_{jht}^{MR} - \sum_{\substack{k\in M\cup R \\ k\neq h}} x_{hkt}^{MR} = 0, \quad t\in T \tag{3-68}$$

$$\sum_{\substack{j\in M\cup R \\ j\neq k}} x_{jkt}^{MR} = 1, \quad k\in R, \quad t\in T \tag{3-69}$$

$$\sum_{j\in M\cup R}\sum_{\substack{k\in M\cup R \\ k\neq j}} x_{jkt}^{MR} \leqslant n+1, \quad t\in T \tag{3-70}$$

$$\sum_{k\in R} q_{kt}^{MR} \leqslant Y^{MR}, \quad t\in T \tag{3-71}$$

$$I_{k,t-1}^{MR} + q_{kt}^{MR} \leqslant U_k^{MR}, \quad k\in R, \quad t\in T \tag{3-72}$$

$$q_{kt}^{MR} - \sum_{j\in M\cup R} Y^{MR} x_{jkt}^{MR} \leqslant 0, \quad k\in R, \quad t\in T \tag{3-73}$$

$$l_{kt}^{MR} = \left(d_{kt}^{MR} - I_{k,t-1}^{MR} - q_{kt}^{MR}\right)^{+}, \quad k\in R, \quad t\in T \tag{3-74}$$

$$l_{kt}^{MR} \leqslant L^{MR}, \quad k\in R, \quad t\in T \tag{3-75}$$

$$q_0^{MM} = q_{it}^{MR} = K, \quad i\in S, \quad t\in T \tag{3-76}$$

$$x_{jkt}^{MR} \in (0,1), \quad t\in T \tag{3-77}$$

$$q_{kt}^{MR} \in Z^{+}, \quad t\in T \tag{3-78}$$

其中，约束（3-66）表示 t 时刻单一车辆离开制造商处向零售商送货；约束（3-67）表示 t 时刻单一车辆从零售商处送完货返回制造商处；约束（3-68）表示 t 时刻任意到达零售商处的车辆在送完货后离开该零售商；约束（3-69）表示 t 时刻供应链中的制造商和零售商节点当且仅当被访问一次；约束（3-70）表示 t 时刻消除子车辆路线的生成；约束（3-71）表示 t 时刻制造商向零售商的送货量不超过车辆容量；约束（3-72）表示 t 时刻零售商处的送货量不能超过其库存水平容量；约束（3-73）表示 t 时刻车辆只有经过零售商节点时才送货，保证了运输的可能性；约束（3-74）表示 t 时刻零售商处的缺货数量表达式；约束（3-75）表示 t 时刻零售商处的缺货数量不能超过其最大缺货数量；约束（3-76）表示 t 时刻车辆空驶当量表达式；约束（3-77）表示 t 时刻车辆调度路径为 0-1 整数变量；约束（3-78）表示 t 时刻制造商向下游零售商的送货量为整数。

现在已知零售商的需求如表 3-16 所示。

表 3-16　3.5.1 节供应链企业的需求量（$T=6$）

		$T=1$	$T=2$	$T=3$	$T=4$	$T=5$	$T=6$
S	1	940	940	940	940	940	940
	2	1170	1350	1220	1395	1215	1120
R	3	550	630	520	480	560	580
	4	340	380	425	420	395	330
	5	455	480	420	530	425	390
	6	325	350	385	420	370	340
	7	440	450	410	485	405	420

其他数据参见 3.1.1 节，于是通过遗传算法的求解，得到如表 3-17 所示的调度路线。

表 3-17　3.5.1 节实例优化结果

周期	主问题	子问题
$T=1$	$M_0 \to S_2 \to S_1 \to M_0$	$M_0 \to R_3 \to R_7 \to R_6 \to R_4 \to R_5 \to M_0$
$T=2$	$M_0 \to S_2 \to S_1 \to M_0$	$M_0 \to R_3 \to R_7 \to R_6 \to R_4 \to R_5 \to M_0$
$T=3$	$M_0 \to S_2 \to S_1 \to M_0$	$M_0 \to R_3 \to R_7 \to R_5 \to R_6 \to R_4 \to M_0$
$T=4$	$M_0 \to S_2 \to S_1 \to M_0$	$M_0 \to R_3 \to R_7 \to R_6 \to R_4 \to R_5 \to M_0$
$T=5$	$M_0 \to S_2 \to S_1 \to M_0$	$M_0 \to R_3 \to R_7 \to R_5 \to R_6 \to R_4 \to M_0$
$T=6$	$M_0 \to S_2 \to S_1 \to M_0$	$M_0 \to R_3 \to R_7 \to R_6 \to R_4 \to R_5 \to M_0$

3.5.2　基于不确定需求、单阶段配送的情形

主问题：

$$\text{Min}\quad Z_{41} = \sum_{t\in T} h_0^{MM} E\left[\tilde{I}_{0t}^{MM}\right] + \sum_{t\in T} p_0^{MM} E\left[\tilde{l}_{0t}^{MM}\right] + Tc_0^{MM} + \sum_{j\in S\cup M}\sum_{\substack{i\in S\cup M\\ i\neq j}}\sum_{t\in T} \underline{c}_{ji}^{MM} G_{ji}^{M} x_{jit}^{MM} q_{it}^{MM}$$

$$+\sum_{i\in S}\sum_{t\in T} c_{ii}^{MM} q_{it}^{MM}$$

$$\text{S.t.}\quad E\left[\tilde{l}_{0t}^{MM}\right] = E\left(\tilde{d}_{0t}^{MM} - I_{0,t-1}^{MM} - q_{0t}^{MM}\right)^{+},\quad t\in T \tag{3-79}$$

$$E\left[\tilde{l}_{0t}^{MM}\right] \leqslant L^{MM},\quad t\in T \tag{3-80}$$

$$E\left[\tilde{d}_{0t}^{MM}\right]=\int_{\tilde{d}_{0t}^{MM}\in R^{+}}\tilde{d}_{0t}^{MM}f_{d}\left(\tilde{d}_{0t}^{MM}\right)\mathrm{d}\left(\tilde{d}_{0t}^{MM}\right),\quad t\in T \tag{3-81}$$

$$E\left[\tilde{d}_{0t}^{MM}\right]=\sum_{k\in R}E\left[\tilde{d}_{kt}^{MR}\right],\quad t\in T \tag{3-82}$$

式（3-52）～式（3-59），式（3-62）～式（3-65）

其中，约束（3-79）表示 t 时刻需求不确定时的制造商缺货数量表达式；约束（3-80）表示 t 时刻制造商的期望缺货量不能超过最大缺货水平；约束（3-81）表示 t 时刻制造商处的不确定需求表达式；约束（3-82）表示 t 时刻制造商的需求量等于其相对应的下游零售商的需求量之和。

子问题：

$$\text{Min}\quad Z_{42}=\sum_{k\in R}\sum_{t\in T}h_{k}^{MR}E\left[\tilde{I}_{kt}^{MR}\right]+\sum_{k\in R}\sum_{t\in T}p_{k}^{MR}E\left[\tilde{l}_{kt}^{MR}\right]+\sum_{j\in M\cup R}\sum_{\substack{k\in M\cup R\\ k\neq j}}\sum_{t\in T}\overline{c}_{jk}^{MR}G_{jk}^{M}x_{jkt}^{MR}q_{kt}^{MR}$$
$$+Tc_{0}^{MR}+\sum_{k\in R}\sum_{t\in T}c_{kk}^{MR}q_{kt}^{MR}$$

$$\text{S.t.}\quad E\left[\tilde{l}_{kt}^{MR}\right]=E\left(\tilde{d}_{kt}^{MR}-I_{k,t-1}^{MR}-q_{kt}^{MR}\right)^{+},\quad k\in R,\quad t\in T \tag{3-83}$$

$$E\left[\tilde{l}_{kt}^{MR}\right]\leqslant L^{MR},\quad k\in R,\quad t\in T \tag{3-84}$$

$$E\left[\tilde{d}_{kt}^{MR}\right]=\int_{\tilde{d}_{kt}^{MR}\in R^{+}}\tilde{d}_{kt}^{MR}f_{d}\left(\tilde{d}_{kt}^{MR}\right)\mathrm{d}\left(\tilde{d}_{kt}^{MR}\right),\quad k\in R,\quad t\in T \tag{3-85}$$

式（3-66）～式（3-73），式（3-76）～式（3-78）

其中，约束（3-83）表示 t 时刻需求不确定时的零售商缺货数量表达式；约束（3-84）表示 t 时刻零售商的期望缺货量不能超过最大缺货水平；约束（3-85）为 t 时刻零售商的不确定需求表达式。

本节实例参见 3.1.2 节，通过算法求解，得到如表 3-18 和表 3-19 所示的结果。

表 3-18　3.5.2 节实例优化结果 1

主问题	子问题
$M_0\to S_2\to S_1\to M_0$	$M_0\to R_3\to R_7\to R_4\to R_6\to R_5\to M_0$

表 3-19　3.5.2 节实例优化结果 2（$T=6$）

周期	S		R				
	1	2	3	4	5	6	7
$T=1$	655	875	420	190	364	320	260
$T=2$	650	870	415	185	340	315	257
$T=3$	648	865	410	180	350	315	255

续表

周期	S		R				
	1	2	3	4	5	6	7
$T=4$	640	865	425	180	355	310	250
$T=5$	634	850	420	175	360	310	245
$T=6$	630	845	410	175	350	300	245

3.5.3　基于确定需求、多阶段配送的情形

主问题：

$$\text{Min}\quad Z_{43}=\sum_{t\in\left\lfloor T/T_0^{MM}\right\rfloor}h_0^{MM}I_{0t}^{MM}+\sum_{t\in\left\lfloor T/T_0^{MM}\right\rfloor}p_0^{MM}l_{0t}^{MM}+\sum_{j\in S\cup M}\sum_{\substack{i\in S\cup M\\ i\neq j}}\sum_{t\in\left\lfloor T/T_0^{MM}\right\rfloor}\underline{c}_{ji}^{MM}G_{ji}^{M}x_{jit}^{MM}q_{it}^{MM}$$

$$+\sum_{\substack{i\in S\cup M\\ i\neq j}}\sum_{t\in\left\lfloor T/T_0^{MM}\right\rfloor}c_{ii}^{MM}q_{it}^{MM}+\left\lfloor T/T_0^{MM}\right\rfloor c_0^{MM}$$

S.t.

$$\sum_{i\in S}x_{i0t}^{MM}=1,\quad t\in\left\lfloor T/T_0^{MM}\right\rfloor \tag{3-86}$$

$$\sum_{i\in S}x_{0it}^{MM}=1,\quad t\in\left\lfloor T/T_0^{MM}\right\rfloor \tag{3-87}$$

$$\sum_{\substack{j\in S\cup M\\ j\neq h}}x_{jht}^{MM}-\sum_{\substack{i\in S\cup M\\ i\neq h}}x_{hit}^{MM}=0,\quad t\in\left\lfloor T/T_0^{MM}\right\rfloor \tag{3-88}$$

$$\sum_{\substack{j\in S\cup M\\ i\neq j}}x_{jit}^{MM}=1,\quad i\in S,\quad t\in\left\lfloor T/T_0^{MM}\right\rfloor \tag{3-89}$$

$$\sum_{j\in S\cup M}\sum_{\substack{i\in S\cup M\\ i\neq j}}x_{jit}^{MM}\leqslant m+1,\quad t\in\left\lfloor T/T_0^{MM}\right\rfloor \tag{3-90}$$

$$\sum_{i\in S}q_{it}^{MM}\leqslant Y^{MM},\quad t\in\left\lfloor T/T_0^{MM}\right\rfloor \tag{3-91}$$

$$I_{0,t-1}^{MM}+\sum_{i\in S}q_{it}^{MM}\leqslant U^{MM},\quad t\in\left\lfloor T/T_0^{MM}\right\rfloor \tag{3-92}$$

$$q_{it}^{MM}-\sum_{i\in S\cup M}Y^{MM}x_{jit}^{MM}\leqslant 0,\quad t\in\left\lfloor T/T_0^{MM}\right\rfloor \tag{3-93}$$

$$l_{0t}^{MM}=\left(d_{0t}^{MM}-I_{0,t-1}^{MM}-\sum_{i\in S}q_{it}^{MM}\right)^{+},\quad t\in\left\lfloor T/T_0^{MM}\right\rfloor \tag{3-94}$$

$$l_{0t}^{MM} \leqslant L^{MM}, \quad t \in \left\lfloor T \middle/ T_0^{MM} \right\rfloor \tag{3-95}$$

$$d_{0t}^{MM} = \sum_{k\in R} \sum_{t'=\left\lfloor T_0^{MM}/T_0^{MR} \right\rfloor t - \left\lfloor T_0^{MM}/T_0^{MR} \right\rfloor + 1}^{\left\lfloor T_0^{MM}/T_0^{MR} \right\rfloor t} d_{kt'}^{MR}, \quad t \in \left\lfloor T \middle/ T_0^{MM} \right\rfloor, \quad t' \leqslant \left\lfloor T \middle/ T_0^{MR} \right\rfloor \tag{3-96}$$

$$q_{0t}^{MM} = q_{it}^{MR} = K, \quad i \in S, \quad t \in \left\lfloor T \middle/ T_0^{MR} \right\rfloor \tag{3-97}$$

$$x_{jit}^{MM} \in (0,1), \quad t \in \left\lfloor T \middle/ T_0^{MM} \right\rfloor \tag{3-98}$$

$$q_{0t}^{MM} \in Z^{+}, \quad t \in \left\lfloor T \middle/ T_0^{MM} \right\rfloor \tag{3-99}$$

其中，约束（3-86）表示多阶段时刻单一车辆离开制造商处向供应商处取货；约束（3-87）表示多阶段时刻单一车辆从供应商处取完货返回制造商处；约束（3-88）表示多阶段时刻任意到达供应商处的车辆在取完货后离开该供应商；约束（3-89）表示多阶段时刻供应链中的制造商和供应商节点当且仅当被访问一次；约束（3-90）表示多阶段时刻消除子车辆路线的生成；约束（3-91）表示多阶段时刻制造商向供应商的取货量不超过车辆容量；约束（3-92）表示多阶段时刻供应商处的取货量不能超过制造商库存水平容量；约束（3-93）表示多阶段时刻车辆只有经过供应商节点时才取货，保证了运输的可能性；约束（3-94）表示多阶段时刻制造商的缺货数量表达式；约束（3-95）表示多阶段时刻制造商的缺货数量不能超过其最大缺货数量；约束（3-96）表示多阶段时刻制造商的需求量等于其相对应的下游零售商的需求量之和；约束（3-97）表示多阶段时刻车辆空驶当量表达式；约束（3-98）表示多阶段时刻车辆调度路径为 0-1 整数变量；约束（3-99）表示多阶段时刻制造商向上游供应商的取货量为整数。

子问题：

$$\text{Min} \quad Z_{44} = \sum_{k\in R} \sum_{t\in \left\lfloor T/T_0^{MR} \right\rfloor} h_k^{MR} I_{kt}^{MR} + \sum_{k\in R} \sum_{t\in \left\lfloor T/T_0^{MR} \right\rfloor} p_k^{MR} l_{kt}^{MR} + \sum_{j\in M\cup R} \sum_{\substack{k\in M\cup R \\ k\neq j}} \sum_{t\in \left\lfloor T/T_0^{MR} \right\rfloor} \overline{c}_{jk}^{MR} G_{jk}^{M} x_{jkt}^{MR} q_{kt}^{MR}$$
$$+ \sum_{k\in R} \sum_{t\in \left\lfloor T/T_0^{MR} \right\rfloor} c_{kk}^{MR} q_{kt}^{MR} + \left\lfloor T \middle/ T_0^{MR} \right\rfloor c_0^{MR}$$

$$\text{S.t.} \quad \sum_{k\in R} x_{0kt}^{MR} = 1, \quad t \in \left\lfloor T \middle/ T_0^{MR} \right\rfloor \tag{3-100}$$

$$\sum_{k\in R} x_{k0t}^{MR} = 1, \quad t \in \left\lfloor T \middle/ T_0^{MR} \right\rfloor \tag{3-101}$$

$$\sum_{\substack{j\in M\cup R\\ j\neq h}} x_{jht}^{MR} - \sum_{\substack{k\in M\cup R\\ k\neq h}} x_{hkt}^{MR} = 0,\quad t\in\left\lfloor T\big/T_0^{MR}\right\rfloor \tag{3-102}$$

$$\sum_{\substack{j\in M\cup R\\ j\neq k}} x_{jkt}^{MR} = 1,\quad k\in R,\quad t\in\left\lfloor T\big/T_0^{MR}\right\rfloor \tag{3-103}$$

$$\sum_{j\in M\cup R}\sum_{\substack{k\in M\cup R\\ k\neq j}} x_{jkt}^{MR} \leqslant n+1,\quad t\in\left\lfloor T\big/T_0^{MR}\right\rfloor \tag{3-104}$$

$$\sum_{k\in R} q_{kt}^{MR} \leqslant Y^{MR},\quad t\in\left\lfloor T\big/T_0^{MR}\right\rfloor \tag{3-105}$$

$$I_{k,t-1}^{MR} + q_{kt}^{MR} \leqslant U_k^{MR},\quad k\in R,\quad t\in\left\lfloor T\big/T_0^{MR}\right\rfloor \tag{3-106}$$

$$q_{kt}^{MR} - \sum_{j\in M\cup R} Y^{MR} x_{jkt}^{MR} \leqslant 0,\quad k\in R,\quad t\in\left\lfloor T\big/T_0^{MR}\right\rfloor \tag{3-107}$$

$$l_{kt}^{MR} = \left(d_{kt}^{MR} - I_{k,t-1}^{MR} - q_{kt}^{MR}\right)^+,\quad k\in R,\quad t\in\left\lfloor T\big/T_0^{MR}\right\rfloor \tag{3-108}$$

$$l_{kt}^{MR} \leqslant L^{MR},\quad k\in R,\quad t\in\left\lfloor T\big/T_0^{MR}\right\rfloor \tag{3-109}$$

$$q_0^{MM} = q_{it}^{MR} = K,\quad i\in S,\quad t\in\left\lfloor T\big/T_0^{MR}\right\rfloor \tag{3-110}$$

$$x_{jkt}^{MR} \in (0,1),\quad t\in\left\lfloor T\big/T_0^{MR}\right\rfloor \tag{3-111}$$

$$q_{kt}^{MR} \in Z^+,\quad t\in\left\lfloor T\big/T_0^{MR}\right\rfloor \tag{3-112}$$

其中，约束（3-100）表示多阶段时刻单一车辆离开制造商处向零售商送货；约束（3-101）表示多阶段时刻单一车辆从零售商处送完货返回制造商处；约束（3-102）表示多阶段时刻任意到达零售商处的车辆在送完货后离开该零售商；约束（3-103）表示多阶段时刻供应链中的制造商和零售商节点当且仅当被访问一次；约束（3-104）表示多阶段时刻消除子车辆路线的生成；约束（3-105）表示多阶段时刻制造商向零售商的送货量不超过车辆容量；约束（3-106）表示多阶段时刻零售商的送货量不能超过其库存水平容量；约束（3-107）表示多阶段时刻车辆只有经过零售商节点时才送货，保证了运输的可能性；约束（3-108）表示多阶段时刻零售商的缺货数量表达式；约束（3-109）表示多阶段时刻零售商的缺货数量不能超过其最大缺货数量；约束（3-110）表示多阶段时刻车辆空驶当量表达式；约束（3-111）表示多阶段时刻车辆调度路径为 0-1 整数变量；约束（3-112）表示多阶段时刻制造商向下游零售商的送货量为整数。

本节假定 $T_0^{MM}=3$，$T_0^{MR}=2$，供应商和零售商的需求情况如 3.5.1 节，通过启发式算法的求解，得到如表 3-20 所示的调度路线。

表 3-20　3.5.3 节实例优化结果

周期	主问题	子问题
$T=1$	$M_0 \to S_2 \to S_1 \to M_0$	$M_0 \to R_3 \to R_7 \to R_6 \to R_4 \to R_5 \to M_0$
$T=2$		
$T=3$		$M_0 \to R_3 \to R_7 \to R_5 \to R_6 \to R_4 \to M_0$
$T=4$	$M_0 \to S_2 \to S_1 \to M_0$	
$T=5$		$M_0 \to R_3 \to R_7 \to R_5 \to R_6 \to R_4 \to M_0$
$T=6$		

3.5.4　基于不确定需求、多阶段配送的情形

主问题：

$$\text{Min}\quad Z_{45}=\sum_{t\in\left\lfloor T/T_0^{MM}\right\rfloor} h_0^{MM}E\left[I_{0t}^{MM}\right]+\sum_{t\in\left\lfloor T/T_0^{MM}\right\rfloor} p_0^{MM}E\left[\tilde{l}_{0t}^{MM}\right]+\left\lfloor T/T_0^{MM}\right\rfloor c_0^{MM}$$
$$+\sum_{j\in S\cup M}\sum_{\substack{i\in S\cup M\\ i\neq j}}\sum_{t\in\left\lfloor T/T_0^{MM}\right\rfloor} \underline{c}_{ji}^{MM}G_{ji}^{M}x_{jit}^{MM}q_{it}^{MM}+\sum_{i\in S}\sum_{t\in\left\lfloor T/T_0^{MM}\right\rfloor} c_{ii}^{MM}q_{it}^{MM}$$

$$\text{S.t.}\quad E\left[\tilde{l}_{0t}^{MM}\right]=E\left(d_{0t}^{MM}-I_{0,t-1}^{MM}-q_{0t}^{MM}\right)^{+},\quad t\in\left\lfloor T/T_0^{MM}\right\rfloor \tag{3-113}$$

$$E\left[\tilde{l}_{0t}^{MM}\right]\leqslant L^{MM},\quad t\in\left\lfloor T/T_0^{MM}\right\rfloor \tag{3-114}$$

$$E\left[\tilde{d}_{0t}^{MM}\right]=\int_{\tilde{d}_{0t}^{MM}\in R^{+}}\tilde{d}_{0t}^{MM}f_d\left(\tilde{d}_{0t}^{MM}\right)\mathrm{d}\left(\tilde{d}_{0t}^{MM}\right),\quad t\in\left\lfloor T/T_0^{MM}\right\rfloor \tag{3-115}$$

$$E\left[\tilde{d}_{0t}^{MM}\right]=\sum_{k\in R}\sum_{t'=\left\lfloor T_0^{MM}/T_0^{MR}\right\rfloor t-\left\lfloor T_0^{MM}/T_0^{MR}\right\rfloor+1}^{\left\lfloor T_0^{MM}/T_0^{MR}\right\rfloor t}E\left[d_{kt'}^{MR}\right],\quad t\in\left\lfloor T/T_0^{MM}\right\rfloor,\quad t'\leqslant\left\lfloor T/T_0^{MR}\right\rfloor \tag{3-116}$$

式（3-86）～式（3-93），式（3-96）～式（3-99）

其中，约束（3-113）表示多阶段时刻需求不确定时的制造商缺货数量表达式；约束（3-114）表示多阶段时刻制造商的期望缺货量不能超过最大缺货水平；约束

（3-115）表示多阶段时刻制造商的不确定需求表达式；约束（3-116）表示多阶段时刻制造商的需求量等于其相对应的下游零售商多阶段需求量之和。

子问题：

$$\text{Min}\quad Z_{46}=\sum_{k\in R}\sum_{t\in\left\lfloor T/T_0^{MR}\right\rfloor} h_k^{MR}E\left[\tilde{I}_{kt}^{MR}\right]+\sum_{j\in M\cup R}\sum_{\substack{k\in M\cup R\\ k\neq j}}\sum_{t\in\left\lfloor T/T_0^{MR}\right\rfloor}\overline{c}_{jk}^{MR}G_{jk}^{M}x_{jkt}^{MR}q_{kt}^{MR}$$

$$+\sum_{\substack{k\in M\cup R\\ k\neq j}}\sum_{t\in\left\lfloor T/T_0^{MR}\right\rfloor}c_{kk}^{MR}q_{kt}^{MR}+\left\lfloor T/T_0^{MR}\right\rfloor c_0^{MR}+\sum_{k\in R}\sum_{t\in\left\lfloor T/T_0^{MR}\right\rfloor}p_k^{MR}E\left[\tilde{l}_{kt}^{MR}\right]$$

$$\text{S.t.}\quad E\left[\tilde{l}_{kt}^{MR}\right]=E\left(d_{kt}^{MR}-I_{k,t-1}^{MR}-q_{kt}^{MR}\right)^{+},\quad k\in R,\quad t\in\left\lfloor T/T_0^{MR}\right\rfloor \tag{3-117}$$

$$E\left[\tilde{l}_{kt}^{MR}\right]\leqslant L^{MR},\quad k\in R,\quad t\in\left\lfloor T/T_0^{MR}\right\rfloor \tag{3-118}$$

$$E\left[\tilde{d}_{kt}^{MR}\right]=\int_{\tilde{d}_{kt}^{MR}\in R^{+}}\tilde{d}_{kt}^{MR}f_d\left(\tilde{d}_{kt}^{MR}\right)\mathrm{d}\left(\tilde{d}_{kt}^{MR}\right),\quad k\in R,\quad t\in\left\lfloor T/T_0^{MR}\right\rfloor \tag{3-119}$$

式（3-100）～式（3-107），式（3-110）～式（3-112）

其中，约束（3-117）表示多阶段时刻需求不确定时的零售商缺货数量表达式；约束（3-118）表示多阶段时刻零售商的期望缺货量不能超过最大缺货水平；约束（3-119）表示多阶段时刻零售商的不确定需求表达式。

本节实例参见 3.5.2 节，通过算法求解，得到如表 3-21 和表 3-22 所示的结果。

表 3-21　3.5.4 节实例优化结果 1

主问题	子问题
$M_0\to S_2\to S_1\to M_0$	$M_0\to R_3\to R_7\to R_4\to R_6\to R_5\to M_0$

表 3-22　3.5.4 节实例优化结果 2（$T=6$）

周期	S		R				
	1	2	3	4	5	6	7
$T=1$	2650	3500	880	385	720	610	520
$T=2$							
$T=3$			860	370	710	610	515
$T=4$	1300	1850					
$T=5$			830	350	700	600	510
$T=6$							

3.6 多周期、单车辆、联合库存管理策略下的库存路径问题

多周期、单车辆、JMI 策略下 MIRP 示意图如图 3-10 所示。

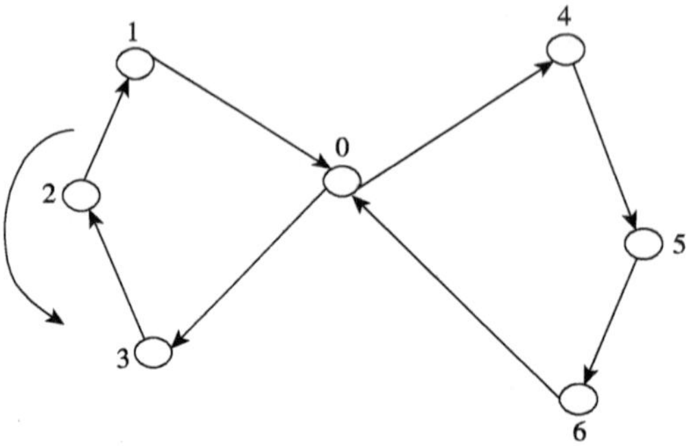

图 3-10　多周期、单车辆、JMI 策略下 MIRP 示意图

3.6.1 基于确定需求、单阶段配送的情形

$$
\begin{aligned}
\text{Min}\quad Z_{47}=&\sum_{t\in T}h_0^{MM}I_{0t}^{MM}+\sum_{t\in T}p_0^{MM}l_{0t}^{MM}+\sum_{k\in R}\sum_{t\in T}h_k^{MR}I_{kt}^{MR}+\sum_{k\in R}\sum_{t\in T}p_k^{MR}l_{kt}^{MR}\\
&+\sum_{j\in M\cup R}\sum_{\substack{k\in M\cup R\\ k\neq j}}\sum_{t\in T}\overline{c}_{jk}^{MR}G_{jk}^{M}x_{jkt}^{MR}q_{kt}^{MR}+Tc_0^{MR}+Tc_0^{MM}\\
&+\sum_{j\in S\cup M}\sum_{\substack{i\in S\cup M\\ i\neq j}}\sum_{t\in T}\underline{c}_{ji}^{MM}G_{ji}^{M}x_{jit}^{MM}q_{it}^{MM}+\sum_{k\in R}\sum_{t\in T}c_{kk}^{MR}q_{kt}^{MR}+\sum_{i\in S}\sum_{t\in T}c_{ii}^{MM}q_{it}^{MM}
\end{aligned}
$$

S.t.　式（3-52）～式（3-78）

实例参见 3.5.1 节，通过求解得到如表 3-23 所示的调度路线。

表 3-23　3.6.1 节实例优化结果

周期	JMI 策略	
$T=1$	$M_0\to S_2\to S_1\to M_0$	$M_0\to R_3\to R_7\to R_6\to R_4\to R_5\to M_0$
$T=2$	$M_0\to S_2\to S_1\to M_0$	$M_0\to R_3\to R_7\to R_6\to R_4\to R_5\to M_0$
$T=3$	$M_0\to S_2\to S_1\to M_0$	$M_0\to R_3\to R_7\to R_5\to R_6\to R_4\to M_0$
$T=4$	$M_0\to S_2\to S_1\to M_0$	$M_0\to R_3\to R_7\to R_6\to R_4\to R_5\to M_0$
$T=5$	$M_0\to S_2\to S_1\to M_0$	$M_0\to R_3\to R_7\to R_5\to R_6\to R_4\to M_0$
$T=6$	$M_0\to S_2\to S_1\to M_0$	$M_0\to R_3\to R_7\to R_6\to R_4\to R_5\to M_0$

3.6.2　基于不确定需求、单阶段配送的情形

$$\text{Min}\quad Z_{48}=\sum_{t\in T}h_0^{MM}E\left[\tilde{I}_{0t}^{MM}\right]+\sum_{t\in T}p_0^{MM}E\left[\tilde{l}_{0t}^{MM}\right]+\sum_{k\in R}\sum_{t\in T}h_k^{MR}E\left[\tilde{I}_{kt}^{MR}\right]$$
$$+\sum_{j\in M\cup R}\sum_{\substack{k\in M\cup R\\k\neq j}}\sum_{t\in T}\overline{c}_{jk}^{MR}G_{jk}^{M}x_{jkt}^{MR}q_{kt}^{MR}+\sum_{k\in R}\sum_{t\in T}p_k^{MR}E\left[\tilde{l}_{kt}^{MR}\right]+Tc_0^{MR}+Tc_0^{MM}$$
$$+\sum_{j\in S\cup M}\sum_{\substack{i\in S\cup M\\i\neq j}}\sum_{t\in T}\underline{c}_{ji}^{MM}G_{ji}^{M}x_{jit}^{MM}q_{it}^{MM}+\sum_{k\in R}\sum_{t\in T}c_{kk}^{MR}q_{kt}^{MR}+\sum_{\substack{i\in S\cup M\\i\neq j}}\sum_{t\in T}c_{ii}^{MM}q_{it}^{MM}$$

S.t.　式（3-52）～式（3-59），式（3-62）～式（3-73），式（3-76）～式（3-85）

实例参见 3.5.2 节，通过求解得到如表 3-24 和表 3-25 所示的结果。

表 3-24　3.6.2 节实例优化结果 1

JMI 策略	
$M_0\to S_2\to S_1\to M_0$	$M_0\to R_3\to R_7\to R_4\to R_6\to R_5\to M_0$

表 3-25　3.6.2 节实例优化结果 2（$T=6$）

周期	S		R				
	1	2	3	4	5	6	7
$T=1$	650	890	420	185	365	310	260
$T=2$	650	865	415	185	350	315	250
$T=3$	645	860	410	180	350	310	255
$T=4$	645	865	415	180	355	310	250
$T=5$	635	855	420	175	340	310	245
$T=6$	630	875	415	175	350	315	250

3.6.3　基于确定需求、多阶段配送的情形

$$\text{Min}\quad Z_{49}=\sum_{t\in\left\lfloor T/T_0^{MM}\right\rfloor}h_0^{MM}I_{0t}^{MM}+\sum_{t\in\left\lfloor T/T_0^{MM}\right\rfloor}p_0^{MM}l_{0t}^{MM}+\sum_{k\in R}\sum_{t\in\left\lfloor T/T_0^{MR}\right\rfloor}h_k^{MR}I_{kt}^{MR}+\sum_{k\in R}\sum_{t\in\left\lfloor T/T_0^{MR}\right\rfloor}p_k^{MR}l_{kt}^{MR}$$
$$+\left\lfloor T/T_0^{MR}\right\rfloor c_0^{MR}+\sum_{j\in S\cup M}\sum_{\substack{i\in S\cup M\\i\neq j}}\sum_{t\in\left\lfloor T/T_0^{MM}\right\rfloor}\left(\underline{c}_{ji}^{MM}+c_{ii}^{MM}\right)x_{jit}^{MM}q_{it}^{MM}$$
$$+\sum_{j\in M\cup R}\sum_{\substack{k\in M\cup R\\k\neq j}}\sum_{t\in\left\lfloor T/T_0^{MR}\right\rfloor}\overline{c}_{jk}^{MR}G_{jk}^{M}x_{jkt}^{MR}q_{kt}^{MR}+\left\lfloor T/T_0^{MM}\right\rfloor c_0^{MM}+\sum_{i\in S}\sum_{t\in\left\lfloor T/T_0^{MM}\right\rfloor}c_{ii}^{MM}q_{it}^{MM}$$
$$+\sum_{k\in R}\sum_{t\in\left\lfloor T/T_0^{MR}\right\rfloor}c_{kk}^{MR}q_{kt}^{MR}$$

S.t.　式（3-86）～式（3-112）

实例参见 3.5.3 节，通过启发式算法的求解，得到如表 3-26 所示的调度路线。

表 3-26　3.6.3 节实例优化结果

周期	JMI 策略	
$T=1$	$M_0 \to S_2 \to S_1 \to M_0$	$M_0 \to R_3 \to R_7 \to R_6 \to R_4 \to R_5 \to M_0$
$T=2$		
$T=3$		$M_0 \to R_3 \to R_7 \to R_5 \to R_6 \to R_4 \to M_0$
$T=4$	$M_0 \to S_2 \to S_1 \to M_0$	
$T=5$		$M_0 \to R_3 \to R_7 \to R_5 \to R_6 \to R_4 \to M_0$
$T=6$		

3.6.4　基于不确定需求、多阶段配送的情形

$$
\begin{aligned}
\text{Min}\quad Z_{50} = & \sum_{t\in\left\lfloor T/T_0^{MM}\right\rfloor} h_0^{MM} E\left[\tilde{I}_{0t}^{MM}\right] + \sum_{t\in\left\lfloor T/T_0^{MM}\right\rfloor} p_0^{MM} E\left[\tilde{l}_{0t}^{MM}\right] + \sum_{k\in R}\sum_{t\in\left\lfloor T/T_0^{MR}\right\rfloor} h_k^{MR} E\left[\tilde{I}_{kt}^{MR}\right] \\
& + \sum_{k\in R}\sum_{t\in\left\lfloor T/T_0^{MR}\right\rfloor} p_k^{MR} E\left[\tilde{l}_{kt}^{MR}\right] + \sum_{j\in S\cup M}\sum_{\substack{i\in S\cup M\\ i\neq j}}\sum_{t\in\left\lfloor T/T_0^{MM}\right\rfloor} \underline{c}_{ji}^{MM} G_{ji}^{M} x_{jit}^{MM} q_{it}^{MM} \\
& + \sum_{j\in M\cup R}\sum_{\substack{k\in M\cup R\\ k\neq j}}\sum_{t\in\left\lfloor T/T_0^{MR}\right\rfloor} \overline{c}_{jk}^{MR} G_{jk}^{M} x_{jkt}^{MR} q_{kt}^{MR} + \left\lfloor T/T_0^{MM}\right\rfloor c_0^{MM} + \left\lfloor T/T_0^{MR}\right\rfloor c_0^{MR} \\
& + \sum_{i\in S}\sum_{t\in\left\lfloor T/T_0^{MM}\right\rfloor} c_{ii}^{MM} q_{it}^{MM} + \sum_{k\in R}\sum_{t\in\left\lfloor T/T_0^{MR}\right\rfloor} c_{kk}^{MR} q_{kt}^{MR}
\end{aligned}
$$

S.t.　式（3-86）～式（3-93），式（3-96）～式（3-107），式（3-110）～式（3-119）

实例参见 3.5.4 节，通过求解得到如表 3-27 和表 3-28 所示的结果。

表 3-27　3.6.4 节实例优化结果 1

JMI 策略	
$M_0 \to S_2 \to S_1 \to M_0$	$M_0 \to R_3 \to R_7 \to R_4 \to R_6 \to R_5 \to M_0$

表 3-28　3.6.4 节实例优化结果 2（ $T=6$ ）

周期	S		R				
	1	2	3	4	5	6	7
$T=1$	2650	3500	870	375	720	610	520
$T=2$							
$T=3$			855	370	710	605	515

续表

周期	S		R				
	1	2	3	4	5	6	7
$T=4$	1240	1750					
$T=5$			830	350	705	605	500
$T=6$							

3.7　多周期、多车辆、供应商管理库存策略下的库存路径问题

多周期、多车辆、VMI 策略下 MIRP 示意图（串行式运输、自有车辆情形）如图 3-11 所示。多周期、多车辆、VMI 策略下 MIRP 示意图（串行式运输、租用车辆情形）如图 3-12 所示。单周期、多车辆、VMI 策略下 MIRP 示意图（并行式运输情形）如图 3-13 所示。

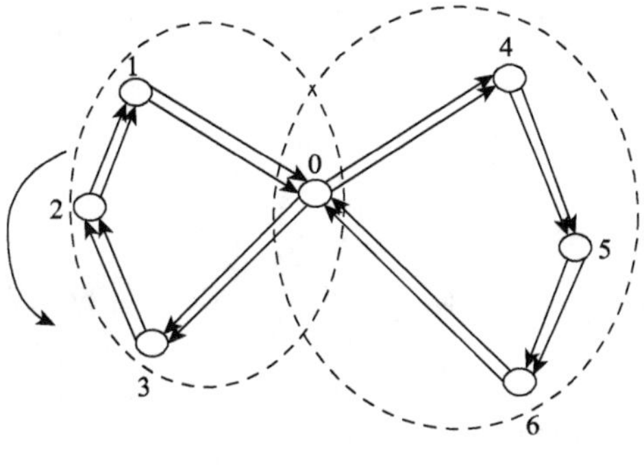

图 3-11　多周期、多车辆、VMI 策略下 MIRP 示意图（串行式运输、自有车辆情形）

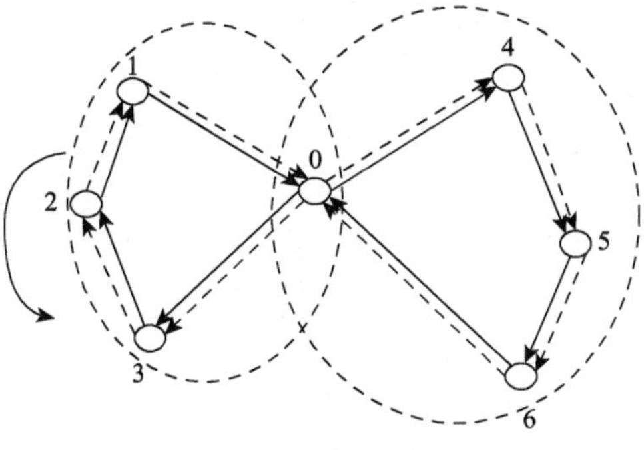

图 3-12　多周期、多车辆、VMI 策略下 MIRP 示意图（串行式运输、租用车辆情形）

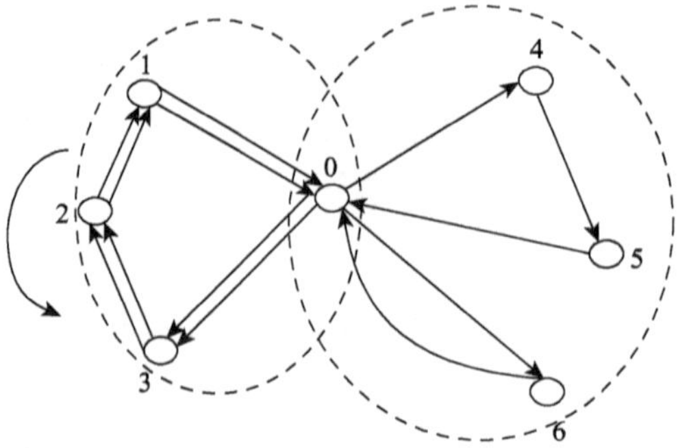

图 3-13　单周期、多车辆、VMI 策略下 MIRP 示意图（并行式运输情形）

3.7.1　基于确定需求、自有车辆、单阶段配送的情形

主问题：

$$\text{Min}\quad Z_{51}=\text{Min}\left\{Z_{52},Z_{53},Z_{54}\right\}$$

直配式运输：

$$\text{Min}\quad Z_{52}=\sum_{t\in T}h_0^{MM}I_{0t}^{MM}+\sum_{t\in T}p_0^{MM}l_{0t}^{MM}+\sum_{i\in S}\sum_{t\in T}c_{i0}^{MM}G_{i0}^{MM}q_{it}^{MM}+KT\sum_{i\in S}c_{0i}^{MM}+\sum_{i\in S}\sum_{t\in T}c_{ii}^{MM}q_{it}^{MM}+mTc_0^{MM}$$

$$\text{S.t.}\quad q_{it}^{MM}\leqslant Y^{MM},\quad i\in S,\quad t\in T \tag{3-120}$$

式（3-58），式（3-60）～式（3-63），式（3-65）

其中，约束（3-120）表示 t 时刻制造商向每一供应商的取货量不超过车辆容量。

串行式运输：

$$\text{Min}\quad Z_{53}=\sum_{t\in T}h_0^{MM}I_{0t}^{MM}+\sum_{t\in T}p_0^{MM}l_{0t}^{MM}+\sum_{j\in S\cup M}\sum_{\substack{i\in S\cup M\\ i\neq j}}\sum_{t\in T}\underline{c}_{ji}^{MM}G_{ji}^{M}x_{jit}^{MM}q_{it}^{MM}+\left\lceil\sum_{i\in S}q_{it}^{MM}\Big/Y^{MM}\right\rceil Tc_0^{MM}+\sum_{i\in S}\sum_{t\in T}c_{ii}^{MM}q_{it}^{MM}$$

S.t.　式（3-52）～式（3-56），式（3-58）～式（3-65）

并行式运输：

$$\text{Min}\quad Z_{54}=\sum_{t\in T}h_0^{MM}I_{0t}^{MM}+\sum_{t\in T}p_0^{MM}l_{0t}^{MM}+\sum_{c\in\bar{f}_0^{-1}}\sum_{j\in\underline{S}_c(\cdot)\cup M}\sum_{\substack{i\in\underline{S}_c(\cdot)\cup M\\ i\neq j}}\sum_{t\in T}\underline{c}_{ji}^{MM}G_{ji}^{M}x_{jit}^{MM}q_{it}^{MM}+\sum_{i\in S}\sum_{t\in T}c_{ii}^{MM}q_{it}^{MM}+\left|\bar{f}_s^{-1}\right|Tc_0^{MM}$$

$$\text{S.t.}\quad\sum_{i\in\underline{S}_c(\cdot)}x_{0it}^{MM}=1,\quad c\in\bar{f}_0^{-1},\quad t\in T \tag{3-121}$$

$$\sum_{j\in\underline{S}_c(\cdot)} x_{i0t}^{MM}=1,\quad c\in\overline{f}_0^{-1},\quad t\in T \tag{3-122}$$

$$\sum_{i\in\underline{S}_c(\cdot)} q_{it}^{MM}\leqslant Y^{MM},\quad c\in\overline{f}_0^{-1},\quad t\in T \tag{3-123}$$

$$q_{it}^{MM}-\sum_{j\in S\cup\underline{S}_c(\cdot)} Y^{MM}x_{jit}^{MM}\leqslant 0,\quad c\in\overline{f}_0^{-1},\quad t\in T \tag{3-124}$$

$$d_{0t}^{MM}=\sum_{k\in\underline{M}_{jd}(\cdot)} d_{kt}^{MR},\quad d\in\overline{f}_j^{-1},\quad t\in T \tag{3-125}$$

式（3-54）～式（3-56），式（3-58），式（3-60），式（3-61），式（3-63）～式（3-65）

其中，约束（3-121）表示 t 时刻单一车辆离开制造商处向供应商处取货；约束（3-122）表示 t 时刻单一车辆从供应商处取完货返回制造商处；约束（3-123）表示 t 时刻单一车辆向供应商的取货量不能超过制造商的车辆容量；约束（3-124）表示 t 时刻单一车辆只有经过供应商节点时才取货，保证了运输的可能性；约束（3-125）表示 t 时刻制造商的需求量等于其单一车辆所对应的下游零售商的需求量之和。

而子问题为

直配式运输：

$$\text{Min}\quad Z_{52}=\sum_{k\in R}\sum_{t\in T}h_k^{MR}I_{kt}^{MR}+\sum_{k\in R}\sum_{t\in T}p_k^{MR}l_{kt}^{MR}+KT\sum_{k\in R}c_{k0}^{MR}+\sum_{k\in R}\sum_{t\in T}c_{0k}^{MR}G_{0k}^{M}q_{kt}^{MR}+\sum_{k\in R}\sum_{t\in T}c_{kk}^{MR}q_{kt}^{MR}+nTc_0^{MR}$$

$$\text{S.t.}\quad q_{kt}^{MR}\leqslant Y^{MR},\quad k\in R,\quad t\in T \tag{3-126}$$

式（3-72），式（3-74）～式（3-76），式（3-78）

其中，约束（3-126）表示 t 时刻制造商向每一零售商的送货量不超过车辆容量。

串行式运输：

$$\text{Min}\quad Z_{53}=\sum_{k\in R}\sum_{t\in T}h_k^{MR}I_{kt}^{MR}+\sum_{k\in R}\sum_{t\in T}p_k^{MR}l_{kt}^{MR}+\sum_{j\in M\cup R}\sum_{\substack{k\in M\cup R\\ k\neq j}}\sum_{t\in T}\overline{c}_{jk}^{MR}G_{jk}^{M}x_{jkt}^{MR}q_{kt}^{MR}+\left\lceil \sum_{k\in R}q_{kt}^{MR}\Big/Y^{MR}\right\rceil Tc_0^{MR}+\sum_{k\in R}\sum_{t\in T}c_{kk}^{MR}q_{kt}^{MR}$$

S.t.　式（3-66）～式（3-70），式（3-72）～式（3-78）

并行式运输：

$$\text{Min}\quad Z_{54}=\sum_{k\in R}\sum_{t\in T}h_k^{MR}I_{kt}^{MR}+\sum_{d\in\overline{f}_k^{-1}}\sum_{j\in M\cup\underline{M}_d(\cdot)}\sum_{\substack{k\in M\cup\underline{M}_d(\cdot)\\ k\neq j}}\sum_{t\in T}\overline{c}_{jk}^{MR}G_{jk}^{M}x_{jkt}^{MR}q_{kt}^{MR}+\sum_{k\in R}\sum_{t\in T}c_{kk}^{MR}q_{kt}^{MR}+\sum_{k\in R}\sum_{t\in T}p_k^{MR}l_{kt}^{MR}+\left|\overline{f}_{Mj}^{-1}\right|Tc_0^{MR}$$

$$\text{S.t.}\quad \sum_{k\in\underline{M}_d(\cdot)} x_{0kt}^{MR}=1,\quad d\in\overline{f}_j^{-1},\quad t\in T \tag{3-127}$$

$$\sum_{k\in \underline{M}_d(\cdot)} x_{k0t}^{MR}=1,\quad d\in \overline{f}_j^{-1},\quad t\in T \tag{3-128}$$

$$\sum_{\substack{j\in M\cup \underline{M}_d(\cdot)\\ j\neq k}} x_{jkt}^{MR}=1,\quad k\in R,\quad d\in \overline{f}_j^{-1},\quad t\in T \tag{3-129}$$

$$\sum_{k\in \underline{M}_d(\cdot)} q_{kt}^{MR}\leqslant Y^{MR},\quad d\in \overline{f}_j^{-1},\quad t\in T \tag{3-130}$$

$$q_{kt}^{MR}-\sum_{j\in M\cup \underline{M}_d(\cdot)} Y^{MR}x_{jkt}^{MR}\leqslant 0,\quad k\in R,\quad d\in \overline{f}_j^{-1},\quad t\in T \tag{3-131}$$

式（3-68），式（3-70），式（3-72），式（3-74）～式（3-78）

其中，约束（3-127）表示 t 时刻单一车辆从制造商处离开向零售商送货；约束（3-128）表示 t 时刻单一车辆从零售商处送完货返回制造商处；约束（3-129）表示 t 时刻供应链中的制造商和其下游零售商节点当且仅当被访问一次；约束（3-130）表示 t 时刻单一车辆向零售商的送货量不能超过车辆容量；约束（3-131）表示 t 时刻单一车辆只有经过零售商节点时才送货，保证了运输的可能性。

本节实例参见 3.5.1 节，且车辆参数 $T^{MM}=2200$ 件，$T^{MR}=1200$ 件，于是通过启发式算法的求解，得到表 3-29 所示的结果。

表 3-29 3.7.1 节实例优化结果

周期	方式	主问题	子问题
$T=1$	串行式	$M_0\to S_2\to S_1\to M_0$	$M_0\to R_3\to R_7\to R_6\to R_4\to R_5\to M_0$
	并行式	$M_0\to S_2\to S_1\to M_0$	$M_0\to R_3\to R_5\to M_0$ $M_0\to R_6\to R_4\to R_7\to M_0$
$T=2$	串行式	$M_0\to S_2\to S_1\to M_0$	$M_0\to R_3\to R_7\to R_6\to R_4\to R_5\to M_0$
	并行式	$M_0\to S_1\to M_0$ $M_0\to S_2\to M_0$	$M_0\to R_3\to R_5\to M_0$ $M_0\to R_6\to R_4\to R_7\to M_0$
$T=3$	串行式	$M_0\to S_2\to S_1\to M_0$	$M_0\to R_3\to R_7\to R_5\to R_6\to R_4\to M_0$
	并行式	$M_0\to S_2\to S_1\to M_0$	$M_0\to R_3\to R_5\to M_0$ $M_0\to R_6\to M_0$ $M_0\to R_4\to R_7\to M_0$
$T=4$	串行式	$M_0\to S_2\to S_1\to M_0$	$M_0\to R_3\to R_7\to R_6\to R_4\to R_5\to M_0$
	并行式	$M_0\to S_1\to M_0$ $M_0\to S_2\to M_0$	$M_0\to R_3\to R_5\to M_0$ $M_0\to R_6\to M_0$ $M_0\to R_4\to R_7\to M_0$
$T=5$	串行式	$M_0\to S_2\to S_1\to M_0$	$M_0\to R_3\to R_7\to R_5\to R_6\to R_4\to M_0$
	并行式	$M_0\to S_2\to S_1\to M_0$	$M_0\to R_3\to R_5\to M_0$ $M_0\to R_6\to R_4\to R_7\to M_0$
$T=6$	串行式	$M_0\to S_2\to S_1\to M_0$	$M_0\to R_3\to R_7\to R_6\to R_4\to R_5\to M_0$
	并行式	$M_0\to S_2\to S_1\to M_0$	$M_0\to R_3\to R_5\to M_0$ $M_0\to R_6\to R_4\to R_7\to M_0$

3.7.2　基于确定需求、自有车辆、多阶段配送的情形

主问题：

$$\text{Min}\quad Z_{55}=\text{Min}\{Z_{56},Z_{57},Z_{58}\}$$

直配式运输：

$$\text{Min}\quad Z_{56}=\sum_{t\in\left\lfloor T/T_0^{MM}\right\rfloor}h_0^{MM}I_{0t}^{MM}+\sum_{i\in S}\sum_{t\in\left\lfloor T/T_0^{MM}\right\rfloor}c_{i0}^{MM}G_{i0}^{M}q_{it}^{MM}+\sum_{i\in S}\sum_{t\in\left\lfloor T/T_0^{MM}\right\rfloor}c_{ii}^{MM}q_{it}^{MM}$$

$$+K\left\lfloor T/T_0^{MM}\right\rfloor\sum_{i\in S}c_{0i}^{MM}+\sum_{t\in\left\lfloor T/T_0^{MM}\right\rfloor}p_0^{MM}l_{0t}^{MM}+m\left\lfloor T/T_0^{MM}\right\rfloor\sum_{i\in S}c_0^{MM}$$

$$\text{S.t.}\quad q_{it}^{MM}\leqslant Y^{MM},\quad i\in S,\quad t\in\left\lfloor T/T_0^{MM}\right\rfloor \tag{3-132}$$

式（3-92），式（3-94）～式（3-97），式（3-99）

其中，约束（3-132）表示多阶段时刻制造商向每一供应商的取货量不超过车辆容量。

串行式运输：

$$\text{Min}\quad Z_{57}=\sum_{t\in\left\lfloor T/T_0^{MM}\right\rfloor}h_0^{MM}I_{0t}^{MM}+\sum_{t\in\left\lfloor T/T_0^{MM}\right\rfloor}p_0^{MM}l_{0t}^{MM}+\sum_{i\in S}\sum_{t\in\left\lfloor T/T_0^{MM}\right\rfloor}c_{ii}^{MM}q_{it}^{MM}$$

$$+\sum_{j\in S\cup M}\sum_{\substack{i\in S\cup M\\ i\neq j}}\sum_{t\in\left\lfloor T/T_0^{MM}\right\rfloor}\underline{c}_{ji}^{MM}G_{ji}^{M}x_{jit}^{MM}q_{it}^{MM}+\left\lfloor T/T_0^{MM}\right\rfloor\left\lceil \sum_{i\in S}q_{it}^{MM}\Big/Y^{MM}\right\rceil c_0^{MM}$$

$$+\sum_{i\in S}\sum_{t\in\left\lfloor T/T_0^{MM}\right\rfloor}c_{ii}^{MM}q_{it}^{MM}$$

S.t.　式（3-86）～式（3-90），式（3-92）～式（3-99）

并行式运输：

$$\text{Min}\quad Z_{58}=\sum_{t\in\left\lfloor T/T_0^{MM}\right\rfloor}h_0^{MM}I_{0t}^{MM}+\sum_{c\in\overline{f}_0^{-1}}\sum_{j\in\underline{S}_c(\cdot)\cup M}\sum_{\substack{i\in\underline{S}_c(\cdot)\cup M\\ i\neq j}}\sum_{t\in\left\lfloor T/T_0^{MM}\right\rfloor}\underline{c}_{ji}^{MM}G_{ji}^{M}x_{jit}^{MM}q_{it}^{MM}$$

$$+\sum_{i\in S}\sum_{t\in\left\lfloor T/T_0^{MM}\right\rfloor}c_{ii}^{MM}q_{it}^{MM}+\sum_{t\in\left\lfloor T/T_0^{MM}\right\rfloor}p_0^{MM}l_{0t}^{MM}+\left|\overline{f}_s^{-1}\right|\left\lfloor T/T_0^{MM}\right\rfloor c_0^{MM}$$

$$\text{S.t.}\quad\sum_{i\in\underline{S}_c(\cdot)}x_{0it}^{MM}=1,\quad c\in\overline{f}_0^{-1},\quad t\in\left\lfloor T/T_0^{MM}\right\rfloor \tag{3-133}$$

$$\sum_{j\in\underline{S}_c(\cdot)} x_{i0t}^{MM}=1,\quad c\in\overline{f}_0^{-1},\quad t\in\left\lfloor T\big/T_0^{MM}\right\rfloor \tag{3-134}$$

$$\sum_{i\in\underline{S}_c(\cdot)} q_{it}^{MM}\leqslant Y^{MM},\quad c\in\overline{f}_0^{-1},\quad t\in\left\lfloor T\big/T_0^{MM}\right\rfloor \tag{3-135}$$

$$q_{it}^{MM}-\sum_{j\in S\cup\underline{S}_c(\cdot)} Y^{MM}x_{jit}^{MM}\leqslant 0,\quad i\in S,\quad c\in\overline{f}_0^{-1},\quad t\in\left\lfloor T\big/T_0^{MM}\right\rfloor \tag{3-136}$$

$$d_{0t}^{MM}=\sum_{k\in\underline{M}_{jd}(\cdot)} d_{kt}^{MR},\quad d\in\overline{f}_j^{-1},\quad t\in\left\lfloor T\big/T_0^{MM}\right\rfloor \tag{3-137}$$

式（3-88）～式（3-90），式（3-92），式（3-94），式（3-95），式（3-97）～式（3-99）

其中，约束（3-133）表示多阶段时刻单一车辆离开制造商处向供应商处取货；约束（3-134）表示多阶段时刻单一车辆从供应商处取完货返回制造商处；约束（3-135）表示多阶段时刻单一车辆向供应商的取货量不能超过制造商的车辆容量；约束（3-136）表示多阶段时刻单一车辆只有经过供应商节点时才取货，保证了运输的可能性；约束（3-137）表示多阶段时刻制造商的需求量等于其单一车辆所对应的下游零售商的需求量之和。

而子问题为

直配式运输：

$$\begin{aligned}\text{Min}\quad Z_{56}=&\sum_{k\in R}\sum_{t\in\left\lfloor T/T_0^{MR}\right\rfloor} h_k^{MR}I_{kt}^{MR}+\sum_{k\in R}\sum_{t\in\left\lfloor T/T_0^{MR}\right\rfloor} p_k^{MR}l_{kt}^{MR}+\sum_{k\in R}\sum_{t\in\left\lfloor T/T_0^{MR}\right\rfloor} c_{0k}^{MR}G_{0k}^{M}q_{kt}^{MR}\\&+\sum_{k\in R}\sum_{t\in\left\lfloor T/T_0^{MR}\right\rfloor} c_{kk}^{MR}q_{kt}^{MR}+K\left\lfloor T\big/T_0^{MR}\right\rfloor\sum_{k\in R}c_{k0}^{MR}+n\left\lfloor T\big/T_0^{MR}\right\rfloor c_0^{MR}\end{aligned}$$

$$\text{S.t.}\quad q_{kt}^{MR}\leqslant Y^{MR},\quad k\in R,\quad t\in\left\lfloor T\big/T_0^{MR}\right\rfloor \tag{3-138}$$

式（3-106），式（3-108）～式（3-110），式（3-112）

其中，约束（3-138）表示多阶段时刻制造商向每一零售商的送货量不超过车辆容量。

串行式运输：

$$\begin{aligned}\text{Min}\quad Z_{57}=&\sum_{k\in R}\sum_{t\in\left\lfloor T/T_0^{MR}\right\rfloor} h_k^{MR}I_{kt}^{MR}+\sum_{k\in R}\sum_{t\in\left\lfloor T/T_0^{MR}\right\rfloor} p_k^{MR}l_{kt}^{MR}+\sum_{j\in M\cup R}\sum_{\substack{k\in M\cup R\\k\neq j}}\sum_{t\in\left\lfloor T/T_0^{MR}\right\rfloor} \overline{c}_{jk}^{MR}G_{jk}^{M}x_{jkt}^{MR}q_{kt}^{MR}\\&+\sum_{k\in R}\sum_{t\in\left\lfloor T/T_0^{MR}\right\rfloor} c_{kk}^{MR}q_{kt}^{MR}+\left\lfloor \sum_{k\in R}q_{kt}^{MR}\Big/Y^{MR}\right\rfloor\left\lfloor T\big/T_0^{MR}\right\rfloor c_0^{MR}\end{aligned}$$

S.t. 式（3-100）～式（3-104），式（3-106）～式（3-112）

并行式运输：

$$\text{Min}\quad Z_{58}=\sum_{k\in R}\sum_{t\in\left\lfloor T/T_0^{MR}\right\rfloor}h_k^{MR}I_{kt}^{MR}+\sum_{k\in R}\sum_{t\in\left\lfloor T/T_0^{MR}\right\rfloor}p_k^{MR}l_{kt}^{MR}$$
$$+\sum_{d\in\overline{f}_k^{-1}}\sum_{j\in M\cup\underline{M}_d(\cdot)}\sum_{\substack{k\in M\cup\underline{M}_d(\cdot)\\k\neq j}}\sum_{t\in\left\lfloor T/T_0^{MR}\right\rfloor}\overline{c}_{jk}^{MR}G_{jk}^{M}x_{jkt}^{MR}q_{kt}^{MR}$$
$$+\sum_{k\in R}\sum_{t\in\left\lfloor T/T_0^{MR}\right\rfloor}c_{kk}^{MR}q_{kt}^{MR}+\left|\overline{f}_{Mj}^{-1}\right|\left\lfloor T/T_0^{MR}\right\rfloor c_0^{MR}$$

S.t.
$$\sum_{k\in\underline{M}_d(\cdot)}x_{0kt}^{MR}=1,\quad d\in\overline{f}_j^{-1},\quad t\in\left\lfloor T/T_0^{MR}\right\rfloor \tag{3-139}$$

$$\sum_{k\in\underline{M}_d(\cdot)}x_{k0t}^{MR}=1,\quad d\in\overline{f}_j^{-1},\quad t\in\left\lfloor T/T_0^{MR}\right\rfloor \tag{3-140}$$

$$\sum_{\substack{j\in M\cup\underline{M}_d(\cdot)\\j\neq k}}x_{jkt}^{MR}=1,\quad k\in R,\quad d\in\overline{f}_j^{-1},\quad t\in\left\lfloor T/T_0^{MR}\right\rfloor \tag{3-141}$$

$$\sum_{k\in\underline{M}_d(\cdot)}q_{kt}^{MR}\leqslant Y^{MR},\quad d\in\overline{f}_j^{-1},\quad t\in\left\lfloor T/T_0^{MR}\right\rfloor \tag{3-142}$$

$$q_{kt}^{MR}-\sum_{j\in M\cup\underline{M}_d(\cdot)}Y^{MR}x_{jkt}^{MR}\leqslant 0,\quad k\in R,\quad d\in\overline{f}_j^{-1},\quad t\in\left\lfloor T/T_0^{MR}\right\rfloor \tag{3-143}$$

式（3-102），式（3-104），式（3-106），式（3-108）～式（3-112）

其中，约束（3-139）表示多阶段时刻单一车辆离开制造商处向零售商送货；约束（3-140）表示多阶段时刻单一车辆从零售商处送完货返回制造商处；约束（3-141）表示多阶段时刻供应链中的制造商和其下游零售商节点当且仅当被访问一次；约束（3-142）表示多阶段时刻单一车辆向零售商的送货量不能超过车辆容量；约束（3-143）表示多阶段时刻单一车辆只有经过零售商节点时才送货，保证了运输的可能性。

本节实例参见 3.5.3 节，且车辆参数 $T^{MM}=5500$ 件，$T^{MR}=2300$ 件，于是通过启发式算法的求解，得到表 3-30 所示的结果。

表 3-30 3.7.2 节实例优化结果

周期	方式	主问题	子问题
$T=1$	串行式	$M_0\to S_2\to S_1\to M_0$	$M_0\to R_3\to R_7\to R_6\to R_4\to R_5\to M_0$
	并行式	$M_0\to S_1\to M_0$ $M_0\to S_2\to M_0$	$M_0\to R_3\to R_5\to M_0$ $M_0\to R_6\to R_4\to R_7\to M_0$

续表

周期	方式	主问题	子问题
$T=2$	串行式		
	并行式		
$T=3$	串行式		$M_0 \to R_3 \to R_7 \to R_5 \to R_6 \to R_4 \to M_0$
	并行式		$M_0 \to R_3 \to R_5 \to M_0$ $M_0 \to R_6 \to M_0$ $M_0 \to R_4 \to R_7 \to M_0$
$T=4$	串行式	$M_0 \to S_2 \to S_1 \to M_0$	
	并行式	$M_0 \to S_2 \to S_1 \to M_0$	
$T=5$	串行式		$M_0 \to R_3 \to R_7 \to R_5 \to R_6 \to R_4 \to M_0$
	并行式		$M_0 \to R_3 \to R_5 \to M_0$ $M_0 \to R_6 \to R_4 \to R_7 \to M_0$
$T=6$	串行式		
	并行式		

3.7.3　基于确定需求、第三方车辆、单阶段配送的情形

主问题：

$$\text{Min}\quad Z_{59} = \text{Min}\left\{Z_{60}, Z_{61}, Z_{62}\right\}$$

直配式运输：

$$\text{Min}\quad Z_{60} = \sum_{t\in T} h_0^{MM} I_{0t}^{MM} + \sum_{t\in T} p_0^{MM} l_{0t}^{MM} + Tn_0^{MM} c_0^{MM} + T\left(m - n_0^{MM}\right) v_0^{MM}$$
$$+ \sum_{i\in S}\sum_{t\in T} c_{i0}^{MM} G_{i0}^{MM} q_{it}^{MM} + KT\sum_{i\in S} c_{0i}^{MM} + \sum_{i\in S}\sum_{t\in T} c_{ii}^{MM} q_{it}^{MM}$$

S.t.　式（3-58），式（3-60）～式（3-63），式（3-65），式（3-120）

串行式运输：

$$\text{Min}\quad Z_{61} = \sum_{t\in T} h_0^{MM} I_{0t}^{MM} + \sum_{t\in T} p_0^{MM} l_{0t}^{MM} + Tn_0^{MM} c_0^{MM} + \sum_{j\in S\cup M}\ \sum_{\substack{i\in S\cup M\\ i\neq j}}\ \sum_{t\in T} \underline{c}_{ji}^{MM} G_{ji}^{M} x_{jit}^{MM} q_{it}^{MM}$$
$$+ \sum_{i\in S}\sum_{t\in T} c_{ii}^{MM} q_{it}^{MM} + T\left\lfloor \left(\sum_{i\in S} q_i^{MM} - n_0^{MM} Y^{MM}\right) \Big/ Y_v^{MM} \right\rfloor v_0^{MM}$$

$$\text{S.t.}\quad n_0^{MM}Y^{MM} \leqslant \sum_{i\in S} q_{it}^{MM},\quad t\in T \tag{3-144}$$

式（3-52）～式（3-56），式（3-58）～式（3-65）

其中，约束（3-144）表示 t 时刻当制造商租用第三方车辆时，需要满足取货量超过自有车辆总容量这一条件。

并行式运输：

$$\text{Min}\quad Z_{62} = \sum_{t\in T} h_0^{MM} I_{0t}^{MM} + \sum_{t\in T} p_0^{MM} l_{0t}^{MM} + \sum_{c\in \overline{f}_0^{-1}} \sum_{j\in \underline{S}_c(\cdot)\cup M} \sum_{\substack{i\in \underline{S}_c(\cdot)\cup M\\ i\neq j}} \sum_{t\in T} \underline{c}_{ji}^{MM} G_{ji}^{M} x_{jit}^{MM} q_{it}^{MM}$$
$$+\sum_{i\in S}\sum_{t\in T} c_{ii}^{MM} q_{it}^{MM} + Tn_0^{MM} c_0^{MM} + T\left(\left|\overline{f}_s^{-1}\right| - n_0^{MM}\right) v_0^{MM}$$

S.t.　式（3-49），式（3-54）～式（3-56），式（3-58），式（3-60），式（3-61），式（3-63）～式（3-65），式（3-121）～式（3-125）

而子问题为

直配式运输：

$$\text{Min}\quad Z_{60} = \sum_{k\in R}\sum_{t\in T} h_k^{MR} I_{kt}^{MR} + \sum_{k\in R}\sum_{t\in T} p_k^{MR} l_{kt}^{MR} + Tn_0^{MR} c_0^{MR} + \sum_{k\in R}\sum_{t\in T} c_{0k}^{MR} G_{0k}^{M} q_{kt}^{MR}$$
$$+\sum_{k\in R}\sum_{t\in T} c_{kk}^{MR} q_{kt}^{MR} + T\left(n - n_0^{MR}\right) v_0^{MR} + KT\sum_{k\in R} c_{k0}^{MR}$$

S.t.　式（3-72），式（3-74）～式（3-76），式（3-78），式（3-126）

串行式运输：

$$\text{Min}\quad Z_{61} = \sum_{k\in R}\sum_{t\in T} h_k^{MR} I_{kt}^{MR} + \sum_{k\in R}\sum_{t\in T} p_k^{MR} l_{kt}^{MR} + \sum_{j\in M\cup R} \sum_{\substack{k\in M\cup R\\ k\neq j}} \sum_{t\in T} \overline{c}_{jk}^{MR} G_{jk}^{M} x_{jkt}^{MR} q_{kt}^{MR}$$
$$+\sum_{k\in R}\sum_{t\in T} c_{kk}^{MR} q_{kt}^{MR} + Tn_0^{MR} c_0^{MR} + T\left\lceil \left(\sum_{k\in R} q_k^{MR} - n_0^{MR} Y^{MR}\right) \Big/ Y_v^{MR} \right\rceil v_0^{MR}$$

$$\text{S.t.}\quad n_0^{MR}Y^{MR} \leqslant \sum_{k\in R} q_{kt}^{MR},\quad t\in T \tag{3-145}$$

式（3-66）～式（3-70），式（3-72）～式（3-78）

其中，约束（3-145）表示 t 时刻当制造商租用第三方车辆时，需要满足制造商向零售商的送货量超过自有车辆总容量这一条件。

并行式运输：

$$\text{Min}\quad Z_{62} = \sum_{k\in R}\sum_{t\in T} h_k^{MR} I_{kt}^{MR} + \sum_{k\in R}\sum_{t\in T} p_k^{MR} l_{kt}^{MR} + \sum_{d\in \overline{f}_k^{-1}} \sum_{j\in M\cup \underline{M}_d(\cdot)} \sum_{\substack{k\in M\cup \underline{M}_d(\cdot)\\ k\neq j}} \sum_{t\in T} \overline{c}_{jk}^{MR} G_{jk}^{M} x_{jkt}^{MR} q_{kt}^{MR}$$
$$+\sum_{k\in R}\sum_{t\in T} c_{kk}^{MR} q_{kt}^{MR} + Tn_0^{MR} c_0^{MR} + T\left(\left|\overline{f}_{Mj}^{-1}\right| - n_0^{MR}\right) v_0^{MR}$$

S.t.　式（3-51），式（3-68），式（3-70），式（3-72），式（3-74）～式（3-78），

式（3-127）～式（3-131）

本节实例参见 3.5.1 节，且车辆参数 $T^{MM}=2200$ 件，$T^{MR}=1200$ 件，$n_0^{MM}=1$，$n_0^{MR}=2$，$Y_v^{MM}=2500$ 件，$Y_v^{MR}=1600$ 件，$v_0^{MM}=5500$ 元/次，$v_0^{MR}=5000$ 元/次，于是通过启发式算法的求解，得到表 3-31 所示的结果。

表 3-31　3.7.3 节实例优化结果

周期	方式	主问题	子问题
$T=1$	串行式	$M_0 \to S_2 \to S_1 \to M_0$	$M_0 \to R_3 \to R_7 \to R_6 \to R_4 \to R_5 \to M_0$
	并行式	$M_0 \to S_2 \to S_1 \to M_0$	$M_0 \to R_3 \to R_5 \to M_0$ $M_0 \to R_6 \to R_4 \to R_7 \to M_0$
$T=2$	串行式	$M_0 \to S_2 \to S_1 \to M_0$ （完全租用）	$M_0 \to R_3 \to R_7 \to R_6 \to R_4 \to R_5 \to M_0$
	并行式	$M_0 \to S_1 \to M_0$ $M_0 \to S_2 \to M_0$ （租用）	$M_0 \to R_3 \to R_5 \to M_0$ $M_0 \to R_6 \to R_4 \to R_7 \to M_0$
$T=3$	串行式	$M_0 \to S_2 \to S_1 \to M_0$	$M_0 \to R_3 \to R_7 \to R_5 \to R_6 \to R_4 \to M_0$
	并行式	$M_0 \to S_2 \to S_1 \to M_0$	$M_0 \to R_3 \to R_5 \to M_0$ $M_0 \to R_6 \to R_4 \to R_7 \to M_0$ （完全租用）
$T=4$	串行式	$M_0 \to S_2 \to S_1 \to M_0$ （完全租用）	$M_0 \to R_3 \to R_7 \to R_6 \to R_4 \to R_5 \to M_0$
	并行式	$M_0 \to S_1 \to M_0$ $M_0 \to S_2 \to M_0$ （租用）	$M_0 \to R_3 \to R_5 \to M_0$ $M_0 \to R_6 \to R_4 \to R_7 \to M_0$ （完全租用）
$T=5$	串行式	$M_0 \to S_2 \to S_1 \to M_0$	$M_0 \to R_3 \to R_7 \to R_5 \to R_6 \to R_4 \to M_0$
	并行式	$M_0 \to S_2 \to S_1 \to M_0$	$M_0 \to R_3 \to R_5 \to M_0$ $M_0 \to R_6 \to R_4 \to R_7 \to M_0$
$T=6$	串行式	$M_0 \to S_2 \to S_1 \to M_0$	$M_0 \to R_3 \to R_7 \to R_6 \to R_4 \to R_5 \to M_0$
	并行式	$M_0 \to S_2 \to S_1 \to M_0$	$M_0 \to R_3 \to R_5 \to M_0$ $M_0 \to R_6 \to R_4 \to R_7 \to M_0$

3.7.4　基于确定需求、第三方车辆、多阶段配送的情形

主问题：

$$\text{Min}\quad Z_{63}=\text{Min}\{Z_{64},Z_{65},Z_{66}\}$$

直配式运输：

$$\text{Min}\quad Z_{64}=\sum_{t\in\left\lfloor T/T_0^{MM}\right\rfloor} h_0^{MM} I_{0t}^{MM}+\sum_{t\in\left\lfloor T/T_0^{MM}\right\rfloor} p_0^{MM} l_{0t}^{MM}+\sum_{i\in S}\sum_{t\in\left\lfloor T/T_0^{MM}\right\rfloor} c_{i0}^{MM} G_{i0}^{M} q_{it}^{MM}$$

$$+\left\lfloor T/T_0^{MM}\right\rfloor\left(m-n_0^{MM}\right)v_0^{MM}+\sum_{i\in S}\sum_{t\in\left\lfloor T/T_0^{MM}\right\rfloor} c_{ii}^{MM} q_{it}^{MM}+\left\lfloor T/T_0^{MM}\right\rfloor n_0^{MM} c_0^{MM}$$

$$+K\left\lfloor T/T_0^{MM}\right\rfloor\sum_{i\in S} c_{0i}^{MM}$$

S.t.　式（3-92），式（3-94）～式（3-97），式（3-99），式（3-132）

串行式运输：

$$\text{Min}\quad Z_{65}=\sum_{t\in\left\lfloor T/T_0^{MM}\right\rfloor} h_0^{MM} I_{0t}^{MM}+\sum_{t\in\left\lfloor T/T_0^{MM}\right\rfloor} p_0^{MM} l_{0t}^{MM}+\left\lfloor T/T_0^{MM}\right\rfloor n_0^{MM} c_0^{MM}$$

$$+\sum_{j\in S\cup M}\sum_{\substack{i\in S\cup M\\ i\neq j}}\sum_{t\in\left\lfloor T/T_0^{MM}\right\rfloor} \underline{c}_{ji}^{MM} G_{it}^{M} x_{jit}^{MM} q_{it}^{MM}+\sum_{\substack{i\in S\cup M\\ i\neq j}}\sum_{t\in\left\lfloor T/T_0^{MM}\right\rfloor} c_{ii}^{MM} q_{it}^{MM}$$

$$+\left\lfloor T/T_0^{MM}\right\rfloor\left\lfloor\left(\sum_{i\in S} q_i^{MM}-n_0^{MM} Y^{MM}\right)\Big/ Y_v^{MM}\right\rfloor v_0^{MM}$$

$$\text{S.t.}\quad n_0^{MM} Y^{MM}\leqslant\sum_{i\in S} q_{it}^{MM},\quad t\in\left\lfloor T/T_0^{MM}\right\rfloor \tag{3-146}$$

式（3-86）～式（3-92），式（3-94）～式（3-99）

其中，约束（3-146）表示多阶段时刻当制造商租用第三方车辆时，需要满足取货量超过自有车辆总容量这一条件。

并行式运输：

$$\text{Min}\quad Z_{66}=\sum_{i\in S}\sum_{t\in\left\lfloor T/T_0^{MM}\right\rfloor} c_{ii}^{MM} q_{it}^{MM}+\left\lfloor T/T_0^{MM}\right\rfloor\left(\left|\overline{f}_s^{-1}\right|-n_0^{MM}\right)v_0^{MM}$$

$$+\sum_{c\in\overline{f}_0^{-1}}\sum_{j\in\underline{S}_c(\cdot)\cup M}\sum_{\substack{i\in\underline{S}_c(\cdot)\cup M\\ i\neq j}}\sum_{t\in\left\lfloor T/T_0^{MM}\right\rfloor} \underline{c}_{ji}^{MM} G_{ji}^{M} x_{jit}^{MM} q_{it}^{MM}$$

$$+\left\lfloor T/T_0^{MM}\right\rfloor n_0^{MM} c_0^{MM}+\sum_{t\in\left\lfloor T/T_0^{MM}\right\rfloor} h_0^{MM} I_{0t}^{MM}$$

$$+\sum_{t\in\left\lfloor T/T_0^{MM}\right\rfloor} p_0^{MM} l_{0t}^{MM}$$

S.t.　式（3-49），式（3-88）～式（3-90），式（3-92），式（3-94），式（3-95），

式（3-97）～式（3-99），式（3-133）～式（3-137）

而子问题为

直配式运输：

$$\text{Min}\quad Z_{64}=\sum_{k\in R}\sum_{t\in\left\lfloor T/T_0^{MR}\right\rfloor}h_k^{MR}I_{kt}^{MR}+\sum_{k\in R}\sum_{t\in\left\lfloor T/T_0^{MR}\right\rfloor}p_k^{MR}l_{kt}^{MR}+\left\lfloor T/T_0^{MR}\right\rfloor n_0^{MR}c_0^{MR}$$
$$+\sum_{k\in R}\sum_{t\in\left\lfloor T/T_0^{MR}\right\rfloor}c_{0k}^{MR}G_{0k}^{M}q_{kt}^{MR}+\sum_{k\in R}\sum_{t\in\left\lfloor T/T_0^{MR}\right\rfloor}c_{kk}^{MR}q_{kt}^{MR}+\left\lfloor T/T_0^{MR}\right\rfloor\left(n-n_0^{MR}\right)v_0^{MR}$$
$$+K\left\lfloor T/T_0^{MR}\right\rfloor\sum_{k\in R}c_{k0}^{MR}$$

S.t.　式（3-106），式（3-108）～式（3-110），式（3-112），式（3-138）

串行式运输：

$$\text{Min}\quad Z_{65}=\sum_{k\in R}\sum_{t\in\left\lfloor T/T_0^{MR}\right\rfloor}h_k^{MR}I_{kt}^{MR}+\sum_{j\in M\cup R}\sum_{\substack{k\in M\cup R\\k\neq j}}\sum_{t\in\left\lfloor T/T_0^{MR}\right\rfloor}\overline{c}_{jk}^{MR}G_{jk}^{M}x_{jkt}^{MR}q_{kt}^{MR}+\sum_{k\in R}\sum_{t\in\left\lfloor T/T_0^{MR}\right\rfloor}c_{kk}^{MR}q_{kt}^{MR}$$
$$+\sum_{k\in R}\sum_{t\in\left\lfloor T/T_0^{MR}\right\rfloor}p_k^{MR}l_{kt}^{MR}+\left\lfloor T/T_0^{MR}\right\rfloor n_0^{MR}c_0^{MR}$$
$$+\left\lfloor T/T_0^{MR}\right\rfloor\left\lfloor\left(\sum_{k\in R}q_k^{MR}-n_0^{MR}Y^{MR}\right)\Big/Y_v^{MR}\right\rfloor v_0^{MR}$$

$$\text{S.t.}\quad n_0^{MR}Y^{MR}\leqslant\sum_{k\in R}q_{kt}^{MR},\quad t\in\left\lfloor T/T_0^{MR}\right\rfloor \tag{3-147}$$

式（3-100）～式（3-104），式（3-106）～式（3-112）

其中，约束（3-147）表示多阶段时刻当制造商租用第三方车辆时，需要满足制造商向零售商的送货量超过自有车辆总容量这一条件。

并行式运输：

$$\text{Min}\quad Z_{66}=\sum_{k\in R}\sum_{t\in\left\lfloor T/T_0^{MR}\right\rfloor}h_k^{MR}I_{kt}^{MR}+\sum_{d\in\overline{f}_k^{-1}}\sum_{j\in M\cup\underline{M}_d(\cdot)}\sum_{\substack{k\in M\cup\underline{M}_d(\cdot)\\k\neq j}}\sum_{t\in\left\lfloor T/T_0^{MR}\right\rfloor}\overline{c}_{jk}^{MR}G_{jk}^{M}x_{jkt}^{MR}q_{kt}^{MR}$$
$$+\left\lfloor T/T_0^{MR}\right\rfloor\left(\left|\overline{f}_{Mj}^{-1}\right|-n_0^{MR}\right)v_0^{MR}+\sum_{k\in R}\sum_{t\in\left\lfloor T/T_0^{MR}\right\rfloor}p_k^{MR}l_{kt}^{MR}+\sum_{k\in R}\sum_{t\in\left\lfloor T/T_0^{MR}\right\rfloor}c_{kk}^{MR}q_{kt}^{MR}$$
$$+\left\lfloor T/T_0^{MR}\right\rfloor n_0^{MR}c_0^{MR}$$

S.t.　式（3-51），式（3-102），式（3-104），式（3-106），式（3-108）～式（3-112），式（3-139）～式（3-143）

本节实例参见 3.5.3 节，且车辆参数 $Y^{MM}=5500$ 件，$Y^{MR}=2300$ 件，$n_0^{MM}=1$，$n_0^{MR}=2$，$Y_v^{MM}=7000$ 件，$Y_v^{MR}=4300$ 件，于是通过启发式算法的求解，得到表 3-32 所示的结果。

表 3-32　3.7.4 节实例优化结果

周期	方式	主问题	子问题
$T=1$	串行式	$M_0\to S_2\to S_1\to M_0$（租用）	$M_0\to R_3\to R_7\to R_6\to R_4\to R_5\to M_0$
	并行式	$M_0\to S_1\to M_0$ $M_0\to S_2\to M_0$（租用）	$M_0\to R_3\to R_5\to M_0$ $M_0\to R_6\to R_4\to R_7\to M_0$
$T=2$	串行式		
	并行式		
$T=3$	串行式		$M_0\to R_3\to R_7\to R_5\to R_6\to R_4\to M_0$
	并行式		$M_0\to R_3\to R_5\to M_0$ $M_0\to R_6\to M_0$ $M_0\to R_4\to R_7\to M_0$
$T=4$	串行式	$M_0\to S_2\to S_1\to M_0$	
	并行式	$M_0\to S_2\to S_1\to M_0$	
$T=5$	串行式		$M_0\to R_3\to R_7\to R_5\to R_6\to R_4\to M_0$（完全租用）
	并行式		$M_0\to R_3\to R_5\to M_0$ $M_0\to R_6\to R_4\to R_7\to M_0$
$T=6$	串行式		
	并行式		

3.7.5　基于不确定需求、自有车辆、单阶段配送的情形

主问题：

$$\text{Min}\quad Z_{67}=\text{Min}\{Z_{68},Z_{69},Z_{70}\}$$

直配式运输：

$$\text{Min}\quad Z_{68}=\sum_{t\in T}h_0^{MM}E\left[\tilde{I}_{0t}^{MM}\right]+\sum_{t\in T}p_0^{MM}E\left[\tilde{l}_{0t}^{MM}\right]+mTc_0^{MM}+\sum_{i\in S}\sum_{t\in T}c_{i0}^{MM}G_{i0}^{M}q_{it}^{MM}$$
$$+\sum_{i\in S}\sum_{t\in T}c_{ii}^{MM}q_{it}^{MM}+KT\sum_{i\in S}c_{0i}^{MM}$$

S.t.　式（3-58），式（3-62），式（3-63），式（3-65），式（3-79）～式（3-82），式（3-120）

串行式运输：

$$\text{Min}\quad Z_{69}=\sum_{t\in T}h_0^{MM}E\left[\tilde{I}_{0t}^{MM}\right]+\sum_{t\in T}p_0^{MM}E\left[\tilde{l}_{0t}^{MM}\right]+\sum_{\substack{i\in S\cup M\\ i\neq j}}\sum_{t\in T}c_{ii}^{MM}q_{it}^{MM}$$
$$+\sum_{j\in S\cup M}\sum_{\substack{i\in S\cup M\\ i\neq j}}\sum_{t\in T}\underline{c}_{ji}^{MM}G_{ji}^{M}x_{jit}^{MM}q_{it}^{MM}+\left\lceil \sum_{i\in S}q_{it}^{MM}\Big/Y^{MM}\right\rceil Tc_0^{MM}$$

S.t.　式（3-52）～式（3-56），式（3-58），式（3-59），式（3-62）～式（3-65），式（3-79）～式（3-82）

并行式运输：

$$\text{Min}\quad Z_{70}=\sum_{t\in T}h_0^{MM}E\left[\tilde{I}_{0t}^{MM}\right]+\sum_{t\in T}p_0^{MM}E\left[\tilde{l}_{0t}^{MM}\right]$$
$$+\sum_{c\in\overline{f}_0^{-1}}\sum_{j\in\underline{S}_c(\cdot)\cup M}\sum_{\substack{i\in\underline{S}_c(\cdot)\cup M\\ i\neq j}}\sum_{t\in T}\underline{c}_{ji}^{MM}G_{ji}^{M}x_{jit}^{MM}q_{it}^{MM}+\sum_{\substack{i\in S\cup M\\ i\neq j}}\sum_{t\in T}c_{ii}^{MM}q_{it}^{MM}+\left|\overline{f}_s^{-1}\right|Tc_0^{MM}$$

S.t.　式（3-54）～式（3-56），式（3-58），式（3-63）～式（3-65），式（3-79）～式（3-82），式（3-121）～式（3-125）

而子问题为

直配式运输：

$$\text{Min}\quad Z_{68}=\sum_{k\in R}\sum_{t\in T}h_k^{MR}E\left[\tilde{I}_{kt}^{MR}\right]+\sum_{k\in R}\sum_{t\in T}p_k^{MR}E\left[\tilde{l}_{kt}^{MR}\right]+nTc_0^{MR}+KT\sum_{k\in R}c_{k0}^{MR}$$
$$+\sum_{k\in R}\sum_{t\in T}c_{0k}^{MR}G_{0k}^{M}q_{kt}^{MR}+\sum_{k\in R}\sum_{t\in T}c_{kk}^{MR}q_{kt}^{MR}$$

S.t.　式（3-72），式（3-76）～式（3-78），式（3-83）～式（3-85），式（3-126）

串行式运输：

$$\text{Min}\quad Z_{69}=\sum_{k\in R}\sum_{t\in T}h_k^{MR}E\left[\tilde{I}_{kt}^{MR}\right]+\sum_{j\in M\cup R}\sum_{\substack{k\in M\cup R\\ k\neq j}}\sum_{t\in T}\overline{c}_{jk}^{MR}G_{jk}^{M}x_{jkt}^{MR}q_{kt}^{MR}+\sum_{k\in R}\sum_{t\in T}c_{kk}^{MR}q_{kt}^{MR}$$
$$+\sum_{k\in R}\sum_{t\in T}p_k^{MR}E\left[\tilde{l}_{kt}^{MR}\right]+\left\lceil \sum_{k\in R}q_{kt}^{MR}\Big/Y^{MR}\right\rceil Tc_0^{MR}$$

S.t.　式（3-66）～式（3-70），式（3-72），式（3-73），式（3-76）～式（3-78），式（3-83）～式（3-85）

并行式运输：

$$\text{Min}\quad Z_{70}=\sum_{k\in R}\sum_{t\in T}h_k^{MR}E\left[\tilde{I}_{kt}^{MR}\right]+\sum_{d\in\overline{f}_k^{-1}}\sum_{j\in M\cup\underline{M}_d(\cdot)}\sum_{\substack{k\in M\cup\underline{M}_d(\cdot)\\k\neq j}}\sum_{t\in T}\overline{c}_{jk}^{MR}G_{jk}^{M}x_{jkt}^{MR}q_{kt}^{MR}+\sum_{k\in R}c_{kk}^{MR}q_{kt}^{MR}$$
$$+\left|\overline{f}_{Mj}^{-1}\right|Tc_0^{MR}+\sum_{k\in R}\sum_{t\in T}p_k^{MR}E\left[\tilde{l}_{kt}^{MR}\right]$$

S.t.　式（3-68），式（3-70），式（3-72），式（3-76）～式（3-78），式（3-83）～式（3-85），式（3-127）～式（3-131）

本节实例参见 3.5.2 节，且车辆参数 $Y^{MM}=1500$ 件，$Y^{MR}=800$ 件，通过求解得到表 3-33、表 3-34 和表 3-35 所示的结果。

表 3-33　3.7.5 节实例优化结果

运输模式	主问题	子问题
串行式运输	$M_0\to S_2\to S_1\to M_0$	$M_0\to R_3\to R_7\to R_4\to R_6\to R_5\to M_0$
并行式运输	$M_0\to S_2\to S_1\to M_0$	$M_0\to R_3\to R_5\to M_0$ $M_0\to R_6\to R_4\to R_7\to M_0$

表 3-34　3.7.5 节串行式运输实例优化结果（$T=6$）

周期	S		R				
	1	2	3	4	5	6	7
$T=1$	655	875	420	190	364	320	260
$T=2$	650	870	415	185	340	315	257
$T=3$	648	865	410	180	350	315	255
$T=4$	640	865	425	180	355	310	250
$T=5$	634	850	420	175	360	310	245
$T=6$	630	845	410	175	350	300	245

表 3-35　3.7.5 节并行式运输实例优化结果（$T=6$）

周期	S		R				
	1	2	3	4	5	6	7
$T=1$	650	870	415	195	365	320	260
$T=2$	650	870	420	185	345	315	250
$T=3$	648	860	410	180	350	310	255
$T=4$	640	865	425	185	355	310	250
$T=5$	635	840	410	170	340	310	245
$T=6$	630	840	415	170	355	300	240

3.7.6 基于不确定需求、自有车辆、多阶段配送的情形

主问题：

$$\text{Min}\quad Z_{71}=\text{Min}\{Z_{72},Z_{73},Z_{74}\}$$

直配式运输：

$$\text{Min}\quad Z_{72}=\sum_{t\in\left\lfloor T/T_0^{MM}\right\rfloor} h_0^{MM}E\left[\tilde{I}_{0t}^{MM}\right]+\sum_{t\in\left\lfloor T/T_0^{MM}\right\rfloor} p_0^{MM}E\left[\tilde{l}_{0t}^{MM}\right]+\sum_{i\in S}\sum_{t\in\left\lfloor T/T_0^{MM}\right\rfloor} c_{i0}^{MM}G_{i0}^{M}q_{it}^{MM}$$
$$+\sum_{i\in S}\sum_{t\in\left\lfloor T/T_0^{MM}\right\rfloor} c_{ii}^{MM}q_{it}^{MM}+K\left\lfloor T/T_0^{MM}\right\rfloor\sum_{i\in S}c_{0i}^{MM}+m\left\lfloor T/T_0^{MM}\right\rfloor c_0^{MM}$$

S.t.　式（3-92），式（3-96），式（3-97），式（3-99），式（3-113）～式（3-116），式（3-132）

串行式运输：

$$\text{Min}\quad Z_{73}=\sum_{t\in\left\lfloor T/T_0^{MM}\right\rfloor} h_0^{MM}E\left[\tilde{I}_{0t}^{MM}\right]+\sum_{j\in S\cup M}\sum_{\substack{i\in S\cup M\\ i\neq j}}\sum_{t\in\left\lfloor T/T_0^{MM}\right\rfloor} \underline{c}_{ji}^{MM}G_{ji}^{M}x_{jit}^{MM}q_{it}^{MM}$$
$$+\sum_{t\in\left\lfloor T/T_0^{MM}\right\rfloor} p_0^{MM}E\left[\tilde{l}_{0t}^{MM}\right]+\sum_{i\in S}\sum_{t\in\left\lfloor T/T_0^{MM}\right\rfloor} c_{ii}^{MM}q_{it}^{MM}$$
$$+\left\lfloor T/T_0^{MM}\right\rfloor\left\lceil \sum_{i\in S}q_{it}^{MM}\Big/Y^{MM}\right\rceil c_0^{MM}$$

S.t.　式（3-86）～式（3-90），式（3-92），式（3-93），式（3-96）～式（3-99），式（3-113）～式（3-116）

并行式运输：

$$\text{Min}\quad Z_{74}=\sum_{t\in\left\lfloor T/T_0^{MM}\right\rfloor} h_0^{MM}E\left[\tilde{I}_{0t}^{MM}\right]+\sum_{t\in\left\lfloor T/T_0^{MM}\right\rfloor} p_0^{MM}E\left[\tilde{l}_{0t}^{MM}\right]$$
$$+\sum_{c\in\overline{f}_0^{-1}}\sum_{j\in\underline{S}_c(\cdot)\cup M}\sum_{\substack{i\in\underline{S}_c(\cdot)\cup M\\ i\neq j}}\sum_{t\in\left\lfloor T/T_0^{MM}\right\rfloor} \underline{c}_{ji}^{MM}G_{ji}^{M}x_{jit}^{MM}q_{it}^{MM}+\sum_{i\in S}\sum_{t\in\left\lfloor T/T_0^{MM}\right\rfloor} c_{ii}^{MM}q_{it}^{MM}$$
$$+\left|\overline{f}_s^{-1}\right|\left\lfloor T/T_0^{MM}\right\rfloor c_0^{MM}$$

S.t.　式（3-88）～式（3-90），式（3-92），式（3-97）～式（3-99），式（3-113）～式（3-116），式（3-133）～式（3-137）

而子问题为

直配式运输：

$$\text{Min}\quad Z_{72}=\sum_{k\in R}\sum_{t\in\left\lfloor T/T_0^{MR}\right\rfloor}h_k^{MR}E\left[\tilde{I}_{kt}^{MR}\right]+\sum_{k\in R}\sum_{t\in\left\lfloor T/T_0^{MR}\right\rfloor}p_k^{MR}E\left[\tilde{l}_{kt}^{MR}\right]+\sum_{k\in R}\sum_{t\in\left\lfloor T/T_0^{MR}\right\rfloor}c_{0k}^{MR}G_{0k}^{M}q_{kt}^{MR}$$

$$+\sum_{k\in R}\sum_{t\in\left\lfloor T/T_0^{MR}\right\rfloor}c_{kk}^{MR}q_{kt}^{MR}+n\left\lfloor T/T_0^{MR}\right\rfloor c_0^{MR}+K\left\lfloor T/T_0^{MR}\right\rfloor\sum_{k\in R}c_{k0}^{MR}$$

S.t.　式（3-106），式（3-110），式（3-112），式（3-117）～式（3-119），式（3-138）

串行式运输：

$$\text{Min}\quad Z_{73}=\sum_{k\in R}\sum_{t\in\left\lfloor T/T_0^{MR}\right\rfloor}h_k^{MR}E\left[\tilde{I}_{kt}^{MR}\right]+\sum_{k\in R}\sum_{t\in\left\lfloor T/T_0^{MR}\right\rfloor}p_k^{MR}E\left[\tilde{l}_{kt}^{MR}\right]+\sum_{k\in R}\sum_{t\in\left\lfloor T/T_0^{MR}\right\rfloor}c_{kk}^{MR}q_{kt}^{MR}$$

$$+\left\lceil \sum_{k\in R}q_{kt}^{MR}\Big/Y^{MR}\right\rceil\left\lfloor T/T_0^{MR}\right\rfloor c_0^{MR}+\sum_{j\in M\cup R}\sum_{\substack{k\in M\cup R\\ k\neq j}}\sum_{t\in\left\lfloor T/T_0^{MR}\right\rfloor}\overline{c}_{jk}^{MR}G_{jk}^{M}x_{jkt}^{MR}q_{kt}^{MR}$$

S.t.　式（3-100）～式（3-104），式（3-106），式（3-107），式（3-110）～式（3-112），式（3-117）～式（3-119）

并行式运输：

$$\text{Min}\quad Z_{74}=\sum_{k\in R}\sum_{t\in\left\lfloor T/T_0^{MR}\right\rfloor}h_k^{MR}E\left[\tilde{I}_{kt}^{MR}\right]+\sum_{k\in R}\sum_{t\in\left\lfloor T/T_0^{MR}\right\rfloor}p_k^{MR}E\left[\tilde{l}_{kt}^{MR}\right]$$

$$+\sum_{d\in\overline{f}_k^{-1}}\sum_{j\in M\cup\underline{M}_d(\cdot)}\sum_{\substack{k\in M\cup\underline{M}_d(\cdot)\\ k\neq j}}\sum_{t\in\left\lfloor T/T_0^{MR}\right\rfloor}\overline{c}_{jk}^{MR}G_{jk}^{M}x_{jkt}^{MR}q_{kt}^{MR}+\sum_{k\in R}\sum_{t\in\left\lfloor T/T_0^{MR}\right\rfloor}c_{kk}^{MR}q_{kt}^{MR}$$

$$+\left|\overline{f}_{Mj}^{-1}\right|\left\lfloor T/T_0^{MR}\right\rfloor c_0^{MR}$$

S.t.　式（3-102），式（3-104），式（3-106），式（3-110）～式（3-112），式（3-117）～式（3-119），式（3-139）～式（3-143）

本节实例参见 3.5.4 节，且车辆参数 $Y^{MM}=3500$ 件，$Y^{MR}=1500$ 件，通过求解得到表 3-36、表 3-37 和表 3-38 所示的结果。

表 3-36　3.7.6 节实例优化结果 1

运输模式	主问题	子问题
串行式运输	$M_0\to S_2\to S_1\to M_0$	$M_0\to R_3\to R_7\to R_4\to R_6\to R_5\to M_0$
并行式运输	$M_0\to S_2\to S_1\to M_0$	$M_0\to R_3\to R_6\to M_0$ $M_0\to R_5\to R_4\to R_7\to M_0$

表 3-37　3.7.6 节串行式运输实例优化结果（ $T=6$ ）

周期	S		R				
	1	2	3	4	5	6	7
$T=1$	2650	3500	880	385	720	610	520
$T=2$							
$T=3$			860	370	710	610	515
$T=4$	1300	1850					
$T=5$			830	350	700	600	510
$T=6$							

表 3-38　3.7.6 节并行式运输实例优化结果（ $T=6$ ）

周期	S		R				
	1	2	3	4	5	6	7
$T=1$	2600	3450	875	380	725	610	530
$T=2$							
$T=3$			860	370	710	615	515
$T=4$	1350	1850					
$T=5$			835	360	710	600	500
$T=6$							

3.7.7　基于不确定需求、第三方车辆、单阶段配送的情形

主问题：

$$\text{Min}\quad Z_{75}=\text{Min}\left\{Z_{76},Z_{77},Z_{78}\right\}$$

直配式运输：

$$\text{Min}\quad Z_{76}=\sum_{t\in T}h_0^{MM}E\left[\tilde{I}_{0t}^{MM}\right]+\sum_{t\in T}p_0^{MM}E\left[\tilde{l}_{0t}^{MM}\right]+Tn_0^{MM}c_0^{MM}+T\left(m-n_0^{MM}\right)v_0^{MM}$$
$$+\sum_{i\in S}\sum_{t\in T}c_{ii}^{MM}q_{it}^{MM}+KT\sum_{i\in S}c_{0i}^{MM}+\sum_{i\in S}\sum_{t\in T}c_{i0}^{MM}G_{i0}^{M}q_{it}^{MM}$$

S.t.　式（3-58），式（3-59），式（3-60）～式（3-63），式（3-65），式（3-79）～式（3-82），式（3-120）

串行式运输：

$$\text{Min}\quad Z_{77}=\sum_{t\in T}h_0^{MM}E\left[\tilde{I}_{0t}^{MM}\right]+\sum_{t\in T}p_0^{MM}E\left[\tilde{l}_{0t}^{MM}\right]+\sum_{j\in S\cup M}\sum_{\substack{i\in S\cup M\\ i\neq j}}\sum_{t\in T}\underline{c}_{ji}^{MM}G_{it}^{M}x_{jit}^{MM}q_{it}^{MM}$$

$$+\sum_{\substack{i\in S\cup M\\ i\neq j}}\sum_{t\in T}c_{ii}^{MM}q_{it}^{MM}+Tn_0^{MM}c_0^{MM}+T\left\lceil\left(\sum_{i\in S}q_i^{MM}-n_0^{MM}Y^{MM}\right)\Big/Y_v^{MM}\right\rceil v_0^{MM}$$

S.t.　式（3-52）～式（3-56），式（3-58），式（3-59），式（3-62）～式（3-65），式（3-79）～式（3-82），式（3-144）

并行式运输：

$$\text{Min}\quad Z_{78}=\sum_{t\in T}h_0^{MM}E\left[\tilde{I}_{0t}^{MM}\right]+\sum_{t\in T}p_0^{MM}E\left[\tilde{l}_{0t}^{MM}\right]+Tn_0^{MM}c_0^{MM}$$

$$+\sum_{c\in\overline{f}_0^{-1}}\sum_{j\in\underline{S}_c(\cdot)\cup M}\sum_{\substack{i\in\underline{S}_c(\cdot)\cup M\\ i\neq j}}\sum_{t\in T}\underline{c}_{ji}^{MM}G_{ji}^{M}x_{jit}^{MM}q_{it}^{MM}+T\left(\left|\overline{f}_s^{-1}\right|-n_0^{MM}\right)v_0^{MM}$$

$$+\sum_{i\in S}\sum_{t\in T}c_{ii}^{MM}q_{it}^{MM}$$

S.t.　式（3-49），式（3-54）～式（3-56），式（3-58），式（3-60），式（3-61），式（3-63）～式（3-65），式（3-79）～式（3-82），式（3-121）～式（3-125）

而子问题为

直配式运输：

$$\text{Min}\quad Z_{76}=\sum_{k\in R}\sum_{t\in T}h_k^{MR}E\left[\tilde{I}_{kt}^{MR}\right]+\sum_{k\in R}\sum_{t\in T}p_k^{MR}E\left[\tilde{l}_{kt}^{MR}\right]+Tn_0^{MR}c_0^{MR}+\sum_{k\in R}\sum_{t\in T}c_{0k}^{MR}G_{0k}^{M}q_{kt}^{MR}$$

$$+KT\sum_{k\in R}c_{k0}^{MR}+T\left(n-n_0^{MR}\right)v_0^{MR}+\sum_{k\in R}\sum_{t\in T}c_{kk}^{MR}q_{kt}^{MR}$$

S.t.　式（3-72），式（3-74）～式（3-76），式（3-78），式（3-83）～式（3-85），式（3-126）

串行式运输：

$$\text{Min}\quad Z_{77}=\sum_{k\in R}\sum_{t\in T}h_k^{MR}E\left[\tilde{I}_{kt}^{MR}\right]+\sum_{k\in R}\sum_{t\in T}p_k^{MR}E\left[\tilde{l}_{kt}^{MR}\right]+\sum_{j\in M\cup R}\sum_{\substack{k\in M\cup R\\ k\neq j}}\sum_{t\in T}\overline{c}_{jk}^{MR}G_{jk}^{M}x_{jkt}^{MR}q_{kt}^{MR}$$

$$+\sum_{k\in R}\sum_{t\in T}c_{kk}^{MR}q_{kt}^{MR}+Tn_0^{MR}c_0^{MR}+T\left\lceil\left(\sum_{k\in R}q_k^{MR}-n_0^{MR}Y^{MR}\right)\Big/Y_v^{MR}\right\rceil v_0^{MR}$$

S.t.　式（3-66）～式（3-70），式（3-76）～式（3-78），式（3-83）～式（3-85），式（3-145）

并行式运输：

$$\text{Min}\quad Z_{78}=\sum_{k\in R}\sum_{t\in T}h_k^{MR}E\left[\tilde{I}_{kt}^{MR}\right]+Tn_0^{MR}c_0^{MR}+\sum_{d\in\overline{f}_k^{-1}}\sum_{j\in M\cup\underline{M}_d(\cdot)}\sum_{\substack{k\in M\cup\underline{M}_d(\cdot)\\k\neq j}}\sum_{t\in T}\overline{c}_{jk}^{MR}G_{jk}^{M}x_{jkt}^{MR}q_{kt}^{MR}$$
$$+\sum_{k\in R}\sum_{t\in T}c_{kk}^{MR}q_{kt}^{MR}+\sum_{k\in R}\sum_{t\in T}p_k^{MR}E\left[\tilde{l}_{kt}^{MR}\right]+T\left(\left|\overline{f}_{Mj}^{-1}\right|-n_0^{MR}\right)v_0^{MR}$$

S.t. 式（3-51），式（3-68），式（3-70），式（3-72），式（3-76）～式（3-78），式（3-83）～式（3-85），式（3-127）～式（3-131）

3.7.8 基于不确定需求、第三方车辆、多阶段配送的情形

主问题：

$$\text{Min}\quad Z_{79}=\text{Min}\left\{Z_{80},Z_{81},Z_{82}\right\}$$

直配式运输：

$$\text{Min}\quad Z_{80}=\sum_{t\in\left\lfloor T/T_0^{MM}\right\rfloor}h_0^{MM}E\left[\tilde{I}_{0t}^{MM}\right]+\sum_{t\in\left\lfloor T/T_0^{MM}\right\rfloor}p_0^{MM}E\left[\tilde{l}_{0t}^{MM}\right]+\sum_{i\in S}\sum_{t\in\left\lfloor T/T_0^{MM}\right\rfloor}c_{i0}^{MM}G_{i0}^{M}q_{it}^{MM}$$
$$+\sum_{i\in S}\sum_{t\in\left\lfloor T/T_0^{MM}\right\rfloor}c_{ii}^{MM}q_{it}^{MM}+\left\lfloor T/T_0^{MM}\right\rfloor n_0^{MM}c_0^{MM}+K\left\lfloor T/T_0^{MM}\right\rfloor\sum_{i\in S}c_{0i}^{MM}$$
$$+\left\lfloor T/T_0^{MM}\right\rfloor\left(m-n_0^{MM}\right)v_0^{MM}$$

S.t. 式（3-92），式（3-96），式（3-97），式（3-99），式（3-113）～式（3-116），式（3-132）

串行式运输：

$$\text{Min}\quad Z_{81}=\sum_{t\in\left\lfloor T/T_0^{MM}\right\rfloor}h_0^{MM}E\left[\tilde{I}_{0t}^{MM}\right]+\sum_{t\in\left\lfloor T/T_0^{MM}\right\rfloor}p_0^{MM}E\left[\tilde{l}_{0t}^{MM}\right]+\left\lfloor T/T_0^{MM}\right\rfloor n_0^{MM}c_0^{MM}$$
$$+\sum_{j\in S\cup M}\sum_{\substack{i\in S\cup M\\i\neq j}}\sum_{t\in\left\lfloor T/T_0^{MM}\right\rfloor}\underline{c}_{ji}^{MM}G_{ji}^{M}x_{jit}^{MM}q_{it}^{MM}+\sum_{\substack{i\in S\cup M\\i\neq j}}\sum_{t\in\left\lfloor T/T_0^{MM}\right\rfloor}c_{ii}^{MM}q_{it}^{MM}$$
$$+\left\lfloor T/T_0^{MM}\right\rfloor\left\lfloor\left(\sum_{i\in S}q_{it}^{MM}-n_0^{MM}Y^{MM}\right)\Big/Y_v^{MM}\right\rfloor v_0^{MM}$$

S.t. 式（3-86）～式（3-92），式（3-96）～式（3-99），式（3-113）～式（3-116），式（3-146）

并行式运输：

$$
\begin{aligned}
\text{Min}\quad Z_{82} = & \sum_{t\in\left\lfloor T/T_0^{MM}\right\rfloor} h_0^{MM} E\left[\tilde{I}_{0t}^{MM}\right] + \sum_{t\in\left\lfloor T/T_0^{MM}\right\rfloor} p_0^{MM} E\left[\tilde{l}_{0t}^{MM}\right] \\
& + \sum_{c\in\overline{f}_0^{-1}} \sum_{j\in\underline{S}_c(\cdot)\cup M} \sum_{\substack{i\in\underline{S}_c(\cdot)\cup M\\ i\neq j}} \sum_{t\in\left\lfloor T/T_0^{MM}\right\rfloor} \underline{c}_{ji}^{MM} G_{ji}^{M} x_{jit}^{MM} q_{it}^{MM} + \left\lfloor T/T_0^{MM}\right\rfloor n_0^{MM} c_0^{MM} \\
& + \left\lfloor T/T_0^{MM}\right\rfloor \left(\left|\overline{f}_s^{-1}\right| - n_0^{MM}\right) v_0^{MM} + \sum_{i\in S} \sum_{t\in\left\lfloor T/T_0^{MM}\right\rfloor} c_{ii}^{MM} q_{it}^{MM}
\end{aligned}
$$

S.t.　式（3-49），式（3-88）～式（3-90），式（3-92），式（3-97）～式（3-99），式（3-113）～式（3-116），式（3-133）～式（3-137）

而子问题为

直配式运输：

$$
\begin{aligned}
\text{Min}\quad Z_{80} = & \sum_{k\in R} \sum_{t\in\left\lfloor T/T_0^{MR}\right\rfloor} h_k^{MR} E\left[\tilde{I}_{kt}^{MR}\right] + \sum_{k\in R} \sum_{t\in\left\lfloor T/T_0^{MR}\right\rfloor} p_k^{MR} E\left[\tilde{l}_{kt}^{MR}\right] + \sum_{k\in R} \sum_{t\in\left\lfloor T/T_0^{MR}\right\rfloor} c_{0k}^{MR} G_{0k}^{M} q_{kt}^{MR} \\
& + \sum_{k\in R} \sum_{t\in\left\lfloor T/T_0^{MR}\right\rfloor} c_{kk}^{MR} q_{kt}^{MR} + \left\lfloor T/T_0^{MR}\right\rfloor n_0^{MR} c_0^{MR} + \left\lfloor T/T_0^{MR}\right\rfloor \left(n - n_0^{MR}\right) v_0^{MR} \\
& + K \left\lfloor T/T_0^{MR}\right\rfloor \sum_{k\in R} c_{k0}^{MR}
\end{aligned}
$$

S.t.　式（3-106），式（3-110），式（3-112），式（3-117）～式（3-119），式（3-138）

串行式运输：

$$
\begin{aligned}
\text{Min}\quad Z_{81} = & \sum_{k\in R} \sum_{t\in\left\lfloor T/T_0^{MR}\right\rfloor} h_k^{MR} E\left[\tilde{I}_{kt}^{MR}\right] + \sum_{j\in M\cup R} \sum_{\substack{k\in M\cup R\\ k\neq j}} \sum_{t\in\left\lfloor T/T_0^{MR}\right\rfloor} \overline{c}_{jk}^{MR} G_{jk}^{M} x_{jkt}^{MR} q_{kt}^{MR} \\
& + \sum_{k\in R} \sum_{t\in\left\lfloor T/T_0^{MR}\right\rfloor} c_{kk}^{MR} q_{kt}^{MR} + \left\lfloor T/T_0^{MR}\right\rfloor n_0^{MR} c_0^{MR} + \sum_{k\in R} \sum_{t\in\left\lfloor T/T_0^{MR}\right\rfloor} p_k^{MR} E\left[\tilde{l}_{kt}^{MR}\right] \\
& + \left\lfloor T/T_0^{MR}\right\rfloor \left\lceil \left(\sum_{k\in R} q_k^{MR} - n_0^{MR} Y^{MR}\right) \Big/ Y_v^{MR} \right\rceil v_0^{MR}
\end{aligned}
$$

S.t.　式（3-100）～式（3-104），式（3-106），式（3-107），式（3-110）～式（3-112），式（3-117）～式（3-119），式（3-147）

并行式运输：

$$\begin{aligned}\text{Min}\quad Z_{82} = &\sum_{k\in R}\sum_{t\in\left\lfloor T/T_0^{MR}\right\rfloor} h_k^{MR} E\left[\tilde{I}_{kt}^{MR}\right] + \sum_{d\in\overline{f}_k^{-1}}\sum_{j\in M\cup\underline{M}_d(\cdot)}\sum_{\substack{k\in M\cup\underline{M}_d(\cdot)\\k\neq j}}\sum_{t\in\left\lfloor T/T_0^{MR}\right\rfloor}\overline{c}_{jk}^{MR} G_{jk}^{M} x_{jkt}^{MR} q_{kt}^{MR}\\ &+\sum_{k\in R}\sum_{t\in\left\lfloor T/T_0^{MR}\right\rfloor} c_{kk}^{MR} q_{kt}^{MR} + \sum_{k\in R}\sum_{t\in\left\lfloor T/T_0^{MR}\right\rfloor} p_k^{MR} E\left[\tilde{l}_{kt}^{MR}\right] + \left\lfloor T/T_0^{MR}\right\rfloor n_0^{MR} c_0^{MR}\\ &+\left\lfloor T/T_0^{MR}\right\rfloor\left(\left|\overline{f}_{Mj}^{-1}\right| - n_0^{MR}\right)c_0^{MR}\end{aligned}$$

S.t.　式（3-51），式（3-102），式（3-104），式（3-106），式（3-110）～式（3-112），式（3-117）～式（3-119），式（3-139）～式（3-143）

3.8　多周期、多车辆、联合库存管理策略下的库存路径问题

多周期、多车辆、JMI 策略下 MIRP 示意图（串行式运输、自有车辆情形）如图 3-14 所示。多周期、多车辆、JMI 策略下 MIRP 示意图（串行式运输、租用车辆情形）如图 3-15 所示。单周期、多车辆、JMI 策略下 MIRP 示意图（并行式运输情形）如图 3-16 所示。

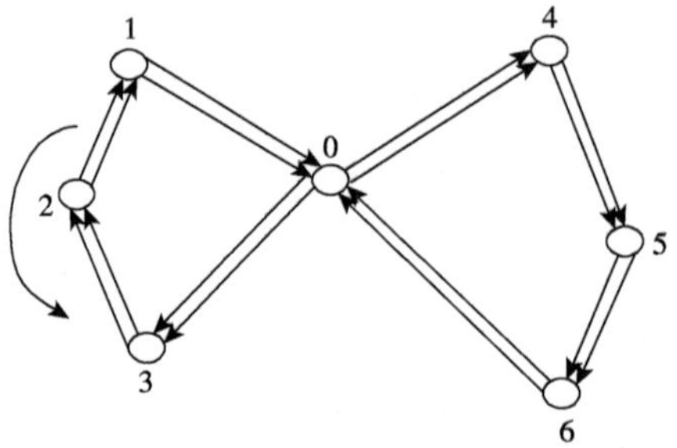

图 3-14　多周期、多车辆、JMI 策略下 MIRP 示意图（串行式运输、自有车辆情形）

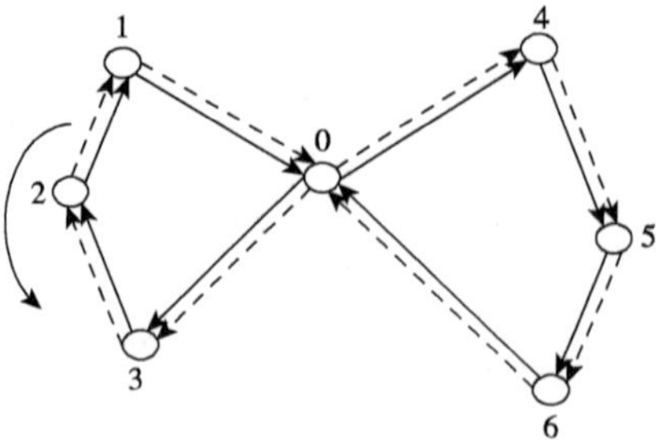

图 3-15　多周期、多车辆、JMI 策略下 MIRP 示意图（串行式运输、租用车辆情形）

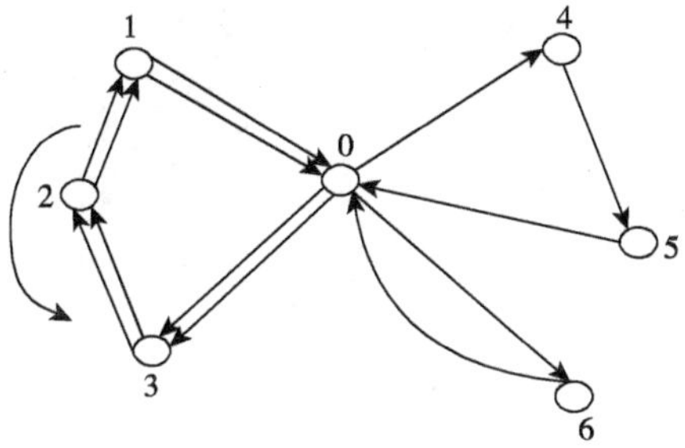

图 3-16　单周期、多车辆、JMI 策略下 MIRP 示意图（并行式运输情形）

3.8.1　基于确定需求、自有车辆、单阶段配送的情形

$$\text{Min}\quad Z_{83}=\text{Min}\left\{Z_{84},Z_{85},Z_{86}\right\}$$

直配式运输：

$$\begin{aligned}\text{Min}\quad Z_{84}=&\sum_{t\in T}h_0^{MM}I_{0t}^{MM}+\sum_{t\in T}p_0^{MM}l_{0t}^{MM}+\sum_{k\in R}\sum_{t\in T}h_k^{MR}I_{kt}^{MR}+\sum_{k\in R}\sum_{t\in T}p_k^{MR}l_{kt}^{MR}\\&+\sum_{i\in S}\sum_{t\in T}c_{0i}^{MM}G_{0i}^{M}q_{it}^{MM}+mTc_0^{MM}+KT\sum_{i\in S}c_{i0}^{MM}+nTc_0^{MR}\\&+\sum_{k\in R}\sum_{t\in T}c_{0k}^{MR}G_{0k}^{M}q_{kt}^{MR}+KT\sum_{k\in R}c_{k0}^{MR}+\sum_{i\in S}\sum_{t\in T}c_{ii}^{MM}q_{it}^{MM}\\&+\sum_{k\in R}\sum_{t\in T}c_{kk}^{MR}q_{kt}^{MR}\end{aligned}$$

S.t.　式（3-58），式（3-60）～式（3-63），式（3-65），式（3-72），式（3-74）～式（3-76），式（3-78），式（3-120），式（3-126）

串行式运输：

$$\begin{aligned}\text{Min}\quad Z_{85}=&\sum_{t\in T}h_0^{MM}I_{0t}^{MM}+\sum_{t\in T}p_0^{MM}l_{0t}^{MM}+\sum_{j\in S\cup M}\sum_{\substack{i\in S\cup M\\ i\neq j}}\sum_{t\in T}\underline{c}_{ji}^{MM}G_{ji}^{M}x_{jit}^{MM}q_{it}^{MM}\\&+\sum_{j\in M\cup R}\sum_{\substack{k\in M\cup R\\ k\neq j}}\sum_{t\in T}\overline{c}_{jk}^{MR}G_{jk}^{M}x_{jkt}^{MR}q_{kt}^{MR}+\sum_{k\in R}\sum_{t\in T}h_k^{MR}I_{kt}^{MR}+\sum_{k\in R}\sum_{t\in T}p_k^{MR}l_{kt}^{MR}\\&+\left\lfloor\sum_{i\in S}q_{it}^{MM}\Big/Y^{MM}\right\rfloor Tc_0^{MM}+\left\lfloor\sum_{k\in R}q_{kt}^{MR}\Big/Y^{MR}\right\rfloor Tc_0^{MR}+\sum_{i\in S}\sum_{t\in T}c_{ii}^{MM}q_{it}^{MM}\\&+\sum_{k\in R}\sum_{t\in T}c_{kk}^{MR}q_{kt}^{MR}\end{aligned}$$

S.t.　式（3-52）～式（3-56），式（3-58）～式（3-70），式（3-72）～式（3-78）

并行式运输：

$$\begin{aligned}\text{Min}\quad Z_{86}=&\sum_{t\in T}h_0^{MM}I_{0t}^{MM}+\sum_{t\in T}p_0^{MM}l_{0t}^{MM}+\sum_{k\in R}\sum_{t\in T}h_k^{MR}I_{kt}^{MR}\\&+\sum_{d\in\overline{f}_k^{-1}}\sum_{j\in M\cup\underline{M}_d(\cdot)}\sum_{\substack{k\in M\cup\underline{M}_d(\cdot)\\k\neq j}}\sum_{t\in T}\overline{c}_{jk}^{MR}G_{jk}^{M}x_{jkt}^{MR}q_{kt}^{MR}+\sum_{k\in R}\sum_{t\in T}p_k^{MR}l_{kt}^{MR}+\left|\overline{f}_{Mj}^{-1}\right|Tc_0^{MR}\\&+\left|\overline{f}_s^{-1}\right|Tc_0^{MM}+\sum_{c\in\overline{f}_0^{-1}}\sum_{j\in\underline{S}_c(\cdot)\cup M}\sum_{\substack{i\in\underline{S}_c(\cdot)\cup M\\i\neq j}}\sum_{t\in T}\underline{c}_{ji}^{MM}G_{ji}^{M}x_{jit}^{MM}q_{it}^{MM}+\sum_{k\in R}\sum_{t\in T}c_{kk}^{MR}q_{kt}^{MR}\\&+\sum_{i\in S}\sum_{t\in T}c_{ii}^{MM}q_{it}^{MM}\end{aligned}$$

S.t. 式（3-54）～式（3-56），式（3-58），式（3-60），式（3-61），式（3-63）～式（3-65），式（3-68），式（3-70），式（3-72），式（3-74）～式（3-78），式（3-121）～式（3-125），式（3-127）～式（3-131）

3.8.2 基于确定需求、自有车辆、多阶段配送的情形

$$\text{Min}\quad Z_{87}=\text{Min}\{Z_{88},Z_{89},Z_{90}\}$$

直配式运输：

$$\begin{aligned}\text{Min}\quad Z_{88}=&\sum_{k\in R}\sum_{t\in\left\lfloor T/T_0^{MR}\right\rfloor}h_k^{MR}I_{kt}^{MR}+\sum_{i\in S}\sum_{t\in\left\lfloor T/T_0^{MM}\right\rfloor}c_{i0}^{MM}G_{i0}^{M}q_{it}^{MM}+\sum_{k\in R}\sum_{t\in\left\lfloor T/T_0^{MR}\right\rfloor}p_k^{MR}l_{kt}^{MR}\\&+\sum_{i\in S}\sum_{t\in\left\lfloor T/T_0^{MM}\right\rfloor}c_{ii}^{MM}q_{it}^{MM}+\sum_{k\in R}\sum_{t\in\left\lfloor T/T_0^{MR}\right\rfloor}c_{kk}^{MR}q_{kt}^{MR}+\sum_{t\in\left\lfloor T/T_0^{MM}\right\rfloor}p_0^{MM}l_{0t}^{MM}\\&+\sum_{k\in R}\sum_{t\in\left\lfloor T/T_0^{MR}\right\rfloor}c_{0k}^{MR}G_{0k}^{M}q_{kt}^{MR}+\sum_{t\in\left\lfloor T/T_0^{MM}\right\rfloor}h_0^{MM}I_{0t}^{MM}+n\left\lfloor T/T_0^{MR}\right\rfloor c_0^{MR}\\&+K\left\lfloor T/T_0^{MR}\right\rfloor\sum_{k\in R}c_{k0}^{MR}+m\left\lfloor T/T_0^{MM}\right\rfloor c_0^{MM}+K\left\lfloor T/T_0^{MM}\right\rfloor\sum_{i\in S}c_{0i}^{MM}\end{aligned}$$

S.t. 式（3-92），式（3-94）～式（3-97），式（3-99），式（3-106），式（3-108）～式（3-110），式（3-112），式（3-132），式（3-138）

串行式运输：

$$\begin{aligned}\text{Min}\quad Z_{89}=&\sum_{t\in\left\lfloor T/T_0^{MM}\right\rfloor}h_0^{MM}I_{0t}^{MM}+\sum_{t\in\left\lfloor T/T_0^{MM}\right\rfloor}p_0^{MM}l_{0t}^{MM}+\sum_{j\in S\cup M}\sum_{\substack{i\in S\cup M\\i\neq j}}\sum_{t\in\left\lfloor T/T_0^{MM}\right\rfloor}\underline{c}_{ji}^{MM}G_{ji}^{M}x_{jit}^{MM}q_{it}^{MM}\\&+\sum_{i\in S}\sum_{t\in\left\lfloor T/T_0^{MM}\right\rfloor}c_{ii}^{MM}q_{it}^{MM}+\sum_{k\in R}\sum_{t\in\left\lfloor T/T_0^{MR}\right\rfloor}h_k^{MR}I_{kt}^{MR}\end{aligned}$$

$$
\begin{aligned}
&+\sum_{j\in M\cup R}\ \sum_{\substack{k\in M\cup R\\ k\neq j}}\ \sum_{t\in\left\lfloor T/T_0^{MR}\right\rfloor}\overline{c}_{jk}^{MR}G_{jk}^{M}x_{jkt}^{MR}q_{kt}^{MR}+\sum_{k\in R}\ \sum_{t\in\left\lfloor T/T_0^{MR}\right\rfloor}c_{kk}^{MR}q_{kt}^{MR}\\
&+\sum_{k\in R}\ \sum_{t\in\left\lfloor T/T_0^{MR}\right\rfloor}p_k^{MR}l_{kt}^{MR}+\left\lceil \sum_{k\in R}q_{kt}^{MR}\Big/Y^{MR}\right\rceil\left\lfloor T/T_0^{MR}\right\rfloor c_0^{MR}\\
&+\left\lfloor T/T_0^{MM}\right\rfloor\left\lceil \sum_{i\in S}q_{it}^{MM}\Big/Y^{MM}\right\rceil c_0^{MM}
\end{aligned}
$$

S.t.　式（3-86）～式（3-90），式（3-92）～式（3-104），式（3-106）～式（3-112）

并行式运输：

$$
\begin{aligned}
\text{Min}\quad Z_{90}=&\sum_{t\in\left\lfloor T/T_0^{MM}\right\rfloor}h_0^{MM}I_{0t}^{MM}+\sum_{t\in\left\lfloor T/T_0^{MM}\right\rfloor}p_0^{MM}l_{0t}^{MM}+\sum_{k\in R}\ \sum_{t\in\left\lfloor T/T_0^{MR}\right\rfloor}h_k^{MR}I_{kt}^{MR}+\sum_{k\in R}\ \sum_{t\in\left\lfloor T/T_0^{MR}\right\rfloor}p_k^{MR}l_{kt}^{MR}\\
&+\sum_{k\in R}\ \sum_{t\in\left\lfloor T/T_0^{MR}\right\rfloor}c_{kk}^{MR}q_{kt}^{MR}+\sum_{d\in\overline{f}_k^{-1}}\ \sum_{j\in M\cup\underline{M}_d(\cdot)}\ \sum_{\substack{k\in M\cup\underline{M}_d(\cdot)\\ k\neq j}}\ \sum_{t\in\left\lfloor T/T_0^{MR}\right\rfloor}\overline{c}_{jk}^{MR}G_{jk}^{M}x_{jkt}^{MR}q_{kt}^{MR}\\
&+\left|\overline{f}_{Mj}^{-1}\right|\left\lfloor T/T_0^{MR}\right\rfloor c_0^{MR}+\left|\overline{f}_s^{-1}\right|\left\lfloor T/T_0^{MM}\right\rfloor c_0^{MM}\\
&+\sum_{c\in\overline{f}_0^{-1}}\ \sum_{j\in\underline{S}_c(\cdot)\cup M}\ \sum_{\substack{i\in\underline{S}_c(\cdot)\cup M\\ i\neq j}}\ \sum_{t\in\left\lfloor T/T_0^{MM}\right\rfloor}\underline{c}_{ji}^{MM}G_{ji}^{M}x_{jit}^{MM}q_{it}^{MM}+\sum_{\substack{i\in\underline{S}_c(\cdot)\cup M\\ i\neq j}}\ \sum_{t\in\left\lfloor T/T_0^{MM}\right\rfloor}c_{ii}^{MM}q_{it}^{MM}
\end{aligned}
$$

S.t.　式（3-88）～式（3-90），式（3-92），式（3-94），式（3-95），式（3-97）～式（3-99），式（3-102），式（3-104），式（3-106），式（3-108）～式（3-112），式（3-133）～式（3-137），式（3-139）～式（3-143）

3.8.3　基于确定需求、第三方车辆、单阶段配送的情形

$$
\text{Min}\quad Z_{91}=\text{Min}\left\{Z_{92},Z_{93},Z_{94}\right\}
$$

直配式运输：

$$
\begin{aligned}
\text{Min}\quad Z_{92}=&\sum_{t\in T}h_0^{MM}I_{0t}^{MM}+\sum_{t\in T}p_0^{MM}l_{0t}^{MM}+\sum_{k\in R}\sum_{t\in T}h_k^{MR}I_{kt}^{MR}+\sum_{k\in R}\sum_{t\in T}p_k^{MR}l_{kt}^{MR}\\
&+\sum_{i\in S}\sum_{t\in T}c_{i0}^{MM}G_{i0}^{M}q_{it}^{MM}+T\left(m-n_0^{MM}\right)v_0^{MM}+\sum_{i\in S}\sum_{t\in T}c_{ii}^{MM}q_{it}^{MM}+KT\sum_{i\in S}c_{0i}^{MM}\\
&+Tn_0^{MR}c_0^{MR}+\sum_{k\in R}\sum_{t\in T}c_{0k}^{MR}G_{0k}^{M}q_{kt}^{MR}+T\left(n-n_0^{MR}\right)v_0^{MR}+KT\sum_{k\in R}c_{k0}^{MR}+\sum_{k\in R}\sum_{t\in T}c_{kk}^{MR}q_{kt}^{MR}\\
&+Tn_0^{MM}c_0^{MM}
\end{aligned}
$$

S.t.　式（3-58），式（3-60）～式（3-63），式（3-65），式（3-72），式（3-74）～

式（3-76），式（3-78），式（3-120），式（3-126）

串行式运输：

$$
\begin{aligned}
\text{Min}\quad Z_{93} = & \sum_{t\in T} h_0^{MM} I_{0t}^{MM} + \sum_{t\in T} p_0^{MM} l_{0t}^{MM} + \sum_{k\in R}\sum_{t\in T} h_k^{MR} I_{kt}^{MR} \\
& + \sum_{j\in M\cup R}\ \sum_{\substack{k\in M\cup R\\ k\neq j}}\ \sum_{t\in T} \overline{c}_{jk}^{MR} G_{jk}^{M} x_{jkt}^{MR} q_{kt}^{MR} + Tn_0^{MR} c_0^{MR} + \sum_{k\in R}\sum_{t\in T} p_k^{MR} l_{kt}^{MR} \\
& + \sum_{j\in S\cup M}\ \sum_{\substack{i\in S\cup M\\ i\neq j}}\ \sum_{t\in T} \underline{c}_{ji}^{MM} G_{ji}^{M} x_{jit}^{MM} q_{it}^{MM} + \sum_{i\in S}\sum_{t\in T} c_{ii}^{MM} q_{it}^{MM} + \sum_{k\in R}\sum_{t\in T} c_{kk}^{MR} q_{kt}^{MR} \\
& + Tn_0^{MM} c_0^{MM} + T\left\lceil \left(\sum_{i\in S} q_i^{MM} - n_0^{MM} Y^{MM}\right) \Big/ Y_v^{MM} \right\rceil v_0^{MM} \\
& + T\left\lceil \left(\sum_{k\in R} q_k^{MR} - n_0^{MR} Y^{MR}\right) \Big/ Y_v^{MR} \right\rceil v_0^{MR}
\end{aligned}
$$

S.t.　式（3-52）～式（3-56），式（3-58）～式（3-70），式（3-72）～式（3-78），式（3-144），式（3-145）

并行式运输：

$$
\begin{aligned}
\text{Min}\quad Z_{94} = & \sum_{t\in T} h_0^{MM} I_{0t}^{MM} + \sum_{t\in T} p_0^{MM} l_{0t}^{MM} + \sum_{d\in \overline{f}_k^{-1}}\ \sum_{j\in M\cup \underline{M}_d(\cdot)}\ \sum_{\substack{k\in M\cup \underline{M}_d(\cdot)\\ k\neq j}}\ \sum_{t\in T} \overline{c}_{jk}^{MR} G_{jk}^{M} x_{jkt}^{MR} q_{kt}^{MR} \\
& + \sum_{k\in R}\sum_{t\in T} c_{kk}^{MR} q_{kt}^{MR} + \sum_{k\in R}\sum_{t\in T} h_k^{MR} I_{kt}^{MR} + \sum_{k\in R}\sum_{t\in T} p_k^{MR} l_{kt}^{MR} + \sum_{i\in S}\sum_{t\in T} c_{ii}^{MM} q_{it}^{MM} \\
& + T\left(\left|\overline{f}_{Mj}^{-1}\right| - n_0^{MR}\right) v_0^{MR} + Tn_0^{MM} c_0^{MM} + \sum_{c\in \overline{f}_0^{-1}}\ \sum_{j\in \underline{S}_c(\cdot)\cup M}\ \sum_{\substack{i\in \underline{S}_c(\cdot)\cup M\\ i\neq j}}\ \sum_{t\in T} \underline{c}_{ji}^{MM} G_{ji}^{M} x_{jit}^{MM} q_{it}^{MM} \\
& + Tn_0^{MR} c_0^{MR} + T\left(\left|\overline{f}_s^{-1}\right| - n_0^{MM}\right) v_0^{MM} + \sum_{\substack{i\in \underline{S}_c(\cdot)\cup M\\ i\neq j}}\ \sum_{t\in T} c_{ii}^{MM} q_{it}^{MM}
\end{aligned}
$$

S.t.　式（3-49），式（3-51），式（3-54）～式（3-56），式（3-58），式（3-60），式（3-61），式（3-63）～式（3-65），式（3-68），式（3-70），式（3-72），式（3-74）～式（3-78），式（3-121）～式（3-125），式（3-127）～式（3-131）

3.8.4　基于确定需求、第三方车辆、多阶段配送的情形

$$
\text{Min}\quad Z_{95} = \text{Min}\{Z_{96}, Z_{97}, Z_{98}\}
$$

直配式运输：

$$
\begin{aligned}
\text{Min}\quad Z_{96} = & \sum_{t\in\left\lfloor T/T_0^{MM}\right\rfloor} h_0^{MM} I_{0t}^{MM} + \sum_{t\in\left\lfloor T/T_0^{MM}\right\rfloor} p_0^{MM} l_{0t}^{MM} + \sum_{k\in R}\sum_{t\in\left\lfloor T/T_0^{MR}\right\rfloor} h_k^{MR} I_{kt}^{MR} \\
& + \left\lfloor T/T_0^{MR} \right\rfloor \left(n - n_0^{MR}\right) v_0^{MR} + \sum_{k\in R}\sum_{t\in\left\lfloor T/T_0^{MR}\right\rfloor} p_k^{MR} l_{kt}^{MR} + \sum_{k\in R}\sum_{t\in\left\lfloor T/T_0^{MR}\right\rfloor} c_{kk}^{MR} q_{kt}^{MR} \\
& + \left\lfloor T/T_0^{MR} \right\rfloor n_0^{MR} c_0^{MR} + K \left\lfloor T/T_0^{MR} \right\rfloor \sum_{k\in R} c_{k0}^{MR} + \sum_{k\in R}\sum_{t\in\left\lfloor T/T_0^{MR}\right\rfloor} c_{0k}^{MR} G_{0k}^{M} q_{kt}^{MR} \\
& + \left\lfloor T/T_0^{MM} \right\rfloor n_0^{MM} c_0^{MM} + \left\lfloor T/T_0^{MM} \right\rfloor \left(m - n_0^{MM}\right) v_0^{MM} \\
& + \sum_{i\in S}\sum_{t\in\left\lfloor T/T_0^{MM}\right\rfloor} c_{i0}^{MM} G_{i0}^{M} q_{it}^{MM} + \sum_{i\in S}\sum_{t\in\left\lfloor T/T_0^{MM}\right\rfloor} c_{ii}^{MM} q_{it}^{MM} \\
& + K \left\lfloor T/T_0^{MM} \right\rfloor \sum_{i\in S} c_{0i}^{MM}
\end{aligned}
$$

S.t.　式（3-92），式（3-94）～式（3-97），式（3-99），式（3-106），式（3-108）～式（3-110），式（3-112），式（3-132），式（3-138）

串行式运输：

$$
\begin{aligned}
\text{Min}\quad Z_{97} = & \sum_{t\in\left\lfloor T/T_0^{MM}\right\rfloor} h_0^{MM} I_{0t}^{MM} + \sum_{t\in\left\lfloor T/T_0^{MM}\right\rfloor} p_0^{MM} l_{0t}^{MM} + \sum_{j\in M\cup R}\sum_{\substack{k\in M\cup R\\ k\neq j}}\sum_{t\in\left\lfloor T/T_0^{MR}\right\rfloor} \overline{c}_{jk}^{MR} G_{jk}^{M} x_{jkt}^{MR} q_{kt}^{MR} \\
& + \sum_{k\in R}\sum_{t\in\left\lfloor T/T_0^{MR}\right\rfloor} c_{kk}^{MR} q_{kt}^{MR} + \left\lfloor T/T_0^{MR} \right\rfloor \left\lceil \left(\sum_{k\in R} q_k^{MR} - n_0^{MR} Y^{MR}\right) \Big/ Y_v^{MR} \right\rceil v_0^{MR} \\
& + \left\lfloor T/T_0^{MM} \right\rfloor \left\lceil \left(\sum_{i\in S} q_i^{MM} - n_0^{MM} Y^{MM}\right) \Big/ Y_v^{MM} \right\rceil v_0^{MM} + \left\lfloor T/T_0^{MR} \right\rfloor n_0^{MR} c_0^{MR} \\
& + \left\lfloor T/T_0^{MM} \right\rfloor n_0^{MM} c_0^{MM} + \sum_{j\in S\cup M}\sum_{\substack{i\in S\cup M\\ i\neq j}}\sum_{t\in\left\lfloor T/T_0^{MM}\right\rfloor} \underline{c}_{ji}^{MM} G_{ji}^{M} x_{jit}^{MM} q_{it}^{MM} \\
& + \sum_{k\in R}\sum_{t\in\left\lfloor T/T_0^{MR}\right\rfloor} h_k^{MR} I_{kt}^{MR} + \sum_{k\in R}\sum_{t\in\left\lfloor T/T_0^{MR}\right\rfloor} p_k^{MR} l_{kt}^{MR} + \sum_{i\in S}\sum_{t\in\left\lfloor T/T_0^{MM}\right\rfloor} c_{ii}^{MM} q_{it}^{MM}
\end{aligned}
$$

S.t.　式（3-86）～式（3-92），式（3-94）～式（3-104），式（3-106）～式（3-112），式（3-146），式（3-147）

并行式运输：

$$\text{Min}\quad Z_{98}=\sum_{t\in\left\lfloor T/T_0^{MM}\right\rfloor}h_0^{MM}I_{0t}^{MM}+\sum_{d\in\overline{f}_k^{-1}}\sum_{j\in M\cup\underline{M}_d(\cdot)}\sum_{\substack{k\in M\cup\underline{M}_d(\cdot)\\k\neq j}}\sum_{t\in\left\lfloor T/T_0^{MR}\right\rfloor}\overline{c}_{jk}^{MR}G_{jk}^{M}x_{jkt}^{MR}q_{kt}^{MR}$$
$$+\sum_{k\in R}\sum_{t\in\left\lfloor T/T_0^{MR}\right\rfloor}c_{kk}^{MR}q_{kt}^{MR}+\sum_{k\in R}\sum_{t\in\left\lfloor T/T_0^{MR}\right\rfloor}h_k^{MR}I_{kt}^{MR}+\sum_{k\in R}\sum_{t\in\left\lfloor T/T_0^{MR}\right\rfloor}p_k^{MR}l_{kt}^{MR}$$
$$+\left\lfloor T/T_0^{MR}\right\rfloor\left(\left|\overline{f}_{Mj}^{-1}\right|-n_0^{MR}\right)v_0^{MR}+\sum_{t\in\left\lfloor T/T_0^{MM}\right\rfloor}p_0^{MM}l_{0t}^{MM}+\left\lfloor T/T_0^{MR}\right\rfloor n_0^{MR}c_0^{MR}$$
$$+\sum_{c\in\overline{f}_0^{-1}}\sum_{j\in\underline{S}_c(\cdot)\cup M}\sum_{\substack{i\in\underline{S}_c(\cdot)\cup M\\i\neq j}}\sum_{t\in\left\lfloor T/T_0^{MM}\right\rfloor}\underline{c}_{ji}^{MM}G_{ji}^{M}x_{jit}^{MM}q_{it}^{MM}+\sum_{i\in S}\sum_{t\in\left\lfloor T/T_0^{MM}\right\rfloor}c_{ii}^{MM}q_{it}^{MM}$$
$$+\left\lfloor T/T_0^{MM}\right\rfloor n_0^{MM}c_0^{MM}+\left\lfloor T/T_0^{MM}\right\rfloor\left(\left|\overline{f}_s^{-1}\right|-n_0^{MM}\right)v_0^{MM}$$

S.t.　式（3-49），式（3-51），式（3-88）～式（3-90），式（3-92），式（3-94），式（3-95），式（3-97）～式（3-99），式（3-102），式（3-104），式（3-106），式（3-108）～式（3-112），式（3-133）～式（3-137），式（3-139）～式（3-143）

3.8.5　基于不确定需求、自有车辆、单阶段配送的情形

$$\text{Min}\quad Z_{99}=\text{Min}\left\{Z_{100},Z_{101},Z_{102}\right\}$$

直配式运输：

$$\text{Min}\quad Z_{100}=\sum_{t\in T}h_0^{MM}E\left[\tilde{I}_{0t}^{MM}\right]+\sum_{t\in T}p_0^{MM}E\left[\tilde{l}_{0t}^{MM}\right]+\sum_{k\in R}\sum_{t\in T}h_k^{MR}E\left[\tilde{I}_{kt}^{MR}\right]+\sum_{k\in R}\sum_{t\in T}p_k^{MR}E\left[\tilde{l}_{kt}^{MR}\right]$$
$$+\sum_{i\in S}\sum_{t\in T}c_{i0}^{MM}G_{i0}^{M}q_{it}^{MM}+\sum_{i\in S}\sum_{t\in T}c_{ii}^{MM}q_{it}^{MM}+mTc_0^{MM}+KT\sum_{i\in S}c_{0i}^{MM}+nTc_0^{MR}$$
$$+\sum_{k\in R}\sum_{t\in T}c_{0k}^{MR}G_{0k}^{M}q_{kt}^{MR}+\sum_{k\in R}\sum_{t\in T}c_{kk}^{MR}q_{kt}^{MR}+KT\sum_{k\in R}c_{k0}^{MR}$$

S.t.　式（3-58），式（3-62），式（3-63），式（3-65），式（3-72），式（3-76）～式（3-85），式（3-120），式（3-126）

串行式运输：

$$\text{Min}\quad Z_{101}=\sum_{t\in T}h_0^{MM}E\left[\tilde{I}_{0t}^{MM}\right]+\sum_{t\in T}p_0^{MM}E\left[\tilde{l}_{0t}^{MM}\right]+\sum_{k\in R}\sum_{t\in T}h_k^{MR}E\left[\tilde{I}_{kt}^{MR}\right]$$
$$+\sum_{j\in S\cup M}\sum_{\substack{i\in S\cup M\\i\neq j}}\sum_{t\in T}\underline{c}_{ji}^{MM}G_{it}^{M}x_{jit}^{MM}q_{it}^{MM}+\sum_{k\in R}\sum_{t\in T}p_k^{MR}E\left[\tilde{l}_{kt}^{MR}\right]+\sum_{i\in S}\sum_{t\in T}c_{ii}^{MM}q_{it}^{MM}$$
$$+\sum_{k\in R}\sum_{t\in T}c_{kk}^{MR}q_{kt}^{MR}+\sum_{j\in M\cup R}\sum_{\substack{k\in M\cup R\\k\neq j}}\sum_{t\in T}\overline{c}_{jk}^{MR}G_{jk}^{M}x_{jkt}^{MR}q_{kt}^{MR}+\left\lceil\sum_{i\in S}q_{it}^{MM}\Big/Y^{MM}\right\rceil Tc_0^{MM}$$

$$+\left\lceil \sum_{k\in R} q_{kt}^{MR} \Big/ Y^{MR} \right\rceil Tc_0^{MR}$$

S.t.　式（3-52）～式（3-56），式（3-58），式（3-59），式（3-62）～式（3-70），式（3-72），式（3-73），式（3-76）～式（3-85）

并行式运输：

$$\text{Min}\quad Z_{102}=\sum_{t\in T} h_0^{MM} E\left[\tilde{I}_{0t}^{MM}\right]+\sum_{t\in T} p_0^{MM} E\left[\tilde{l}_{0t}^{MM}\right]$$
$$+\sum_{d\in \overline{f}_k^{-1}}\ \sum_{j\in M\cup \underline{M}_d(\cdot)}\ \sum_{\substack{k\in M\cup \underline{M}_d(\cdot)\\ k\neq j}}\ \sum_{t\in T}\overline{c}_{jk}^{MR} G_{jk}^{M} x_{jkt}^{MR} q_{kt}^{MR}+\left|\overline{f}_s^{-1}\right| Tc_0^{MM}$$
$$+\sum_{k\in R}\sum_{t\in T} p_k^{MR} E\left[\tilde{l}_{kt}^{MR}\right]+\left|\overline{f}_{Mj}^{-1}\right| Tc_0^{MR}+\sum_{i\in S}\sum_{t\in T} c_{ii}^{MM} q_{it}^{MM}$$
$$+\sum_{c\in \overline{f}_0^{-1}}\ \sum_{j\in \underline{S}_c(\cdot)\cup M}\ \sum_{\substack{i\in \underline{S}_c(\cdot)\cup M\\ i\neq j}}\ \sum_{t\in T}\underline{c}_{ji}^{MM} G_{ji}^{M} x_{jit}^{MM} q_{it}^{MM}+\sum_{k\in R}\sum_{t\in T} c_{kk}^{MR} q_{kt}^{MR}$$
$$+\sum_{k\in R}\sum_{t\in T} h_k^{MR} E\left[\tilde{I}_{kt}^{MR}\right]$$

S.t.　式（3-54）～式（3-56），式（3-58），式（3-63）～式（3-65），式（3-68），式（3-70），式（3-72），式（3-76）～式（3-85），式（3-121）～式（3-125），式（3-127）～式（3-131）

3.8.6　基于不确定需求、自有车辆、多阶段配送的情形

$$\text{Min}\quad Z_{103}=\text{Min}\left\{Z_{104},Z_{105},Z_{106}\right\}$$

直配式运输：

$$\text{Min}\quad Z_{104}=\sum_{t\in\left\lfloor T/T_0^{MM}\right\rfloor} h_0^{MM} E\left[\tilde{I}_{0t}^{MM}\right]+\sum_{t\in\left\lfloor T/T_0^{MM}\right\rfloor} p_0^{MM} E\left[\tilde{l}_{0t}^{MM}\right]+\sum_{k\in R}\sum_{t\in\left\lfloor T/T_0^{MR}\right\rfloor} h_k^{MR} E\left[\tilde{I}_{kt}^{MR}\right]$$
$$+\sum_{k\in R}\sum_{t\in\left\lfloor T/T_0^{MR}\right\rfloor} p_k^{MR} E\left[\tilde{l}_{kt}^{MR}\right]+m\left\lfloor T/T_0^{MM}\right\rfloor c_0^{MM}+\sum_{i\in S}\sum_{t\in\left\lfloor T/T_0^{MM}\right\rfloor} c_{i0}^{MM} G_{i0}^{M} q_{it}^{MM}$$
$$+\sum_{i\in S}\sum_{t\in\left\lfloor T/T_0^{MM}\right\rfloor} c_{ii}^{MM} q_{it}^{MM}+K\left\lfloor T/T_0^{MM}\right\rfloor\sum_{i\in S} c_{0i}^{MM}+n\left\lfloor T/T_0^{MR}\right\rfloor c_0^{MR}$$
$$+K\left\lfloor T/T_0^{MR}\right\rfloor\sum_{k\in R} c_{k0}^{MR}+\sum_{k\in R}\sum_{t\in\left\lfloor T/T_0^{MR}\right\rfloor} c_{0k}^{MR} G_{0k}^{M} q_{kt}^{MR}+\sum_{k\in R}\sum_{t\in\left\lfloor T/T_0^{MR}\right\rfloor} c_{kk}^{MR} q_{kt}^{MR}$$

S.t.　式（3-92），式（3-96），式（3-97），式（3-99），式（3-106），式（3-110），

式（3-112）～式（3-119），式（3-132），式（3-138）

串行式运输：

$$
\begin{aligned}
\text{Min}\quad Z_{105} = & \sum_{t\in\left\lfloor T/T_0^{MM}\right\rfloor} h_0^{MM} E\left[\tilde{I}_{0t}^{MM}\right] + \sum_{j\in S\cup M}\ \sum_{\substack{i\in S\cup M\\ i\neq j}}\ \sum_{t\in\left\lfloor T/T_0^{MM}\right\rfloor} \underline{c}_{ji}^{MM} G_{ji}^{M} x_{jit}^{MM} q_{it}^{MM} \\
& + \sum_{i\in S}\ \sum_{t\in\left\lfloor T/T_0^{MM}\right\rfloor} c_{ii}^{MM} q_{it}^{MM} + \sum_{k\in R}\ \sum_{t\in\left\lfloor T/T_0^{MR}\right\rfloor} c_{kk}^{MR} q_{kt}^{MR} + \sum_{t\in\left\lfloor T/T_0^{MM}\right\rfloor} p_0^{MM} E\left[\tilde{l}_{0t}^{MM}\right] \\
& + \sum_{k\in R}\ \sum_{t\in\left\lfloor T/T_0^{MR}\right\rfloor} h_k^{MR} E\left[\tilde{I}_{kt}^{MR}\right] + \sum_{j\in M\cup R}\ \sum_{\substack{k\in M\cup R\\ k\neq j}}\ \sum_{t\in\left\lfloor T/T_0^{MR}\right\rfloor} \overline{c}_{jk}^{MR} G_{jk}^{M} x_{jkt}^{MR} q_{kt}^{MR} \\
& + \sum_{k\in R}\ \sum_{t\in\left\lfloor T/T_0^{MR}\right\rfloor} p_k^{MR} E\left[\tilde{l}_{kt}^{MR}\right] + \left\lceil \sum_{k\in R} q_{kt}^{MR} \Big/ Y^{MR} \right\rceil \left\lfloor T/T_0^{MR} \right\rfloor c_0^{MR} \\
& + \left\lfloor T/T_0^{MM} \right\rfloor \left\lceil \sum_{i\in S} q_{it}^{MM} \Big/ Y^{MM} \right\rceil c_0^{MM}
\end{aligned}
$$

S.t.　式（3-86）～式（3-90），式（3-92），式（3-93），式（3-96）～式（3-104），式（3-106），式（3-107），式（3-110）～式（3-119）

并行式运输：

$$
\begin{aligned}
\text{Min}\quad Z_{106} = & \sum_{t\in\left\lfloor T/T_0^{MM}\right\rfloor} h_0^{MM} E\left[\tilde{I}_{0t}^{MM}\right] + \sum_{t\in\left\lfloor T/T_0^{MM}\right\rfloor} p_0^{MM} E\left[\tilde{l}_{0t}^{MM}\right] \\
& + \sum_{d\in \overline{f}_k^{-1}}\ \sum_{j\in M\cup \underline{M}_d(\cdot)}\ \sum_{\substack{k\in M\cup \underline{M}_d(\cdot)\\ k\neq j}}\ \sum_{t\in\left\lfloor T/T_0^{MR}\right\rfloor} \overline{c}_{jk}^{MR} G_{jk}^{M} x_{jkt}^{MR} q_{kt}^{MR} + \sum_{k\in R}\ \sum_{t\in\left\lfloor T/T_0^{MR}\right\rfloor} h_k^{MR} E\left[\tilde{I}_{kt}^{MR}\right] \\
& + \sum_{k\in R}\ \sum_{t\in\left\lfloor T/T_0^{MR}\right\rfloor} p_k^{MR} E\left[\tilde{l}_{kt}^{MR}\right] + \left|\overline{f}_{Mj}^{-1}\right| \left\lfloor T/T_0^{MR} \right\rfloor c_0^{MR} + \left|\overline{f}_s^{-1}\right| \left\lfloor T/T_0^{MM} \right\rfloor c_0^{MM} \\
& + \sum_{c\in \overline{f}_0^{-1}}\ \sum_{j\in \underline{S}_c(\cdot)\cup M}\ \sum_{\substack{i\in \underline{S}_c(\cdot)\cup M\\ i\neq j}}\ \sum_{t\in\left\lfloor T/T_0^{MM}\right\rfloor} \underline{c}_{ji}^{MM} G_{ji}^{M} x_{jit}^{MM} q_{it}^{MM} + \sum_{k\in R}\ \sum_{t\in\left\lfloor T/T_0^{MR}\right\rfloor} c_{kk}^{MR} q_{kt}^{MR} \\
& + \sum_{i\in S}\ \sum_{t\in\left\lfloor T/T_0^{MM}\right\rfloor} c_{ii}^{MM} q_{it}^{MM}
\end{aligned}
$$

S.t.　式（3-88）～式（3-90），式（3-92），式（3-97）～式（3-99），式（3-102），式（3-104），式（3-106），式（3-110）～式（3-119），式（3-133）～式（3-137），式（3-139）～式（3-143）

3.8.7 基于不确定需求、第三方车辆、单阶段配送的情形

$$\text{Min}\quad Z_{107}=\text{Min}\left\{Z_{108},Z_{109},Z_{110}\right\}$$

直配式运输：

$$\begin{aligned}\text{Min}\quad Z_{108}=&\sum_{t\in T}h_0^{MM}E\left[\tilde{I}_{0t}^{MM}\right]+\sum_{t\in T}p_0^{MM}E\left[\tilde{l}_{0t}^{MM}\right]+\sum_{k\in R}\sum_{t\in T}h_k^{MR}E\left[\tilde{I}_{kt}^{MR}\right]\\&+\sum_{k\in R}\sum_{t\in T}p_k^{MR}E\left[\tilde{l}_{kt}^{MR}\right]+T\left(m-n_0^{MM}\right)v_0^{MM}+\sum_{i\in S}\sum_{t\in T}c_{i0}^{MM}G_{i0}^{M}q_{it}^{MM}\\&+KT\sum_{i\in S}c_{0i}^{MM}+\sum_{i\in S}\sum_{t\in T}c_{ii}^{MM}q_{it}^{MM}+Tn_0^{MM}c_0^{MM}+Tn_0^{MR}c_0^{MR}\\&+T\left(n-n_0^{MR}\right)c_0^{MR}+KT\sum_{k\in R}c_{k0}^{MR}+\sum_{k\in R}\sum_{t\in T}c_{kk}^{MR}q_{kt}^{MR}\\&+\sum_{k\in R}\sum_{t\in T}c_{0k}^{MR}G_{0k}^{M}q_{kt}^{MR}\end{aligned}$$

S.t.　式（3-58）～式（3-63），式（3-65），式（3-72），式（3-74）～式（3-76），式（3-78）～式（3-85），式（3-120），式（3-126）

串行式运输：

$$\begin{aligned}\text{Min}\quad Z_{109}=&\sum_{t\in T}h_0^{MM}E\left[\tilde{I}_{0t}^{MM}\right]+\sum_{t\in T}p_0^{MM}E\left[\tilde{l}_{0t}^{MM}\right]+\sum_{k\in R}\sum_{t\in T}h_k^{MR}E\left[\tilde{I}_{kt}^{MR}\right]\\&+\sum_{j\in M\cup R}\sum_{\substack{k\in M\cup R\\k\neq j}}\sum_{t\in T}\overline{c}_{jk}^{MR}G_{jk}^{M}x_{jkt}^{MR}q_{kt}^{MR}+\sum_{k\in R}\sum_{t\in T}p_k^{MR}E\left[\tilde{l}_{kt}^{MR}\right]+Tn_0^{MR}c_0^{MR}\\&+\sum_{k\in R}\sum_{t\in T}c_{kk}^{MR}q_{kt}^{MR}+Tn_0^{MM}c_0^{MM}+\sum_{i\in S}\sum_{t\in T}c_{ii}^{MM}q_{it}^{MM}\\&+T\left\lceil\left(\sum_{i\in S}q_i^{MM}-n_0^{MM}Y^{MM}\right)\Big/Y_v^{MM}\right\rceil v_0^{MM}\\&+T\left\lceil\left(\sum_{k\in R}q_k^{MR}-n_0^{MR}Y^{MR}\right)\Big/Y_v^{MR}\right\rceil v_0^{MR}\\&+\sum_{j\in S\cup M}\sum_{\substack{i\in S\cup M\\i\neq j}}\sum_{t\in T}\underline{c}_{ji}^{MM}G_{it}^{M}x_{jit}^{MM}q_{it}^{MM}\end{aligned}$$

S.t.　式（3-52）～式（3-56），式（3-58），式（3-59），式（3-62）～式（3-70），式（3-76）～式（3-85），式（3-144），式（3-145）

并行式运输：

$$
\begin{aligned}
\text{Min}\quad Z_{110} = & \sum_{t\in T} h_0^{MM} E\left[\tilde{I}_{0t}^{MM}\right] + \sum_{t\in T} p_0^{MM} E\left[\tilde{l}_{0t}^{MM}\right] \\
& + \sum_{d\in \bar{f}_k^{-1}} \sum_{j\in M\cup \underline{M}_d(\cdot)} \sum_{\substack{k\in M\cup \underline{M}_d(\cdot)\\ k\neq j}} \sum_{t\in T} \bar{c}_{jk}^{MR} G_{jk}^{M} x_{jkt}^{MR} q_{kt}^{MR} + \sum_{k\in R}\sum_{t\in T} c_{kk}^{MR} q_{kt}^{MR} \\
& + \sum_{k\in R}\sum_{t\in T} h_k^{MR} E\left[\tilde{I}_{kt}^{MR}\right] + \sum_{k\in R}\sum_{t\in T} p_k^{MR} E\left[\tilde{l}_{kt}^{MR}\right] + Tn_0^{MR} c_0^{MR} + T\left(\left|\bar{f}_{Mj}^{-1}\right| - n_0^{MR}\right) v_0^{MR} \\
& + Tn_0^{MM} c_0^{MM} + \sum_{c\in \bar{f}_0^{-1}} \sum_{j\in \underline{S}_c(\cdot)\cup M} \sum_{\substack{i\in \underline{S}_c(\cdot)\cup M\\ i\neq j}} \sum_{t\in T} \underline{c}_{ji}^{MM} G_{ji}^{M} x_{jit}^{MM} q_{it}^{MM} + \sum_{i\in S}\sum_{t\in T} c_{ii}^{MM} q_{it}^{MM} \\
& + T\left(\left|\bar{f}_s^{-1}\right| - n_0^{MM}\right) v_0^{MM}
\end{aligned}
$$

S.t. 式（3-49），式（3-51），式（3-54）～式（3-56），式（3-58），式（3-60），式（3-61），式（3-63）～式（3-65），式（3-68），式（3-70），式（3-72），式（3-76）～式（3-85），式（3-121）～式（3-125），式（3-127）～式（3-131）

3.8.8 基于不确定需求、第三方车辆、多阶段配送的情形

$$
\text{Min}\quad Z_{111} = \text{Min}\left\{Z_{112}, Z_{113}, Z_{114}\right\}
$$

直配式运输：

$$
\begin{aligned}
\text{Min}\quad Z_{112} = & \sum_{t\in\left\lfloor T/T_0^{MM}\right\rfloor} h_0^{MM} E\left[\tilde{I}_{0t}^{MM}\right] + \sum_{t\in\left\lfloor T/T_0^{MM}\right\rfloor} p_0^{MM} E\left[\tilde{l}_{0t}^{MM}\right] + \sum_{k\in R}\sum_{t\in\left\lfloor T/T_0^{MR}\right\rfloor} h_k^{MR} E\left[\tilde{I}_{kt}^{MR}\right] \\
& + \sum_{k\in R}\sum_{t\in\left\lfloor T/T_0^{MR}\right\rfloor} p_k^{MR} E\left[\tilde{l}_{kt}^{MR}\right] + \left\lfloor T/T_0^{MR}\right\rfloor n_0^{MR} c_0^{MR} \\
& + \left\lfloor T/T_0^{MR}\right\rfloor \left(n - n_0^{MR}\right) v_0^{MR} + K\left[T/T_0^{MR}\right] \sum_{k\in R} c_{k0}^{MR} \\
& + \left\lfloor T/T_0^{MM}\right\rfloor n_0^{MM} c_0^{MM} + \sum_{k\in R}\sum_{t\in\left\lfloor T/T_0^{MR}\right\rfloor} c_{0k}^{MR} G_{0k}^{M} q_{kt}^{MR} \\
& + \sum_{k\in R}\sum_{t\in\left\lfloor T/T_0^{MR}\right\rfloor} c_{kk}^{MR} q_{kt}^{MR} + \sum_{i\in S}\sum_{t\in\left\lfloor T/T_0^{MM}\right\rfloor} c_{i0}^{MM} G_{i0}^{M} q_{it}^{MM} \\
& + \sum_{i\in S}\sum_{t\in\left\lfloor T/T_0^{MM}\right\rfloor} c_{ii}^{MM} q_{it}^{MM} + K\left\lfloor T/T_0^{MM}\right\rfloor \sum_{i\in S} c_{0i}^{MM} \\
& + \left\lfloor T/T_0^{MM}\right\rfloor \left(m - n_0^{MM}\right) v_0^{MM}
\end{aligned}
$$

S.t. 式（3-92），式（3-96），式（3-97），式（3-99），式（3-106），式（3-110），式（3-112）～式（3-119），式（3-132），式（3-138）

串行式运输：

$$
\begin{aligned}
\text{Min}\quad Z_{113} = & \sum_{t\in\lfloor T/T_0^{MM}\rfloor} h_0^{MM} E\left[\tilde{I}_{0t}^{MM}\right] + \sum_{t\in\lfloor T/T_0^{MM}\rfloor} p_0^{MM} E\left[\tilde{l}_{0t}^{MM}\right] + \sum_{k\in R}\sum_{t\in\lfloor T/T_0^{MR}\rfloor} c_{kk}^{MR} q_{kt}^{MR} \\
& + \sum_{i\in S}\sum_{t\in\lfloor T/T_0^{MM}\rfloor} c_{ii}^{MM} q_{it}^{MM} + \sum_{k\in R}\sum_{t\in\lfloor T/T_0^{MR}\rfloor} h_k^{MR} E\left[\tilde{I}_{kt}^{MR}\right] + \sum_{k\in R}\sum_{t\in\lfloor T/T_0^{MR}\rfloor} p_k^{MR} E\left[\tilde{l}_{kt}^{MR}\right] \\
& + \sum_{j\in M\cup R}\sum_{\substack{k=M\cup R\\ k\notin j}}\sum_{t\in\lfloor T/T_0^{MR}\rfloor} \overline{c}_{jk}^{MR} G_{jk}^{M} x_{jkt}^{MR} q_{kt}^{MR} + \left\lfloor T/T_0^{MR}\right\rfloor n_0^{MR} c_0^{MR} \\
& + \left\lfloor T/T_0^{MM}\right\rfloor n_0^{MM} c_0^{MM} + \sum_{j\in S\cup M}\sum_{\substack{i\in S\cup M\\ i\neq j}}\sum_{t\in\lfloor T/T_0^{MM}\rfloor} \underline{c}_{ji}^{MM} G_{ji}^{M} x_{jit}^{MM} q_{it}^{MM} \\
& + \left\lfloor T/T_0^{MM}\right\rfloor \left\lfloor \left(\sum_{i\in S} q_i^{MM} - n_0^{MM} Y^{MM}\right) \Big/ Y_v^{MM} \right\rfloor v_0^{MM} \\
& + \left\lfloor T/T_0^{MR}\right\rfloor \left\lfloor \left(\sum_{k\in R} q_i^{MR} - n_0^{MR} Y^{MR}\right) \Big/ Y_v^{MR} \right\rfloor v_0^{MR}
\end{aligned}
$$

S.t.　式（3-86）～式（3-92），式（3-96）～式（3-104），式（3-106），式（3-107），式（3-110）～式（3-119），式（3-146），式（3-147）

并行式运输：

$$
\begin{aligned}
\text{Min}\quad Z_{114} = & \sum_{t\in\lfloor T/T_0^{MM}\rfloor} h_0^{MM} E\left[\tilde{I}_{0t}^{MM}\right] + \sum_{t\in\lfloor T/T_0^{MM}\rfloor} p_0^{MM} E\left[\tilde{l}_{0t}^{MM}\right] \\
& + \sum_{d\in\overline{f}_k^{-1}}\sum_{j\in M\cup\underline{M}_d(\cdot)}\sum_{k\in M\cup\underline{M}_d(\cdot)}\sum_{t\in\lfloor T/T_0^{MM}\rfloor} \overline{c}_{jk}^{MR} G_{tk}^{M} x_{jkt}^{MR} q_{kt}^{MR} + \sum_{k\in R}\sum_{t=\lfloor T/T_0^{MR}\rfloor} h_k^{MR} E\left[\tilde{I}_{kt}^{MR}\right] \\
& + \sum_{k\in R}\sum_{t\in\lfloor T/T_0^{MR}\rfloor} p_k^{MR} E\left[\tilde{l}_{kt}^{MR}\right] + \sum_{k\in R}\sum_{t\in\lfloor T/T_0^{MR}\rfloor} c_{kk}^{MR} q_{kt}^{MR} + \left\lfloor T/T_0^{MR}\right\rfloor n_0^{MR} c_0^{MR} \\
& + \sum_{c\in\overline{f}_0^{-1}}\sum_{j\in\underline{S}_c(\cdot)\cup M}\sum_{\substack{i\in S_c(\cdot)\cup M\\ i\neq j}}\sum_{t\in\lfloor T/T_0^{MM}\rfloor} \underline{c}_{ji}^{MM} G_{ji}^{M} x_{jit}^{MM} q_{it}^{MM} + \sum_{i\in S}\sum_{t\in\lfloor T/T_0^{MM}\rfloor} c_{ii}^{MM} q_{it}^{MM} \\
& + \left\lfloor T/T_0^{MM}\right\rfloor n_0^{MM} c_0^{MM} + \left\lfloor T/T_0^{MM}\right\rfloor \left(\left|\overline{f}_s^{-1}\right| - n_0^{MM}\right) v_0^{MM} \\
& + \left\lfloor T/T_0^{MR}\right\rfloor \left(\left|\overline{f}_{Mj}^{-1}\right| - n_0^{MR}\right) v_0^{MR}
\end{aligned}
$$

S.t.　式（3-49），式（3-51），式（3-88）～式（3-90），式（3-92），式（3-97）～式（3-99），式（3-102），式（3-104），式（3-106），式（3-110）～式（3-119），式（3-133）～式（3-137），式（3-139）～式（3-143）

3.9　本 章 小 结

在第 2 章研究的基础上，本章针对以制造商为核心的供应链 MIRP，根据供应链中的存储成本、缺货成本、车辆调度成本、运输成本、空驶成本、装卸货成本及一系列相关约束，同样从周期数、车辆数、市场需求、市场模式及库存策略等五个维度对Many-One-Many供应链进行了库存调度模型的构建及算法实例研究。

第 4 章　零售商为核心的供应链库存路径问题

本章着眼于零售商为核心的供应链库存路径问题，即 Many-Many-One 情形，分别针对周期数、车辆数、市场需求、市场模式及库存策略等五个维度情形对 RIRP 进行全面的研究。

本章研究内容基于以下假设。

（1）此类库存路径问题针对单一商品下的供应链。

（2）不考虑车辆运输、装卸货等相关的时间。

（3）车辆从供应商（或制造商）处取完货后返回制造商（或零售商）处等。

以零售商为核心的供应链多见于零售等终端消费行业，如沃尔玛、家乐福等。

4.1　单周期、单车辆、供应商管理库存策略下的库存路径问题

单周期、单车辆、VMI 策略下 RIRP 示意图如图 4-1 所示。

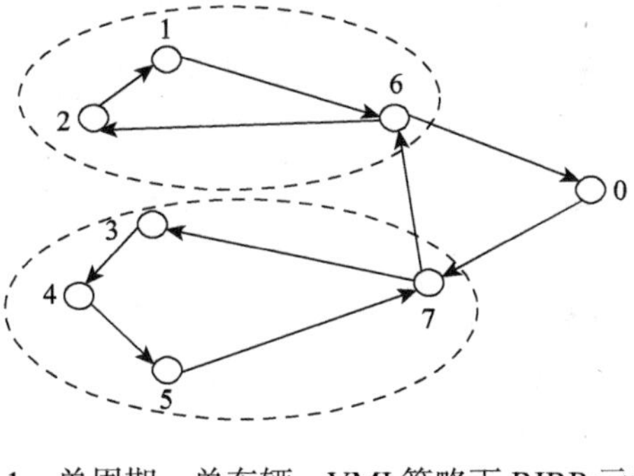

图 4-1　单周期、单车辆、VMI 策略下 RIRP 示意图

图中的节点 0 代表零售商，节点 1、节点 2、节点 3、节点 4 和节点 5 代表供应商，节点 6 和节点 7 代表制造商；箭头代表单一车辆行驶路径；虚线圈代表 VMI 策略模式，下同

4.1.1　基于市场细分、确定需求的情形

本节研究的是单周期单车辆情形下的 RIRP，各个供应商的需求已知确定，整个供应链所采取的是 VMI 策略，问题是需要确定车辆的取货路线和与之对应的取货量，以达到最小化本期库存与运输成本的目的。

在这一情形下，目标函数为最小化库存与运输成本，其中库存成本为存储成本和缺货成本，运输成本为车辆调度成本、运输成本、空驶成本和装卸货成本。在 RIRP 中，本章定义单一零售商与上游制造商构成的问题为 RIRP 主问题，每一制造商与其上游供应商构成的问题为 RIRP 子问题。

于是，供应链 VMI 策略下的主问题模型为

$$\text{Min}\quad Z_1 = h_0^{RR} I_0^{RR} + p_0^{RR} l_0^{RR} + c_0^{RR} + \sum_{j\in M\cup R}\sum_{k\in M\cup R} c_{kj}^{RR} G_{kj}^{R} x_{kj}^{RR} q_j^{RR} + \sum_{j\in M} c_{jj}^{RR} q_j^{RR}$$

其中，$h_0^{RR} I_0^{RR}$ 表示周期结束后单一零售商剩余库存的总存储成本；$p_0^{RR} l_0^{RR}$ 表示周期结束后未满足单一零售商的总缺货成本；c_0^{RR} 表示单一零售商向上游制造商调度车辆的固定成本；$\sum\limits_{j\in M\cup R}\sum\limits_{\substack{k\in M\cup R\\ k\notin j}} c_{kj}^{RR} G_{kj}^{R} x_{kj}^{RR} q_j^{RR}$ 表示单一零售商向上游制造商取货的总运输成本与取货结束后车辆返回零售商处的空驶成本；$\sum\limits_{j\in M} c_{jj}^{RR} q_j^{RR}$ 表示车辆向上游制造商取货时的总装货成本。

S.t.
$$\sum_{j\in M} x_{0j}^{RR} = 1 \tag{4-1}$$

$$\sum_{j\in M} x_{j0}^{RR} = 1 \tag{4-2}$$

$$\sum_{\substack{k\in M\cup R\\ k\neq h}} x_{kh}^{RR} - \sum_{\substack{j\in M\cup R\\ j\neq h}} x_{hj}^{RR} = 0 \tag{4-3}$$

$$\sum_{\substack{k\in M\cup R\\ k\neq j}} x_{kj}^{RR} = 1,\quad j\in M \tag{4-4}$$

$$\sum_{k\in M\cup R}\sum_{\substack{j\in M\cup R\\ j\neq k}} x_{kj}^{RR} \leqslant m+1 \tag{4-5}$$

$$\sum_{j\in M} q_j^{RR} \leqslant Y^{RR},\quad j\in M \sum_{j\in M} q \tag{4-6}$$

$$q_j^{RR} \leqslant U_j^{RR},\quad j\in M \tag{4-7}$$

$$q_j^{RR} - \sum_{k\in M\cup R} Y^{RR} x_{kj}^{RR} \leqslant 0,\quad j\in M \tag{4-8}$$

$$l_0^{RR} = (d_0^{RR} - q_0^{RR})^{+} \tag{4-9}$$

$$l_0^{RR} \leqslant L^{RR} \tag{4-10}$$

$$d_0^{RR} = \sum_{j \in M} d_j^{RM} \tag{4-11}$$

$$q_0^{RR} = q_j^{RM} = K, \quad j \in M \tag{4-12}$$

$$x_{kj}^{RR} \in (0,1) \tag{4-13}$$

$$q_j^{RR} \in Z^+, \quad j \in M \tag{4-14}$$

其中，约束（4-1）表示单一车辆离开零售商处向制造商处取货；约束（4-2）表示单一车辆从制造商处取完货返回零售商处；约束（4-3）表示任意到达制造商处的车辆在取完货后离开该制造商；约束（4-4）表示供应链中的制造商和零售商节点当且仅当被访问一次；约束（4-5）表示消除子车辆路线的生成；约束（4-6）表示零售商向制造商的取货量不超过车辆容量；约束（4-7）表示制造商处的取货量不能超过制造商库存水平容量；约束（4-8）表示车辆只有经过制造商节点时才取货，保证了运输的可能性；约束（4-9）表示零售商的缺货数量表达式；约束（4-10）表示零售商的缺货数量不能超过其最大缺货数量；约束（4-11）表示制造商的需求量等于其相对应的上游供应商的需求量之和；约束（4-12）表示车辆空驶当量表达式；约束（4-13）表示车辆调度路径为 0-1 整数变量；约束（4-14）表示零售商向上游制造商的取货量为整数。

而 VMI 策略下的 RIRP 子问题为对 $\forall j \in M$，则

$$\text{Min} \quad Z_{1j} = h_j^{RM} I_j^{RM} + p_j^{RM} l_j^{RM} + c_j^{RM} + \sum_{k \in \{j\} \cup \underline{M}_j(\cdot)} \underline{c}_{ki}^{RM} G_{ki}^{RM} x_{ki}^{RM} q_i^{RM} + \sum_{i \in S} c_{ii}^{RM} q_i^{RM}$$

其中，$h_j^{RM} I_j^{RM}$ 表示周期结束后每一制造商剩余库存的总存储成本；$p_j^{RM} l_j^{RM}$ 表示周期结束后未满足每一制造商的总缺货成本；c_j^{RM} 表示每一制造商向上游供应商调度车辆的固定成本；$\sum_{k \in \{j\} \cup \underline{M}_j(\cdot)} \underline{c}_{ki}^{RM} G_{ki}^{RM} x_{ki}^{RM} q_i^{RM}$ 表示每一制造商向上游供应商取货的总运输成本与取货结束后车辆返回制造商处的空驶成本；$\sum_{i \in S} c_{ii}^{RM} q_i^{RM}$ 表示车辆向上游供应商取货时的总装货成本。

$$\text{S.t.} \quad \sum_{i \in \underline{M}_j(\cdot)} x_{ji}^{RM} = 1, \quad j \in M \tag{4-15}$$

$$\sum_{i \in \underline{M}_j(\cdot)} x_{ij}^{RM} = 1, \quad j \in M \tag{4-16}$$

$$\sum_{\substack{j \in M \cup R \\ j \neq h}} x_{jh}^{RM} - \sum_{\substack{i \in M \cup R \\ i \neq h}} x_{hi}^{RM} = 0 \tag{4-17}$$

$$\sum_{\substack{k \in \{j\} \cup \underline{M}_j(\cdot) \\ i \neq k}} x_{ki}^{RM} = 1, \quad i \in S \tag{4-18}$$

$$\sum_{\substack{i\in\underline{M}_j(\cdot)\\ i\neq k}}\ \sum_{k\in\{j\}\cup\underline{M}_j(\cdot)} x_{ki}^{RM} \leqslant \left|\underline{M}_j(\cdot)\right| - 1, \quad j\in M \tag{4-19}$$

$$\sum_{i\in\underline{M}_j(\cdot)} q_i^{RM} \leqslant Y^{RM}, \quad j\in M \tag{4-20}$$

$$q_i^{RM} \leqslant U_i^{RM}, \quad i\in S \tag{4-21}$$

$$q_i^{RM} - \sum_{j\in S\cup M} Y^{RM} x_{ji}^{RM} \leqslant 0, \quad i\in S \tag{4-22}$$

$$l_j^{RM} = (d_j^{RM} - q_j^{RM})^{+}, \quad j\in M \tag{4-23}$$

$$l_j^{RM} \leqslant L^{RM}, \quad j\in M \tag{4-24}$$

$$q_0^{RR} = q_j^{RM} = K, \quad j\in M \tag{4-25}$$

$$x_{ji}^{RM} \in (0,1) \tag{4-26}$$

$$q_i^{RM} \in Z^{+}, \quad i\in S \tag{4-27}$$

其中，约束（4-15）表示单一车辆离开制造商处向对应的供应商处取货；约束（4-16）表示单一车辆从供应商处取完货返回制造商处；约束（4-17）表示任意到达供应商处的车辆在取完货后离开该供应商；约束（4-18）表示供应链中的制造商和供应商节点当且仅当被访问一次；约束（4-19）表示消除子车辆路线的生成；约束（4-20）表示制造商向供应商的取货量不超过车辆容量；约束（4-21）表示供应商处的取货量不能超过制造商库存水平容量；约束（4-22）表示车辆只有经过供应商节点时才取货，保证了运输的可能性；约束（4-23）表示制造商的缺货数量表达式；约束（4-24）表示制造商的缺货数量不能超过其最大缺货数量；约束（4-25）表示车辆空驶当量表达式；约束（4-26）表示车辆调度路径为 0-1 整数变量；约束（4-27）表示制造商向上游供应商的取货量为整数。

将模型中 $\underline{c}_{ki}^{RM}$ 与 $\underline{c}_{kj}^{RR}$ 分别替换为 $\underline{c}_{ki}^{RM}=\psi_{ki}^{RM}c^{RM}$，$\underline{c}_{kj}^{RR}=\psi_{kj}^{RR}c^{RR}$，则原约束条件中需加入以下约束：

$$\psi_{ji}^{RM} \geqslant \psi_{li}^{RM} + x_{lj}^{RM} - (N_j^{RM}-2)(1-x_{lj}^{RM}) + (N_j^{RM}-3)x_{jl}^{RM}, \quad j\in M 且 j\neq l \tag{4-1'}$$

$$\psi_j^{RM} \leqslant N_j^{RM} - 1 - (N_j^{RM}-2)x_{1j}^{RM}, \quad j\in M \tag{4-2'}$$

$$\psi_j^{RM} \geqslant 1 + (N_j^{RM}-2)x_{j1}^{RM}, \quad j\in M \tag{4-3'}$$

$$\psi_1^{RM} \leqslant N_j^{RM} \tag{4-4'}$$

$$\psi_k^{RR} \geqslant \psi_l^{RR} + x_{lk}^{RR} - (N^{RM}-2)(1-x_{lk}^{RR}) + (N^{RR}-3)x_{kl}^{RR}, \quad k\in M_j(\cdot), \quad j\in M 且 k\neq l \tag{4-5'}$$

$$\psi_j^{Rr} \leqslant N^{Rr} - 1 - (N^{RR}-2)x_{0j}^{RR}, \quad j\in M \tag{4-6'}$$

$$\psi_j^{RR} \geqslant 1 + (N^{RR}-2)x_{j0}^{RR}, \quad j\in M \tag{4-7'}$$

$$\psi_{00}^{RR} \leqslant N^{RR}, \quad j \in M \tag{4-8'}$$

对模型中 I_j^{RM} 、l_j^{RM} 、I_0^{RR} 与 l_0^{RR} 进行线性化处理，引入(0,1)变量 y_{mj}^{RM} 、y_m^{RR} 和正整数变量 z_{mj}^{RM} 、Z_m^{RR} 、$Z_{m+1,j}^{RM}$ 、Z_{m+1}^{RR} ，且 $m \in n$ ，于是

$$I_j^{RM} = z_{3j}^{RM}(U_j^{RM} - d_j^{RM}), \quad l_j^{RM} = z_{1j}^{RM} d_j^{RM}$$

$$I_0^{RR} = z_{30}^{RR}(U_0^{RR} - d_0^{RR}), \quad l_0^{RR} = z_{10}^{RR} d_0^{RR}$$

$$z_{1j}^{RM} \leqslant y_{1j}^{RM}, \quad z_{2j}^{RM} \leqslant y_{1j}^{RM} + y_{2j}^{RM}, \quad z_{3j}^{RM} \leqslant y_{2j}^{RM}, \quad j \in M \tag{4-9'}$$

$$y_{1j}^{RM} + y_{2j}^{RM} = 1, \quad z_{1j}^{RM} + z_{2j}^{RM} + z_{3j}^{RM} = 1, \quad j \in M \tag{4-10'}$$

$$y_{1j}^{RM}, y_{2j}^{RM} \in (0,1), \quad z_{1j}^{RM}, z_{2j}^{RM}, z_{3j}^{RM} \geqslant 0, \quad j \in M \tag{4-11'}$$

$$z_{10}^{RR} \leqslant y_{10}^{RR}, \quad z_{20}^{RR} \leqslant y_{10}^{RR} + y_{20}^{RR}, \quad z_{30}^{RR} \leqslant y_{20}^{RR} \tag{4-12'}$$

$$y_{10}^{RR} + y_{20}^{RR} = 1, \quad z_{10}^{RR} + z_{20}^{RR} + z_{30}^{RR} = 1 \tag{4-13'}$$

$$y_{10}^{RR}, y_{20}^{RR} \in (0,1), \quad z_{10}^{RR}, z_{20}^{RR}, z_{30}^{RR} \geqslant 0 \tag{4-14'}$$

4.1.2　基于市场细分、不确定需求的情形

本节研究的是单周期单车辆情形下的 RIRP，各个供应商为随机需求，整个供应链所采取的是 VMI 策略，问题是需要确定车辆的取货路线和与之对应的取货量，以达到最小化本期库存与运输成本的目的。

于是该情形下的 VMI 策略主问题为

$$\text{Min} \quad Z_2 = h_0^{RR} E\left[\tilde{I}_0^{RR}\right] + p_0^{RR} E\left[\tilde{l}_0^{RR}\right] + c_0^{RR} + \sum_{j \in M \cup R} \sum_{\substack{k \in M \cup R \\ k \neq j}} \underline{c}_{kj}^{RR} G_{kj}^{R} x_{kj}^{RR} q_j^{RR} + \sum_{j \in M} c_{jj}^{RR} q_j^{RR}$$

$$\text{S.t.} \quad E\left[\tilde{l}_0^{RR}\right] = E(\tilde{d}_0^{RR} - q_0^{RR})^+ \tag{4-28}$$

$$E\left[\tilde{l}_0^{RR}\right] \leqslant L^{RR} \tag{4-29}$$

$$E\left[\tilde{d}_0^{RR}\right] = \int_{\tilde{d}_0^{RR} \in R^+} \tilde{d}_0^{RR} f_d(\tilde{d}_0^{RR}) \mathrm{d}(\tilde{d}_0^{RR}) \tag{4-30}$$

$$E\left[\tilde{d}_0^{RR}\right] + \sum_{j \in M} E\left[\tilde{d}_j^{RM}\right] \tag{4-31}$$

式（4-1）～式（4-8），式（4-12）～式（4-14）

其中，约束（4-28）表示需求不确定时的零售商缺货数量表达式；约束（4-29）表示零售商的期望缺货量不能超过最大缺货水平；约束（4-30）表示零售商的不确定需求表达式；约束（4-31）表示零售商的需求量等于其相对应的上游制造商的需求量之和。

而 VMI 策略下的 RIRP 子问题为对 $\forall j \in M$ ，则

$$\text{Min} \quad Z_{2j} = h_j^{RM} E\left[\tilde{I}_j^{RM}\right] + p_j^{RM} E\left[\tilde{l}_j^{RM}\right] + c_j^{RM} + \sum_{k\in\{j\}\cup\underline{M}_j(\cdot)} \sum_{\substack{i\in\{j\}\cup\underline{M}_j(\cdot)\\ i\neq k}} \underline{c}_{ki}^{RM} G_{ki}^{R} x_{ki}^{RM} q_i^{RM} + \sum_{i\in S} c_{ii}^{RM} q_i^{RM}$$

$$\text{S.t.} \quad E\left[\tilde{l}_j^{RM}\right] = E(\tilde{d}_j^{RM} - q_j^{RM})^+, \quad j \in M \tag{4-32}$$

$$E\left[\tilde{l}_j^{RM}\right] \leqslant L^{RM}, \quad j \in M \tag{4-33}$$

$$E\left[\tilde{d}_j^{RM}\right] = \int_{\tilde{d}_j^{RM}\in R^+} \tilde{d}_j^{RM} f_d(\tilde{d}_j^{RM}) \mathrm{d}(\tilde{d}_j^{RM}), \quad j \in M \tag{4-34}$$

式（4-15）～式（4-22），式（4-25）～式（4-27）

其中，约束（4-32）表示需求不确定时的制造商缺货数量表达式；约束（4-33）表示制造商的期望缺货量不能超过最大缺货水平；约束（4-34）表示制造商的不确定需求表达式。

4.1.3 基于随机市场、确定需求的情形

本节所研究的是随机市场情形下的单周期单车辆 RIRP，各个供应商的需求已知确定，整个供应链所采取的是 VMI 策略，问题是需要确定车辆的取货路线和与之对应的取货量，以达到最小化本期库存与运输成本的目的。

于是，供应链 VMI 策略下的主问题模型为

$$\text{Min} \quad Z_3 = h_0^{RR} I_0^{RR} + p_0^{RR} l_0^{RR} + c_0^{RR} + \sum_{j\in M\cup R} \sum_{\substack{k\in M\cup R\\ k\neq j}} \underline{c}_{kj}^{RM} G_{kj}^{R} x_{kj}^{RR} q_j^{RR} + \sum_{j\in M} c_{jj}^{RR} q_j^{RR}$$

$$\text{S.t.} \quad d_0^{RR} = \sum_{j\in M} d_j^{RM} \tag{4-35}$$

式（4-1）～式（4-10），式（4-12）～式（4-14）

其中，约束（4-35）表示零售商的需求量等于其分区后的上游制造商需求量之和。

而 VMI 策略下的 RIRP 子问题为对 $\forall j \in M$ ，则

$$\text{Min} \quad Z_{3j} = h_j^{RM} I_j^{RM} + p_j^{RM} l_j^{RM} + c_j^{RM} + \sum_{k\in\{j\}\cup\underline{M}_j(\cdot)} \sum_{\substack{i\in\{j\}\cup\underline{M}_j(\cdot)\\ i\neq k}} \underline{c}_{ki}^{RM} G_{ki}^{R} x_{ki}^{RM} q_i^{RM} + \sum_{i\in S} c_{ii}^{RM} q_i^{RM}$$

$$\text{S.t.} \quad \sum_{i\in S} x_{ji}^{RM} = 1, \quad j \in M \tag{4-36}$$

$$\sum_{i\in S} x_{ij}^{RM} = 1, \quad j \in M \tag{4-37}$$

$$\sum_{\substack{k\in S\cup M\\ i\neq k}} x_{ki}^{RM}=1,\quad i\in S \tag{4-38}$$

$$\sum_{\substack{k\in\widetilde{\underline{M}}_j(\cdot)\\ k\neq j}}\ \sum_{i\in\{j\}\cup\widetilde{\underline{M}}_j(\cdot)} x_{ki}^{RM}\leqslant\left|\underline{M}_j(\cdot)\right|-1,\quad j\in M \tag{4-39}$$

$$\sum_{i\in\widetilde{\underline{M}}_j(\cdot)} q_i^{RM}\leqslant Y^{RM},\quad j\in M \tag{4-40}$$

式（4-17），式（4-21）～式（4-27）

其中，约束（4-36）表示单一车辆离开制造商处向分区后的上游供应商取货；约束（4-37）表示单一车辆从供应商处取完货返回制造商处；约束（4-38）表示任意到达供应商处的车辆在取完货后离开该供应商；约束（4-39）表示消除子车辆路线的生成；约束（4-40）表示制造商向分区后的上游供应商的取货量不能超过车辆容量。

4.1.4 基于随机市场、不确定需求的情形

本节所研究的是随机市场情形下的单周期单车辆 RIRP，各个供应商的需求不确定，整个供应链所采取的是 VMI 策略，问题是需要确定车辆的取货路线和与之对应的取货量，以达到最小化本期库存与运输成本的目的。

于是，供应链 VMI 策略下的主问题模型为

$$\text{Min}\quad Z_4=h_0^{RR}E\left[\tilde{I}_0^{RR}\right]+p_0^{RR}E\left[\tilde{l}_0^{RR}\right]+c_0^{RR}+\sum_{j\in M\cup R}\ \sum_{\substack{k\in M\cup R\\ k\neq j}}\underline{c}_{kj}^{RR}G_{kj}^{R}x_{kj}^{RR}q_j^{RR}+\sum_{j\in M}c_{jj}^{RR}q_j^{RR}$$

$$\text{S.t.}\quad E\left[\tilde{d}_0^{RR}\right]+\sum_{j\in M}E\left[\tilde{d}_j^{RM}\right] \tag{4-41}$$

式（4-1）～式（4-8），式（4-12）～式（4-14），式（4-28）～式（4-30）

其中，约束（4-41）表示零售商的需求量等于其分区后的上游制造商的需求量之和。

而 VMI 策略下的 RIRP 子问题为对 $\forall j\in M$，则

$$\text{Min}\quad Z_{4j}=h_j^{RM}E\left[\tilde{I}_j^{RM}\right]+p_j^{RM}E\left[\tilde{l}_j^{RM}\right]+c_j^{RM}+\sum_{k\in\{j\}\cup\underline{M}_j(\cdot)}\ \sum_{\substack{i\in\{j\}\cup\underline{M}_j(\cdot)\\ i\neq k}}\underline{c}_{ki}^{RM}G_{ki}^{R}x_{ki}^{RM}q_i^{RM}$$
$$+\sum_{i\in S}c_{ii}^{RM}q_i^{RM}$$

S.t.　式（4-17），式（4-21），式（4-22），式（4-25）～式（4-27），式（4-32）～式（4-34），式（4-36）～式（4-40）

4.2　单周期、单车辆、联合库存管理策略下的库存路径问题

单周期、单车辆、JMI 策略下的 RIRP 示意图如图 4-2 所示。

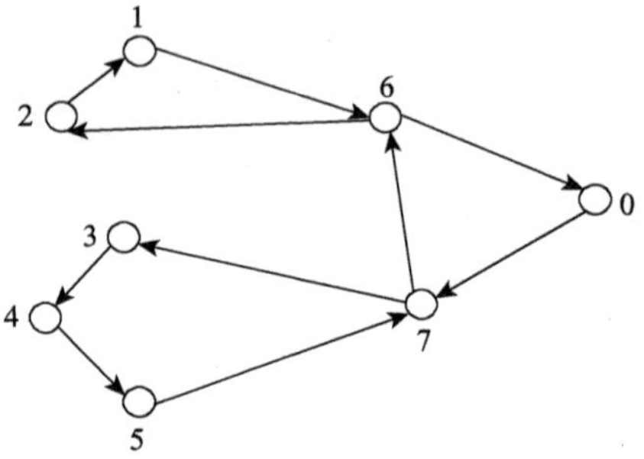

图 4-2　单周期、单车辆、JMI 策略下 RIRP 示意图

图中无虚线圈代表 JMI 策略模式，其他同上

4.2.1　基于市场细分、确定需求的情形

在供应商需求已知确定的情形下，JMI 策略下的 RIRP 为

$$
\begin{aligned}
\text{Min}\quad Z_5 = {} & h_0^{RR} I_0^{RR} + \sum_{j\in M} h_j^{RM} I_j^{RM} + p_0^{RR} l_0^{RR} + \sum_{j\in M} p_j^{RM} l_j^{RM} + c_0^{RR} \\
& + \sum_{k\in S\cup M} \sum_{\substack{i\in S\cup M \\ i\neq k}} \underline{c}_{ki}^{RM} G_{ki}^{R} x_{ki}^{RM} q_j^{RM} + \sum_{j\in M} c_j^{RM} \\
& + \sum_{j\in M\cup R} \sum_{\substack{k\in M\cup R \\ k\neq j}} \underline{c}_{kj}^{RR} G_{kj}^{R} x_{kj}^{RR} q_j^{RR} + \sum_{i\in S} c_{ii}^{RM} q_i^{RM} \\
& + \sum_{j\in M} c_{jj}^{RR} q_j^{RR}
\end{aligned}
$$

S.t.　式（4-1）～式（4-27）

4.2.2　基于市场细分、不确定需求的情形

在供应商需求不确定的情形下，JMI 策略下的 RIRP 为

$$\text{Min}\quad Z_6 = h_0^{RR} E\left[\tilde{I}_0^{RR}\right] + \sum_{j\in M} h_j^{RM} E\left[\tilde{I}_j^{RM}\right] + p_0^{RR} E\left[\tilde{l}_0^{RR}\right] + \sum_{j\in M} p_j^{RM} E\left[\tilde{l}_j^{RM}\right] + c_0^{RR}$$
$$+ \sum_{k\in S\cup M} \sum_{\substack{i\in S\cup M\\ i\neq k}} \underline{c}_{ki}^{RM} G_{ki}^{R} x_{ki}^{RM} q_i^{RM} + \sum_{j\in M} c_j^{RM} + \sum_{j\in M\cup R} \sum_{\substack{k\in M\cup R\\ k\neq j}} \underline{c}_{kj}^{RR} G_{kj}^{R} x_{kj}^{RR} q_j^{RR}$$
$$+ \sum_{i\in S} c_{ii}^{RM} q_i^{RM} + \sum_{j\in M} c_{jj}^{RR} q_j^{RR}$$

S.t.　式（4-1）～式（4-8），式（4-12）～式（4-22），式（4-25）～式（4-34）

4.2.3　基于随机市场、确定需求的情形

在供应商需求确定且市场随机的情形下，JMI 策略下的 RIRP 为

$$\text{Min}\quad Z_7 = h_0^{RR} I_0^{RR} + \sum_{j\in M} h_j^{RM} I_j^{RM} + p_0^{RR} l_0^{RR} + \sum_{j\in M} p_j^{RM} l_j^{RM} + c_0^{RR}$$
$$+ \sum_{k\in S\cup M} \sum_{\substack{i\in S\cup M\\ i\neq k}} \underline{c}_{ki}^{RM} G_{ki}^{R} x_{ki}^{RM} q_j^{RM} + \sum_{j\in M} c_j^{RM} + \sum_{j\in M\cup R} \sum_{\substack{k\in M\cup R\\ k\neq j}} \underline{c}_{kj}^{RR} G_{kj}^{R} x_{kj}^{RR} q_j^{RR}$$
$$+ \sum_{i\in S} c_{ii}^{RM} q_i^{RM} + \sum_{j\in M} c_{jj}^{RR} q_j^{RR}$$

S.t.　式（4-1）～式（4-10），式（4-12）～式（4-14），式（4-17），式（4-21）～式（4-27），式（4-35）～式（4-40）

4.2.4　基于随机市场、不确定需求的情形

在供应商需求不确定且市场随机的情形下，JMI 策略下的 RIRP 为

$$\text{Min}\quad Z_8 = h_0^{RR} E\left[\tilde{I}_0^{RR}\right] + \sum_{j\in M} h_j^{RM} E\left[\tilde{I}_j^{RM}\right] + p_0^{RR} E\left[\tilde{l}_0^{RR}\right] + \sum_{j\in M} p_j^{RM} E\left[\tilde{l}_j^{RM}\right] + c_0^{RR}$$
$$+ \sum_{k\in S\cup M} \sum_{\substack{i\in S\cup M\\ i\neq k}} \underline{c}_{ki}^{RM} G_{ki}^{R} x_{ki}^{RM} q_i^{RM} + \sum_{j\in M} c_j^{RM}$$
$$+ \sum_{j\in M\cup R} \sum_{\substack{k\in M\cup R\\ k\neq j}} \underline{c}_{kj}^{RR} G_{kj}^{R} x_{kj}^{RR} q_j^{RR} + \sum_{i\in S} c_{ii}^{RM} q_i^{RM}$$
$$+ \sum_{j\in M} c_{jj}^{RR} q_j^{RR}$$

S.t.　式（4-1）～式（4-8），式（4-12）～式（4-14），式（4-17），式（4-21），式（4-22），式（4-25）～式（4-30），式（4-32）～式（4-34），式（4-36）～式（4-41）

4.3 单周期、多车辆、供应商管理库存策略下的库存路径问题

单周期、多车辆、VMI 策略下 RIRP 示意图（串行式运输、自有车辆情形）如图 4-3 所示。单周期、多车辆、VMI 策略下 RIRP 示意图（串行式运输、租用车辆情形）如图 4-4 所示。单周期、多车辆、VMI 策略下 RIRP 示意图（并行式运输情形）如图 4-5 所示。

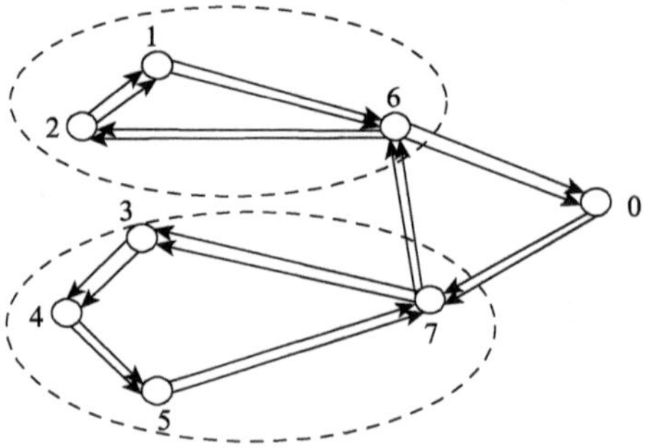

图 4-3　单周期、多车辆、VMI 策略下 RIRP 示意图（串行式运输、自有车辆情形）
双箭头代表多自有车辆行驶路径，其他同上

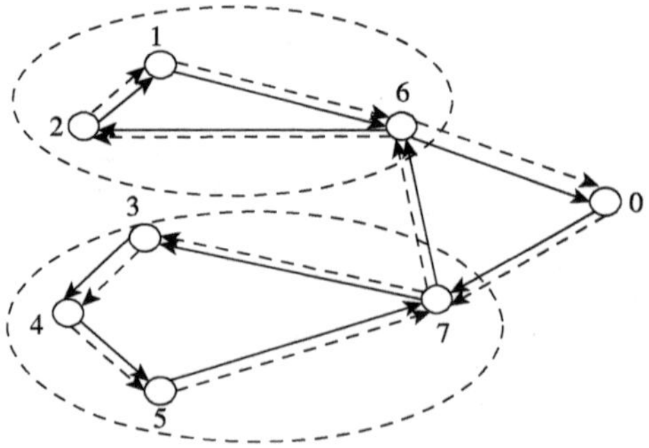

图 4-4　单周期、多车辆、VMI 策略下 RIRP 示意图（串行式运输、租用车辆情形）
双箭头（含虚箭头）代表多车辆（包括租用）行驶路径，其他同上

4.3.1　基于市场细分、确定需求、自有车辆配送的情形

本节研究的是市场细分情形下的单周期、多车辆 RIRP，各个供应商的需求已

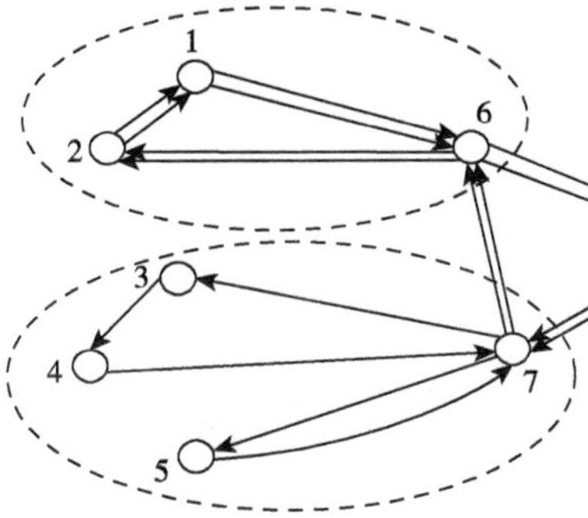

图 4-5　单周期、多车辆、VMI 策略下 RIRP 示意图（并行式运输情形）
双箭头代表多自有车辆行驶路径；箭头代表并行运输方式，其他同上

知确定，整个供应链所采取的是 VMI 策略，在此假定零售商车辆容量不小于任一制造商的需求，制造商车辆容量不小于其所服务的任一供应商的需求，问题是需要确定车辆的取货路线和与之对应的取货量，以达到最小化本期库存与运输成本的目的。

于是 VMI 策略下的 RIRP 主问题为

$$\text{Min}\quad Z_9=\text{Min}\{Z_{10},Z_{11},Z_{12}\}$$

直配式运输：

$$\text{Min}\quad Z_{10}=h_0^{RR}I_0^{RR}+p_0^{RR}l_0^{RR}+mc_0^{RR}+\sum_{j\in M}c_{j0}^{RR}G_{j0}^{R}q_j^{RR}+\sum_{j\in M}c_{jj}^{RR}q_j^{RR}+K\sum_{j\in M}c_{j0}^{RR}$$

$$\text{S.t.}\quad q_j^{RR}\leqslant Y^{RR}\tag{4-42}$$

式（4-7）～式（4-12），式（4-14）

其中，约束（4-42）表示零售商向每一制造商的取货量不超过车辆容量。

串行式运输：

$$\text{Min}\quad Z_{11}=h_0^{RR}I_0^{RR}+p_0^{RR}l_0^{RR}+\sum_{j\in M\cup R}\sum_{\substack{k\in M\cup R\\k\neq j}}\underline{c}_{kj}^{RR}G_{kj}^{R}x_{kj}^{RR}q_j^{RR}+\sum_{j\in M}c_{jj}^{RR}q_j^{RR}+\left\lceil\sum_{j\in M}q_j^{RR}\Big/Y^{RR}\right\rceil c_0^{RR}$$

S.t.　式（4-1）～式（4-5），式（4-7）～式（4-14）

并行式运输：

$$\text{Min}\quad Z_{12}=h_0^{RR}I_0^{RR}+p_0^{RR}l_0^{RR}+\sum_{c\in f_0^{-1}}\sum_{k\in S\cup\overline{S}_c(\cdot)}\sum_{\substack{j\in S\cup\overline{S}_c(\cdot)\\j\neq k}}\underline{c}_{kj}^{RR}G_{kj}^{R}x_{kj}^{RR}q_j^{RR}+\sum_{j\in M}c_{jj}^{RR}q_j^{RR}+\left|\widetilde{f}_m^{-1}\right|c_0^{RR}$$

$$\text{S.t.}\quad \sum_{j\in\underline{S}_c(\cdot)}x_{0j}^{RR}=1,\quad c\in\widetilde{f}_m^{-1}\tag{4-43}$$

$$\sum_{j\in\underline{\overline{S}}_c(\cdot)}x_{j0}^{RR}=1,\quad c\in\widetilde{f}_m^{-1}\tag{4-44}$$

$$\sum_{j\in\underline{S}_c(\cdot)} q_j^{RR} \leqslant Y^{RR},\quad c\in\widetilde{f}_m^{-1} \tag{4-45}$$

$$q_j^{RR} - \sum_{k\in\underline{S}_c(\cdot)\cup R} Y^{RR}x_{kj}^{RR} \leqslant 0,\quad j\in M,\quad c\in\widetilde{f}_m^{-1} \tag{4-46}$$

$$d_0^{RR} = \sum_{k\in\underline{M}_{jd}(\cdot)} d_k^{RM},\quad j\in M,\quad d\in\widetilde{f}_S^{-1} \tag{4-47}$$

式（4-3），式（4-4），式（4-7），式（4-9），式（4-10），式（4-12）～式（4-14）

其中，约束（4-43）表示单一车辆离开零售商处向制造商处取货；约束（4-44）表示单一车辆从制造商处取完货返回零售商处；约束（4-45）表示单一车辆向制造商的取货量不能超过车辆容量；约束（4-46）表示单一车辆只有经过制造商节点时才取货，保证了运输的可能性；约束（4-47）表示零售商的需求量等于其单一车辆所对应的上游制造商的需求量之和。

而 VMI 策略下的 RIRP 子问题为对 $\forall j\in M$，则有

直配式运输：

$$\text{Min}\quad Z_{10j} = h_j^{RM}I_j^{RM} + p_j^{RM}l_j^{RM} + \left|\underline{M}_j(\cdot)\right|c_j^{RM} + \sum_{i\in S}c_{ji}^{RM}G_{ji}^{R}q_i^{RM} + K\sum_{i\in S}c_{ij}^{RM} + \sum_{i\in S}c_{ii}^{RM}q_i^{RM}$$

$$\text{S.t.}\quad q_i^{RM} \leqslant Y^{RM},\quad i\in S \tag{4-48}$$

式（4-21）～式（4-25），式（4-27）

其中，约束（4-48）表示制造商向每一供应商的取货量不超过车辆容量。

串行式运输：

$$\text{Min}\quad Z_{11j} = h_j^{RM}I_j^{RM} + p_j^{RM}l_j^{RM} + \sum_{k\in\{j\}\cup\underline{M}_j(\cdot)}\ \sum_{\substack{i\in\{j\}\cup\underline{M}_j(\cdot)\\ i\neq k}} \underline{c}_{ki}^{RM}G_{ki}^{R}x_{ki}^{RM}q_i^{RM} + \sum_{j\in M}c_{jj}^{RR}q_j^{RR}$$

$$+\left\lceil \sum_{i\in\underline{M}_j(\cdot)} q_i^{RM} \Big/ Y^{RM} \right\rceil c_j^{RM} + \sum_{i\in S}c_{ii}^{RM}q_i^{RM}$$

S.t.　式（4-15）～式（4-19），式（4-21）～式（4-27）

并行式运输：

$$\text{Min}\quad Z_{12j} = h_j^{RM}I_j^{RM} + p_j^{RM}l_j^{RM} + \left|\widetilde{f}_{Mj}^{-1}\right|c_j^{RM} + \sum_{d\in f_j^{-1}}\ \sum_{k\in\{j\}\cup\underline{M}_{jd}(\cdot)}\ \sum_{\substack{i\in\{j\}\cup\underline{M}_{jd}(\cdot)\\ i\neq k}} \underline{c}_{ki}^{RM}G_{ki}^{R}x_{ki}^{RM}q_i^{RM}$$

$$+\sum_{i\in S}c_{ii}^{RM}q_i^{RM}$$

$$\text{S.t.}\quad \sum_{k\in\underline{M}_{jd}(\cdot)} x_{kj}^{RM} = 1,\quad j\in M,\quad d\in\widetilde{f}_j^{-1} \tag{4-49}$$

$$\sum_{k\in \underline{M}_{jd}(\cdot)} x_{jk}^{RM}=1,\quad j\in M,\quad d\in \widetilde{f}_j^{-1} \tag{4-50}$$

$$\sum_{\substack{k\in\{j\}\cup \underline{M}_{jd}(\cdot)\\ k\neq i}} x_{ik}^{RM}=1,\quad i\in S,\quad d\in \widetilde{f}_j^{-1} \tag{4-51}$$

$$\sum_{i\in \underline{M}_{jd}(\cdot)} q_i^{RM}\leqslant Y^{RM},\quad i\in S,\quad d\in \widetilde{f}_j^{-1} \tag{4-52}$$

$$q_i^{RM}-\sum_{k\in\{j\}\cup \underline{M}_{jd}(\cdot)} Y^{RM}x_{ki}^{RM}\leqslant 0,\quad k\in R,\quad i\in S,\quad d\in \widetilde{f}_j^{-1} \tag{4-53}$$

式（4-17），式（4-21），式（4-23）～式（4-27）

其中，约束（4-49）表示单一车辆离开制造商处向供应商处取货；约束（4-50）表示单一车辆从供应商处取完货返回制造商处；约束（4-51）表示供应链中的制造商和其上游供应商节点当且仅当被访问一次；约束（4-52）表示单一车辆向供应商的取货量不能超过车辆容量；约束（4-53）表示单一车辆只有经过供应商节点时才取货，保证了运输的可能性。

4.3.2　基于市场细分、不确定需求、自有车辆配送的情形

本节研究的是市场细分情形下的单周期、多车辆 RIRP，各个供应商为随机需求，整个供应链所采取的是 VMI 策略。在此假定零售商车辆容量不小于任一制造商的期望需求，制造商车辆容量不小于其所服务的任一供应商的期望需求，问题是需要确定车辆的取货路线和与之对应的取货量，以达到最小化本期库存与运输成本的目的。

于是 VMI 策略下的 RIRP 主问题为

$$\text{Min}\quad Z_{13}=\text{Min}\{Z_{14},Z_{15},Z_{16}\}$$

直配式运输：

$$\text{Min}\quad Z_{14}=h_0^{RR}E\left[\tilde{I}_0^{RR}\right]+p_0^{RR}E\left[\tilde{l}_0^{RR}\right]+mc_0^{RR}+\sum_{j\in M}c_{j0}^{RR}G_{j0}^{R}q_j^{RR}+K\sum_{j\in M}c_{0j}^{RR}+\sum_{j\in M}c_{jj}^{RR}q_j^{RR}$$

S.t.　式（4-7），式（4-8），式（4-12），式（4-14），式（4-28）～式（4-31），式（4-42）

串行式运输：

$$\text{Min}\quad Z_{15}=h_0^{RR}E\left[\tilde{I}_0^{RR}\right]+p_0^{RR}E\left[\tilde{l}_0^{RR}\right]+\sum_{j\in M\cup R}\sum_{\substack{k\in M\cup R\\ k\neq j}}\underline{c}_{kj}^{RR}G_{kj}^{R}x_{kj}^{RR}q_j^{RR}+\sum_{j\in M}c_{jj}^{RR}q_j^{RR}$$

$$+\left\lceil \sum_{j\in M}q_j^{RR}\Big/ Y^{RR}\right\rceil c_0^{RR}$$

S.t. 式（4-1）～式（4-5），式（4-7），式（4-8），式（4-12）～式（4-14），式（4-28）～式（4-31）

并行式运输：

$$\text{Min}\quad Z_{16}=h_0^{RR}E\left[\tilde{I}_0^{RR}\right]+p_0^{RR}E\left[\tilde{l}_0^{RR}\right]+\sum_{c\in f_0^{-1}}\sum_{k\in S\cup\bar{S}_c(\cdot)}\sum_{\substack{k\in S\cup\bar{S}_c(\cdot)\\ j\neq k}}\underline{c}_{kj}^{RR}G_{kj}^{R}x_{kj}^{RR}q_j^{RR}+\left|\tilde{f}_m^{-1}\right|c_0^{RR}+\sum_{j\in M}c_{jj}^{RR}q_j^{RR}$$

$$\text{S.t.}\quad E[\tilde{d}_0^{RR}]=\sum_{k\in\underline{M}_{jd}(\cdot)}E[\tilde{d}_k^{RM}],\quad j\in M,\quad d\in\tilde{f}_j^{-1}\tag{4-54}$$

式（4-3），式（4-4），式（4-7），式（4-12）～式（4-14），式（4-28）～式（4-30），式（4-43）～式（4-46）

其中，约束（4-54）表示零售商的需求量等于其分区后的上游制造商的需求量之和。

而 VMI 策略下的 RIRP 子问题为对 $\forall j\in M$，则有

直配式运输：

$$\text{Min}\quad Z_{14j}=h_j^{RM}E\left[\tilde{I}_j^{RM}\right]+p_j^{RM}E\left[\tilde{l}_j^{RM}\right]+\left|\underline{M}_j(\cdot)\right|c_j^{RM}+\sum_{i\in S}c_{ji}^{RM}G_{ji}^{R}q_i^{RM}+K\sum_{i\in S}c_{ij}^{RM}+\sum_{i\in S}c_{ii}^{RM}q_i^{RM}$$

S.t. 式（4-21），式（4-22），式（4-25），式（4-27）～式（4-30），式（4-32）～式（4-34），式（4-48），式（4-54）

串行式运输：

$$\text{Min}\quad Z_{15j}=h_j^{RM}E\left[\tilde{I}_j^{RM}\right]+p_j^{RM}E\left[\tilde{l}_j^{RM}\right]+\sum_{k\in\{j\}\cup\underline{M}_j(\cdot)}\sum_{\substack{i\in\{j\}\cup\underline{M}_j(\cdot)\\ i\neq k}}\underline{c}_{ki}^{RM}G_{ki}^{R}x_{ki}^{RM}q_i^{RM}+\left\lceil\sum_{i\in\underline{M}_j(\cdot)}q_i^{RM}\Big/Y^{RM}\right\rceil c_j^{RM}+\sum_{i\in S}c_{ii}^{RM}q_i^{RM}$$

S.t. 式（4-15）～式（4-19），式（4-21），式（4-22），式（4-25）～式（4-30），式（4-32）～式（4-34），式（4-54）

并行式运输：

$$\text{Min}\quad Z_{16j}=h_j^{RM}E\left[\tilde{I}_j^{RM}\right]+p_j^{RM}E\left[\tilde{l}_j^{RM}\right]+\sum_{i\in S}c_{ii}^{RM}q_i^{RM}+\sum_{d\in f_j^{-1}}\sum_{k\in\{j\}\cup\underline{M}_{jd}(\cdot)}\sum_{\substack{i\in\{j\}\cup\underline{M}_{jd}(\cdot)\\ i\neq k}}\underline{c}_{ki}^{RM}G_{ki}^{R}x_{ki}^{RM}q_i^{RM}+\left|\tilde{f}_{Mj}^{-1}\right|c_j^{RM}$$

S.t. 式（4-17），式（4-21），式（4-25）～式（4-30），式（4-32）～式（4-34），式（4-49）～式（4-54）

4.3.3　基于随机市场、确定需求、自有车辆配送的情形

本节研究的是随机市场情形下的单周期、多车辆 RIRP，各个供应商的需求已知确定，整个供应链所采取的是 VMI 策略，在此假定零售商车辆容量不小于任一制造商的需求，制造商车辆容量不小于其所服务的任一供应商的需求，问题是需要确定车辆的取货路线和与之对应的取货量，以达到最小化本期库存与运输成本的目的。

于是 VMI 策略下的 RIRP 主问题为

$$\text{Min}\quad Z_{17}=\text{Min}\{Z_{18},Z_{19}\}$$

串行式运输：

$$\text{Min}\quad Z_{18}=h_0^{RR}I_0^{RR}+p_0^{RR}l_0^{RR}+\sum_{j\in M\cup R}\sum_{\substack{k\in M\cup R\\ k\neq j}}\underline{c}_{kj}^{RR}G_{kj}^{R}x_{kj}^{RR}q_j^{RR}+\sum_{j\in M}c_{jj}^{RR}q_j^{RR}+\left\lceil \sum_{j\in M}q_j^{RR}\Big/ Y^{RR}\right\rceil c_0^{RR}$$

S.t.　式（4-1）～式（4-5），式（4-7）～式（4-10），式（4-12）～式（4-14），式（4-35）

并行式运输：

$$\text{Min}\quad Z_{19}=h_0^{RR}I_0^{RR}+p_0^{RR}l_0^{RR}+\sum_{c\in f_0^{-1}}\sum_{k\in S\cup\overline{S}_c(\cdot)}\sum_{\substack{k\in S\cup\overline{S}_c(\cdot)\\ j\neq k}}\underline{c}_{kj}^{RR}G_{kj}^{R}x_{kj}^{RR}q_j^{RR}+\sum_{j\in M}c_{jj}^{RR}q_j^{RR}+\left|\widetilde{f}_m^{-1}\right|c_0^{RR}$$

S.t.
$$\sum_{j\in\overline{S}_c(\cdot)}x_{0j}^{RR}=1,\quad c\in\widetilde{f}_m^{-1}\tag{4-55}$$

$$\sum_{j\in\overline{S}_c(\cdot)}x_{j0}^{RR}=1,\quad c\in\widetilde{f}_m^{-1}\tag{4-56}$$

$$\sum_{j\in\overline{S}_c(\cdot)}q_j^{RR}\leqslant Y^{RR},\quad c\in\widetilde{f}_m^{-1}\tag{4-57}$$

$$q_j^{RR}-\sum_{k\in\overline{S}_c(\cdot)\cup R}Y^{RR}x_{kj}^{RR}\leqslant 0,\quad j\in M,\quad c\in\widetilde{f}_m^{-1}\tag{4-58}$$

$$d_0^{RR}=\sum_{k\in\overline{M}_{jd}(\cdot)}d_k^{RM},\quad j\in M,\quad d\in\widetilde{f}_s^{-1}\tag{4-59}$$

式（4-3），式（4-4），式（4-7），式（4-9），式（4-10），式（4-12）～式（4-14）

其中，约束（4-55）表示单一车辆离开零售商处从分区后的制造商处取货；约束（4-56）表示单一车辆从制造商处取完货返回零售商处；约束（4-57）表示单一车辆向制造商的取货量不能超过车辆容量；约束（4-58）表示单一车辆只有经过制造商节点时才取货，保证了运输的可能性；约束（4-59）表示零售商的需求量

等于其分区后的上游制造商的需求量之和。

而 VMI 策略下的 RIRP 子问题为对 $\forall j \in M$，则有

串行式运输：

$$\text{Min}\quad Z_{18j} = h_j^{RM} I_j^{RM} + p_j^{RM} l_j^{RM} + \sum_{k\in\{j\}\cup\underline{M}_j(\cdot)} \sum_{\substack{i\in\{j\}\cup\underline{M}_j(\cdot)\\ i\neq k}} \underline{c}_{ki}^{RM} G_{ki}^{R} x_{ki}^{RM} q_i^{RM} + \left\lceil \sum_{i\in\underline{M}_j(\cdot)} q_i^{RM} \Big/ Y^{RM} \right\rceil c_j^{RM} + \sum_{i\in S} c_{ii}^{RM} q_i^{RM}$$

S.t.　式（4-17），式（4-21）～式（4-27），式（4-36）～式（4-40）

并行式运输：

$$\text{Min}\quad Z_{19j} = h_j^{RM} I_j^{RM} + p_j^{RM} l_j^{RM} + \left|\widetilde{f}_{Mj}^{-1}\right| c_j^{RM} + \sum_{d\in f_j^{-1}} \sum_{k\in\{j\}\cup\underline{M}_{jd}(\cdot)} \sum_{\substack{i\in\{j\}\cup\underline{M}_{jd}(\cdot)\\ i\neq k}} \underline{c}_{ki}^{RM} G_{ki}^{R} x_{ki}^{RM} q_i^{RM} + \sum_{i\in S} c_{ii}^{RM} q_i^{RM}$$

S.t.

$$\sum_{k\in\underline{M}_{jd}(\cdot)} x_{kj}^{RM} = 1,\quad j\in M,\quad d\in \widetilde{f}_j^{-1} \tag{4-60}$$

$$\sum_{k\in\underline{M}_{jd}(\cdot)} x_{jk}^{RM} = 1,\quad j\in M,\quad d\in \widetilde{f}_j^{-1} \tag{4-61}$$

$$\sum_{\substack{k\in\{j\}\cup\underline{M}_{jd}(\cdot)\\ k\neq i}} x_{ik}^{RM} = 1,\quad i\in S,\quad d\in \widetilde{f}_j^{-1} \tag{4-62}$$

$$\sum_{i\in\underline{M}_{jd}(\cdot)} q_i^{RM} \leqslant Y^{RM},\quad i\in S,\quad d\in \widetilde{f}_j^{-1} \tag{4-63}$$

$$q_i^{RM} - \sum_{k\in\{j\}\cup\underline{M}_{jd}(\cdot)} Y^{RM} x_{ki}^{RM} \leqslant 0,\quad k\in R,\quad i\in S,\quad d\in \widetilde{f}_j^{-1} \tag{4-64}$$

式（4-17），式（4-21），式（4-23）～式（4-27）

其中，约束（4-60）表示单一车辆离开制造商处从分区后的上游供应商取货；约束（4-61）表示单一车辆从供应商处取完货返回制造商处；约束（4-62）表示供应链中的制造商和其上游供应商节点当且仅当被访问一次；约束（4-63）表示单一车辆从供应商的取货量不能超过车辆容量；约束（4-64）表示单一车辆只有经过供应商节点时才取货，保证了运输的可能性。

4.3.4　基于随机市场、不确定需求、自有车辆配送的情形

本节研究的是随机市场情形下的单周期多车辆 RIRP，各个供应商为随机需

求，整个供应链所采取的是 VMI 策略。在此假定零售商车辆容量不小于任一制造商的期望需求，制造商车辆容量不小于其所服务的任一供应商的期望需求，问题是需要确定车辆的取货路线和与之对应的取货量，以达到最小化本期库存与运输成本的目的。

于是 VMI 策略下的 RIRP 主问题为

$$\text{Min}\quad Z_{20}=\text{Min}\{Z_{21},Z_{22}\}$$

串行式运输：

$$\text{Min}\quad Z_{21}=h_0^{RR}E\left[\tilde{I}_0^{RR}\right]+p_0^{RR}E\left[\tilde{l}_0^{RR}\right]+\sum_{j\in M\cup R}\sum_{\substack{k\in M\cup R\\ k\neq j}}\underline{c}_{kj}^{RR}G_{kj}^{R}x_{kj}^{RR}q_j^{RR}+\sum_{j\in M}c_{jj}^{RR}q_j^{RR}+\left\lceil\sum_{j\in M}q_j^{RR}\Big/Y^{RR}\right\rceil c_0^{RR}$$

$$\text{S.t.}\quad E[\tilde{d}_0^{RR}]=\sum_{k\in\underline{M}_{jd}(\cdot)}E[\tilde{d}_k^{RM}],\quad j\in M,\quad d\in\tilde{f}_j^{-1}\qquad(4\text{-}65)$$

式（4-1）～式（4-5），式（4-7），式（4-8），式（4-12）～式（4-14），式（4-28）～式（4-30）

其中，约束（4-65）表示零售商的不确定需求量等于其对应的上游制造商的需求量之和。

并行式运输：

$$\text{Min}\quad Z_{22}=h_0^{RR}E\left[\tilde{I}_0^{RR}\right]+p_0^{RR}E\left[\tilde{l}_0^{RR}\right]+\sum_{c\in f_0^{-1}}\sum_{k\in S\cup\bar{S}_c(\cdot)}\sum_{\substack{j\in S\cup\bar{S}_c(\cdot)\\ j\neq k}}\underline{c}_{kj}^{RR}G_{kj}^{R}x_{kj}^{RR}q_j^{RR}+\left|\tilde{f}_m^{-1}\right|c_0^{RR}+\sum_{j\in M}c_{jj}^{RR}q_j^{RR}$$

S.t.　式（4-3），式（4-4），式（4-7），式（4-12）～式（4-14），式（4-28）～式（4-30），式（4-55）～式（4-58），式（4-65）

而 VMI 策略下的 RIRP 子问题为对 $\forall j\in M$，则有

串行式运输：

$$\text{Min}\quad Z_{21j}=h_j^{RM}E\left[\tilde{I}_j^{RM}\right]+p_j^{RM}E\left[\tilde{l}_j^{RM}\right]+\sum_{k\in\{j\}\cup\underline{M}_j(\cdot)}\sum_{\substack{i\in\{j\}\cup\underline{M}_j(\cdot)\\ i\neq k}}\underline{c}_{ki}^{RM}G_{ki}^{R}x_{ki}^{RM}q_i^{RM}+\left\lceil\sum_{i\in\underline{M}_j(\cdot)}q_i^{RM}\Big/Y^{RM}\right\rceil c_j^{RM}+\sum_{i\in S}c_{ii}^{RM}q_i^{RM}$$

S.t.　式（4-17），式（4-21）～式（4-27），式（4-36）～式（4-40）

并行式运输：

$$\text{Min}\quad Z_{22j}=h_j^{RM}E\left[\tilde{I}_j^{RM}\right]+p_j^{RM}E\left[\tilde{l}_j^{RM}\right]+\sum_{i\in S}c_{ii}^{RM}q_i^{RM}$$
$$+\sum_{d\in f_j^{-1}}\sum_{k\in\{j\}\cup\underline{M}_{jd}(\cdot)}\sum_{\substack{i\in\{j\}\cup\underline{M}_{jd}(\cdot)\\ i\neq k}}\underline{c}_{ki}^{RM}G_{ki}^{R}x_{ki}^{RM}q_i^{RM}+\left|\widetilde{f}_{Mj}^{-1}\right|c_j^{RM}$$

S.t.　式（4-17），式（4-21），式（4-25）～式（4-30），式（4-32）～式（4-34），式（4-60）～式（4-65）

4.3.5　基于市场细分、确定需求、第三方车辆配送的情形

本节研究的是市场细分情形下的单周期、多车辆 RIRP，各个供应商的需求已知确定，整个供应链所采取的是 VMI 策略，在此假定制造商车辆和零售商车辆数有限，在一定条件下需要租赁第三方车辆才能完成相应的运输任务。问题是需要确定车辆的取货路线和与之对应的取货量，以达到最小化本期库存与运输成本的目的。

于是 VMI 策略下的 RIRP 主问题为

$$\text{Min}\quad Z_{23}=\text{Min}\{Z_{24},Z_{25},Z_{26}\}$$

直配式运输：

$$\text{Min}\quad Z_{24}=h_0^{RR}I_0^{RR}+p_0^{RR}l_0^{RR}+n_0^{RR}c_0^{RR}+(m-n_0^{RR})v_0^{RR}+K\sum_{j\in M}c_{j0}^{RR}+\sum_{j\in M}c_{j0}^{RR}G_{j0}^{R}q_j^{RR}$$
$$+\sum_{j\in M}c_{jj}^{RR}q_j^{RR}$$

S.t.　式（4-7）～式（4-12），式（4-14），式（4-42）

串行式运输：

$$\text{Min}\quad Z_{25}=h_0^{RR}I_0^{RR}+p_0^{RR}l_0^{RR}+\sum_{j\in M\cup R}\sum_{\substack{k\in M\cup R\\ k\neq j}}\underline{c}_{kj}^{RR}G_{kj}^{R}x_{kj}^{RR}q_j^{RR}$$
$$+\left\lceil\left(\sum_{j\in M}q_j^{RR}-n_0^{RR}Y^{RR}\right)\Big/Y_v^{RR}\right\rceil v_0^{RR}+n_0^{RR}c_0^{RR}+\sum_{j\in M}c_{jj}^{RR}q_j^{RR}$$

S.t.　$$n_0^{RR}Y^{RR}\leqslant\sum_{j\in M}q_j^{RR}\tag{4-66}$$

式（4-1）～式（4-5），式（4-7）～式（4-14）

其中，约束（4-66）表示当零售商租用第三方车辆时，需要满足取货量超过自有车辆总容量这一条件。

并行式运输：

$$\text{Min}\quad Z_{26}=h_0^{RR}I_0^{RR}+p_0^{RR}l_0^{RR}+\sum_{c\in f_0^{-1}}\sum_{k\in S\cup\bar{S}_c(\cdot)}\sum_{\substack{j\in S\cup\bar{S}_c(\cdot)\\ j\neq k}}\underline{c}_{kj}^{RR}G_{kj}^{R}x_{kj}^{RR}q_j^{RR}+\left(\left|\tilde{f}_m^{-1}\right|-n_0^{RR}\right)v_0^{RR}$$

$$+\sum_{j\in M}c_{jj}^{RR}q_j^{RR}+n_0^{RR}c_0^{RR}$$

$$\text{S.t.}\quad n_0^{RR}\leqslant\left|\tilde{f}_m^{-1}\right| \qquad (4\text{-}67)$$

式（4-3），式（4-4），式（4-7），式（4-9），式（4-10），式（4-12）～式（4-14），式（4-43）～式（4-47）

其中，约束（4-67）表示当零售商租用第三方车辆时，需要满足所需车辆总数超过自有车辆数这一条件。

而 VMI 策略下的 RIRP 子问题为对 $\forall j\in M$，则有

直配式运输：

$$\text{Min}\quad Z_{24j}=h_j^{RM}I_j^{RM}+p_j^{RM}l_j^{RM}+n_j^{RM}c_j^{RM}+\left(\left|\underline{M}_j(\cdot)\right|-n_j^{RM}\right)v_j^{RM}+\sum_{i\in S}c_{ji}^{RM}G_{ji}^{R}q_i^{RM}$$

$$+K\sum_{i\in S}c_{ij}^{RM}+\sum_{i\in S}c_{ii}^{RM}q_i^{RM}$$

S.t.　式（4-21）～式（4-25），式（4-27），式（4-48）

串行式运输：

$$\text{Min}\quad Z_{25j}=h_j^{RM}I_j^{RM}+p_j^{RM}l_j^{RM}+n_j^{RM}c_j^{RM}+\sum_{k\in\{j\}\cup\underline{M}_j(\cdot)}\sum_{\substack{i\in\{j\}\cup\underline{M}_j(\cdot)\\ i\neq k}}\underline{c}_{ki}^{RM}G_{ki}^{R}x_{ki}^{RM}q_i^{RM}$$

$$+\sum_{i\in S}c_{ii}^{RM}q_i^{RM}+\left\lceil\left(\sum_{i\in\underline{M}_j(\cdot)}q_j^{RM}-n_j^{RM}Y^{RM}\right)\Big/Y_v^{RM}\right\rceil v_j^{RM}$$

$$\text{S.t.}\quad n_j^{RM}Y^{RM}\leqslant\sum_{i\in\underline{M}_j(\cdot)}q_i^{RM},\quad j\in M \qquad (4\text{-}68)$$

式（4-15）～式（4-19），式（4-21）～式（4-27）

其中，约束（4-68）表示当制造商租用第三方车辆时，需要满足制造商从供应商的取货量超过自有车辆总容量这一条件。

并行式运输：

$$\text{Min}\quad Z_{26j}=h_j^{RM}I_j^{RM}+p_j^{RM}l_j^{RM}+n_j^{RM}c_j^{RM}+\sum_{d\in f_j^{-1}}\sum_{k\in\{j\}\cup\underline{M}_{jd}(\cdot)}\sum_{\substack{i\in\{j\}\cup\underline{M}_{jd}(\cdot)\\ i\neq k}}\underline{c}_{ki}^{RM}G_{ki}^{R}x_{ki}^{RM}q_i^{RM}$$

$$+\sum_{i\in S}c_{ii}^{RM}q_i^{RM}+\left(\left|\tilde{f}_{Mj}^{-1}\right|-n_j^{RM}\right)v_j^{RM}$$

$$\text{S.t.}\quad n_j^{RM}\leqslant\left|\tilde{f}_{Mj}^{-1}\right|,\quad j\in M \qquad (4\text{-}69)$$

式（4-17），式（4-21），式（4-23）～式（4-27），式（4-49）～式（4-53）
其中，约束（4-69）表示当制造商租用第三方车辆时，需要满足其所需车辆总数超过自有车辆数这一条件。

4.3.6 基于市场细分、不确定需求、第三方车辆配送的情形

本节研究的是市场细分情形下的单周期、多车辆 RIRP，各个供应商的需求不确定，整个供应链所采取的是 VMI 策略，在此假定制造商车辆和零售商车辆数有限，在一定条件下需要租赁第三方车辆才能完成相应的运输任务。问题是需要确定车辆的取货路线和与之对应的取货量，以达到最小化本期库存与运输成本的目的。

于是 VMI 策略下的 RIRP 主问题为

$$\text{Min}\quad Z_{27}=\text{Min}\left\{Z_{28},Z_{29},Z_{30}\right\}$$

直配式运输：

$$\text{Min}\quad Z_{28}=h_0^{RR}E\left[\tilde{I}_0^{RR}\right]+p_0^{RR}E\left[\tilde{l}_0^{RR}\right]+(m-n_0^{RR})v_0^{RR}+K\sum_{j\in M}c_{0j}^{RR}+\sum_{j\in M}c_{j0}^{RR}G_{j0}^{R}q_j^{RR}$$
$$+\sum_{j\in M}c_{jj}^{RR}q_j^{RR}+n_0^{RR}c_0^{RR}$$

S.t. 式（4-7），式（4-8），式（4-12），式（4-14），式（4-28）～式（4-31），式（4-42）

串行式运输：

$$\text{Min}\quad Z_{29}=h_0^{RR}E\left[\tilde{I}_0^{RR}\right]+n_0^{RR}c_0^{RR}+\sum_{j\in M\cup R}\sum_{\substack{k\in M\cup R\\ k\neq j}}\underline{c}_{kj}^{RR}G_{kj}^{R}x_{kj}^{RR}q_j^{RR}$$
$$+\left\lceil\left(\sum_{j\in M}q_j^{RR}-n_0^{RR}Y^{RR}\right)\Big/Y_v^{RR}\right\rceil v_0^{RR}+p_0^{RR}E\left[\tilde{l}_0^{RR}\right]+\sum_{j\in M}c_{jj}^{RR}q_j^{RR}$$

S.t. 式（4-1）～式（4-5），式（4-7），式（4-8），式（4-12）～式（4-14），式（4-28）～式（4-31），式（4-66）

并行式运输：

$$\text{Min}\quad Z_{30}=h_0^{RR}E\left[\tilde{I}_0^{RR}\right]+p_0^{RR}E\left[\tilde{l}_0^{RR}\right]+\sum_{c\in f_0^{-1}}\sum_{k\in S\cup\bar{S}_c(\cdot)}\sum_{\substack{j\in S\cup\bar{S}_c(\cdot)\\ j\neq k}}\underline{c}_{kj}^{RR}G_{kj}^{R}x_{kj}^{RR}q_j^{RR}$$
$$+\left(\left|\tilde{f}_m^{-1}\right|-n_0^{RR}\right)v_0^{RR}+n_0^{RR}c_0^{RR}+\sum_{j\in M}c_{jj}^{RR}q_j^{RR}$$

S.t.　式（4-3），式（4-4），式（4-7），式（4-12）～式（4-14），式（4-28）～式（4-30），式（4-43）～式（4-46），式（4-54），式（4-67）

而 VMI 策略下的 RIRP 子问题为对 $\forall j \in M$ ，则有

直配式运输：

$$\text{Min}\quad Z_{28j} = h_j^{RM} E\left[\tilde{I}_j^{RM}\right] + p_j^{RM} E\left[\tilde{l}_j^{RM}\right] + \sum_{i\in S} c_{ii}^{RM} q_i^{RM} + \left(\left|\underline{M}_j(\cdot)\right| - n_j^{RM}\right) v_j^{RM} + \sum_{i\in S} c_{ji}^{RM} G_{ji}^{R} q_i^{RM} + K\sum_{i\in S} c_{ij}^{RM} + n_j^{RM} c_j^{RM}$$

S.t.　式（4-21），式（4-22），式（4-25），式（4-27）～式（4-30），式（4-32）～式（4-34），式（4-48），式（4-54）

串行式运输：

$$\text{Min}\quad Z_{29j} = h_j^{RM} E\left[\tilde{I}_j^{RM}\right] + p_j^{RM} E\left[\tilde{l}_j^{RM}\right] + \sum_{k\in\{j\}\cup\underline{M}_j(\cdot)} \sum_{\substack{i\in\{j\}\cup\underline{M}_j(\cdot)\\ i\neq k}} \underline{c}_{ki}^{RM} G_{ki}^{R} x_{ki}^{RM} q_i^{RM} + \sum_{i\in S} c_{ii}^{RM} q_i^{RM} + n_j^{RM} c_j^{RM} + \left\lceil \left(\sum_{i\in\underline{M}_j(\cdot)} q_j^{RM} - n_j^{RM} Y^{RM}\right) \Big/ Y_v^{RM} \right\rceil v_j^{RM}$$

S.t.　式（4-15）～式（4-19），式（4-21），式（4-22），式（4-25）～式（4-30），式（4-32）～式（4-34），式（4-54），式（4-68）

并行式运输：

$$\text{Min}\quad Z_{30j} = h_j^{RM} E\left[\tilde{I}_j^{RM}\right] + p_j^{RM} E\left[\tilde{l}_j^{RM}\right] + n_j^{RM} c_j^{RM} + \sum_{d\in f_j^{-1}} \sum_{k\in\{j\}\cup\underline{M}_{jd}(\cdot)} \sum_{\substack{i\in\{j\}\cup\underline{M}_{jd}(\cdot)\\ i\neq k}} \underline{c}_{ki}^{RM} G_{ki}^{R} x_{ki}^{RM} q_i^{RM} + \sum_{i\in S} c_{ii}^{RM} q_i^{RM} + \left(\left|\tilde{f}_{Mj}^{-1}\right| - n_j^{RM}\right) v_j^{RM}$$

S.t.　式（4-17），式（4-21），式（4-25）～式（4-30），式（4-32）～式（4-34），式（4-49）～式（4-54），式（4-69）

4.3.7　基于随机市场、确定需求、第三方车辆配送的情形

本节在 4.3.5 节的基础上，假定市场为随机情形，于是 VMI 策略下的 RIRP 主问题为

$$\text{Min}\quad Z_{31} = \text{Min}\left\{Z_{32}, Z_{33}\right\}$$

串行式运输：

$$\text{Min}\quad Z_{32}=h_0^{RR}I_0^{RR}+p_0^{RR}l_0^{RR}+\sum_{j\in M\cup R}\sum_{\substack{k\in M\cup R\\ k\neq j}}\underline{c}_{kj}^{RR}G_{kj}^{R}x_{kj}^{RR}q_j^{RR}$$

$$+\left\lceil\left(\sum_{j\in M}q_j^{RR}-n_0^{RR}Y^{RR}\right)\Big/Y_v^{RR}\right\rceil v_0^{RR}+n_0^{RR}c_0^{RR}+\sum_{j\in M}c_{jj}^{RR}q_j^{RR}$$

S.t.　式（4-1）～式（4-5），式（4-7）～式（4-10），式（4-12）～式（4-14），式（4-35），式（4-66）

并行式运输：

$$\text{Min}\quad Z_{33}=h_0^{RR}I_0^{RR}+p_0^{RR}l_0^{RR}+\sum_{c\in f_0^{-1}}\sum_{k\in S\cup\overline{S}_c(\cdot)}\sum_{\substack{j\in S\cup\overline{S}_c(\cdot)\\ j\neq k}}\underline{c}_{kj}^{RR}G_{kj}^{R}x_{kj}^{RR}q_j^{RR}+\left(\left|\widetilde{f}_m^{-1}\right|-n_0^{RR}\right)v_0^{RR}$$

$$+\sum_{j\in M}c_{jj}^{RR}q_j^{RR}+n_0^{RR}c_0^{RR}$$

S.t.　式（4-3），式（4-4），式（4-7），式（4-9），式（4-10），式（4-12）～式（4-14），式（4-55）～式（4-59），式（4-67）

而 VMI 策略下的 RIRP 子问题为对 $\forall j\in M$，则有

串行式运输：

$$\text{Min}\quad Z_{32j}=h_j^{RM}I_j^{RM}+p_j^{RM}l_j^{RM}+n_j^{RM}c_j^{RM}+\sum_{k\in\{j\}\cup\underline{M}_j(\cdot)}\sum_{\substack{i\in\{j\}\cup\underline{M}_j(\cdot)\\ i\neq k}}\underline{c}_{ki}^{RM}G_{ki}^{R}x_{ki}^{RM}q_i^{RM}$$

$$+\sum_{i\in S}c_{ii}^{RM}q_i^{RM}+\left\lceil\left(\sum_{i\in\underline{M}_j(\cdot)}q_j^{RM}-n_j^{RM}Y^{RM}\right)\Big/Y_v^{RM}\right\rceil v_j^{RM}$$

S.t.　式（4-17），式（4-21）～式（4-27），式（4-36）～式（4-40），式（4-68）

并行式运输：

$$\text{Min}\quad Z_{33j}=h_j^{RM}I_j^{RM}+p_j^{RM}l_j^{RM}+n_j^{RM}c_j^{RM}+\sum_{d\in f_j^{-1}}\sum_{k\in\{j\}\cup\overline{\underline{M}}_{jd}(\cdot)}\sum_{\substack{i\in\{j\}\cup\overline{\underline{M}}_{jd}(\cdot)\\ i\neq k}}\underline{c}_{ki}^{RM}G_{ki}^{R}x_{ki}^{RM}q_i^{RM}$$

$$+\sum_{i\in S}c_{ii}^{RM}q_i^{RM}+\left(\left|\widetilde{f}_{Mj}^{-1}\right|-n_j^{RM}\right)v_j^{RM}$$

S.t.　式（4-17），式（4-21），式（4-23）～式（4-27），式（4-60）～式（4-64），式（4-69）

4.3.8　基于随机市场、不确定需求、第三方车辆配送的情形

本节在 4.3.6 节的基础上，假定市场为随机情形，于是 VMI 策略下的 RIRP 主问题为

$$\text{Min}\quad Z_{34}=\text{Min}\left\{Z_{35},Z_{36}\right\}$$

串行式运输：

$$\text{Min}\quad Z_{35}=h_0^{RR}E\left[\tilde{I}_0^{RR}\right]+n_0^{RR}c_0^{RR}+\sum_{j\in M\cup R}\sum_{\substack{k\in M\cup R\\ k\neq j}}\underline{c}_{kj}^{RR}G_{kj}^{R}x_{kj}^{RR}q_j^{RR}$$

$$+\left|\left(\sum_{j\in M}q_j^{RR}-n_0^{RR}Y^{RR}\right)\Big/ Y_v^{RR}\right|v_0^{RR}+p_0^{RR}E\left[\tilde{l}_0^{RR}\right]+\sum_{j\in M}c_{jj}^{RR}q_j^{RR}$$

S.t.　式（4-1）～式（4-5），式（4-7），式（4-8），式（4-12）～式（4-14），式（4-28）～式（4-30），式（4-65），式（4-66）

并行式运输：

$$\text{Min}\quad Z_{36}=h_0^{RR}E\left[\tilde{I}_0^{RR}\right]+p_0^{RR}E\left[\tilde{l}_0^{RR}\right]+\sum_{c\in f_0^{-1}}\sum_{k\in S\cup\underline{\tilde{S}}_c(\cdot)}\sum_{\substack{j\in S\cup\underline{\tilde{S}}_c(\cdot)\\ j\neq k}}\underline{c}_{kj}^{RR}G_{kj}^{R}x_{kj}^{RR}q_j^{RR}$$

$$+\left(\left|\tilde{f}_m^{-1}\right|-n_0^{RR}\right)v_0^{RR}+n_0^{RR}c_0^{RR}+\sum_{j\in M}c_{jj}^{RR}q_j^{RR}$$

S.t.　式（4-3），式（4-4），式（4-7），式（4-12）～式（4-14），式（4-28）～式（4-30），式（4-55）～式（4-58），式（4-65），式（4-67）

而 VMI 策略下的 RIRP 子问题为对 $\forall j\in M$，则有

串行式运输：

$$\text{Min}\quad Z_{35j}=h_j^{RM}E\left[\tilde{I}_j^{RM}\right]+p_j^{RM}E\left[\tilde{l}_j^{RM}\right]+\sum_{k\in\{j\}\cup\underline{M}_j(\cdot)}\sum_{\substack{i\in\{j\}\cup\underline{M}_j(\cdot)\\ i\neq k}}\underline{c}_{ki}^{RM}G_{ki}^{R}x_{ki}^{RM}q_i^{RM}$$

$$+\sum_{i\in S}c_{ii}^{RM}q_i^{RM}+n_j^{RM}c_j^{RM}+\left|\left(\sum_{i\in\underline{M}_j(\cdot)}q_j^{RM}-n_j^{RM}Y^{RM}\right)\Big/ Y_v^{RM}\right|v_j^{RM}$$

S.t.　式（4-17），式（4-21）～式（4-27），式（4-36）～式（4-40），式（4-68）

并行式运输：

$$\text{Min} \quad Z_{36j} = h_j^{RM} E\left[\tilde{I}_j^{RM}\right] + p_j^{RM} E\left[\tilde{l}_j^{RM}\right] + n_j^{RM} c_j^{RM} + \sum_{d \in f_j^{-1}} \sum_{k \in \{j\} \cup \underline{M}_{jd}(\cdot)} \sum_{\substack{i \in \{j\} \cup \underline{M}_{jd}(\cdot) \\ i \neq k}} \underline{c}_{ki}^{RM} G_{ki}^{R} x_{ki}^{RM} q_i^{RM} + \sum_{i \in S} c_{ii}^{RM} q_i^{RM} + \left(\left|\tilde{f}_{Mj}^{-1}\right| - n_j^{RM}\right) v_j^{RM}$$

S.t. 式（4-17），式（4-21），式（4-25）～式（4-30），式（4-32）～式（4-34），式（4-60）～式（4-65），式（4-69）

4.4 单周期、多车辆、联合库存管理策略下的库存路径问题

单周期、多车辆、JMI 策略下 RIRP 示意图（串行式运输、自有车辆情形）如图 4-6 所示。单周期、多车辆、JMI 策略下 RIRP 示意图（串行式运输、租用车辆情形）如图 4-7 所示。单周期、多车辆、JMI 策略下 RIRP 示意图（并行式运输情形）如图 4-8 所示。

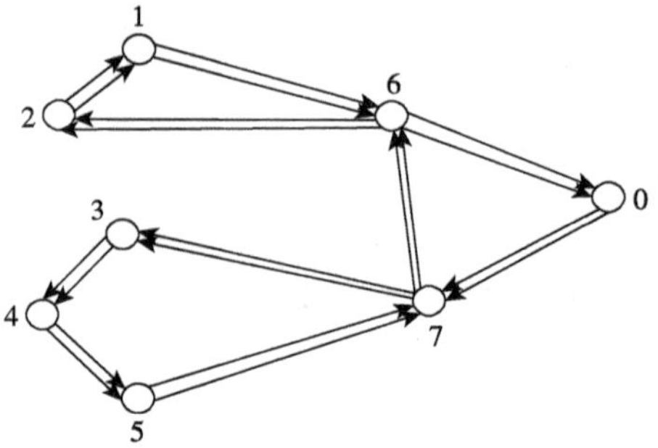

图 4-6 单周期、多车辆、JMI 策略下 RIRP 示意图（串行式运输、自有车辆情形）

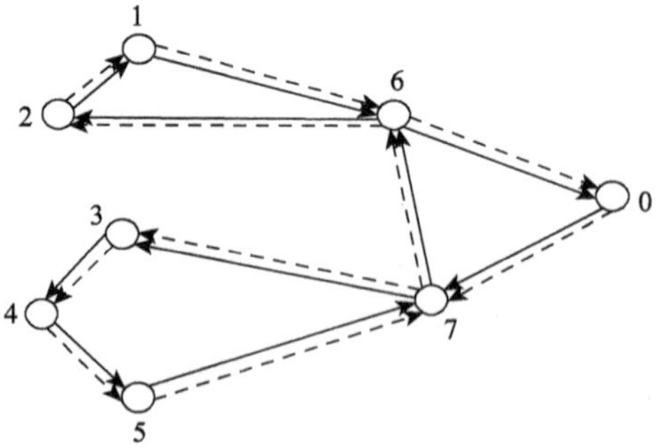

图 4-7 单周期、多车辆、JMI 策略下 RIRP 示意图（串行式运输、租用车辆情形）

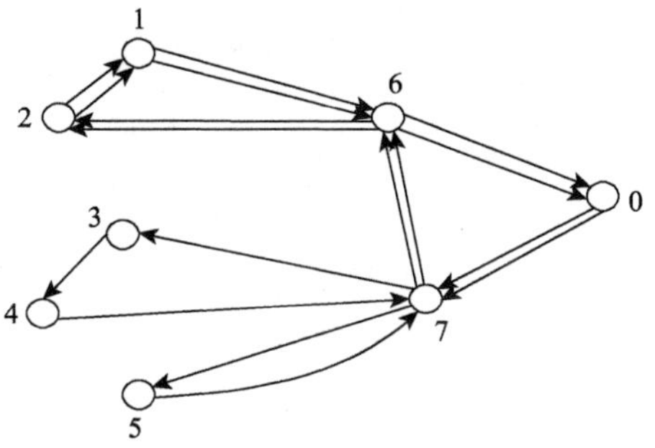

图 4-8　单周期、多车辆、JMI 策略下 RIRP 示意图（并行式运输情形）

4.4.1　基于市场细分、确定需求、自有车辆配送的情形

在供应商需求已知确定的情形下，JMI 策略下的 RIRP 为

$$\text{Min}\quad Z_{37}=\text{Min}\left\{Z_{38},Z_{39},Z_{40}\right\}$$

直配式运输：

$$\begin{aligned}\text{Min}\quad Z_{38}=&h_0^{RR}I_0^{RR}+p_0^{RR}l_0^{RR}+\sum_{j\in M}h_j^{RM}I_j^{RM}+\sum_{j\in M}p_j^{RM}l_j^{RM}+mc_0^{RR}+\sum_{j\in M}c_{j0}^{RR}G_{j0}^{R}q_j^{RR}\\&+\sum_{j\in M}c_{jj}^{RR}q_j^{RR}+\left|\underline{M}_j(\cdot)\right|c_j^{RM}+\sum_{i\in S}c_{ji}^{RM}G_{ji}^{R}q_i^{RM}+K\sum_{i\in S}c_{ij}^{RM}+K\sum_{j\in M}c_{j0}^{RR}\\&+\sum_{i\in S}c_{ii}^{RM}q_i^{RM}\end{aligned}$$

S.t.　式（4-7）～式（4-12），式（4-14），式（4-21）～式（4-25），式（4-27），式（4-42），式（4-48）

串行式运输：

$$\begin{aligned}\text{Min}\quad Z_{39}=&h_0^{RR}I_0^{RR}+\sum_{j\in M}h_j^{RM}I_j^{RM}+p_0^{RR}l_0^{RR}+\sum_{j\in M}p_j^{RM}l_j^{RM}+\sum_{j\in M\cup R}\ \sum_{\substack{k\in M\cup R\\k\neq j}}\underline{c}_{kj}^{RR}G_{kj}^{R}x_{kj}^{RR}q_j^{RR}\\&+\left\lceil\sum_{j\in M}q_j^{RR}\Big/Y^{RR}\right\rceil c_0^{RR}+\left\lceil\sum_{i\in\underline{M}_j(\cdot)}q_i^{RM}\Big/Y^{RM}\right\rceil c_j^{RM}\\&+\sum_{k\in\{j\}\cup\underline{M}_j(\cdot)}\ \sum_{\substack{i\in\{j\}\cup\underline{M}_j(\cdot)\\i\neq k}}\underline{c}_{ki}^{RM}G_{ki}^{R}x_{ki}^{RM}q_i^{RM}+\sum_{i\in S}c_{ii}^{RM}q_i^{RM}+\sum_{j\in M}c_{jj}^{RR}q_j^{RR}\end{aligned}$$

S.t.　式（4-1）～式（4-5），式（4-7）～式（4-19），式（4-21）～式（4-27）

并行式运输：

$$\text{Min}\quad Z_{40}=h_0^{RR}I_0^{RR}+p_0^{RR}l_0^{RR}+\sum_{j\in M}h_j^{RM}I_j^{RM}+\sum_{j\in M}p_j^{RM}l_j^{RM}$$
$$+\sum_{c\in f_0^{-1}}\sum_{k\in S\cup\overline{S}_c(\cdot)}\sum_{\substack{j\in S\cup\overline{S}_c(\cdot)\\ j\neq k}}\underline{c}_{kj}^{RR}G_{kj}^{R}x_{kj}^{RR}q_j^{RR}+\left|\widetilde{f}_m^{-1}\right|c_0^{RR}+\left|\widetilde{f}_{Mj}^{-1}\right|c_j^{RM}$$
$$+\sum_{d\in f_j^{-1}}\sum_{k\in\{j\}\cup\underline{M}_{jd}(\cdot)}\sum_{\substack{i\in\{j\}\cup\underline{M}_{jd}(\cdot)\\ i\neq k}}\underline{c}_{ki}^{RM}G_{ki}^{R}x_{ki}^{RM}q_i^{RM}+\sum_{i\in S}c_{ii}^{RM}q_i^{RM}+\sum_{j\in M}c_{jj}^{RR}q_j^{RR}$$

S.t. 式（4-3），式（4-4），式（4-7），式（4-9），式（4-10），式（4-12）～式（4-14），式（4-17），式（4-21），式（4-23）～式（4-27），式（4-43）～式（4-47），式（4-49）～式（4-53）

4.4.2 基于市场细分、不确定需求、自有车辆配送的情形

在供应商需求不确定的情形下，JMI 策略下的 RIRP 为

$$\text{Min}\quad Z_{41}=\text{Min}\left\{Z_{42},Z_{43},Z_{44}\right\}$$

直配式运输：

$$\text{Min}\quad Z_{42}=h_0^{RR}E\left[\tilde{I}_0^{RR}\right]+p_0^{RR}E\left[\tilde{l}_0^{RR}\right]+\sum_{j\in M}h_j^{RM}E\left[\tilde{I}_j^{RM}\right]+\sum_{j\in M}p_j^{RM}E\left[\tilde{l}_j^{RM}\right]+mc_0^{RR}$$
$$+\sum_{j\in M}c_{j0}^{RR}G_{j0}^{R}q_j^{RR}+\left|\underline{M}_j(\cdot)\right|c_j^{RM}+\sum_{i\in S}c_{ji}^{RM}G_{ji}^{R}q_i^{RM}+K\sum_{i\in S}c_{ij}^{RM}+K\sum_{j\in M}c_{j0}^{RR}$$
$$+\sum_{i\in S}c_{ii}^{RM}q_i^{RM}+\sum_{j\in M}c_{jj}^{RR}q_j^{RR}$$

S.t. 式（4-7），式（4-8），式（4-12），式（4-14），式（4-21），式（4-22），式（4-25），式（4-28）～式（4-34），式（4-42），式（4-48），式（4-54）

串行式运输：

$$\text{Min}\quad Z_{43}=h_0^{RR}E\left[\tilde{I}_0^{RR}\right]+\sum_{j\in M}h_j^{RM}E\left[\tilde{I}_j^{RM}\right]+p_0^{RR}E\left[\tilde{l}_0^{RR}\right]+\sum_{j\in M}c_{jj}^{RR}q_j^{RR}$$
$$+\sum_{j\in M\cup R}\sum_{\substack{k\in M\cup R\\ k\neq j}}\underline{c}_{kj}^{RR}G_{kj}^{R}x_{kj}^{RR}q_j^{RR}+\left\lceil\sum_{j\in M}q_j^{RR}\Big/Y^{RR}\right\rceil c_0^{RR}+\left\lceil\sum_{i\in\underline{M}_j(\cdot)}q_i^{RM}\Big/Y^{RM}\right\rceil c_j^{RM}$$
$$+\sum_{k\in\{j\}\cup\underline{M}_j(\cdot)}\sum_{\substack{i\in\{j\}\cup\underline{M}_j(\cdot)\\ i\neq k}}\underline{c}_{ki}^{RM}G_{ki}^{R}x_{ki}^{RM}q_i^{RM}+\sum_{i\in S}c_{ii}^{RM}q_i^{RM}+\sum_{j\in M}p_j^{RM}E\left[\tilde{l}_j^{RM}\right]$$

S.t. 式（4-1）～式（4-5），式（4-7），式（4-8），式（4-12）～式（4-14），式（4-28）～式（4-31）

并行式运输：

$$\text{Min}\quad Z_{44}=h_0^{RR}E\left[\tilde{I}_0^{RR}\right]+p_0^{RR}E\left[\tilde{l}_0^{RR}\right]+\left|\tilde{f}_m^{-1}\right|c_0^{RR}+\left|\tilde{f}_{Mj}^{-1}\right|c_j^{RM}$$

$$+\sum_{c\in f_0^{-1}}\sum_{k\in S\cup\bar{S}_c(\cdot)}\sum_{\substack{j\in S\cup\bar{S}_c(\cdot)\\ j\neq k}}\underline{c}_{kj}^{RR}G_{kj}^{R}x_{kj}^{RR}q_j^{RR}+\sum_{j\in M}c_{jj}^{RR}q_j^{RR}$$

$$+\sum_{d\in f_j^{-1}}\sum_{k\in\{j\}\cup\underline{M}_{jd}(\cdot)}\sum_{\substack{i\in\{j\}\cup\underline{M}_{jd}(\cdot)\\ i\neq k}}\underline{c}_{ki}^{RM}G_{ki}^{R}x_{ki}^{RM}q_i^{RM}+\sum_{j\in M}p_j^{RM}E\left[\tilde{l}_j^{RM}\right]$$

$$+\sum_{i\in S}c_{ii}^{RM}q_i^{RM}+\sum_{j\in M}h_j^{RM}E\left[\tilde{I}_j^{RM}\right]$$

S.t.　式（4-3），式（4-4），式（4-7），式（4-9），式（4-10），式（4-12）～式（4-19），式（4-21）～式（4-30），式（4-32）～式（4-34），式（4-43）～式（4-47），式（4-49）～式（4-54）

4.4.3　基于随机市场、确定需求、自有车辆配送的情形

本节在 4.4.1 节的基础上，假定市场为随机情形，于是 JMI 策略下的 RIRP 模型为

$$\text{Min}\quad Z_{45}=\text{Min}\{Z_{46},Z_{47}\}$$

串行式运输：

$$\text{Min}\quad Z_{46}=h_0^{RR}I_0^{RR}+\sum_{j\in M}h_j^{RM}I_j^{RM}+p_0^{RR}l_0^{RR}+\sum_{j\in M}p_j^{RM}l_j^{RM}+\sum_{j\in M\cup R}\sum_{\substack{k\in M\cup R\\ k\neq j}}\underline{c}_{kj}^{RR}G_{kj}^{R}x_{kj}^{RR}q_j^{RR}$$

$$+\left\lceil\sum_{j\in M}q_j^{RR}\Big/Y^{RR}\right\rceil c_0^{RR}+\left\lceil\sum_{i\in\underline{M}_j(\cdot)}q_i^{RM}\Big/Y^{RM}\right\rceil c_j^{RM}$$

$$+\sum_{k\in\{j\}\cup\underline{M}_j(\cdot)}\sum_{\substack{i\in\{j\}\cup\underline{M}_j(\cdot)\\ i\neq k}}\underline{c}_{ki}^{RM}G_{ki}^{R}x_{ki}^{RM}q_i^{RM}+\sum_{i\in S}c_{ii}^{RM}q_i^{RM}+\sum_{j\in M}c_{jj}^{RR}q_j^{RR}$$

S.t.　式（4-1）～式（4-5），式（4-7）～式（4-10），式（4-12）～式（4-14），式（4-17），式（4-21）～式（4-27），式（4-35）～式（4-40）

并行式运输：

$$\text{Min}\quad Z_{47}=h_0^{RR}I_0^{RR}+p_0^{RR}l_0^{RR}+\sum_{j\in M}h_j^{RM}I_j^{RM}+\sum_{j\in M}p_j^{RM}l_j^{RM}$$

$$+\sum_{c\in f_0^{-1}}\sum_{k\in S\cup\bar{S}_c(\cdot)}\sum_{\substack{j\in S\cup\bar{S}_c(\cdot)\\ j\neq k}}\underline{c}_{kj}^{RR}G_{kj}^{R}x_{kj}^{RR}q_j^{RR}+\left|\tilde{f}_m^{-1}\right|c_0^{RR}+\left|\tilde{f}_{Mj}^{-1}\right|c_j^{RM}$$

$$+\sum_{d\in f_j^{-1}}\sum_{k\in\{j\}\cup\underline{M}_{jd}(\cdot)}\sum_{\substack{i\in\{j\}\cup\underline{M}_{jd}(\cdot)\\ i\neq k}}\underline{c}_{ki}^{RM}G_{ki}^{R}x_{ki}^{RM}q_i^{RM}+\sum_{i\in S}c_{ii}^{RM}q_i^{RM}+\sum_{j\in M}c_{jj}^{RR}q_j^{RR}$$

S.t. 式（4-3），式（4-4），式（4-7），式（4-9），式（4-10），式（4-12）～式（4-14），式（4-17），式（4-21），式（4-23）～式（4-27），式（4-55）～式（4-64）

4.4.4 基于随机市场、不确定需求、自有车辆配送的情形

本节在 4.4.2 节的基础上，假定市场为随机情形，于是 JMI 策略下的 RIRP 模型为

$$\text{Min}\quad Z_{48}=\text{Min}\{Z_{49},Z_{50}\}$$

串行式运输：

$$\begin{aligned}\text{Min}\quad Z_{49}=&h_0^{RR}E\left[\tilde{I}_0^{RR}\right]+\sum_{j\in M}h_j^{RM}E\left[\tilde{I}_j^{RM}\right]+p_0^{RR}E\left[\tilde{l}_0^{RR}\right]+\sum_{j\in M}c_{jj}^{RR}q_j^{RR}\\&+\sum_{j\in M\cup R}\sum_{\substack{k\in M\cup R\\k\neq j}}\underline{c}_{kj}^{RR}G_{kj}^{R}x_{kj}^{RR}q_j^{RR}+\left\lceil\sum_{j\in M}q_j^{RR}\Big/Y^{RR}\right\rceil c_0^{RR}+\left\lceil\sum_{i\in\underline{M}_j(\cdot)}q_i^{RM}\Big/Y^{RM}\right\rceil c_j^{RM}\\&+\sum_{k\in\{j\}\cup\underline{M}_j(\cdot)}\sum_{\substack{i\in\{j\}\cup\underline{M}_j(\cdot)\\i\neq k}}\underline{c}_{ki}^{RM}G_{ki}^{R}x_{ki}^{RM}q_i^{RM}+\sum_{i\in S}c_{ii}^{RM}q_i^{RM}+\sum_{j\in M}p_j^{RM}E\left[\tilde{l}_j^{RM}\right]\end{aligned}$$

S.t. 式（4-1）～式（4-5），式（4-7），式（4-8），式（4-12）～式（4-14），式（4-17），式（4-21）～式（4-30），式（4-36）～式（4-40），式（4-65）

并行式运输：

$$\begin{aligned}\text{Min}\quad Z_{50}=&h_0^{RR}E\left[\tilde{I}_0^{RR}\right]+p_0^{RR}E\left[\tilde{l}_0^{RR}\right]+\left|\tilde{f}_m^{-1}\right|c_0^{RR}+\left|\tilde{f}_{Mj}^{-1}\right|c_j^{RM}\\&+\sum_{c\in f_0^{-1}}\sum_{k\in S\cup\bar{S}_c(\cdot)}\sum_{\substack{j\in S\cup\bar{S}_c(\cdot)\\j\neq k}}\underline{c}_{kj}^{RR}G_{kj}^{R}x_{kj}^{RR}q_j^{RR}+\sum_{j\in M}c_{jj}^{RR}q_j^{RR}\\&+\sum_{d\in f_j^{-1}}\sum_{k\in\{j\}\cup\underline{M}_{jd}(\cdot)}\sum_{\substack{i\in\{j\}\cup\underline{M}_{jd}(\cdot)\\i\neq k}}\underline{c}_{ki}^{RM}G_{ki}^{R}x_{ki}^{RM}q_i^{RM}\\&+\sum_{j\in M}p_j^{RM}E\left[\tilde{l}_j^{RM}\right]+\sum_{i\in S}c_{ii}^{RM}q_i^{RM}\\&+\sum_{j\in M}h_j^{RM}E\left[\tilde{I}_j^{RM}\right]\end{aligned}$$

S.t. 式（4-3），式（4-4），式（4-7），式（4-12）～式（4-14），式（4-17），式（4-21），式（4-25）～式（4-30），式（4-32）～式（4-34），式（4-55）～式（4-58），式（4-60）～式（4-65）

4.4.5　基于市场细分、确定需求、第三方车辆配送的情形

本节研究的是市场细分情形下的单周期、多车辆 RIRP，各个供应商的需求已知确定，整个供应链所采取的是 JMI 策略，在此假定制造商和零售商车辆数有限，在一定条件下需要租赁第三方车辆才能完成相应的运输任务。问题是需要确定车辆的取货路线和与之对应的取货量，以达到最小化本期库存与运输成本的目的。

于是 JMI 策略下的 RIRP 主问题为

$$\text{Min}\quad Z_{51}=\text{Min}\left\{Z_{52},Z_{53},Z_{54}\right\}$$

直配式运输：

$$\begin{aligned}\text{Min}\quad Z_{52}=&h_0^{RR}I_0^{RR}+p_0^{RR}l_0^{RR}+\sum_{j\in M}h_j^{RM}I_j^{RM}+\sum_{j\in M}p_j^{RM}l_j^{RM}+n_0^{RR}c_0^{RR}+(m-n_0^{RR})v_0^{RR}\\&+K\sum_{j\in M}c_{0j}^{RR}+\sum_{j\in M}c_{j0}^{RR}G_{j0}^{R}q_j^{RR}+\sum_{j\in M}n_j^{RM}c_j^{RM}+\left(\left|\underline{M}_j(\cdot)\right|-n_j^{RM}\right)v_j^{RM}\\&+\sum_{i\in S}\sum_{j\in M}c_{ji}^{RM}G_{ji}^{R}q_i^{RM}+K\sum_{i\in S}\sum_{j\in M}c_{ij}^{RM}+\sum_{i\in S}c_{ii}^{RM}q_i^{RM}+\sum_{j\in M}c_{jj}^{RR}q_j^{RR}\end{aligned}$$

S.t.　式（4-7）～式（4-12），式（4-14），式（4-21）～式（4-25），式（4-27），式（4-42），式（4-48）

串行式运输：

$$\begin{aligned}\text{Min}\quad Z_{53}=&h_0^{RR}I_0^{RR}+\sum_{j\in M}h_j^{RM}I_j^{RM}+p_0^{RR}l_0^{RR}+\sum_{j\in M}p_j^{RM}l_j^{RM}+\sum_{j\in M\cup R}\sum_{\substack{k\in M\cup R\\k\neq j}}\underline{c}_{kj}^{RR}G_{kj}^{R}x_{kj}^{RR}q_j^{RR}\\&+n_0^{RR}c_0^{RR}+\sum_{j\in M}n_j^{RM}c_j^{RM}+\sum_{j\in M}\sum_{k\in\{j\}\cup\underline{M}_j(\cdot)}\sum_{\substack{i\in\{j\}\cup\underline{M}_j(\cdot)\\i\neq k}}\underline{c}_{ki}^{RM}G_{ki}^{R}x_{ki}^{RM}q_i^{RM}+\sum_{i\in S}c_{ii}^{RM}q_i^{RM}\\&+\left\lfloor\left(\sum_{j\in M}q_j^{RR}-n_0^{RR}Y^{RR}\right)\Big/Y_v^{RR}\right\rfloor v_0^{RR}+\sum_{j\in M}\left\lfloor\left(\sum_{i\in\underline{M}_j(\cdot)}q_j^{RM}-n_j^{RM}Y^{RM}\right)\Big/Y_v^{RM}\right\rfloor v_j^{RM}\\&+\sum_{j\in M}c_{jj}^{RR}q_j^{RR}\end{aligned}$$

S.t.　式（4-1）～式（4-5），式（4-7）～式（4-19），式（4-21）～式（4-27），式（4-66），式（4-68）

并行式运输：

$$\text{Min}\quad Z_{54}=h_0^{RR}I_0^{RR}+p_0^{RR}l_0^{RR}+\sum_{j\in M}h_j^{RM}I_j^{RM}+\sum_{j\in M}p_j^{RM}l_j^{RM}$$
$$+\sum_{c\in f_0^{-1}}\sum_{k\in S\cup \underline{S}_c(\cdot)}\sum_{\substack{j\in S\cup \underline{S}_c(\cdot)\\ j\neq k}}\underline{c}_{kj}^{RR}G_{kj}^{R}x_{kj}^{RR}q_j^{RR}+n_0^{RR}c_0^{RR}+\left(\left|\tilde{f}_m^{-1}\right|-n_0^{RR}\right)v_0^{RR}$$
$$+\sum_{j\in M}\sum_{d\in \tilde{f}_j^{-1}}\sum_{k\in\{j\}\cup \underline{M}_{jd}(\cdot)}\sum_{\substack{i\in\{j\}\cup \underline{M}_{jd}(\cdot)\\ i\neq k}}\underline{c}_{ki}^{RM}G_{ki}^{R}x_{ki}^{RM}q_i^{RM}+\sum_{j\in M}n_j^{RM}c_j^{RM}$$
$$+\sum_{j\in M}\left(\left|\tilde{f}_{Mj}^{-1}\right|-n_j^{RM}\right)v_j^{RM}+\sum_{i\in S}c_{ii}^{RM}q_i^{RM}+\sum_{j\in M}c_{jj}^{RR}q_j^{RR}$$

S.t.　式（4-3），式（4-4），式（4-7），式（4-9），式（4-10），式（4-12）～式（4-14），式（4-17），式（4-21），式（4-23）～式（4-27），式（4-43）～式（4-47），式（4-49）～式（4-53），式（4-67），式（4-69）

4.4.6　基于市场细分、不确定需求、第三方车辆配送的情形

本节研究的是市场细分情形下的单周期、多车辆 RIRP，各个供应商的需求不确定，整个供应链所采取的是 JMI 策略，在此假定制造商和零售商车辆数有限，在一定条件下需要租赁第三方车辆才能完成相应的运输任务。问题是需要确定车辆的取货路线和与之对应的取货量，以达到最小化本期库存与运输成本的目的。

于是 JMI 策略下的 RIRP 主问题为

$$\text{Min}\quad Z_{55}=\text{Min}\left\{Z_{56},Z_{57},Z_{58}\right\}$$

直配式运输：

$$\text{Min}\quad Z_{56}=h_0^{RR}E[\tilde{I}_0^{RR}]+p_0^{RR}E[\tilde{l}_0^{RR}]+\sum_{j\in M}h_j^{RM}E[\tilde{I}_j^{RM}]+\sum_{j\in M}p_j^{RM}E[\tilde{l}_j^{RM}]+n_0^{RR}c_0^{RR}$$
$$+\left(m-n_0^{RR}\right)v_0^{RR}+K\sum_{j\in M}c_{0j}^{RR}+\sum_{j\in M}c_{j0}^{RR}G_{j0}^{R}q_j^{RR}+\sum_{j\in M}n_j^{RM}c_j^{RM}$$
$$+\sum_{j\in M}\left(\left|\underline{M}_j(\cdot)\right|-n_j^{RM}\right)v_j^{RM}+\sum_{i\in S}\sum_{j\in M}c_{ji}^{RM}G_{ji}^{R}q_i^{RM}+K\sum_{i\in S}\sum_{j\in M}c_{ij}^{RM}+\sum_{i\in S}c_{ii}^{RM}q_i^{RM}$$
$$+\sum_{j\in M}c_{jj}^{RR}q_j^{RR}$$

S.t.　式（4-7），式（4-8），式（4-12），式（4-14），式（4-21），式（4-22），式（4-25），式（4-27）～式（4-34），式（4-42），式（4-48），式（4-54）

串行式运输：

$$\text{Min}\quad Z_{57}=h_0^{RR}E[\tilde{I}_0^{RR}]+\sum_{j\in M}h_j^{RM}E[\tilde{I}_j^{RM}]+p_0^{RR}E[\tilde{I}_0^{RR}]+\sum_{j\in M}p_j^{RM}E[\tilde{I}_j^{RM}]+\sum_{j\in M}n_j^{RM}c_j^{RM}$$
$$+\sum_{j\in M}\sum_{k\in\{j\}\cup\underline{M}_j(\cdot)}\sum_{\substack{i\in\{j\}\cup\underline{M}_j(\cdot)\\ i\neq k}}\underline{c}_{ki}^{RM}G_{ki}^{R}x_{ki}^{RM}q_i^{RM}+n_0^{RR}c_0^{RR}+\sum_{i\in S}c_{ii}^{RM}q_i^{RM}+\sum_{j\in M}c_{jj}^{RR}q_j^{RR}$$
$$+\left\lfloor\left(\sum_{j\in M}q_j^{RR}-n_0^{RR}Y^{RR}\right)\Big/Y_v^{RR}\right\rfloor v_0^{RR}+\sum_{j\in M}\left\lfloor\left(\sum_{i\in\underline{M}_j(\cdot)}q_i^{RM}-n_j^{RM}Y^{RM}\right)\Big/Y_v^{RM}\right\rfloor v_j^{RM}$$
$$+\sum_{j\in M\cup R}\sum_{\substack{k\in M\cup R\\ k\neq j}}\underline{c}_{kj}^{RR}G_{kj}^{R}x_{kj}^{RR}q_j^{RR}$$

S.t.　式（4-1）～式（4-5），式（4-7），式（4-8），式（4-12）～式（4-19），式（4-21），式（4-22），式（4-25）～式（4-34），式（4-54），式（4-66），式（4-68）

并行式运输：

$$\text{Min}\quad Z_{58}=h_0^{RR}E[\tilde{I}_0^{RR}]+p_0^{RR}E[\tilde{I}_0^{RR}]+\sum_{j\in M}h_j^{RM}E[\tilde{I}_j^{RM}]+n_0^{RR}c_0^{RR}$$
$$+\sum_{c\in f_0^{-1}}\sum_{k\in S\cup\bar{S}_c(\cdot)}\sum_{\substack{j\in S\cup\bar{S}_c(\cdot)\\ j\neq k}}\underline{c}_{kj}^{RR}G_{kj}^{R}x_{kj}^{RR}q_j^{RR}+\sum_{j\in M}p_j^{RM}E[\tilde{I}_j^{RM}]+\left(\left|\tilde{f}_m^{-1}\right|-n_0^{RR}\right)v_0^{RR}$$
$$+\sum_{j\in M}\sum_{d\in\tilde{f}_j^{-1}}\sum_{k\in\{j\}\cup\underline{\bar{M}}_{jd}(\cdot)}\sum_{\substack{i\in\{j\}\cup\underline{\bar{M}}_{jd}(\cdot)\\ i\neq k}}\underline{c}_{ki}^{RM}G_{ki}^{R}x_{ki}^{RM}q_i^{RM}+\sum_{j\in M}n_j^{RM}c_j^{RM}$$
$$+\sum_{j\in M}\left(\left|\tilde{f}_{Mj}^{-1}\right|-n_j^{RM}\right)v_j^{RM}+\sum_{i\in S}c_{ii}^{RM}q_i^{RM}+\sum_{j\in M}c_{jj}^{RR}q_j^{RR}$$

S.t.　式（4-3），式（4-4），式（4-7），式（4-12）～式（4-14），式（4-17），式（4-21），式（4-25）～式（4-30），式（4-32）～式（4-34），式（4-43）～式（4-46），式（4-49）～式（4-54），式（4-67），式（4-69）

4.4.7　基于随机市场、确定需求、第三方车辆配送的情形

本节在 4.4.5 节的基础上，假定市场为随机情形，于是 JMI 策略下的 RIRP 模型为

$$\text{Min}\quad Z_{59}=\text{Min}\{Z_{60},Z_{61}\}$$

串行式运输：

$$
\begin{aligned}
\text{Min}\quad Z_{60} = {} & h_0^{RR} I_0^{RR} + \sum_{j\in M} h_j^{RM} I_j^{RM} + p_0^{RR} l_0^{RR} + \sum_{j\in M} p_j^{RM} l_j^{RM} + \sum_{j\in M\cup R} \sum_{\substack{k\in M\cup R \\ k\neq j}} \underline{c}_{kj}^{RR} G_{kj}^{R} x_{kj}^{RR} q_j^{RR} \\
& + n_0^{RR} c_0^{RR} + \sum_{j\in M} n_j^{RM} c_j^{RM} + \sum_{j\in M} \sum_{k\in\{j\}\cup \underline{M}_j(\cdot)} \sum_{\substack{i\in\{j\}\cup \underline{M}_j(\cdot) \\ i\neq k}} \underline{c}_{ki}^{RM} G_{ki}^{R} x_{ki}^{RM} q_i^{RM} + \sum_{i\in S} c_{ii}^{RM} q_i^{RM} \\
& + \left\lfloor \left(\sum_{j\in M} q_j^{RR} - n_0^{RR} Y^{RR} \right) \Big/ Y_v^{RR} \right\rfloor v_0^{RR} + \sum_{j\in M} \left\lfloor \left(\sum_{i\in \underline{M}_j(\cdot)} q_i^{RM} - n_j^{RM} Y^{RM} \right) \Big/ Y_v^{RM} \right\rfloor v_j^{RM} \\
& + \sum_{j\in M} c_{jj}^{RR} q_j^{RR}
\end{aligned}
$$

S.t.　式（4-3），式（4-4），式（4-7），式（4-9），式（4-10），式（4-12）～式（4-14），式（4-17），式（4-21）～式（4-27），式（4-36）～式（4-40），式（4-55）～式（4-59），式（4-67）～式（4-68）

并行式运输：

$$
\begin{aligned}
\text{Min}\quad Z_{61} = {} & h_0^{RR} I_0^{RR} + p_0^{RR} l_0^{RR} + \sum_{j\in M} h_j^{RM} I_j^{RM} + \sum_{j\in M} p_j^{RM} l_j^{RM} \\
& + \sum_{c\in f_0^{-1}} \sum_{k\in S\cup \bar{S}_c(\cdot)} \sum_{\substack{j\in S\cup \bar{S}_c(\cdot) \\ j\neq k}} \underline{c}_{kj}^{RR} G_{kj}^{R} x_{kj}^{RR} q_j^{RR} + n_0^{RR} c_0^{RR} + \left(\left| \tilde{f}_m^{-1} \right| - n_0^{RR} \right) v_0^{RR} \\
& + \sum_{j\in M} \sum_{d\in \tilde{f}_j^{-1}} \sum_{k\in\{j\}\cup \overline{\underline{M}}_{jd}(\cdot)} \sum_{\substack{i\in\{j\}\cup \overline{\underline{M}}_{jd}(\cdot) \\ i\neq k}} \underline{c}_{ki}^{RM} G_{ki}^{R} x_{ki}^{RM} q_i^{RM} + \sum_{j\in M} n_j^{RM} c_j^{RM} \\
& + \sum_{j\in M} \left(\left| \tilde{f}_{Mj}^{-1} \right| - n_j^{RM} \right) v_j^{RM} + \sum_{i\in S} c_{ii}^{RM} q_i^{RM} + \sum_{j\in M} c_{jj}^{RR} q_j^{RR}
\end{aligned}
$$

S.t.　式（4-3），式（4-4），式（4-7），式（4-9），式（4-10），式（4-12）～式（4-14），式（4-17），式（4-21），式（4-23）～式（4-27），式（4-55）～式（4-64），式（4-67），式（4-69）

4.4.8　基于随机市场、不确定需求、第三方车辆配送的情形

本节在 4.4.6 节的基础上，假定市场为随机情形，于是 JMI 策略下的 RIRP 模型为

$$\text{Min}\quad Z_{62} = \text{Min}\left\{ Z_{63}, Z_{64} \right\}$$

串行式运输：

$$\text{Min}\quad Z_{63}=h_0^{RR}E[\tilde{I}_0^{RR}]+\sum_{j\in M}h_j^{RM}E[\tilde{I}_j^{RM}]+p_0^{RR}E[\tilde{l}_0^{RR}]+\sum_{j\in M}p_j^{RM}E[\tilde{l}_j^{RM}]+\sum_{j\in M}n_j^{RM}c_j^{RM}$$
$$+\sum_{j\in M}\sum_{k\in\{j\}\cup\underline{M}_j(\cdot)}\sum_{\substack{i\in\{j\}\cup\underline{M}_j(\cdot)\\ i\neq k}}\underline{c}_{ki}^{RM}G_{ki}^{R}x_{ki}^{RM}q_i^{RM}+n_0^{RR}c_0^{RR}+\sum_{i\in S}c_{ii}^{RM}q_i^{RM}+\sum_{j\in M}c_{jj}^{RR}q_j^{RR}$$
$$+\left\lceil\left(\sum_{j\in M}q_j^{RR}-n_0^{RR}Y^{RR}\right)\Big/Y_v^{RR}\right\rceil v_0^{RR}+\sum_{j\in M}\left\lceil\left(\sum_{i\in\underline{M}_j(\cdot)}q_i^{RM}-n_j^{RM}Y^{RM}\right)\Big/Y_v^{RM}\right\rceil v_j^{RM}$$
$$+\sum_{j\in M\cup R}\sum_{\substack{k\in M\cup R\\ k\neq j}}\underline{c}_{kj}^{RR}G_{kj}^{R}x_{kj}^{RR}q_j^{RR}$$

S.t.　式（4-1）～式（4-5），式（4-7），式（4-8），式（4-12）～式（4-14），式（4-17），式（4-21）～式（4-30），式（4-36）～式（4-40），式（4-65），式（4-66），式（4-68）

并行式运输：

$$\text{Min}\quad Z_{64}=h_0^{RR}E[\tilde{I}_0^{RR}]+p_0^{RR}E[\tilde{l}_0^{RR}]+\sum_{j\in M}h_j^{RM}E[\tilde{I}_j^{RM}]+n_0^{RR}c_0^{RR}$$
$$+\sum_{c\in f_0^{-1}}\sum_{k\in S\cup\bar{S}_c(\cdot)}\sum_{\substack{j\in S\cup\bar{S}_c(\cdot)\\ j\neq k}}\underline{c}_{kj}^{RR}G_{kj}^{R}x_{kj}^{RR}q_j^{RR}+\sum_{j\in M}p_j^{RM}E[\tilde{l}_j^{RM}]+\left(\left|\tilde{f}_m^{-1}\right|-n_0^{RR}\right)v_0^{RR}$$
$$+\sum_{j\in M}\sum_{d\in\tilde{f}_j^{-1}}\sum_{k\in\{j\}\cup\underline{\bar{M}}_{jd}(\cdot)}\sum_{\substack{i\in\{j\}\cup\underline{\bar{M}}_{jd}(\cdot)\\ i\neq k}}\underline{c}_{ki}^{RM}G_{ki}^{R}x_{ki}^{RM}q_i^{RM}+\sum_{j\in M}n_j^{RM}c_j^{RM}$$
$$+\sum_{j\in M}\left(\left|\tilde{f}_{Mj}^{-1}\right|-n_j^{RM}\right)v_j^{RM}+\sum_{i\in S}c_{ii}^{RM}q_i^{RM}+\sum_{j\in M}c_{jj}^{RR}q_j^{RR}$$

S.t.　式（4-3），式（4-4），式（4-7），式（4-12）～式（4-14），式（4-17），式（4-21），式（4-25）～式（4-30），式（4-32）～式（4-34），式（4-55）～式（4-58），式（4-60）～式（4-65），式（4-67），式（4-69）

4.5　多周期、单车辆、供应商管理库存策略下的库存路径问题

多周期、单车辆、VMI 策略下 RIRP 示意图如图 4-9 所示。

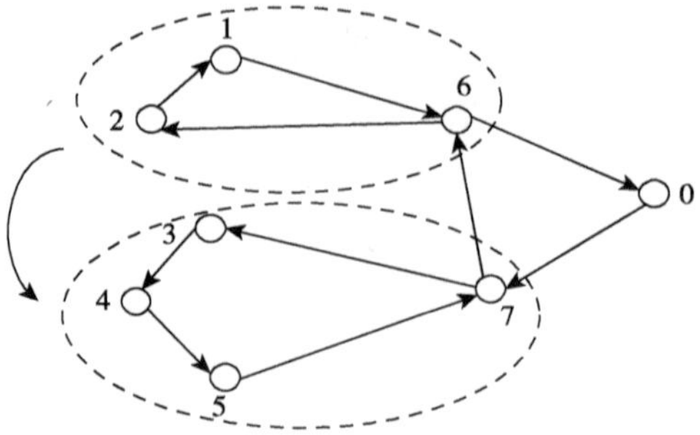

图 4-9　多周期、单车辆、VMI 策略下 RIRP 示意图

弧箭头代表多周期情形，其他同上

4.5.1　基于市场细分、确定需求、单阶段配送的情形

本节研究的是市场细分情形下的单阶段单车辆 RIRP，各个供应商的需求已知确定，整个供应链所采取的是 VMI 策略，问题是需要确定车辆的取货路线和与之对应的取货量，以达到最小化长期库存与运输成本的目的。

于是 VMI 策略下的单阶段 RIRP 主问题为

$$\text{Min}\quad Z_{65}=\sum_{t\in T}h_0^{RR}I_{0t}^{RR}+\sum_{t\in T}p_0^{RR}l_{0t}^{RR}+\sum_{j\in M\cup R}\sum_{\substack{k\in M\cup R\\k\neq j}}\sum_{t\in T}\underline{c}_{kj}^{RR}G_{kj}^{R}x_{kjt}^{RR}q_{jt}^{RR}+\sum_{j\in M}\sum_{t\in T}c_{jj}^{RR}q_{jt}^{RR}+Tc_0^{RR}$$

其中，$\sum_{t\in T}h_0^{RR}I_{0t}^{RR}$ 表示多周期单阶段单一零售商剩余库存的总存储成本；$\sum_{t\in T}p_0^{RR}l_{0t}^{RR}$ 表示多周期单阶段未满足单一零售商的总缺货成本；Tc_0^{RR} 表示多周期单阶段单一零售商向上游制造商调度车辆的固定成本；$\sum_{j\in M\cup R}\sum_{\substack{k\in M\cup R\\k\neq j}}\sum_{t\in T}\underline{c}_{kj}^{RR}G_{kj}^{R}x_{kjt}^{RR}q_{jt}^{RR}$ 表示多周期单阶段单一零售商向上游制造商取货的总运输成本与取货结束后车辆返回零售商处的空驶成本；$\sum_{j\in M}\sum_{t\in T}c_{jj}^{RR}q_{jt}^{RR}$ 表示多周期单阶段车辆向上游制造商取货时的总装货成本。

$$\text{S.t.}\quad \sum_{j\in M}x_{0jt}^{RR}=1,\quad t\in T \tag{4-70}$$

$$\sum_{j\in M}x_{j0t}^{RR}=1,\quad t\in T \tag{4-71}$$

$$\sum_{\substack{k\in M\cup R\\k\neq h}}x_{kht}^{RR}-\sum_{\substack{j\in M\cup R\\j\neq h}}x_{hjt}^{RR}=0,\quad t\in T \tag{4-72}$$

$$\sum_{\substack{k\in M\cup R\\k\neq j}} x_{kjt}^{RR}=1,\quad j\in M,\quad t\in T \tag{4-73}$$

$$\sum_{k\in M\cup R}\sum_{\substack{j\in M\cup R\\j\neq k}} x_{kjt}^{RR}\leqslant m+1,\quad t\in T \tag{4-74}$$

$$\sum_{j\in M} q_{jt}^{RR}\leqslant Y^{RR},\quad j\in M,\quad t\in T \tag{4-75}$$

$$I_{j,t-1}^{RR}+q_{jt}^{RR}\leqslant U_j^{RR},\quad j\in M,\quad t\in T \tag{4-76}$$

$$q_{jt}^{RR}-\sum_{k\in M\cup R} Y^{RR}x_{kjt}^{RR}\leqslant 0,\quad j\in M,\quad t\in T \tag{4-77}$$

$$l_{0t}^{RR}=\left(d_{0t}^{RR}-I_{0,t-1}^{RR}-q_{0t}^{RR}\right)^{+},\quad t\in T \tag{4-78}$$

$$l_{0t}^{RR}\leqslant L^{RR},\quad t\in T \tag{4-79}$$

$$d_{0t}^{RR}=\sum_{j\in M} d_{jt}^{RM},\quad t\in T \tag{4-80}$$

$$q_{0t}^{RR}=q_{jt}^{RM}=K,\quad j\in M,\quad t\in T \tag{4-81}$$

$$I_{00}^{RR}=I_0^{RR} \tag{4-82}$$

$$x_{kjt}^{RR}\in(0,1),\quad t\in T \tag{4-83}$$

$$q_{jt}^{RR}\in Z^{+},\quad j\in M,\quad t\in T \tag{4-84}$$

其中，约束（4-70）表示 t 时刻单一车辆离开零售商处向制造商处取货；约束（4-71）表示 t 时刻单一车辆从制造商处取完货返回零售商处；约束（4-72）表示 t 时刻任意到达制造商处的车辆在取完货后离开该制造商；约束（4-73）表示 t 时刻供应链中的制造商和零售商节点当且仅当被访问一次；约束（4-74）表示 t 时刻消除子车辆路线的生成；约束（4-75）表示 t 时刻零售商向制造商的取货量不超过车辆容量；约束（4-76）表示 t 时刻制造商的取货量不能超过制造商库存水平容量；约束（4-77）表示 t 时刻车辆只有经过制造商节点时才取货，保证了运输的可能性；约束（4-78）表示 t 时刻零售商的缺货数量表达式；约束（4-79）表示 t 时刻零售商的缺货数量不能超过其最大缺货数量；约束（4-80）表示 t 时刻制造商的需求量等于其相对应的上游供应商的需求量之和；约束（4-81）表示 t 时刻车辆空驶当量表达式；约束（4-82）表示 0 时刻零售商残余库存量表达式；约束（4-83）表示 t 时刻车辆调度路径为 0-1 整数变量；约束（4-84）表示 t 时刻零售商向上游制造商的取货量为整数。

而 VMI 策略下的单阶段 RIRP 子问题为对 $\forall j\in M$，则

$$\text{Min}\quad Z_{65j}=\sum_{t\in \mathrm{T}} h_j^{RM} I_{jt}^{RM}+\sum_{t\in T} p_j^{RM} l_{jt}^{RM}+Tc_j^{RM}+\sum_{k\in\{j\}\cup \underline{M}_j(\cdot)}\ \sum_{\substack{i\in\{j\}\cup \underline{M}_j(\cdot)\\i\neq k}}\ \sum_{t\in T} \underline{c}_{ki}^{RM} G_{ki}^{R} x_{kit}^{RM} q_{it}^{RM}$$

$$+\sum_{i\in S}\sum_{t\in T} c_{ii}^{RM} q_{it}^{RM}$$

其中，$\sum_{t\in T} h_j^{RM} I_{jt}^{RM}$ 表示多周期单阶段每一制造商剩余库存的总存储成本；$\sum_{t\in T} p_j^{RM} l_{jt}^{RM}$ 表示多周期单阶段未满足每一制造商的总缺货成本；Tc_j^{RM} 表示多周期单阶段每一制造商向上游供应商调度车辆的固定成本；$\sum_{k\in\{j\}\cup\underline{M}_j(\cdot)} \sum_{\substack{i\in\{j\}\cup\underline{M}_j(\cdot)\\ i\neq k}} \sum_{t\in T} \underline{c}_{ki}^{RM} G_{ki}^{R} x_{kit}^{RM} q_{it}^{RM}$ 表示多周期单阶段每一制造商向上游供应商取货的总运输成本与取货结束后车辆返回制造商处的空驶成本；$\sum_{i\in S}\sum_{t\in T} c_{ii}^{RM} q_{it}^{RM}$ 表示多周期单阶段车辆向上游供应商取货时的总装货成本。

S.t.
$$\sum_{i\in\underline{M}_j(\cdot)} x_{jit}^{RM} = 1,\quad j\in M,\quad t\in T \tag{4-85}$$
$$\sum_{i\in\underline{M}_j(\cdot)} x_{ijt}^{RM} = 1,\quad j\in M,\quad t\in T \tag{4-86}$$
$$\sum_{\substack{j\in M\cup R\\ j\neq h}} x_{jht}^{RM} - \sum_{\substack{i\in M\cup R\\ i\neq h}} x_{hit}^{RM} = 0,\quad t\in T \tag{4-87}$$
$$\sum_{\substack{k\in\{j\}\cup\underline{M}_j(\cdot)\\ k\neq i}} x_{kit}^{RM} = 1,\quad i\in S,\quad t\in T \tag{4-88}$$
$$\sum_{\substack{i\in\underline{M}_j(\cdot)\\ i\neq k}} \sum_{k\in\{j\}\cup\underline{M}_j(\cdot)} x_{kit}^{RM} \leqslant \left|\underline{M}_j(\cdot)\right| - 1,\quad j\in M,\quad t\in T \tag{4-89}$$
$$\sum_{i\in\underline{M}_j(\cdot)} q_{it}^{RM} \leqslant Y^{RM},\quad j\in M,\quad t\in T \tag{4-90}$$
$$I_{i,t-1}^{RM} + q_{it}^{RM} \leqslant U_i^{RM},\quad i\in S,\quad t\in T \tag{4-91}$$
$$q_{it}^{RM} - \sum_{j\in S\cup M} Y^{RM} x_{jit}^{RM} \leqslant 0,\quad i\in S,\quad t\in T \tag{4-92}$$
$$l_{jt}^{RM} = \left(d_{jt}^{RM} - I_{j,t-1}^{RM} - q_{jt}^{RM}\right)^{+},\quad j\in M,\quad t\in T \tag{4-93}$$
$$l_{jt}^{RM} \leqslant L^{RM},\quad j\in M,\quad t\in T \tag{4-94}$$
$$q_{0t}^{RR} = q_{jt}^{RM} = K,\quad j\in M,\quad t\in T \tag{4-95}$$
$$I_{j0}^{RM} = I_j^{RM},\quad j\in M \tag{4-96}$$
$$x_{jit}^{RM} \in (0,1),\quad t\in T \tag{4-97}$$
$$q_{it}^{RM} \in Z^{+},\quad i\in S,\quad t\in T \tag{4-98}$$

其中，约束（4-85）表示 t 时刻单一车辆离开制造商处向对应的供应商处取货；约束（4-86）表示 t 时刻单一车辆从供应商处取完货返回制造商处；约束（4-87）表示 t 时刻任意到达供应商处的车辆在取完货后离开该供应商；约束（4-88）表示 t 时刻供应链中的制造商和供应商节点当且仅当被访问一次；约束（4-89）表

示 t 时刻消除子车辆路线的生成；约束（4-90）表示 t 时刻制造商向供应商的取货量不超过车辆容量；约束（4-91）表示 t 时刻供应商的取货量不能超过制造商库存水平容量；约束（4-92）表示 t 时刻车辆只有经过供应商节点时才取货，保证了运输的可能性；约束（4-93）表示 t 时刻制造商的缺货数量表达式；约束（4-94）表示 t 时刻制造商的缺货数量不能超过其最大缺货数量；约束（4-95）表示 t 时刻车辆空驶当量表达式；约束（4-96）表示 0 时刻制造商残余库存量表达式；约束（4-97）表示 t 时刻车辆调度路径为 0-1 整数变量；约束（4-98）表示 t 时刻制造商向上游供应商的取货量为整数。

4.5.2　基于市场细分、不确定需求、单阶段配送的情形

本节研究的是单阶段单车辆情形下的 RIRP，各个供应商为随机需求，整个供应链所采取的是 VMI 策略，问题是需要确定车辆的取货路线和与之对应的取货量，以达到最小化长期库存与运输成本的目的。

于是该情形下的 VMI 策略主问题为

$$\text{Min}\quad Z_{66}=\sum_{t\in T}h_0^{RR}E[\tilde{I}_{0t}^{RR}]+\sum_{t\in T}p_0^{RR}E[\tilde{l}_{0t}^{RR}]+\sum_{j\in M\cup R}\sum_{\substack{k\in M\cup R\\ k\neq j}}\sum_{t\in T}\underline{c}_{kj}^{RR}G_{kj}^{R}x_{kjt}^{RR}q_{jt}^{RR}+Tc_0^{RR}$$

$$+\sum_{j\in M}\sum_{t\in T}c_{jj}^{RR}q_{jt}^{RR}$$

$$\text{S.t.}\quad E[\tilde{l}_{0t}^{RR}]=E\left(\tilde{d}_{0t}^{RR}-I_{0,t-1}^{RR}-q_{0t}^{RR}\right)^{+},\quad t\in T \tag{4-99}$$

$$E[\tilde{l}_{0t}^{RR}]\leqslant L^{RR},\quad t\in T \tag{4-100}$$

$$E[\tilde{d}_{0t}^{RR}]=\int_{\tilde{d}_{0t}^{RR}\in R^{+}}\tilde{d}_{jt}^{RR}f_d\left(\tilde{d}_{0t}^{RR}\right)\mathrm{d}\left(\tilde{d}_{0t}^{RR}\right),\quad t\in T \tag{4-101}$$

$$E[\tilde{d}_{0t}^{RR}]=\sum_{i\in\underline{M}_j(\cdot)}E[\tilde{d}_{it}^{RM}],\quad j\in M,\quad t\in T \tag{4-102}$$

式（4-70）～式（4-77），式（4-80）～式（4-84）

其中，约束（4-99）表示 t 时刻需求不确定时的零售商缺货数量表达式；约束（4-100）表示 t 时刻零售商的期望缺货量不能超过最大缺货水平；约束（4-101）表示 t 时刻零售商的不确定需求表达式；约束（4-102）表示 t 时刻零售商的需求量等于其相对应的上游制造商的需求量之和。

而 VMI 策略下的单阶段 RIRP 子问题为对 $\forall j\in M$，则

$$\text{Min} \quad Z_{66j} = \sum_{t \in T} h_j^{RM} E[\tilde{I}_{jt}^{RM}] + \sum_{t \in T} p_j^{RM} E[\tilde{l}_{jt}^{RM}] + \sum_{k \in \{j\} \cup \underline{M}_j(\cdot)} \sum_{\substack{i \in \{j\} \cup \underline{M}_j(\cdot) \\ i \neq k}} \sum_{t \in T} \underline{c}_{ki}^{RM} G_{ki}^{R} x_{kit}^{RM} q_{it}^{RM} + \sum_{i \in S} \sum_{t \in T} c_{ii}^{RM} q_{it}^{RM} + Tc_j^{RM}$$

$$\text{S.t.} \quad E[\tilde{l}_{jt}^{RM}] = E\left(\tilde{d}_{jt}^{RM} - I_{j,t-1}^{RM} - q_{jt}^{RM}\right)^{+}, \quad j \in M, \quad t \in T \tag{4-103}$$

$$E[\tilde{l}_{jt}^{RM}] \leqslant L^{RM}, \quad j \in M, \quad t \in T \tag{4-104}$$

$$E[\tilde{d}_{jt}^{RM}] = \int_{\tilde{d}_{jt}^{SR} \in R^{+}} \tilde{d}_{jt}^{RM} f_d\left(\tilde{d}_{jt}^{RM}\right) \mathrm{d}\left(\tilde{d}_{jt}^{RM}\right), \quad j \in M, \quad t \in T \tag{4-105}$$

式（4-85）～式（4-92），式（4-95）～式（4-98）

其中，约束（4-103）表示 t 时刻需求不确定时的制造商缺货数量表达式；约束（4-104）表示 t 时刻制造商的期望缺货量不能超过最大缺货水平；约束（4-105）表示 t 时刻制造商的不确定需求表达式。

4.5.3 基于随机市场、确定需求、单阶段配送的情形

本节所研究的是随机市场情形下的单阶段、单车辆 RIRP，各个供应商的需求已知确定，整个供应链所采取的是 VMI 策略，问题是需要确定车辆的取货路线和与之对应的取货量，以达到最小化长期库存与运输成本的目的。

于是 VMI 策略下的单阶段 RIRP 主问题为

$$\text{Min} \quad Z_{67} = \sum_{t \in T} h_0^{RR} I_{0t}^{RR} + \sum_{t \in T} p_0^{RR} l_{0t}^{RR} + \sum_{j \in M \cup R} \sum_{\substack{k \in M \cup R \\ k \neq j}} \sum_{t \in T} \underline{c}_{kj}^{RR} G_{kj}^{R} x_{kjt}^{RR} q_{jt}^{RR} + \sum_{j \in M} \sum_{t \in T} c_{jj}^{RR} q_{jt}^{RR} + Tc_0^{RR}$$

$$\text{S.t.} \quad d_{0t}^{RR} = \sum_{j \in M} d_{jt}^{RM}, \quad t \in T \tag{4-106}$$

式（4-70）～式（4-79），式（4-81）～式（4-84）

其中，约束（4-106）表示 t 时刻零售商的需求量等于其分区后的上游制造商需求量之和。

而 VMI 策略下的单阶段 RIRP 子问题为对 $\forall j \in M$，则

$$\text{Min} \quad Z_{67j} = \sum_{t \in T} h_j^{RM} I_{jt}^{RM} + \sum_{t \in T} p_j^{RM} l_{jt}^{RM} + Tc_j^{RM} + \sum_{k \in \{j\} \cup \underline{M}_j(\cdot)} \sum_{\substack{i \in \{j\} \cup \underline{M}_j(\cdot) \\ i \neq k}} \sum_{t \in T} \underline{c}_{ki}^{RM} G_{ki}^{R} x_{kit}^{RM} q_{it}^{RM} + \sum_{i \in S} \sum_{t \in T} c_{ii}^{RM} q_{it}^{RM}$$

$$\text{S.t.} \quad \sum_{i \in S} x_{jit}^{RM} = 1, \quad j \in M, \quad t \in T \tag{4-107}$$

$$\sum_{i\in S} x_{ijt}^{RM} = 1, \quad j\in M, \quad t\in T \tag{4-108}$$

$$\sum_{\substack{k\in S\cup M \\ i\neq k}} x_{kit}^{RM} = 1, \quad i\in S, \quad t\in T \tag{4-109}$$

$$\sum_{\substack{i\in \widetilde{M}_j(\cdot) \\ i\neq k}} \sum_{k\in\{j\}\cup \widetilde{M}_j(\cdot)} x_{kit}^{RM} \leqslant \left|\underline{M}_j(\cdot)\right| - 1, \quad j\in M, \quad t\in T \tag{4-110}$$

$$\sum_{i\in \widetilde{M}_j(\cdot)} q_{it}^{RM} \leqslant Y^{RM}, \quad j\in M, \quad t\in T \tag{4-111}$$

式（4-87），式（4-91）～式（4-98）

其中，约束（4-107）表示 t 时刻单一车辆离开制造商处向分区后的上游供应商取货；约束（4-108）表示 t 时刻单一车辆从供应商处取完货返回制造商处；约束（4-109）表示 t 时刻任意到达供应商处的车辆在取完货后离开该供应商；约束（4-110）表示 t 时刻消除子车辆路线的生成；约束（4-111）表示 t 时刻制造商向分区后的上游供应商的取货量不能超过车辆容量。

4.5.4 基于随机市场、不确定需求、单阶段配送的情形

本节所研究的是随机市场情形下的单阶段、单车辆 RIRP，各个供应商的需求不确定，整个供应链所采取的是 VMI 策略，问题是需要确定车辆的取货路线和与之对应的取货量，以达到最小化长期库存与运输成本的目的。

于是 VMI 策略下的单阶段 RIRP 主问题为

$$\text{Min} \quad Z_{68} = \sum_{t\in T} h_0^{RR} E[\tilde{I}_{0t}^{RR}] + \sum_{t\in T} p_0^{RR} E[\tilde{I}_{0t}^{RR}] + \sum_{j\in M\cup R} \sum_{\substack{k\in M\cup R \\ k\neq j}} \sum_{t\in T} \underline{c}_{kj}^{RR} G_{kj}^{R} x_{kjt}^{RR} q_{jt}^{RR} + Tc_0^{RR} + \sum_{j\in M} \sum_{t\in T} c_{jj}^{RR} q_{jt}^{RR}$$

$$\text{S.t.} \quad E[\tilde{d}_{0t}^{RR}] = \sum_{j\in M} E[\tilde{d}_{jt}^{RM}], \quad t\in T \tag{4-112}$$

式（4-70）～式（4-77），式（4-80）～式（4-84），式（4-99）～式（4-102）

其中，约束（4-112）表示 t 时刻零售商的需求量等于其分区后的上游制造商的需求量之和。

而 VMI 策略下的单阶段 RIRP 子问题为对 $\forall j\in M$，则

$$\text{Min} \quad Z_{68j} = \sum_{t\in T} h_j^{RM} E[\tilde{I}_{jt}^{RM}] + \sum_{t\in T} p_j^{RM} E[\tilde{l}_{jt}^{RM}] + \sum_{k\in\{j\}\cup \underline{M}_j(\cdot)} \sum_{\substack{i\in\{j\}\cup \underline{M}_j(\cdot) \\ i\neq k}} \sum_{t\in T} \underline{c}_{ki}^{RM} G_{ki}^{R} x_{kit}^{RM} q_{it}^{RM} + \sum_{i\in S} \sum_{t\in T} c_{ii}^{RM} q_{it}^{RM} + Tc_j^{RM}$$

S.t.　式（4-85）～式（4-92），式（4-95）～式（4-98），式（4-103）～式（4-105）

4.5.5　基于市场细分、确定需求、多阶段配送的情形

本节研究的是市场细分情形下的多阶段、单车辆 RIRP，各个供应商的需求已知确定，整个供应链所采取的是 VMI 策略，问题是需要确定车辆的取货路线和与之对应的取货量，以达到最小化长期库存与运输成本的目的。

于是 VMI 策略下的多阶段 RIRP 主问题为

$$\text{Min}\quad Z_{69}=\sum_{t\in\left\lfloor T/T_0^{RR}\right\rfloor}h_0^{RR}I_{0t}^{RR}+\sum_{t\in\left\lfloor T/T_0^{RR}\right\rfloor}p_0^{RR}l_{0t}^{RR}+\sum_{j\in M\cup R}\sum_{\substack{k\in M\cup R\\k\neq j}}\sum_{t\in\left\lfloor T/T_0^{RR}\right\rfloor}\underline{c}_{kj}^{RR}G_{kj}^{R}x_{kjt}^{RR}q_{jt}^{RR}$$

$$+\sum_{j\in M}\sum_{t\in\left\lfloor T/T_0^{RR}\right\rfloor}c_{jj}^{RR}q_{jt}^{RR}+\left\lfloor T/T_0^{RR}\right\rfloor c_0^{RR}$$

其中，$\sum_{t\in\left\lfloor T/T_0^{RR}\right\rfloor}h_0^{RR}I_{0t}^{RR}$ 表示多周期多阶段单一零售商剩余库存的总存储成本；$\sum_{t\in\left\lfloor T/T_0^{RR}\right\rfloor}p_0^{RR}l_{0t}^{RR}$ 表示多周期多阶段未满足单一零售商的总缺货成本；$\left\lfloor T/T_0^{RR}\right\rfloor c_0^{RR}$ 表示多周期多阶段单一零售商向其上游制造商企业调度车辆的固定成本；$\sum_{j\in M\cup R}\sum_{\substack{k\in M\cup R\\k\neq j}}\sum_{t\in\left\lfloor T/T_0^{RR}\right\rfloor}\underline{c}_{kj}^{RR}G_{kj}^{R}x_{kjt}^{RR}q_{jt}^{RR}$ 表示多周期多阶段单一零售商向上游制造商取货的总运输成本与取货结束后车辆返回零售商处的空驶成本；$\sum_{j\in M}\sum_{t\in\left\lfloor T/T_0^{RR}\right\rfloor}c_{jj}^{RR}q_{jt}^{RR}$ 表示多周期多阶段车辆向上游制造商取货时的总装货成本。

$$\text{S.t.}\quad \sum_{j\in M}x_{0jt}^{RR}=1,\quad t\in\left\lfloor T/T_0^{RR}\right\rfloor \tag{4-113}$$

$$\sum_{j\in M}x_{j0t}^{RR}=1,\quad t\in\left\lfloor T/T_0^{RR}\right\rfloor \tag{4-114}$$

$$\sum_{\substack{k\in M\cup R\\k\neq h}}x_{kht}^{RR}-\sum_{\substack{j\in M\cup R\\j\neq h}}x_{hjt}^{RR}=0,\quad t\in\left\lfloor T/T_0^{RR}\right\rfloor \tag{4-115}$$

$$\sum_{\substack{k\in M\cup R\\k\neq j}}x_{kjt}^{RR}=1,\quad j\in M,\quad t\in\left\lfloor T/T_0^{RR}\right\rfloor \tag{4-116}$$

$$\sum_{k\in M\cup R}\sum_{\substack{j\in M\cup R\\ j\neq k}} x_{kjt}^{RR} \leqslant m+1,\quad t\in\left\lfloor T \big/ T_0^{RR} \right\rfloor \tag{4-117}$$

$$\sum_{j\in M} q_{jt}^{RR} \leqslant Y^{RR},\quad j\in M,\quad t\in\left\lfloor T \big/ T_0^{RR} \right\rfloor \tag{4-118}$$

$$I_{j,t-1}^{RR} + q_{jt}^{RR} \leqslant U_j^{RR},\quad j\in M,\quad t\in\left\lfloor T \big/ T_0^{RR} \right\rfloor \tag{4-119}$$

$$q_{jt}^{RR} - \sum_{k\in M\cup R} Y^{RR} x_{kjt}^{RR} \leqslant 0,\quad j\in M,\quad t\in\left\lfloor T \big/ T_0^{RR} \right\rfloor \tag{4-120}$$

$$l_{0t}^{RR} = \left(d_{0t}^{RR} - I_{0,t-1}^{RR} - q_{0t}^{RR}\right)^{+},\quad t\in\left\lfloor T \big/ T_0^{RR} \right\rfloor \tag{4-121}$$

$$l_{0t}^{RR} \leqslant L^{RR},\quad t\in\left\lfloor T \big/ T_0^{RR} \right\rfloor \tag{4-122}$$

$$d_{0t}^{RR} = \sum_{j\in M}\sum_{t'=\left\lfloor T_0^{RR} / T_j^{RM} \right\rfloor t - \left\lfloor T_0^{RR} / T_j^{RM} \right\rfloor + 1}^{\left\lfloor T_0^{RR} / T_j^{RM} \right\rfloor t} d_{jt'}^{RM},\quad t\in\left\lfloor T \big/ T_0^{RR} \right\rfloor,\quad t'\leqslant\left\lfloor T \big/ T_j^{RM} \right\rfloor \tag{4-123}$$

$$q_{0t}^{RR} = q_{jt}^{RM} = K,\quad j\in M,\quad t\in\left\lfloor T \big/ T_j^{RM} \right\rfloor \tag{4-124}$$

$$I_{00}^{RR} = I_{00}^{RR} \tag{4-125}$$

$$x_{kjt}^{RR} \in (0,1),\quad t\in\left\lfloor T \big/ T_0^{RR} \right\rfloor \tag{4-126}$$

$$q_{jt}^{RR} \in Z^{+},\quad j\in M,\quad t\in\left\lfloor T \big/ T_0^{RR} \right\rfloor \tag{4-127}$$

其中，约束（4-113）表示多阶段时刻单一车辆从零售商处离开向制造商处取货；约束（4-114）表示多阶段时刻单一车辆从制造商处取完货返回零售商处；约束（4-115）表示多阶段时刻任意到达制造商处的车辆在取完货后离开该制造商；约束(4-116)表示多阶段时刻供应链中的制造商和零售商节点当且仅当被访问一次；约束（4-117）表示多阶段时刻消除子车辆路线的生成；约束（4-118）表示多阶段时刻零售商向制造商的取货量不超过车辆容量；约束（4-119）表示多阶段时刻制造商的取货量不能超过制造商库存水平容量；约束（4-120）表示多阶段时刻车辆只有经过制造商节点时才取货，保证了运输的可能性；约束（4-121）表示多阶段时刻零售商的缺货数量表达式；约束（4-122）表示多阶段时刻零售商的缺货数量不能超过其最大缺货数量；约束（4-123）表示多阶段时刻制造商的需求量等于其相对应的上游供应商的需求量之和；约束（4-124）表示多阶段时刻车辆空驶当量表达式；约束（4-125）表示 0 时刻零售商残余库存量表达式；约束（4-126）表示多阶段时刻车辆调度路径为 0-1 整数变量；约束（4-127）表示多阶段时刻零售商向上游制造商的取货量为整数。

而 VMI 策略下的多阶段 RIRP 子问题为对 $\forall j \in M$，则

$$\text{Min}\quad Z_{69j} = \sum_{t \in \left\lfloor T / T_j^{RM} \right\rfloor} h_j^{RM} I_{jt}^{RM} + \sum_{t \in \left\lfloor T / T_j^{RM} \right\rfloor} p_j^{RM} l_{jt}^{RM} + \sum_{k \in \{j\} \cup \underline{M}_j(\cdot)} \sum_{\substack{i \in \{j\} \cup \underline{M}_j(\cdot) \\ i \neq k}} \sum_{t \in \left\lfloor T / T_j^{RM} \right\rfloor} \underline{c}_{ki}^{RM} G_{ki}^{R} x_{kit}^{RM} q_{it}^{RM} + \sum_{i \in S} \sum_{t \in \left\lfloor T / T_j^{RM} \right\rfloor} c_{ii}^{RM} q_{it}^{RM} + \left\lfloor T / T_j^{RM} \right\rfloor c_j^{RM}$$

其中，$\sum_{t \in \left\lfloor T / T_j^{RM} \right\rfloor} h_j^{RM} I_{jt}^{RM}$ 表示多周期多阶段每一制造商剩余库存的总存储成本；$\sum_{t \in \left\lfloor T / T_j^{RM} \right\rfloor} p_j^{RM} l_{jt}^{RM}$ 表示多周期多阶段未满足每一制造商的总缺货成本；$\left\lfloor T / T_j^{RM} \right\rfloor c_j^{RM}$ 表示多周期多阶段每一制造商向其上游供应商企业调度车辆的固定成本；$\sum_{k \in \{j\} \cup \underline{M}_j(\cdot)} \sum_{\substack{i \in \{j\} \cup \underline{M}_j(\cdot) \\ i \neq k}} \sum_{t \in \left\lfloor T / T_j^{RM} \right\rfloor} \underline{c}_{ki}^{RM} G_{ki}^{R} x_{kit}^{RM} q_{it}^{RM}$ 表示多周期多阶段每一制造商向上游供应商取货的总运输成本与取货结束后车辆返回制造商处的空驶成本；$\sum_{i \in S} \sum_{t \in \left\lfloor T / T_j^{RM} \right\rfloor} c_{ii}^{RM} q_{it}^{RM}$ 表示多周期多阶段车辆向上游供应商取货时的总装货成本。

$$\text{S.t.}\quad \sum_{i \in \underline{M}_j(\cdot)} x_{jit}^{RM} = 1, \quad j \in M, \quad t \in \left\lfloor T / T_j^{RM} \right\rfloor \tag{4-128}$$

$$\sum_{i \in \underline{M}_j(\cdot)} x_{ijt}^{RM} = 1, \quad j \in M, \quad t \in \left\lfloor T / T_j^{RM} \right\rfloor \tag{4-129}$$

$$\sum_{\substack{j \in M \cup R \\ j \neq h}} x_{jht}^{RM} - \sum_{\substack{i \in M \cup R \\ i \neq h}} x_{hit}^{RM} = 0, \quad t \in \left\lfloor T / T_j^{RM} \right\rfloor \tag{4-130}$$

$$\sum_{\substack{k \in \{j\} \cup \underline{M}_j(\cdot) \\ i \neq k}} x_{kit}^{RM} = 1, \quad i \in S, \quad t \in \left\lfloor T / T_j^{RM} \right\rfloor \tag{4-131}$$

$$\sum_{\substack{i \in \underline{M}_j(\cdot) \\ i \neq k}} \sum_{k \in \{j\} \cup \underline{M}_j(\cdot)} x_{kit}^{RM} \leqslant \left| \underline{M}_j(\cdot) \right| - 1, \quad j \in M, \quad t \in \left\lfloor T / T_j^{RM} \right\rfloor \tag{4-132}$$

$$\sum_{i\in \underline{M}_j(\cdot)} q_{it}^{RM} \leqslant Y^{RM},\quad j\in M,\quad t\in \left\lfloor T/T_j^{RM} \right\rfloor \tag{4-133}$$

$$I_{i,t-1}^{RM} + q_{it}^{RM} \leqslant U_i^{RM},\quad i\in S,\quad t\in \left\lfloor T/T_j^{RM} \right\rfloor \tag{4-134}$$

$$q_{it}^{RM} - \sum_{j\in S\cup M} Y^{RM} x_{jit}^{RM} \leqslant 0,\quad i\in S,\quad t\in \left\lfloor T/T_j^{RM} \right\rfloor \tag{4-135}$$

$$l_{jt}^{RM} = \left(d_{jt}^{RM} - I_{j,t-1}^{RM} - q_{jt}^{RM}\right)^{+},\quad j\in M,\quad t\in \left\lfloor T/T_j^{RM} \right\rfloor \tag{4-136}$$

$$l_{jt}^{RR} \leqslant L^{RM},\quad j\in M,\quad t\in \left\lfloor T/T_j^{RM} \right\rfloor \tag{4-137}$$

$$q_{0t}^{RR} = q_{jt}^{RM} = K,\quad j\in M,\quad t\in \left\lfloor T/T_j^{RM} \right\rfloor \tag{4-138}$$

$$I_{j0}^{RM} = I_j^{RM},\quad j\in M \tag{4-139}$$

$$x_{jit}^{RM} \in (0,1),\quad t\in \left\lfloor T/T_j^{RM} \right\rfloor \tag{4-140}$$

$$q_{it}^{RM} \in Z^{+},\quad i\in S,\quad t\in \left\lfloor T/T_j^{RM} \right\rfloor \tag{4-141}$$

其中，约束（4-128）表示多阶段时刻单一车辆离开制造商处向对应的供应商处取货；约束（4-129）表示多阶段时刻单一车辆从供应商处取完货返回制造商处；约束（4-130）表示多阶段时刻任意到达供应商处的车辆在取完货后离开该供应商；约束（4-131）表示多阶段时刻供应链中的制造商和供应商节点当且仅当被访问一次；约束（4-132）表示多阶段时刻消除子车辆路线的生成；约束（4-133）表示多阶段时刻制造商向供应商的取货量不超过车辆容量；约束（4-134）表示多阶段时刻供应商的取货量不能超过制造商库存水平容量；约束（4-135）表示多阶段时刻车辆只有经过供应商节点时才取货，保证了运输的可能性；约束（4-136）表示多阶段时刻制造商的缺货数量表达式；约束（4-137）表示多阶段时刻制造商的缺货数量不能超过其最大缺货数量；约束（4-138）表示多阶段时刻车辆空驶当量表达式；约束（4-139）表示 0 时刻制造商残余库存量表达式；约束（4-140）表示多阶段时刻车辆调度路径为 0-1 整数变量；约束（4-141）表示多阶段时刻制造商向上游供应商的取货量为整数。

4.5.6　基于市场细分、不确定需求、多阶段配送的情形

本节研究的是多阶段单车辆情形下的 RIRP，各个供应商为随机需求，整个供

应链所采取的是 VMI 策略，问题是需要确定车辆的取货路线和与之对应的取货量，以达到最小化长期库存与运输成本的目的。

于是 VMI 策略下的多阶段 RIRP 主问题为

$$\text{Min}\quad Z_{70}=\sum_{t\in\left\lfloor T/T_0^{RR}\right\rfloor} h_0^{RR}E\left[\tilde{I}_{0t}^{RR}\right]+\sum_{t\in\left\lfloor T/T_0^{RR}\right\rfloor} p_0^{RR}E\left[\tilde{l}_{0t}^{RR}\right]+\sum_{j\in M\cup R}\sum_{\substack{k\in M\cup R\\k\neq j}}\sum_{t\in\left\lfloor T/T_0^{RR}\right\rfloor}\underline{c}_{kj}^{RR}G_{kj}^{R}x_{kjt}^{RR}q_{jt}^{RR}$$

$$+\sum_{j\in M}\sum_{t\in\left\lfloor T/T_0^{RR}\right\rfloor}c_{jj}^{RR}q_{jt}^{RR}+\left\lfloor T/T_0^{RR}\right\rfloor c_0^{RR}$$

$$\text{S.t.}\quad E\left[\tilde{l}_{0t}^{RR}\right]=E\left(\tilde{d}_{0t}^{RR}-I_{0,t-1}^{RR}-q_{0t}^{RR}\right)^{+},\quad t\in\left\lfloor T/T_0^{RR}\right\rfloor \tag{4-142}$$

$$E\left[\tilde{l}_{0t}^{RR}\right]\leqslant L^{RR},\quad t\in\left\lfloor T/T_0^{RR}\right\rfloor \tag{4-143}$$

$$E\left[\tilde{d}_{0t}^{RR}\right]=\int_{\tilde{d}_{0t}^{RR}\in R^{+}}\tilde{d}_{jt}^{RR}f_d\left(\tilde{d}_{0t}^{RR}\right)\mathrm{d}\left(\tilde{d}_{0t}^{RR}\right),\quad t\in\left\lfloor T/T_0^{RR}\right\rfloor \tag{4-144}$$

$$E\left[\tilde{d}_{0t}^{RR}\right]=\sum_{j\in M}\sum_{t'=\left\lfloor T_0^{RR}/T_j^{RM}\right\rfloor t-\left\lfloor T_0^{RR}/T_j^{RM}\right\rfloor+1}^{\left\lfloor T_0^{RR}/T_j^{RM}\right\rfloor t}E\left[\tilde{d}_{jt'}^{RM}\right],\quad t\in\left\lfloor T/T_0^{RR}\right\rfloor,\quad t'\leqslant\left\lfloor T/T_j^{RM}\right\rfloor \tag{4-145}$$

式（4-113）～式（4-120），式（4-123）～式（4-127）

其中，约束（4-142）表示多阶段时刻需求不确定时的零售商缺货数量表达式；约束（4-143）表示多阶段时刻零售商的期望缺货量不能超过最大缺货水平；约束（4-144）表示多阶段时刻零售商的不确定需求表达式；约束（4-145）表示多阶段时刻零售商的需求量等于其相对应的上游制造商的需求量之和。

而 VMI 策略下的多阶段 RIRP 子问题为对 $\forall j\in M$ ，则

$$\text{Min}\quad Z_{70j}=\sum_{t\in\left\lfloor T/T_j^{RM}\right\rfloor}h_j^{RM}E\left[\tilde{I}_{jt}^{RM}\right]+\sum_{t\in\left\lfloor T/T_j^{RM}\right\rfloor}p_j^{RM}E\left[\tilde{l}_{jt}^{RM}\right]$$

$$+\sum_{k\in\{j\}\cup\underline{M}_j(\cdot)}\sum_{\substack{i\in\{j\}\cup\underline{M}_j(\cdot)\\i\neq k}}\sum_{t\in\left\lfloor T/T_j^{RM}\right\rfloor}\underline{c}_{ki}^{RM}G_{ki}^{R}x_{kit}^{RM}q_{it}^{RM}$$

$$+\sum_{i\in S}\sum_{t\in\left\lfloor T/T_j^{RM}\right\rfloor}c_{ii}^{RM}q_{it}^{RM}+\left\lfloor T/T_j^{RM}\right\rfloor c_j^{RM}$$

$$\text{S.t.}\quad E\left[\tilde{l}_{jt}^{RM}\right]=E\left(\tilde{d}_{jt}^{RM}-I_{j,t-1}^{RM}-q_{jt}^{RM}\right)^{+},\quad j\in M,\quad t\in\left\lfloor T/T_j^{RM}\right\rfloor \tag{4-146}$$

$$E\left[\tilde{l}_{jt}^{RM}\right] \leqslant L^{RM}, \quad j \in M, \quad t \in \left\lfloor T \big/ T_j^{RM} \right\rfloor \tag{4-147}$$

$$E\left[\tilde{d}_{jt}^{RM}\right] = \int_{\tilde{d}_{jt}^{SR} \in R^+} \tilde{d}_{jt}^{RM} f_d\left(\tilde{d}_{jt}^{RM}\right) \mathrm{d}\left(\tilde{d}_{jt}^{RM}\right), \quad j \in M, \quad t \in \left\lfloor T \big/ T_j^{RM} \right\rfloor \tag{4-148}$$

式（4-128）～式（4-135），式（4-138）～式（4-141）

其中，约束（4-146）表示多阶段时刻需求不确定时的制造商缺货数量表达式；约束（4-147）表示多阶段时刻制造商的期望缺货量不能超过最大缺货水平；约束（4-148）表示多阶段时刻制造商的不确定需求表达式。

4.5.7 基于随机市场、确定需求、多阶段配送的情形

本节所研究的是随机市场情形下的多阶段单车辆 RIRP，各个供应商的需求不确定，整个供应链所采取的是 VMI 策略，问题是需要确定车辆的取货路线和与之对应的取货量，以达到最小化长期库存与运输成本的目的。

于是 VMI 策略下的多阶段 RIRP 主问题为

$$\begin{aligned} \text{Min} \quad Z_{71} = & \sum_{t \in \left\lfloor T / T_0^{RR} \right\rfloor} h_0^{RR} I_{0t}^{RR} + \sum_{t \in \left\lfloor T / T_0^{RR} \right\rfloor} p_0^{RR} l_{0t}^{RR} + \sum_{j \in M \cup R} \sum_{\substack{k \in M \cup R \\ k \neq j}} \sum_{t \in \left\lfloor T / T_0^{RR} \right\rfloor} \underline{c}_{kj}^{RR} G_{kj}^{R} x_{kjt}^{RR} q_{jt}^{RR} \\ & + \sum_{j \in M} \sum_{t \in \left\lfloor T / T_0^{RR} \right\rfloor} c_{jj}^{RR} q_{jt}^{RR} + \left\lfloor T \big/ T_0^{RR} \right\rfloor c_0^{RR} \end{aligned}$$

$$\text{S.t.} \quad d_{0t}^{RR} = \sum_{j \in M} \sum_{t' = \left\lfloor T_0^{RR} / T_j^{RM} \right\rfloor t - \left\lfloor T_0^{RR} / T_j^{RM} \right\rfloor + 1}^{\left\lfloor T_0^{RR} / T_j^{RM} \right\rfloor t} d_{jt'}^{RM}, \quad t \in \left\lfloor T \big/ T_0^{RR} \right\rfloor, \quad t' \leqslant \left\lfloor T \big/ T_j^{RM} \right\rfloor \tag{4-149}$$

式（4-113）～式（4-122），式（4-124）～式（4-127）

其中，约束（4-149）表示多阶段时刻零售商需求量等于其分区后的上游制造商多阶段需求量之和。

而 VMI 策略下的多阶段 RIRP 子问题为对 $\forall j \in M$，则

$$\begin{aligned} \text{Min} \quad Z_{71j} = & \sum_{t \in \left\lfloor T / T_j^{RM} \right\rfloor} h_j^{RM} I_{jt}^{RM} + \sum_{t \in \left\lfloor T / T_j^{RM} \right\rfloor} p_j^{RM} l_{jt}^{RM} \\ & + \sum_{k \in \{j\} \cup \underline{M}_j(\cdot)} \sum_{\substack{i \in \{j\} \cup \underline{M}_j(\cdot) \\ i \neq k}} \sum_{t \in \left\lfloor T / T_j^{RM} \right\rfloor} \underline{c}_{ki}^{RM} G_{ki}^{R} x_{kit}^{RM} q_{it}^{RM} + \sum_{i \in S} \sum_{t \in \left\lfloor T / T_j^{RM} \right\rfloor} c_{ii}^{RM} q_{it}^{RM} \\ & + \left\lfloor T \big/ T_j^{RM} \right\rfloor c_j^{RM} \end{aligned}$$

$$\text{S.t.}\quad \sum_{i\in S} x_{jit}^{RM}=1,\quad j\in M,\quad t\in\left\lfloor T\big/T_j^{RM}\right\rfloor \tag{4-150}$$

$$\sum_{i\in S} x_{ijt}^{RM}=1,\quad j\in M,\quad t\in\left\lfloor T\big/T_j^{RM}\right\rfloor \tag{4-151}$$

$$\sum_{\substack{k\in S\cup M\\ i\neq k}} x_{kit}^{RM}=1,\quad i\in S,\quad t\in\left\lfloor T\big/T_j^{RM}\right\rfloor \tag{4-152}$$

$$\sum_{\substack{i\in\underline{\widetilde{M}}_j(\cdot)\\ i\neq k}}\ \sum_{k\in\{j\}\cup\underline{\widetilde{M}}_j(\cdot)} x_{kit}^{RM}\leqslant\left|\underline{M}_j(\cdot)\right|-1,\quad j\in M,\quad t\in\left\lfloor T\big/T_j^{RM}\right\rfloor \tag{4-153}$$

$$\sum_{i\in\underline{\widetilde{M}}_j(\cdot)} q_{it}^{RM}\leqslant Y^{RM},\quad j\in M,\quad t\in\left\lfloor T\big/T_j^{RM}\right\rfloor \tag{4-154}$$

式（4-130），式（4-134）～式（4-141）

其中，约束（4-150）表示多阶段时刻单一车辆从制造商处离开向分区后的上游供应商处取货；约束（4-151）表示多阶段时刻单一车辆从供应商处取完货返回制造商处；约束（4-152）表示多阶段时刻任意到达供应商处的车辆在取完货后离开该供应商；约束（4-153）表示多阶段时刻消除子车辆路线的生成；约束（4-154）表示多阶段时刻制造商向分区后的上游供应商的取货量不能超过车辆容量。

4.5.8　基于随机市场、不确定需求、多阶段配送的情形

本节所研究的是随机市场情形下的多阶段单车辆 RIRP，各个供应商的需求不确定，整个供应链所采取的是 VMI 策略，问题是需要确定车辆的取货路线和与之对应的取货量，以达到最小化长期库存与运输成本的目的。

于是 VMI 策略下的多阶段 RIRP 主问题为

$$\text{Min}\quad Z_{72}=\sum_{t\in\left\lfloor T/T_0^{RR}\right\rfloor} h_0^{RR}E\left[\tilde{I}_{0t}^{RR}\right]+\sum_{t\in\left\lfloor T/T_0^{RR}\right\rfloor} p_0^{RR}E\left[\tilde{l}_{0t}^{RR}\right]+\sum_{j\in M\cup R}\ \sum_{\substack{k\in M\cup R\\ k\neq j}}\ \sum_{t\in\left\lfloor T/T_0^{RR}\right\rfloor}\underline{c}_{kj}^{RR}G_{kj}^{R}x_{kjt}^{RR}q_{jt}^{RR}$$
$$+\sum_{j\in M}\ \sum_{t\in\left\lfloor T/T_0^{RR}\right\rfloor} c_{jj}^{RR}q_{jt}^{RR}+\left\lfloor T\big/T_0^{RR}\right\rfloor c_0^{RR}$$

$$\text{S.t.}\quad E\left[\tilde{d}_{0t}^{RR}\right]=\sum_{j\in M}\ \sum_{t'=\left\lfloor T_0^{RR}/T_j^{RM}\right\rfloor t-\left\lfloor T_0^{RR}/T_j^{RM}\right\rfloor+1}^{\left\lfloor T_0^{RR}/T_j^{RM}\right\rfloor t} E\left[\tilde{d}_{jt'}^{RM}\right],\quad t\in\left\lfloor T\big/T_0^{RR}\right\rfloor,\quad t'\leqslant\left\lfloor T\big/T_j^{RM}\right\rfloor \tag{4-155}$$

式（4-113）～式（4-120），式（4-123）～式（4-127），式（4-142）～式（4-145）其中，约束（4-155）表示多阶段时刻零售商的需求量等于其分区后的上游制造商的需求量之和。

而 VMI 策略下的多阶段 RIRP 子问题为对 $\forall j \in M$，则

$$\text{Min}\quad Z_{72j} = \sum_{t \in \left\lfloor T / T_j^{RM} \right\rfloor} h_j^{RM} E\left[\tilde{I}_{jt}^{RM}\right] + \sum_{t \in \left\lfloor T / T_j^{RM} \right\rfloor} p_j^{RM} E\left[\tilde{l}_{jt}^{RM}\right]$$

$$+ \sum_{k \in \{j\} \cup \underline{M}_j(\cdot)} \sum_{\substack{i \in \{j\} \cup \underline{M}_j(\cdot) \\ i \neq k}} \sum_{t \in \left\lfloor T / T_j^{RM} \right\rfloor} \underline{c}_{ki}^{RM} G_{ki}^{R} x_{kit}^{RM} q_{it}^{RM}$$

$$+ \sum_{i \in S} \sum_{t \in \left\lfloor T / T_j^{RM} \right\rfloor} c_{ii}^{RM} q_{it}^{RM} + \left\lfloor T / T_j^{RM} \right\rfloor c_j^{RM}$$

S.t.　式（4-128）～式（4-135），式（4-138）～式（4-141），式（4-146）～式（4-148）

4.6 多周期、单车辆、联合库存管理策略下的库存路径问题

多周期、单车辆、JMI 策略下 RIRP 示意图如图 4-10 所示。

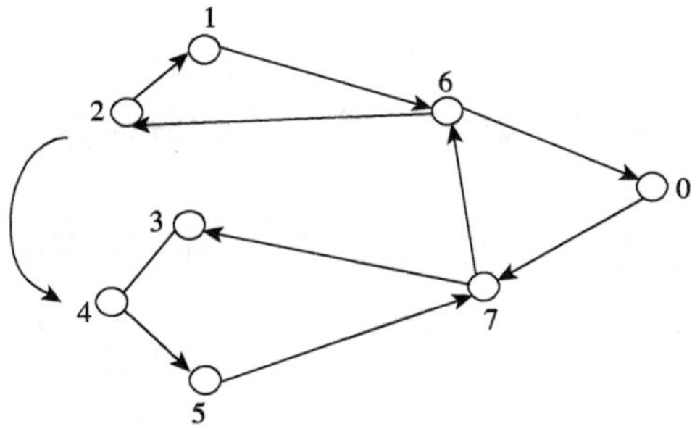

图 4-10　多周期、单车辆、JMI 策略下 RIRP 示意图

4.6.1 基于市场细分、确定需求、单阶段配送的情形

在供应商需求已知确定的情形下，JMI 策略下的单阶段 RIRP 为

$$\text{Min}\quad Z_{73}=\sum_{t\in T}h_0^{RR}I_{0t}^{RR}+\sum_{j\in M}\sum_{t\in T}h_j^{RM}I_{jt}^{RM}+\sum_{t\in T}p_0^{RR}l_{0t}^{RR}+\sum_{j\in M\cup R}\sum_{\substack{k\in M\cup R\\k\neq j}}\sum_{t\in T}\underline{c}_{kj}^{RR}G_{kj}^{R}x_{kjt}^{RR}q_{jt}^{RR}$$
$$+\sum_{j\in M}\sum_{t\in T}c_{jj}^{RR}q_{jt}^{RR}+\sum_{j\in M}\sum_{t\in T}p_j^{RM}l_{jt}^{RM}+Tc_0^{RR}+T\sum_{j\in M}c_j^{RM}$$
$$+\sum_{j\in M}\sum_{k\in\{j\}\cup\underline{M}_j(\cdot)}\sum_{\substack{i\in\{j\}\cup\underline{M}_j(\cdot)\\i\neq k}}\sum_{t\in T}\underline{c}_{ki}^{RM}G_{ki}^{R}x_{kit}^{RM}q_{it}^{RM}+\sum_{i\in S}\sum_{t\in T}c_{ii}^{RM}q_{it}^{RM}$$

S.t. 式（4-70）～式（4-98）

4.6.2 基于市场细分、不确定需求、单阶段配送的情形

在供应商需求不确定的情形下，JMI 策略下的单阶段 RIRP 为

$$\text{Min}\quad Z_{74}=\sum_{t\in T}h_0^{RR}E\left[\tilde{I}_{0t}^{RR}\right]+\sum_{j\in M}\sum_{t\in T}h_j^{RM}E\left[\tilde{I}_{jt}^{RM}\right]+\sum_{t\in T}p_0^{RR}E\left[\tilde{l}_{0t}^{RR}\right]$$
$$+\sum_{j\in M\cup R}\sum_{\substack{k\in M\cup R\\k\neq j}}\sum_{t\in T}\underline{c}_{kj}^{RR}G_{kj}^{R}x_{kjt}^{RR}q_{jt}^{RR}+Tc_0^{RR}+\sum_{j\in M}\sum_{t\in T}p_j^{RM}E\left[\tilde{l}_{jt}^{RM}\right]$$
$$+T\sum_{j\in M}c_j^{RM}+\sum_{j\in M}\sum_{k\in\{j\}\cup\underline{M}_j(\cdot)}\sum_{\substack{i\in\{j\}\cup\underline{M}_j(\cdot)\\i\neq k}}\sum_{t\in T}\underline{c}_{ki}^{RM}G_{ki}^{R}x_{kit}^{RM}q_{it}^{RM}$$
$$+\sum_{i\in S}\sum_{t\in T}c_{ii}^{RM}q_{it}^{RM}+\sum_{j\in M}\sum_{t\in T}c_{jj}^{RR}q_{jt}^{RR}$$

S.t. 式（4-70）～式（4-77），式（4-80）～式（4-92），式（4-95）～式（4-105）

4.6.3 基于随机市场、确定需求、单阶段配送的情形

在供应商需求确定且市场随机的情形下，JMI 策略下的单阶段 RIRP 为

$$\text{Min}\quad Z_{75}=\sum_{t\in T}h_0^{RR}I_{0t}^{RR}+\sum_{j\in M}\sum_{t\in T}h_j^{RM}I_{jt}^{RM}+\sum_{t\in T}p_0^{RR}l_{0t}^{RR}+\sum_{j\in M\cup R}\sum_{\substack{k\in M\cup R\\k\neq j}}\sum_{t\in T}\underline{c}_{kj}^{RR}G_{kj}^{R}x_{kjt}^{RR}q_{jt}^{RR}$$
$$+\sum_{j\in M}\sum_{t\in T}c_{jj}^{RR}q_{jt}^{RR}+\sum_{j\in M}\sum_{t\in T}p_j^{RM}l_{jt}^{RM}+Tc_0^{RR}+T\sum_{j\in M}c_j^{RM}$$
$$+\sum_{j\in M}\sum_{k\in\{j\}\cup\underline{M}_j(\cdot)}\sum_{\substack{i\in\{j\}\cup\underline{M}_j(\cdot)\\i\neq k}}\sum_{t\in T}\underline{c}_{ki}^{RM}G_{ki}^{R}x_{kit}^{RM}q_{it}^{RM}+\sum_{i\in S}\sum_{t\in T}c_{ii}^{RM}q_{it}^{RM}$$

S.t. 式（4-70）～式（4-79），式（4-81）～式（4-84），式（4-87），式（4-91）～式（4-98），式（4-106）～式（4-111）

4.6.4　基于随机市场、不确定需求、单阶段配送的情形

在供应商需求不确定且市场随机的情形下，JMI 策略下的单阶段 RIRP 为

$$\begin{aligned}\text{Min}\quad Z_{76}=&\sum_{t\in T}h_0^{RR}E\left[\tilde{I}_{0t}^{RR}\right]+\sum_{j\in M}\sum_{t\in T}h_j^{RM}E\left[\tilde{I}_{jt}^{RM}\right]+\sum_{t\in T}p_0^{RR}E\left[\tilde{l}_{0t}^{RR}\right]\\&+\sum_{j\in M\cup R}\sum_{\substack{k\in M\cup R\\k\neq j}}\sum_{t\in T}\underline{c}_{kj}^{RR}G_{kj}^{R}x_{kjt}^{RR}q_{jt}^{RR}+Tc_0^{RR}+\sum_{j\in M}\sum_{t\in T}p_j^{RM}E\left[\tilde{l}_{jt}^{RM}\right]\\&+T\sum_{j\in M}c_j^{RM}+\sum_{j\in M}\sum_{k\in\{j\}\cup\underline{M}_j(\cdot)}\sum_{\substack{i\in\{j\}\cup\underline{M}_j(\cdot)\\i\neq k}}\sum_{t\in T}\underline{c}_{ki}^{RM}G_{ki}^{R}x_{kit}^{RM}q_{it}^{RM}\\&+\sum_{i\in S}\sum_{t\in T}c_{ii}^{RM}q_{it}^{RM}+\sum_{j\in M}\sum_{t\in T}c_{jj}^{RR}q_{jt}^{RR}\end{aligned}$$

S.t.　式（4-70）～式（4-77），式（4-80）～式（4-92），式（4-95）～式（4-105），式（4-112）

4.6.5　基于市场细分、确定需求、多阶段配送的情形

在供应商需求已知确定的情形下，JMI 策略下的多阶段 RIRP 为

$$\begin{aligned}\text{Min}\quad Z_{77}=&\sum_{t\in\left\lfloor T/T_0^{RR}\right\rfloor}h_0^{RR}I_{0t}^{RR}+\sum_{j\in M}\sum_{t\in\left\lfloor T/T_j^{RM}\right\rfloor}h_j^{RM}I_{jt}^{RM}+\sum_{j\in M}\sum_{t\in\left\lfloor T/T_j^{RM}\right\rfloor}p_j^{RM}l_{jt}^{RM}\\&+\sum_{j\in M\cup R}\sum_{\substack{k\in M\cup R\\k\neq j}}\sum_{t\in\left\lfloor T/T_0^{RR}\right\rfloor}\underline{c}_{kj}^{RR}G_{kj}^{R}x_{kjt}^{RR}q_{jt}^{RR}+\sum_{t\in\left\lfloor T/T_0^{RR}\right\rfloor}p_0^{RR}l_{0t}^{RR}+\sum_{j\in M}\sum_{t\in\left\lfloor T/T_0^{RR}\right\rfloor}c_{jj}^{RR}q_{jt}^{RR}\\&+\sum_{j\in M}\sum_{k\in\{j\}\cup\underline{M}_j(\cdot)}\sum_{\substack{i\in\{j\}\cup\underline{M}_j(\cdot)\\i\neq k}}\sum_{t\in\left\lfloor T/T_j^{RM}\right\rfloor}\underline{c}_{ki}^{RM}G_{ki}^{R}x_{kit}^{RM}q_{it}^{RM}+\sum_{j\in M}\left\lfloor T/T_j^{RM}\right\rfloor c_j^{RM}\\&+\sum_{i\in S}\sum_{t\in\left\lfloor T/T_j^{RM}\right\rfloor}c_{ii}^{RM}q_{it}^{RM}+\left\lfloor T/T_0^{RR}\right\rfloor c_0^{RR}\end{aligned}$$

S.t.　式（4-113）～式（4-141）

4.6.6　基于市场细分、不确定需求、多阶段配送的情形

在供应商需求不确定的情形下，JMI 策略下的多阶段 RIRP 为

$$\text{Min}\quad Z_{78}=\sum_{t\in\left\lfloor T/T_0^{RR}\right\rfloor}h_0^{RR}E\left[\tilde{I}_{0t}^{RR}\right]+\sum_{j\in M}\sum_{t\in\left\lfloor T/T_j^{RM}\right\rfloor}h_j^{RM}E\left[\tilde{I}_{jt}^{RM}\right]+\sum_{t\in\left\lfloor T/T_0^{RR}\right\rfloor}p_0^{RR}E\left[\tilde{l}_{0t}^{RR}\right]$$
$$+\sum_{j\in M\cup R}\sum_{\substack{k\in M\cup R\\k\neq j}}\sum_{t\in\left\lfloor T/T_0^{RR}\right\rfloor}\sum_{t\in\left\lfloor T/T_0^{RR}\right\rfloor}\underline{c}_{kj}^{RR}G_{kj}^{R}x_{kjt}^{RR}q_{jt}^{RR}+\sum_{j\in M}\sum_{t\in\left\lfloor T/T_j^{RM}\right\rfloor}p_j^{RM}E\left[\tilde{l}_{jt}^{RM}\right]$$
$$+\left\lfloor T/T_0^{RR}\right\rfloor c_0^{RR}+\sum_{j\in M}\sum_{k\in\{j\}\cup\underline{M}_j(\cdot)}\sum_{\substack{i\in\{j\}\cup\underline{M}_j(\cdot)\\i\neq k}}\sum_{t\in\left\lfloor T/T_j^{RM}\right\rfloor}\underline{c}_{ki}^{RM}G_{ki}^{R}x_{kit}^{RM}q_{it}^{RM}$$
$$+\sum_{j\in M}\left\lfloor T/T_j^{RM}\right\rfloor c_j^{RM}+\sum_{j\in M}\sum_{t\in\left\lfloor T/T_0^{RR}\right\rfloor}c_{jj}^{RR}q_{jt}^{RR}+\sum_{i\in S}\sum_{t\in\left\lfloor T/T_j^{RM}\right\rfloor}c_{ii}^{RM}q_{it}^{RM}$$

S.t.　式(4-113)～式(4-120)，式(4-123)～式(4-135)，式(4-138)～式(4-148)

4.6.7　基于随机市场、确定需求、多阶段配送的情形

在供应商需求确定且市场随机的情形下，JMI 策略下的多阶段 RIRP 为

$$\text{Min}\quad Z_{79}=\sum_{t\in\left\lfloor T/T_0^{RR}\right\rfloor}h_0^{RR}I_{0t}^{RR}+\sum_{j\in M}\sum_{t\in\left\lfloor T/T_j^{RM}\right\rfloor}h_j^{RM}I_{jt}^{RM}+\sum_{j\in M}\sum_{t\in\left\lfloor T/T_j^{RM}\right\rfloor}p_j^{RM}l_{jt}^{RM}$$
$$+\sum_{j\in M\cup R}\sum_{\substack{k\in M\cup R\\k\neq j}}\sum_{t\in\left\lfloor T/T_0^{RR}\right\rfloor}\underline{c}_{kj}^{RR}G_{kj}^{R}x_{kjt}^{RR}q_{jt}^{RR}+\sum_{t\in\left\lfloor T/T_0^{RR}\right\rfloor}p_0^{RR}l_{0t}^{RR}+\sum_{j\in M}\sum_{t\in\left\lfloor T/T_0^{RR}\right\rfloor}c_{jj}^{RR}q_{jt}^{RR}$$
$$+\sum_{j\in M}\sum_{k\in\{j\}\cup\underline{M}_j(\cdot)}\sum_{\substack{i\in\{j\}\cup\underline{M}_j(\cdot)\\i\neq k}}\sum_{t\in\left\lfloor T/T_j^{RM}\right\rfloor}\underline{c}_{ki}^{RM}G_{ki}^{R}x_{kit}^{RM}q_{it}^{RM}+\sum_{j\in M}\left\lfloor T/T_j^{RM}\right\rfloor c_j^{RM}$$
$$+\sum_{i\in S}\sum_{t\in\left\lfloor T/T_j^{RM}\right\rfloor}c_{ii}^{RM}q_{it}^{RM}+\left\lfloor T/T_0^{RR}\right\rfloor c_0^{RR}$$

S.t.　式(4-113)～式(4-122)，式(4-124)～式(4-127)，式(4-130)，式(4-134)～式（4-141），式（4-149）～式（4-154）

4.6.8　基于随机市场、不确定需求、多阶段配送的情形

在供应商需求不确定且市场随机的情形下，JMI 策略下的多阶段 RIRP 为

$$\begin{aligned}\text{Min}\quad Z_{80} =& \sum_{t\in\left\lfloor T/T_0^{RR}\right\rfloor} h_0^{RR}E\left[\tilde{I}_{0t}^{RR}\right]+\sum_{j\in M}\sum_{t\in\left\lfloor T/T_j^{RM}\right\rfloor} h_j^{RM}E\left[\tilde{I}_{jt}^{RM}\right]+\sum_{t\in\left\lfloor T/T_0^{RR}\right\rfloor} p_0^{RR}E\left[\tilde{l}_{0t}^{RR}\right]\\&+\sum_{j\in M\cup R}\sum_{\substack{k\in M\cup R\\k\neq j}}\sum_{t\in\left\lfloor T/T_0^{RR}\right\rfloor}\underline{c}_{kj}^{RR}G_{kj}^{R}x_{kjt}^{RR}q_{jt}^{RR}+\sum_{j\in M}\sum_{t\in\left\lfloor T/T_j^{RM}\right\rfloor}p_j^{RM}E\left[\tilde{l}_{jt}^{RM}\right]\\&+\left\lfloor T/T_0^{RR}\right\rfloor c_0^{RR}+\sum_{j\in M}\sum_{k\in\{j\}\cup\underline{M}_j(\cdot)}\sum_{\substack{i\in\{j\}\cup\underline{M}_j(\cdot)\\i\neq k}}\sum_{t\in\left\lfloor T/T_j^{RM}\right\rfloor}\underline{c}_{ki}^{RM}G_{ki}^{R}x_{kit}^{RM}q_{it}^{RM}\\&+\sum_{j\in M}\left\lfloor T/T_j^{RM}\right\rfloor c_j^{RM}+\sum_{j\in M}\sum_{t\in\left\lfloor T/T_0^{RR}\right\rfloor}c_{jj}^{RR}q_{jt}^{RR}+\sum_{i\in S}\sum_{t\in\left\lfloor T/T_j^{RM}\right\rfloor}c_{ii}^{RM}q_{it}^{RM}\end{aligned}$$

S.t.　式(4-113)～式(4-120), 式(4-123)～式(4-135), 式(4-138)～式(4-148), 式(4-155)

4.7　多周期、多车辆、供应商管理库存策略下的库存路径问题

多周期、多车辆、VMI 策略下 RIRP 示意图（串行式运输、自有车辆情形）如图 4-11 所示。多周期、多车辆、VMI 策略下 RIRP 示意图（串行式运输、租用车辆情形）如图 4-12 所示。多周期、多车辆、VMI 策略下 RIRP 示意图（并行式运输情形）如图 4-13 所示。

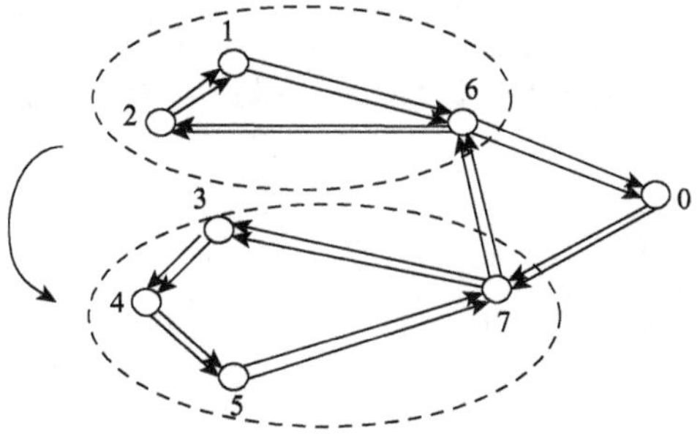

图 4-11　多周期、多车辆、VMI 策略下 RIRP 示意图（串行式运输、自有车辆情形）

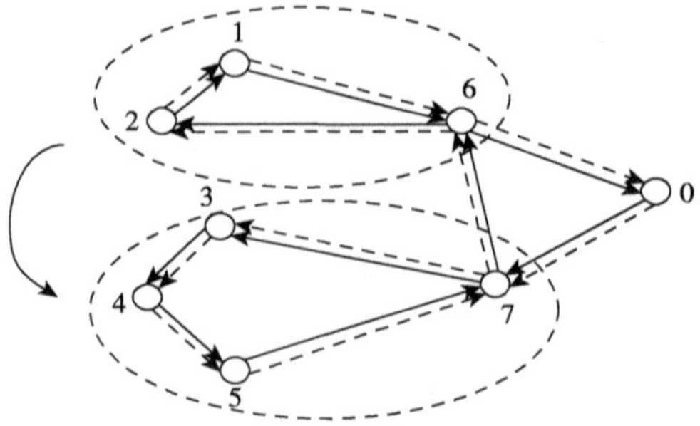

图 4-12 多周期、多车辆、VMI 策略下 RIRP 示意图（串行式运输、租用车辆情形）

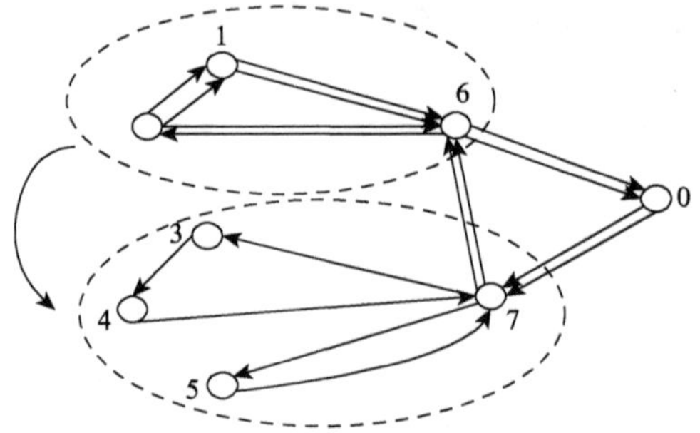

图 4-13 多周期、多车辆、VMI 策略下 RIRP 示意图（并行式运输情形）

4.7.1 基于市场细分、确定需求的情形

本节研究的是市场细分情形下的多周期多车辆 RIRP，各个供应商的需求已知确定，整个供应链所采取的是 VMI 策略，在此假定零售商车辆容量不小于任一制造商的需求，制造商车辆容量不小于其所服务的任一供应商的需求，问题是需要确定车辆的取货路线和与之对应的取货量，以达到最小化长期库存与运输成本的目的。

1. 自有车辆、单阶段配送

本部分针对单阶段配送，于是 VMI 策略下的 RIRP 主问题为

$$\text{Min} \quad Z_{81} = \text{Min}\{Z_{82}, Z_{83}, Z_{84}\}$$

直配式运输：

$$\text{Min} \quad Z_{82} = \sum_{t\in T} h_0^{RR} I_{0t}^{RR} + \sum_{t\in T} p_0^{RR} l_{0t}^{RR} + mTc_0^{RR} + KT\sum_{j\in M} c_{0j}^{RR} + \sum_{j\in M}\sum_{t\in T} c_{j0}^{RR} G_{j0}^{R} q_{jt}^{RR}$$
$$+ \sum_{j\in M}\sum_{t\in T} c_{jj}^{RR} q_{jt}^{RR}$$

S.t.　$q_{jt}^{RR} \leqslant Y^{RR}, \quad j \in M, \quad t \in T$　（4-156）

式（4-70）～式（4-74），式（4-76）～式（4-84）

其中，约束（4-156）表示 t 时刻零售商向每一制造商的取货量不超过车辆容量。

串行式运输：

$$\text{Min}\quad Z_{83} = \sum_{t\in T} h_0^{RR} I_{0t}^{RR} + \sum_{t\in T} p_0^{RR} l_{0t}^{RR} + \sum_{j\in M\cup R}\sum_{\substack{k\in M\cup R\\ k\neq j}}\sum_{t\in T} \underline{c}_{kj}^{RR} G_{kj}^{R} x_{kjt}^{RR} q_{jt}^{RR} + \sum_{t\in T}\left\lceil \sum_{j\in M} q_{jt}^{RR} \Big/ Y^{RR} \right\rceil c_0^{RR} + \sum_{j\in M}\sum_{t\in T} c_{jj}^{RR} q_{jt}^{RR}$$

S.t.　式（4-70）～式（4-74），式（4-76）～式（4-84）

并行式运输：

$$\text{Min}\quad Z_{84} = \sum_{t\in T} h_0^{RR} I_{0t}^{RR} + \sum_{t\in T} p_0^{RR} l_{0t}^{RR} + \sum_{c\in f_0^{-1}}\sum_{k\in S\cup \bar{S}_c(\cdot)}\sum_{\substack{j\in S\cup \bar{S}_c(\cdot)\\ j\neq k}}\sum_{t\in T} \underline{c}_{kj}^{RR} G_{kj}^{R} x_{kjt}^{RR} q_{jt}^{RR} + T\left|\tilde{f}_m^{-1}\right| c_0^{RR} + \sum_{j\in M}\sum_{t\in T} c_{jj}^{RR} q_{jt}^{RR}$$

S.t.　$\sum_{j\in \underline{\bar{S}}_c(\cdot)} x_{0jt}^{RR} = 1, \quad c \in \tilde{f}_0^{-1}, \quad t \in T$　（4-157）

$\sum_{j\in \underline{\bar{S}}_c(\cdot)} x_{j0t}^{RR} = 1, \quad c \in \tilde{f}_0^{-1}, \quad t \in T$　（4-158）

$\sum_{i\in \underline{\bar{S}}_c(\cdot)} q_{it}^{RR} \leqslant Y^{RR}, \quad c \in \tilde{f}_0^{-1}, \quad t \in T$　（4-159）

$q_{jt}^{RR} - \sum_{i\in \underline{\bar{S}}_c(\cdot)\cup R} Y^{RR} x_{ijt}^{RR} \leqslant 0, \quad j \in M, \quad c \in \tilde{f}_0^{-1}, \quad t \in T$　（4-160）

$d_{0t}^{RR} = \sum_{i\in \underline{\bar{M}}_{jd}(\cdot)} d_{it}^{RM}, \quad j \in M, \quad d \in \tilde{f}_j^{-1}, \quad t \in T$　（4-161）

式（4-72）～式（4-74），式（4-76），式（4-78），式（4-79），式（4-81）～式（4-84）

其中，约束（4-157）表示 t 时刻单一车辆离开零售商处向制造商处取货；约束（4-158）表示 t 时刻单一车辆从制造商处取完货返回零售商处；约束（4-159）表示 t 时刻单一车辆向制造商的取货量不能超过车辆容量；约束（4-160）表示 t 时刻单一车辆只有经过制造商节点时才取货，保证了运输的可能性；约束（4-161）表示 t 时刻零售商的需求量等于其单一车辆所对应的上游制造商的需求量之和。

而 VMI 策略下的 RIRP 子问题为对 $\forall j \in M$，则有

直配式运输：

$$\text{Min}\quad Z_{82j}=\sum_{t\in T}h_j^{RM}I_{jt}^{RM}+\sum_{t\in T}p_j^{RM}l_{jt}^{RM}+T\left|\underline{M}_j(\cdot)\right|c_j^{RM}+\sum_{i\in S}\sum_{t\in T}c_{ji}^{RM}G_{ji}^{R}q_{it}^{RM}+\sum_{i\in S}\sum_{t\in T}c_{ii}^{RM}q_{it}^{RM}$$
$$+KT\sum_{i\in S}c_{ij}^{RM}$$

$$\text{S.t.}\quad q_{it}^{RM}\leqslant Y^{RM},\quad i\in S,\quad t\in T \tag{4-162}$$

式（4-85）～式（4-89），式（4-91）～式（4-98）

其中，约束（4-162）表示 t 时刻制造商向每一供应商的取货量不超过车辆容量。

串行式运输：

$$\text{Min}\quad Z_{83j}=\sum_{t\in T}h_j^{RM}I_{jt}^{RM}+\sum_{t\in T}p_j^{RM}l_{jt}^{RM}+\sum_{k\in\{j\}\cup\underline{M}_j(\cdot)}\ \sum_{\substack{i\in\{j\}\cup\underline{M}_j(\cdot)\\ i\neq k}}\ \sum_{t\in T}\underline{c}_{ki}^{RM}G_{ki}^{R}x_{kit}^{RM}q_{it}^{RM}$$
$$+\sum_{i\in S}\sum_{t\in T}c_{ii}^{RM}q_{it}^{RM}+T\left\lceil \sum_{i\in\underline{M}_j(\cdot)}q_i^{RM}\Big/Y^{RM}\right\rceil c_j^{RM}$$

S.t.　式（4-85）～式（4-89），式（4-91）～式（4-98）

并行式运输：

$$\text{Min}\quad Z_{84j}=\sum_{t\in T}h_j^{RM}I_{jt}^{RM}+\sum_{t\in T}p_j^{RM}l_{jt}^{RM}+\sum_{d\in\tilde{f}_j^{-1}}\ \sum_{k\in\{j\}\cup\underline{\bar{M}}_{jd}(\cdot)}\ \sum_{\substack{i\in\{j\}\cup\underline{\bar{M}}_{jd}(\cdot)\\ i\neq k}}\ \sum_{t\in T}\underline{c}_{ki}^{RM}G_{ki}^{R}x_{kit}^{RM}q_{it}^{RM}$$
$$+T\left|\tilde{f}_{Mj}^{-1}\right|c_j^{RM}+\sum_{i\in S}\sum_{t\in T}c_{ii}^{RM}q_{it}^{RM}$$

$$\text{S.t.}\quad \sum_{k\in\underline{\bar{M}}_{jd}(\cdot)}x_{kjt}^{RM}=1,\quad j\in M,\quad d\in\tilde{f}_j^{-1},\quad t\in T \tag{4-163}$$

$$\sum_{k\in\underline{\bar{M}}_{jd}(\cdot)}x_{jkt}^{RM}=1,\quad j\in M,\quad d\in\tilde{f}_j^{-1},\quad t\in T \tag{4-164}$$

$$\sum_{\substack{k\in\{j\}\cup\underline{\bar{M}}_{jd}(\cdot)\\ k\neq i}}x_{ikt}^{RM}=1,\quad i\in S,\quad d\in\tilde{f}_j^{-1},\quad t\in T \tag{4-165}$$

$$\sum_{i\in\underline{\bar{M}}_{jd}(\cdot)}q_{it}^{RM}\leqslant Y^{RM},\quad i\in S,\quad d\in\tilde{f}_j^{-1},\quad t\in T \tag{4-166}$$

$$q_{it}^{RM}-\sum_{k\in\{j\}\cup\underline{\bar{M}}_{jd}(\cdot)}Y^{RM}x_{kit}^{RM}\leqslant 0,\quad k\in R,\quad i\in S,\quad d\in\tilde{f}_j^{-1},\quad t\in T \tag{4-167}$$

式（4-87），式（4-89），式（4-91），式（4-93）～式（4-98）

其中，约束（4-163）表示 t 时刻单一车辆离开制造商处向供应商处取货；约束（4-164）表示 t 时刻单一车辆从供应商处取完货返回制造商处；约束（4-165）表示 t 时刻供应链中的制造商和其上游供应商节点当且仅当被访问一次；约束（4-166）表示 t 时刻单一车辆向供应商的取货量不能超过车辆容量；约束（4-167）表示 t 时刻单一车辆只有经过供应商节点时才取货，保证了运输的可能性。

2. 自有车辆、多阶段配送

本部分针对多阶段配送，于是 VMI 策略下的 RIRP 主问题为

$$\text{Min}\quad Z_{85}=\text{Min}\{Z_{86},Z_{87},Z_{88}\}$$

直配式运输：

$$\text{Min}\quad Z_{86}=\sum_{t\in\left\lfloor T/T_0^{RR}\right\rfloor}h_0^{RR}I_{0t}^{RR}+\sum_{t\in\left\lfloor T/T_0^{RR}\right\rfloor}p_0^{RR}l_{0t}^{RR}+m\left\lfloor T/T_0^{RR}\right\rfloor c_0^{RR}+\sum_{j\in M}\sum_{t\in\left\lfloor T/T_0^{RR}\right\rfloor}c_{j0}^{RR}G_{j0}^{R}q_{jt}^{RR}$$
$$+\sum_{j\in M}\sum_{t\in\left\lfloor T/T_0^{RR}\right\rfloor}c_{jj}^{RR}q_{jt}^{RR}+K\left\lfloor T/T_0^{RR}\right\rfloor\sum_{j\in M}c_{0j}^{RR}$$

$$\text{S.t.}\quad q_{jt}^{RR}\leqslant Y^{RR},\quad j\in M,\quad t\in\left\lfloor T/T_0^{RR}\right\rfloor \tag{4-168}$$

式（4-113）～式（4-117），式（4-119）～式（4-127）

其中，约束（4-168）表示多阶段时刻零售商向每一制造商的取货量不超过车辆容量。

串行式运输：

$$\text{Min}\quad Z_{87}=\sum_{t\in\left\lfloor T/T_0^{RR}\right\rfloor}h_0^{RR}I_{0t}^{RR}+\sum_{t\in\left\lfloor T/T_0^{RR}\right\rfloor}p_0^{RR}l_{0t}^{RR}+\sum_{j\in M\cup R}\sum_{\substack{k\in M\cup R\\k\neq j}}\sum_{t\in\left\lfloor T/T_0^{RR}\right\rfloor}\underline{c}_{kj}^{RR}G_{kj}^{R}x_{kjt}^{RR}q_{jt}^{RR}$$
$$+\sum_{t\in\left\lfloor T/T_0^{RR}\right\rfloor}\left\lfloor \sum_{j\in M}q_{jt}^{RR}\Big/Y^{RR}\right\rfloor c_0^{RR}+\sum_{j\in M}\sum_{t\in\left\lfloor T/T_0^{RR}\right\rfloor}c_{jj}^{RR}q_{jt}^{RR}$$

S.t.　式（4-113）～式（4-117），式（4-119）～式（4-127）

并行式运输：

$$\text{Min}\quad Z_{88}=\sum_{t\in\left\lfloor T/T_0^{RR}\right\rfloor}h_0^{RR}I_{0t}^{RR}+\sum_{t\in\left\lfloor T/T_0^{RR}\right\rfloor}p_0^{RR}l_{0t}^{RR}+\sum_{c\in f_0^{-1}}\sum_{k\in S\cup\overline{S}_c(\cdot)}\sum_{\substack{j\in S\cup\overline{S}_c(\cdot)\\j\neq k}}\sum_{t\in\left\lfloor T/T_0^{RR}\right\rfloor}\underline{c}_{kj}^{RR}G_{kj}^{R}x_{kjt}^{RR}q_{jt}^{RR}$$
$$+\sum_{j\in M}\sum_{t\in\left\lfloor T/T_0^{RR}\right\rfloor}c_{jj}^{RR}q_{jt}^{RR}+\left\lfloor T/T_0^{RR}\right\rfloor\left|\tilde{f}_m^{-1}\right|c_0^{RR}$$

$$\text{S.t.}\quad \sum_{j\in\overline{S}_c(\cdot)}x_{0jt}^{RR}=1,\quad c\in\tilde{f}_0^{-1},\quad t\in\left\lfloor T/T_0^{RR}\right\rfloor \tag{4-169}$$

$$\sum_{j\in\overline{S}_c(\cdot)}x_{j0t}^{RR}=1,\quad c\in\tilde{f}_0^{-1},\quad t\in\left\lfloor T/T_0^{RR}\right\rfloor \tag{4-170}$$

$$\sum_{i\in\overline{S}_c(\cdot)}q_{it}^{RR}\leqslant Y^{RR},\quad c\in\tilde{f}_0^{-1},\quad t\in\left\lfloor T/T_0^{RR}\right\rfloor \tag{4-171}$$

$$q_{jt}^{RR} - \sum_{i \in \underline{S}_c(\cdot) \cup R} Y^{RR} x_{ijt}^{RR} \leqslant 0, \quad j \in M, \quad c \in \tilde{f}_0^{-1}, \quad t \in \left\lfloor T \big/ T_0^{RR} \right\rfloor \tag{4-172}$$

$$d_{0t}^{RR} = \sum_{i \in \underline{M}_{jd}(\cdot)} d_{it}^{RM}, \quad j \in M, \quad d \in \tilde{f}_j^{-1}, \quad t \in \left\lfloor T \big/ T_0^{RR} \right\rfloor \tag{4-173}$$

式(4-115)～式(4-117),式(4-119),式(4-121),式(4-122),式(4-124)～式(4-127)

其中，约束(4-169)表示多阶段时刻单一车辆离开零售商处向制造商处取货；约束(4-170)表示多阶段时刻单一车辆从制造商处取完货返回零售商处；约束(4-171)表示多阶段时刻单一车辆向制造商的取货量不能超过车辆容量；约束(4-172)表示多阶段时刻单一车辆只有经过制造商节点时才取货，保证了运输的可能性；约束(4-173)表示多阶段时刻零售商的需求量等于其单一车辆所对应的上游制造商的需求量之和。

而 VMI 策略下的 RIRP 子问题为对 $\forall j \in M$，则有

直配式运输：

$$\begin{aligned} \text{Min} \quad Z_{86j} = & \sum_{t \in \left\lfloor T / T_j^{RM} \right\rfloor} h_j^{RM} I_{jt}^{RM} + \sum_{t \in \left\lfloor T / T_j^{RM} \right\rfloor} p_j^{RM} l_{jt}^{RM} + \left\lfloor T \big/ T_j^{RM} \right\rfloor \left|\underline{M}_j(\cdot)\right| c_j^{RM} \\ & + \sum_{i \in S} \sum_{t \in \left\lfloor T / T_j^{RM} \right\rfloor} c_{ji}^{RM} G_{ji}^{R} q_{it}^{RM} + K \left\lfloor T \big/ T_j^{RM} \right\rfloor \sum_{i \in S} c_{ij}^{RM} + \sum_{i \in S} \sum_{t \in \left\lfloor T / T_j^{RM} \right\rfloor} c_{ii}^{RM} q_{it}^{RM} \end{aligned}$$

$$\text{S.t.} \quad q_{it}^{RM} \leqslant Y^{RM}, \quad i \in S, \quad t \in \left\lfloor T \big/ T_j^{RM} \right\rfloor \tag{4-174}$$

式(4-128)～式(4-132)，式(4-134)～式(4-141)

其中，约束(4-174)表示多阶段时刻制造商向每一供应商的取货量不超过车辆容量。

串行式运输：

$$\begin{aligned} \text{Min} \quad Z_{87j} = & \sum_{t \in \left\lfloor T / T_j^{RM} \right\rfloor} h_j^{RM} I_{jt}^{RM} + \sum_{i \in S} \sum_{t \in \left\lfloor T / T_j^{RM} \right\rfloor} c_{ii}^{RM} q_{it}^{RM} \\ & + \sum_{k \in \{j\} \cup \underline{M}_j(\cdot)} \sum_{\substack{i \in \{j\} \cup \underline{M}_j(\cdot) \\ i \neq k}} \sum_{t \in \left\lfloor T / T_j^{RM} \right\rfloor} \underline{c}_{ki}^{RM} G_{ki}^{R} x_{kit}^{RM} q_{it}^{RM} + \sum_{t \in \left\lfloor T / T_j^{RM} \right\rfloor} p_j^{RM} l_{jt}^{RM} \\ & + \left\lfloor T \big/ T_j^{RM} \right\rfloor \left\lfloor \sum_{i \in \underline{M}_j(\cdot)} q_i^{RM} \Big/ Y^{RM} \right\rfloor c_j^{RM} \end{aligned}$$

S.t.　式（4-128）～式（4-132），式（4-134）～式（4-141）

并行式运输：

$$\text{Min}\quad Z_{88j}=\sum_{t\in\left\lfloor T/T_j^{RM}\right\rfloor}h_j^{RM}I_{jt}^{RM}+\sum_{t\in\left\lfloor T/T_j^{RM}\right\rfloor}p_j^{RM}l_{jt}^{RM}$$

$$+\sum_{d\in\tilde{f}_j^{-1}}\sum_{k\in\{j\}\cup\underline{M}_{jd}(\cdot)}\sum_{\substack{i\in\{j\}\cup\underline{M}_{jd}(\cdot)\\ i\neq k}}\sum_{t\in\left\lfloor T/T_j^{RM}\right\rfloor}\underline{c}_{ki}^{RM}G_{ki}^{R}x_{kit}^{RM}q_{it}^{RM}+\left\lfloor T/T_j^{RM}\right\rfloor\left|\tilde{f}_{Mj}^{-1}\right|c_j^{RM}$$

$$+\sum_{i\in S}\sum_{t\in\left\lfloor T/T_j^{RM}\right\rfloor}c_{ii}^{RM}q_{it}^{RM}$$

$$\text{S.t.}\quad\sum_{k\in\underline{M}_{jd}(\cdot)}x_{kjt}^{RM}=1,\quad j\in M,\quad d\in\tilde{f}_j^{-1},\quad t\in\left\lfloor T/T_j^{RM}\right\rfloor \tag{4-175}$$

$$\sum_{k\in\underline{M}_{jd}(\cdot)}x_{jkt}^{RM}=1,\quad j\in M,\quad d\in\tilde{f}_j^{-1},\quad t\in\left\lfloor T/T_j^{RM}\right\rfloor \tag{4-176}$$

$$\sum_{\substack{k\in\{j\}\cup\underline{M}_{jd}(\cdot)\\ k\neq i}}x_{ikt}^{RM}=1,\quad i\in S,\quad d\in\tilde{f}_j^{-1},\quad t\in\left\lfloor T/T_j^{RM}\right\rfloor \tag{4-177}$$

$$\sum_{i\in\underline{M}_{jd}(\cdot)}q_{it}^{RM}\leqslant Y^{RM},\quad i\in S,\quad d\in\tilde{f}_j^{-1},\quad t\in\left\lfloor T/T_j^{RM}\right\rfloor \tag{4-178}$$

$$q_{it}^{RM}-\sum_{k\in\{j\}\cup\underline{M}_{jd}(\cdot)}Y^{RM}x_{kit}^{RM}\leqslant 0,\quad k\in R,\quad i\in S,\quad d\in\tilde{f}_j^{-1},\quad t\in\left\lfloor T/T_j^{RM}\right\rfloor \tag{4-179}$$

式（4-130），式（4-132），式（4-134），式（4-136）～式（4-141）

其中，约束（4-175）表示多阶段时刻单一车辆离开制造商处向供应商处取货；约束（4-176）表示多阶段时刻单一车辆从供应商处取完货返回制造商处；约束（4-177）表示多阶段时刻供应链中的制造商和其上游供应商节点当且仅当被访问一次；约束（4-178）表示多阶段时刻单一车辆向供应商的取货量不能超过车辆容量；约束（4-179）表示多阶段时刻单一车辆只有经过供应商节点时才取货，保证了运输的可能性。

3. 第三方车辆、单阶段配送

本部分在本节“自有车辆、单阶段配送”的基础上，假定制造商车辆和零售商车辆数有限，在一定条件下需要租用第三方车辆才能完成相应的运输任务，于是 VMI 策略下的单阶段 RIRP 主问题为

$$\text{Min}\quad Z_{89}=\text{Min}\left\{Z_{90},Z_{91},Z_{92}\right\}$$

直配式运输：

$$\begin{aligned}\text{Min}\quad Z_{90}=&\sum_{t\in T}h_0^{RR}I_{0t}^{RR}+\sum_{t\in T}p_0^{RR}l_{0t}^{RR}+T\left(m-n_0^{RR}\right)v_0^{RR}+KT\sum_{j\in M}c_{0j}^{RR}+\sum_{j\in M}\sum_{t\in T}c_{j0}^{RR}G_{j0}^{R}q_{jt}^{RR}\\&+\sum_{j\in M}\sum_{t\in T}c_{jj}^{RR}q_{jt}^{RR}+Tn_0^{RR}c_0^{RR}\end{aligned}$$

S.t.　式（4-70）～式（4-74），式（4-76）～式（4-84），式（4-156）

串行式运输：

$$\begin{aligned}\text{Min}\quad Z_{91}=&\sum_{t\in T}h_0^{RR}I_{0t}^{RR}+\sum_{t\in T}p_0^{RR}l_{0t}^{RR}+\sum_{j\in M\cup R}\sum_{\substack{k\in M\cup R\\k\neq j}}\sum_{t\in T}\underline{c}_{kj}^{RR}G_{kj}^{R}x_{kjt}^{RR}q_{jt}^{RR}+\sum_{j\in M}\sum_{t\in T}c_{jj}^{RR}q_{jt}^{RR}\\&+Tn_0^{RR}c_0^{RR}+T\left\lceil\left(\sum_{j\in M}q_{jt}^{RR}-n_0^{RR}Y^{RR}\right)\Big/Y_v^{RR}\right\rceil v_0^{RR}\end{aligned}$$

$$\text{S.t.}\quad n_0^{RR}Y^{RR}\leqslant\sum_{j\in M}q_{jt}^{RR},\quad t\in T\tag{4-180}$$

式（4-70）～式（4-74），式（4-76）～式（4-84）

其中，约束（4-180）表示 t 时刻当零售商租用第三方车辆时，需要满足取货量超过自有车辆总容量这一条件。

并行式运输：

$$\begin{aligned}\text{Min}\quad Z_{92}=&\sum_{t\in T}h_0^{RR}I_{0t}^{RR}+\sum_{t\in T}p_0^{RR}l_{0t}^{RR}+\sum_{c\in f_j^{-1}}\sum_{k\in S\cup\bar{S}_c(\cdot)}\sum_{\substack{i\in S\cup\bar{S}_c(\cdot)\\i\neq k}}\sum_{t\in T}\underline{c}_{kj}^{RR}G_{kj}^{R}x_{kjt}^{RR}q_{jt}^{RR}\\&+\sum_{j\in M}\sum_{t\in T}c_{jj}^{RR}q_{jt}^{RR}+Tn_0^{RR}c_0^{RR}+T(\left|\tilde{f}_m^{-1}\right|-n_0^{RR})v_0^{RR}\end{aligned}$$

S.t.　式（4-67），式（4-72）～式（4-74），式（4-76），式（4-78），式（4-79），式（4-81）～式（4-84），式（4-157）～式（4-161）

而 VMI 策略下的 RIRP 子问题为对 $\forall j\in M$，则有

直配式运输：

$$\begin{aligned}\text{Min}\quad Z_{90j}=&\sum_{t\in T}h_j^{RM}I_{jt}^{RM}+\sum_{t\in T}p_j^{RM}l_{jt}^{RM}+Tn_j^{RM}c_j^{RM}+T(\left|\underline{M}_j(\cdot)\right|-n_j^{RM})v_j^{RM}\\&+\sum_{i\in S}\sum_{t\in T}c_{ji}^{RM}G_{ji}^{R}q_{it}^{RM}+KT\sum_{i\in S}c_{ij}^{RM}+\sum_{i\in S}\sum_{t\in T}c_{ii}^{RM}q_{it}^{RM}\end{aligned}$$

S.t.　式（4-85）～式（4-89），式（4-91）～式（4-98），式（4-162）

串行式运输：

$$\text{Min}\quad Z_{91j}=\sum_{t\in T}h_j^{RM}I_{jt}^{RM}+\sum_{t\in T}p_j^{RM}l_{jt}^{RM}+\sum_{k\in\{j\}\cup\underline{M}_j(\cdot)}\ \sum_{\substack{i\in\{j\}\cup\underline{M}_j(\cdot)\\ i\neq k}}\ \sum_{t\in T}\underline{c}_{ki}^{RM}G_{ki}^{R}x_{kit}^{RM}q_{it}^{RM}$$

$$+\sum_{i\in S}\sum_{t\in T}c_{ii}^{RM}q_{it}^{RM}+T\left\lceil\left(\sum_{i\in\underline{M}_j(\cdot)}q_{it}^{RM}-n_j^{RM}Y^{RM}\right)\Big/Y_v^{RM}\right\rceil v_j^{RM}$$

$$\text{S.t.}\quad n_j^{RM}Y^{RM}\leqslant\sum_{i\in\underline{M}_j(\cdot)}q_{it}^{RM},\quad j\in M,\quad t\in T \tag{4-181}$$

式（4-85）～式（4-89），式（4-91）～式（4-98）

其中，约束（4-181）表示 t 时刻当制造商租用第三方车辆时，需要满足制造商从供应商的取货量超过自有车辆总容量这一条件。

并行式运输：

$$\text{Min}\quad Z_{92j}=\sum_{t\in T}h_j^{RM}I_{jt}^{RM}+\sum_{t\in T}p_j^{RM}l_{jt}^{RM}+\sum_{d\in\tilde{f}_j^{-1}}\ \sum_{k\in\{j\}\cup\underline{M}_{jd}(\cdot)}\ \sum_{\substack{i\in\{j\}\cup\underline{M}_{jd}(\cdot)\\ i\neq k}}\ \sum_{t\in T}\underline{c}_{ki}^{RM}G_{ki}^{R}x_{kit}^{RM}q_{it}^{RM}$$

$$+T\left(\left|\tilde{f}_{Mj}^{-1}\right|-n_j^{RM}\right)v_j^{RM}+\sum_{i\in S}\sum_{t\in T}c_{ii}^{RM}q_{it}^{RM}$$

S.t.　式（4-69），式（4-87），式（4-89），式（4-91），式（4-93）～式（4-98），式（4-163）～式（4-167）

4. 第三方车辆、多阶段配送

本部分在本节“自有车辆、多阶段配送”的基础上，假定制造商车辆和零售商车辆数有限，在一定条件下需要租用第三方车辆才能完成相应的运输任务，于是 VMI 策略下的多阶段 RIRP 主问题为

$$\text{Min}\quad Z_{93}=\text{Min}\left\{Z_{94},Z_{95},Z_{96}\right\}$$

直配式运输：

$$\text{Min}\quad Z_{94}=\sum_{t\in\left\lfloor T/T_0^{RR}\right\rfloor}h_0^{RR}I_{0t}^{RR}+\sum_{t\in\left\lfloor T/T_0^{RR}\right\rfloor}p_0^{RR}l_{0t}^{RR}+\left\lfloor T/T_0^{RR}\right\rfloor n_0^{RR}c_0^{RR}+\sum_{j\in M}\ \sum_{t\in\left\lfloor T/T_0^{RR}\right\rfloor}c_{j0}^{RR}G_{j0}^{R}q_{jt}^{RR}$$

$$+\sum_{j\in M}\ \sum_{t\in\left\lfloor T/T_0^{RR}\right\rfloor}c_{jj}^{RR}q_{jt}^{RR}+\left\lfloor T/T_0^{RR}\right\rfloor(m-n_0^{RR})v_0^{RR}+K\left\lfloor T/T_0^{RR}\right\rfloor\sum_{j\in M}c_{0j}^{RR}$$

S.t.　式（4-113）～式（4-117），式（4-119）～式（4-127），式（4-168）

串行式运输：

$$\text{Min}\quad Z_{95}=\sum_{t\in\left\lfloor T/T_0^{RR}\right\rfloor} h_0^{RR} I_{0t}^{RR}+\sum_{t\in\left\lfloor T/T_0^{RR}\right\rfloor} p_0^{RR} l_{0t}^{RR}+\sum_{j\in M\cup R}\sum_{\substack{k\in M\cup R\\ k\neq j}}\sum_{t\in\left\lfloor T/T_0^{RR}\right\rfloor} \underline{c}_{kj}^{RR} G_{kj}^{R} x_{kjt}^{RR} q_{jt}^{RR}$$
$$+\sum_{j\in M}\sum_{t\in\left\lfloor T/T_0^{RR}\right\rfloor} c_{jj}^{RR} q_{jt}^{RR}+\left\lfloor T/T_0^{RR}\right\rfloor n_0^{RR} c_0^{RR}$$
$$+\left\lfloor T/T_0^{RR}\right\rfloor\left\lceil\left(\sum_{j\in M} q_{jt}^{RR}-n_0^{RR} Y^{RR}\right)\Big/ Y_v^{RR}\right\rceil v_0^{RR}$$

S.t. 式（4-113）～式（4-117），式（4-119）～式（4-127），式（4-180）

并行式运输：

$$\text{Min}\quad Z_{96}=\sum_{t\in\left\lfloor T/T_0^{RR}\right\rfloor} h_0^{RR} I_{0t}^{RR}+\sum_{t\in\left\lfloor T/T_0^{RR}\right\rfloor} p_0^{RR} l_{0t}^{RR}$$
$$+\sum_{c\in f_0^{-1}}\sum_{k\in S\cup\bar{S}_c(\cdot)}\sum_{\substack{j\in S\cup\bar{S}_c(\cdot)\\ j\neq k}}\sum_{t\in\left\lfloor T/T_0^{RR}\right\rfloor} \underline{c}_{kj}^{RR} G_{kj}^{R} x_{kjt}^{RR} q_{jt}^{RR}$$
$$+\sum_{j\in M}\sum_{t\in\left\lfloor T/T_0^{RR}\right\rfloor} c_{jj}^{RR} q_{jt}^{RR}+\left\lfloor T/T_0^{RR}\right\rfloor n_0^{RR} c_0^{RR}$$
$$+\left\lfloor T/T_0^{RR}\right\rfloor\left(\left|\tilde{f}_m^{-1}\right|-n_0^{RR}\right) v_0^{RR}$$

S.t. 式(4-115)～式(4-117), 式(4-119), 式(4-121), 式(4-122), 式(4-124)～式（4-127），式（4-169）～式（4-173），式（4-181）

而 VMI 策略下的 RIRP 子问题为对 $\forall j\in M$，则有

直配式运输：

$$\text{Min}\quad Z_{94j}=\sum_{t\in\left\lfloor T/T_j^{RM}\right\rfloor} h_j^{RM} I_{jt}^{RM}+\sum_{t\in\left\lfloor T/T_j^{RM}\right\rfloor} p_j^{RM} l_{jt}^{RM}+\left\lfloor T/T_j^{RM}\right\rfloor n_j^{RM} c_j^{RM}$$
$$+\left\lfloor T/T_j^{RM}\right\rfloor\left(\left|\underline{M}_j(\cdot)\right|-n_j^{RM}\right) v_j^{RM}+\sum_{i\in S}\sum_{t\in\left\lfloor T/T_j^{RM}\right\rfloor} c_{ji}^{RM} G_{ji}^{R} q_{it}^{RM}$$
$$+K\left\lfloor T/T_j^{RM}\right\rfloor\sum_{i\in S} c_{ij}^{RM}+\sum_{i\in S}\sum_{t\in\left\lfloor T/T_j^{RM}\right\rfloor} c_{ii}^{RM} q_{it}^{RM}$$

S.t. 式（4-128）～式（4-132），式（4-134）～式（4-141），式（4-174）

串行式运输：

$$\text{Min}\quad Z_{95j} = \sum_{t\in\left\lfloor T/T_j^{RM}\right\rfloor} h_j^{RM} I_{jt}^{RM} + \left\lfloor T/T_j^{RM}\right\rfloor n_j^{RM} c_j^{RM}$$

$$+\sum_{k\in\{j\}\cup\underline{M}_j(\cdot)}\sum_{\substack{i\in\{j\}\cup\underline{M}_j(\cdot)\\ i\neq k}}\sum_{t\in\left\lfloor T/T_j^{RM}\right\rfloor}\underline{c}_{ki}^{RM} G_{ki}^{R} x_{kit}^{RM} q_{it}^{RM} + \sum_{t\in\left\lfloor T/T_j^{RM}\right\rfloor} p_j^{RM} l_{jt}^{RM}$$

$$+\left\lfloor T/T_j^{RM}\right\rfloor \left\lfloor \left(\sum_{i\in\underline{M}_j(\cdot)} q_{it}^{RM} - n_j^{RM} Y^{RM}\right)\Big/ Y_v^{RM}\right\rfloor v_j^{RM} + \sum_{i\in S}\sum_{t\in\left\lfloor T/T_j^{RM}\right\rfloor} c_{ii}^{RM} q_{it}^{RM}$$

S.t.　式（4-128）～式（4-132），式（4-134）～式（4-141），式（4-181）

并行式运输：

$$\text{Min}\quad Z_{96j} = \sum_{t\in\left\lfloor T/T_j^{RM}\right\rfloor} h_j^{RM} I_{jt}^{RM} + \sum_{t\in\left\lfloor T/T_j^{RM}\right\rfloor} p_j^{RM} l_{jt}^{RM}$$

$$+\sum_{d\in\tilde{f}_j^{-1}}\sum_{k\in\{j\}\cup\underline{M}_{jd}(\cdot)}\sum_{\substack{i\in\{j\}\cup\underline{M}_{jd}(\cdot)\\ i\neq k}}\sum_{t\in\left\lfloor T/T_j^{RM}\right\rfloor}\underline{c}_{ki}^{RM} G_{ki}^{R} x_{kit}^{RM} q_{it}^{RM} + \sum_{i\in S}\sum_{t\in\left\lfloor T/T_j^{RM}\right\rfloor} c_{ii}^{RM} q_{it}^{RM}$$

$$+\left\lfloor T/T_j^{RM}\right\rfloor n_j^{RM} c_j^{RM} + \left\lfloor T/T_j^{RM}\right\rfloor \left(\left|\tilde{f}_{Mj}^{-1}\right| - n_j^{RM}\right) v_j^{RM}$$

S.t.　式（4-130），式（4-132），式（4-134），式（4-136）～式（4-141），式（4-169），式（4-175）～式（4-179）

4.7.2　基于市场细分、不确定需求的情形

本节研究的是市场细分情形下的多周期多车辆 RIRP，各个供应商的需求随机，整个供应链所采取的是 VMI 策略，在此假定零售商车辆容量不小于任一制造商的期望需求，制造商车辆容量不小于其所服务的任一供应商的期望需求，问题是需要确定车辆的取货路线和与之对应的取货量，以达到最小化长期库存与运输成本的目的。

1. 自有车辆、单阶段配送

本部分针对单阶段配送，于是 VMI 策略下的 RIRP 主问题为

$$\text{Min}\quad Z_{97} = \text{Min}\{Z_{98}, Z_{99}, Z_{100}\}$$

直配式运输：

$$\text{Min}\quad Z_{98}=\sum_{t\in T}h_0^{RR}E\left[\tilde{I}_{0t}^{RR}\right]+\sum_{t\in T}p_0^{RR}E\left[\tilde{l}_{0t}^{RR}\right]+KT\sum_{j\in M}c_{0j}^{RR}+\sum_{j\in M}\sum_{t\in T}\left(c_{j0}^{RR}+c_{jj}^{RR}\right)q_{jt}^{RR}+\sum_{j\in M}\sum_{t\in T}c_{jj}^{RR}q_{jt}^{RR}+mTc_0^{RR}$$

S.t.　式（4-70）～式（4-74），式（4-76），式（4-77），式（4-81）～式（4-84），式（4-99）～式（4-102），式（4-156）

串行式运输：

$$\text{Min}\quad Z_{99}=\sum_{t\in T}h_0^{RR}E\left[\tilde{I}_{0t}^{RR}\right]+\sum_{t\in T}p_0^{RR}E\left[\tilde{l}_{0t}^{RR}\right]+\sum_{j\in M\cup R}\sum_{\substack{k\in M\cup R\\k\neq j}}\sum_{t\in T}\underline{c}_{kj}^{RR}G_{kj}^{R}x_{kjt}^{RR}q_{jt}^{RR}+\sum_{t\in T}\left\lceil \sum_{j\in M}q_{jt}^{RR}\Big/Y^{RR}\right\rceil c_0^{RR}+\sum_{j\in M}\sum_{t\in T}c_{jj}^{RR}q_{jt}^{RR}$$

S.t.　式（4-70）～式（4-74），式（4-76），式（4-77），式（4-81）～式（4-84），式（4-99）～式（4-102）

并行式运输：

$$\text{Min}\quad Z_{100}=\sum_{t\in T}h_0^{RR}E\left[\tilde{I}_{0t}^{RR}\right]+\sum_{t\in T}p_0^{RR}E\left[\tilde{l}_{0t}^{RR}\right]+\sum_{c\in f_0^{-1}}\sum_{k\in S\cup\overline{S}_c(\cdot)}\sum_{\substack{j\in S\cup\overline{S}_c(\cdot)\\j\neq k}}\sum_{t\in T}\underline{c}_{kj}^{RR}G_{kj}^{R}x_{kjt}^{RR}q_{jt}^{RR}+\sum_{j\in M}\sum_{t\in T}c_{jj}^{RR}q_{jt}^{RR}+T\left|\tilde{f}_m^{-1}\right|c_0^{RR}$$

S.t.　式（4-72）～式（4-74），式（4-76），式（4-81）～式（4-84），式（4-99）～式（4-102），式（4-157）～式（4-161）

而 VMI 策略下的 RIRP 子问题为对 $\forall j\in M$，则有

直配式运输：

$$\text{Min}\quad Z_{98j}=\sum_{t\in T}h_j^{RM}E\left[\tilde{I}_{jt}^{RM}\right]+\sum_{t\in T}p_j^{RM}E\left[\tilde{l}_{jt}^{RM}\right]+T\left|\underline{M}_j(\cdot)\right|c_j^{RM}+\sum_{i\in S}\sum_{t\in T}c_{ji}^{RM}G_{ji}^{R}q_{it}^{RM}+KT\sum_{i\in S}c_{ij}^{RM}+\sum_{i\in S}\sum_{t\in T}c_{ii}^{RM}q_{it}^{RM}$$

S.t.　式（4-85）～式（4-89），式（4-91），式（4-92），式（4-95）～式（4-98），式（4-103）～式（4-105），式（4-162）

串行式运输：

$$\text{Min}\quad Z_{99j}=\sum_{t\in T}h_j^{RM}E\left[\tilde{I}_{jt}^{RM}\right]+\sum_{t\in T}p_j^{RM}E\left[\tilde{l}_{jt}^{RM}\right]+\sum_{k\in\{j\}\cup\underline{M}_j(\cdot)}\sum_{\substack{i\in\{j\}\cup\underline{M}_j(\cdot)\\i\neq k}}\sum_{t\in T}\underline{c}_{ki}^{RM}G_{ki}^{R}x_{kit}^{RM}q_{it}^{RM}+\sum_{i\in S}\sum_{t\in T}c_{ii}^{RM}q_{it}^{RM}+T\left\lceil \sum_{i\in\underline{M}_j(\cdot)}q_i^{RM}\Big/Y^{RM}\right\rceil c_j^{RM}$$

S.t.　式（4-85）～式（4-89），式（4-91），式（4-92），式（4-95）～式（4-98），式（4-103）～式（4-105）

并行式运输：

$$\text{Min}\quad Z_{100j}=\sum_{t\in T}h_j^{RM}E\left[\tilde{I}_{jt}^{RM}\right]+\sum_{t\in T}p_j^{RM}E\left[\tilde{l}_{jt}^{RM}\right]$$
$$+\sum_{d\in\tilde{f}_j^{-1}}\sum_{k\in\{j\}\cup\bar{M}_{jd}(\cdot)}\sum_{\substack{i\in\{j\}\cup\bar{M}_{jd}(\cdot)\\ i\neq k}}\sum_{t\in T}\underline{c}_{ki}^{RM}G_{ki}^{R}x_{kit}^{RM}q_{it}^{RM}+T\left|\tilde{f}_{Mj}^{-1}\right|c_j^{RM}+\sum_{i\in S}\sum_{t\in T}c_{ii}^{RM}q_{it}^{RM}$$

S.t.　式（4-87），式（4-89），式（4-91），式（4-95）～式（4-98），式（4-103）～式（4-105），式（4-163）～式（4-167）

2. 自有车辆、多阶段配送

本部分针对多阶段配送，于是 VMI 策略下的 RIRP 主问题为

$$\text{Min}\quad Z_{101}=\text{Min}\left\{Z_{102},Z_{103},Z_{104}\right\}$$

直配式运输：

$$\text{Min}\quad Z_{102}=\sum_{t\in\left\lfloor T/T_0^{RR}\right\rfloor}h_0^{RR}E\left[\tilde{I}_{0t}^{RR}\right]+\sum_{t\in\left\lfloor T/T_0^{RR}\right\rfloor}p_0^{RR}E\left[\tilde{l}_{0t}^{RR}\right]+\sum_{j\in M}\sum_{t\in\left\lfloor T/T_0^{RR}\right\rfloor}c_{j0}^{RR}G_{j0}^{R}q_{jt}^{RR}$$
$$+\sum_{j\in M}\sum_{t\in\left\lfloor T/T_0^{RR}\right\rfloor}c_{jj}^{RR}q_{jt}^{RR}+m\left\lfloor T/T_0^{RR}\right\rfloor c_0^{RR}+K\left\lfloor T/T_0^{RR}\right\rfloor\sum_{j\in M}c_{0j}^{RR}$$

S.t.　式（4-99）～式（4-102），式（4-113）～式（4-117），式（4-119），式（4-120），式（4-123）～式（4-127），式（4-168）

串行式运输：

$$\text{Min}\quad Z_{103}=\sum_{t\in\left\lfloor T/T_0^{RR}\right\rfloor}h_0^{RR}E\left[\tilde{I}_{0t}^{RR}\right]+\sum_{t\in\left\lfloor T/T_0^{RR}\right\rfloor}p_0^{RR}E\left[\tilde{l}_{0t}^{RR}\right]$$
$$+\sum_{j\in M\cup R}\sum_{\substack{k\in M\cup R\\ k\neq j}}\sum_{t\in\left\lfloor T/T_0^{RR}\right\rfloor}\underline{c}_{kj}^{RR}G_{kj}^{R}x_{kjt}^{RR}q_{jt}^{RR}$$
$$+\sum_{j\in M}\sum_{t\in\left\lfloor T/T_0^{RR}\right\rfloor}c_{jj}^{RR}q_{jt}^{RR}+\sum_{t\in\left\lfloor T/T_0^{RR}\right\rfloor}\left\lceil\sum_{j\in M}q_{jt}^{RR}\Big/Y^{RR}\right\rceil c_0^{RR}$$

S.t.　式（4-99）～式（4-102），式（4-113）～式（4-117），式（4-119），式（4-120），式（4-123）～式（4-127）

并行式运输：

$$\text{Min}\quad Z_{104}=\sum_{t\in\left\lfloor T/T_0^{RR}\right\rfloor}h_0^{RR}E\left[\tilde{I}_{0t}^{RR}\right]+\sum_{t\in\left\lfloor T/T_0^{RR}\right\rfloor}p_0^{RR}E\left[\tilde{l}_{0t}^{RR}\right]$$
$$+\sum_{c\in f_0^{-1}}\sum_{k\in S\cup\overline{S}_c(\cdot)}\sum_{\substack{j\in S\cup\overline{S}_c(\cdot)\\ j\neq k}}\sum_{t\in\left\lfloor T/T_0^{RR}\right\rfloor}\underline{c}_{kj}^{RR}G_{kj}^{R}x_{kjt}^{RR}q_{jt}^{RR}$$
$$+\sum_{j\in M}\sum_{t\in\left\lfloor T/T_0^{RR}\right\rfloor}c_{jj}^{RR}q_{jt}^{RR}+\left\lfloor T/T_0^{RR}\right\rfloor\left|\tilde{f}_m^{-1}\right|c_0^{RR}$$

S.t. 式(4-99)～式(4-102), 式(4-115)～式(4-117), 式(4-119), 式(4-124)～式(4-127), 式(4-169)～式(4-173)

而 VMI 策略下的 RIRP 子问题为对 $\forall j\in M$，则有

直配式运输：

$$\text{Min}\quad Z_{102j}=\sum_{t\in\left\lfloor T/T_j^{RM}\right\rfloor}h_j^{RM}E\left[\tilde{I}_{jt}^{RM}\right]+\sum_{t\in\left\lfloor T/T_j^{RM}\right\rfloor}p_j^{RM}E\left[\tilde{l}_{jt}^{RM}\right]$$
$$+\left\lfloor T/T_j^{RM}\right\rfloor\left|\underline{M}_j(\cdot)\right|c_j^{RM}+\sum_{i\in S}\sum_{t\in\left\lfloor T/T_j^{RM}\right\rfloor}c_{ji}^{RM}G_{ji}^{R}q_{it}^{RM}$$
$$+K\left\lfloor T/T_j^{RM}\right\rfloor\sum_{i\in S}c_{ij}^{RM}+\sum_{i\in S}\sum_{t\in\left\lfloor T/T_j^{RM}\right\rfloor}c_{ii}^{RM}q_{it}^{RM}$$

S.t. 式(4-103)～式(4-105), 式(4-128)～式(4-132), 式(4-134), 式(4-135), 式(4-138)～式(4-141), 式(4-174)

串行式运输：

$$\text{Min}\quad Z_{103j}=\sum_{t\in\left\lfloor T/T_j^{RM}\right\rfloor}h_j^{RM}E\left[\tilde{I}_{jt}^{RM}\right]+\sum_{t\in\left\lfloor T/T_j^{RM}\right\rfloor}p_j^{RM}E\left[\tilde{l}_{jt}^{RM}\right]$$
$$+\sum_{k\in\{j\}\cup\underline{M}_j(\cdot)}\sum_{\substack{i\in\{j\}\cup\underline{M}_j(\cdot)\\ i\neq k}}\sum_{t\in\left\lfloor T/T_j^{RM}\right\rfloor}\underline{c}_{ki}^{RM}G_{ki}^{R}x_{kit}^{RM}q_{it}^{RM}+\sum_{i\in S}\sum_{t\in\left\lfloor T/T_j^{RM}\right\rfloor}c_{ii}^{RM}q_{it}^{RM}$$
$$+\left\lfloor T/T_j^{RM}\right\rfloor\left\lceil\sum_{i\in\underline{M}_j(\cdot)}q_i^{RM}\Big/Y^{RM}\right\rceil c_j^{RM}$$

S.t. 式(4-103)～式(4-105), 式(4-128)～式(4-132), 式(4-134), 式(4-135), 式(4-138)～式(4-141)

并行式运输：

$$\text{Min}\quad Z_{104j}=\sum_{t\in\left\lfloor T/T_j^{RM}\right\rfloor}h_j^{RM}E\left[\tilde{I}_{jt}^{RM}\right]+\sum_{t\in\left\lfloor T/T_j^{RM}\right\rfloor}p_j^{RM}E\left[\tilde{l}_{jt}^{RM}\right]$$

$$+\sum_{d\in\tilde{f}_j^{-1}}\sum_{k\in\{j\}\cup\underline{M}_{jd}(\cdot)}\sum_{\substack{i\in\{j\}\cup\underline{M}_{jd}(\cdot)\\ i\neq k}}\sum_{t\in\left\lfloor T/T_j^{RM}\right\rfloor}\underline{c}_{ki}^{RM}G_{ki}^{R}x_{kit}^{RM}q_{it}^{RM}+\left\lfloor T/T_j^{RM}\right\rfloor\left|\tilde{f}_{Mj}^{-1}\right|c_j^{RM}$$

$$+\sum_{i\in S}\sum_{t\in\left\lfloor T/T_j^{RM}\right\rfloor}c_{ii}^{RM}q_{it}^{RM}$$

S.t.　式(4-103)～式(4-105),式(4-130),式(4-132),式(4-134),式(4-138)～式(4-141),式(4-175)～式(4-179)

3. 第三方车辆、单阶段配送

本部分在本节的“自有车辆、单阶段配送”的基础上，假定制造商车辆和零售商车辆数有限，在一定条件下需要租用第三方车辆才能完成相应的运输任务，于是 VMI 策略下的单阶段 RIRP 主问题为

$$\text{Min}\quad Z_{105}=\text{Min}\{Z_{106},Z_{107},Z_{108}\}$$

直配式运输：

$$\text{Min}\quad Z_{106}=\sum_{t\in T}h_0^{RR}E\left[\tilde{I}_{0t}^{RR}\right]+\sum_{t\in T}p_0^{RR}E\left[\tilde{l}_{0t}^{RR}\right]+Tn_0^{RR}c_0^{RR}+T(m-n_0^{RR})v_0^{RR}+KT\sum_{j\in M}c_{0j}$$

$$+\sum_{j\in M}\sum_{t\in T}c_{j0}^{RR}G_{j0}^{R}q_{jt}^{RR}+\sum_{j\in M}\sum_{t\in T}c_{jj}^{RR}q_{jt}^{RR}$$

S.t.　式（4-70）～式（4-74），式（4-76），式（4-77），式（4-80）～式（4-84），式（4-99）～式（4-102），式（4-156）

串行式运输：

$$\text{Min}\quad Z_{107}=\sum_{t\in T}h_0^{RR}E\left[\tilde{I}_{0t}^{RR}\right]+\sum_{t\in T}p_0^{RR}E\left[\tilde{l}_{0t}^{RR}\right]+\sum_{j\in M\cup R}\sum_{\substack{k\in M\cup R\\ k\neq j}}\sum_{t\in T}\underline{c}_{kj}^{RR}G_{kj}^{R}x_{kjt}^{RR}q_{jt}^{RR}$$

$$+\sum_{j\in M}\sum_{t\in T}c_{jj}^{RR}q_{jt}^{RR}+Tn_0^{RR}c_0^{RR}+T\left\lfloor\left(\sum_{j\in M}q_{jt}^{RR}-n_0^{RR}Y^{RR}\right)\Big/Y_v^{RR}\right\rfloor v_0^{RR}$$

S.t.　式（4-70）～式（4-74），式（4-76），式（4-77），式（4-80）～式（4-84），式（4-99）～式（4-102），式（4-180）

并行式运输：

$$\text{Min}\quad Z_{108}=\sum_{t\in T}h_0^{RR}E\left[\tilde{I}_{0t}^{RR}\right]+\sum_{t\in T}p_0^{RR}E\left[\tilde{l}_{0t}^{RR}\right]+\sum_{c\in f_0^{-1}}\sum_{k\in S\cup\bar{S}_c(\cdot)}\sum_{\substack{j\in S\cup\bar{S}_c(\cdot)\\ j\neq k}}\sum_{t\in T}\underline{c}_{kj}^{RR}G_{kj}^{R}x_{kjt}^{RR}q_{jt}^{RR}$$

$$+\sum_{j\in M}\sum_{t\in T}c_{jj}^{RR}q_{jt}^{RR}+Tn_0^{RR}c_0^{RR}+T(\left|\tilde{f}_m^{-1}\right|-n_0^{RR})v_0^{RR}$$

S.t. 式（4-67），式（4-72）～式（4-74），式（4-76），式（4-81）～式（4-84），式（4-99）～式（4-102），式（4-157）～式（4-161）

而 VMI 策略下的 RIRP 子问题为对 $\forall j\in M$，则有

直配式运输：

$$\text{Min}\quad Z_{106j}=\sum_{t\in T}h_j^{RM}E\left[\tilde{I}_{jt}^{RM}\right]+Tn_j^{RM}c_j^{RM}+T(\left|\underline{M}_j(\cdot)\right|-n_j^{RM})v_j^{RM}+\sum_{i\in S}\sum_{t\in T}c_{ji}^{RM}G_{ji}^{R}q_{it}^{RM}$$

$$+KT\sum_{i\in S}c_{ij}^{RM}+\sum_{t\in T}p_j^{RM}E\left[\tilde{l}_{jt}^{RM}\right]+\sum_{i\in S}\sum_{t\in T}c_{ii}^{RM}q_{it}^{RM}$$

S.t. 式（4-85）～式（4-89），式（4-91），式（4-92），式（4-95）～式（4-98），式（4-103）～式（4-105），式（4-162）

串行式运输：

$$\text{Min}\quad Z_{107j}=\sum_{t\in T}h_j^{RM}E\left[\tilde{I}_{jt}^{RM}\right]+\sum_{t\in T}p_j^{RM}E\left[\tilde{l}_{jt}^{RM}\right]+\sum_{k\in\{j\}\cup\underline{M}_j(\cdot)}\sum_{\substack{i\in\{j\}\cup\underline{M}_j(\cdot)\\ i\neq k}}\sum_{t\in T}\underline{c}_{ki}^{RM}G_{ki}^{R}x_{kit}^{RM}q_{it}^{RM}$$

$$+Tn_j^{RM}c_j^{RM}+\sum_{i\in S}\sum_{t\in T}c_{ii}^{RM}q_{it}^{RM}+T\left\lceil\left(\sum_{i\in\underline{M}_j(\cdot)}q_{it}^{RM}-n_j^{RM}Y^{RM}\right)\Big/Y_v^{RR}\right\rceil v_j^{RM}$$

S.t. 式（4-85）～式（4-89），式（4-91），式（4-92），式（4-95）～式（4-98），式（4-103）～式（4-105），式（4-181）

并行式运输：

$$\text{Min}\quad Z_{108j}=\sum_{t\in T}h_j^{RM}E\left[\tilde{I}_{jt}^{RM}\right]+\sum_{t\in T}p_j^{RM}E\left[\tilde{l}_{jt}^{RM}\right]$$

$$+\sum_{d\in\tilde{f}_j^{-1}}\sum_{k\in\{j\}\cup\bar{\underline{M}}_{jd}(\cdot)}\sum_{\substack{i\in\{j\}\cup\bar{\underline{M}}_{jd}(\cdot)\\ i\neq k}}\sum_{t\in T}\underline{c}_{ki}^{RM}G_{ki}^{R}x_{kit}^{RM}q_{it}^{RM}+Tn_j^{RM}c_j^{RM}$$

$$+T(\left|\tilde{f}_m^{-1}\right|-n_j^{RM})v_j^{RR}+\sum_{i\in S}\sum_{t\in T}c_{ii}^{RM}q_{it}^{RM}$$

S.t. 式（4-69），式（4-87），式（4-89），式（4-91），式（4-95）～式（4-98），式（4-103）～式（4-105），式（4-163）～式（4-167）

4. 第三方车辆、多阶段配送

本部分在本节“自有车辆、多阶段配送”的基础上，假定制造商车辆和零售商车辆数有限，在一定条件下需要租用第三方车辆才能完成相应的运输任务，于

是 VMI 策略下的多阶段 RIRP 主问题为

$$\text{Min}\quad Z_{109}=\text{Min}\left\{Z_{110},Z_{111},Z_{112}\right\}$$

直配式运输：

$$\begin{aligned}\text{Min}\quad Z_{110}=&\sum_{t\in\left\lfloor T/T_0^{RR}\right\rfloor}h_0^{RR}E\left[\tilde{I}_{0t}^{RR}\right]+\left\lfloor T/T_0^{RR}\right\rfloor(m-n_0^{RR})v_0^{RR}+\sum_{j\in M}\sum_{t\in\left\lfloor T/T_0^{RR}\right\rfloor}c_{j0}^{RR}G_{j0}^{R}q_{jt}^{RR}\\&+\sum_{j\in M}\sum_{t\in\left\lfloor T/T_0^{RR}\right\rfloor}c_{jj}^{RR}q_{jt}^{RR}+\sum_{t\in\left\lfloor T/T_0^{RR}\right\rfloor}p_0^{RR}E\left[\tilde{l}_{0t}^{RR}\right]+\left\lfloor T/T_0^{RR}\right\rfloor n_0^{RR}c_0^{RR}\\&+K\left\lfloor T/T_0^{RR}\right\rfloor\sum_{j\in M}c_{0j}^{RR}\end{aligned}$$

S.t.　式(4-99)～式(4-102)，式(4-113)～式(4-117)，式(4-119)，式(4-120)，式(4-123)～式(4-127)，式(4-168)

串行式运输：

$$\begin{aligned}\text{Min}\quad Z_{111}=&\sum_{t\in\left\lfloor T/T_0^{RR}\right\rfloor}h_0^{RR}E\left[\tilde{I}_{0t}^{RR}\right]+\sum_{t\in\left\lfloor T/T_0^{RR}\right\rfloor}p_0^{RR}E\left[\tilde{l}_{0t}^{RR}\right]+\sum_{j\in M\cup R}\sum_{\substack{k\in M\cup R\\k\neq j}}\sum_{t\in\left\lfloor T/T_0^{RR}\right\rfloor}\underline{c}_{kj}^{RR}G_{kj}^{R}x_{kjt}^{RR}q_{jt}^{RR}\\&+\sum_{j\in M}\sum_{t\in\left\lfloor T/T_0^{RR}\right\rfloor}c_{jj}^{RR}q_{jt}^{RR}+\left\lfloor T/T_0^{RR}\right\rfloor n_0^{RR}c_0^{RR}\\&+\left\lfloor T/T_0^{RR}\right\rfloor\left\lfloor\left(\sum_{j\in M}q_{jt}^{RR}-n_0^{RR}Y^{RR}\right)\Big/Y_v^{RR}\right\rfloor v_0^{RR}\end{aligned}$$

S.t.　式(4-99)～式(4-102)，式(4-113)～式(4-117)，式(4-119)，式(4-120)，式(4-123)～式(4-127)，式(4-180)

并行式运输：

$$\begin{aligned}\text{Min}\quad Z_{112}=&\sum_{t\in\left\lfloor T/T_0^{RR}\right\rfloor}h_0^{RR}E\left[\tilde{I}_{0t}^{RR}\right]+\sum_{t\in\left\lfloor T/T_0^{RR}\right\rfloor}p_0^{RR}E\left[\tilde{l}_{0t}^{RR}\right]\\&+\sum_{c\in f_0^{-1}}\sum_{k\in S\cup\bar{S}_c(\cdot)}\sum_{\substack{j\in S\cup\bar{S}_c(\cdot)\\j\neq k}}\sum_{t\in\left\lfloor T/T_0^{RR}\right\rfloor}\underline{c}_{kj}^{RR}G_{kj}^{R}x_{kjt}^{RR}q_{jt}^{RR}+\sum_{j\in M}\sum_{t\in\left\lfloor T/T_0^{RR}\right\rfloor}c_{jj}^{RR}q_{jt}^{RR}\\&+\left\lfloor T/T_0^{RR}\right\rfloor n_0^{RR}c_0^{RR}+\left\lfloor T/T_0^{RR}\right\rfloor(\left|\tilde{f}_m^{-1}\right|-n_0^{RR})v_0^{RR}\end{aligned}$$

S.t.　式(4-99)～式(4-102)，式(4-115)～式(4-117)，式(4-119)，式(4-124)～式(4-127)，式(4-169)～式(4-173)，式(4-181)

而 VMI 策略下的 RIRP 子问题为对 $\forall j \in M$ ，则有

直配式运输：

$$\text{Min}\quad Z_{110j} = \sum_{t\in\left\lfloor T/T_j^{RM}\right\rfloor} h_j^{RM} E\left[\tilde{I}_{jt}^{RM}\right] + \sum_{t\in\left\lfloor T/T_j^{RM}\right\rfloor} p_j^{RM} E\left[\tilde{l}_{jt}^{RM}\right] + \left\lfloor T/T_j^{RM}\right\rfloor n_j^{RM} c_j^{RM}$$
$$+K\left\lfloor T/T_j^{RM}\right\rfloor \sum_{i\in S} c_{ij}^{RM} + \sum_{i\in S}\sum_{t\in\left\lfloor T/T_j^{RM}\right\rfloor} c_{ji}^{RM} G_{ji}^{R} q_{it}^{RM} + \sum_{i\in S}\sum_{t\in\left\lfloor T/T_j^{RM}\right\rfloor} c_{ii}^{RM} q_{it}^{RM}$$
$$+\left\lfloor T/T_j^{RM}\right\rfloor \left(\left|\underline{M}_j(\cdot)\right| - n_j^{RM}\right) v_j^{RM}$$

S.t. 式(4-103)～式(4-105), 式(4-128)～式(4-132), 式(4-134), 式(4-135), 式（4-138）～式（4-141), 式（4-174）

串行式运输：

$$\text{Min}\quad Z_{111j} = \sum_{t\in\left\lfloor T/T_j^{RM}\right\rfloor} h_j^{RM} E\left[\tilde{I}_{jt}^{RM}\right] + \sum_{t\in\left\lfloor T/T_j^{RM}\right\rfloor} p_j^{RM} E\left[\tilde{l}_{jt}^{RM}\right]$$
$$+\sum_{k\in\{j\}\cup\underline{M}_j(\cdot)}\ \sum_{\substack{i\in\{j\}\cup\underline{M}_j(\cdot)\\ i\neq k}}\ \sum_{t\in\left\lfloor T/T_j^{RM}\right\rfloor} \underline{c}_{ki}^{RM} G_{ki}^{R} x_{kit}^{RM} q_{it}^{RM} + \left\lfloor T/T_j^{RM}\right\rfloor n_j^{RM} c_j^{RM}$$
$$+\sum_{i\in S}\sum_{t\in\left\lfloor T/T_j^{RM}\right\rfloor} c_{ii}^{RM} q_{it}^{RM} + \left\lfloor T/T_j^{RM}\right\rfloor \left\lfloor \left(\sum_{i\in\underline{M}_j(\cdot)} q_{it}^{RM} - n_j^{RM} Y^{RM}\right)\Big/ Y_v^{RR} \right\rfloor v_j^{RM}$$

S.t. 式(4-103)～式(4-105), 式(4-128)～式(4-132), 式(4-134), 式(4-135), 式（4-138）～式（4-141), 式（4-181）

并行式运输：

$$\text{Min}\quad Z_{112j} = \sum_{t\in\left\lfloor T/T_j^{RM}\right\rfloor} h_j^{RM} E\left[\tilde{I}_{jt}^{RM}\right] + \sum_{t\in\left\lfloor T/T_j^{RM}\right\rfloor} p_j^{RM} E\left[\tilde{l}_{jt}^{RM}\right]$$
$$+\sum_{d\in\tilde{f}_j^{-1}}\ \sum_{k\in\{j\}\cup\underline{M}_{jd}(\cdot)}\ \sum_{\substack{i\in\{j\}\cup\underline{M}_{jd}(\cdot)\\ i\neq k}}\ \sum_{t\in\left\lfloor T/T_j^{RM}\right\rfloor} \underline{c}_{ki}^{RM} G_{ki}^{R} x_{kit}^{RM} q_{it}^{RM} + \left\lfloor T/T_j^{RM}\right\rfloor n_j^{RM} c_j^{RM}$$
$$+\sum_{i\in S}\sum_{t\in\left\lfloor T/T_j^{RM}\right\rfloor} c_{ii}^{RM} q_{it}^{RM} + \left\lfloor T/T_j^{RM}\right\rfloor \left(\left|\tilde{f}_m^{-1}\right| - n_j^{RM}\right) v_j^{RR}$$

S.t. 式(4-103)～式(4-105), 式(4-130), 式(4-132), 式(4-134), 式(4-138)～

式（4-141），式（4-169），式（4-175）～式（4-179）

4.7.3　基于随机市场、确定需求的情形

本节研究的是随机市场情形下的多周期多车辆 RIRP，各个供应商的需求已知确定，整个供应链所采取的是 VMI 策略，在此假定零售商车辆容量不小于任一制造商的需求，制造商车辆容量不小于其所服务的任一供应商的需求，问题是需要确定车辆的取货路线和与之对应的取货量，以达到最小化长期库存与运输成本的目的。

1. 自有车辆、单阶段配送

本部分针对单阶段配送，于是 VMI 策略下的 RIRP 主问题为

$$\text{Min}\quad Z_{113}=\text{Min}\{Z_{114},Z_{115}\}$$

串行式运输：

$$\text{Min}\quad Z_{114}=\sum_{t\in T}h_0^{RR}I_{0t}^{RR}+\sum_{t\in T}p_0^{RR}l_{0t}^{RR}+\sum_{j\in M\cup R}\sum_{\substack{k\in M\cup R\\k\neq j}}\sum_{t\in T}\underline{c}_{kj}^{RR}G_{kj}^{R}x_{kjt}^{RR}q_{jt}^{RR}$$
$$+\sum_{t\in T}\left\lceil\sum_{j\in M}q_{jt}^{RR}\Big/Y^{RR}\right\rceil c_0^{RR}+\sum_{j\in M}\sum_{t\in T}c_{jj}^{RR}q_{jt}^{RR}$$

S.t.　式（4-70）～式（4-74），式（4-76）～式（4-79），式（4-81）～式（4-84），式（4-106）

并行式运输：

$$\text{Min}\quad Z_{115}=\sum_{t\in T}h_0^{RR}I_{0t}^{RR}+\sum_{t\in T}p_0^{RR}l_{0t}^{RR}+\sum_{c\in f_0^{-1}}\sum_{k\in S\cup\bar{S}_c(\cdot)}\sum_{\substack{j\in S\cup\bar{S}_c(\cdot)\\j\neq k}}\sum_{t\in T}\underline{c}_{kj}^{RR}G_{kj}^{R}x_{kjt}^{RR}q_{jt}^{RR}+T\left|\tilde{f}_m^{-1}\right|c_0^{RR}$$
$$+\sum_{j\in M}\sum_{t\in T}c_{jj}^{RR}q_{jt}^{RR}$$

S.t.
$$d_{0t}^{RR}=\sum_{k\in\underline{M}_{jd}(\cdot)}d_{it}^{RM},\quad d\in f_j^{-1},\quad t\in T \tag{4-182}$$

式（4-72）～式（4-74），式（4-76），式（4-78），式（4-79），式（4-81）～式（4-84），式（4-157）～式（4-160）

其中，约束（4-182）表示 t 时刻零售商的需求量等于其分区后的上游制造商的需求量之和。

而 VMI 策略下的 RIRP 子问题为对 $\forall j\in M$，则有

串行式运输：

$$\text{Min}\quad Z_{114j}=\sum_{t\in T}h_j^{RM}I_{jt}^{RM}+\sum_{t\in T}p_j^{RM}l_{jt}^{RM}+\sum_{k\in\{j\}\cup\underline{M}_j(\cdot)}\sum_{\substack{i\in\{j\}\cup\underline{M}_j(\cdot)\\ i\neq k}}\sum_{t\in T}\underline{c}_{ki}^{RM}G_{ki}^{R}x_{kit}^{RM}q_{it}^{RM}$$

$$+\sum_{i\in S}\sum_{t\in T}c_{ii}^{RM}q_{it}^{RM}+T\left\lceil\sum_{i\in\underline{M}_j(\cdot)}q_i^{RM}\Big/Y^{RM}\right\rceil c_j^{RM}$$

S.t. 式（4-87），式（4-91）～式（4-98），式（4-107）～式（4-111）

并行式运输：

$$\text{Min}\quad Z_{115j}=\sum_{t\in T}h_j^{RM}I_{jt}^{RM}+\sum_{t\in T}p_j^{RM}l_{jt}^{RM}+\sum_{d\in\tilde{f}_j^{-1}}\sum_{k\in\{j\}\cup\underline{\tilde{M}}_{jd}(\cdot)}\sum_{\substack{i\in\{j\}\cup\underline{\tilde{M}}_{jd}(\cdot)\\ i\neq k}}\sum_{t\in T}\underline{c}_{ki}^{RM}G_{ki}^{R}x_{kit}^{RM}q_{it}^{RM}$$

$$+T\left|\tilde{f}_{Mj}^{-1}\right|c_j^{RM}+\sum_{i\in S}\sum_{t\in T}c_{ii}^{RM}q_{it}^{RM}$$

S.t.

$$\sum_{k\in\underline{\tilde{M}}_{jd}(\cdot)}x_{kjt}^{RM}=1,\quad j\in M,\quad d\in\tilde{f}_j^{-1},\quad t\in T \tag{4-183}$$

$$\sum_{k\in\underline{\tilde{M}}_{jd}(\cdot)}x_{jkt}^{RM}=1,\quad j\in M,\quad d\in\tilde{f}_j^{-1},\quad t\in T \tag{4-184}$$

$$\sum_{\substack{k\in\{j\}\cup\underline{\tilde{M}}_{jd}(\cdot)\\ k\neq i}}x_{ikt}^{RM}=1,\quad i\in S,\quad d\in\tilde{f}_j^{-1},\quad t\in T \tag{4-185}$$

$$\sum_{i\in\underline{\tilde{M}}_{jd}(\cdot)}q_{it}^{RM}\leqslant Y^{RM},\quad i\in S,\quad d\in\tilde{f}_j^{-1},\quad t\in T \tag{4-186}$$

$$q_{it}^{RM}-\sum_{k\in\{j\}\cup\underline{\tilde{M}}_{jd}(\cdot)}Y^{RM}x_{kit}^{RM}\leqslant 0,\quad k\in R,\quad i\in S,\quad d\in\tilde{f}_j^{-1},\quad t\in T \tag{4-187}$$

式（4-87），式（4-91），式（4-93）～式（4-98）

其中，约束（4-183）表示 t 时刻单一车辆离开制造商处向分区后的上游供应商取货；约束（4-184）表示 t 时刻单一车辆从供应商处取完货返回制造商处；约束（4-185）表示 t 时刻供应链中的制造商和其上游供应商节点当且仅当被访问一次；约束（4-186）表示 t 时刻单一车辆从供应商的取货量不能超过车辆容量；约束（4-187）表示 t 时刻单一车辆只有经过供应商节点时才取货，保证了运输的可能性。

2. 自有车辆、多阶段配送

本部分针对多阶段配送，于是 VMI 策略下的 RIRP 主问题为

$$\text{Min}\quad Z_{116}=\text{Min}\{Z_{117},Z_{118}\}$$

串行式运输：

$$\text{Min}\quad Z_{117}=\sum_{t\in\left\lfloor T/T_0^{RR}\right\rfloor}h_0^{RR}I_{0t}^{RR}+\sum_{t\in\left\lfloor T/T_0^{RR}\right\rfloor}p_0^{RR}l_{0t}^{RR}+\sum_{j\in M\cup R}\sum_{\substack{k\in M\cup R\\k\neq j}}\sum_{t\in\left\lfloor T/T_0^{RR}\right\rfloor}\underline{c}_{kj}^{RR}G_{kj}^{R}x_{kjt}^{RR}q_{jt}^{RR}$$
$$+\sum_{t\in\left\lfloor T/T_0^{RR}\right\rfloor}\left\lceil\sum_{j\in M}q_{jt}^{RR}\Big/Y^{RR}\right\rceil c_0^{RR}+\sum_{j\in M}\sum_{t\in\left\lfloor T/T_0^{RR}\right\rfloor}c_{jj}^{RR}q_{jt}^{RR}$$

S.t.　式(4-113)～式(4-117), 式(4-119)～式(4-122), 式(4-124)～式(4-127), 式(4-149)

并行式运输：

$$\text{Min}\quad Z_{118}=\sum_{t\in\left\lfloor T/T_0^{RR}\right\rfloor}h_0^{RR}I_{0t}^{RR}+\sum_{t\in\left\lfloor T/T_0^{RR}\right\rfloor}p_0^{RR}l_{0t}^{RR}+\sum_{c\in f_0^{-1}}\sum_{k\in S\cup\underline{S}_c(\cdot)}\sum_{\substack{j\in S\cup\underline{S}_c(\cdot)\\j\neq k}}\sum_{t\in\left\lfloor T/T_0^{RR}\right\rfloor}\underline{c}_{kj}^{RR}G_{kj}^{R}x_{kjt}^{RR}q_{jt}^{RR}$$
$$+\sum_{j\in M}\sum_{t\in\left\lfloor T/T_0^{RR}\right\rfloor}c_{jj}^{RR}q_{jt}^{RR}+\left\lfloor T/T_0^{RR}\right\rfloor\left|\tilde{f}_m^{-1}\right|c_0^{RR}$$

S.t.　式(4-115)～式(4-117), 式(4-119), 式(4-121), 式(4-122), 式(4-124)～式(4-127), 式(4-169)～式(4-173)

而 VMI 策略下的 RIRP 子问题为对 $\forall j\in M$，则有

串行式运输：

$$\text{Min}\quad Z_{117j}=\sum_{t\in\left\lfloor T/T_j^{RM}\right\rfloor}h_j^{RM}I_{jt}^{RM}+\sum_{i\in S}\sum_{t\in\left\lfloor T/T_j^{RM}\right\rfloor}c_{ii}^{RM}q_{it}^{RM}$$
$$+\sum_{k\in\{j\}\cup\underline{M}_j(\cdot)}\sum_{\substack{i\in\{j\}\cup\underline{M}_j(\cdot)\\i\neq k}}\sum_{t\in\left\lfloor T/T_j^{RM}\right\rfloor}\underline{c}_{ki}^{RM}G_{ki}^{R}x_{kit}^{RM}q_{it}^{RM}+\sum_{t\in\left\lfloor T/T_j^{RM}\right\rfloor}p_j^{RM}l_{jt}^{RM}$$
$$+\left\lfloor T/T_j^{RM}\right\rfloor\left\lceil\sum_{i\in\underline{M}_j(\cdot)}q_i^{RM}\Big/Y^{RM}\right\rceil c_j^{RM}$$

S.t.　式（4-130），式（4-134）～式（4-141），式（4-150）～式（4-154）

并行式运输：

$$\text{Min}\quad Z_{118j}=\sum_{t\in\left\lfloor T/T_j^{RM}\right\rfloor}h_j^{RM}I_{jt}^{RM}+\sum_{t\in\left\lfloor T/T_j^{RM}\right\rfloor}p_j^{RM}l_{jt}^{RM}$$
$$+\sum_{d\in\tilde{f}_j^{-1}}\sum_{k\in\{j\}\cup\underline{M}_{jd}(\cdot)}\sum_{\substack{i\in\{j\}\cup\underline{M}_{jd}(\cdot)\\i\neq k}}\sum_{t\in\left\lfloor T/T_j^{RM}\right\rfloor}\underline{c}_{ki}^{RM}G_{ki}^{R}x_{kit}^{RM}q_{it}^{RM}+\left\lfloor T/T_j^{RM}\right\rfloor\left|\tilde{f}_{Mj}^{-1}\right|c_j^{RM}$$
$$+\sum_{i\in S}\sum_{t\in\left\lfloor T/T_j^{RM}\right\rfloor}c_{ii}^{RM}q_{it}^{RM}$$

$$\text{S.t.}\quad \sum_{k\in \tilde{M}_{jd}(\cdot)} x_{kjt}^{RM}=1,\quad j\in M,\quad d\in \tilde{f}_j^{-1},\quad t\in\left\lfloor T\big/T_j^{RM}\right\rfloor \tag{4-188}$$

$$\sum_{k\in \tilde{M}_{jd}(\cdot)} x_{jkt}^{RM}=1,\quad j\in M,\quad d\in \tilde{f}_j^{-1},\quad t\in\left\lfloor T\big/T_j^{RM}\right\rfloor \tag{4-189}$$

$$\sum_{\substack{k\in\{j\}\cup \tilde{M}_{jd}(\cdot)\\ k\neq i}} x_{ikt}^{RM}=1,\quad i\in S,\quad d\in \tilde{f}_j^{-1},\quad t\in\left\lfloor T\big/T_j^{RM}\right\rfloor \tag{4-190}$$

$$\sum_{i\in \tilde{M}_{jd}(\cdot)} q_{it}^{RM}\leqslant Y^{RM},\quad i\in S,\quad d\in \tilde{f}_j^{-1},\quad t\in\left\lfloor T\big/T_j^{RM}\right\rfloor \tag{4-191}$$

$$q_{it}^{RM}-\sum_{k\in\{j\}\cup \tilde{M}_{jd}(\cdot)} Y^{RM}x_{kit}^{RM}\leqslant 0,\quad k\in R,\quad i\in S,\quad d\in \tilde{f}_j^{-1},\quad t\in\left\lfloor T\big/T_j^{RM}\right\rfloor \tag{4-192}$$

式（4-130），式（4-132），式（4-134），式（4-136）～式（4-141）

其中，约束（4-188）表示多阶段时刻单一车辆离开制造商处向分区后的上游供应商处取货；约束（4-189）表示多阶段时刻单一车辆从供应商处取完货返回制造商处；约束（4-190）表示多阶段时刻供应链中的制造商和其上游供应商节点当且仅当被访问一次；约束（4-191）表示多阶段时刻单一车辆从供应商的取货量不能超过车辆容量；约束（4-192）表示多阶段时刻单一车辆只有经过供应商节点时才取货，保证了运输的可能性。

3. 第三方车辆、单阶段配送

本部分在本节“自有车辆、单阶段配送”的基础上，假定制造商车辆和零售商车辆数有限，在一定条件下需要租用第三方车辆才能完成相应的运输任务，于是 VMI 策略下的单阶段 RIRP 主问题为

$$\text{Min}\quad Z_{119}=\text{Min}\{Z_{120},Z_{121}\}$$

串行式运输：

$$\text{Min}\quad Z_{120}=\sum_{t\in T}h_0^{RR}I_{0t}^{RR}+\sum_{t\in T}p_0^{RR}l_{0t}^{RR}+\sum_{j\in M\cup R}\ \sum_{\substack{k\in M\cup R\\ k\neq j}}\ \sum_{t\in T}\underline{c}_{kj}^{RR}G_{kj}^{R}x_{kjt}^{RR}q_{jt}^{RR}+\sum_{j\in M}\sum_{t\in T}c_{jj}^{RR}q_{jt}^{RR}$$
$$+Tn_0^{RR}c_0^{RR}+T\left\lfloor\left(\sum_{j\in M}q_{jt}^{RR}-n_0^{RR}Y^{RR}\right)\Big/Y_v^{RR}\right\rfloor v_0^{RR}$$

S.t.　式（4-70）～式（4-74），式（4-76）～式（4-79），式（4-81）～式（4-84），式（4-106），式（4-180）

并行式运输：

$$\text{Min}\quad Z_{121}=\sum_{t\in T}h_0^{RR}I_{0t}^{RR}+\sum_{t\in T}p_0^{RR}l_{0t}^{RR}+\sum_{c\in f_0^{-1}}\sum_{k\in S\cup\bar{S}_c(\cdot)}\sum_{\substack{i\in S\cup\bar{S}_c(\cdot)\\ i\neq k}}\sum_{t\in T}\underline{c}_{kj}^{RR}G_{kj}^{R}x_{kjt}^{RR}q_{jt}^{RR}$$
$$+\sum_{j\in M}\sum_{t\in T}c_{jj}^{RR}q_{jt}^{RR}+Tn_0^{RR}c_0^{RR}+T(\left|\tilde{f}_m^{-1}\right|-n_0^{RR})v_0^{RR}$$

S.t.　式（4-67），式（4-72）～式（4-74），式（4-76），式（4-78），式（4-79），式（4-81）～式（4-84），式（4-157）～式（4-161）

而VMI策略下的单阶段RIRP子问题为对$\forall j\in M$，则有

串行式运输：

$$\text{Min}\quad Z_{120j}=\sum_{t\in T}h_j^{RM}I_{jt}^{RM}+\sum_{t\in T}p_j^{RM}l_{jt}^{RM}+Tn_j^{RM}c_j^{RM}$$
$$+\sum_{k\in\{j\}\cup\underline{M}_j(\cdot)}\sum_{\substack{i\in\{j\}\cup\underline{M}_j(\cdot)\\ i\neq k}}\sum_{t\in T}\underline{c}_{ki}^{RM}G_{ki}^{R}x_{kit}^{RM}q_{it}^{RM}$$
$$+\sum_{i\in S}\sum_{t\in T}c_{ii}^{RM}q_{it}^{RM}+T\left\lceil\left(\sum_{i\in\underline{M}_j(\cdot)}q_{it}^{RM}-n_j^{RM}Y^{RM}\right)\Big/Y_v^{RM}\right\rceil v_j^{RM}$$

S.t.　式（4-87），式（4-91）～式（4-98），式（4-107）～式（4-111），式（4-181）

并行式运输：

$$\text{Min}\quad Z_{121j}=\sum_{t\in T}h_j^{RM}I_{jt}^{RM}+\sum_{t\in T}p_j^{RM}l_{jt}^{RM}+Tn_j^{RM}c_j^{RM}$$
$$+\sum_{d\in\tilde{f}_j^{-1}}\sum_{k\in\{j\}\cup\underline{M}_{jd}(\cdot)}\sum_{\substack{i\in\{j\}\cup\underline{M}_{jd}(\cdot)\\ i\neq k}}\sum_{t\in T}\underline{c}_{ki}^{RM}G_{ki}^{R}x_{kit}^{RM}q_{it}^{RM}+T(\left|\tilde{f}_{Mj}^{-1}\right|-n_j^{RM})v_j^{RM}$$
$$+\sum_{i\in S}\sum_{t\in T}c_{ii}^{RM}q_{it}^{RM}$$

S.t.　式（4-69），式（4-87），式（4-89），式（4-91），式（4-93）～式（4-98），式（4-183）～式（4-187）

4. 第三方车辆、多阶段配送

本部分在本节“自有车辆、多阶段配送”的基础上，假定制造商车辆和零售商车辆数有限，在一定条件下需要租用第三方车辆才能完成相应的运输任务，于是VMI策略下的多阶段RIRP主问题为

$$\text{Min}\quad Z_{122}=\text{Min}\{Z_{123},Z_{124}\}$$

串行式运输：

$$\text{Min}\quad Z_{123}=\sum_{t\in\left\lfloor T/T_0^{RR}\right\rfloor} h_0^{RR} I_{0t}^{RR}+\sum_{t\in\left\lfloor T/T_0^{RR}\right\rfloor} p_0^{RR} l_{0t}^{RR}+\sum_{j\in M\cup R}\sum_{\substack{k\in M\cup R\\ k\neq j}}\sum_{t\in\left\lfloor T/T_0^{RR}\right\rfloor}\underline{c}_{kj}^{RR} G_{kj}^{R} x_{kjt}^{RR} q_{jt}^{RR}$$
$$+\sum_{j\in M}\sum_{t\in\left\lfloor T/T_0^{RR}\right\rfloor} c_{jj}^{RR} q_{jt}^{RR}+\left\lfloor T/T_0^{RR}\right\rfloor n_0^{RR} c_0^{RR}$$
$$+\left\lfloor T/T_0^{RR}\right\rfloor\left\lceil\left(\sum_{j\in M} q_{jt}^{RR}-n_0^{RR} Y^{RR}\right)\Big/ Y_v^{RR}\right\rceil v_0^{RR}$$

S.t.　式(4-113)～式(4-117)，式(4-119)～式(4-127)，式(4-149)，式(4-180)

并行式运输：

$$\text{Min}\quad Z_{124}=\sum_{t\in\left\lfloor T/T_0^{RR}\right\rfloor} h_0^{RR} I_{0t}^{RR}+\sum_{t\in\left\lfloor T/T_0^{RR}\right\rfloor} p_0^{RR} l_{0t}^{RR}+\sum_{c\in f_0^{-1}}\sum_{k\in S\cup\bar{S}_c(\cdot)}\sum_{\substack{j\in S\cup\bar{S}_c(\cdot)\\ j\neq k}}\sum_{t\in\left\lfloor T/T_0^{RR}\right\rfloor}\underline{c}_{kj}^{RR} G_{kj}^{R} x_{kjt}^{RR} q_{jt}^{RR}$$
$$+\sum_{j\in M}\sum_{t\in\left\lfloor T/T_0^{RR}\right\rfloor} c_{jj}^{RR} q_{jt}^{RR}+\left\lfloor T/T_0^{RR}\right\rfloor n_0^{RR} c_0^{RR}+\left\lfloor T/T_0^{RR}\right\rfloor\left(\left|\tilde{f}_m^{-1}\right|-n_0^{RR}\right) v_0^{RR}$$

S.t.　式(4-115)～式(4-117)，式(4-119)，式(4-121)，式(4-122)，式(4-124)～式(4-127)，式(4-169)～式(4-173)，式(4-181)

而 VMI 策略下的多阶段 RIRP 子问题为对 $\forall j\in M$，则有

串行式运输：

$$\text{Min}\quad Z_{123j}=\sum_{t\in\left\lfloor T/T_j^{RM}\right\rfloor} h_j^{RM} I_{jt}^{RM}+\left\lfloor T/T_j^{RM}\right\rfloor n_j^{RM} c_j^{RM}$$
$$+\sum_{k\in\{j\}\cup\underline{M}_j(\cdot)}\sum_{\substack{i\in\{j\}\cup\underline{M}_j(\cdot)\\ i\neq k}}\sum_{t\in\left\lfloor T/T_j^{RM}\right\rfloor}\underline{c}_{ki}^{RM} G_{ki}^{R} x_{kit}^{RM} q_{it}^{RM}+\sum_{t\in\left\lfloor T/T_j^{RM}\right\rfloor} p_j^{RM} l_{jt}^{RM}$$
$$+\left\lfloor T/T_j^{RM}\right\rfloor\left\lceil\left(\sum_{i\in\underline{M}_j(\cdot)} q_{it}^{RM}-n_j^{RM} Y^{RM}\right)\Big/ Y_v^{RM}\right\rceil v_j^{RM}+\sum_{i\in S}\sum_{t\in\left\lfloor T/T_j^{RM}\right\rfloor} c_{ii}^{RM} q_{it}^{RM}$$

S.t.　式(4-130)，式(4-134)～式(4-141)，式(4-150)～式(4-154)，式(4-181)

并行式运输：

$$\text{Min}\quad Z_{124j}=\sum_{t\in\left\lfloor T/T_j^{RM}\right\rfloor} h_j^{RM} I_{jt}^{RM}+\sum_{t\in\left\lfloor T/T_j^{RM}\right\rfloor} p_j^{RM} l_{jt}^{RM}$$
$$+\sum_{d\in\tilde{f}_j^{-1}}\sum_{k\in\{j\}\cup\underline{M}_{jd}(\cdot)}\sum_{\substack{i\in\{j\}\cup\underline{M}_{jd}(\cdot)\\ i\neq k}}\sum_{t\in\left\lfloor T/T_j^{RM}\right\rfloor}\underline{c}_{ki}^{RM} G_{ki}^{R} x_{kit}^{RM} q_{it}^{RM}+\sum_{i\in S}\sum_{t\in\left\lfloor T/T_j^{RM}\right\rfloor} c_{ii}^{RM} q_{it}^{RM}$$
$$+\left\lfloor T/T_j^{RM}\right\rfloor n_j^{RM} c_j^{RM}+\left\lfloor T/T_j^{RM}\right\rfloor\left(\left|\tilde{f}_{Mj}^{-1}\right|-n_j^{RM}\right)v_j^{RM}$$

S.t.　式(4-130)，式(4-134)，式(4-136)～式(4-141)，式(4-175)～式(4-179)，式（4-188）～式（4-192）

4.7.4　基于随机市场、不确定需求的情形

本节研究的是随机市场情形下的多周期多车辆 RIRP，各个供应商的需求随机，整个供应链所采取的是 VMI 策略，在此假定零售商车辆容量不小于任一制造商的期望需求，制造商车辆容量不小于其所服务的任一供应商的期望需求，问题是需要确定车辆的取货路线和与之对应的取货量，以达到最小化长期库存与运输成本的目的。

1. 自有车辆、单阶段配送

本部分针对单阶段配送，于是 VMI 策略下的 RIRP 主问题为

$$\text{Min}\quad Z_{125}=\text{Min}\left\{Z_{126},Z_{127}\right\}$$

串行式运输：

$$\text{Min}\quad Z_{126}=\sum_{t\in T}h_0^{RR}E\left[\tilde{I}_{0t}^{RR}\right]+\sum_{t\in T}p_0^{RR}E\left[\tilde{l}_{0t}^{RR}\right]+\sum_{j\in M\cup R}\sum_{\substack{k\in M\cup R\\ k\neq j}}\sum_{t\in T}\underline{c}_{kj}^{RR}G_{kj}^{R}x_{kjt}^{RR}q_{jt}^{RR}$$
$$+\sum_{t\in T}\left\lceil \sum_{j\in M} q_{jt}^{RR}\Big/ Y^{RR}\right\rceil c_0^{RR}+\sum_{j\in M}\sum_{t\in T}c_{jj}^{RR}q_{jt}^{RR}$$

S.t.　式（4-70）～式（4-74），式（4-76），式（4-77），式（4-81）～式（4-84），式（4-99）～式（4-101），式（4-112）

并行式运输：

$$\text{Min}\quad Z_{127}=\sum_{t\in T}h_0^{RR}E\left[\tilde{I}_{0t}^{RR}\right]+\sum_{t\in T}p_0^{RR}E\left[\tilde{l}_{0t}^{RR}\right]+\sum_{c\in f_0^{-1}}\sum_{k\in S\cup\bar{S}_c(\cdot)}\sum_{\substack{j\in S\cup\bar{S}_c(\cdot)\\ k\neq j}}\sum_{t\in T}\underline{c}_{kj}^{RR}G_{kj}^{R}x_{kjt}^{RR}q_{jt}^{RR}$$
$$+\sum_{j\in M}\sum_{t\in T}c_{jj}^{RR}q_{jt}^{RR}+T\left|\tilde{f}_m^{-1}\right|c_0^{RR}$$

S.t. 式（4-72）～式（4-74），式（4-76），式（4-81）～式（4-84），式（4-99）～式（4-101），式（4-112），式（4-157）～式（4-161）

而 VMI 策略下的 RIRP 子问题为对 $\forall j \in M$，则有

串行式运输：

$$\text{Min}\quad Z_{126j}=\sum_{t\in T}h_j^{RM}E\left[\tilde{I}_{jt}^{RM}\right]+\sum_{t\in T}p_j^{RM}E\left[\tilde{l}_{jt}^{RM}\right]+\sum_{k\in\{j\}\cup\underline{M}_j(\cdot)}\sum_{\substack{i\in\{j\}\cup\underline{M}_j(\cdot)\\ i\neq k}}\sum_{t\in T}\underline{c}_{ki}^{RM}G_{ki}^{R}x_{kit}^{RM}q_{it}^{RM}$$
$$+\sum_{i\in S}\sum_{t\in T}c_{ii}^{RM}q_{it}^{RM}+T\left\lceil\sum_{i\in\underline{M}_j(\cdot)}q_i^{RM}\Big/Y^{RM}\right\rceil c_j^{RM}$$

S.t. 式（4-85）～式（4-89），式（4-91），式（4-92），式（4-95）～式（4-98），式（4-103）～式（4-105）

并行式运输：

$$\text{Min}\quad Z_{127j}=\sum_{t\in T}h_j^{RM}E\left[\tilde{I}_{jt}^{RM}\right]+\sum_{t\in T}p_j^{RM}E\left[\tilde{l}_{jt}^{RM}\right]$$
$$+\sum_{d\in\tilde{f}_j^{-1}}\sum_{k\in\{j\}\cup\bar{\underline{M}}_{jd}(\cdot)}\sum_{\substack{i\in\{j\}\cup\bar{\underline{M}}_{jd}(\cdot)\\ i\neq k}}\sum_{t\in T}\underline{c}_{ki}^{RM}G_{ki}^{R}x_{kit}^{RM}q_{it}^{RM}+T\left|\tilde{f}_{Mj}^{-1}\right|c_j^{RM}+\sum_{i\in S}\sum_{t\in T}c_{ii}^{RM}q_{it}^{RM}$$

S.t. 式（4-87），式（4-89），式（4-91），式（4-95）～式（4-98），式（4-103）～式（4-105），式（4-163）～式（4-167）

2. 自有车辆、多阶段配送

本部分针对多阶段配送，于是 VMI 策略下的 RIRP 主问题为

$$\text{Min}\quad Z_{128}=\text{Min}\left\{Z_{129},Z_{130}\right\}$$

串行式运输：

$$\text{Min}\quad Z_{129}=\sum_{t\in\left\lfloor T/T_0^{RR}\right\rfloor}h_0^{RR}E\left[\tilde{I}_{0t}^{RR}\right]+\sum_{t\in\left\lfloor T/T_0^{RR}\right\rfloor}p_0^{RR}E\left[\tilde{l}_{0t}^{RR}\right]+\sum_{j\in M\cup R}\sum_{\substack{k\in M\cup R\\ k\neq j}}\sum_{t\in\left\lfloor T/T_0^{RR}\right\rfloor}\underline{c}_{kj}^{RR}G_{kj}^{R}x_{kjt}^{RR}q_{jt}^{RR}$$
$$+\sum_{j\in M}\sum_{t\in\left\lfloor T/T_0^{RR}\right\rfloor}c_{jj}^{RR}q_{jt}^{RR}+\sum_{t\in\left\lfloor T/T_0^{RR}\right\rfloor}\left\lceil\sum_{j\in M}q_{jt}^{RR}\Big/Y^{RR}\right\rceil c_0^{RR}$$

S.t. 式（4-113）～式（4-117），式（4-119），式（4-120），式（4-123）～式（4-127），式（4-142）～式（4-144），式（4-155）

并行式运输：

$$\text{Min}\quad Z_{130}=\sum_{t\in\left\lfloor T/T_0^{RR}\right\rfloor}h_0^{RR}E\left[\tilde{I}_{0t}^{RR}\right]+\sum_{t\in\left\lfloor T/T_0^{RR}\right\rfloor}p_0^{RR}E\left[\tilde{l}_{0t}^{RR}\right]$$
$$+\sum_{c\in f_0^{-1}}\sum_{k\in S\cup\bar{S}_c(\cdot)}\sum_{\substack{j\in S\cup\bar{S}_c(\cdot)\\ j\neq k}}\sum_{t\in\left\lfloor T/T_0^{RR}\right\rfloor}\underline{c}_{kj}^{RR}G_{kj}^{R}x_{kjt}^{RR}q_{jt}^{RR}+\sum_{j\in M}\sum_{t\in\left\lfloor T/T_0^{RR}\right\rfloor}c_{jj}^{RR}q_{jt}^{RR}$$
$$+\left\lfloor T/T_0^{RR}\right\rfloor\left|\tilde{f}_m^{-1}\right|c_0^{RR}$$

S.t.　式(4-115)～式(4-117), 式(4-119), 式(4-124)～式(4-127), 式(4-142)～式(4-144), 式(4-155), 式(4-169)～式(4-173)

而 VMI 策略下的 RIRP 子问题为对 $\forall j\in M$，则有

串行式运输：

$$\text{Min}\quad Z_{129j}=\sum_{t\in\left\lfloor T/T_j^{RM}\right\rfloor}h_j^{RM}E\left[\tilde{I}_{jt}^{RM}\right]+\sum_{t\in\left\lfloor T/T_j^{RM}\right\rfloor}p_j^{RM}E\left[\tilde{l}_{jt}^{RM}\right]$$
$$+\sum_{k\in\{j\}\cup\underline{M}_j(\cdot)}\sum_{\substack{i\in\{j\}\cup\underline{M}_j(\cdot)\\ i\neq k}}\sum_{t\in\left\lfloor T/T_j^{RM}\right\rfloor}\underline{c}_{ki}^{RM}G_{ki}^{R}x_{kit}^{RM}q_{it}^{RM}+\sum_{i\in S}\sum_{t\in\left\lfloor T/T_j^{RM}\right\rfloor}c_{ii}^{RM}q_{it}^{RM}$$
$$+\left\lfloor T/T_j^{RM}\right\rfloor\left\lceil\sum_{i\in\underline{M}_j(\cdot)}q_i^{RM}\Big/Y^{RM}\right\rceil c_j^{RM}$$

S.t.　式(4-103)～式(4-105), 式(4-128)～式(4-132), 式(4-134), 式(4-135), 式(4-138)～式(4-141)

并行式运输：

$$\text{Min}\quad Z_{130j}=\sum_{t\in\left\lfloor T/T_j^{RM}\right\rfloor}h_j^{RM}E\left[\tilde{I}_{jt}^{RM}\right]+\sum_{t\in\left\lfloor T/T_j^{RM}\right\rfloor}p_j^{RM}E\left[\tilde{l}_{jt}^{RM}\right]$$
$$+\sum_{d\in\tilde{f}_j^{-1}}\sum_{k\in\{j\}\cup\underline{M}_{jd}(\cdot)}\sum_{\substack{i\in\{j\}\cup\underline{M}_{jd}(\cdot)\\ i\neq k}}\sum_{t\in\left\lfloor T/T_j^{RM}\right\rfloor}\underline{c}_{ki}^{RM}G_{ki}^{R}x_{kit}^{RM}q_{it}^{RM}+\left\lfloor T/T_j^{RM}\right\rfloor\left|\tilde{f}_{Mj}^{-1}\right|c_j^{RM}$$
$$+\sum_{i\in S}\sum_{t\in\left\lfloor T/T_j^{RM}\right\rfloor}c_{ii}^{RM}q_{it}^{RM}$$

S.t.　式(4-103)～式(4-105), 式(4-130), 式(4-132), 式(4-134), 式(4-138)～式(4-141), 式(4-175)～式(4-179)

3. 第三方车辆、单阶段配送

本部分在本节“自有车辆、单阶段配送”的基础上，假定制造商车辆和零售

商车辆数有限，在一定条件下需要租用第三方车辆才能完成相应的运输任务，于是 VMI 策略下的单阶段 RIRP 主问题为

$$\text{Min}\quad Z_{131}=\text{Min}\left\{Z_{132},Z_{133}\right\}$$

串行式运输：

$$\text{Min}\quad Z_{132}=\sum_{t\in T}h_0^{RR}E\left[\tilde{I}_{0t}^{RR}\right]+\sum_{t\in T}p_0^{RR}E\left[\tilde{l}_{0t}^{RR}\right]+\sum_{j\in M\cup R}\sum_{\substack{k\in M\cup R\\ k\neq j}}\sum_{t\in T}\underline{c}_{kj}^{RR}G_{kj}^{R}x_{kjt}^{RR}q_{jt}^{RR}$$
$$+\sum_{j\in M}\sum_{t\in T}c_{jj}^{RR}q_{jt}^{RR}+Tn_0^{RR}c_0^{RR}+T\left\lceil\left(\sum_{j\in M}q_{jt}^{RR}-n_0^{RR}Y^{RR}\right)\Big/Y_v^{RR}\right\rceil v_0^{RR}$$

S.t.　式（4-70）～式（4-74），式（4-76），式（4-77），式（4-80）～式（4-84），式（4-99）～式（4-101），式（4-112），式（4-180）

并行式运输：

$$\text{Min}\quad Z_{133}=\sum_{t\in T}h_0^{RR}E\left[\tilde{I}_{0t}^{RR}\right]+\sum_{t\in T}p_0^{RR}E\left[\tilde{l}_{0t}^{RR}\right]$$
$$+\sum_{c\in f_0^{-1}}\sum_{k\in S\cup\bar{S}_c(\cdot)}\sum_{\substack{j\in S\cup\bar{S}_c(\cdot)\\ j\neq k}}\sum_{t\in T}\underline{c}_{kj}^{RR}G_{kj}^{R}x_{kjt}^{RR}q_{jt}^{RR}$$
$$+\sum_{j\in M}\sum_{t\in T}c_{jj}^{RR}q_{jt}^{RR}+Tn_0^{RR}c_0^{RR}+T\left(\left|\tilde{f}_m^{-1}\right|-n_0^{RR}\right)v_0^{RR}$$

S.t.　式（4-67），式（4-72）～式（4-74），式（4-76），式（4-81）～式（4-84），式（4-99）～式（4-101），式（4-112），式（4-157）～式（4-161）

而 VMI 策略下的单阶段 RIRP 子问题为对 $\forall j\in M$，则有

串行式运输：

$$\text{Min}\quad Z_{132j}=\sum_{t\in T}h_j^{RM}E\left[\tilde{I}_{jt}^{RM}\right]+\sum_{t\in T}p_j^{RM}E\left[\tilde{l}_{jt}^{RM}\right]+\sum_{k\in\{j\}\cup\underline{M}_j(\cdot)}\sum_{\substack{i\in\{j\}\cup\underline{M}_j(\cdot)\\ i\neq k}}\sum_{t\in T}\underline{c}_{ki}^{RM}G_{ki}^{R}x_{kit}^{RM}q_{it}^{RM}$$
$$+Tn_j^{RM}c_j^{RM}+\sum_{i\in S}\sum_{t\in T}c_{ii}^{RM}q_{it}^{RM}+T\left\lceil\left(\sum_{i\in\underline{M}_j(\cdot)}q_{it}^{RM}-n_j^{RM}Y^{RM}\right)\Big/Y_v^{RR}\right\rceil v_j^{RM}$$

S.t.　式（4-85）～式（4-89），式（4-91），式（4-92），式（4-95）～式（4-98），式（4-103）～式（4-105），式（4-181）

并行式运输：

$$\begin{aligned}\text{Min}\quad Z_{133j} &= \sum_{t\in T} h_j^{RM} E\left[\tilde{I}_{jt}^{RM}\right] + \sum_{t\in T} p_j^{RM} E\left[\tilde{l}_{jt}^{RM}\right] \\ &+ \sum_{d\in\tilde{f}_j^{-1}} \sum_{k\in\{j\}\cup\underline{M}_{jd}(\cdot)} \sum_{\substack{i\in\{j\}\cup\underline{M}_{jd}(\cdot)\\ i\neq k}} \sum_{t\in T} \underline{c}_{ki}^{RM} G_{ki}^{R} x_{kit}^{RM} q_{it}^{RM} + T n_j^{RM} c_j^{RM} \\ &+ T(\left|\tilde{f}_{Mj}^{-1}\right| - n_j^{RM}) v_j^{RR} + \sum_{i\in S}\sum_{t\in T} c_{ii}^{RM} q_{it}^{RM}\end{aligned}$$

S.t.　式（4-69），式（4-87），式（4-89），式（4-91），式（4-95）～式（4-98），式（4-103）～式（4-105），式（4-163）～式（4-167）

4. 第三方车辆、多阶段配送

本部分在本节“自有车辆、多阶段配送”的基础上，假定制造商车辆和零售商车辆数有限，在一定条件下需要租赁第三方车辆才能完成相应的运输任务，于是 VMI 策略下的多阶段 RIRP 主问题为

$$\text{Min}\quad Z_{134} = \text{Min}\left\{Z_{135}, Z_{136}\right\}$$

串行式运输：

$$\begin{aligned}\text{Min}\quad Z_{135} &= \sum_{t\in\left\lfloor T/T_0^{RR}\right\rfloor} h_0^{RR} E\left[\tilde{I}_{0t}^{RR}\right] + \sum_{t\in\left\lfloor T/T_0^{RR}\right\rfloor} p_0^{RR} E\left[\tilde{l}_{0t}^{RR}\right] + \sum_{j\in M\cup R} \sum_{\substack{k\in M\cup R\\ k\neq j}} \sum_{t\in\left\lfloor T/T_0^{RR}\right\rfloor} \underline{c}_{kj}^{RR} G_{kj}^{R} x_{kjt}^{RR} q_{jt}^{RR} \\ &+ \sum_{j\in M} \sum_{t\in\left\lfloor T/T_0^{RR}\right\rfloor} c_{jj}^{RR} q_{jt}^{RR} + \left\lfloor T/T_0^{RR}\right\rfloor n_0^{RR} c_0^{RR} \\ &+ \left\lfloor T/T_0^{RR}\right\rfloor \left\lfloor \left(\sum_{j\in M} q_{jt}^{RR} - n_0^{RR} Y^{RR}\right) \Big/ Y_v^{RR} \right\rfloor v_0^{RR}\end{aligned}$$

S.t.　式（4-113）～式（4-117），式（4-119），式（4-120），式（4-123）～式（4-127），式（4-142）～式（4-144），式（4-155），式（4-180）

并行式运输：

$$\begin{aligned}\text{Min}\quad Z_{136} &= \sum_{t\in\left\lfloor T/T_0^{RR}\right\rfloor} h_0^{RR} E\left[\tilde{I}_{0t}^{RR}\right] + \sum_{t\in\left\lfloor T/T_0^{RR}\right\rfloor} p_0^{RR} E\left[\tilde{l}_{0t}^{RR}\right] \\ &+ \sum_{c\in f_0^{-1}} \sum_{k\in S\cup\overline{S}_c(\cdot)} \sum_{\substack{j\in S\cup\overline{S}_c(\cdot)\\ j\neq k}} \sum_{t\in\left\lfloor T/T_0^{RR}\right\rfloor} \underline{c}_{kj}^{RR} G_{kj}^{R} x_{kjt}^{RR} q_{jt}^{RR} + \sum_{j\in M} \sum_{t\in\left\lfloor T/T_0^{RR}\right\rfloor} c_{jj}^{RR} q_{jt}^{RR} \\ &+ \left\lfloor T/T_0^{RR}\right\rfloor n_0^{RR} c_0^{RR} + \left\lfloor T/T_0^{RR}\right\rfloor (\left|\tilde{f}_m^{-1}\right| - n_0^{RR}) v_0^{RR}\end{aligned}$$

S.t.　式（4-115）～式（4-117），式（4-119），式（4-124）～式（4-127），式（4-142）～式（4-144），式（4-155），式（4-169）～式（4-173），式（4-181）

而 VMI 策略下的多阶段 RIRP 子问题为对 $\forall j \in M$，则有

串行式运输：

$$\text{Min}\quad Z_{135j} = \sum_{t\in\left\lfloor T/T_j^{RM}\right\rfloor} h_j^{RM} E\left[\tilde{I}_{jt}^{RM}\right] + \sum_{t\in\left\lfloor T/T_j^{RM}\right\rfloor} p_j^{RM} E\left[\tilde{l}_{jt}^{RM}\right]$$
$$+\sum_{k\in\{j\}\cup\underline{M}_j(\cdot)} \sum_{\substack{i\in\{j\}\cup\underline{M}_j(\cdot)\\ i\neq k}} \sum_{t\in\left\lfloor T/T_j^{RM}\right\rfloor} \underline{c}_{ki}^{RM} G_{ki}^{R} x_{kit}^{RM} q_{it}^{RM} + \left\lfloor T/T_j^{RM}\right\rfloor n_j^{RM} c_j^{RM}$$
$$+\sum_{i\in S} \sum_{t\in\left\lfloor T/T_j^{RM}\right\rfloor} c_{ii}^{RM} q_{it}^{RM} + \left\lfloor T/T_j^{RM}\right\rfloor \left\lfloor \left(\sum_{i\in\underline{M}_j(\cdot)} q_{it}^{RM} - n_j^{RM} Y^{RM}\right) \Big/ Y_v^{RR} \right\rfloor v_j^{RM}$$

S.t. 式（4-103）～式（4-105），式（4-128）～式（4-132），式（4-134），式（4-135），式（4-138）～式（4-141），式（4-181）

并行式运输：

$$\text{Min}\quad Z_{136j} = \sum_{t\in\left\lfloor T/T_j^{RM}\right\rfloor} h_j^{RM} E\left[\tilde{I}_{jt}^{RM}\right] + \sum_{t\in\left\lfloor T/T_j^{RM}\right\rfloor} p_j^{RM} E\left[\tilde{l}_{jt}^{RM}\right]$$
$$+\sum_{d\in\tilde{f}_j^{-1}} \sum_{k\in\{j\}\cup\underline{M}_{jd}(\cdot)} \sum_{\substack{i\in\{j\}\cup\underline{M}_{jd}(\cdot)\\ i\neq k}} \sum_{t\in\left\lfloor T/T_j^{RM}\right\rfloor} \underline{c}_{ki}^{RM} G_{ki}^{R} x_{kit}^{RM} q_{it}^{RM} + \left\lfloor T/T_j^{RM}\right\rfloor n_j^{RM} c_j^{RM}$$
$$+\sum_{i\in S} \sum_{t\in\left\lfloor T/T_j^{RM}\right\rfloor} c_{ii}^{RM} q_{it}^{RM} + \left\lfloor T/T_j^{RM}\right\rfloor \left(\left|\tilde{f}_{Mj}^{-1}\right| - n_j^{RM}\right) v_j^{RM}$$

S.t. 式（4-103）～式（4-105），式（4-130），式（4-132），式（4-134），式（4-138）～式（4-141），式（4-169），式（4-175）～式（4-179）

4.8 多周期、多车辆、联合库存管理策略下的库存路径问题

多周期、多车辆、JMI 策略下 RIRP 示意图（串行式运输、自有车辆情形）如图 4-14 所示。多周期、多车辆、JMI 策略下 RIRP 示意图（串行式运输、租用车辆情形）如图 4-15 所示。多周期、多车辆、JMI 策略下 RIRP 示意图（并行式运输情形）如图 4-16 所示。

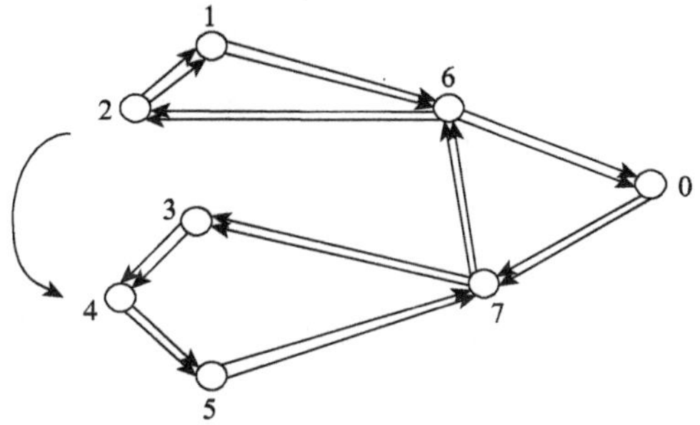

图 4-14　多周期、多车辆、JMI 策略下 RIRP 示意图（串行式运输、自有车辆情形）

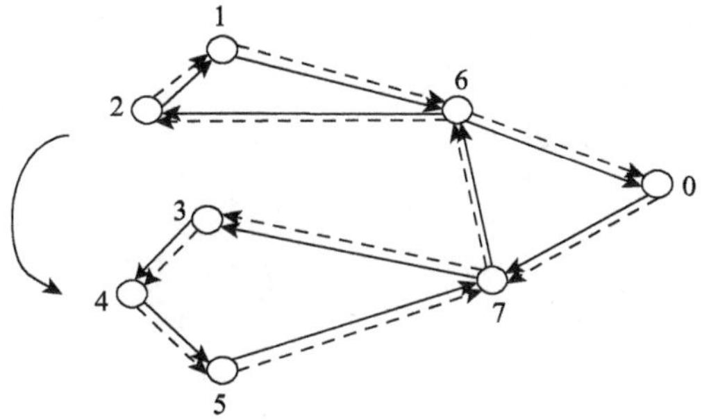

图 4-15　多周期、多车辆、JMI 策略下 RIRP 示意图（串行式运输、租用车辆情形）

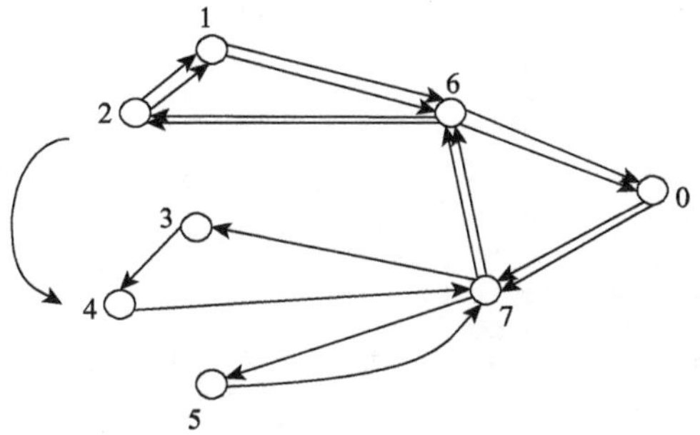

图 4-16　多周期、多车辆、JMI 策略下 RIRP 示意图（并行式运输情形）

4.8.1　基于市场细分、确定需求的情形

本节研究的是市场细分情形下的多周期多车辆 RIRP，各个供应商的需求已知确定，整个供应链所采取的是 JMI 策略，在此假定零售商车辆容量不小于任一制造商的需求，制造商车辆容量不小于其所服务的任一供应商需求，问题是需要确定车辆的取货路线和与之对应的取货量，以达到最小化长期库存与运输成本的目的。

1. 自有车辆、单阶段配送

本部分针对单阶段配送，于是 JMI 策略下的 RIRP 模型为

$$\text{Min}\quad Z_{137}=\text{Min}\left\{Z_{138},Z_{139},Z_{140}\right\}$$

直配式运输：

$$\begin{aligned}\text{Min}\quad Z_{138}=&\sum_{t\in T}h_0^{RR}I_{0t}^{RR}+\sum_{t\in T}p_0^{RR}l_{0t}^{RR}+\sum_{j\in M}\sum_{t\in T}h_j^{RM}I_{jt}^{RM}+\sum_{j\in M}\sum_{t\in T}p_j^{RM}l_{jt}^{RM}+KT\sum_{j\in M}c_{0j}^{RR}\\&+\sum_{j\in M}\sum_{t\in T}c_{jj}^{RR}q_{jt}^{RR}+\sum_{j\in M}\sum_{t\in T}c_{j0}^{RR}G_{j0}^{R}q_{jt}^{RR}+\sum_{j\in M}\sum_{i\in S}\sum_{t\in T}c_{ji}^{RM}G_{ji}^{R}q_{it}^{RM}+KT\sum_{j\in M}\sum_{i\in S}c_{ij}^{RM}\\&+\sum_{i\in S}\sum_{t\in T}c_{ii}^{RM}q_{it}^{RM}+mTc_0^{RR}+T\sum_{j\in M}\left|\underline{M}_j(\cdot)\right|c_j^{RM}\end{aligned}$$

S.t.　式（4-70）～式（4-74），式（4-76）～式（4-89），式（4-91）～式（4-98），式（4-156），式（4-162）

串行式运输：

$$\begin{aligned}\text{Min}\quad Z_{139}=&\sum_{t\in T}h_0^{RR}I_{0t}^{RR}+\sum_{j\in M}\sum_{t\in T}h_j^{RM}I_{jt}^{RM}+\sum_{t\in T}p_0^{RR}l_{0t}^{RR}+\sum_{j\in M\cup R}\sum_{\substack{k\in M\cup R\\k\neq j}}\sum_{t\in T}\underline{c}_{kj}^{RR}G_{kj}^{R}x_{kjt}^{RR}q_{jt}^{RR}\\&+\sum_{j\in M}\sum_{t\in T}c_{jj}^{RR}q_{jt}^{RR}+\sum_{j\in M}\sum_{t\in T}p_j^{RM}l_{jt}^{RM}+\sum_{t\in T}\left\lceil\sum_{j\in M}q_{jt}^{RR}\Big/Y^{RR}\right\rceil c_0^{RR}\\&+T\sum_{j\in M}\left\lceil\sum_{i\in\underline{M}_j(\cdot)}q_i^{RM}\Big/Y^{RM}\right\rceil c_j^{RM}+\sum_{i\in S}\sum_{t\in T}c_{ii}^{RM}q_{it}^{RM}\\&+\sum_{j\in M}\sum_{k\in\{j\}\cup\underline{M}_j(\cdot)}\sum_{\substack{i\in\{j\}\cup\underline{M}_j(\cdot)\\i\neq k}}\sum_{t\in T}\underline{c}_{ki}^{RM}G_{ki}^{R}x_{kit}^{RM}q_{it}^{RM}\end{aligned}$$

S.t.　式（4-70）～式（4-74），式（4-76）～式（4-89），式（4-91）～式（4-98）

并行式运输：

$$\begin{aligned}\text{Min}\quad Z_{140}=&\sum_{t\in T}h_0^{RR}I_{0t}^{RR}+\sum_{t\in T}p_0^{RR}l_{0t}^{RR}+\sum_{j\in M}\sum_{t\in T}h_j^{RM}I_{jt}^{RM}\\&+\sum_{c\in f_0^{-1}}\sum_{k\in S\cup\overline{S}_c(\cdot)}\sum_{\substack{j\in S\cup\overline{S}_c(\cdot)\\j\neq k}}\sum_{t\in T}\underline{c}_{kj}^{RR}G_{kj}^{R}x_{kjt}^{RR}q_{jt}^{RR}+T\left|\tilde{f}_m^{-1}\right|c_0^{RR}+\sum_{j\in M}\sum_{t\in T}p_j^{RM}l_{jt}^{RM}\\&+\sum_{j\in M}\sum_{d\in\tilde{f}_j^{-1}}\sum_{k\in\{j\}\cup\overline{\underline{M}}_{jd}(\cdot)}\sum_{\substack{i\in\{j\}\cup\overline{\underline{M}}_{jd}(\cdot)\\i\neq k}}\sum_{t\in T}\underline{c}_{ki}^{RM}G_{ki}^{R}x_{kit}^{RM}q_{it}^{RM}\\&+T\sum_{j\in M}\left|\tilde{f}_{Mj}^{-1}\right|c_j^{RM}+\sum_{j\in M}\sum_{t\in T}c_{jj}^{RR}q_{jt}^{RR}+\sum_{i\in S}\sum_{t\in T}c_{ii}^{RM}q_{it}^{RM}\end{aligned}$$

S.t.　式（4-72）～式（4-74），式（4-76），式（4-78），式（4-79），式（4-81）～

式（4-84），式（4-87），式（4-89），式（4-91），式（4-93）～式（4-98），式（4-157）～式（4-161），式（4-163）～式（4-167）

2. 自有车辆、多阶段配送

本部分针对多阶段配送，于是JMI策略下的RIRP模型为

$$\text{Min}\quad Z_{141}=\text{Min}\left\{Z_{142},Z_{143},Z_{144}\right\}$$

直配式运输：

$$\begin{aligned}\text{Min}\quad Z_{142}=&\sum_{t\in\left\lfloor T/T_0^{RR}\right\rfloor}h_0^{RR}I_{0t}^{RR}+\sum_{t\in\left\lfloor T/T_0^{RR}\right\rfloor}p_0^{RR}l_{0t}^{RR}+\sum_{j\in M}\sum_{t\in\left\lfloor T/T_j^{RM}\right\rfloor}h_j^{RM}I_{jt}^{RM}+\sum_{j\in M}\sum_{t\in\left\lfloor T/T_j^{RM}\right\rfloor}p_j^{RM}l_{jt}^{RM}\\&+m\left\lfloor T/T_0^{RR}\right\rfloor c_0^{RR}+K\left\lfloor T/T_0^{RR}\right\rfloor\sum_{j\in M}c_{0j}^{RR}+\sum_{j\in M}\sum_{t\in\left\lfloor T/T_0^{RR}\right\rfloor}c_{j0}^{RR}G_{j0}^{R}q_{jt}^{RR}\\&+\left\lfloor T/T_j^{RM}\right\rfloor\sum_{j\in M}\left|\underline{M}_j(\cdot)\right|c_j^{RM}+\sum_{j\in M}\sum_{t\in\left\lfloor T/T_0^{RR}\right\rfloor}c_{jj}^{RR}q_{jt}^{RR}+\sum_{j\in M}\sum_{i\in S}\sum_{t\in\left\lfloor T/T_j^{RM}\right\rfloor}c_{ji}^{RM}G_{ji}^{R}q_{it}^{RM}\\&+\sum_{i\in S}\sum_{t\in\left\lfloor T/T_j^{RM}\right\rfloor}c_{ii}^{RM}q_{it}^{RM}+K\left\lfloor T/T_j^{RM}\right\rfloor\sum_{j\in M}\sum_{i\in S}c_{ij}^{RM}\end{aligned}$$

S.t.　式（4-113）～式（4-117），式（4-119）～式（4-132），式（4-134）～式（4-141），式（4-168），式（4-174）

串行式运输：

$$\begin{aligned}\text{Min}\quad Z_{143}=&\sum_{t\in\left\lfloor T/T_0^{RR}\right\rfloor}h_0^{RR}I_{0t}^{RR}+\sum_{j\in M}\sum_{t\in\left\lfloor T/T_j^{RM}\right\rfloor}h_j^{RM}I_{jt}^{RM}+\sum_{t\in\left\lfloor T/T_0^{RR}\right\rfloor}p_0^{RR}l_{0t}^{RR}\\&+\sum_{j\in M\cup R}\sum_{\substack{k\in M\cup R\\k\neq j}}\sum_{t\in\left\lfloor T/T_0^{RR}\right\rfloor}\underline{c}_{kj}^{RR}G_{kj}^{R}x_{kjt}^{RR}q_{jt}^{RR}+\sum_{j\in M}\sum_{t\in\left\lfloor T/T_j^{RM}\right\rfloor}p_j^{RM}l_{jt}^{RM}\\&+\sum_{t\in\left\lfloor T/T_0^{RR}\right\rfloor}\left\lceil\sum_{j\in M}q_{jt}^{RR}\Big/Y^{RR}\right\rceil c_0^{RR}+\left\lfloor T/T_j^{RM}\right\rfloor\sum_{j\in M}\left\lceil\sum_{i\in\underline{M}_j(\cdot)}q_i^{RM}\Big/Y^{RM}\right\rceil c_j^{RM}\\&+\sum_{j\in M}\sum_{k\in\{j\}\cup\underline{M}_j(\cdot)}\sum_{\substack{i\in\{j\}\cup\underline{M}_j(\cdot)\\i\neq k}}\sum_{t\in\left\lfloor T/T_j^{RM}\right\rfloor}\underline{c}_{ki}^{RM}G_{ki}^{R}x_{kit}^{RM}q_{it}^{RM}+\sum_{j\in M}\sum_{t\in\left\lfloor T/T_0^{RR}\right\rfloor}c_{jj}^{RR}q_{jt}^{RR}\\&+\sum_{i\in S}\sum_{t\in\left\lfloor T/T_j^{RM}\right\rfloor}c_{ii}^{RM}q_{it}^{RM}\end{aligned}$$

S.t.　式（4-113）～式（4-117），式（4-119）～式（4-132），式（4-134）～式（4-141）

并行式运输：

$$
\begin{aligned}
\text{Min}\quad Z_{144} = & \sum_{t\in\left\lfloor T/T_0^{RR}\right\rfloor} h_0^{RR} I_{0t}^{RR} + \sum_{t\in\left\lfloor T/T_0^{RR}\right\rfloor} p_0^{RR} l_{0t}^{RR} + \sum_{j\in M}\sum_{t\in\left\lfloor T/T_j^{RM}\right\rfloor} h_j^{RM} I_{jt}^{RM} \\
& + \sum_{c\in f_0^{-1}} \sum_{k\in S\cup \bar{S}_c(\cdot)} \sum_{\substack{j\in S\cup \bar{S}_c(\cdot)\\ j\neq k}} \sum_{t\in\left\lfloor T/T_0^{RR}\right\rfloor} \underline{c}_{kj}^{RR} G_{kj}^{R} x_{kjt}^{RR} q_{jt}^{RR} + \sum_{j\in M}\sum_{t\in\left\lfloor T/T_j^{RM}\right\rfloor} p_j^{RM} l_{jt}^{RM} \\
& + \left\lfloor T/T_0^{RR} \right\rfloor \left|\tilde{f}_m^{-1}\right| c_0^{RR} + \sum_{j\in M}\sum_{d\in \tilde{f}_j^{-1}} \sum_{k\in\{j\}\cup \underline{M}_{jd}(\cdot)} \sum_{\substack{i\in\{j\}\cup \underline{M}_{jd}(\cdot)\\ i\neq k}} \sum_{t\in\left\lfloor T/T_j^{RM}\right\rfloor} \underline{c}_{ki}^{RM} G_{ki}^{R} x_{kit}^{RM} q_{it}^{RM} \\
& + \left\lfloor T/T_j^{RM} \right\rfloor \sum_{j\in M} \left|\tilde{f}_{Mj}^{-1}\right| c_j^{RM} + \sum_{j\in M}\sum_{t\in\left\lfloor T/T_0^{RR}\right\rfloor} c_{jj}^{RR} q_{jt}^{RR} \\
& + \sum_{i\in S}\sum_{t\in\left\lfloor T/T_j^{RM}\right\rfloor} c_{ii}^{RM} q_{it}^{RM}
\end{aligned}
$$

S.t.　式（4-115）～式（4-117），式（4-119），式（4-121），式（4-122），式（4-124）～式（4-127），式（4-130），式（4-132），式（4-134），式（4-136）～式（4-141），式（4-169）～式（4-173），式（4-175）～式（4-179）

3. 第三方车辆、单阶段配送

本部分在本节“自有车辆、单阶段配送”的基础上，假定制造商车辆和零售商车辆数有限，在一定条件下需要租用第三方车辆才能完成相应的运输任务，于是 JMI 策略下的单阶段 RIRP 模型为

$$\text{Min}\quad Z_{145} = \text{Min}\{Z_{146}, Z_{147}, Z_{148}\}$$

直配式运输：

$$
\begin{aligned}
\text{Min}\quad Z_{146} = & \sum_{t\in T} h_0^{RR} I_{0t}^{RR} + \sum_{t\in T} p_0^{RR} l_{0t}^{RR} + \sum_{j\in M}\sum_{t\in T} h_j^{RM} I_{jt}^{RM} + \sum_{j\in M}\sum_{t\in T} p_j^{RM} l_{jt}^{RM} + T n_0^{RR} c_0^{RR} \\
& + T(m - n_0^{RR}) v_0^{RR} + KT\sum_{j\in M} c_{0j}^{RR} + \sum_{j\in M}\sum_{t\in T} c_{j0}^{RR} G_{j0}^{R} q_{jt}^{RR} + T\sum_{j\in M} n_j^{RM} c_j^{RM} \\
& + T\sum_{j\in M}\left(\left|\underline{M}_j(\cdot)\right| - n_j^{RM}\right) v_j^{RM} + \sum_{j\in M}\sum_{i\in S}\sum_{t\in T} c_{ji}^{RM} G_{ji}^{R} q_{it}^{RM} + KT\sum_{j\in M}\sum_{i\in S} c_{ij}^{RM} \\
& + \sum_{j\in M}\sum_{t\in T} c_{jj}^{RR} q_{jt}^{RR} + \sum_{i\in S}\sum_{t\in T} c_{ii}^{RM} q_{it}^{RM}
\end{aligned}
$$

S.t.　式（4-70）～式（4-74），式（4-76）～式（4-89），式（4-91）～式（4-98），式（4-156），式（4-162）

串行式运输：

$$
\begin{aligned}
\text{Min}\quad Z_{147} = & \sum_{t\in T} h_0^{RR} I_{0t}^{RR} + \sum_{j\in M}\sum_{t\in T} h_j^{RM} I_{jt}^{RM} + \sum_{t\in T} p_0^{RR} l_{0t}^{RR} + \sum_{j\in M\cup R}\ \sum_{\substack{k\in M\cup R\\ k\neq j}}\ \sum_{t\in T} \underline{c}_{kj}^{RR} G_{kj}^{R} x_{kjt}^{RR} q_{jt}^{RR} \\
& + Tn_0^{RR} c_0^{RR} + \sum_{j\in M}\sum_{t\in T} p_j^{RM} l_{jt}^{RM} + \sum_{j\in M}\ \sum_{k\in\{j\}\cup \underline{M}_j(\cdot)}\ \sum_{\substack{i\in\{j\}\cup \underline{M}_j(\cdot)\\ i\neq k}}\ \sum_{t\in T} \underline{c}_{ki}^{RM} G_{ki}^{R} x_{kit}^{RM} q_{it}^{RM} \\
& + T\sum_{j\in M} n_j^{RM} c_j^{RM} + T\left\lfloor \left(\sum_{j\in M} q_{jt}^{RR} - n_0^{RR} Y^{RR}\right)\Big/ Y_v^{RR} \right\rfloor v_0^{RR} \\
& + T\sum_{j\in M}\left\lfloor \left(\sum_{i\in \underline{M}_j(\cdot)} q_{it}^{RM} - n_j^{RM} Y^{RM}\right)\Big/ Y_v^{RR} \right\rfloor v_j^{RM} + \sum_{j\in M}\sum_{t\in T} c_{jj}^{RR} q_{jt}^{RR} + \sum_{i\in S}\sum_{t\in T} c_{ii}^{RM} q_{it}^{RM}
\end{aligned}
$$

S.t.　式（4-70）～式（4-74），式（4-76）～式（4-89），式（4-91）～式（4-98），式（4-180），式（4-181）

并行式运输：

$$
\begin{aligned}
\text{Min}\quad Z_{148} = & \sum_{t\in T} h_0^{RR} I_{0t}^{RR} + \sum_{t\in T} p_0^{RR} l_{0t}^{RR} + \sum_{j\in M}\sum_{t\in T} h_j^{RM} I_{jt}^{RM} \\
& + \sum_{c\in f_0^{-1}}\ \sum_{k\in S\cup \bar{S}_c(\cdot)}\ \sum_{\substack{j\in S\cup \bar{S}_c(\cdot)\\ j\neq k}}\ \sum_{t\in T} \underline{c}_{kj}^{RR} G_{kj}^{R} x_{kjt}^{RR} q_{jt}^{RR} + Tn_0^{RR} c_0^{RR} + \sum_{j\in M}\sum_{t\in T} p_j^{RM} l_{jt}^{RM} \\
& + \sum_{j\in M}\ \sum_{d\in \tilde{f}_j^{-1}}\ \sum_{k\in\{j\}\cup \bar{\underline{M}}_{jd}(\cdot)}\ \sum_{\substack{i\in\{j\}\cup \bar{\underline{M}}_{jd}(\cdot)\\ i\neq k}}\ \sum_{t\in T} \underline{c}_{ki}^{RM} G_{ki}^{R} x_{kit}^{RM} q_{it}^{RM} + \sum_{i\in S}\sum_{t\in T} c_{ii}^{RM} q_{it}^{RM} \\
& + T\left(\left|\tilde{f}_m^{-1}\right| - n_0^{RR}\right) v_0^{RR} + T\sum_{j\in M} n_j^{RM} c_j^{RM} + T\sum_{j\in M}\left(\left|\tilde{f}_{Mj}^{-1}\right| - n_j^{RM}\right) v_j^{RM} \\
& + \sum_{j\in M}\sum_{t\in T} c_{jj}^{RR} q_{jt}^{RR}
\end{aligned}
$$

S.t.　式（4-67），式（4-69），式（4-72）～式（4-74），式（4-76），式（4-78），式（4-79），式（4-81）～式（4-84），式（4-87），式（4-89），式（4-91），式（4-93）～式（4-98），式（4-157）～式（4-161），式（4-163）～式（4-167）

4. 第三方车辆、多阶段配送

本部分在本节“自有车辆、多阶段配送”的基础上，假定制造商车辆和零售商车辆数有限，在一定条件下需要租用第三方车辆才能完成相应的运输任务，于是 JMI 策略下的多阶段 RIRP 模型为

$$
\text{Min}\quad Z_{149} = \text{Min}\left\{Z_{150}, Z_{151}, Z_{152}\right\}
$$

直配式运输：

$$\text{Min}\quad Z_{150}=\sum_{t\in\left\lfloor T/T_0^{RR}\right\rfloor}h_0^{RR}I_{0t}^{RR}+\sum_{t\in\left\lfloor T/T_0^{RR}\right\rfloor}p_0^{RR}l_{0t}^{RR}+\sum_{j\in M}\sum_{t\in\left\lfloor T/T_j^{RM}\right\rfloor}h_j^{RM}I_{jt}^{RM}+\left\lfloor T/T_0^{RR}\right\rfloor n_0^{RR}c_0^{RR}$$
$$+\left\lfloor T/T_0^{RR}\right\rfloor(m-n_0^{RR})v_0^{RR}+\sum_{j\in M}\sum_{t\in\left\lfloor T/T_j^{RM}\right\rfloor}p_j^{RM}l_{jt}^{RM}+K\left\lfloor T/T_0^{RR}\right\rfloor\sum_{j\in M}c_{0j}^{RR}$$
$$+\sum_{j\in M}\sum_{t\in\left\lfloor T/T_0^{RR}\right\rfloor}c_{j0}^{RR}G_{j0}^{R}q_{jt}^{RR}+\left\lfloor T/T_j^{RM}\right\rfloor\sum_{j\in M}n_j^{RM}c_j^{RM}$$
$$+\left\lfloor T/T_j^{RM}\right\rfloor\sum_{j\in M}(\left|\underline{M}_j(\cdot)\right|-n_j^{RM})v_j^{RM}+\sum_{j\in M}\sum_{i\in S}\sum_{t\in\left\lfloor T/T_j^{RM}\right\rfloor}c_{ji}^{RM}G_{ji}^{R}q_{it}^{RM}$$
$$+K\left\lfloor T/T_j^{RM}\right\rfloor\sum_{j\in M}\sum_{i\in S}c_{ij}^{RM}+\sum_{j\in M}\sum_{t\in\left\lfloor T/T_0^{RR}\right\rfloor}c_{jj}^{RR}q_{jt}^{RR}+\sum_{i\in S}\sum_{t\in\left\lfloor T/T_j^{RM}\right\rfloor}c_{ii}^{RM}q_{it}^{RM}$$

S.t.　式(4-113)～式(4-117), 式(4-119)～式(4-132), 式(4-134)～式(4-141), 式(4-168), 式(4-174)

串行式运输：

$$\text{Min}\quad Z_{151}=\sum_{t\in\left\lfloor T/T_0^{RR}\right\rfloor}h_0^{RR}I_{0t}^{RR}+\sum_{j\in M}\sum_{t\in\left\lfloor T/T_j^{RM}\right\rfloor}h_j^{RM}I_{jt}^{RM}+\sum_{j\in M\cup R}\sum_{\substack{k\in M\cup R\\k\neq j}}\sum_{t\in\left\lfloor T/T_0^{RR}\right\rfloor}\underline{c}_{kj}^{RR}G_{kj}^{R}x_{kjt}^{RR}q_{jt}^{RR}$$
$$+\left\lfloor T/T_0^{RR}\right\rfloor n_0^{RR}c_0^{RR}+\sum_{t\in\left\lfloor T/T_0^{RR}\right\rfloor}p_0^{RR}l_{0t}^{RR}+\sum_{j\in M}\sum_{t\in\left\lfloor T/T_j^{RM}\right\rfloor}p_j^{RM}l_{jt}^{RM}$$
$$+\sum_{j\in M}\sum_{k\in\{j\}\cup\underline{M}_j(\cdot)}\sum_{\substack{i\in\{j\}\cup\underline{M}_j(\cdot)\\i\neq k}}\sum_{t\in\left\lfloor T/T_j^{RM}\right\rfloor}\underline{c}_{ki}^{RM}G_{ki}^{R}x_{kit}^{RM}q_{it}^{RM}$$
$$+\left\lfloor T/T_0^{RR}\right\rfloor\left\lceil\left(\sum_{j\in M}q_{jt}^{RR}-n_0^{RR}Y^{RR}\right)\Big/Y_v^{RR}\right\rceil v_0^{RR}$$
$$+\left\lfloor T/T_j^{RM}\right\rfloor\sum_{j\in M}\left\lceil\left(\sum_{i\in\underline{M}_j(\cdot)}q_{it}^{RM}-n_j^{RM}Y^{RM}\right)\Big/Y_v^{RR}\right\rceil v_j^{RM}$$
$$+\left\lfloor T/T_j^{RM}\right\rfloor\sum_{j\in M}n_j^{RM}c_j^{RM}+\sum_{j\in M}\sum_{t\in\left\lfloor T/T_0^{RR}\right\rfloor}c_{jj}^{RR}q_{jt}^{RR}+\sum_{i\in S}\sum_{t\in\left\lfloor T/T_j^{RM}\right\rfloor}c_{ii}^{RM}q_{it}^{RM}$$

S.t.　式(4-113)～式(4-117), 式(4-119)～式(4-132), 式(4-134)～式(4-141), 式（4-180)，式（4-181）

并行式运输：

$$\text{Min}\quad Z_{152}=\sum_{t\in\left\lfloor T/T_0^{RR}\right\rfloor} h_0^{RR} I_{0t}^{RR}+\sum_{t\in\left\lfloor T/T_0^{RR}\right\rfloor} p_0^{RR} l_{0t}^{RR}+\sum_{j\in M}\sum_{t\in\left\lfloor T/T_j^{RM}\right\rfloor} h_j^{RM} I_{jt}^{RM}$$

$$+\sum_{c\in f_0^{-1}}\sum_{k\in S\cup\bar{S}_c(\cdot)}\sum_{\substack{j\in S\cup\bar{S}_c(\cdot)\\ j\neq k}}\sum_{t\in\left\lfloor T/T_0^{RR}\right\rfloor}\underline{c}_{kj}^{RR} G_{kj}^{R} x_{kjt}^{RR} q_{jt}^{RR}+\sum_{j\in M}\sum_{t\in\left\lfloor T/T_j^{RM}\right\rfloor} p_j^{RM} l_{jt}^{RM}$$

$$+\left\lfloor T/T_0^{RR}\right\rfloor n_0^{RR} c_0^{RR}+\sum_{j\in M}\sum_{d\in\tilde{f}_j^{-1}}\sum_{k\in\{j\}\cup\underline{M}_{jd}(\cdot)}\sum_{\substack{i\in\{j\}\cup\underline{M}_{jd}(\cdot)\\ i\neq k}}\sum_{t\in\left\lfloor T/T_j^{RM}\right\rfloor}\underline{c}_{ki}^{RM} G_{ki}^{R} x_{kit}^{RM} q_{it}^{RM}$$

$$+\left\lfloor T/T_0^{RR}\right\rfloor\left(\left|\tilde{f}_m^{-1}\right|-n_0^{RR}\right) v_0^{RR}+\left\lfloor T/T_j^{RM}\right\rfloor\sum_{j\in M} n_j^{RM} c_j^{RM}$$

$$+\left\lfloor T/T_j^{RM}\right\rfloor\sum_{j\in M}\left(\left|\tilde{f}_{Mj}^{-1}\right|-n_j^{RM}\right) v_j^{RM}+\sum_{j\in M}\sum_{t\in\left\lfloor T/T_0^{RR}\right\rfloor} c_{jj}^{RR} q_{jt}^{RR}$$

$$+\sum_{i\in S}\sum_{t\in\left\lfloor T/T_j^{RM}\right\rfloor} c_{ii}^{RM} q_{it}^{RM}$$

S.t.　式(4-115)～式(4-117), 式(4-119), 式(4-121), 式(4-122), 式(4-124)～式(4-127), 式(4-130), 式(4-132), 式(4-134), 式(4-136)～式(4-141), 式（4-169）～式（4-173)，式（4-175）～式（4-179)，式（4-181）

4.8.2　基于市场细分、不确定需求的情形

本节研究的是市场细分情形下的多周期多车辆 RIRP，各个供应商的需求随机，整个供应链所采取的是 JMI 策略，在此假定零售商车辆容量不小于任一制造商的期望需求，制造商车辆容量不小于其所服务的任一供应商的期望需求，问题是需要确定车辆的取货路线和与之对应的取货量，以达到最小化长期库存与运输成本的目的。

1. 自有车辆、单阶段配送

本部分针对单阶段配送，于是 JMI 策略下的 RIRP 模型为

$$\text{Min}\quad Z_{153}=\text{Min}\left\{Z_{154},Z_{155},Z_{156}\right\}$$

直配式运输：

$$\begin{aligned}\text{Min} \quad Z_{154} = & \sum_{t\in T} h_0^{RR} E\left[\tilde{I}_{0t}^{RR}\right] + \sum_{t\in T} p_0^{RR} E\left[\tilde{l}_{0t}^{RR}\right] + \sum_{j\in M}\sum_{t\in T} h_j^{RM} E\left[\tilde{I}_{jt}^{RM}\right] \\ & + \sum_{j\in M}\sum_{t\in T} p_j^{RM} E\left[\tilde{l}_{jt}^{RM}\right] + KT\sum_{j\in M} c_{0j}^{RR} + \sum_{j\in M}\sum_{t\in T} c_{j0}^{RR} G_{j0}^{R} q_{jt}^{RR} \\ & + T\sum_{j\in M}\left|\underline{M}_j(\cdot)\right| c_j^{RM} + \sum_{j\in M}\sum_{i\in S}\sum_{t\in T} c_{ji}^{RM} G_{ji}^{R} q_{it}^{RM} + KT\sum_{j\in M}\sum_{i\in S} c_{ij}^{RM} \\ & + mTc_0^{RR} + \sum_{j\in M}\sum_{t\in T} c_{jj}^{RR} q_{jt}^{RR} + \sum_{i\in S}\sum_{t\in T} c_{ii}^{RM} q_{it}^{RM}\end{aligned}$$

S.t. 式（4-70）～式（4-74），式（4-76），式（4-77），式（4-81）～式（4-89），式（4-91），式（4-92），式（4-95）～式（4-105），式（4-156），式（4-162）

串行式运输：

$$\begin{aligned}\text{Min} \quad Z_{155} = & \sum_{t\in T} h_0^{RR} E\left[\tilde{I}_{0t}^{RR}\right] + \sum_{j\in M}\sum_{t\in T} h_j^{RM} E\left[\tilde{I}_{jt}^{RM}\right] + \sum_{t\in T} p_0^{RR} E\left[\tilde{l}_{0t}^{RR}\right] \\ & + \sum_{j\in M\cup R}\ \sum_{\substack{k\in M\cup R\\ k\neq j}}\ \sum_{t\in T} \underline{c}_{kj}^{RR} G_{kj}^{R} x_{kjt}^{RR} q_{jt}^{RR} \\ & + \sum_{j\in M}\ \sum_{k\in\{j\}\cup\underline{M}_j(\cdot)}\ \sum_{\substack{i\in\{j\}\cup\underline{M}_j(\cdot)\\ i\neq k}}\ \sum_{t\in T} \underline{c}_{ki}^{RM} G_{ki}^{R} x_{kit}^{RM} q_{it}^{RM} \\ & + \sum_{j\in M}\sum_{t\in T} c_{jj}^{RR} q_{jt}^{RR} + \sum_{i\in S}\sum_{t\in T} c_{ii}^{RM} q_{it}^{RM} + \sum_{j\in M}\sum_{t\in T} p_j^{RM} E\left[\tilde{l}_{jt}^{RM}\right] \\ & + \sum_{t\in T}\left\lceil \sum_{j\in M} q_{jt}^{RR} \Big/ Y^{RR} \right\rceil c_0^{RR} + T\sum_{j\in M}\left\lceil \sum_{i\in\underline{M}_j(\cdot)} q_i^{RM} \Big/ Y^{RM} \right\rceil c_j^{RM}\end{aligned}$$

S.t. 式（4-70）～式（4-74），式（4-76），式（4-77），式（4-81）～式（4-89），式（4-91），式（4-92），式（4-95）～式（4-105）

并行式运输：

$$\begin{aligned}\text{Min} \quad Z_{156} = & \sum_{t\in T} h_0^{RR} E\left[\tilde{I}_{0t}^{RR}\right] + \sum_{t\in T} p_0^{RR} E\left[\tilde{l}_{0t}^{RR}\right] + \sum_{j\in M}\sum_{t\in T} h_j^{RM} E\left[\tilde{I}_{jt}^{RM}\right] \\ & + \sum_{c\in f_0^{-1}}\ \sum_{k\in S\cup\bar{S}_c(\cdot)}\ \sum_{\substack{j\in S\cup\bar{S}_c(\cdot)\\ j\neq k}}\ \sum_{t\in T} \underline{c}_{kj}^{RR} G_{kj}^{R} x_{kjt}^{RR} q_{jt}^{RR} \\ & + \sum_{j\in M}\sum_{t\in T} p_j^{RM} E\left[\tilde{l}_{jt}^{RM}\right] + T\left|\tilde{f}_m^{-1}\right| c_0^{RR} \\ & + \sum_{j\in M}\ \sum_{d\in\tilde{f}_j^{-1}}\ \sum_{k\in\{j\}\cup\underline{M}_{jd}(\cdot)}\ \sum_{\substack{i\in\{j\}\cup\underline{M}_{jd}(\cdot)\\ i\neq k}}\ \sum_{t\in T} \underline{c}_{ki}^{RM} G_{ki}^{R} x_{kit}^{RM} q_{it}^{RM} \\ & + T\sum_{j\in M}\left|\tilde{f}_{Mj}^{-1}\right| c_j^{RM} + \sum_{j\in M}\sum_{t\in T} c_{jj}^{RR} q_{jt}^{RR} + \sum_{i\in S}\sum_{t\in T} c_{ii}^{RM} q_{it}^{RM}\end{aligned}$$

S.t. 式（4-72）～式（4-74），式（4-76），式（4-81）～式（4-84），式（4-87），

式（4-89），式（4-91），式（4-95）～式（4-105），式（4-157）～式（4-161），式（4-163）～式（4-167）

2. 自有车辆、多阶段配送

本部分针对多阶段配送，于是 JMI 策略下的 RIRP 模型为

$$\text{Min}\quad Z_{157}=\text{Min}\{Z_{158},Z_{159},Z_{160}\}$$

直配式运输：

$$\begin{aligned}\text{Min}\quad Z_{158}=&\sum_{t\in\left\lfloor T/T_0^{RR}\right\rfloor}h_0^{RR}E\left[\tilde{I}_{0t}^{RR}\right]+\sum_{j\in M}\sum_{t\in\left\lfloor T/T_j^{RM}\right\rfloor}h_j^{RM}E\left[\tilde{I}_{jt}^{RM}\right]+\sum_{j\in M}\sum_{i\in S}\sum_{t\in\left\lfloor T/T_j^{RM}\right\rfloor}c_{ji}^{RM}G_{ji}^{R}q_{it}^{RM}\\&+K\left\lfloor T/T_j^{RM}\right\rfloor\sum_{j\in M}\sum_{i\in S}c_{ij}^{RM}+K\left\lfloor T/T_0^{RR}\right\rfloor\sum_{j\in M}c_{0j}^{RR}+\sum_{j\in M}\sum_{t\in\left\lfloor T/T_0^{RR}\right\rfloor}c_{j0}^{RR}G_{j0}^{R}q_{jt}^{RR}\\&+\left\lfloor T/T_j^{RM}\right\rfloor\sum_{j\in M}\left|\underline{M}_j(\cdot)\right|c_j^{RM}+\sum_{j\in M}\sum_{t\in\left\lfloor T/T_0^{RR}\right\rfloor}c_{jj}^{RR}q_{jt}^{RR}+\sum_{t\in\left\lfloor T/T_0^{RR}\right\rfloor}p_0^{RR}E\left[\tilde{l}_{0t}^{RR}\right]\\&+\sum_{j\in M}\sum_{t\in\left\lfloor T/T_j^{RM}\right\rfloor}p_j^{RM}E\left[\tilde{l}_{jt}^{RM}\right]+m\left\lfloor T/T_0^{RR}\right\rfloor c_0^{RR}+\sum_{i\in S}\sum_{t\in\left\lfloor T/T_j^{RM}\right\rfloor}c_{ii}^{RM}q_{it}^{RM}\end{aligned}$$

S.t.　式（4-99）～式（4-105），式（4-113）～式（4-117），式（4-119），式（4-120），式（4-123）～式（4-132），式（4-134），式（4-135），式（4-138）～式（4-141），式（4-168），式（4-174）

串行式运输：

$$\begin{aligned}\text{Min}\quad Z_{159}=&\sum_{t\in\left\lfloor T/T_0^{RR}\right\rfloor}h_0^{RR}E\left[\tilde{I}_{0t}^{RR}\right]+\sum_{j\in M}\sum_{t\in\left\lfloor T/T_j^{RM}\right\rfloor}h_j^{RM}E\left[\tilde{I}_{jt}^{RM}\right]+\sum_{t\in\left\lfloor T/T_0^{RR}\right\rfloor}p_0^{RR}E\left[\tilde{l}_{0t}^{RR}\right]\\&+\sum_{j\in M\cup R}\sum_{\substack{k\in M\cup R\\k\neq j}}\sum_{t\in\left\lfloor T/T_0^{RR}\right\rfloor}\underline{c}_{kj}^{RR}G_{kj}^{R}x_{kjt}^{RR}q_{jt}^{RR}+\sum_{j\in M}\sum_{t\in\left\lfloor T/T_j^{RM}\right\rfloor}p_j^{RM}E\left[\tilde{l}_{jt}^{RM}\right]\\&+\sum_{t\in\left\lfloor T/T_0^{RR}\right\rfloor}\left\lfloor\frac{\sum_{j\in M}q_{jt}^{RR}}{Y^{RR}}\right\rfloor c_0^{RR}+\left\lfloor T/T_j^{RM}\right\rfloor\sum_{j\in M}\left\lfloor\frac{\sum_{i\in\underline{M}_j(\cdot)}q_i^{RM}}{Y^{RM}}\right\rfloor c_j^{RM}\\&+\sum_{j\in M}\sum_{k\in\{j\}\cup\underline{M}_j(\cdot)}\sum_{\substack{i\in\{j\}\cup\underline{M}_j(\cdot)\\i\neq k}}\sum_{t\in\left\lfloor T/T_j^{RM}\right\rfloor}\underline{c}_{ki}^{RM}G_{ki}^{R}x_{kit}^{RM}q_{it}^{RM}+\sum_{j\in M}\sum_{t\in\left\lfloor T/T_0^{RR}\right\rfloor}c_{jj}^{RR}q_{jt}^{RR}\\&+\sum_{i\in S}\sum_{t\in\left\lfloor T/T_j^{RM}\right\rfloor}c_{ii}^{RM}q_{it}^{RM}\end{aligned}$$

S.t. 式(4-99)～式(4-105)，式(4-113)～式(4-117)，式(4-119)，式(4-120)，式(4-123)～式(4-132)，式(4-134)，式(4-135)，式(4-138)～式(4-141)

并行式运输：

$$
\begin{aligned}
\text{Min}\quad Z_{160}= & \sum_{t\in\left\lfloor T/T_0^{RR}\right\rfloor} h_0^{RR}E\left[\tilde{I}_{0t}^{RR}\right]+\sum_{t\in\left\lfloor T/T_0^{RR}\right\rfloor} p_0^{RR}E\left[\tilde{l}_{0t}^{RR}\right] \\
& +\sum_{c\in f_0^{-1}}\sum_{k\in S\cup\bar{S}_c(\cdot)}\sum_{\substack{j\in S\cup\bar{S}_c(\cdot)\\ j\neq k}}\sum_{t\in\left\lfloor T/T_0^{RR}\right\rfloor}\underline{c}_{kj}^{RR}G_{kj}^{R}x_{kjt}^{RR}q_{jt}^{RR}+\left\lfloor T/T_0^{RR}\right\rfloor\left|\tilde{f}_m^{-1}\right|c_0^{RR} \\
& +\sum_{j\in M}\sum_{t\in\left\lfloor T/T_j^{RM}\right\rfloor}h_j^{RM}E\left[\tilde{I}_{jt}^{RM}\right] \\
& +\sum_{j\in M}\sum_{d\in\tilde{f}_j^{-1}}\sum_{k\in\{j\}\cup\underline{M}_{jd}(\cdot)}\sum_{\substack{i\in\{j\}\cup\underline{M}_{jd}(\cdot)\\ i\neq k}}\sum_{t\in\left\lfloor T/T_j^{RM}\right\rfloor}\underline{c}_{ki}^{RM}G_{ki}^{R}x_{kit}^{RM}q_{it}^{RM}+\sum_{i\in S}\sum_{t\in\left\lfloor T/T_j^{RM}\right\rfloor}c_{ii}^{RM}q_{it}^{RM} \\
& +\sum_{j\in M}\sum_{t\in\left\lfloor T/T_j^{RM}\right\rfloor}p_j^{RM}E\left[\tilde{l}_{jt}^{RM}\right]+\left\lfloor T/T_j^{RM}\right\rfloor\sum_{j\in M}\left|\tilde{f}_{Mj}^{-1}\right|c_j^{RM}+\sum_{j\in M}\sum_{t\in\left\lfloor T/T_0^{RR}\right\rfloor}c_{jj}^{RR}q_{jt}^{RR}
\end{aligned}
$$

S.t. 式(4-99)～式(4-105)，式(4-115)～式(4-117)，式(4-119)，式(4-124)～式(4-127)，式(4-130)，式(4-132)，式(4-134)，式(4-138)～式(4-141)，式（4-169）～式（4-173），式（4-175）～式（4-179）

3. 第三方车辆、单阶段配送

本部分在本节“自有车辆、单阶段配送”的基础上，假定制造商车辆和零售商车辆数有限，在一定条件下需要租用第三方车辆才能完成相应的运输任务，于是 JMI 策略下的单阶段 RIRP 模型为

$$\text{Min}\quad Z_{161}=\text{Min}\left\{Z_{162},Z_{163},Z_{164}\right\}$$

直配式运输：

$$
\begin{aligned}
\text{Min}\quad Z_{162}= & \sum_{t\in T}h_0^{RR}E\left[\tilde{I}_{0t}^{RR}\right]+\sum_{t\in T}p_0^{RR}E\left[\tilde{l}_{0t}^{RR}\right]+\sum_{j\in M}\sum_{t\in T}h_j^{RM}E\left[\tilde{I}_{jt}^{RM}\right]+\sum_{j\in M}\sum_{t\in T}p_j^{RM}E\left[\tilde{l}_{jt}^{RM}\right] \\
& +T(m-n_0^{RR})v_0^{RR}+KT\sum_{j\in M}c_{0j}^{RR}+\sum_{j\in M}\sum_{t\in T}c_{j0}^{RR}G_{j0}^{R}q_{jt}^{RR}+T\sum_{j\in M}n_j^{RM}c_j^{RM} \\
& +T\sum_{j\in M}\left(\left|\underline{M}_j(\cdot)\right|-n_j^{RM}\right)v_j^{RM}+Tn_0^{RR}c_0^{RR}+\sum_{j\in M}\sum_{i\in S}\sum_{t\in T}c_{ji}^{RM}G_{ji}^{R}q_{it}^{RM} \\
& +KT\sum_{j\in M}\sum_{i\in S}c_{ij}^{RM}+\sum_{j\in M}\sum_{t\in T}c_{jj}^{RR}q_{jt}^{RR}+\sum_{i\in S}\sum_{t\in T}c_{ii}^{RM}q_{it}^{RM}
\end{aligned}
$$

S.t. 式（4-70）～式（4-74），式（4-76），式（4-77），式（4-80）～式（4-89），式（4-91），式（4-92），式（4-95）～式（4-105），式（4-156），式（4-162）

串行式运输：

$$
\begin{aligned}
\text{Min}\quad Z_{163} =& \sum_{t\in T} h_0^{RR} E\left[\tilde{I}_{0t}^{RR}\right] + \sum_{j\in M}\sum_{t\in T} h_j^{RM} E\left[\tilde{I}_{jt}^{RM}\right] + \sum_{t\in T} p_0^{RR} E\left[\tilde{l}_{0t}^{RR}\right] \\
&+ \sum_{j\in M\cup R}\sum_{\substack{k\in M\cup R\\ k\neq j}}\sum_{t\in T} \underline{c}_{kj}^{RR} G_{kj}^{R} x_{kjt}^{RR} q_{jt}^{RR} + \sum_{j\in M}\sum_{t\in T} p_j^{RM} E\left[\tilde{l}_{jt}^{RM}\right] \\
&+ \sum_{k\in\{j\}\cup\underline{M}_j(\cdot)}\sum_{\substack{i\in\{j\}\cup\underline{M}_j(\cdot)\\ i\neq k}}\sum_{t\in T} \underline{c}_{ki}^{RM} G_{ki}^{R} x_{kit}^{RM} q_{it}^{RM} + T\sum_{j\in M} n_j^{RM} c_j^{RM} \\
&+ T\left\lceil \left(\sum_{j\in M} q_{jt}^{RR} - n_0^{RR} Y^{RR}\right) \Big/ Y_v^{RR} \right\rceil v_0^{RR} \\
&+ T\sum_{j\in M}\left\lceil \left(\sum_{i\in\underline{M}_j(\cdot)} q_{it}^{RM} - n_j^{RM} Y^{RM}\right) \Big/ Y_v^{RR} \right\rceil v_j^{RM} \\
&+ T n_0^{RR} c_0^{RR} + \sum_{j\in M}\sum_{t\in T} c_{jj}^{RR} q_{jt}^{RR} + \sum_{i\in S}\sum_{t\in T} c_{ii}^{RM} q_{it}^{RM}
\end{aligned}
$$

S.t.　式（4-70）～式（4-74），式（4-76），式（4-77），式（4-80）～式（4-89），式（4-91），式（4-92），式（4-95）～式（4-105），式（4-180），式（4-181）

并行式运输：

$$
\begin{aligned}
\text{Min}\quad Z_{164} =& \sum_{t\in T} h_0^{RR} E\left[\tilde{I}_{0t}^{RR}\right] + \sum_{t\in T} p_0^{RR} E\left[\tilde{l}_{0t}^{RR}\right] + \sum_{j\in M}\sum_{t\in T} h_j^{RM} E\left[\tilde{I}_{jt}^{RM}\right] \\
&+ \sum_{c\in f_0^{-1}}\sum_{k\in S\cup\bar{S}_c(\cdot)}\sum_{\substack{j\in S\cup\bar{S}_c(\cdot)\\ j\neq k}}\sum_{t\in T} \underline{c}_{kj}^{RR} G_{kj}^{R} x_{kjt}^{RR} q_{jt}^{RR} + \sum_{j\in M}\sum_{t\in T} p_j^{RM} E\left[\tilde{l}_{jt}^{RM}\right] + T n_0^{RR} c_0^{RR} \\
&+ \sum_{j\in M}\sum_{d\in\tilde{f}_j^{-1}}\sum_{k\in\{j\}\cup\underline{\bar{M}}_{jd}(\cdot)}\sum_{\substack{i\in\{j\}\cup\underline{\bar{M}}_{jd}(\cdot)\\ i\neq k}}\sum_{t\in T} \underline{c}_{ki}^{RM} G_{ki}^{R} x_{kit}^{RM} q_{it}^{RM} + T\left(\left|\tilde{f}_m^{-1}\right| - n_0^{RR}\right) v_0^{RR} \\
&+ T\sum_{j\in M} n_j^{RM} c_j^{RM} + T\sum_{j\in M}\left(\left|\tilde{f}_{Mj}^{-1}\right| - n_j^{RM}\right) v_j^{RM} + \sum_{j\in M}\sum_{t\in T} c_{jj}^{RR} q_{jt}^{RR} + \sum_{i\in S}\sum_{t\in T} c_{ii}^{RM} q_{it}^{RM}
\end{aligned}
$$

S.t.　式（4-67），式（4-69），式（4-72）～式（4-74），式（4-76），式（4-81）～式（4-84），式（4-87），式（4-89），式（4-91），式（4-95）～式（4-105），式（4-157）～式（4-161），式（4-163）～式（4-167）

4. 第三方车辆、多阶段配送

本部分在本节“自有车辆、多阶段配送”的基础上，假定制造商车辆和零售商车辆数有限，在一定条件下需要租用第三方车辆才能完成相应的运输任务，于

是 JMI 策略下的多阶段 RIRP 模型为

$$\text{Min}\quad Z_{165}=\text{Min}\left\{Z_{166},Z_{167},Z_{168}\right\}$$

直配式运输：

$$\begin{aligned}\text{Min}\quad Z_{166}=&\sum_{t\in\left\lfloor T/T_0^{RR}\right\rfloor}h_0^{RR}E\left[\tilde{I}_{0t}^{RR}\right]+\sum_{j\in M}\sum_{t\in\left\lfloor T/T_j^{RM}\right\rfloor}p_j^{RM}E\left[\tilde{l}_{jt}^{RM}\right]+\sum_{j\in M}\sum_{t\in\left\lfloor T/T_j^{RM}\right\rfloor}h_j^{RM}E\left[\tilde{I}_{jt}^{RM}\right]\\&+\left\lfloor T/T_0^{RR}\right\rfloor(m-n_0^{RR})v_0^{RR}+\sum_{t\in\left\lfloor T/T_0^{RR}\right\rfloor}p_0^{RR}E\left[\tilde{l}_{0t}^{RR}\right]+K\left\lfloor T/T_0^{RR}\right\rfloor\sum_{j\in M}c_{0j}^{RR}\\&+\sum_{j\in M}\sum_{t\in\left\lfloor T/T_0^{RR}\right\rfloor}c_{j0}^{RR}G_{j0}^{R}q_{jt}^{RR}+\left\lfloor T/T_j^{RM}\right\rfloor\sum_{j\in M}n_j^{RM}c_j^{RM}+\left\lfloor T/T_j^{RM}\right\rfloor\\&\cdot\sum_{j\in M}\left(\left|\underline{M}_j(\cdot)\right|-n_j^{RM}\right)v_j^{RM}+\sum_{j\in M}\sum_{i\in S}\sum_{t\in\left\lfloor T/T_j^{RM}\right\rfloor}c_{ji}^{RM}G_{ji}^{R}q_{it}^{RM}+K\left\lfloor T/T_j^{RM}\right\rfloor\\&\cdot\sum_{j\in M}\sum_{i\in S}c_{ij}^{RM}+\left\lfloor T/T_0^{RR}\right\rfloor n_0^{RR}c_0^{RR}+\sum_{j\in M}\sum_{t\in\left\lfloor T/T_0^{RR}\right\rfloor}c_{jj}^{RR}q_{jt}^{RR}+\sum_{i\in S}\sum_{t\in\left\lfloor T/T_j^{RM}\right\rfloor}c_{ii}^{RM}q_{it}^{RM}\end{aligned}$$

S.t. 式（4-99）～式（4-105），式（4-113）～式（4-117），式（4-119），式（4-120），式（4-123）～式（4-132），式（4-134），式（4-135），式（4-138）～式（4-141），式（4-168），式（4-174）

串行式运输：

$$\begin{aligned}\text{Min}\quad Z_{167}=&\sum_{t\in\left\lfloor T/T_0^{RR}\right\rfloor}h_0^{RR}E\left[\tilde{I}_{0t}^{RR}\right]+\sum_{j\in M}\sum_{t\in\left\lfloor T/T_j^{RM}\right\rfloor}h_j^{RM}E\left[\tilde{I}_{jt}^{RM}\right]\\&+\sum_{j\in M\cup R}\sum_{\substack{k\in M\cup R\\k\neq j}}\sum_{t\in\left\lfloor T/T_0^{RR}\right\rfloor}\underline{c}_{kj}^{RR}G_{kj}^{R}x_{kjt}^{RR}q_{jt}^{RR}+\left\lfloor T/T_0^{RR}\right\rfloor n_0^{RR}c_0^{RR}+\sum_{t\in\left\lfloor T/T_0^{RR}\right\rfloor}p_0^{RR}E\left[\tilde{l}_{0t}^{RR}\right]\\&+\sum_{j\in M}\sum_{t\in\left\lfloor T/T_j^{RM}\right\rfloor}p_j^{RM}E\left[\tilde{l}_{jt}^{RM}\right]+\sum_{k\in\{j\}\cup\underline{M}_j(\cdot)}\sum_{\substack{i\in\{j\}\cup\underline{M}_j(\cdot)\\i\neq k}}\sum_{t\in\left\lfloor T/T_j^{RM}\right\rfloor}\underline{c}_{ki}^{RM}G_{ki}^{R}x_{kit}^{RM}q_{it}^{RM}\\&+\left\lfloor T/T_0^{RR}\right\rfloor\left\lceil\left(\sum_{j\in M}q_{jt}^{RR}-n_0^{RR}Y^{RR}\right)\Big/Y_v^{RR}\right\rceil v_0^{RR}\end{aligned}$$

$$+\left\lfloor T\Big/T_j^{RM}\right\rfloor\sum_{j\in M}\left\lceil\left(\sum_{i\in\underline{M}_j(\cdot)}q_{it}^{RM}-n_j^{RM}Y^{RM}\right)\Big/Y_v^{RR}\right\rceil v_j^{RM}+\left\lfloor T\Big/T_j^{RM}\right\rfloor\sum_{j\in M}n_j^{RM}c_j^{RM}$$

$$+\sum_{j\in M}\sum_{t\in\left\lfloor T/T_0^{RR}\right\rfloor}c_{jj}^{RR}q_{jt}^{RR}+\sum_{i\in S}\sum_{t\in\left\lfloor T/T_j^{RM}\right\rfloor}c_{ii}^{RM}q_{it}^{RM}$$

S.t.　式(4-99)~式(4-105), 式(4-113)~式(4-117), 式(4-119), 式(4-120), 式(4-123)~式(4-132), 式(4-134), 式(4-135), 式(4-138)~式(4-141), 式（4-180), 式（4-181）

并行式运输：

$$\text{Min}\quad Z_{168}=\sum_{t\in\left\lfloor T/T_0^{RR}\right\rfloor}h_0^{RR}E\left[\tilde{I}_{0t}^{RR}\right]+\sum_{j\in M}\sum_{t\in\left\lfloor T/T_j^{RM}\right\rfloor}h_j^{RM}E\left[\tilde{I}_{jt}^{RM}\right]$$

$$+\sum_{j\in M}\sum_{d\in\tilde{f}_j^{-1}}\sum_{k\in\{j\}\cup\underline{M}_{jd}(\cdot)}\sum_{\substack{i\in\{j\}\cup\underline{M}_{jd}(\cdot)\\ i\neq k}}\sum_{t\in\left\lfloor T/T_j^{RM}\right\rfloor}\underline{c}_{ki}^{RM}G_{ki}^{R}x_{kit}^{RM}q_{it}^{RM}$$

$$+\sum_{c\in f_0^{-1}}\sum_{k\in S\cup\overline{S}_c(\cdot)}\sum_{\substack{j\in S\cup\overline{S}_c(\cdot)\\ j\neq k}}\sum_{t\in\left\lfloor T/T_0^{RR}\right\rfloor}\underline{c}_{kj}^{RR}G_{kj}^{R}x_{kjt}^{RR}q_{jt}^{RR}+\sum_{j\in M}\sum_{t\in\left\lfloor T/T_j^{RM}\right\rfloor}p_j^{RM}E\left[\tilde{l}_{jt}^{RM}\right]$$

$$+\sum_{t\in\left\lfloor T/T_0^{RR}\right\rfloor}p_0^{RR}E\left[\tilde{l}_{0t}^{RR}\right]+\left\lfloor T\Big/T_0^{RR}\right\rfloor\left(\left|\tilde{f}_m^{-1}\right|-n_0^{RR}\right)v_0^{RR}+\left\lfloor T\Big/T_j^{RM}\right\rfloor\sum_{j\in M}n_j^{RM}c_j^{RM}$$

$$+\left\lfloor T\Big/T_j^{RM}\right\rfloor\sum_{j\in M}\left(\left|\tilde{f}_{Mj}^{-1}\right|-n_j^{RM}\right)v_j^{RM}+\left\lfloor T\Big/T_0^{RR}\right\rfloor n_0^{RR}c_0^{RR}+\sum_{j\in M}\sum_{t\in\left\lfloor T/T_0^{RR}\right\rfloor}c_{jj}^{RR}q_{jt}^{RR}$$

$$+\sum_{i\in S}\sum_{t\in\left\lfloor T/T_j^{RM}\right\rfloor}c_{ii}^{RM}q_{it}^{RM}$$

S.t.　式(4-99)~式(4-105), 式(4-115)~式(4-117), 式(4-119), 式(4-124)~式(4-127), 式(4-130), 式(4-132), 式(4-134), 式(4-138)~式(4-141), 式（4-169）~式（4-173), 式（4-175）~式（4-179), 式（4-181）

4.8.3　基于随机市场、确定需求的情形

本节研究的是随机市场情形下的多周期多车辆 RIRP, 各个供应商的需求已知确定，整个供应链所采取的是 JMI 策略，在此假定零售商车辆容量不小于任一制

造商的需求，制造商车辆容量不小于其所服务的任一供应商的需求，问题是需要确定车辆的取货路线和与之对应的取货量，以达到最小化长期库存与运输成本的目的。

1. 自有车辆、单阶段配送

本部分针对单阶段配送，于是 JMI 策略下的 RIRP 模型为

$$\text{Min}\quad Z_{169}=\text{Min}\left\{Z_{170},Z_{171}\right\}$$

串行式运输：

$$\begin{aligned}\text{Min}\quad Z_{170}=&\sum_{t\in T}h_0^{RR}I_{0t}^{RR}+\sum_{j\in M}\sum_{t\in T}h_j^{RM}I_{jt}^{RM}+\sum_{t\in T}p_0^{RR}l_{0t}^{RR}+\sum_{j\in M\cup R}\sum_{\substack{k\in M\cup R\\k\neq j}}\sum_{t\in T}\underline{c}_{kj}^{RR}G_{kj}^{R}x_{kjt}^{RR}q_{jt}^{RR}\\&+\sum_{j\in M}\sum_{t\in T}c_{jj}^{RR}q_{jt}^{RR}+\sum_{j\in M}\sum_{t\in T}p_j^{RM}l_{jt}^{RM}+\sum_{t\in T}\left\lceil\sum_{j\in M}q_{jt}^{RR}\Big/Y^{RR}\right\rceil c_0^{RR}\\&+T\sum_{j\in M}\left\lceil\sum_{i\in\underline{M}_j(\cdot)}q_i^{RM}\Big/Y^{RM}\right\rceil c_j^{RM}+\sum_{i\in S}\sum_{t\in T}c_{ii}^{RM}q_{it}^{RM}\\&+\sum_{j\in M}\sum_{k\in\{j\}\cup\underline{M}_j(\cdot)}\sum_{\substack{i\in\{j\}\cup\underline{M}_j(\cdot)\\i\neq k}}\sum_{t\in T}\underline{c}_{ki}^{RM}G_{ki}^{R}x_{kit}^{RM}q_{it}^{RM}\end{aligned}$$

S.t.　式（4-70）～式（4-74），式（4-76）～式（4-79），式（4-81）～式（4-84），式（4-87），式（4-91）～式（4-98），式（4-106）～式（4-111）

并行式运输：

$$\begin{aligned}\text{Min}\quad Z_{171}=&\sum_{t\in T}h_0^{RR}I_{0t}^{RR}+\sum_{t\in T}p_0^{RR}l_{0t}^{RR}+\sum_{j\in M}\sum_{t\in T}h_j^{RM}I_{jt}^{RM}\\&+\sum_{c\in f_0^{-1}}\sum_{k\in S\cup\bar{S}_c(\cdot)}\sum_{\substack{j\in S\cup\bar{S}_c(\cdot)\\j\neq k}}\sum_{t\in T}\underline{c}_{kj}^{RR}G_{kj}^{R}x_{kjt}^{RR}q_{jt}^{RR}+T\left|\tilde{f}_m^{-1}\right|c_0^{RR}+\sum_{j\in M}\sum_{t\in T}p_j^{RM}l_{jt}^{RM}\\&+\sum_{j\in M}\sum_{d\in\tilde{f}_j^{-1}}\sum_{k\in\{j\}\cup\underline{\bar{M}}_{jd}(\cdot)}\sum_{\substack{i\in\{j\}\cup\underline{\bar{M}}_{jd}(\cdot)\\i\neq k}}\sum_{t\in T}\underline{c}_{ki}^{RM}G_{ki}^{R}x_{kit}^{RM}q_{it}^{RM}+T\sum_{j\in M}\left|\tilde{f}_{Mj}^{-1}\right|c_j^{RM}\\&+\sum_{j\in M}\sum_{t\in T}c_{jj}^{RR}q_{jt}^{RR}+\sum_{i\in S}\sum_{t\in T}c_{ii}^{RM}q_{it}^{RM}\end{aligned}$$

S.t.　式（4-72）～式（4-74），式（4-76），式（4-78），式（4-79），式（4-81）～式（4-84），式（4-87），式（4-91），式（4-93）～式（4-98），式（4-157）～式（4-160），式（4-182）～式（4-187）

2. 自有车辆、多阶段配送

本部分针对多阶段配送，于是 JMI 策略下的 RIRP 模型为

$$\text{Min}\quad Z_{172} = \text{Min}\{Z_{173}, Z_{174}\}$$

串行式运输：

$$\begin{aligned}
\text{Min}\quad Z_{173} = & \sum_{t\in\left\lfloor T/T_0^{RR}\right\rfloor} h_0^{RR} I_{0t}^{RR} + \sum_{j\in M}\sum_{t\in\left\lfloor T/T_j^{RM}\right\rfloor} h_j^{RM} I_{jt}^{RM} + \sum_{t\in\left\lfloor T/T_0^{RR}\right\rfloor} p_0^{RR} l_{0t}^{RR} \\
& + \sum_{j\in M\cup R}\sum_{\substack{k\in M\cup R\\ k\neq j}}\sum_{t\in\left\lfloor T/T_0^{RR}\right\rfloor} \underline{c}_{kj}^{RR} G_{kj}^{R} x_{kjt}^{RR} q_{jt}^{RR} + \sum_{j\in M}\sum_{t\in\left\lfloor T/T_j^{RM}\right\rfloor} p_j^{RM} l_{jt}^{RM} \\
& + \sum_{t\in\left\lfloor T/T_0^{RR}\right\rfloor}\left\lceil \sum_{j\in M} q_{jt}^{RR} \Big/ Y^{RR} \right\rceil c_0^{RR} + \left\lfloor T/T_j^{RM} \right\rfloor \sum_{j\in M} \left\lceil \sum_{i\in\underline{M}_j(\cdot)} q_i^{RM} \Big/ Y^{RM} \right\rceil c_j^{RM} \\
& + \sum_{j\in M}\sum_{k\in\{j\}\cup\underline{M}_j(\cdot)}\sum_{\substack{i\in\{j\}\cup\underline{M}_j(\cdot)\\ i\neq k}}\sum_{t\in\left\lfloor T/T_j^{RM}\right\rfloor} \underline{c}_{ki}^{RM} G_{ki}^{R} x_{kit}^{RM} q_{it}^{RM} + \sum_{j\in M}\sum_{t\in\left\lfloor T/T_0^{RR}\right\rfloor} c_{jj}^{RR} q_{jt}^{RR} \\
& + \sum_{i\in S}\sum_{t\in\left\lfloor T/T_j^{RM}\right\rfloor} c_{ii}^{RM} q_{it}^{RM}
\end{aligned}$$

S.t.　式（4-113）～式（4-117），式（4-119）～式（4-122），式（4-124）～式（4-127），式（4-130），式（4-134）～式（4-141），式（4-149）～式（4-154）

并行式运输：

$$\begin{aligned}
\text{Min}\quad Z_{174} = & \sum_{t\in\left\lfloor T/T_0^{RR}\right\rfloor} h_0^{RR} I_{0t}^{RR} + \sum_{t\in\left\lfloor T/T_0^{RR}\right\rfloor} p_0^{RR} l_{0t}^{RR} + \sum_{j\in M}\sum_{t\in\left\lfloor T/T_j^{RM}\right\rfloor} h_j^{RM} I_{jt}^{RM} \\
& + \sum_{c\in f_0^{-1}}\sum_{k\in S\cup\bar{S}_c(\cdot)}\sum_{\substack{j\in S\cup\bar{S}_c(\cdot)\\ j\neq k}}\sum_{t\in\left\lfloor T/T_0^{RR}\right\rfloor} \underline{c}_{kj}^{RR} G_{kj}^{R} x_{kjt}^{RR} q_{jt}^{RR} + \sum_{j\in M}\sum_{t\in\left\lfloor T/T_j^{RM}\right\rfloor} p_j^{RM} l_{jt}^{RM} \\
& + \left\lfloor T/T_0^{RR} \right\rfloor \left|\tilde{f}_m^{-1}\right| c_0^{RR} + \sum_{j\in M}\sum_{d\in\tilde{f}_j^{-1}}\sum_{k\in\{j\}\cup\underline{M}_{jd}(\cdot)}\sum_{\substack{i\in\{j\}\cup\underline{M}_{jd}(\cdot)\\ i\neq k}}\sum_{t\in\left\lfloor T/T_j^{RM}\right\rfloor} \underline{c}_{ki}^{RM} G_{ki}^{R} x_{kit}^{RM} q_{it}^{RM} \\
& + \left\lfloor T/T_j^{RM} \right\rfloor \sum_{j\in M}\left|\tilde{f}_{Mj}^{-1}\right| c_j^{RM} + \sum_{j\in M}\sum_{t\in\left\lfloor T/T_0^{RR}\right\rfloor} c_{jj}^{RR} q_{jt}^{RR} + \sum_{i\in S}\sum_{t\in\left\lfloor T/T_j^{RM}\right\rfloor} c_{ii}^{RM} q_{it}^{RM}
\end{aligned}$$

S.t.　式（4-115）～式（4-117），式（4-119），式（4-121），式（4-122），式（4-124）～式（4-127），式（4-130），式（4-132），式（4-134），式（4-136）～式（4-141），式（4-169）～式（4-173），式（4-188）～式（4-192）

3. 第三方车辆、单阶段配送

本部分在本节“自有车辆、单阶段配送”的基础上，假定制造商车辆和零售商车辆数有限，在一定条件下需要租用第三方车辆才能完成相应的运输任务，于是 JMI 策略下的单阶段 RIRP 模型为

$$\text{Min}\quad Z_{175}=\text{Min}\{Z_{176},Z_{177}\}$$

串行式运输：

$$\begin{aligned}\text{Min}\quad Z_{176}=&\sum_{t\in T}h_0^{RR}I_{0t}^{RR}+\sum_{j\in M}\sum_{t\in T}h_j^{RM}I_{jt}^{RM}+\sum_{t\in T}p_0^{RR}l_{0t}^{RR}+\sum_{j\in M\cup R}\sum_{\substack{k\in M\cup R\\k\neq j}}\sum_{t\in T}\underline{c}_{kj}^{RR}G_{kj}^{R}x_{kjt}^{RR}q_{jt}^{RR}\\&+Tn_0^{RR}c_0^{RR}+\sum_{j\in M}\sum_{t\in T}p_j^{RM}l_{jt}^{RM}+\sum_{j\in M}\sum_{k\in\{j\}\cup\underline{M}_j(\cdot)}\sum_{\substack{i\in\{j\}\cup\underline{M}_j(\cdot)\\i\neq k}}\sum_{t\in T}\underline{c}_{ki}^{RM}G_{ki}^{R}x_{kit}^{RM}q_{it}^{RM}\\&+T\sum_{j\in M}n_j^{RM}c_j^{RM}+T\left\lceil\left(\sum_{j\in M}q_{jt}^{RR}-n_0^{RR}Y^{RR}\right)\Big/Y_v^{RR}\right\rceil v_0^{RR}\\&+T\sum_{j\in M}\left\lceil\left(\sum_{i\in\underline{M}_j(\cdot)}q_{it}^{RM}-n_j^{RM}Y^{RM}\right)\Big/Y_v^{RR}\right\rceil v_j^{RM}\\&+\sum_{j\in M}\sum_{t\in T}c_{jj}^{RR}q_{jt}^{RR}+\sum_{i\in S}\sum_{t\in T}c_{ii}^{RM}q_{it}^{RM}\end{aligned}$$

S.t. 式（4-70）～式（4-74），式（4-76）～式（4-79），式（4-81）～式（4-84），式（4-87），式（4-91）～式（4-98），式（4-106）～式（4-111），式（4-180），式（4-181）

并行式运输：

$$\begin{aligned}\text{Min}\quad Z_{177}=&\sum_{t\in T}h_0^{RR}I_{0t}^{RR}+\sum_{t\in T}p_0^{RR}l_{0t}^{RR}+\sum_{j\in M}\sum_{t\in T}h_j^{RM}I_{jt}^{RM}\\&+\sum_{c\in f_0^{-1}}\sum_{k\in S\cup\overline{S}_c(\cdot)}\sum_{\substack{j\in S\cup\overline{S}_c(\cdot)\\j\neq k}}\sum_{t\in T}\underline{c}_{kj}^{RR}G_{kj}^{R}x_{kjt}^{RR}q_{jt}^{RR}+Tn_0^{RR}c_0^{RR}+\sum_{j\in M}\sum_{t\in T}p_j^{RM}l_{jt}^{RM}\\&+\sum_{j\in M}\sum_{d\in\tilde{f}_j^{-1}}\sum_{k\in\{j\}\cup\underline{M}_{jd}(\cdot)}\sum_{\substack{i\in\{j\}\cup\underline{M}_{jd}(\cdot)\\i\neq k}}\sum_{t\in T}\underline{c}_{ki}^{RM}G_{ki}^{R}x_{kit}^{RM}q_{it}^{RM}+\sum_{i\in S}\sum_{t\in T}c_{ii}^{RM}q_{it}^{RM}\\&+T(\left|\tilde{f}_m^{-1}\right|-n_0^{RR})v_0^{RR}+T\sum_{j\in M}n_j^{RM}c_j^{RM}+T\sum_{j\in M}(\left|\tilde{f}_{Mj}^{-1}\right|-n_j^{RM})v_j^{RM}\\&+\sum_{j\in M}\sum_{t\in T}c_{jj}^{RR}q_{jt}^{RR}\end{aligned}$$

S.t.　式（4-67），式（4-69），式（4-72）～式（4-74），式（4-76），式（4-78），式（4-79），式（4-81）～式（4-84），式（4-87），式（4-89），式（4-91），式（4-93）～式（4-98），式（4-157）～式（4-161），式（4-183）～式（4-187）

4. 第三方车辆、多阶段配送

本部分在本节“自有车辆、多阶段配送”的基础上，假定制造商车辆和零售商车辆数有限，在一定条件下需要租用第三方车辆才能完成相应的运输任务，于是 JMI 策略下的多阶段 RIRP 模型为

$$\text{Min}\quad Z_{178}=\text{Min}\left\{Z_{179},Z_{180}\right\}$$

串行式运输：

$$\begin{aligned}
\text{Min}\quad Z_{179}=&\sum_{t\in\left\lfloor T/T_0^{RR}\right\rfloor}h_0^{RR}I_{0t}^{RR}+\sum_{j\in M}\sum_{t\in\left\lfloor T/T_j^{RM}\right\rfloor}h_j^{RM}I_{jt}^{RM}+\sum_{j\in M\cup R}\sum_{\substack{k\in M\cup R\\k\neq j}}\sum_{t\in\left\lfloor T/T_0^{RR}\right\rfloor}\underline{c}_{kj}^{RR}G_{kj}^{R}x_{kjt}^{RR}q_{jt}^{RR}\\
&+\left\lfloor T/T_0^{RR}\right\rfloor n_0^{RR}c_0^{RR}+\sum_{t\in\left\lfloor T/T_0^{RR}\right\rfloor}p_0^{RR}l_{0t}^{RR}+\sum_{j\in M}\sum_{t\in\left\lfloor T/T_j^{RM}\right\rfloor}p_j^{RM}l_{jt}^{RM}\\
&+\sum_{j\in M}\sum_{k\in\{j\}\cup\underline{M}_j(\cdot)}\sum_{\substack{i\in\{j\}\cup\underline{M}_j(\cdot)\\i\neq k}}\sum_{t\in\left\lfloor T/T_j^{RM}\right\rfloor}\underline{c}_{ki}^{RM}G_{ki}^{R}x_{kit}^{RM}q_{it}^{RM}\\
&+\left\lfloor T/T_0^{RR}\right\rfloor\left\lceil\left(\sum_{j\in M}q_{jt}^{RR}-n_0^{RR}Y^{RR}\right)\Big/Y_v^{RR}\right\rceil v_0^{RR}\\
&+\left\lfloor T/T_j^{RM}\right\rfloor\sum_{j\in M}\left\lceil\left(\sum_{i\in\underline{M}_j(\cdot)}q_{it}^{RM}-n_j^{RM}Y^{RM}\right)\Big/Y_v^{RR}\right\rceil v_j^{RM}\\
&+\left\lfloor T/T_j^{RM}\right\rfloor\sum_{j\in M}n_j^{RM}c_j^{RM}+\sum_{j\in M}\sum_{t\in\left\lfloor T/T_0^{RR}\right\rfloor}c_{jj}^{RR}q_{jt}^{RR}\\
&+\sum_{i\in S}\sum_{t\in\left\lfloor T/T_j^{RM}\right\rfloor}c_{ii}^{RM}q_{it}^{RM}
\end{aligned}$$

S.t.　式（4-113）～式（4-117），式（4-119）～式（4-127），式（4-130），式（4-134）～式（4-141），式（4-149）～式（4-154），式（4-180），式（4-181）

并行式运输：

$$\begin{aligned}
\text{Min}\quad Z_{180} = & \sum_{t\in\left\lfloor T/T_0^{RR}\right\rfloor} h_0^{RR} I_{0t}^{RR} + \sum_{t\in\left\lfloor T/T_0^{RR}\right\rfloor} p_0^{RR} l_{0t}^{RR} + \sum_{j\in M}\sum_{t\in\left\lfloor T/T_j^{RM}\right\rfloor} h_j^{RM} I_{jt}^{RM} \\
& + \sum_{c\in f_0^{-1}}\sum_{k\in S\cup\overline{S}_c(\cdot)}\sum_{\substack{j\in S\cup\overline{S}_c(\cdot)\\ j\neq k}}\sum_{t\in\left\lfloor T/T_0^{RR}\right\rfloor} \underline{c}_{kj}^{RR} G_{kj}^{R} x_{kjt}^{RR} q_{jt}^{RR} + \sum_{j\in M}\sum_{t\in\left\lfloor T/T_j^{RM}\right\rfloor} p_j^{RM} l_{jt}^{RM} \\
& + \left\lfloor T/T_0^{RR}\right\rfloor n_0^{RR} c_0^{RR} + \sum_{j\in M}\sum_{d\in\tilde{f}_j^{-1}}\sum_{k\in\{j\}\cup\underline{M}_{jd}(\cdot)}\sum_{\substack{i\in\{j\}\cup\underline{M}_{jd}(\cdot)\\ i\neq k}}\sum_{t\in\left\lfloor T/T_j^{RM}\right\rfloor} \underline{c}_{ki}^{RM} G_{ki}^{R} x_{kit}^{RM} q_{it}^{RM} \\
& + \left\lfloor T/T_0^{RR}\right\rfloor \left(\left|\tilde{f}_m^{-1}\right| - n_0^{RR}\right) v_0^{RR} + \left\lfloor T/T_j^{RM}\right\rfloor \sum_{j\in M} n_j^{RM} c_j^{RM} \\
& + \left\lfloor T/T_j^{RM}\right\rfloor \sum_{j\in M}\left(\left|\tilde{f}_{Mj}^{-1}\right| - n_j^{RM}\right) v_j^{RM} + \sum_{j\in M}\sum_{t\in\left\lfloor T/T_0^{RR}\right\rfloor} c_{jj}^{RR} q_{jt}^{RR} \\
& + \sum_{i\in S}\sum_{t\in\left\lfloor T/T_j^{RM}\right\rfloor} c_{ii}^{RM} q_{it}^{RM}
\end{aligned}$$

S.t.　式(4-115)～式(4-117), 式(4-119), 式(4-121), 式(4-122), 式(4-124)～式(4-127), 式(4-130), 式(4-134), 式(4-136)～式(4-141), 式(4-169)～式(4-173), 式(4-175)～式(4-179), 式(4-181), 式(4-188)～式(4-192)

4.8.4 基于随机市场、不确定需求的情形

本节研究的是随机市场情形下的多周期多车辆 RIRP，各个供应商的需求随机，整个供应链所采取的是 JMI 策略，在此假定零售商车辆容量不小于任一制造商的期望需求，制造商车辆容量不小于其所服务的任一供应商的期望需求，问题是需要确定车辆的取货路线和与之对应的取货量，以达到最小化长期库存与运输成本的目的。

1. 自有车辆、单阶段配送

本部分针对单阶段配送，于是 JMI 策略下的 RIRP 模型为

$$\text{Min}\quad Z_{181} = \text{Min}\left\{Z_{182}, Z_{183}\right\}$$

串行式运输：

$$\begin{aligned}\text{Min}\quad Z_{182}=&\sum_{t\in T}h_0^{RR}E\left[\tilde{I}_{0t}^{RR}\right]+\sum_{j\in M}\sum_{t\in T}h_j^{RM}E\left[\tilde{I}_{jt}^{RM}\right]+\sum_{t\in T}p_0^{RR}E\left[\tilde{l}_{0t}^{RR}\right]\\&+\sum_{j\in M\cup R}\sum_{\substack{k\in M\cup R\\k\neq j}}\sum_{t\in T}\underline{c}_{kj}^{RR}G_{kj}^{R}x_{kjt}^{RR}q_{jt}^{RR}+\sum_{j\in M}\sum_{k\in\{j\}\cup\underline{M}_j(\cdot)}\sum_{\substack{i\in\{j\}\cup\underline{M}_j(\cdot)\\i\neq k}}\sum_{t\in T}\underline{c}_{ki}^{RM}G_{ki}^{R}x_{kit}^{RM}q_{it}^{RM}\\&+\sum_{j\in M}\sum_{t\in T}c_{jj}^{RR}q_{jt}^{RR}+\sum_{i\in S}\sum_{t\in T}c_{ii}^{RM}q_{it}^{RM}+\sum_{j\in M}\sum_{t\in T}p_j^{RM}E\left[\tilde{l}_{jt}^{RM}\right]\\&+\sum_{t\in T}\left\lfloor\sum_{j\in M}q_{jt}^{RR}\Big/Y^{RR}\right\rfloor c_0^{RR}+T\sum_{j\in M}\left\lfloor\sum_{i\in\underline{M}_j(\cdot)}q_i^{RM}\Big/Y^{RM}\right\rfloor c_j^{RM}\end{aligned}$$

S.t.　式（4-70）~式（4-74），式（4-76），式（4-77），式（4-81）~式（4-89），式（4-91），式（4-92），式（4-95）~式（4-101），式（4-103）~式（4-105），式（4-112）

并行式运输：

$$\begin{aligned}\text{Min}\quad Z_{183}=&\sum_{t\in T}h_0^{RR}E\left[\tilde{I}_{0t}^{RR}\right]+\sum_{t\in T}p_0^{RR}E\left[\tilde{l}_{0t}^{RR}\right]+\sum_{j\in M}\sum_{t\in T}h_j^{RM}E\left[\tilde{I}_{jt}^{RM}\right]\\&+\sum_{c\in\tilde{f}_0^{-1}}\sum_{k\in S\cup\bar{S}_c(\cdot)}\sum_{\substack{j\in S\cup\bar{S}_c(\cdot)\\j\neq k}}\sum_{t\in T}\underline{c}_{kj}^{RR}G_{kj}^{R}x_{kjt}^{RR}q_{jt}^{RR}+\sum_{j\in M}\sum_{t\in T}p_j^{RM}E\left[\tilde{l}_{jt}^{RM}\right]+T\left|\tilde{f}_m^{-1}\right|c_0^{RR}\\&+\sum_{j\in M}\sum_{d\in\tilde{f}_j^{-1}}\sum_{k\in\{j\}\cup\bar{M}_{jd}(\cdot)}\sum_{\substack{i\in\{j\}\cup\bar{M}_{jd}(\cdot)\\i\neq k}}\sum_{t\in T}\underline{c}_{ki}^{RM}G_{ki}^{R}x_{kit}^{RM}q_{it}^{RM}+T\sum_{j\in M}\left|\tilde{f}_{Mj}^{-1}\right|c_j^{RM}\\&+\sum_{j\in M}\sum_{t\in T}c_{jj}^{RR}q_{jt}^{RR}+\sum_{i\in S}\sum_{t\in T}c_{ii}^{RM}q_{it}^{RM}\end{aligned}$$

S.t.　式（4-72）~式（4-74），式（4-76），式（4-81）~式（4-84），式（4-87），式（4-89），式（4-91），式（4-95）~式（4-101），式（4-103）~式（4-105），式（4-112），式（4-157）~式（4-161），式（4-163）~式（4-167）

2. 自有车辆、多阶段配送

本部分针对多阶段配送，于是 JMI 策略下的 RIRP 模型为

$$\text{Min}\quad Z_{184}=\text{Min}\{Z_{185},Z_{186}\}$$

串行式运输：

$$\begin{aligned}\text{Min}\quad Z_{185}=&\sum_{t\in\left\lfloor T/T_0^{RR}\right\rfloor}h_0^{RR}E\left[\tilde{I}_{0t}^{RR}\right]+\sum_{j\in M}\sum_{t\in\left\lfloor T/T_j^{RM}\right\rfloor}h_j^{RM}E\left[\tilde{I}_{jt}^{RM}\right]+\sum_{t\in\left\lfloor T/T_0^{RR}\right\rfloor}p_0^{RR}E\left[\tilde{l}_{0t}^{RR}\right]\\&+\sum_{j\in M\cup R}\sum_{\substack{k\in M\cup R\\k\neq j}}\sum_{t\in\left\lfloor T/T_0^{RR}\right\rfloor}\underline{c}_{kj}^{RR}G_{kj}^{R}x_{kjt}^{RR}q_{jt}^{RR}+\sum_{j\in M}\sum_{t\in\left\lfloor T/T_j^{RM}\right\rfloor}p_j^{RM}E\left[\tilde{l}_{jt}^{RM}\right]\end{aligned}$$

$$+\sum_{t\in\left\lfloor T/T_0^{RR}\right\rfloor}\left\lceil \sum_{j\in M} q_{jt}^{RR} \Big/ Y^{RR}\right\rceil c_0^{RR}+\left\lfloor T/T_j^{RM}\right\rfloor\sum_{j\in M}\left\lceil \sum_{i\in\underline{M}_j(\cdot)} q_i^{RM}\Big/ Y^{RM}\right\rceil c_j^{RM}$$

$$+\sum_{j\in M}\sum_{k\in\{j\}\cup\underline{M}_j(\cdot)}\sum_{\substack{i\in\{j\}\cup\underline{M}_j(\cdot)\\ i\neq k}}\sum_{t\in\left\lfloor T/T_j^{RM}\right\rfloor}\underline{c}_{ki}^{RM}G_{ki}^{R}x_{kit}^{RM}q_{it}^{RM}+\sum_{j\in M}\sum_{t\in\left\lfloor T/T_0^{RR}\right\rfloor}c_{jj}^{RR}q_{jt}^{RR}$$

$$+\sum_{i\in S}\sum_{t\in\left\lfloor T/T_j^{RM}\right\rfloor}c_{ii}^{RM}q_{it}^{RM}$$

S.t. 式(4-103)～式(4-105)，式(4-113)～式(4-117)，式(4-119)，式(4-120)，式(4-123)～式(4-132)，式(4-134)，式(4-135)，式(4-138)～式(4-144)，式（4-155）

并行式运输：

$$\text{Min}\quad Z_{186}=\sum_{t\in\left\lfloor T/T_0^{RR}\right\rfloor}h_0^{RR}E\left[\tilde{I}_{0t}^{RR}\right]+\sum_{t\in\left\lfloor T/T_0^{RR}\right\rfloor}p_0^{RR}E\left[\tilde{l}_{0t}^{RR}\right]$$

$$+\sum_{c\in\tilde{f}_0^{-1}}\sum_{k\in S\cup\overline{S}_c(\cdot)}\sum_{\substack{j\in S\cup\overline{S}_c(\cdot)\\ j\neq k}}\sum_{t\in\left\lfloor T/T_0^{RR}\right\rfloor}\underline{c}_{kj}^{RR}G_{kj}^{R}x_{kjt}^{RR}q_{jt}^{RR}+\left\lfloor T/T_0^{RR}\right\rfloor\left|\tilde{f}_m^{-1}\right|c_0^{RR}$$

$$+\sum_{j\in M}\sum_{t\in\left\lfloor T/T_j^{RM}\right\rfloor}h_j^{RM}E\left[\tilde{I}_{jt}^{RM}\right]+\sum_{j\in M}\sum_{d\in\tilde{f}_j^{-1}}\sum_{k\in\{j\}\cup\overline{\underline{M}}_{jd}(\cdot)}\sum_{\substack{i\in\{j\}\cup\overline{\underline{M}}_{jd}(\cdot)\\ i\neq k}}\sum_{t\in\left\lfloor T/T_j^{RM}\right\rfloor}\underline{c}_{ki}^{RM}G_{ki}^{R}x_{kit}^{RM}q_{it}^{RM}$$

$$+\sum_{i\in S}\sum_{t\in\left\lfloor T/T_j^{RM}\right\rfloor}c_{ii}^{RM}q_{it}^{RM}+\sum_{j\in M}\sum_{t\in\left\lfloor T/T_j^{RM}\right\rfloor}p_j^{RM}E\left[\tilde{l}_{jt}^{RM}\right]+\left\lfloor T/T_j^{RM}\right\rfloor\sum_{j\in M}\left|\tilde{f}_{Mj}^{-1}\right|c_j^{RM}$$

$$+\sum_{j\in M}\sum_{t\in\left\lfloor T/T_0^{RR}\right\rfloor}c_{jj}^{RR}q_{jt}^{RR}$$

S.t. 式(4-103)～式(4-105)，式(4-115)～式(4-117)，式(4-119)，式(4-124)～式(4-127)，式(4-130)，式(4-132)，式(4-134)，式(4-138)～式(4-144)，式（4-155），式（4-169）～式（4-173），式（4-175）～式（4-179）

3. 第三方车辆、单阶段配送

本部分在本节“自有车辆、单阶段配送”的基础上，假定制造商车辆和零售商车辆数有限，在一定条件下需要租用第三方车辆才能完成相应的运输任务，于是 JMI 策略下的单阶段 RIRP 模型为

$$\text{Min}\quad Z_{187}=\text{Min}\left\{Z_{188},Z_{189}\right\}$$

串行式运输：

$$
\begin{aligned}
\text{Min}\quad Z_{188} = & \sum_{t\in T} h_0^{RR} E\left[\tilde{I}_{0t}^{RR}\right] + \sum_{j\in M}\sum_{t\in T} h_j^{RM} E\left[\tilde{I}_{jt}^{RM}\right] + \sum_{t\in T} p_0^{RR} E\left[\tilde{l}_{0t}^{RR}\right] \\
& + \sum_{j\in M\cup R}\ \sum_{\substack{k\in M\cup R\\ k\neq j}}\ \sum_{t\in T} \underline{c}_{kj}^{RR} G_{kj}^{R} x_{kjt}^{RR} q_{jt}^{RR} + \sum_{j\in M}\sum_{t\in T} p_j^{RM} E\left[\tilde{l}_{jt}^{RM}\right] \\
& + \sum_{j\in M}\ \sum_{k\in\{j\}\cup \underline{M}_j(\cdot)}\ \sum_{\substack{i\in\{j\}\cup \underline{M}_j(\cdot)\\ i\neq k}}\ \sum_{t\in T} \underline{c}_{ki}^{RM} G_{ki}^{R} x_{kit}^{RM} q_{it}^{RM} + T\sum_{j\in M} n_j^{RM} c_j^{RM} \\
& + T\left\lceil \left(\sum_{j\in M} q_{jt}^{RR} - n_0^{RR} Y^{RR}\right)\Big/ Y_v^{RR} \right\rceil v_0^{RR} \\
& + T\sum_{j\in M}\left\lceil \left(\sum_{i\in \underline{M}_j(\cdot)} q_{it}^{RM} - n_j^{RM} Y^{RM}\right)\Big/ Y_v^{RR} \right\rceil v_j^{RM} \\
& + T n_0^{RR} c_0^{RR} + \sum_{j\in M}\sum_{t\in T} c_{jj}^{RR} q_{jt}^{RR} + \sum_{i\in S}\sum_{t\in T} c_{ii}^{RM} q_{it}^{RM}
\end{aligned}
$$

S.t.　式（4-70）~式（4-74），式（4-76），式（4-77），式（4-80）~式（4-89），式（4-91），式（4-92），式（4-95）~式（4-101），式（4-103）~式（4-105），式（4-112），式（4-180），式（4-181）

并行式运输：

$$
\begin{aligned}
\text{Min}\quad Z_{189} = & \sum_{t\in T} h_0^{RR} E\left[\tilde{I}_{0t}^{RR}\right] + \sum_{t\in T} p_0^{RR} E\left[\tilde{l}_{0t}^{RR}\right] + \sum_{j\in M}\sum_{t\in T} h_j^{RM} E\left[\tilde{I}_{jt}^{RM}\right] \\
& + \sum_{c\in f_0^{-1}}\ \sum_{k\in S\cup \bar{S}_c(\cdot)}\ \sum_{\substack{j\in S\cup \bar{S}_c(\cdot)\\ j\neq k}}\ \sum_{t\in T} \underline{c}_{kj}^{RR} G_{kj}^{R} x_{kjt}^{RR} q_{jt}^{RR} + \sum_{j\in M}\sum_{t\in T} p_j^{RM} E\left[\tilde{l}_{jt}^{RM}\right] + T n_0^{RR} c_0^{RR} \\
& + \sum_{j\in M}\sum_{d\in \tilde{f}_j^{-1}}\ \sum_{k\in\{j\}\cup \underline{\bar{M}}_{jd}(\cdot)}\ \sum_{\substack{i\in\{j\}\cup \underline{\bar{M}}_{jd}(\cdot)\\ i\neq k}}\ \sum_{t\in T} \underline{c}_{ki}^{RM} G_{ki}^{R} x_{kit}^{RM} q_{it}^{RM} + T\left(\left|\tilde{f}_m^{-1}\right| - n_0^{RR}\right) v_0^{RR} \\
& + T\sum_{j\in M} n_j^{RM} c_j^{RM} + T\sum_{j\in M}\left(\left|\tilde{f}_{Mj}^{-1}\right| - n_j^{RM}\right) v_j^{RM} + \sum_{j\in M}\sum_{t\in T} c_{jj}^{RR} q_{jt}^{RR} + \sum_{i\in S}\sum_{t\in T} c_{ii}^{RM} q_{it}^{RM}
\end{aligned}
$$

S.t.　式（4-67），式（4-69），式（4-72）~式（4-74），式（4-76），式（4-81）~式（4-84），式（4-87），式（4-89），式（4-91），式（4-95）~式（4-101），式（4-103）~式（4-105），式（4-112），式（4-157）~式（4-161），式（4-163）~式（4-167）

4. 第三方车辆、多阶段配送

本部分在本节“自有车辆、多阶段配送”的基础上，假定制造商车辆和零售

商车辆数有限，在一定条件下需要租用第三方车辆才能完成相应的运输任务，于是 JMI 策略下的多阶段 RIRP 模型为

$$\text{Min}\quad Z_{190}=\text{Min}\left\{Z_{191},Z_{192}\right\}$$

串行式运输：

$$\begin{aligned}\text{Min}\quad Z_{191}={}&\sum_{t\in\left\lfloor T/T_0^{RR}\right\rfloor}h_0^{RR}E\left[\tilde{I}_{0t}^{RR}\right]+\sum_{j\in M}\sum_{t\in\left\lfloor T/T_j^{RM}\right\rfloor}h_j^{RM}E\left[\tilde{I}_{jt}^{RM}\right]\\&+\sum_{j\in M\cup R}\sum_{\substack{k\in M\cup R\\k\neq j}}\sum_{t\in\left\lfloor T/T_0^{RR}\right\rfloor}\underline{c}_{kj}^{RR}G_{kj}^{R}x_{kjt}^{RR}q_{jt}^{RR}+\left\lfloor T/T_0^{RR}\right\rfloor n_0^{RR}c_0^{RR}+\sum_{t\in\left\lfloor T/T_0^{RR}\right\rfloor}p_0^{RR}E\left[\tilde{l}_{0t}^{RR}\right]\\&+\sum_{j\in M}\sum_{t\in\left\lfloor T/T_j^{RM}\right\rfloor}p_j^{RM}E\left[\tilde{l}_{jt}^{RM}\right]+\sum_{j\in M}\sum_{k\in\{j\}\cup\underline{M}_j(\cdot)}\sum_{\substack{i\in\{j\}\cup\underline{M}_j(\cdot)\\i\neq k}}\sum_{t\in\left\lfloor T/T_j^{RM}\right\rfloor}\underline{c}_{ki}^{RM}G_{ki}^{R}x_{kit}^{RM}q_{it}^{RM}\\&+\left\lfloor T/T_0^{RR}\right\rfloor\left\lfloor\left(\sum_{j\in M}q_{jt}^{RR}-n_0^{RR}Y^{RR}\right)\Big/Y_v^{RR}\right\rfloor v_0^{RR}\\&+\left\lfloor T/T_j^{RM}\right\rfloor\sum_{j\in M}\left\lfloor\left(\sum_{i\in\underline{M}_j(\cdot)}q_{it}^{RM}-n_j^{RM}Y^{RM}\right)\Big/Y_v^{RR}\right\rfloor v_j^{RM}+\left\lfloor T/T_j^{RM}\right\rfloor\sum_{j\in M}n_j^{RM}c_j^{RM}\\&+\sum_{j\in M}\sum_{t\in\left\lfloor T/T_0^{RR}\right\rfloor}c_{jj}^{RR}q_{jt}^{RR}+\sum_{i\in S}\sum_{t\in\left\lfloor T/T_j^{RM}\right\rfloor}c_{ii}^{RM}q_{it}^{RM}\end{aligned}$$

S.t.　式（4-103）～式（4-105），式（4-113）～式（4-117），式（4-119），式（4-120），式（4-123）～式（4-132），式（4-134），式（4-135），式（4-138）～式（4-144），式（4-155），式（4-180），式（4-181）

并行式运输：

$$\begin{aligned}\text{Min}\quad Z_{192}={}&\sum_{t\in\left\lfloor T/T_0^{RR}\right\rfloor}h_0^{RR}E\left[\tilde{I}_{0t}^{RR}\right]+\sum_{j\in M}\sum_{t\in\left\lfloor T/T_j^{RM}\right\rfloor}h_j^{RM}E\left[\tilde{I}_{jt}^{RM}\right]\\&+\sum_{j\in M}\sum_{d\in\tilde{f}_j^{-1}}\sum_{k\in\{j\}\cup\underline{\bar{M}}_{jd}(\cdot)}\sum_{\substack{i\in\{j\}\cup\underline{\bar{M}}_{jd}(\cdot)\\i\neq k}}\sum_{t\in\left\lfloor T/T_j^{RM}\right\rfloor}\underline{c}_{ki}^{RM}G_{ki}^{R}x_{kit}^{RM}q_{it}^{RM}\\&+\sum_{c\in f_0^{-1}}\sum_{k\in S\cup\bar{S}_c(\cdot)}\sum_{\substack{j\in S\cup\bar{S}_c(\cdot)\\j\neq k}}\sum_{t\in\left\lfloor T/T_0^{RR}\right\rfloor}\underline{c}_{kj}^{RR}G_{kj}^{R}x_{kjt}^{RR}q_{jt}^{RR}+\sum_{j\in M}\sum_{t\in\left\lfloor T/T_j^{RM}\right\rfloor}p_j^{RM}E\left[\tilde{l}_{jt}^{RM}\right]\\&+\sum_{t\in\left\lfloor T/T_0^{RR}\right\rfloor}p_0^{RR}E\left[\tilde{l}_{0t}^{RR}\right]+\left\lfloor T/T_0^{RR}\right\rfloor\left(\left|\tilde{f}_m^{-1}\right|-n_0^{RR}\right)v_0^{RR}+\left\lfloor T/T_j^{RM}\right\rfloor\sum_{j\in M}n_j^{RM}c_j^{RM}\end{aligned}$$

$$+\left\lfloor T\Big/T_j^{RM}\right\rfloor \sum_{j\in M}\left(\left|\tilde{f}_{Mj}^{-1}\right| - n_j^{RM}\right) v_j^{RM} + \left\lfloor T\Big/T_0^{RR}\right\rfloor n_0^{RR} c_0^{RR} + \sum_{j\in M} \sum_{t\in\left\lfloor T/T_0^{RR}\right\rfloor} c_{jj}^{RR} q_{jt}^{RR}$$

$$+\sum_{i\in S} \sum_{t\in\left\lfloor T/T_j^{RM}\right\rfloor} c_{ii}^{RM} q_{it}^{RM}$$

S.t.　式(4-103)~式(4-105), 式(4-115)~式(4-117), 式(4-119), 式(4-124)~式(4-127), 式(4-130), 式(4-132), 式(4-134), 式(4-138)~式(4-144), 式(4-155), 式(4-169)~式(4-173), 式(4-175)~式(4-179), 式(4-181)

4.9 本章小结

在第 2 章、第 3 章研究的基础上，针对以零售商为核心的供应链 RIRP，本章根据供应链中的存储成本、缺货成本、车辆调度成本、运输成本、空驶成本、装卸货成本及一系列相关约束，同样从周期数、车辆数、市场需求、市场模式及库存策略等五个维度对 Many-Many-One 供应链进行了库存调度模型的构建。

第5章 库存路径问题在危险化学品供应链中的应用

近年来，随着经济的发展，化学工业成为中国国民经济的重要支柱产业，国内市场对于化工产品的需求在不断增加，化工产品已经成为工业、农业、国防和人们日常生活中必不可少的材料，广泛应用于制造、化工、医药等行业。通常，化工产品都是具有易爆、易燃、有毒、腐蚀性和放射性等特性的危险化学品，如果管理不当会给人类健康和生态环境带来一系列危害。因此，危险化学品安全管理对人类社会的可持续发展至关重要。尽管中国的危险化学品安全管理水平在不断提高，然而形势依然严峻，重大事故频繁发生。据统计，危险化学品在库存和运输环节发生事故的概率相对较高，造成的后果也比较严重。如何在考虑安全风险的前提下，对危险化学品的库存和运输环节进行整合优化是近年来学术界、政府、企业等关注的热点。

5.1 危险化学品运输的风险评估方法

本节将从风险评估的基本模型入手，来介绍如何针对运输路线上的危险化学品事故进行风险评估。风险是衡量由于潜在的不良事件导致暴露的受体受到危险化学品伤害严重程度的一种度量标准。这里的不良事件通常是指由于发生运输事故导致危险化学品出现泄漏、爆炸、腐蚀等严重后果。而暴露的受体往往是指人员、设施、生态环境或附近的其他属性。危险化学品的释放会导致如人员伤亡、财产损失、生态环境影响（如土壤污染或对动植物健康的影响）等后果。危险化学品风险评估常见的三个指标通常是指事故的预期后果，事故发生的概率和事故中的人口暴露数量。对危险化学品的运输风险评估包括定性和定量两种方式。其中，定性风险评估是对事故预期后果的大致估计。针对危险化学品事故发生“概率小、后果严重”的特点，可搜集的事故数据是较少的，因此定性风险分析是较为常用的方法。而定量风险评估则通常是利用可量化的指标来对事故造成的后果进行分析，其相关的评估步骤主要包括：事故中的受体识别，事故发生的概率分析，风险建模和计算。下面将对定量分析方法中危险化学品事故发生的概率和事故后果建模进行介绍。

5.1.1　危险化学品运输事故发生的概率分析及风险建模

危险化学品事故造成的后果可能是对环境的伤害、对人员的伤害、对周围设施的伤害等，这里主要讨论对人员的伤害。首先考虑一个单位路段，假设 A 表示在该路段上发生危险化学品事故，D 表示事故造成人员伤害。根据贝叶斯定理，可以得出事故造成人员伤害的概率为

$$p(A,D)=p(D\mid A)p(A) \tag{5-1}$$

此外，假设 s_l 表示每年在路段 l 上运输危险化学品的车辆总数，则 $s_l p_l(A,D)$ 表示危险化学品事故造成人员伤害发生的概率，用于表示事故对于路段 l 上（及周围）单位个人造成的个体风险。个体风险通常定义为危险化学品事故影响区域内人员的个体死亡概率，即单位时间内（通常为一年）的个体死亡率。对于危险化学品事故，除个体风险之外，还要考虑社会风险。社会风险是指超过社会公众可接受范围的重大伤亡事故的发生概率。通常，社会风险可以通过受影响人数的期望与受影响个体的概率相乘得到。因此，路段 l 上的社会风险可以表示为

$$R_l=s_l\iint_L p_l\left(D_{xy}\mid A\right)p_l(A)pd_l(x,y)\mathrm{d}x\mathrm{d}y \tag{5-2}$$

其中，L 表示路段 l 上事故造成的影响区域；$p_l\left(D_{xy}\mid A\right)$ 表示造成区域 L 上位置 (x,y) 处人员的个体死亡率；$pd_l(x,y)$ 表示 (x,y) 位置处的人口密度。如果影响区域里每个人员的个体风险是相同的，则式（5-2）可以简化为

$$R_l=s_l p_l\left(D_{xy}\mid A\right)p_l(A)pd_l \tag{5-3}$$

上面只是考虑了一种危险化学品事故后果造成的风险概率。而危险化学品在事故中的泄漏往往是外溢、爆炸、火灾、毒气等多种形式的集合。在理论研究中，通常不考虑式子中的条件概率，而利用事故发生的概率和造成后果的乘积，作为风险的期望值来衡量事故的风险。因此，路段 l 上的危险化学品运输风险往往是多种泄漏形式造成后果的集成，表示为

$$R_l=\sum_{a\in A}\sum_{m\in M}s_{lm}p_l\left(A_a,D_m\right)pd_{lm} \tag{5-4}$$

其中，A 表示在路段 l 上所有危险化学品运输事故的集合；M 表示在路段 l 上事故造成各种泄漏形式的集合。

目前，对于计算事故发生概率的主要方法有历史数据统计法和故障树分析法。

其中历史数据统计法主要是利用以往一定时期路段上发生事故的车辆数据和相关泄漏形式的数据来计算事故发生的概率（这里的事故特指危险化学品事故），主要的步骤如下。

（1）计算单位路段事故发生的概率。数值上等于某个路段内运输事故数和运输工具总行驶距离的比值。

（2）计算路段上运输事故发生的概率。例如，路段 l 上的运输事故概率 $p_l(A)$ 等于路段 l 的距离乘以单位路段事故发生的概率。

（3）得到造成人员伤害的事故数占总事故数的比值 $p(D|A)$，并最终计算出路段上危险化学品事故发生的概率 $p(A,D)$。

由于危险化学品运输事故的发生会受到诸多因素的影响，如交通状况、天气因素、车辆状况、道路环境因素等，因此运输路线上每个单位路段危险化学品事故发生的概率是不同的。如果更为细致地分析危险化学品事故的风险，揭露事故的潜在原因，事故树分析法会更占优势。事故树分析法，又称故障树分析法，是运用逻辑推理对系统的危险性进行辨识和评价，可以在自上而下识别事故发生原因的同时定量分析导致事故发生的各种场景。其主要的步骤如下。

（1）分析危险化学品运输事故的后果和发生概率，将较为容易发生且后果严重的事故作为顶上事件。

（2）研究造成危险化学品运输事故的各种原因和因素，包括车辆状况、天气因素、操作失误、环境因素等。

（3）从顶上事件开始，一级级找出导致事故发生的原因事件，按照其逻辑关系画出故障树。通过故障树对危险化学品的事故发生概率进行定量分析。

5.1.2 事故影响区域分析

危险化学品事故往往会造成诸多不良后果，如环境污染、人员伤亡、经济损失、自然与生态环境破坏等。事故造成的后果可以通过事故影响区域内的人员数量和财产数量等因素构成的函数量化。而事故影响区域的大小、形状通常会受到危险化学品类型、地形结构、天气状况等因素的影响。在理论研究中通常用于模拟事故影响区域的几何形状主要有固定宽度带、圆形、矩形和用于描述高斯烟羽模型的椭圆形（图 5-1）。

以事故点为圆心形成的圆形区域是最常用的事故影响区域。圆形区域的半径会受到危险化学品类型和数量的影响，在理论研究中通常假设为不受运输距离影响的恒定值。通过将圆形沿两个节点之间的路段进行移动会产生一个宽度固定的带状区域。切去固定宽度带两端的半圆形可以得到矩形区域。在理论研究中，通

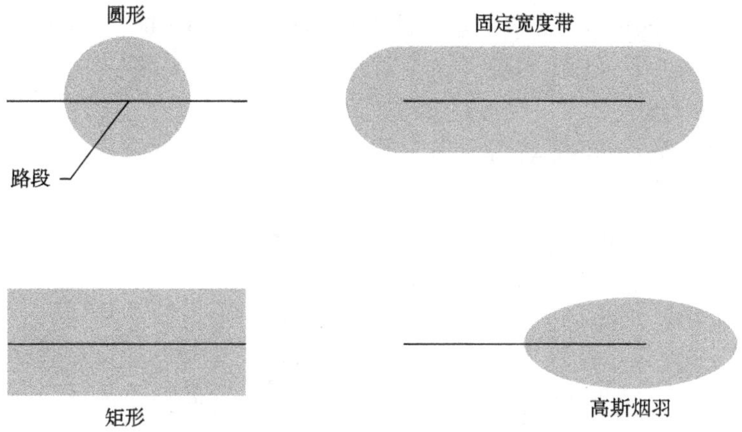

图 5-1　影响区域的形状

常假设在事故影响区域内的人员会受到同样程度的影响，而区域之外的人员不会受到任何影响。除此之外，事故影响区域还利用人口聚合点法、人口密度分布法来进行建模。

高斯烟羽模型用于描述危险化学品事故中由于受到气流影响而发生扩散的气体污染物浓度。在理论研究中，通常假设在扩散过程中气体污染物的内部浓度呈均匀分布，事故附近的地形是平坦的，气流的方向和速度是稳定的等，污染物在地平面的投影呈现椭圆形。高斯烟羽模型可以表示为

$$C\left(x,y,z,h_e\right)=\frac{Q}{2\pi\mu\sigma_y\sigma_z}\exp\left(-\frac{1}{2}\left(\frac{y}{\sigma_y}\right)^2\right)\times\left(\exp\left(-\frac{1}{2}\left(\frac{z-h_e}{\sigma_z}\right)^2\right)+\exp\left(-\frac{1}{2}\left(\frac{z+h_e}{\sigma_z}\right)^2\right)\right) \tag{5-5}$$

其中，C 表示气体污染物的浓度；x 表示下风向的距离；y 表示横向距离；z 表示高度；Q 表示污染物释放速率；μ 表示平均风速；σ_y 表示水平扩散参数；σ_z 表示垂直扩散参数。

5.2　确定环境下危险化学品库存路径问题应用

本章将考虑由一个供应商、多个制造商和多个零售商组成的三级危险化学品供应链系统。每个制造商下游都包含多个零售商。零售商会将采集到的客户需求信息传递给供应商和制造商。供应商根据客户的确定性需求向制造商运送危险化学品原材料，制造商根据客户的需求将得到的危险化学品原材料转化为危险化学

品产品，并运往下游零售商。问题要实现的目标是达到供应链系统成本和风险的最佳平衡，需要决策的变量是从供应商到制造商运送的危险化学品原材料数量，从每个制造商运送到下游零售商的危险化学品产品数量，以及每个制造商运输给下游零售商的危险化学品运输路线。

本节研究内容基于以下假设。

（1）此类车辆路径问题针对单一商品下的供应链。

（2）各个零售商的商品需求是相互独立的。

（3）不考虑车辆运输、装卸货等相关的时间。

（4）不考虑车辆装卸货成本，所有车辆的固定调度成本是相同的。

（5）车辆在将商品配送完制造商（或零售商）后返回供应商（或制造商）处等。

5.2.1 基于单周期、单车辆、市场细分条件下的危险化学品库存路径问题

1. 数学模型

由于制造商采用串行式运输模式向其下游零售商运输危险化学品，想要计算车辆在行驶路线上每个路段的运输风险，需要首先明确该路段上车辆的载货量。而要确定路段上车辆的载货量，需要对零售商和其在配送中的服务次序进行匹配。车辆从制造商 m 出发向其下游零售商运输危险化学品，运输路线上服务次序为 i 的零售商可以表示为

$$r_i^m = \arg\max_{j \in M_m}(x_{r_{i-1}^m j}^m), \quad i \in M_m$$

其中，$r_0^m = r_{n_m+1}^m = m$，表示车辆从制造商出发并最终返回该制造商。路段 $(k-1,k)$ 上的载货量表示为

$$x = \sum_{i=k}^{n_m} q_{r_i^m}^m$$

该路段上相应的运输风险表示为 $\eta_{r_{k-1}^m r_k^m} x$。因此，制造商向下游零售商配送危险化学品产品的动态运输风险模型表示为

$$R^1 = \sum_{m \in M} \sum_{k=1}^{n_m} \sum_{i=k}^{n_m} \eta_{r_{i-1}^m r_i^m} q_{r_i^m}^m$$

类似地，供应商向制造商运输危险化学品原材料的运输风险表示为

$$R^2 = \sum_{k=1}^{n} \sum_{i=k}^{n} \eta^{r_{i-1} r_i} q^{r_i}$$

危险化学品的库存风险可以参照运输风险的定义，利用暴露在库存风险事故

中的总人数来衡量。零售商处的库存风险表示为

$$R^3=\sum_{m\in M}\sum_{l\in M_m}\xi_l(q_l^m-d_l)^+$$

其中，$(q_l^m-d_l)^+$ 表示零售商 l 处的危险化学品产品库存量。制造商处的库存风险表示为

$$R^4=\sum_{m\in M}\xi^m(q^m-d^m)^+$$

其中，$(q^m-d^m)^+$ 表示制造商 m 处的危险化学品原材料库存量。

因此，该危险化学品三级供应链系统的库存路径风险模型为

$$R=\sum_{k=1}^{n}\sum_{i=k}^{n}\eta^{r_{i-1}r_i}q^{r_i}+\sum_{m\in M}\xi^m(q^m-d^m)^++\sum_{m\in M}\sum_{k=1}^{n_m}\sum_{i=k}^{n_m}\eta_{r_{i-1}^m r_i^m}q_{r_i^m}^m+\sum_{m\in M}\sum_{l\in M_m}\xi_l(q_l^m-d_l)^+$$

上述危险化学品三级供应链系统的成本包括库存成本、缺货成本和运输成本。系统的库存成本包括制造商处的库存成本和零售商处的库存成本，表示如下：

$$C^1=\sum_{m\in M}h^m(q^m-d^m)^++\sum_{m\in M}\sum_{l\in M_m}h_l(q_l^m-d_l)^+$$

系统的缺货成本包括制造商处的缺货成本和零售商处的缺货成本，表示如下：

$$C^2=\sum_{m\in M}p^m(q^m-d^m)^-+\sum_{m\in M}\sum_{l\in M_m}p_l(q_l^m-d_l)^-$$

其中，$(q^m-d^m)^-$ 表示制造商 m 处的危险化学品原材料缺货量；$(q_l^m-d_l)^-$ 表示制造商 m 下游零售商 l 处的危险化学品缺货量。

系统的运输成本包括从供应商到制造商的运输成本、从制造商到零售商的运输成本和车辆的固定调度成本，表示如下：

$$C^3=\sum_{k=1}^{n}\sum_{i=k}^{n}c^{r_{i-1}r_i}q^{r_i}+\sum_{m\in M}\sum_{k=1}^{n_m}\sum_{i=k}^{n_m}c_{r_{i-1}^m r_i^m}q_{r_i^m}^m+(n+1)c^*$$

因此，该危险化学品三级供应链系统的库存路径成本模型为

$$\begin{aligned}C=&\sum_{k=1}^{n}\sum_{i=k}^{n}c^{r_{i-1}r_i}q^{r_i}+\sum_{m\in M}h^m(q^m-d^m)^++\sum_{m\in M}p^m(q^m-d^m)^-+\sum_{m\in M}\sum_{k=1}^{n_m}\sum_{i=k}^{n_m}c_{r_{i-1}^m r_i^m}q_{r_i^m}^m\\&+\sum_{m\in M}\sum_{l\in M_m}h_l(q_l^m-d_l)^++\sum_{m\in M}\sum_{l\in M_m}p_l(q_l^m-d_l)^-+(n+1)c^*\end{aligned}$$

由于问题涉及风险和成本两个目标函数，因此建立如下的多目标整数规划模型：

$$\begin{aligned}\text{Min}\quad C=&\sum_{k=1}^{n}\sum_{i=k}^{n}c^{r_{i-1}r_i}q^{r_i}+\sum_{m\in M}h^m(q^m-d^m)^++\sum_{m\in M}p^m(q^m-d^m)^-+\sum_{m\in M}\sum_{k=1}^{n_m}\sum_{i=k}^{n_m}c_{r_{i-1}^m r_i^m}q_{r_i^m}^m\\&+\sum_{m\in M}\sum_{l\in M_m}h_l(q_l^m-d_l)^++\sum_{m\in M}\sum_{l\in M_m}p_l(q_l^m-d_l)^-+(n+1)c^*\end{aligned}$$

$$\text{Min}\quad R=\sum_{k=1}^{n}\sum_{i=k}^{n}\eta^{r_{i-1}r_i}q^{r_i}+\sum_{m\in M}\xi^m(q^m-d^m)^++\sum_{m\in M}\sum_{k=1}^{n_m}\sum_{i=k}^{n_m}\eta_{r_{i-1}^m r_i^m}q_{r_i^m}^m+\sum_{m\in M}\sum_{l\in M_m}\xi_l(q_l^m-d_l)^+$$

S.t. $$(q^m - d^m)^- \leqslant L^m, \quad m \in M \tag{5-6}$$

$$(q_l^m - d_l)^- \leqslant L_l, \quad l \in M_m, \quad m \in M \tag{5-7}$$

$$\alpha^m d^m = \sum_{l \in M_m} d_l, \quad m \in M \tag{5-8}$$

$$\sum_{l \in M_m} q_l^m \leqslant \alpha^m q^m, \quad m \in M \tag{5-9}$$

$$q^m \leqslant U^m, \quad m \in M \tag{5-10}$$

$$q_l^m \leqslant U_l, \quad l \in M_m, \quad m \in M \tag{5-11}$$

$$r_i = \arg\max_{j \in M}(x_{r_{i-1}j}), \quad i \in M \tag{5-12}$$

$$r_i^m = \arg\max_{j \in M_m}(x_{r_{i-1}^m j}^m), \quad i \in M_m, \quad m \in M \tag{5-13}$$

$$\sum_{i \in N, i \neq j} x_{ij} = \sum_{j \in N, i \neq j} x_{ij} = 1, \quad i, j \in N \tag{5-14}$$

$$\sum_{i \in M_m, i \neq j} x_{ij}^m = \sum_{j \in M_m, i \neq j} x_{ij}^m = 1, \quad i, j \in M_m \tag{5-15}$$

$$\sum_{i, j \in S} x_{ij} \leqslant |S| - 1, \; 2 \leqslant |S| \leqslant |N|, \quad S \subset N \tag{5-16}$$

$$\sum_{i, j \in S} x_{ij}^m \leqslant |S| - 1, \; 2 \leqslant |S| \leqslant |N_m|, \quad S \subset N_m \tag{5-17}$$

$$q^m \geqslant 0, \quad m \in M \tag{5-18}$$

$$q_l^m \geqslant 0, \quad l \in M_m, \quad m \in M \tag{5-19}$$

$$x_{ij} \in \{0,1\}, \quad i, j \in N \tag{5-20}$$

$$x_{ij}^m \in \{0,1\}, \quad i, j \in N_m, \quad m \in M \tag{5-21}$$

其中，约束（5-6）表示每个制造商处的缺货量不超过缺货水平的上限；约束（5-7）表示每个零售商处的缺货量不超过缺货水平的上限；约束（5-8）表示上下层供应链的需求量要达到平衡；约束（5-9）表示制造商处的危险化学品生产量不少于向零售商供应的危险化学品量；约束（5-10）表示每个制造商处的危险化学品原材料供应量不超过其库存水平的上限；约束（5-11）表示每个零售商处的危险化学品供应量不超过库存水平的上限；约束（5-12）和约束（5-13）表示零售商的运输次序约束；约束（5-14）和约束（5-15）表示流平衡约束；约束（5-16）和约束（5-17）表示消除子回路约束；约束（5-18）～约束（5-21）是域约束。

2. 算法及数例分析

由于所建立的模型是多目标模型，本节采用加权折中法将其转化为单目标模型进行求解，这也是物流管理中常用的求解多目标优化的方法。记设 $C_{\max}, C_{\min}, R_{\max}, R_{\min}$ 分别表示目标成本和目标风险的最大值、最小值，对目标成本和目标风险进行标

准化处理

$$C' = \frac{C - C_{\min}}{C_{\max} - C_{\min}},\ R' = \frac{R - R_{\min}}{R_{\max} - R_{\min}}$$

加权折中后的目标值为

$$\lambda C' + (1-\lambda)R'$$

其中，$\lambda \in [0,1]$。

制造商向零售商的运输过程实质上是一个旅行商问题，而大规模的旅行商问题通常是一个 NP 难问题。对于 NP 难问题，通过传统的运筹学方法是很难解决的，本节设计了一个遗传算法来求解该整数规划模型。

1）表示结构

由于所建立模型的决策变量包含供应量和运输路径变量，因此将染色体的形状表示为

$$V = (q_1, q_2, \cdots, q_n; r_1, r_2, \cdots, r_n; q_1^1, q_2^1, \cdots, q_{n_1}^1; r_1^1, r_2^1, \cdots, r_{n_1}^1; \cdots; q_1^n, q_2^n, \cdots, q_{n_n}^n; r_1^n, r_2^n, \cdots, r_{n_n}^n)$$

其中包括供应商向制造商运送的危险化学品原材料数量，制造商向下游零售商运送的危险化学品产品数量，以及各个制造商和制造商下游的零售商服务次序。

2）初始化

将种群规模设为 pop_size。结合染色体的表示结构，利用枚举法生成 pop_size 个满足模型中所有约束条件的染色体 $V_1, V_2, \cdots, V_{\text{pop\_size}}$，作为初始化的染色体。

3）评价

设 V_i 是一条可行染色体。通过计算系统成本值和风险值可以得到初始染色体 V_i 的目标值。通过重复计算得到全部 pop_size 个初始染色体的目标值。按照目标值大小对染色体进行升序排列，并计算染色体的适应度值。评价函数如下：

$$\text{eval}(V_i) = a(1-a)^{i-1},\quad i = 1, 2, \cdots, \text{pop\_size}$$

其中，$a \in (0,1)$。

4）选择

利用轮盘赌的方法来选择染色体。首先，计算累计的适应度值

$$q_i = \sum_{j=1}^{i} \text{eval}(V_j),\quad i = 1, 2, \cdots, \text{pop\_size}$$

其次，生成一个随机数 $r \in (0, q_{\text{pop\_size}}]$。如果 $q_i < r \leqslant q_{i+1}$，则选择第 i 个染色体 V_i。将以上过程重复 pop_size 次，最终得到 pop_size 个染色体。

5）交叉

令 P_c 表示遗传算法的交叉概率。随机生成一个实数 $r_i \in (0,1]$。如果 $r_i < P_c$，则选择 V_i 作为交叉的父代。将得到的染色体分成对，并选择染色体 V 和 V' 来介绍交叉运算（图 5-2）。首先，从染色体 V 上随机选择制造商供应量部分的一个基因片

段，将其与染色体V'在相同位置的基因片段进行互换（假设系统有 6 个制造商）。其次，从染色体V上随机选择零售商供应量部分的一个基因片段，将其与染色体V'在相同位置的基因片段进行互换（以第一个制造商下游的零售商为例，假设其下游有 8 个零售商）。最后，车辆的运输次序以第一个制造商及其下属零售商为例：从染色体V上随机选择零售商服务次序部分的一个基因片段（零售商标号“1，2，8”），从染色体V'上选择相应位置的基因片段（零售商标号“6，3，4”）。从V中删去基因点“6”、“3” 和 “4”，将剩余部分按照顺序和V'中的基因片段“6，3，4”进行拼接。从V'中删去基因点“1”、“2” 和 “8”，将剩余部分和V中的基因片段“1，2，8”进行拼接。从父代和子代中选择两个具有较小目标值的染色体对其父代染色体进行替换。按照上述交叉方式对各成对染色体组进行交叉操作。

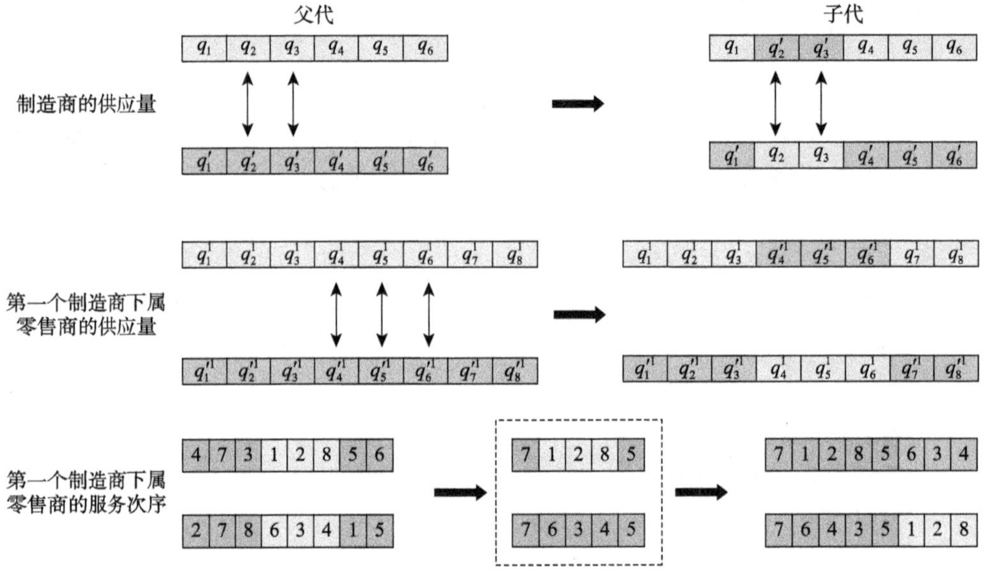

图 5-2　交叉过程

6）变异

令P_m表示遗传算法的变异概率。随机生成一个实数$r_i \in (0,1]$。如果$r_i < P_m$，则选择V_i作为变异的父代（图 5-3）。首先，从染色体V_i上随机选择制造商供应量部分的一个基因，用一个满足约束条件的新基因替换。其次，随机选择零售商供应量部分的一个基因，用一个满足约束条件的新基因替换。最后，车辆的运输次序以第一个制造商及其下属零售商为例：随机选择零售商服务次序部分的两个基因，进行位置交换。从父代和子代中选择两个具有较小目标值的染色体对其父代染色体进行替换。将以上过程重复进行 pop_size 次。

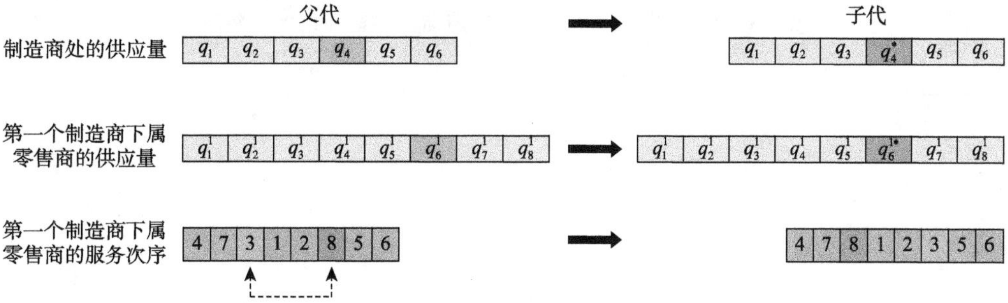

图 5-3　变异过程

在评价、选择、交叉和变异操作之后生成新的种群。重复这个循环 G 次可以得到最小适应值对应的染色体即为问题的最优解。

考虑由 1 个供应商（标号 1）、2 个制造商（标号 2、3）和 5 个零售商（标号 4～8）组成的三级供应链库存路径问题。制造商 2 为零售商 4 和零售商 5 提供服务，而制造商 3 为零售商 7、零售商 8、零售商 9、零售商 10 提供服务。表 5-1 和表 5-2 分别给出了单位质量的危险化学品运输风险数据和库存风险数据。表 5-3 给出了供应商、制造商和零售商之间的距离数据。表 5-4 给出了零售商的需求数据。

表 5-1　5.2.1 节算例单位质量的运输风险（$\times10^{-3}$）

	2	3	4	5	6	7	8
1	28	38	23	18	35	50	13
2	0	38	31	26	35	16	23
3	38	0	16	22	35	52	36
4	31	16	0	43	23	30	41
5	26	22	43	0	16	32	22
6	35	35	23	16	0	63	42
7	16	52	30	32	63	0	70
8	23	36	41	22	42	70	0

表 5-2　5.2.1 节算例单位质量的库存风险（$\times10^{-3}$）

2	3	4	5	6	7	8
22	18	32	36	36	38	26

表 5-3　5.2.1 节算例供应商、制造商、零售商之间的距离　（单位：千米）

	2	3	4	5	6	7	8
1	42	30	26	33	10	22	12
2	0	52	17	30	58	66	30
3	52	0	47	16	32	24	20
4	17	47	0	34	30	56	18
5	30	16	34	0	38	30	20
6	58	32	30	38	0	15	22
7	66	24	56	30	15	0	25
8	30	20	18	20	22	25	0

表 5-4　5.2.1 节算例零售商的需求　（单位：吨）

4	5	6	7	8
18	15	20	16	15

此外，假设供应商向制造商运送单位质量危险化学品原材料的运输成本为 $c^m=1\times10^{-4}$ 元/（米·吨）$(m=1,2,\cdots,n)$，制造商向零售商运送单位质量危险化学品产品在单位距离产生的运输成本为 $c_t=1\times10^{-4}$ 元/（米·吨）$(\forall t\in M_m)$，汽车调度车辆的固定成本 $c^*=50$ 元。制造商 m 处的单位质量危险化学品原材料库存成本为 $h^m=15$ 元/吨，零售商 t 处的单位质量危险化学品库存成本为 $h_t=25$ 元/吨，制造商 m 处的单位质量危险化学品原材料缺货成本为 $p^m=30$ 元/吨，零售商 t 处的单位质量危险化学品缺货成本为 $p_t=45$ 元/吨。制造商 m 处的库存能力为 $u^m=100$ 吨，零售商 t 处的库存能力为 $u_t=30$ 吨，制造商 m 处的缺货水平上限为 $L^m=20$ 吨，零售商 t 处的缺货水平上限为 $L_t=5$ 吨。制造商 m 处的危险化学品原材料和产品的投入产出比为 $\alpha^m=1$。假设认为成本和风险同等主要，即参数 $\lambda=0.5$。

经过运行遗传算法，得出固定风险度量模型的最佳供应量和运输路线（表 5-5），其中小括号中的数字为供应量。

表 5-5　5.2.1 节实例优化结果

<table>
<tr><th>主问题</th><th>子问题</th><th>成本</th><th>风险</th></tr>
<tr><td rowspan="2">1→ 2 → 3 →1
（33）（44）</td><td>2 → 4 → 5 →2
（18）（15）</td><td rowspan="2">1553</td><td rowspan="2">8.744</td></tr>
<tr><td>3→ 6 → 8 → 7 →3
（20）（14）（10）</td></tr>
</table>

研究结果发现，由于对成本和风险目标进行了折中，制造商/零售商的最优供货量通常会低于其市场的实际需求，主要是受到了降低危险化学品供应链风险的影响，这样在一定程度上会造成缺货。

5.2.2　基于单周期、单车辆、随机市场条件下的危险化学品库存路径问题

由于问题涉及风险和成本两个目标函数，因此建立如下的多目标整数规划模型：

$$\begin{aligned}\text{Min}\quad C=&\sum_{k=1}^{n}\sum_{i=k}^{n}c^{r_{i-1}r_i}q^{r_i}+\sum_{m\in M}h^m(q^m-d^m)^+ +\sum_{m\in M}p^m(q^m-d^m)^- +\sum_{m\in M}\sum_{k=1}^{n_m}\sum_{i=k}^{n_m}c_{r_{i-1}^m r_i^m}q_{r_i^m}^m\\&+\sum_{m\in M}\sum_{l\in\tilde{M}_m}h_l(q_l^m-d_l)^+ +\sum_{m\in M}\sum_{l\in\tilde{M}_m}p_l(q_l^m-d_l)^- +(n+1)c^*\end{aligned}$$

$$\text{Min}\quad R=\sum_{k=1}^{n}\sum_{i=k}^{n}\eta^{r_{i-1}r_i}q^{r_i}+\sum_{m\in M}\xi^m(q^m-d^m)^+ +\sum_{m\in M}\sum_{k=1}^{n_m}\sum_{i=k}^{n_m}\eta_{r_{i-1}^m r_i^m}q_{r_i^m}^m+\sum_{m\in M}\sum_{l\in\tilde{M}_m}\xi_l(q_l^m-d_l)^+$$

S.t.

$$(q_l^m-d_l)^-\leqslant L_l,\quad l\in\tilde{M}_m,\quad m\in M \tag{5-22}$$

$$\sum_{l\in\tilde{M}_m}q_l^m\leqslant\alpha^m q^m,\quad m\in M \tag{5-23}$$

$$q_l^m\leqslant U_l,\quad l\in\tilde{M}_m,\quad m\in M \tag{5-24}$$

$$r_i^m=\arg\max_{j\in\tilde{M}_m}(x_{r_{i-1}^m j}^m),\quad i\in\tilde{M}_m,\quad m\in M \tag{5-25}$$

$$\sum_{i\in\tilde{M}_m,i\neq j}x_{ij}^m=\sum_{j\in\tilde{M}_m,i\neq j}x_{ij}^m=1,\quad i,j\in\tilde{N}_m \tag{5-26}$$

$$\sum_{i,j\in S}x_{ij}^m\leqslant|S|-1,\quad 2\leqslant|S|\leqslant|\tilde{N}_m|,\quad S\subset\tilde{N}_m \tag{5-27}$$

$$q_l^m\geqslant 0,\quad l\in\tilde{M}_m,\quad m\in M \tag{5-28}$$

$$x_{ij}^m\in\{0,1\},\quad i,j\in\tilde{N}_m,\quad m\in M \tag{5-29}$$

式（5-6），式（5-8），式（5-10），式（5-12），式（5-14），式（5-16），式（5-18），式（5-20）

其中，约束（5-22）表示每个零售商处的缺货量不超过缺货水平的上限；约束（5-23）表示制造商处的危险化学品生产量不少于向零售商供应的危险化学品量；约束（5-24）表示每个零售商处的危险化学品供应量不超过库存水平的上限；约束（5-25）表示零售商的运输次序约束；约束（5-26）表示流平衡约束；约束（5-27）表示消除子回路约束；约束（5-28）～约束（5-29）是域约束。

考虑由 1 个供应商（标号 1）、3 个制造商（标号 2、3、4）和 6 个零售商（标号 5～10）组成的三级供应链库存路径问题。表 5-6 和表 5-7 分别给出了单位质量

的危险化学品运输风险数据和库存风险数据。表 5-8 给出了供应商、制造商和零售商之间的距离数据。表 5-9 给出了零售商的需求数据。其余相关参数与 5.2.1 节中算例的设置相同。

表 5-6　5.2.2 节算例单位质量的运输风险（$\times10^{-3}$）

	1	2	3	4	5	6	7	8	9	10
1	0	32	37	85	31	66	22	56	72	63
2	32	0	30	28	56	72	33	81	25	33
3	37	30	0	26	82	23	48	77	56	83
4	85	28	26	0	23	65	32	38	55	72
5	31	56	82	23	0	73	22	23	45	62
6	66	72	23	65	73	0	72	33	35	33
7	22	33	48	32	22	72	0	33	53	31
8	56	81	77	38	23	33	33	0	35	53
9	72	25	56	55	45	35	53	35	0	33
10	63	33	83	72	62	33	31	53	33	0

表 5-7　5.2.2 节算例单位质量的库存风险（$\times10^{-3}$）

2	3	4	5	6	7	8	9	10
10	15	12	36	36	38	26	33	26

表 5-8　5.2.2 节算例供应商、制造商、零售商之间的距离　（单位：千米）

	1	2	3	4	5	6	7	8	9	10
1	0	176	145	138	165	142	191	121	170	200
2	176	0	72	64	47	57	25	88	25	33
3	145	72	0	81	30	88	92	41	80	78
4	138	64	81	0	88	11	81	56	43	98
5	165	47	30	88	0	90	72	64	68	50
6	142	57	88	11	90	0	80	64	38	93
7	191	25	92	81	72	80	0	96	27	40
8	121	88	41	56	64	64	96	0	81	103
9	170	25	80	43	68	38	27	81	0	50
10	200	33	78	98	50	93	40	103	50	0

表 5-9　5.2.2 节算例零售商的需求　（单位：吨）

5	6	7	8	9	10
22	15	18	21	15	20

根据 2.1.3 节引入的改进 Voronoi 图和 2.2.1 节目标问题的拆分，制造商 2 为零售商 7、零售商 9、零售商 10 提供服务，而制造商 3 为零售商 5、零售商 8 提供服务，而制造商 4 为零售商 6 提供服务。在初始化设定参数后，通过改进的遗传算法进行求解，得到优化调度路线，然后在此路线基础上优化库存水平，得到表 5-10 所示的结果，其中小括号中的数字为供应量。

表 5-10　5.2.2 节实例优化结果

主问题	子问题	成本	风险
1 → 2 → 3 → 4 → 1 （52）（42）（13）	4 → 6 → 4 （13）	3686.5	12.1
	3 → 8 → 5 → 3 （20）（22）		
	2 → 7 → 10 → 9 → 2 （17）（18）（13）		

5.2.3　基于单周期、多车辆、市场细分条件下的危险化学品库存路径问题

由于危险化学品的运输风险通常由暴露在事故中的总人数来衡量，为了更准确地控制运输风险，需要考虑车辆载荷变化对运输风险的影响。每个周期危险化学品的配送实质上是一个多旅行商问题，由于在每个周期并非所有的零售商都会被服务，如果能够确定出车辆在每个周期的运输路线，结合制造商向零售商供应的危险化学品数量，就可以计算出路线的运输风险。

首先，要计算从每个制造商出发向零售商的运输车辆在行驶路线上各个路段的运输风险。以制造商 m 及其下属零售商为例。对制造商 m 下属零售商和其在配送中的服务次序进行匹配，考虑到可能有多辆车从制造商处出发，通过以下方式来定义各个车辆服务的第 1 个零售商：

$$r_1^{m1} = \min\left(\arg\max_{j \in N_m}(x_{0j}^m)\right)$$

$$r_1^{mk} = \min\left(\arg\max_{j \in N_m \setminus \bigcup_{i=1}^{k-1}\{r_1^{mi}\}}(x_{0j}^m)\right), \quad k = 2,3,\cdots,y^m$$

一旦出发次序为 1 的零售商得以标定，第 k 辆车服务的第 i 个零售商可以表示为

$$r_i^{mk}=\arg\max_{j\in N_m}(x^m_{r^{mk}_{i-1}j}),\quad i=2,3,\cdots,z_k^m$$

第 k 辆车在行驶路段 $(l-1,l)$ 上装载的危险化学品数量为

$$v^{mk}=\sum_{i=l}^{z_k^m}q_{r_i^{mk}}$$

该路段上相应的运输风险可以表示为 $\eta_{r^{mk}_{l-1}r^{mk}_l}v^k$。因此，从制造商出发到零售商的多车辆动态运输风险模型为

$$R^1=\sum_{m\in M}\sum_{k=1}^{y^m}\sum_{l=1}^{z_k^m}\sum_{i=l}^{z_k^m}\eta_{r^{mk}_{l-1}r^{mk}_l}q_{r_i^{mk}}$$

同样，从供应商出发向制造商的运输车辆的运输风险可以表示为

$$R^2=\sum_{k=1}^{y}\sum_{l=1}^{z_k}\sum_{i=l}^{z_k}\eta^{r^k_{l-1}r^k_l}q^{r_i^k}$$

其次，参照运输风险的定义，危险化学品的库存风险可以利用暴露在库存风险事故中的总人数来衡量。因此，供应链系统的库存风险可以表示为

$$R^3=\sum_{m\in M}\xi^m I^m+\sum_{m\in M}\sum_{i\in M_m}\xi_i^m I_i^m$$

因此，供应链系统的总风险可以表示为

$$R=\sum_{m\in M}\xi^m I^m+\sum_{m\in M}\sum_{i\in M_m}\xi_i^m I_i^m+\sum_{k=1}^{y}\sum_{l=1}^{z_k}\sum_{i=l}^{z_k}\eta^{r^k_{l-1}r^k_l}q^{r_i^k}+\sum_{m\in M}\sum_{k=1}^{y^m}\sum_{l=1}^{z_k^m}\sum_{i=l}^{z_k^m}\eta_{r^{mk}_{l-1}r^{mk}_l}q_{r_i^{mk}}$$

上述危险化学品三级供应链系统的成本包括库存成本、缺货成本和运输成本。系统的库存成本包括制造商处的库存成本和零售商处的库存成本，而缺货成本包括制造商处的缺货成本和零售商处的缺货成本，分别表示如下：

$$C^1=\sum_{m\in M}h^m I^m+\sum_{m\in M}\sum_{l\in M_m}h_l^m I_l^m$$

$$C^2=\sum_{m\in M}p^m O^m+\sum_{m\in M}\sum_{l\in M_m}p_l^m O_l^m$$

系统的运输成本包括从供应商到制造商的运输成本和从制造商到零售商的运输成本，表示如下：

$$C^3=\sum_{m\in M}s^m c^m+\sum_{m\in M}\sum_{k=1}^{y^m}\sum_{l=1}^{z_k^m}\sum_{i=l}^{z_k^m}c_{r^{mk}_{l-1}r^{mk}_l}q_{r_i^{mk}}+(1+\sum_{m\in M}y^m)c^*$$

供应链系统的成本表示为

$$C=\sum_{m\in M}h^m I^m+\sum_{m\in M}\sum_{l\in M_m}h_l^m I_l^m+\sum_{m\in M}p^m O^m+\sum_{m\in M}\sum_{l\in M_m}p_l^m O_l^m$$
$$+\sum_{k=1}^{y}\sum_{l=1}^{z_k}\sum_{i=l}^{z_k}c^{r^k_{l-1}r^k_l}q^{r_i^k}+\sum_{m\in M}\sum_{k=1}^{y^m}\sum_{l=1}^{z_k^m}\sum_{i=l}^{z_k^m}c_{r^{mk}_{l-1}r^{mk}_l}q_{r_i^{mk}}+(1+\sum_{m\in M}y^m)c^*$$

由于问题涉及风险和成本两个目标函数，因此建立如下的多目标整数规划模型：

$$\text{Min}\quad C=\sum_{m\in M}h^m I^m+\sum_{m\in M}\sum_{l\in M_m}h_l^m I_l^m+\sum_{m\in M}p^m O^m+\sum_{m\in M}\sum_{l\in M_m}p_l^m O_l^m$$

$$+\sum_{k=1}^{y}\sum_{l=1}^{z_k}\sum_{i=l}^{z_k}c^{r_{l-1}^k r_l^k}q^{r_i^k}+\sum_{m\in M}\sum_{k=1}^{y^m}\sum_{l=1}^{z_k^m}\sum_{i=l}^{z_k^m}c_{r_{l-1}^{mk}r_l^{mk}}q_{r_i^{mk}}+(1+\sum_{m\in M}y^m)c^*$$

$$\text{Min}\quad R=\sum_{m\in M}\xi^m I^m+\sum_{m\in M}\sum_{i\in M_m}\xi_i^m I_i^m+\sum_{k=1}^{y}\sum_{l=1}^{z_k}\sum_{i=l}^{z_k}\eta^{r_{l-1}^k r_l^k}q^{r_i^k}+\sum_{m\in M}\sum_{k=1}^{y^m}\sum_{l=1}^{z_k^m}\sum_{i=l}^{z_k^m}\eta_{r_{l-1}^{mk}r_l^{mk}}q_{r_i^{mk}}$$

S.t.

$$I^m=(q^m-d^m)^+,\quad m\in M \tag{5-30}$$

$$I_i^m=(q_i^m-d_i^m)^+,\quad m\in M,\quad i\in M_m \tag{5-31}$$

$$O^m=(q^m-d^m)^-,\quad m\in M \tag{5-32}$$

$$O_i^m=(q_i^m-d_i^m)^-,\quad m\in M,\quad i\in M_m \tag{5-33}$$

$$I^m\leqslant U^m,\quad m\in M \tag{5-34}$$

$$I_i^m\leqslant U_i^m,\quad m\in M,\quad i\in M_m \tag{5-35}$$

$$O^m\leqslant L^m,\quad m\in M \tag{5-36}$$

$$O_i^m\leqslant L_i^m,\quad m\in M,\quad i\in M_m \tag{5-37}$$

$$\alpha^m d^m=\sum_{i\in M_m}d_i^m,\quad m\in M \tag{5-38}$$

$$\sum_{i\in M_m}q_i^m\leqslant\alpha^m q^m,\quad m\in M \tag{5-39}$$

$$q^m\leqslant U^m-I^m,\quad m\in M \tag{5-40}$$

$$q_i^m\leqslant U_i^m-I_i^m,\quad m\in M,\quad i\in M_m \tag{5-41}$$

$$\sum_{i=1}^{z_k^m}q_{r_i^{mk}}^m\leqslant V,\quad m\in M,\quad k=1,2,\cdots,y^m \tag{5-42}$$

$$r_1^1=\min\left(\arg\max_{j\in N}(x_{0j})\right) \tag{5-43}$$

$$r_1^k=\min\left(\arg\max_{j\in N\backslash\bigcup_{i=1}^{k-1}\{r_1^i\}}(x_{0j})\right),\quad k=2,3,\cdots,y \tag{5-44}$$

$$r_i^k=\arg\max_{j\in N}(x_{r_{i-1}^k j}),\quad i\in M,\quad k=1,2,\cdots,y \tag{5-45}$$

$$r_1^{m1}=\min\left(\arg\max_{j\in N_m}(x_{0j}^m)\right),\quad m\in M \tag{5-46}$$

$$r_1^{mk}=\min\left(\arg\max_{j\in N_m\backslash\bigcup_{i=1}^{k-1}\{r_1^{mi}\}}(x_{0j}^m)\right),\quad m\in M,\quad k=2,3,\cdots,y^m \tag{5-47}$$

$$r_i^{mk} = \arg\max_{j \in N_m}(x_{r_{i-1}^{mk} j}^m), \quad m \in M, \quad i \in M_m, \quad k = 1,2,\cdots,y^m \tag{5-48}$$

$$\sum_{j_1 \in M} x_{j_1 i} - \sum_{j_2 \in M} x_{ij_2} = 0, \quad i \in N \tag{5-49}$$

$$\sum_{j_1 \in M_m} x_{j_1 i}^m - \sum_{j_2 \in M_m} x_{ij_2}^m = 0, \quad m \in M, \quad i \in N_m \tag{5-50}$$

$$\sum_{j \in N} x_{ij} = 1, \quad i \in M \tag{5-51}$$

$$\sum_{j \in N_m} x_{ij}^m = 1, \quad m \in M, \quad i \in M_m \tag{5-52}$$

$$y = \sum_{j \in N} x_{0j}, \tag{5-53}$$

$$y^m = \sum_{j \in N_m} x_{0j}^m, \quad m \in M \tag{5-54}$$

$$z_k = \sum_{i \in N} \sum_{j \in N} x_{ij}^k - 1, \quad k = 1,2,\cdots,y \tag{5-55}$$

$$z_k^m = \sum_{i \in N_m} \sum_{j \in N_m} x_{ij}^{mk} - 1, \quad m \in M, \quad k = 1,2,\cdots,y^m \tag{5-56}$$

$$x_{ij} = \sum_{k=1}^{y} x_{ij}^k, \quad i \in M, \quad j \in M \tag{5-57}$$

$$x_{ij}^m = \sum_{k=1}^{y^m} x_{ij}^{mk}, \quad m \in M, \quad i \in M_m, \quad j \in M_m \tag{5-58}$$

$$w_k = \{r_i^k \mid r_i^k \in \{1,2,\cdots,n\}, \quad i = 1,2,\cdots,z_k\}, \quad k = 1,2,\cdots,y \tag{5-59}$$

$$w_k^m = \{r_i^{mk} \mid r_i^{mk} \in \{1,2,\cdots,n_m\}, \quad i = 1,2,\cdots,z_k^m\}, \quad m \in M, \quad k = 1,2,\cdots,y^m \tag{5-60}$$

$$\sum_{i,j \in S} x_{ij}^k \leqslant |S| - 1, \quad 2 \leqslant |S| \leqslant z_k, \quad S \subset w_k, \quad k = 1,2,\cdots,y \tag{5-61}$$

$$\sum_{i,j \in S} x_{ij}^{mk} \leqslant |S| - 1, \quad 2 \leqslant |S| \leqslant z_k^m, \quad S \subset w_k^m, \quad m \in M, \quad k = 1,2,\cdots,y^m \tag{5-62}$$

$$q^i \geqslant 0, \quad i \in N \tag{5-63}$$

$$q_i^m \geqslant 0, \quad m \in M, \quad i \in N_m \tag{5-64}$$

$$x_{ij}, x_{ij}^k \in \{0,1\}, \quad i \in N, \quad j \in N, \quad k = 1,2,\cdots,y \tag{5-65}$$

$$x_{ij}^m, x_{ij}^{mk} \in \{0,1\}, \quad m \in M, \quad i \in N_m, \quad j \in N_m, \quad k = 1,2,\cdots,y^m \tag{5-66}$$

其中，约束（5-30）表示制造商的库存水平；约束（5-31）表示零售商的库存水平；约束（5-32）表示制造商的缺货水平；约束（5-33）表示零售商的缺货水平；约束（5-34）表示制造商的库存量不大于最大库存水平；约束（5-35）表示零售商的库存量不大于最大库存水平；约束（5-36）表示制造商的缺货量不大于最大缺货水平；约束（5-37）表示零售商的缺货量不大于最大缺货水平；约束（5-38）表示上下层供应链的需求量要达到平衡；约束（5-39）表示制造商的危险化学品生产量不少于向零售商供应的危险化学品量；约束（5-40）表示制造商的供应量应小于其剩余库存空间；约束（5-41）表示零售商的供应量应小于其剩余库存空间；约束（5-42）给出了运输能力的上限；约束（5-43）～约束（5-48）表示制造商、零售商处车辆的运输次序约束；约束（5-49）和约束（5-50）表示流平衡约束；约束（5-51）和约束（5-52）表示路段变量约束；约束（5-53）和约束（5-54）表示车辆数约束；约束（5-55）和约束（5-56）表示第 k 辆车服务的制造商、零售商数量；约束（5-57）和约束（5-58）表示两个路段变量之间的函数关系；约束（5-59）和约束（5-60）表示第 k 辆车服务的零售商集合；约束（5-61）和约束（5-62）表示消除子回路约束；约束（5-63）～约束（5-66）表示域约束。

经过运行遗传算法，得出固定风险度量模型的最佳供应量和运输路线（表 5-11），其中小括号中的数字为供应量。

表 5-11　5.2.3 节实例优化结果

<table>
<tr><th>主问题</th><th>子问题</th><th>成本</th><th>风险</th></tr>
<tr><td rowspan="2">1 → 2 → 1;
（33）
1 → 3 →1
（44）</td><td>2→　4　→2
（18）</td><td rowspan="2">1444.4</td><td rowspan="2">4.726</td></tr>
<tr><td>2→　5　→2
（15）
3→　6　→3
（20）
3→　7　→3
（10）
3→　8　→3
（14）</td></tr>
</table>

5.2.4　基于单周期、多车辆、随机市场条件下的危险化学品库存路径问题

由于问题涉及风险和成本两个目标函数，建立如下的多目标整数规划模型：

$$\text{Min}\quad C=\sum_{m\in M}h^m I^m+\sum_{m\in M}\sum_{l\in\tilde{M}_m}h_l^m I_l^m+\sum_{m\in M}p^m O^m+\sum_{m\in M}\sum_{l\in\tilde{M}_m}p_l^m O_l^m$$

$$+\sum_{k=1}^{y}\sum_{l=1}^{z_k}\sum_{i=l}^{z_k}c^{r_{l-1}^k r_l^k}q^{r_i^k}+\sum_{m\in M}\sum_{k=1}^{y^m}\sum_{l=1}^{z_k^m}\sum_{i=l}^{z_k^m}c_{r_{l-1}^{mk}r_l^{mk}}q_{r_i^{mk}}+(1+\sum_{m\in M}y^m)c^*$$

$$\text{Min}\quad R=\sum_{m\in M}\xi^m I^m+\sum_{m\in M}\sum_{i\in\tilde{M}_m}\xi_i^m I_i^m+\sum_{k=1}^{y}\sum_{l=1}^{z_k}\sum_{i=l}^{z_k}\eta^{r_{l-1}^k r_l^k}q^{r_i^k}+\sum_{m\in M}\sum_{k=1}^{y^m}\sum_{l=1}^{z_k^m}\sum_{i=l}^{z_k^m}\eta_{r_{l-1}^{mk}r_l^{mk}}q_{r_i^{mk}}$$

$$\text{S.t.}\quad I_i^m=(q_i^m-d_i^m)^+,\quad m\in M,\quad i\in\tilde{M}_m \tag{5-67}$$

$$O_i^m=(q_i^m-d_i^m)^-,\quad m\in M,\quad i\in\tilde{M}_m \tag{5-68}$$

$$I_i^m\leqslant U_i^m,\quad m\in M,\quad i\in\tilde{M}_m \tag{5-69}$$

$$O_i^m \leqslant L_i^m, \quad m \in M, \quad i \in \tilde{M}_m \tag{5-70}$$

$$\alpha^m d^m = \sum_{i \in \tilde{M}_m} d_i^m, \quad m \in M \tag{5-71}$$

$$\sum_{i \in \tilde{M}_m} q_i^m \leqslant \alpha^m q^m, \quad m \in M \tag{5-72}$$

$$q_i^m \leqslant U_i^m - I_i^m, \quad m \in M, \quad i \in \tilde{M}_m \tag{5-73}$$

$$r_1^{m1} = \min\left(\underset{j \in \tilde{N}_m}{\arg\max}(x_{0j}^m)\right), \quad m \in M \tag{5-74}$$

$$r_1^{mk} = \min\left(\underset{j \in \tilde{N}_m \setminus \bigcup_{i=1}^{k-1}\{r_1^{mi}\}}{\arg\max}(x_{0j}^m)\right), \quad m \in M, \quad k = 2,3,\cdots,y^m \tag{5-75}$$

$$r_i^{mk} = \underset{j \in \tilde{N}_m}{\arg\max}(x_{r_{i-1}^{mk} j}^m), \quad m \in M, \quad i \in \tilde{M}_m, \quad k = 1,2,\cdots,y^m \tag{5-76}$$

$$\sum_{j_1 \in \tilde{M}_m} x_{j_1 i}^m - \sum_{j_2 \in \tilde{M}_m} x_{i j_2}^m = 0, \quad m \in M, \quad i \in \tilde{N}_m \tag{5-77}$$

$$\sum_{j \in \tilde{N}_m} x_{ij}^m = 1, \quad m \in M, \quad i \in \tilde{M}_m \tag{5-78}$$

$$y^m = \sum_{j \in \tilde{N}_m} x_{0j}^m, \quad m \in M \tag{5-79}$$

$$z_k^m = \sum_{i \in \tilde{N}_m} \sum_{j \in \tilde{N}_m} x_{ij}^{mk} - 1, \quad m \in M, \quad k = 1,2,\cdots,y^m \tag{5-80}$$

$$x_{ij}^m = \sum_{k=1}^{y^m} x_{ij}^{mk}, \quad m \in M, \quad i \in \tilde{M}_m, \quad j \in \tilde{M}_m \tag{5-81}$$

$$q_i^m \geqslant 0, \quad m \in M, \quad i \in \tilde{N}_m \tag{5-82}$$

$$x_{ij}^m, x_{ij}^{mk} \in \{0,1\}, \quad m \in M, \quad i \in \tilde{N}_m, \quad j \in \tilde{N}_m, \quad k = 1,2,\cdots,y^m \tag{5-83}$$

式（5-30），式（5-32），式（5-34），式（5-36），式（5-38），式（5-40），式（5-42）～式（5-45），式（5-49），式（5-51），式（5-53），式（5-55），式（5-57），式（5-59）～式（5-63），式（5-65）

其中，约束（5-67）表示零售商的库存水平，约束（5-68）表示零售商的缺货水平，约束（5-69）表示零售商的库存量不大于最大库存水平，约束（5-70）表示零售商的缺货量不大于最大缺货水平，约束（5-71）表示上下层供应链的需求量要达到平衡，约束（5-72）表示制造商的危险化学品生产量不少于向零售商供应的危险化学品量，约束（5-73）表示零售商的供应量应小于其剩余库存空间，约束（5-74）～约束（5-76）表示制造商、零售商车辆的运输次序约束，约束（5-77）表示流平衡约束，约束（5-78）表示路段变量约束，约束（5-79）表示车辆数约束，约束（5-80）表示第 k 辆车服务的制造商、零售商数量，约束（5-81）表示两个路段变量之间的函数关系，约束（5-82）～约束（5-83）是域约束。

经过运行遗传算法，得出固定风险度量模型的最佳供应量和运输路线（表 5-12），其中小括号中的数字为供应量。

表 5-12　5.2.4 节实例优化结果

<table>
<tr><th>主问题</th><th>子问题</th><th>成本</th><th>风险</th></tr>
<tr><td rowspan="3">1 → 2 → 4 →1
（42）（13）
1 → 3 →1
（42）</td><td>2→ 7 →2
（17）
2→ 9 →2
（13）
2→ 10 →2
（18）</td><td rowspan="3">2797.5</td><td rowspan="3">8.81</td></tr>
<tr><td>3→ 5 →3
（22）
3→ 8 →3
（20）</td></tr>
<tr><td>4 → 6 →4
（13）</td></tr>
</table>

5.2.5　基于多周期、单车辆、市场细分条件下的危险化学品库存路径问题

由于问题涉及风险和成本两个目标函数，因此建立如下的多目标整数规划模型：

$$\text{Min}\quad C=\sum_{t\in T}\sum_{m\in M}h^m I^{mt}+\sum_{t\in T}\sum_{m\in M}\sum_{l\in M_m}h_l^m I_l^{mt}+\sum_{t\in T}\sum_{m\in M}p^m O^{mt}+\sum_{t\in T}\sum_{m\in M}\sum_{l\in M_m}p_l^m O_l^{mt}$$

$$+\sum_{t\in T}\sum_{k=1}^{n}\sum_{i=k}^{n}c^{r_{i-1}^t r_i^t}q^{r_i^t t}+\sum_{t\in T}\sum_{m\in M}\sum_{k=1}^{n_m}\sum_{i=k}^{n_m}c_{r_{i-1}^{mt}r_i^{mt}}q_{r_i^{mt}}^t+|T|\cdot(1+m)c^*$$

$$\text{Min}\quad R=\sum_{t\in T}\sum_{m\in M}\xi^m I^{mt}+\sum_{t\in T}\sum_{m\in M}\sum_{i\in M_m}\xi_i^m I_i^{mt}+\sum_{t\in T}\sum_{k=1}^{n}\sum_{i=k}^{n}\eta^{r_{i-1}^t r_i^t}q^{r_i^t t}$$

$$+\sum_{t\in T}\sum_{m\in M}\sum_{k=1}^{n_m}\sum_{i=k}^{n_m}\eta_{r_{i-1}^{mt}r_i^{mt}}q_{r_i^{mt}}^t$$

S.t.

$$I^{mt}=(I^{mt-1}+q^{mt}-d^{mt})^+,\quad m\in M,\quad t\in T \tag{5-84}$$

$$I_i^{mt}=(I_i^{mt-1}+q_i^{mt}-d_i^{mt})^+,\quad m\in M,\quad t\in T,\quad i\in M_m \tag{5-85}$$

$$O^{mt}=(I^{mt-1}+q^{mt}-d^{mt})^-,\quad m\in M,\quad t\in T \tag{5-86}$$

$$O_i^{mt}=(I_i^{mt-1}+q_i^{mt}-d_i^{mt})^-,\quad m\in M,\quad t\in T,\quad i\in M_m \tag{5-87}$$

$$I^{mt}\leqslant U^m,\quad m\in M,\quad t\in T \tag{5-88}$$

$$I_i^{mt}\leqslant U_i^m,\quad m\in M,\quad t\in T,\quad i\in M_m \tag{5-89}$$

$$O^{mt}\leqslant L^m,\quad m\in M,\quad t\in T \tag{5-90}$$

$$O_i^{mt}\leqslant L_i^m,\quad m\in M,\quad t\in T,\quad i\in M_m \tag{5-91}$$

$$\alpha^m d^{mt} = \sum_{i \in M_m} d_i^{mt}, \quad m \in M, \quad t \in T \tag{5-92}$$

$$\sum_{i \in M_m} q_i^{mt} \leqslant \alpha^m q^{mt}, \quad m \in M, \quad t \in T \tag{5-93}$$

$$q^{mt} \leqslant U^m - I^{mt-1}, \quad m \in M, \quad t \in T \tag{5-94}$$

$$q_i^{mt} \leqslant U_i^m - I_i^{mt-1}, \quad m \in M, \quad t \in T, \quad i \in M_m \tag{5-95}$$

$$r_i^t = \arg\max_{j \in M}(x_{r_{i-1}^t j}^t), \quad i \in M \tag{5-96}$$

$$r_i^{mt} = \arg\max_{j \in M_m}(x_{r_{i-1}^{mt} j}^{mt}), \quad i \in M_m, \quad m \in M \tag{5-97}$$

$$\sum_{i \in N, i \neq j} x_{ij}^t = \sum_{j \in N, i \neq j} x_{ij}^t = 1, \quad i, j \in N \tag{5-98}$$

$$\sum_{i \in M_m, i \neq j} x_{ij}^{mt} = \sum_{j \in M_m, i \neq j} x_{ij}^{mt} = 1, \quad i, j \in N_m \tag{5-99}$$

$$\sum_{i, j \in S} x_{ij}^t \leqslant |S| - 1, \ 2 \leqslant |S| \leqslant |N|, \quad S \subset N \tag{5-100}$$

$$\sum_{i, j \in S} x_{ij}^{mt} \leqslant |S| - 1, \ 2 \leqslant |S| \leqslant |N_m|, \quad S \subset N_m \tag{5-101}$$

$$q^{mt} \geqslant 0, \quad m \in M, \quad t \in T \tag{5-102}$$

$$q_i^{mt} \geqslant 0, \quad m \in M, \quad t \in T, \quad i \in M_m \tag{5-103}$$

$$x_{ij}^t, x_{ij}^{mt} \in \{0,1\}, \quad m \in M, \quad t \in T, \quad i \in N_m, \quad j \in N_m \tag{5-104}$$

其中，约束（5-84）表示制造商的库存水平，约束（5-85）表示零售商的库存水平，约束（5-86）表示制造商的缺货水平，约束（5-87）表示零售商的缺货水平，约束（5-88）表示制造商的库存量不大于最大库存水平，约束（5-89）表示零售商的库存量不大于最大库存水平，约束（5-90）表示制造商的缺货量不大于最大缺货水平，约束（5-91）表示零售商的缺货量不大于最大缺货水平，约束（5-92）表示上下层供应链的需求量要达到平衡，约束（5-93）表示制造商的危险化学品生产量不少于向零售商供应的危险化学品量，约束（5-94）表示制造商的供应量应小于其剩余库存空间，约束（5-95）表示零售商的供应量应小于其剩余库存空间，约束（5-96）～约束（5-97）表示零售商的运输次序约束，约束（5-98）～约束（5-99）表示流平衡约束，约束（5-100）～约束（5-101）是消除子回路约束，约束（5-102）～约束（5-104）是域约束。

经过运行遗传算法，得出固定风险度量模型的最佳供应量和运输路线（表 5-13），其中小括号中的数字为供应量。

表 5-13　5.2.5 节实例优化结果

<table>
<tr><th>周期</th><th>主问题</th><th>子问题</th><th>成本</th><th>风险</th></tr>
<tr><td rowspan="2">$T=1$</td><td rowspan="2">1→ 2 → 3 →1
（31）（40）</td><td>2 → 4 → 5 →2
（13）（16）</td><td rowspan="6">6297.6</td><td rowspan="6">24.5</td></tr>
<tr><td>3→ 6 → 8 → 7 →3
（19）（11）（10）</td></tr>
<tr><td rowspan="2">$T=2$</td><td rowspan="2">1→ 2 → 3 →1
（38）（43）</td><td>2 → 4 → 5 →2
（13）（13）</td></tr>
<tr><td>3→ 6 → 8 → 7 →3
（19）（11）（10）</td></tr>
<tr><td rowspan="2">$T=3$</td><td rowspan="2">1→ 2 → 3 →1
（27）（41）</td><td>2 → 4 → 5 →2
（14）（11）</td></tr>
<tr><td>3→ 6 → 8 → 7 →3
（15）（13）（13）</td></tr>
</table>

5.2.6　基于多周期、单车辆、随机市场条件下的危险化学品库存路径问题

由于问题涉及风险和成本两个目标函数，因此建立如下的多目标整数规划模型：

$$\text{Min}\quad C=\sum_{t\in T}\sum_{m\in M}h^m I^{mt}+\sum_{t\in T}\sum_{m\in M}\sum_{l\in\tilde{M}_m}h_l^m I_l^{mt}+\sum_{t\in T}\sum_{m\in M}p^m O^{mt}+\sum_{t\in T}\sum_{m\in M}\sum_{l\in\tilde{M}_m}p_l^m O_l^{mt}$$

$$+\sum_{t\in T}\sum_{k=1}^{n}\sum_{i=k}^{n}c^{r_{i-1}^t r_i^t}q^{r_i^t t}+\sum_{t\in T}\sum_{m\in M}\sum_{k=1}^{n_m}\sum_{i=k}^{n_m}c_{r_{i-1}^{mt}r_i^{mt}}q_{r_i^{mt}}^t+|T|\cdot(1+m)c^*$$

$$\text{Min}\quad R=\sum_{t\in T}\sum_{m\in M}\xi^m I^{mt}+\sum_{t\in T}\sum_{m\in M}\sum_{i\in\tilde{M}_m}\xi_i^m I_i^{mt}+\sum_{t\in T}\sum_{k=1}^{n}\sum_{i=k}^{n}\eta^{r_{i-1}^t r_i^t}q^{r_i^t t}+\sum_{t\in T}\sum_{m\in M}\sum_{k=1}^{n_m}\sum_{i=k}^{n_m}\eta_{r_{i-1}^{mt}r_i^{mt}}q_{r_i^{mt}}^t$$

S.t.

$$I_i^{mt}=(I_i^{mt-1}+q_i^{mt}-d_i^{mt})^+,\quad m\in M,\quad t\in T,\quad i\in\tilde{M}_m \tag{5-105}$$

$$O_i^{mt}=(I_i^{mt-1}+q_i^{mt}-d_i^{mt})^-,\quad m\in M,\quad t\in T,\quad i\in\tilde{M}_m \tag{5-106}$$

$$I_i^{mt}\leqslant U_i^m,\quad m\in M,\quad t\in T,\quad i\in\tilde{M}_m \tag{5-107}$$

$$O_i^{mt}\leqslant L_i^m,\quad m\in M,\quad t\in T,\quad i\in\tilde{M}_m \tag{5-108}$$

$$\alpha^m d^{mt}=\sum_{i\in\tilde{M}_m}d_i^{mt},\quad m\in M,\quad t\in T \tag{5-109}$$

$$\sum_{i\in\tilde{M}_m}q_i^{mt}\leqslant\alpha^m q^{mt},\quad m\in M,\quad t\in T \tag{5-110}$$

$$q_i^{mt}\leqslant U_i^m-I_i^{mt-1},\quad m\in M,\quad t\in T,\quad i\in\tilde{M}_m \tag{5-111}$$

$$r_i^{mt}=\arg\max_{j\in\tilde{M}_m}(x_{r_{i-1}^{mt}j}^{mt}),\quad i\in\tilde{M}_m,\quad m\in M \tag{5-112}$$

$$\sum_{i\in\tilde{M}_m,i\neq j}x_{ij}^{mt}=\sum_{j\in\tilde{M}_m,i\neq j}x_{ij}^{mt}=1,\quad i,j\in\tilde{N}_m \tag{5-113}$$

$$\sum_{i,j\in S} x_{ij}^{mt} \leqslant |S|-1, \quad 2\leqslant |S| \leqslant |\tilde{N}_m|, \quad S\subset \tilde{N}_m \tag{5-114}$$

$$q_i^{mt} \geqslant 0, \quad m\in M, \quad t\in T, \quad i\in \tilde{M}_m \tag{5-115}$$

$$x_{ij}^{t}, x_{ij}^{mt} \in \{0,1\}, \quad m\in M, \quad t\in T, \quad i\in \tilde{N}_m, \quad j\in \tilde{N}_m \tag{5-116}$$

式（5-84），式（5-86），式（5-88），式（5-90），式（5-94），式（5-96），式（5-98），式（5-100），式（5-102）

其中，约束（5-105）表示零售商的库存水平，约束（5-106）表示零售商的缺货水平，约束（5-107）表示零售商的库存量不大于最大库存水平，约束（5-108）表示零售商的缺货量不大于最大缺货水平，约束（5-109）表示上下层供应链的需求量要达到平衡，约束（5-110）表示制造商的危险化学品生产量不少于向零售商供应的危险化学品量，约束（5-111）表示零售商的供应量应小于其剩余库存空间，约束（5-112）表示零售商的运输次序约束，约束（5-113）表示流平衡约束，约束（5-114）是消除子回路约束，约束（5-115）～约束（5-116）是域约束。

经过运行遗传算法，得出固定风险度量模型的最佳供应量和运输路线（表 5-14），其中小括号中的数字为供应量。

表 5-14　5.2.6 节实例优化结果

周期	主问题	子问题	成本	风险
$T=1$	1→2→ 3 →4→1 （54）（42）（16）	4 → 6 →4 （15）	12 112	33.7
		3→ 8 → 5 →3 （18）（19）		
		2→ 7 → 10 → 9 →2 （19）（15）（15）		
$T=2$	1→2→ 3 →4→1 （52）（39）（13）	4 → 6 →4 （13）		
		3→ 8 → 5 →3 （18）（16）		
		2→ 7 → 10 → 9 →2 （13）（20）（15）		
$T=3$	1→2→ 3 →4→1 （47）（38）（14）	4 → 6 →4 （14）		
		3→ 8 → 5 →3 （19）（15）		
		2→ 7 → 10 → 9 →2 （15）（14）（15）		

5.2.7　基于多周期、多车辆、市场细分条件下的危险化学品库存路径问题

由于问题涉及风险和成本两个目标函数，因此建立如下的多目标整数规划

模型：

$$\text{Min}\quad C=\sum_{t\in T}\sum_{m\in M}h^m I^{mt}+\sum_{t\in T}\sum_{m\in M}\sum_{l\in M_m}h_l^m I_l^{mt}+\sum_{t\in T}\sum_{m\in M}p^m O^{mt}+\sum_{t\in T}\sum_{m\in M}\sum_{l\in M_m}p_l^m O_l^{mt}$$
$$+\sum_{t\in T}\sum_{k=1}^{y^t}\sum_{l=1}^{z_k^t}\sum_{i=l}^{z_k^t}c^{r_{l-1}^{kt}r_l^{kt}}q^{r_i^{kt}}+\sum_{t\in T}\sum_{m\in M}\sum_{k=1}^{y^{mt}}\sum_{l=1}^{z_k^{mt}}\sum_{i=l}^{z_k^{mt}}c_{r_{l-1}^{mkt}r_l^{mkt}}q_{r_i^{mkt}}^t+(1+\sum_{t\in T}\sum_{m\in M}y^{mt})c^*$$

$$\text{Min}\quad R=\sum_{t\in T}\sum_{m\in M}\xi^m I^{mt}+\sum_{t\in T}\sum_{m\in M}\sum_{i\in M_m}\xi_i^m I_i^{mt}+\sum_{t\in T}\sum_{k=1}^{y^t}\sum_{l=1}^{z_k^t}\sum_{i=l}^{z_k^t}\eta^{r_{l-1}^{kt}r_l^{kt}}q^{r_i^{kt}}$$
$$+\sum_{t\in T}\sum_{m\in M}\sum_{k=1}^{y^{mt}}\sum_{l=1}^{z_k^{mt}}\sum_{i=l}^{z_k^{mt}}\eta_{r_{l-1}^{mkt}r_l^{mkt}}q_{r_i^{mkt}}^t$$

S.t.
$$\sum_{i=1}^{z_k^{mt}}q_{r_i^{mkt}}^{mt}\leqslant V,\quad m\in M,\quad t\in T,\quad k=1,2,\cdots,y^{mt}\tag{5-117}$$

$$r_1^{1t}=\min\left(\arg\max_{j\in N}(x_{0j}^t)\right),\quad t\in T\tag{5-118}$$

$$r_1^{kt}=\min\left(\arg\max_{j\in N\setminus\bigcup_{i=1}^{k-1}\{r_1^{it}\}}(x_{0j}^t)\right),\quad t\in T,\quad k=2,3,\cdots,y^t\tag{5-119}$$

$$r_i^{kt}=\arg\max_{j\in N}(x_{r_{i-1}^{kt}j}^t),\quad i\in M,\quad t\in T,\quad k=1,2,\cdots,y^t\tag{5-120}$$

$$r_1^{m1t}=\min\left(\arg\max_{j\in N_m}(x_{0j}^{mt})\right),\quad m\in M,\quad t\in T\tag{5-121}$$

$$r_1^{mkt}=\min\left(\arg\max_{j\in N_m\setminus\bigcup_{i=1}^{k-1}\{r_1^{mit}\}}(x_{0j}^{mt})\right),\quad m\in M,\quad t\in T,\quad k=2,3,\cdots,y^{mt}\tag{5-122}$$

$$r_i^{mkt}=\arg\max_{j\in N_m}(x_{r_{i-1}^{mkt}j}^{mt}),\quad m\in M,\quad i\in M_m,\quad t\in T,\quad k=1,2,\cdots,y^{mt}\tag{5-123}$$

$$\sum_{j_1\in M}x_{j_1i}^t-\sum_{j_2\in M}x_{ij_2}^t=0,\quad i\in N,\quad t\in T\tag{5-124}$$

$$\sum_{j_1\in M_m}x_{j_1i}^{mt}-\sum_{j_2\in M_m}x_{ij_2}^{mt}=0,\quad m\in M,\quad i\in N_m,\quad t\in T\tag{5-125}$$

$$\sum_{j\in N}x_{ij}^t=1,\quad i\in M,\quad t\in T\tag{5-126}$$

$$\sum_{j\in N_m}x_{ij}^{mt}=1,\quad m\in M,\quad i\in M_m,\quad t\in T\tag{5-127}$$

$$y^t=\sum_{j\in N}x_{0j}^t,\quad t\in T\tag{5-128}$$

$$y^{mt}=\sum_{j\in N_m}x_{0j}^{mt},\quad t\in T,\quad m\in M\tag{5-129}$$

$$z_k^t=\sum_{i\in N}\sum_{j\in N}x_{ij}^{kt}-1,\quad t\in T,\quad k=1,2,\cdots,y^t\tag{5-130}$$

$$z_k^{mt} = \sum_{i \in N_m} \sum_{j \in N_m} x_{ij}^{mkt} - 1, \quad m \in M, \quad t \in T, \quad k = 1, 2, \cdots, y^{mt} \tag{5-131}$$

$$x_{ij}^t = \sum_{k=1}^{y^t} x_{ij}^{kt}, \quad i \in M, \quad j \in M, \quad t \in T \tag{5-132}$$

$$x_{ij}^{mt} = \sum_{k=1}^{y^{mt}} x_{ij}^{mkt}, \quad m \in M, \quad i \in M_m, \quad j \in M_m, \quad t \in T \tag{5-133}$$

$$w_k^t = \{r_i^{kt} \mid r_i^{kt} \in \{1, 2, \cdots, n\}, \quad i = 1, 2, \cdots, z_k^t\}, \quad t \in T, \quad k = 1, 2, \cdots, y^t \tag{5-134}$$

$$w_k^{mt} = \{r_i^{mkt} \mid r_i^{mkt} \in \{1, 2, \cdots, n_m\}, \quad i = 1, 2, \cdots, z_k^{mt}\}, \quad m \in M, \quad t \in T, \quad k = 1, 2, \cdots, y^{mt} \tag{5-135}$$

$$\sum_{i, j \in S} x_{ij}^{kt} \leqslant |S| - 1, \ 2 \leqslant |S| \leqslant z_k^t, \ S \subset w_k^t, \quad t \in T, \quad k = 1, 2, \cdots, y^t \tag{5-136}$$

$$\sum_{i, j \in S} x_{ij}^{mkt} \leqslant |S| - 1, \ 2 \leqslant |S| \leqslant z_k^{mt}, \quad S \subset w_k^{mt}, \quad m \in M, \quad t \in T, \quad k = 1, 2, \cdots, y^{mt} \tag{5-137}$$

$$q^{it} \geqslant 0, \quad i \in N, \quad t \in T \tag{5-138}$$

$$q_i^{mt} \geqslant 0, \quad m \in M, \quad i \in N_m, \quad t \in T \tag{5-139}$$

$$x_{ij}^t, x_{ij}^{kt} \in \{0, 1\}, \quad i \in N, \quad j \in N, \quad t \in T, \quad k = 1, 2, \cdots, y^t \tag{5-140}$$

$$x_{ij}^{mt}, x_{ij}^{mkt} \in \{0, 1\}, \quad m \in M, \quad i \in N_m, \quad j \in N_m, \quad t \in T, \quad k = 1, 2, \cdots, y^{mt} \tag{5-141}$$

式（5-84）～式（5-95）

其中，约束（5-117）给出了运输能力的上限，约束（5-118）～约束（5-123）表示在第 t 个周期制造商、零售商的运输次序约束，约束（5-124）～约束（5-125）表示流平衡约束，约束（5-126）～约束（5-127）表示路段变量约束，约束（5-128）～约束（5-129）表示车辆数约束，约束（5-130）～约束（5-131）表示第 k 辆车服务的制造商、零售商数量，约束（5-132）～约束（5-133）表示了两个路段变量之间的函数关系，约束（5-134）～约束（5-135）表示第 k 辆车服务的零售商集合，约束（5-136）～约束（5-137）是消除子回路约束，约束（5-138）～约束（5-141）是域约束。

经过运行遗传算法，得出固定风险度量模型的最佳供应量和运输路线（表 5-15），其中小括号中的数字为供应量。

表 5-15　5.2.7 节实例优化结果

<table>
<tr><th>周期</th><th>主问题</th><th>子问题</th><th>成本</th><th>风险</th></tr>
<tr><td rowspan="2">$T=1$</td><td rowspan="2">1→2→1；
（35）
1→3→1
（51）</td><td>2→ 4 →2
（16）</td><td rowspan="6">3806.8</td><td rowspan="6">15.2</td></tr>
<tr><td>2→ 5 →2
（15）
3→ 6 →3
（22）
3→ 7 →3
（16）
3→ 8 →3
（13）</td></tr>
<tr><td rowspan="2">$T=2$</td><td rowspan="2">1→2→1；
（33）
1→3→1
（51）</td><td>2→ 4 →2
（18）</td></tr>
<tr><td>2→ 5 →2
（13）
3→ 6 →3
（18）
3→ 7 →3
（15）
3→ 8 →3
（14）</td></tr>
<tr><td rowspan="2">$T=3$</td><td rowspan="2">1→2→1；
（32）
1→3→1
（50）</td><td>2→ 4 →2
（16）</td></tr>
<tr><td>2→ 5 →2
（13）
3→ 6 →3
（19）
3→ 7 →3
（16）
3→ 8 →3
（12）</td></tr>
</table>

5.2.8　基于多周期、多车辆、随机市场条件下的危险化学品库存路径问题

由于问题涉及风险和成本两个目标函数，因此建立如下的多目标整数规划模型：

$$\begin{aligned}\text{Min}\quad C=&\sum_{t\in T}\sum_{m\in M}h^m I^{mt}+\sum_{t\in T}\sum_{m\in M}\sum_{l\in \tilde{M}_m}h_l^m I_l^{mt}+\sum_{t\in T}\sum_{m\in M}p^m O^{mt}+\sum_{t\in T}\sum_{m\in M}\sum_{l\in \tilde{M}_m}p_l^m O_l^{mt}\\&+\sum_{t\in T}\sum_{k=1}^{y^t}\sum_{l=1}^{z_k^t}\sum_{i=l}^{z_k^t}c^{r_{l-1}^{kt}r_l^{kt}}q^{r_i^{kt}}+\sum_{t\in T}\sum_{m\in M}\sum_{k=1}^{y^{mt}}\sum_{l=1}^{z_k^{mt}}\sum_{i=l}^{z_k^{mt}}c_{r_{l-1}^{mkt}r_l^{mkt}}q_{r_i^{mkt}}^t+(1+\sum_{t\in T}\sum_{m\in M}y^{mt})c^*\end{aligned}$$

$$\text{Min} \quad R=\sum_{t\in T}\sum_{m\in M}\xi^m I^{mt}+\sum_{t\in T}\sum_{m\in M}\sum_{i\in \tilde{M}_m}\xi_i^m I_i^{mt}+\sum_{t\in T}\sum_{k=1}^{y^t}\sum_{l=1}^{z_k^t}\sum_{i=l}^{z_k^t}\eta^{r_{l-1}^{kt}r_l^{kt}}q^{r_i^{kt}}$$

$$+\sum_{t\in T}\sum_{m\in M}\sum_{k=1}^{y^{mt}}\sum_{l=1}^{z_k^{mt}}\sum_{i=l}^{z_k^{mt}}\eta_{r_{l-1}^{mkt}r_l^{mkt}}q_{r_i^{mkt}}^t$$

$$\text{S.t.} \quad r_1^{m1t}=\min\left(\arg\max_{j\in \tilde{N}_m}(x_{0j}^{mt})\right),\quad m\in M,\quad t\in T \tag{5-142}$$

$$r_1^{mkt}=\min\left(\arg\max_{j\in \tilde{N}_m\setminus\bigcup_{i=1}^{k-1}\{r_1^{mit}\}}(x_{0j}^{mt})\right),\quad m\in M,\quad t\in T,\quad k=2,3,\cdots,y^{mt} \tag{5-143}$$

$$r_i^{mkt}=\arg\max_{j\in \tilde{N}_m}(x_{r_{i-1}^{mkt}j}^{mt}),\quad m\in M,\quad i\in \tilde{M}_m,\quad t\in T,\quad k=1,2,\cdots,y^{mt} \tag{5-144}$$

$$\sum_{j_1\in \tilde{M}_m}x_{j_1 i}^{mt}-\sum_{j_2\in \tilde{M}_m}x_{ij_2}^{mt}=0,\quad m\in M,\quad i\in \tilde{N}_m,\quad t\in T \tag{5-145}$$

$$\sum_{j\in \tilde{N}_m}x_{ij}^{mt}=1,\quad m\in M,\quad i\in \tilde{M}_m,\quad t\in T \tag{5-146}$$

$$y^{mt}=\sum_{j\in \tilde{N}_m}x_{0j}^{mt},\quad t\in T,\quad m\in M \tag{5-147}$$

$$z_k^{mt}=\sum_{i\in \tilde{N}_m}\sum_{j\in \tilde{N}_m}x_{ij}^{mkt}-1,\quad m\in M,\quad t\in T,\quad k=1,2,\cdots,y^{mt} \tag{5-148}$$

$$x_{ij}^{mt}=\sum_{k=1}^{y^{mt}}x_{ij}^{mkt},\quad m\in M,\quad i\in \tilde{M}_m,\quad j\in \tilde{M}_m,\quad t\in T \tag{5-149}$$

$$q_i^{mt}\geqslant 0,\quad m\in M,\quad i\in \tilde{N}_m,\quad t\in T \tag{5-150}$$

$$x_{ij}^{mt},x_{ij}^{mkt}\in\{0,1\},\quad m\in M,\quad i\in \tilde{N}_m,\quad j\in \tilde{N}_m,\quad t\in T,\quad k=1,2,\cdots,y^{mt} \tag{5-151}$$

式（5-84），式（5-86），式（5-88），式（5-90），式（5-94），式（5-105）～式（5-109），式（5-117）～式（5-120），式（5-124），式（5-126），式（5-128），式（5-130），式（5-132），式（5-134）～式（5-138），式（5-140）

其中，约束（5-142）～约束（5-144）表示在第 t 个周期制造商、零售商的运输次序约束，约束（5-145）表示流平衡约束，约束（5-146）表示路段变量约束，约束（5-147）表示车辆数约束，约束（5-148）表示第 k 辆车服务的制造商数量，约束（5-149）表示两个路段变量之间的函数关系，约束（5-150）～约束（5-151）是域约束。

经过运行遗传算法，得出固定风险度量模型的最佳供应量和运输路线（表 5-16），其中小括号中的数字为供应量。

表 5-16　5.2.8 节实例优化结果

周期	主问题	子问题	成本	风险
$T=1$	1 → 2 → 4 → 1 （55）（14） 1 → 3 → 1 （37）	2 → 7 → 2 （18） 2 → 9 → 2 （15） 2 → 10 → 2 （21）	9608.2	25.8
		3 → 5 → 3 （18） 3 → 8 → 3 （17）		
		4 → 6 → 4 （11）		
$T=2$	1 → 2 → 4 → 1 （53）（14） 1 → 3 → 1 （36）	2 → 7 → 2 （18） 2 → 9 → 2 （13） 2 → 10 → 2 （20）		
		3 → 5 → 3 （20） 3 → 8 → 3 （15）		
		4 → 6 → 4 （14）		
$T=3$	1 → 2 → 4 → 1 （50）（14） 1 → 3 → 1 （43）	2 → 7 → 2 （14） 2 → 9 → 2 （14） 2 → 10 → 2 （20）		
		3 → 5 → 3 （22） 3 → 8 → 3 （19）		
		4 → 6 → 4 （14）		

5.3　不确定环境下危险化学品库存路径问题应用

在实际中，由于客户需求、运输成本和库存成本通常是不确定的，虽然现有文献已对随机库存路径问题进行了较为深入的研究，但是在历史数据缺失或者不全的情况下无法使用随机规划方法来解决该类问题。模糊规划可以较好地处理由于历史数据缺乏或者难以定量分析的不确定性问题，它是基于专家经验来处理数据的不确定性。

模糊理论是研究和处理模糊性现象的一种数学理论和方法。美国控制论专家Zadeh（1965）在 *Information and Control* 上发表了题为“Fuzzy Sets”的论文，提出了“隶属函数”的概念。Zadeh 的这一开创性的工作，标志着模糊数学的诞生。此后，模糊理论逐渐发展起来，成为处理主观不确定现象的数学分支。Zadeh（1978，1979）定义了必要性测度和可能性测度的概念，目的是衡量模糊事件发生的必要性和可能性程度。Liu 和 Iwamura（1998）建立了模糊机会约束规划模型，并设计了基于模糊模拟的遗传算法来求解该模型。Liu（1999）构建了机会规划模型，设计了一个模糊模拟算法来求解机会函数值。Liu B 和 Liu Y K（2002）提出了可信性测度的概念，建立了模糊变量的期望值算子，设计了基于期望值模型的模糊模拟算法。Li 和 Liu（2006）建立了可能性测度与可信性测度之间的关系，证明了可信性测度的充分必要条件，并提出了可信性扩展定理。随着研究的不断深入，逐步建立起了以“8 个基本概念”（可信性测度、模糊变量、隶属函数、期望值、方差、关键值、熵、距离），“6 个基础定理”（可信性次可加定理、可信性扩展定理、可信性半连续法则、乘积可信性定理、可信性反演定理、Zadeh 扩展原理），“3 个模拟算法”（分别用于计算可信性、关键值、期望值）为理论基础的可信性理论。可信性理论在处理模糊优化问题中有着广泛的应用。其中，基于可信性理论，Li 等（2011a，2011b）、Yang 等（2011）解决了地铁节能、调度中涉及的模糊优化问题；Li 等（2009，2010）、Guo 等（2016）研究了投资组合选择中的模糊优化问题。另外，模糊优化理论广泛应用于交通运输等领域。

本章假设市场的需求是不确定的，各个零售商对应的需求为一个模糊变量。

5.3.1　基于单周期、单车辆、市场细分条件下的危险化学品库存路径问题

由于问题涉及风险和成本两个目标函数，因此建立如下的多目标整数规划模型：

$$
\begin{aligned}
\text{Min}\quad C=&\sum_{k=1}^{n}\sum_{i=k}^{n}c^{r_{i-1}r_i}q^{r_i}+\sum_{m\in M}h^m E[(q^m-\tilde{d}^m)^+]+\sum_{m\in M}p^m E[(q^m-\tilde{d}^m)^-]\\
&+\sum_{m\in M}\sum_{k=1}^{n_m}\sum_{i=k}^{n_m}c_{r_{i-1}^m r_i^m}q_{r_i^m}^m+\sum_{m\in M}\sum_{l\in M_m}h_l E[(q_l^m-\tilde{d}_l)^+]+\sum_{m\in M}\sum_{l\in M_m}p_l E[(q_l^m-\tilde{d}_l)^-]\\
&+(n+1)c^*
\end{aligned}
$$

$$
\begin{aligned}
\text{Min}\quad R=&\sum_{k=1}^{n}\sum_{i=k}^{n}\eta^{r_{i-1}r_i}q^{r_i}+\sum_{m\in M}\xi^m E[(q^m-\tilde{d}^m)^+]+\sum_{m\in M}\sum_{k=1}^{n_m}\sum_{i=k}^{n_m}\eta_{r_{i-1}^m r_i^m}q_{r_i^m}^m\\
&+\sum_{m\in M}\sum_{l\in M_m}\xi_l E[(q_l^m-\tilde{d}_l)^+]
\end{aligned}
$$

S.t. $E[(q^m - \tilde{d}^m)^-] \leqslant L^m, \quad m \in M$　(5-152)

$E[(q_l^m - \tilde{d}_l)^-] \leqslant L_l, \quad l \in M_m, \quad m \in M$　(5-153)

$\alpha^m E[\tilde{d}^m] = \sum_{l \in M_m} E[\tilde{d}_l], \quad m \in M$　(5-154)

式（5-9）~式（5-21）

其中，约束（5-152）表示每个制造商的缺货量不超过缺货水平的上限，约束（5-153）表示每个零售商的缺货量不超过缺货水平的上限，约束（5-154）表示上下层供应链的需求量要达到平衡。

基于 5.2.1 节中的实例，现在已知供应链中零售商的需求为一个三角模糊数，如表 5-17 所示。

表 5-17　5.3.1 节算例零售商的需求　（单位：吨）

4	5	6	7	8
（13，16，26）	（14，15，25）	（10，17，20）	（16，18，26）	（14，16，20）

经过运行遗传算法，得出固定风险度量模型的最佳供应量和运输路线（表 5-18），其中小括号中的数字为供应量。

表 5-18　5.3.1 节实例优化结果

主问题	子问题	成本	风险
1→ 3 → 2 →1 （44）（27）	2 → 5 → 4 →2 （15）（12） 3→ 6 → 8 → 7 →3 （15）（15）（10）	2260.3	2.11

5.3.2　基于单周期、单车辆、随机市场条件下的危险化学品库存路径问题

由于问题涉及风险和成本两个目标函数，因此建立如下的多目标整数规划模型：

$$\text{Min} \quad C = \sum_{k=1}^{n}\sum_{i=k}^{n} c^{r_{i-1}r_i} q^{r_i} + \sum_{m \in M} h^m E[(q^m - \tilde{d}^m)^+] + \sum_{m \in M} p^m E[(q^m - \tilde{d}^m)^-]$$
$$+ \sum_{m \in M}\sum_{k=1}^{n_m}\sum_{i=k}^{n_m} c_{r_{i-1}^m r_i^m} q_{r_i^m}^m + \sum_{m \in M}\sum_{l \in \tilde{M}_m} h_l E[(q_l^m - \tilde{d}_l)^+] + \sum_{m \in M}\sum_{l \in \tilde{M}_m} p_l E[(q_l^m - \tilde{d}_l)^-]$$
$$+ (n+1)c^*$$

$$\text{Min}\quad R=\sum_{k=1}^{n}\sum_{i=k}^{n}\eta^{r_{i-1}r_i}q^{r_i}+\sum_{m\in M}\xi^m E[(q^m-\tilde{d}^m)^+]+\sum_{m\in M}\sum_{k=1}^{n_m}\sum_{i=k}^{n_m}\eta_{r_{i-1}^m r_i^m}q_{r_i^m}^m$$
$$+\sum_{m\in M}\sum_{l\in\tilde{M}_m}\xi_l E[(q_l^m-\tilde{d}_l)^+]$$

$$\text{S.t.}\quad E[(q_l^m-\tilde{d}_l)^-]\leqslant L_l,\quad l\in\tilde{M}_m,\quad m\in M \tag{5-155}$$
$$\alpha^m E[\tilde{d}^m]=\sum_{l\in\tilde{M}_m}E[\tilde{d}_l],\quad m\in M \tag{5-156}$$

式（5-10），式（5-12），式（5-14），式（5-16），式（5-18），式（5-20），式（5-23）～式（5-29），式（5-152）

其中，约束（5-155）表示每个零售商的缺货量不超过缺货水平的上限，约束（5-156）表示上下层供应链的需求量要达到平衡。

基于 5.2.2 节中的实例，现在已知供应链中零售商的需求情况如表 5-19 所示。

表 5-19　5.3.2 节算例零售商的需求　　（单位：吨）

5	6	7	8	9	10
（13，22，25）	（13，15，19）	（15，18，19）	（15，21，24）	（13，15，20）	（16，20，26）

经过运行遗传算法，得出固定风险度量模型的最佳供应量和运输路线（表 5-20），其中小括号中的数字为供应量。

表 5-20　5.3.2 节实例优化结果

主问题	子问题	成本	风险
1 → 2 → 3 → 4 → 1 （52）（35）（14）	4 → 6 → 4 （14）	4104.3	11.1
	3 → 8 → 5 → 3 （20）（15）		
	2 → 9 → 10 → 7 → 2 （15）（19）（16）		

5.3.3　基于单周期、多车辆、市场细分条件下的危险化学品库存路径问题

由于问题涉及风险和成本两个目标函数，因此建立如下的多目标整数规划模型：

$$\text{Min}\quad C=\sum_{m\in M}h^m E[\tilde{I}^m]+\sum_{m\in M}\sum_{l\in M_m}h_l^m E[\tilde{I}_l^m]+\sum_{m\in M}p^m E[\tilde{O}^m]+\sum_{m\in M}\sum_{l\in M_m}p_l^m E[\tilde{O}_l^m]$$
$$+\sum_{k=1}^{y}\sum_{l=1}^{z_k}\sum_{i=l}^{z_k}c^{r_{i-1}^k r_i^k}q^{r_i^k}+\sum_{m\in M}\sum_{k=1}^{y^m}\sum_{l=1}^{z_k^m}\sum_{i=l}^{z_k^m}c_{r_{l-1}^{mk}r_l^{mk}}q_{r_i^{mk}}+(1+\sum_{m\in M}y^m)c^*$$

$$\text{Min}\quad R=\sum_{m\in M}\xi^m E[\tilde{I}^m]+\sum_{m\in M}\sum_{i\in M_m}\xi_i^m E[\tilde{I}_i^m]+\sum_{k=1}^{y}\sum_{l=1}^{z_k}\sum_{i=l}^{z_k}\eta^{r_{l-1}^k r_l^k} q^{r_i^k}+\sum_{m\in M}\sum_{k=1}^{y^m}\sum_{l=1}^{z_k^m}\sum_{i=l}^{z_k^m}\eta_{r_{l-1}^{mk} r_l^{mk}} q_{r_i^{mk}}$$

S.t.

$$E[\tilde{I}^m]=E[(q^m-\tilde{d}^m)^+],\quad m\in M \tag{5-157}$$

$$E[\tilde{I}_i^m]=E[(q_i^m-\tilde{d}_i^m)^+],\quad m\in M,\quad i\in M_m \tag{5-158}$$

$$E[\tilde{O}^m]=E[(q^m-\tilde{d}^m)^-],\quad m\in M \tag{5-159}$$

$$E[\tilde{O}_i^m]=E[(q_i^m-\tilde{d}_i^m)^-],\quad m\in M,\quad i\in M_m \tag{5-160}$$

$$E[\tilde{I}^m]\leqslant U^m,\quad m\in M \tag{5-161}$$

$$E[\tilde{I}_i^m]\leqslant U_i^m,\quad m\in M,\quad i\in M_m \tag{5-162}$$

$$E[\tilde{O}^m]\leqslant L^m,\quad m\in M \tag{5-163}$$

$$E[\tilde{O}_i^m]\leqslant L_i^m,\quad m\in M,\quad i\in M_m \tag{5-164}$$

$$\alpha^m E[\tilde{d}^m]=\sum_{i\in M_m}E[\tilde{d}_i^m],\quad m\in M \tag{5-165}$$

$$q^m\leqslant U^m-E[\tilde{I}^m],\quad m\in M \tag{5-166}$$

$$q_i^m\leqslant U_i^m-E[\tilde{I}_i^m],\quad m\in M,\quad i\in M_m \tag{5-167}$$

式（5-39），式（5-42）～式（5-66）

其中，约束（5-157）表示制造商的库存水平，约束（5-158）表示零售商的库存水平，约束（5-159）表示制造商的缺货水平，约束（5-160）表示零售商的缺货水平，约束（5-161）表示制造商的库存量不大于最大库存水平，约束（5-162）表示零售商的库存量不大于最大库存水平，约束（5-163）表示制造商的缺货量不大于最大缺货水平，约束（5-164）表示零售商的缺货量不大于最大缺货水平，约束（5-165）表示上下层供应链的需求量要达到平衡，约束（5-166）表示制造商的供应量应小于其剩余库存空间，约束（5-167）表示零售商的供应量应小于其剩余库存空间。

经过运行遗传算法，得出固定风险度量模型的最佳供应量和运输路线（表 5-21），其中小括号中的数字为供应量。

表 5-21　5.3.3 节实例优化结果

主问题	子问题	成本	风险
1 → 2 → 1; （30） 1 → 3 →1 （46）	2→ 4 →2 （14）	1971.6	4.6
	2→ 5 →2 （14） 3→ 6 →3 （15） 3→ 7 →3 （16） 3→ 8 →3 （15）		

5.3.4　基于单周期、多车辆、随机市场条件下的危险化学品库存路径问题

由于问题涉及风险和成本两个目标函数，因此建立如下的多目标整数规划模型：

$$\text{Min}\quad C=\sum_{m\in M}h^m E[\tilde{I}^m]+\sum_{m\in M}\sum_{l\in\tilde{M}_m}h_l^m E[\tilde{I}_l^m]+\sum_{m\in M}p^m E[\tilde{O}^m]+\sum_{m\in M}\sum_{l\in\tilde{M}_m}p_l^m E[\tilde{O}_l^m]$$

$$+\sum_{k=1}^{y}\sum_{l=1}^{z_k}\sum_{i=l}^{z_k}c^{r_{l-1}^k r_l^k}q^{r_i^k}+\sum_{m\in M}\sum_{k=1}^{y^m}\sum_{l=1}^{z_k^m}\sum_{i=l}^{z_k^m}c_{r_{l-1}^{mk}r_l^{mk}}q_{r_i^{mk}}+(1+\sum_{m\in M}y^m)c^*$$

$$\text{Min}\quad R=\sum_{m\in M}\xi^m E[\tilde{I}^m]+\sum_{m\in M}\sum_{i\in\tilde{M}_m}\xi_i^m E[\tilde{I}_i^m]+\sum_{k=1}^{y}\sum_{l=1}^{z_k}\sum_{i=l}^{z_k}\eta^{r_{l-1}^k r_l^k}q^{r_i^k}$$

$$+\sum_{m\in M}\sum_{k=1}^{y^m}\sum_{l=1}^{z_k^m}\sum_{i=l}^{z_k^m}\eta_{r_{l-1}^{mk}r_l^{mk}}q_{r_i^{mk}}$$

S.t.

$$E[\tilde{I}_i^m]=E[(q_i^m-\tilde{d}_i^m)^+],\quad m\in M,\quad i\in\tilde{M}_m \tag{5-168}$$

$$E[\tilde{O}_i^m]=E[(q_i^m-\tilde{d}_i^m)^-],\quad m\in M,\quad i\in\tilde{M}_m \tag{5-169}$$

$$E[\tilde{I}_i^m]\leqslant U_i^m,\quad m\in M,\quad i\in\tilde{M}_m \tag{5-170}$$

$$E[\tilde{O}_i^m]\leqslant L_i^m,\quad m\in M,\quad i\in\tilde{M}_m \tag{5-171}$$

$$\alpha^m E[\tilde{d}^m]=\sum_{i\in\tilde{M}_m}E[\tilde{d}_i^m],\quad m\in M \tag{5-172}$$

$$q_i^m\leqslant U_i^m-E[\tilde{I}_i^m],\quad m\in M,\quad i\in\tilde{M}_m \tag{5-173}$$

式（5-42）～式（5-45），式（5-49），式（5-51），式（5-53），式（5-55），式（5-57），式（5-59）～式（5-63），式（5-65），式（5-72），式（5-74）～式（5-83），式（5-157），式（5-159），式（5-161），式（5-163），式（5-166）

其中，约束（5-168）表示零售商的库存水平，约束（5-169）表示零售商的缺货水平，约束（5-170）表示零售商的库存量不大于最大库存水平，约束（5-171）表示零售商的缺货量不大于最大缺货水平，约束（5-172）表示上下层供应链的需求量要达到平衡，约束（5-173）表示零售商的供应量应小于其剩余库存空间。

经过运行遗传算法，得出固定风险度量模型的最佳供应量和运输路线（表 5-22），其中小括号中的数字为供应量。

表 5-22　5.3.4 节实例优化结果

主问题	子问题	成本	风险
1 → 2 → 4 →1 （51）（14） 1 → 3 →1 （40）	2→　7　→2 （16） 2→　9　→2 （15） 2→　10　→2 （19）	3399.7	8.6
	3→　5　→3 （19） 3→　8　→3 （18）		
	4　→　6　→4 （14）		

5.3.5　基于多周期、单车辆、市场细分条件下的危险化学品库存路径问题

由于问题涉及风险和成本两个目标函数，因此建立如下的多目标整数规划模型：

$$\text{Min}\quad C=\sum_{t\in T}\sum_{m\in M}h^m E[\tilde{I}^{mt}]+\sum_{t\in T}\sum_{m\in M}\sum_{l\in M_m}h_l^m E[\tilde{I}_l^{mt}]+\sum_{t\in T}\sum_{m\in M}p^m E[\tilde{O}^{mt}]$$

$$+\sum_{t\in T}\sum_{m\in M}\sum_{l\in M_m}p_l^m E[\tilde{O}_l^{mt}]+\sum_{t\in T}\sum_{k=1}^{n}\sum_{i=k}^{n}c^{r_{i-1}^t r_i^t}q^{r_i^t t}+\sum_{t\in T}\sum_{m\in M}\sum_{k=1}^{n_m}\sum_{i=k}^{n_m}c_{r_{i-1}^{mt}r_i^{mt}}q_{r_i^{mt}}^t$$

$$+|T|\cdot(1+m)c^*$$

$$\text{Min}\quad R=\sum_{t\in T}\sum_{m\in M}\xi^m E[\tilde{I}^{mt}]+\sum_{t\in T}\sum_{m\in M}\sum_{i\in M_m}\xi_i^m E[\tilde{I}_i^{mt}]+\sum_{t\in T}\sum_{k=1}^{n}\sum_{i=k}^{n}\eta^{r_{i-1}^t r_i^t}q^{r_i^t t}$$

$$+\sum_{t\in T}\sum_{m\in M}\sum_{k=1}^{n_m}\sum_{i=k}^{n_m}\eta_{r_{i-1}^{mt}r_i^{mt}}q_{r_i^{mt}}^t$$

S.t.

$$E[\tilde{I}^{mt}]=E[(\tilde{I}^{mt-1}+q^{mt}-\tilde{d}^{mt})^+],\quad m\in M,\quad t\in T \tag{5-174}$$

$$E[\tilde{I}_i^{mt}]=E[(\tilde{I}_i^{mt-1}+q_i^{mt}-\tilde{d}_i^{mt})^+],\quad m\in M,\quad t\in T,\quad i\in M_m \tag{5-175}$$

$$E[\tilde{O}^{mt}]=E[(\tilde{I}^{mt-1}+q^{mt}-\tilde{d}^{mt})^-],\quad m\in M,\quad t\in T \tag{5-176}$$

$$E[\tilde{O}_i^{mt}]=E[(\tilde{I}_i^{mt-1}+q_i^{mt}-\tilde{d}_i^{mt})^-],\quad m\in M,\quad t\in T,\quad i\in M_m \tag{5-177}$$

$$E[\tilde{I}^{mt}]\leqslant U^m,\quad m\in M,\quad t\in T \tag{5-178}$$

$$E[\tilde{I}_i^{mt}]\leqslant U_i^m,\quad m\in M,\quad t\in T,\quad i\in M_m \tag{5-179}$$

$$E[\tilde{O}^{mt}]\leqslant L^m,\quad m\in M,\quad t\in T \tag{5-180}$$

$$E[\tilde{O}_i^{mt}]\leqslant L_i^m,\quad m\in M,\quad t\in T,\quad i\in M_m \tag{5-181}$$

$$\alpha^m E[\tilde{d}^{mt}] = \sum_{i \in M_m} E[\tilde{d}_i^{mt}], \quad m \in M, \quad t \in T \tag{5-182}$$

$$q^{mt} \leqslant U^m - E[\tilde{I}^{mt-1}], \quad m \in M, \quad t \in T \tag{5-183}$$

$$q_i^{mt} \leqslant U_i^m - E[\tilde{I}_i^{mt-1}], \quad m \in M, \quad t \in T, \quad i \in M_m \tag{5-184}$$

式（5-93），式（5-96）～式（5-104）

其中，约束（5-174）表示制造商的库存水平，约束（5-175）表示零售商的库存水平，约束（5-176）表示制造商的缺货水平，约束（5-177）表示零售商的缺货水平，约束（5-178）表示制造商的库存量不大于最大库存水平，约束（5-179）表示零售商的库存量不大于最大库存水平，约束（5-180）表示制造商的缺货量不大于最大缺货水平，约束（5-181）表示零售商的缺货量不大于最大缺货水平，约束（5-182）表示上下层供应链的需求量要达到平衡，约束（5-183）表示制造商的供应量应小于其剩余库存空间，约束（5-184）表示零售商的供应量应小于其剩余库存空间。

经过运行遗传算法，得出固定风险度量模型的最佳供应量和运输路线（表 5-23），其中小括号中的数字为供应量。

表 5-23　5.3.5 节实例优化结果

周期	主问题	子问题	成本	风险
$T=1$	1→ 3 → 2 →1 （51）（32）	2 → 5 → 4 →2 （12）（15）	6914.1	25.4
		3→ 6 → 8 → 7 →3 （16）（15）（11）		
$T=2$	1→ 3 → 2 →1 （43）（27）	2 → 5 → 4 →2 （10）（14）		
		3→ 6 → 8 → 7 →3 （15）（14）（12）		
$T=3$	1→ 3 → 2 →1 （39）（28）	2 → 5 → 4 →2 （11）（15）		
		3→ 6 → 8 → 7 →3 （15）（13）（11）		

5.3.6　基于多周期、单车辆、随机市场条件下的危险化学品库存路径问题

由于问题涉及风险和成本两个目标函数，因此建立如下的多目标整数规划模型：

$$\begin{aligned}\text{Min}\quad C=&\sum_{t\in T}\sum_{m\in M}h^{m}E[\tilde{I}^{mt}]+\sum_{t\in T}\sum_{m\in M}\sum_{l\in\tilde{M}_m}h_l^{m}E[\tilde{I}_l^{mt}]+\sum_{t\in T}\sum_{m\in M}p^{m}E[\tilde{O}^{mt}]\\&+\sum_{t\in T}\sum_{m\in M}\sum_{l\in\tilde{M}_m}p_l^{m}E[\tilde{O}_l^{mt}]+\sum_{t\in T}\sum_{k=1}^{n}\sum_{i=k}^{n}c^{r_{i-1}^t r_i^t}q^{r_i^t t}+\sum_{t\in T}\sum_{m\in M}\sum_{k=1}^{n_m}\sum_{i=k}^{n_m}c_{r_{i-1}^{mt}r_i^{mt}}q_{r_i^{mt}}^{t}\\&+|T|\cdot(1+m)c^{*}\end{aligned}$$

$$\begin{aligned}\text{Min}\quad R=&\sum_{t\in T}\sum_{m\in M}\xi^{m}E[\tilde{I}^{mt}]+\sum_{t\in T}\sum_{m\in M}\sum_{i\in\tilde{M}_m}\xi_i^{m}E[\tilde{I}_i^{mt}]+\sum_{t\in T}\sum_{k=1}^{n}\sum_{i=k}^{n}\eta^{r_{i-1}^t r_i^t}q^{r_i^t t}\\&+\sum_{t\in T}\sum_{m\in M}\sum_{k=1}^{n_m}\sum_{i=k}^{n_m}\eta_{r_{i-1}^{mt}r_i^{mt}}q_{r_i^{mt}}^{t}\end{aligned}$$

S.t. $$E[\tilde{I}_i^{mt}]=E[(\tilde{I}_i^{mt-1}+q_i^{mt}-\tilde{d}_i^{mt})^{+}],\quad m\in M,\quad t\in T,\quad i\in\tilde{M}_m \tag{5-185}$$

$$E[\tilde{O}_i^{mt}]=E[(\tilde{I}_i^{mt-1}+q_i^{mt}-\tilde{d}_i^{mt})^{-}],\quad m\in M,\quad t\in T,\quad i\in\tilde{M}_m \tag{5-186}$$

$$E[\tilde{I}_i^{mt}]\leqslant U_i^{m},\quad m\in M,\quad t\in T,\quad i\in\tilde{M}_m \tag{5-187}$$

$$E[\tilde{O}_i^{mt}]\leqslant L_i^{m},\quad m\in M,\quad t\in T,\quad i\in\tilde{M}_m \tag{5-188}$$

$$\alpha^{m}E[\tilde{d}^{mt}]=\sum_{i\in\tilde{M}_m}E[\tilde{d}_i^{mt}],\quad m\in M,\quad t\in T \tag{5-189}$$

$$q_i^{mt}\leqslant U_i^{m}-E[\tilde{I}_i^{mt-1}],\quad m\in M,\quad t\in T,\quad i\in\tilde{M}_m \tag{5-190}$$

式（5-96），式（5-98），式（5-100），式（5-102），式（5-110），式（5-112）～式（5-116），式（5-174），式（5-176），式（5-178），式（5-180），式（5-183）

其中，约束（5-185）表示零售商的库存水平，约束（5-186）表示零售商的缺货水平，约束（5-187）表示零售商的库存量不大于最大库存水平，约束（5-188）表示零售商的缺货量不大于最大缺货水平，约束（5-189）表示上下层供应链的需求量要达到平衡，约束（5-190）表示零售商的供应量应小于其剩余库存空间。

经过运行遗传算法，得出固定风险度量模型的最佳供应量和运输路线（表 5-24），其中小括号中的数字为供应量。

表 5-24　5.3.6 节实例优化结果

周期	主问题	子问题	成本	风险
$T=1$	1→2→ 3 →4→1 （49）（43）（16）	4 → 6 →4 （16）	12 985	34.3
		3→ 8 → 5 →3 （21）（17）		
		2→ 9 → 10 → 7 →2 （15）（19）（15）		
$T=2$	1→2→ 3 →4→1 （56）（39）（12）	4 → 6 →4 （12）		
		3→ 8 → 5 →3 （15）（17）		
		2→ 9 → 10 → 7 →2 （17）（21）（15）		

续表

周期	主问题	子问题	成本	风险
$T=3$	1 → 2 → 3 → 4 → 1 （46）（40）（15）	4 → 6 → 4 （12）	12 985	34.3
		3 → 8 → 5 → 3 （17）（15）		
		2 → 9 → 10 → 7 → 2 （12）（16）（14）		

5.3.7 基于多周期、多车辆、市场细分条件下的危险化学品库存路径问题

由于问题涉及风险和成本两个目标函数，因此建立如下的多目标整数规划模型：

$$\text{Min}\quad C=\sum_{t\in T}\sum_{m\in M}h^{m}E[\tilde{I}^{mt}]+\sum_{t\in T}\sum_{m\in M}\sum_{l\in M_m}h_{l}^{m}E[\tilde{I}_{l}^{mt}]+\sum_{t\in T}\sum_{m\in M}p^{m}E[\tilde{O}^{mt}]$$

$$+\sum_{t\in T}\sum_{m\in M}\sum_{l\in M_m}p_{l}^{m}E[\tilde{O}_{l}^{mt}]+\sum_{t\in T}\sum_{k=1}^{y^t}\sum_{l=1}^{z_k^t}\sum_{i=l}^{z_k^t}c^{r_{l-1}^{kt}r_{l}^{kt}}q^{r_i^{kt}}+\sum_{t\in T}\sum_{m\in M}\sum_{k=1}^{y^{mt}}\sum_{l=1}^{z_k^{mt}}\sum_{i=l}^{z_k^{mt}}c_{r_{l-1}^{mkt}r_{l}^{mkt}}q_{r_i^{mkt}}^{t}$$

$$+(1+\sum_{t\in T}\sum_{m\in M}y^{mt})c^{*}$$

$$\text{Min}\quad R=\sum_{t\in T}\sum_{m\in M}\xi^{m}E[\tilde{I}^{mt}]+\sum_{t\in T}\sum_{m\in M}\sum_{i\in M_m}\xi_{i}^{m}E[\tilde{I}_{i}^{mt}]+\sum_{t\in T}\sum_{k=1}^{y^t}\sum_{l=1}^{z_k^t}\sum_{i=l}^{z_k^t}\eta^{r_{l-1}^{kt}r_{l}^{kt}}q^{r_i^{kt}}$$

$$+\sum_{t\in T}\sum_{m\in M}\sum_{k=1}^{y^{mt}}\sum_{l=1}^{z_k^{mt}}\sum_{i=l}^{z_k^{mt}}\eta_{r_{l-1}^{mkt}r_{l}^{mkt}}q_{r_i^{mkt}}^{t}$$

S.t.　式（5-93），式（5-117）～式（5-141），式（5-174）～式（5-184）

经过运行遗传算法，得出固定风险度量模型的最佳供应量和运输路线（表 5-25），其中小括号中的数字为供应量。

表 5-25　5.3.7 节实例优化结果

周期	主问题	子问题	成本	风险
$T=1$	1 → 2 → 1; （34） 1 → 3 → 1 （44）	2 → 4 → 2 （17）	6250.4	14.1
		2 → 5 → 2 （14） 3 → 6 → 3 （16） 3 → 7 → 3 （16） 3 → 8 → 3 （12）		

续表

<table>
<tr><th>周期</th><th>主问题</th><th>子问题</th><th>成本</th><th>风险</th></tr>
<tr><td rowspan="2">$T=2$</td><td rowspan="2">1 → 2 → 1;
(33)
1 → 3 → 1
(46)</td><td>2 → 4 → 2
(15)</td><td rowspan="4">6250.4</td><td rowspan="4">14.1</td></tr>
<tr><td>2 → 5 → 2
(16)
3 → 6 → 3
(16)
3 → 7 → 3
(13)
3 → 8 → 3
(13)</td></tr>
<tr><td rowspan="2">$T=3$</td><td rowspan="2">1 → 2 → 1;
(29)
1 → 3 → 1
(47)</td><td>2 → 4 → 2
(13)</td></tr>
<tr><td>2 → 5 → 2
(14)
3 → 6 → 3
(16)
3 → 7 → 3
(16)
3 → 8 → 3
(12)</td></tr>
</table>

5.3.8　基于多周期、多车辆、随机市场条件下的危险化学品库存路径问题

由于问题涉及风险和成本两个目标函数，因此建立如下的多目标整数规划模型：

$$\text{Min}\quad C=\sum_{t\in T}\sum_{m\in M}h^m E[\tilde{I}^{mt}]+\sum_{t\in T}\sum_{m\in M}\sum_{l\in M_m}h_l^m E[\tilde{I}_l^{mt}]+\sum_{t\in T}\sum_{m\in M}p^m E[\tilde{O}^{mt}]$$

$$+\sum_{t\in T}\sum_{m\in M}\sum_{l\in M_m}p_l^m E[\tilde{O}_l^{mt}]+\sum_{t\in T}\sum_{k=1}^{y^t}\sum_{l=1}^{z_k^t}\sum_{i=l}^{z_k^t}c^{r_{l-1}^{kt}r_l^{kt}}q^{r_i^{kt}}+\sum_{t\in T}\sum_{m\in M}\sum_{k=1}^{y^{mt}}\sum_{l=1}^{z_k^{mt}}\sum_{i=l}^{z_k^{mt}}c_{r_{l-1}^{mkt}r_l^{mkt}}q_{r_i^{mkt}}^t$$

$$+(1+\sum_{t\in T}\sum_{m\in M}y^{mt})c^*$$

$$\text{Min}\quad R=\sum_{t\in T}\sum_{m\in M}\xi^m E[\tilde{I}^{mt}]+\sum_{t\in T}\sum_{m\in M}\sum_{i\in M_m}\xi_i^m E[\tilde{I}_i^{mt}]+\sum_{t\in T}\sum_{k=1}^{y^t}\sum_{l=1}^{z_k^t}\sum_{i=l}^{z_k^t}\eta^{r_{l-1}^{kt}r_l^{kt}}q^{r_i^{kt}}$$

$$+\sum_{t\in T}\sum_{m\in M}\sum_{k=1}^{y^{mt}}\sum_{l=1}^{z_k^{mt}}\sum_{i=l}^{z_k^{mt}}\eta_{r_{l-1}^{mkt}r_l^{mkt}}q_{r_i^{mkt}}^t$$

S.t.　式（5-117）～式（5-120），式（5-124），式（5-126），式（5-128），式（5-130），式（5-132），式（5-134）～式（5-138），式（5-140），式（5-142）～式（5-151），式（5-174），式（5-176），式（5-178），式（5-180），式（5-183），式（5-185）～式（5-189）

经过运行遗传算法，得出固定风险度量模型的最佳供应量和运输路线（表 5-26），其中小括号中的数字为供应量。

表 5-26　5.3.8 节实例优化结果

周期	主问题	子问题	成本	风险
$T=1$	1→2→4→1 (48)(14) 1→3→1 (38)	2→7→2 (13) 2→9→2 (12) 2→10→2 (15)	10 922	24.9
		3→5→3 (17) 3→8→3 (17)		
		4→6→4 (12)		
$T=2$	1→2→4→1 (51)(15) 1→3→1 (39)	2→7→2 (17) 2→9→2 (17) 2→10→2 (16)		
		3→5→3 (15) 3→8→3 (16)		
		4→6→4 (13)		
$T=3$	1→2→4→1 (51)(42) 1→3→1 (14)	2→7→2 (16) 2→9→2 (15) 2→10→2 (19)		
		3→5→3 (22) 3→8→3 (18)		
		4→6→4 (14)		

5.4　本章小结

在第 2 章～第 4 章研究的基础上，本章针对以供应商为核心的危险化学品供应链库存路径问题，根据危险化学品供应链中的存储成本、缺货成本、车辆调度成本、运输成本和库存风险、运输风险及一系列相关约束，从周期数、车辆数、市场需求、市场模式等维度出发，通过成本和风险两个目标在 JMI 策略下对 One-Many-Many 危险化学品供应链进行了车辆路径模型的构建，并针对相应的模型构建了遗传算法进行求解。

第 6 章　总结与展望

1. 总结

总结全书，本书主要做了以下几方面工作。

（1）介绍了供应链库存路径问题的研究背景及研究意义，然后在此基础上对国内外集成化模式和非集成化模式下的供应链库存路径问题进行了文献综述。其中集成化模式下的库存路径问题主要从两级物流 One-One 模型、One-Many 模型、Many-One 模型、Many-Many 模型和三级供应链角度入手。最后，综述了应用于解决库存路径问题的相关算法。

（2）针对以供应商为核心的供应链 SIRP，从周期数、车辆数、市场需求、市场模式及库存策略等五个维度对 One-Many-Many 供应链进行了模型构建及算法研究，具体如下。

基于供应链中的存储成本、缺货成本、车辆调度成本、运输成本、空驶成本、装卸货成本及一系列相关约束，构建了各个维度情形下的库存调度模型；针对各个维度下的库存调度模型，通过引入 0-1 整数变量和车辆调度次序变量，巧妙地将模型中的存储成本、缺货成本与前向单位商品单位距离运输成本进行了变换，极大地提高了模型求解的可行性；针对周期数维度情形，通过修正的蚁群算法对单周期供应链库存路径问题进行了求解与实例分析，而对于多周期下的单阶段与多阶段模型，则通过遗传算法对这一系列 SIRP 进行了求解与实例分析；针对车辆数维度情形，在三种运输方式（直配式运输、串行式运输和并行式运输）定义的基础上，分别对其进行了建模与实例分析；针对市场需求维度情形，通过均匀分布和正态分布等连续型随机需求对模型进行了模型分析与实例优化，另外，为了方便处理多周期问题，提出了“确定需求优化路线，随机需求优化库存”的原则；针对市场模式维度情形，通过地理信息系统中的 Voronoi 图和费用差最小插入法分区算法等对市场进行区域划分，以此转化为市场细分情形；针对库存策略维度情形，对供应链 VMI 主子问题与 JMI 问题进行了建模与实例结论分析。

（3）源于第 2 章的研究，针对以制造商为核心的供应链 MIRP，根据供应链中的存储成本、缺货成本、车辆调度成本、运输成本、空驶成本、装卸货成本及一系列相关约束，同样从周期数、车辆数、市场需求、市场模式及库存策略等五个维度对 Many-One-Many 供应链进行了库存调度模型的构建及算法实例研究。

（4）源于第 2、第 3 章的研究，针对以零售商为核心的供应链 RIRP，根据供应链中的存储成本、缺货成本、车辆调度成本、运输成本、空驶成本、装卸货成本及一系列相关约束，同样从周期数、车辆数、市场需求、市场模式及库存策略等五个维度对 Many-Many-One 供应链进行了库存调度模型的构建。

（5）在一般物品集成化供应链库存路径问题研究的基础上，考虑危险化学品在库存和运输中的风险因素，分别研究了确定环境和不确定环境下的危险化学品库存路径问题。通过构建基于风险和成本双目标的整数规划模型以及设计的求解该问题的遗传算法，对危险化学品的库存和运输环节进行整合优化。

2. 展望

本书在现有国内外研究的基础上，重点研究了供应链三级模式下的库存路径问题及三方回购契约协调，得到了一系列相关的结论，今后进一步研究的方向集中于以下几方面。

（1）多目标/多商品流下的库存路径问题研究。供应链管理的核心主题是成本，同时为了快速响应市场需求，考虑到如时间窗、多商品流下的库存路径问题情形等因素，将会变得更加富有研究价值。

（2）库存路径问题下其他的供应链契约协调。供应链契约协调包括回购契约、折扣契约、收益共享契约、期权契约、双重定价契约等，而研究针对供应链三级模式的柔性契约也将是一个较新的方向。

（3）本书算法的进一步优化。本书针对一系列库存路径问题情形，采用了蚁群、遗传等启发式算法，而构建效率更高的算法程序也是当今供应链库存路径问题进一步研究的深入着眼点。

（4）考虑三级供应链库存路径问题下的联盟博弈问题等。博弈论在经济管理中扮演着越来越重要的角色，而三级供应链库存路径问题下的联盟博弈问题无疑给供应链管理提供了一个崭新的方向，尤其是近年来对于双形式博弈-Biform Game 上的理论与实践研究。

参 考 文 献

刘立辉，钱燕云，2005. 多对一配送网络中 ITIO 问题的建模与算法研究[J]. 物流技术，24（11）：58-61.

娄山佐，吴耀华，2007. 基于分解协调法解决多库房库存路径问题[J]. 公路交通科技，24（9）：145-148，158.

沈飞，管小俊，于雅岑，等，2009. 基于模拟退火理论求解库存路径问题的模型与算法研究[J]. 物流技术，28（2）：74-76.

孙斌锋，吕雄伟，李军，2007. 基于遗传算法的多周期随机需求 IRP 问题研究[J]. 商业研究，（9）：1-5.

孙茂，李文年，周永务，2008. 基于确定需求的作业层库存路径问题研究[J]. 计算机集成制造系统，14（2）：341-348.

叶志坚，杜文，王清荣，等，2003. 供应商管理库存系统中库存和运输计划整合[J]. 交通运输系统工程与信息，3（4）：82-88.

袁庆达，2001. 随机库存—运输联合优化问题研究[D]. 成都：西南交通大学.

赵秋红，汪寿阳，黎建强，2006. 物流管理中的优化方法与应用分析[M]. 北京：科学出版社.

朱晨波，叶耀华，戴锡，2007. 直接配送的三层随机库存路径问题[J]. 系统工程理论与实践，27（12）：16-22.

Anily S，1994. The general multi-retailer EOQ problem with vehicle routing costs[J]. European Journal of Operational Research，79：451-473.

Anily S，Federgruen A，1990a. A class of euclidean routing problems with general route cost functions[J]. Mathematics of Operations Research，15（2）：268-285.

Anily S，Federgruen A，1990b. One warehouse multiple retailer systems with vehicle routing costs[J]. Management Science，36（1）：92-114.

Anily S，Federgruen A，1991. Structured partitioning problems[J]. Operations Research，39（1）：130-149.

Anily S，Federgruen A，1993. Two-echelon distribution systems with vehicle routing costs and central inventories[J]. Operations Research，41（1）：37-47.

Archetti C，Bertazzi L，Laporte G，et al.，2007. A branch-and-cut algorithm for a vendor-managed inventory routing problem[J]. Transportation Science，41（3）：382-391.

Ardjmand E，Weckman G，Park N，et al.，2015. Applying genetic algorithm to a new location and routing model of hazardous materials[J]. International Journal of Production Research，53（3）：

916-928.

Ardjmand E, Young W A, Weckman G R, et al., 2016. Applying genetic algorithm to a new bi-objective stochastic model for transportation, location, and allocation of hazardous materials[J]. Expert Systems with Applications, 51: 49-58.

Baita F, Ukovich W, Pesenti R, et al., 1998. Dynamic routing-and-inventory problems: A review. Transportation Research Part A: Polocy and Practice, 32 (8): 585-598.

Bard J F, Nananukul N, 2009. Heuristics for a multiperiod inventory routing problem with production decisions[J]. Computers and Industrial Engineering, 57 (3): 713-723.

Benjamin J, 1989. An analysis of inventory and transportation costs in a constrained network[J]. Transportation Science, 23 (3): 177-183.

Berman O, Larson R C, 2001. Deliveries in an inventory/routing problem using stochastic dynamic programming[J]. Transportation Science, 35 (2): 192-213.

Bertazzi L, 2008. Analysis of direct shipping policies in an inventory routing problem with discrete shipping times[J]. Management Science, 54 (4): 748-762.

Bertazzi L, Speranza M G, Ukovich W, 1997. Minimization of logistic costs with given frequencies[J]. Transportation Research Part B: Methodological, 31 (4): 327-340.

Blanchini F, Queyranne M, Rinaldi F, et al., 1996a. A feedback strategy for periodic network flows[J]. Networks, 27 (1): 25-34.

Blanchini F, Rinaldi F, Ukovich W, 1996b. A dynamic game model for distribution problems with non-stochastic uncertainty[J]. International Journal of Production Economics, 45 (1/2/3): 479-487.

Blanchini F, Rinaldi F, Ukovich W, 1997. A network design problem for a distribution system with uncertain demands[J]. SIAM Journal on Optimization, 7 (2): 560-578.

Blumenfeld D E, Burns L D, Daganzo C F, et al., 1987. Reducing logistics costs at general motors[J]. Interfaces, 17 (1): 26-47.

Blumenfeld E, Burns D, Diltz D, et al., 1985. Analyzing trade-off between transportation, inventory and production costs on freight networks[J]. Transportation Research Part B: Methodological, 19 (5): 361-380.

Bramel J, Simchi-Levi D, 1995. A location based heuristic for general routing problems[J]. Operations Research, 43 (4): 649-660.

Burns L D, Hall R W, Blumenfeld D E, et al., 1985. Distribution strategies that minimize transportation and inventory costs[J]. Operations Research, 33 (3): 469-490.

Campbell J F, 1993. One-to-many distribution with transshipments: An analytic model[J]. Transportation Science, 27 (4): 330-340.

Chan L, Simchi-Levi D, 1998. Probabilistic analyses and algorithms for three-level distribution systems[J]. Management Science, 44 (11): 1562-1576.

Chandra P, Fisher L, 1994. Coordination of production and distribution planning[J]. European Journal of Operational Research, 72 (3): 503-517.

Chen C F, Egbelu P J, Wu C T, 1994. Production planning models for a central factory with multiple satellite factories[J]. International Journal of Production Research，32（6）：1431-1450.

Chien T W，Balakrishnan A，Wong R T，1989. An integrated inventory allocation and vehicle routing problem[J]. Transportation Science，23（2）：67-76.

Daganzo C F，1985. Supplying a single location from heterogeneous sources[J]. Transportation Research Part B：Methodological，19（5）：409-419.

Daganzo C F，1987. The break-bulk role of terminals in many-to-many logistic networks[J]. Operations Research，35（4）：543-555.

Daganzo C F，1988. A comparison of in-vehicle and out-of-vehicle freight consolidation strategies[J]. Transportation Research Part B：Methodological，22（3）：173-180.

Daganzo C F，Newell G F，1985. Physical distribution from a warehouse：Vehicle coverage and inventory levels[J]. Transportation Research Part B：Methodological，19（5）：397-407.

Daganzo C F，Newell G F，1986. Configuration of physical distribution networks[J]. Networks，16（2）：113-132.

Daganzo C F，Newell G F，1993. Handling operations and the lot size trade-off[J]. Transportation Research Part B：Methodological，27（3）：167-183.

Day J M，Wright D，Schoenherr T，et al.，2007. Improving routing and scheduling decisions at a distributor of industrial gasses[J]. Omega，37（1）：227-237.

Dorigo M，Maniezzo V，Colorni A，1996. Ant system：Optimization by a colony of cooperating agents[J]. IEEE Transactions on Systems，Man，and Cybernetics-Part B：Cybernetics，26（1）：29-41.

Dror M，Ball M，1987. Inventory/routing：reduction from an annual to a short-period problem[J]. Naval Research Logistics，34（6）：891-905.

Dror M，Levy L，1986. A vehicle routing improvement algorithm comparison of a greedy and a matching implementation for inventory routing[J]. Computers and Operations Research，13（1）：33-45.

Dror M，Trudeau P，1996. Cash flow optimization in delivery scheduling[J]. European Journal of Operational Research，88（3）：504-515.

Ernst R，Pyke D F，1993. Optimal base stock policies and truck capacity in a two-echelon system[J]. Naval Research Logistics，40（7）：879-903.

Federgruen A，Prastacos G，Zipkin P H，1986. An allocation and distribution model for perishable products[J]. Operations Research，34（1）：75-82.

Federgruen A，Tzur M，1996. Detection of minimal forecast horizons in dynamic programs with multiple indicators of the future[J]. Naval Research Logistics，43（2）：169-189.

Federgruen A，Zipkin P，1984. A combined vehicle routing and inventory allocation problem[J]. Operations Research，32（5）：1019-1037.

Gallego G，Simchi-Levi D，1990. On the effectiveness of direct shipping strategy for the one-warehouse multi-retailer R-systems[J]. Management Science，36（2）：240-243.

Glover F，1986. Future paths for integer programming and links to artificial intelligence[J]. Computers and Operations Research，13（5）：533-549.

Gronhaug R，Christiansen M，Desaulniers G，et al.，2010. A branch-and-price method for a liquefied natural gas inventory routing problem[J]. Transportation Science，44（3）：400-415.

Guo S，Yu L，Li X，et al.，2016. Fuzzy multi-period portfolio selection with different investment horizons[J]. European Journal of Operational Research，254（3）：1026-1035.

Holland J H，1975. Adaptation in Natural and Artificial Systems：An Introductory Analysis with Applications to Biology，Control，and Artificial Intelligence[M]. Oxford，England：U Michigan Press.

Huang S H，Lin P C，2010. A modified ant colony optimization algorithm for multi-item inventory routing problems with demand uncertainty[J]. Transportation Research Part E：Logistics and Transportation Review，46（5）：598-611.

Hvattum L M，Lokketangen A，Laporte G，2009. Scenario tree-based heuristics for stochastic inventory-routing problems[J]. Informs Journal on Computing，21（2）：268-285.

Jung J，Mathur K，2007. An efficient heuristic algorithm for a two-echelon joint inventory and routing problem[J]. Transportation Science，41（1）：55-73.

Klincewicz J G，1990. Solving a freight transport problem using facility location techniques[J]. Operations Research，38（1）：99-109.

Laporte G，Mercure H，Nobert Y，1987. Generalized travelling salesman problem through n sets of nodes：The asymmetrical case[J]. Discrete Applied Mathematics，18（2）：185-197.

Li X，Liu B D，2006. A sufficient and necessary condition for credibility measures[J]. International Journal of Uncertainty，Fuzziness and Knowledge-Based Systems，14（5）：527-535.

Li X，Dan R，Tang T，2011a. Fuzzy train energy consumption minimization model and algorithm[J]. Iranian Journal of Fuzzy Systems，8（4）：77-91.

Li X，Qin Z F，Kar S，2010. Mean-variance-skewness model for portfolio selection with fuzzy returns[J]. European Journal of Operational Research，202（1）：239-247.

Li X，Qin Z F，Yang L X，et al.，2011b. Entropy maximization model for the trip distribution problem with fuzzy and random parameters[J]. Journal of Computational and Applied Mathematics，235（8）：1906-1913.

Li X，Zhang Y，Wong H S，et al.，2009. A hybrid intelligent algorithm for portfolio selection problem with fuzzy returns[J]. Journal of Computational and Applied Mathematics，233（2）：264-278.

Liu B，1999. Dependent-chance programming with fuzzy decisions[J]. IEEE Transactions on Fuzzy Systems，7（3）：354-360.

Liu B D，Iwamura K，1998. Chance constrained programming with fuzzy parameters[J]. Fuzzy Sets and Systems，94（2）：227-237.

Liu B，Liu Y K，2002. Expected value of fuzzy variable and fuzzy expected value models[J]. IEEE Transportations on Fuzzy Systems，10（4）：445-450.

Ma C X，Li Y Z，He R C，et al.，2012. New optimisation model and fuzzy adaptive weighted genetic algorithm for hazardous material transportation[J]. International Journal of Computing Science and Mathematics，3（4）：341-352.

Metropolis N，Rosenbluth A W，Rosenbluth M N，et al.，1953. Equation of state calculations by fast computing machines[J]. The Journal of Chemical Physics，21（6）：1087-1092.

Miller D M，1987. An interactive，computer-aided ship scheduling system[J]. European Journal of Operational Research，32（3）：363-379.

Popken D A，1994. An algorithm for the multi-attribute multi-commodity flow problem with freight consolidation and inventory costs[J]. Operations Research，42（2）：274-286.

Raa B，Aghezzaf E H，2009. A practical solution approach for the cyclic inventory routing problem[J]. European Journal of Operational Research，192（2）：429-441.

Savelsbergh M，Song J H，2008. An optimization algorithm for the inventory routing problem with continuous moves[J]. Computers and Operations Research，35（7）：2266-2282.

Shen S Y，Honda M，2009. Incorporating lateral transfers of vehicles and inventory into an integrated replenishment and routing plan for a three-echelon supply chain[J]. Computers and Industrial Engineering，56（2）：754-775.

Sindhuchao S，Romeijn H E，Akcali E，et al.，2005. An integrated inventory-routing system for multi-item joint replenishment with limited vehicle capacity[J]. Journal of Global Optimization，32（1）：93-118.

Speranza M G，Ukovich W，1994a. Analysis and integration of optimization models for logistic systems[J]. International Journal of Production Economics，35（1/2/3）：183-190.

Speranza M G，Ukovich W，1994b. Minimizing transportation and inventory costs for several products on a single link[J]. Operations Research，42（5）：879-894.

Trudeau P，Dror M，1992. Stochastic inventory routing：Route design with stockouts and route failures[J]. Transportation Science，26（3）：171-184.

Vidyarthi N，Celebi E，Elhedhli S，et al.，2007. Integrated production-inventory-distribution system design with risk pooling：model formulation and heuristic solution[J]. Transportation Science，41（3）：392-408.

Viswanathan S，Mathur K，1997. Integrating routing and inventory decisions in one-warehouse multi-retailer muti-product distribution systems[J]. Management Science，43（3）：294-312.

Yang L，Li X，Gao Z，et al.，2011. A fuzzy minimum risk model for the railway transportation planning problem[J]. Iranian Journal of Fuzzy Systems，8（4）：39-60.

Zadeh L A，1965. Fuzzy sets[J]. Information and Control，8（3）：338-353.

Zadeh L A，1978. Fuzzy sets as a basis for a theory of possibility[J]. Fuzzy Sets and Systems，1（1）：3-28.

Zadeh L A，1979. A theory of approximate reasoning[J]. Machine Intelligence，9（9）：149-194.

Zhao Q H，Chen S，Zang C X，2008. Model and algorithm for inventory/routing decision in a three-echelon logistics system [J]. European Journal of Operational Research，191（3）：623-635.

符 号 说 明

1. 第 2 章至第 4 章所用符号说明：

S	供应商集合
M	制造商集合
R	零售商集合
m	制造商的个数
l	某个节点
$i \in S$	供应商 i
$j \in M$	制造商 j
$k \in R$	零售商 k
$t \in T$	时间段 t
N^{SM}	供应商为核心企业下的 S-M 系统所包含的元素数
N_j^{SR}	供应商为核心企业下的 S-R 系统 j 所包含的元素数
N^{MM}	制造商为核心企业下的 M-M 系统所包含的元素数
N^{MR}	制造商为核心企业下的 M-R 系统所包含的元素数
N_j^{RM}	零售商为核心企业下的 R-M 系统 j 所包含的元素数
N^{RR}	零售商为核心企业下的 R-R 系统所包含的元素数
ψ_j^{SM}	供应商为核心企业下的 S-M 系统中制造商 j 的调度次序
ψ_{jk}^{SR}	供应商为核心企业下的 S-R 系统中零售商 k 的调度次序
ψ_i^{MM}	制造商为核心企业下的 M-M 系统中供应商 i 的调度次序
ψ_k^{MR}	制造商为核心企业下的 M-R 系统中零售商 k 的调度次序
ψ_{ji}^{RM}	零售商为核心企业下的 R-M 系统中供应商 i 的调度次序
ψ_j^{RR}	零售商为核心企业下的 R-R 系统中制造商 j 的调度次序

h_j^{SM} 供应商为核心企业下的制造商单位库存持有成本
h_k^{SR} 供应商为核心企业下的零售商单位库存持有成本
h_j^{MM} 制造商为核心企业下的制造商单位库存持有成本
h_k^{MR} 制造商为核心企业下的零售商单位库存持有成本
h_j^{RM} 零售商为核心企业下的制造商单位库存持有成本
h_k^{RR} 零售商为核心企业下的零售商单位库存持有成本
I_j^{SM} 供应商为核心企业下的制造商库存量
I_k^{SR} 供应商为核心企业下的零售商库存量
I_{jt}^{SM} 供应商为核心企业下的制造商时间 t 时的库存量
I_{kt}^{SR} 供应商为核心企业下的零售商时间 t 时的库存量
I_j^{MM} 制造商为核心企业下的制造商库存量
I_k^{MR} 制造商为核心企业下的零售商库存量
I_{jt}^{MM} 制造商为核心企业下的制造商时间 t 时的库存量
I_{kt}^{MR} 制造商为核心企业下的零售商时间 t 时的库存量
I_j^{RM} 零售商为核心企业下的制造商库存量
I_k^{RR} 零售商为核心企业下的零售商库存量
I_{jt}^{RM} 零售商为核心企业下的制造商时间 t 时的库存量
I_{kt}^{RR} 零售商为核心企业下的零售商时间 t 时的库存量
d_j^{SM} 供应商为核心企业下的制造商需求量
d_k^{SR} 供应商为核心企业下的零售商需求量
d_{jt}^{SM} 供应商为核心企业下的制造商时间 t 时的需求量
d_{kt}^{SR} 供应商为核心企业下的零售商时间 t 时的需求量
d_j^{MM} 制造商为核心企业下的制造商需求量
d_k^{MR} 制造商为核心企业下的零售商需求量
d_{jt}^{MM} 制造商为核心企业下的制造商时间 t 时的需求量
d_{kt}^{MR} 制造商为核心企业下的零售商时间 t 时的需求量
d_j^{RM} 零售商为核心企业下的制造商需求量
d_k^{RR} 零售商为核心企业下的零售商需求量
d_{jt}^{RM} 零售商为核心企业下的制造商时间 t 时的需求量

d_{kt}^{RR}	零售商为核心企业下的零售商时间 t 时的需求量
q_j^{SM}	供应商为核心企业下的制造商运输产品量
q_k^{SR}	供应商为核心企业下的零售商运输产品量
q_{jt}^{SM}	供应商为核心企业下的制造商时间 t 时的运输产品量
q_{kt}^{SR}	供应商为核心企业下的零售商时间 t 时的运输产品量
q_j^{MM}	制造商为核心企业下的制造商运输产品量
q_k^{MR}	制造商为核心企业下的零售商运输产品量
q_{jt}^{MM}	制造商为核心企业下的制造商时间 t 时的运输产品量
q_{kt}^{MR}	制造商为核心企业下的零售商时间 t 时的运输产品量
q_j^{RM}	零售商为核心企业下的制造商运输产品量
q_k^{RR}	零售商为核心企业下的零售商运输产品量
q_{jt}^{RM}	零售商为核心企业下的制造商时间 t 时的运输产品量
q_{kt}^{RR}	零售商为核心企业下的零售商时间 t 时的运输产品量
G_{ij}^S	供应商为核心企业下的供应链成员主体运输距离
G_{ij}^M	制造商为核心企业下的供应链成员主体运输距离
G_{ij}^R	零售商为核心企业下的供应链成员主体运输距离
c^{SM}	供应商为核心企业下的 S-M 系统中从结点 i 到结点 j 的单位产品单位距离标准运输成本费率
c^{SR}	供应商为核心企业下的 S-R 系统中从结点 j 到结点 k 的单位产品单位距离标准运输成本费率
c^{MM}	制造商为核心企业下的 M-M 系统中从结点 i 到结点 j 的单位产品单位距离标准运输成本费率
c^{MR}	制造商为核心企业下的 M-R 系统中从结点 j 到结点 k 的单位产品单位距离标准运输成本费率
c^{RM}	零售商为核心企业下的 R-M 系统中从结点 i 到结点 j 的单位产品单位距离标准运输成本费率
c^{RR}	零售商为核心企业下的 R-R 系统中从结点 j 到结点 k 的单位产品单位距离标准运输成本费率
p_j^{SM}	供应商为核心企业下的制造商单位缺货成本
p_k^{SR}	供应商为核心企业下的零售商单位缺货成本
p_j^{MM}	制造商为核心企业下的制造商单位缺货成本

p_k^{MR} 制造商为核心企业下的零售商单位缺货成本

p_j^{RM} 零售商为核心企业下的制造商单位缺货成本

p_k^{RR} 零售商为核心企业下的零售商单位缺货成本

l_j^{SM} 供应商为核心企业下的制造商缺货数量

l_k^{SR} 供应商为核心企业下的零售商缺货数量

l_j^{MM} 制造商为核心企业下的制造商缺货数量

l_k^{MR} 制造商为核心企业下的零售商缺货数量

l_j^{RM} 零售商为核心企业下的制造商缺货数量

l_k^{RR} 零售商为核心企业下的零售商缺货数量

l_{jt}^{SM} 供应商为核心企业下的制造商时间 t 时的缺货数量

l_{kt}^{SR} 供应商为核心企业下的零售商时间 t 时的缺货数量

l_{jt}^{MM} 制造商为核心企业下的制造商时间 t 时的缺货数量

l_{kt}^{MR} 制造商为核心企业下的零售商时间 t 时的缺货数量

l_{jt}^{RM} 零售商为核心企业下的制造商时间 t 时的缺货数量

l_{kt}^{RR} 零售商为核心企业下的零售商时间 t 时的缺货数量

c_0^{SM} 供应商为核心企业下的 S - M 系统中供应商调度车辆的固定成本

c_0^{MM} 制造商为核心企业下的 M - M 系统中制造商调度自有车辆的固定成本

c_0^{MR} 制造商为核心企业下的 M - R 系统中制造商调度自有车辆的固定成本

c_0^{RR} 零售商为核心企业下的 R - R 系统中零售商调度自有车辆的固定成本

v_0^{SM} 供应商为核心企业下的 S - M 系统中供应商调度租用车辆的固定成本

v_0^{MM} 制造商为核心企业下的 M - M 系统中制造商调度租用车辆的固定成本

v_0^{MR} 制造商为核心企业下的 M - R 系统中制造商调度租用车辆的固定成本

v_0^{RR} 零售商为核心企业下的 R - R 系统中零售商调度租用车辆的固定成本

c_j^{SR} 供应商为核心企业下的 S - R 系统中制造商 j 调度车辆的固定成本

v_j^{SR} 供应商为核心企业下的 S - R 系统中制造商 j 调度租用车辆的固定成本

c_i^{RM} 零售商为核心企业下的 R - M 系统中制造商 j 调度车辆的固定成本

c_{jj}^{SM} 供应商为核心企业下的 S - M 系统中供应商运输货物给制造商 j 时的单位装卸货成本

c_{kk}^{SR} 供应商为核心企业下的 S - R 系统中制造商运输货物给零售商 k 时的单位装卸货成本

c_{ii}^{MM} 制造商为核心企业下的 M - M 系统中制造商运输货物给供应商 i 时的单位装卸货成本

c_{kk}^{MR} 制造商为核心企业下的 M - R 系统中制造商运输货物给零售商 k 时的单位装卸货成本

c_{ii}^{RM} 零售商为核心企业下的 R - M 系统中制造商运输货物给供应商 i 时的单位装卸货成本

c_{jj}^{RR} 零售商为核心企业下的 R - R 系统中零售商运输货物给制造商 j 时的单位装卸货成本

U_j^{SM} 供应商为核心企业下的制造商最大库存水平

U_k^{SR} 供应商为核心企业下的零售商最大库存水平

U_j^{MM} 制造商为核心企业下的制造商最大库存水平

U_k^{MR} 制造商为核心企业下的零售商最大库存水平

U_j^{RM} 零售商为核心企业下的制造商最大库存水平

U_k^{RR} 零售商为核心企业下的零售商最大库存水平

Y^{SM} 供应商为核心企业下的供应商自有车辆最大容量

Y^{SR} 供应商为核心企业下的制造商自有车辆最大容量

Y^{M} 制造商为核心企业下的制造商自有车辆最大容量

Y^{RM} 零售商为核心企业下的制造商自有车辆最大容量

Y^{RR} 零售商为核心企业下的零售商自有车辆最大容量

Y_V^{SM} 供应商为核心企业下的供应商租用车辆最大容量

Y_V^{SR} 供应商为核心企业下的制造商租用车辆最大容量

Y_V^{M} 制造商为核心企业下的制造商租用车辆最大容量

Y_V^{RM} 零售商为核心企业下的制造商租用车辆最大容量

Y_V^{RR} 零售商为核心企业下的零售商租用车辆最大容量

x_{ij}^{SM} 供应商为核心企业下的 S - M 系统中的（0，1）路径整数变量

x_{jk}^{SR} 供应商为核心企业下的 S - R 系统中的（0，1）路径整数变量

x_{ijt}^{SM} 供应商为核心企业下的 S - M 系统中时间 t 时的（0，1）路径整数变量

x_{jkt}^{SR} 供应商为核心企业下的 S - R 系统中时间 t 时的（0，1）路径整数变量

x_{ji}^{MM} 制造商为核心企业下的 M - M 系统中的（0，1）路径整数变量

x_{jk}^{MR} 制造商为核心企业下的 M - R 系统中的（0，1）路径整数变量

x_{jit}^{MM}	制造商为核心企业下的 M-M 系统中时间 t 时的（0，1）路径整数变量
x_{jkt}^{MR}	制造商为核心企业下的 M-R 系统中时间 t 时的（0，1）路径整数变量
x_{ji}^{RM}	零售商为核心企业下的 R-M 系统中的（0，1）路径整数变量
x_{kj}^{RR}	零售商为核心企业下的 R-R 系统中的（0，1）路径整数变量
x_{jit}^{RM}	零售商为核心企业下的 R-M 系统中时间 t 时的（0，1）路径整数变量
x_{kjt}^{RR}	零售商为核心企业下的 R-R 系统中时间 t 时的（0，1）路径整数变量
L^{SM}	供应商为核心企业下的制造商最大缺货数量
L^{SR}	供应商为核心企业下的零售商最大缺货数量
L^{MM}	制造商为核心企业下的制造商最大缺货数量
L^{MR}	制造商为核心企业下的零售商最大缺货数量
L^{RM}	零售商为核心企业下的制造商最大缺货数量
L^{RR}	零售商为核心企业下的零售商最大缺货数量
$\tilde{d}_j^{SM}$	供应商为核心企业下的制造商随机需求量
$\tilde{d}_k^{SR}$	供应商为核心企业下的零售商随机需求量
$\tilde{d}_{jt}^{SM}$	供应商为核心企业下的制造商时间 t 时的随机需求量
$\tilde{d}_{kt}^{SR}$	供应商为核心企业下的零售商时间 t 时的随机需求量
$\tilde{d}_j^{MM}$	制造商为核心企业下的制造商随机需求量
$\tilde{d}_k^{MR}$	制造商为核心企业下的零售商随机需求量
$\tilde{d}_{jt}^{MM}$	制造商为核心企业下的制造商时间 t 时的随机需求量
$\tilde{d}_{kt}^{MR}$	制造商为核心企业下的零售商时间 t 时的随机需求量
$\tilde{d}_j^{RM}$	零售商为核心企业下的制造商随机需求量
$\tilde{d}_k^{RR}$	零售商为核心企业下的零售商随机需求量
$\tilde{d}_{jt}^{RM}$	零售商为核心企业下的制造商时间 t 时的随机需求量
$\tilde{d}_{kt}^{RR}$	零售商为核心企业下的零售商时间 t 时的随机需求量
$\lfloor x \rfloor$	取不小于变量 x 的最小整数
K	车辆空返时的标准运输当量
$k \in M_j(\cdot)$	供应商为核心企业中细分市场情形下车辆调度时制造商 j 所服务的零售商顾客 k 集合
$k \in \tilde{M}_j(\cdot)$	供应商为核心企业中市场优化情形下车辆调度时制造商 j 所服务的零售商顾客 k 集合

$k \in \underline{M}_j(\cdot)$ 零售商为核心企业中细分市场情形下车辆调度时制造商 j 所服务的供应商顾客 k 集合

$k \in \tilde{\underline{M}}_j(\cdot)$ 零售商为核心企业中市场优化情形下车辆调度时制造商 j 所服务的供应商顾客 k 集合

$\left|M_j(\cdot)\right|$ 集合 $M_j(\cdot)$ 所含子集数量

$\overline{c}_{ij}^{SM}$ 供应商为核心企业下的 S - M 系统中从结点 i 到结点 j 的前向单位产品单位距离运输成本

$\overline{c}_{jk}^{SR}$ 供应商为核心企业下的 S - R 系统中从结点 j 到结点 k 的前向单位产品单位距离运输成本

$\underline{c}_{ji}^{MM}$ 制造商为核心企业下的 M - M 系统中从结点 j 到结点 i 的后向单位产品单位距离运输成本

$\overline{c}_{jk}^{MR}$ 制造商为核心企业下的 M - R 系统中从结点 j 到结点 k 的后向单位产品单位距离运输成本

$\underline{c}_{ji}^{RM}$ 零售商为核心企业下的 R - M 系统中从结点 j 到结点 i 的后向单位产品单位距离运输成本

$\overline{c}_{kj}^{RR}$ 零售商为核心企业下的 R - R 系统中从结点 k 到结点 j 的后向单位产品单位距离运输成本

$i \in S \cup M$ 结点 i 属于供应商和制造商集合的子集元素

T_0^{SM} 多周期下供应商为核心企业的 S - M 系统中供应商向制造商补货的时间间隔

T_j^{SR} 多周期下供应商为核心企业的 S - R 系统中制造商 j 向零售商补货的时间间隔

T_0^{RM} 多周期下零售商为核心企业的 R - M 系统中零售商向制造商运货的时间间隔

T_j^{RR} 多周期下零售商为核心企业的 R - R 系统中制造商 j 向供应商运货的时间间隔

$f_d(\tilde{d})$ 随机需求变量 $\tilde{d}$ 的概率密度函数

$\overline{S}_c(\cdot)$ 供应商为核心企业下单一车辆由供应商服务制造商的集合

$\overline{M}_{jd}(\cdot)$ 供应商为核心企业下单一车辆由制造商 j 服务零售商的集合

$\tilde{S}_c(\cdot)$ 供应商为核心企业下单一车辆在随机市场下由供应商服务制造商的集合

$\tilde{M}_{jd}(\cdot)$ 供应商为核心企业下单一车辆在随机市场下由制造商 j 服务零售商的集合

$\underline{S}_c(\cdot)$	制造商为核心企业下单一车辆由制造商服务供应商的集合
$\underline{M}_d(\cdot)$	制造商为核心企业下单一车辆由制造商服务零售商的集合
$\bar{\underline{S}}_c(\cdot)$	零售商为核心企业下单一车辆由制造商服务供应商的集合
$\bar{\underline{M}}_{kd}(\cdot)$	零售商为核心企业下单一车辆由零售商 k 服务制造商的集合
$\tilde{\underline{S}}_c(\cdot)$	零售商为核心企业下单一车辆在随机市场下由制造商服务供应商的集合
$\tilde{\underline{M}}_{kd}(\cdot)$	零售商为核心企业下单一车辆在随机市场下由零售商 k 服务制造商的集合
f_0^{-1}	对应于 $\bar{S}_c(\cdot)$ 的逆函数
f_j^{-1}	对应于 $\bar{M}_{jd}(\cdot)$ 的逆函数
$\bar{f}_0^{-1}$	对应于 $\underline{S}_c(\cdot)$ 的逆函数
$\bar{f}_j^{-1}$	对应于 $\underline{M}_{jd}(\cdot)$ 的逆函数
$\tilde{f}_0^{-1}$	对应于 $\bar{\underline{S}}_c(\cdot)$ 的逆函数
$\tilde{f}_j^{-1}$	对应于 $\bar{\underline{M}}_{kd}(\cdot)$ 的逆函数
$\lvert f_0^{-1}\rvert$	供应商为核心企业下由供应商服务制造商所派出的车辆数
$\lvert f_j^{-1}\rvert$	供应商为核心企业下由制造商 j 服务零售商所派出的车辆数
$\lvert \bar{f}_0^{-1}\rvert$	制造商为核心企业下由制造商服务供应商所派出的车辆数
$\lvert \bar{f}_j^{-1}\rvert$	制造商为核心企业下由制造商服务零售商所派出的车辆数
$\lvert \tilde{f}_0^{-1}\rvert$	零售商为核心企业下由制造商服务供应商所派出的车辆数
$\lvert \tilde{f}_j^{-1}\rvert$	零售商为核心企业下由零售商服务制造商所派出的车辆数
n_0^{SM}	供应商为核心企业下的第三方配送时供应商所调度的自有车辆数量
n_j^{SR}	供应商为核心企业下的第三方配送时制造商 j 所调度的自有车辆数量
n_0^{MM}	制造商为核心企业下的第三方配送时制造商向供应商所调度的自有车辆数量
n_0^{MR}	制造商为核心企业下的第三方配送时制造商向零售商所调度的自有车辆数量
n_i^{RM}	零售商为核心企业下的第三方配送时制造商 i 所调度的自有车辆数量
n_0^{RR}	零售商为核心企业下的第三方配送时零售商所调度的自有车辆数量
c	三级供应链下供应商采购商品的单位固定成本
c_{SM}	三级供应链下从供应商到制造商的单位商品运输成本

c_{MR} 三级供应链下从制造商到零售商的单位商品运输成本

I_M 三级供应链下制造商当前的商品库存量

I 三级供应链下零售商当前的商品库存量

d 三级供应链下商品的市场需求量

s_S 三级供应链下供应商回购商品的单位残留价值

s 三级供应链下零售商销售剩余商品的单位残留价值

p 三级供应链下零售商销售商品的单位缺货成本

h_S 三级供应链下供应商处商品的单位持有成本

h 三级供应链下零售商处商品的单位持有成本

q^C 三级供应链集中式决策下从制造商到零售商的运输商品数量

q_{SM} 三级供应链 $S-M$ 运输分散模式下从制造商到零售商的运输商品数量

q_{SR} 三级供应链 $S-R$ 运输分散模式下从制造商到零售商的运输商品数量

q_{MM} 三级供应链 $M-M$ 运输分散模式下从制造商到零售商的运输商品数量

q_{MR} 三级供应链 $M-R$ 运输分散模式下从制造商到零售商的运输商品数量

$\tilde{q}_{SM}$ 三级供应链 $S-M$ 运输协调模式下从制造商到零售商的运输商品数量

$\tilde{q}_{SR}$ 三级供应链 $S-R$ 运输协调模式下从制造商到零售商的运输商品数量

$\tilde{q}_{MM}$ 三级供应链 $M-M$ 运输协调模式下从制造商到零售商的运输商品数量

$\tilde{q}_{MR}$ 三级供应链 $M-R$ 运输协调模式下从制造商到零售商的运输商品数量

w_S 三级供应链下供应商提供给制造商的单位商品转移价格

b_S 三级供应链下供应商提供给制造商的单位商品回购价格

w_M 三级供应链下制造商提供给零售商的单位商品转移价格

b_M 三级供应链下制造商提供给零售商的单位商品回购价格

w 三级供应链下零售商的单位商品销售价格

F 三级供应链下商品的市场需求量分布函数

2. 第 5 章所用符号说明：

N 供应商和制造商的集合

M 制造商的集合

n 制造商的个数

N_m	制造商 m 和下属零售商的集合
M_m	制造商 m 下属零售商的集合
n_m	制造商 m 下属零售商的个数
ξ^m	制造商 m 处的单位质量危险化学品原材料库存风险
ξ_l	零售商 l 处的单位质量危险化学品库存风险
η^{ij}	上层供应链所属弧段 (i, j) 之间单位质量危险化学品原材料运输风险
η_{ij}	下层供应链所属弧段 (i, j) 之间单位质量危险化学品运输风险
c^{ij}	上层供应链所属弧段 (i, j) 之间单位质量危险化学品原材料运输成本
c_{ij}	下层供应链所属弧段 (i, j) 之间单位质量危险化学品运输成本
c^*	车辆的固定调度成本
U^m	制造商 m 处的危险化学品原材料库存水平上限
U_l	零售商 l 处的危险化学品库存水平上限
h^m	制造商 m 处单位质量危险化学品原材料库存成本
h_l	零售商 l 处单位质量危险化学品库存成本
p^m	制造商 m 处单位质量危险化学品原材料缺货成本
p_l	零售商 l 处单位质量危险化学品缺货成本
d^m	制造商 m 处单位质量危险化学品原材料需求
d_l	零售商 l 处单位质量危险化学品需求
L^m	制造商 m 处危险化学品原材料缺货水平上限
L_l	零售商 l 处危险化学品缺货水平上限
α^m	制造商 m 处危险化学品原材料和产品的生产转化率
q^m	制造商 m 处危险化学品原材料供应量
q_l^m	零售商 l 处危险化学品供应量
r_i	上层供应链运输路线上服务次序为 i 的制造商
r_i^m	制造商 m 下属运输路线上服务次序为 i 的零售商
x_{ij}	上层供应链运输路径 (i, j) 被使用，取值为 1；否则，取值为 0
x_{ij}^m	制造商 m 下游的运输路径 (i, j) 被使用，取值为 1；否则，取值为 0
$\tilde{N}_m$	细分市场情形下制造商 m 和下属零售商的集合
$\tilde{M}_m$	细分市场情形下制造商 m 下属零售商的集合

r_i^k	上层供应链运输路线上车辆 k 服务次序为 i 的制造商
r_i^{mk}	制造商 m 下属车辆 k 在运输路线上服务次序为 i 的零售商
z_k	上层供应链运输路线上车辆 k 服务的制造商数量
z_k^m	制造商 m 下属车辆 k 服务的零售商数量
y	供应商下属车辆个数
y^m	制造商 m 下属车辆个数
I^m	制造商 m 处的库存量
I_i^m	制造商 m 下属零售商 i 处的库存量
O^m	制造商 m 处的缺货量
O_i^m	制造商 m 下属零售商 i 处的缺货量
w_k	上层供应链车辆 k 服务的制造商集合
w_k^m	制造商 m 下属车辆 k 服务的零售商集合
d^{mt}	t 周期制造商 m 处单位质量危险化学品原材料需求
d_l^{mt}	t 周期制造商 m 下属零售商 l 处单位质量危险化学品需求
q^{mt}	t 周期制造商 m 处危险化学品原材料供应量
q_l^{mt}	t 周期零售商 l 处危险化学品供应量
I^{mt}	t 周期制造商 m 处的库存量
I_i^{mt}	t 周期制造商 m 下属零售商 i 处的库存量
O^{mt}	t 周期制造商 m 处的缺货量
O_i^{mt}	t 周期制造商 m 下属零售商 i 处的缺货量
r_i^t	t 周期上层供应链运输路线上服务次序为 i 的制造商
r_i^{mt}	t 周期制造商 m 在运输路线上服务次序为 i 的零售商
x_{ij}^t	t 周期上层供应链运输路径 (i, j) 被使用，取值为 1；否则，取值为 0
x_{ij}^{mt}	t 周期制造商 m 下游的运输路径 (i, j) 被使用，取值为 1；否则，取值为 0
r_i^{kt}	t 周期上层供应链运输路线上车辆 k 服务次序为 i 的制造商
r_i^{mkt}	t 周期制造商 m 下属车辆 k 在运输路线上服务次序为 i 的零售商
z_k^t	t 周期上层供应链运输路线上车辆 k 服务的制造商数量
z_k^{mt}	t 周期制造商 m 下属车辆 k 服务的零售商数量
y^t	t 周期供应商下属车辆个数

y^{mt}	t 周期制造商 m 下属车辆个数
w_k^t	t 周期上层供应链车辆 k 服务的制造商集合
w_k^{mt}	t 周期制造商 m 下属车辆 k 服务的零售商集合
T	多周期问题中的周期个数
$\tilde{d}^m$	制造商 m 处单位质量危险化学品原材料不确定需求
$\tilde{d}_l$	零售商 l 处单位质量危险化学品不确定需求
$\tilde{I}^m$	制造商 m 处的不确定库存量
$\tilde{I}_i^m$	制造商 m 下属零售商 i 处的不确定库存量
$\tilde{O}^m$	制造商 m 处的不确定缺货量
$\tilde{O}_i^m$	制造商 m 下属零售商 i 处的不确定缺货量
$\tilde{d}^{mt}$	t 周期制造商 m 处单位质量危险化学品原材料不确定需求
$\tilde{d}_l^t$	t 周期零售商 l 处单位质量危险化学品不确定需求
$\tilde{I}^{mt}$	t 周期制造商 m 处的不确定库存量
$\tilde{I}_i^{mt}$	t 周期制造商 m 下属零售商 i 处的不确定库存量
$\tilde{O}^{mt}$	t 周期制造商 m 处的不确定缺货量
$\tilde{O}_i^{mt}$	t 周期制造商 m 下属零售商 i 处的不确定缺货量